KB266542
KB266542

차이나
반도체
라이징

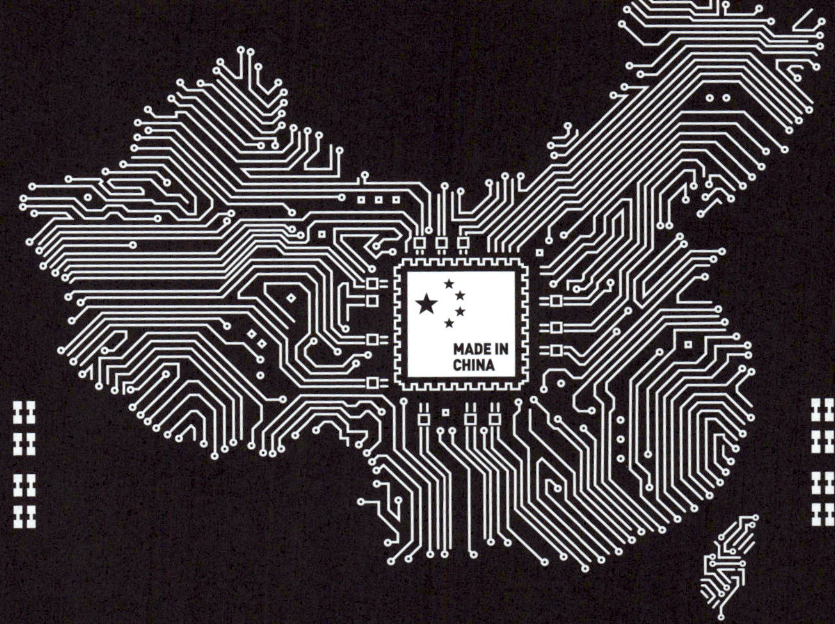

차이나
반도체
라이징
MADE IN CHINA
권석준
중국 첨단 지능화의 허와 실,
그리고 한국의 대응 전략

사이언스
SCIENCE
BOOKS 북스

우리 가족에게 바칩니다.

이 책을 써야겠다고 결심한 것은 2022년 『반도체 삼국지』를 집필하며 중국 반도체 산업을 취재하던 무렵부터였던 것 같다. 더 정확히는 화웨이를 둘러싼 미국 정가의 경계론, 캐나다에서 화웨이(華為, Huawei) 창업자 런정페이(任正非)의 장녀이자 화웨이 회장도 역임했던 멍완저우(孟晩舟)가 미국의 요청에 의해 체포된 것, 그리고 트럼프 1기 정부의 화웨이 제재 본격화가 연이어 일어나던 2017~2018년 즈음이었다. 더 거슬러 올라가면 2000년대 후반 박사 과정으로 유학하던 시절, 정말 똑똑하고 실행력 있는 중국 반도체 엔지니어 출신들과 수업 조별 과제를 함께하던 때부터였는지도 모른다. 그중에는 칭화 대학교 출신으로 나보다 몇 살 아래의 친구가 있었는데, 그는 유수의 미국 반도체 회사를 거쳐 지금은 중국 반도체 회사의 임원이 되어 있다. 자고 일어나면 새로운 내용이 쏟아져 나오는 반도체 산업, 특히 중국 반도체 산업은 더욱 정신없이 흘러갔지만, 내가 더 미룰 수 없다고 판단한 것은 생각보다 더 이른 시점에 이런 책을 쓰는 일 자체의 효용이 사라질 수도 있겠다는 위기감이 들었기 때문이다.

『반도체 삼국지』 출간 이후 중국 반도체 산업은 불과 몇 년 사이 또 크게 달라졌다. AI의 대두 이후 반도체 산업 지형 자체가 본질적으로 재편되고 있어서이기도 하지만, 중국 반도체 산업의 변화에는 그 이상의 맥락이 있다. 기술과 국제 정치, 전략과 경쟁이 복잡하게 얽혀 있기 때문이다. 명암이 공존하는 중국 반도체 산업을 한국이 주목해야 하는 이유는 무엇일까? 무엇보다 중국의 하향식 산업 정책이 당이나 정부의 금융 지원이나 인프라 지원 등에만 머물지 않는다는 점을 이해해야 한다. 위에서 아래로 일방적으로만 흘러갈 것 같은 정책 속에서도 수많은 가지치기가 이뤄지고, 민간 기업의 상향식 의사 전달도 끼어든다. 정부 자금을 노린 기술 사기나 부정부패 같은 부침도 겪지만, 혹독한 경쟁에서 살아남은 기업들은 덩치를 더 키우면서 기술과 인재를 블랙홀처럼 빨아들여 빠른 속도로 글로벌 무대에 진출하게 된다. 마치 대기권 높은 고도에서 작은 응결핵으로 시작한 물방울들이 서로 엉겨 붙고 상승과 하강을 반복하다가 마침내 마침내 지상의 작물이나 심지어 차량을 타격할 정도의 위력을 지닌 커다란 우박 덩어리가 되는 과정을 보는 듯하다.

이번 책을 쓰기 위해 자료를 취재하고 분석하는 과정에서 많은 분들을 만났다. 실명을 밝힐 수는 없지만, 중국 반도체와 인공 지능 산업계, 그리고 학계에서 주목받는 분들을 만나 다소 불편할 수 있는 문답을 나눌 기회를 얻기도 했다. 사실 중국 첨단 산업에 대해 책을 쓰기 어려운 이유는 두 가지다. 첫째, 먼저 날것 그대로의 1차 데이터를 확보하기 어렵다. 둘째, 중국에서 발표하는 데이터를 곧이곧대로 신뢰하기도 어렵다. 그래서 전문가라면 대부분 수시로 중국을 드나들며 직접 자료를 확보하려 한다. 그렇지만 중국은 첨단 산업, 특히 반도체 같은 국가 전략 산업은 외부와의 연결을 쉽게 허용하지 않을뿐더러, 산업계 인사도 외부 접촉을 자제하는 편이다. 내가 연락했던 중국 현지의 엔지니어들, 특히 한국과 연이 닿는 엔지니어들은 열 명 중 아홉 명이 거절하거나 아예 답장조차 하지 않았다. 아마 2023년 이후 강화된 중국의 반간첩법(反間諜法) 때문에 더더욱 그런 것 같기도 하다.

중국이 발표하는 반도체 기술의 진보, 특히 첨단 노광 기술이나 3차원 트랜지스터, 반도체 설계 소프트웨어에서 미국의 기술 장벽을 우회하는 중국식 기술의 진면목을 알아보려면 1차적으로 학회지, 논문, 특허 명세서부터 살펴보아야 한다. 그런데 흥미롭게도 많은 영역에서 그러한 문서 자체가 외부로 잘 나오지 않는다. 이것이 중국만의 특징은 아니다. 한국 반도체 기업들 역시 외부로 공개할 필요가 없는 기술은 굳이 문서화하지 않는다. 다만 중국 반도체 기업들이 언론에 흘리는 신기술 소식은 한국이나 일본 기업의 발표와는 맥락이 다르다. 필요할 때마다 선전물처럼 내보내는 중국 정부의 방식과 맞닿아 있기 때문이다. 이를 가장 잘 활용하는 기업은 아마도 화웨이일 것이다. 2010년대 중반까지만 해도 화웨이의 런정페이 회장은 언론에 거의 모습을 드러

   서문 중국의 삼성이 아니라 한국의 화웨이?

내지 않았고, 외부에 자신의 개인사를 언급하는 것도 꺼렸던 것 같다. 그렇지만 화웨이가 미국의 대중 반도체 제재의 최전선에서 가장 먼저 타격을 입자, 중국 정부는 화웨이의 기술을 시의적절하게 언론에 주기적으로 흘리며 화웨이를 영웅 기업으로 포장하기 시작했다.

물론 중국 반도체 기업들의 기술이 모두 정치 논리에만 따라 움직이는 것은 아니다. 일부 기업은 기술력을 과시하고 정부 지원을 받기 위한 목적으로 논문과 특허를 지속적으로 쏟아내고 있다. 최근에는 노광 기술과 저차원 반도체 신소재 같은 영역에서 선진국의 카피캣이라기보다 상궤를 벗어나다시피 한 방식의 접근이 늘어나고 있는 점도 눈에 띈다. 다만 이런 중국발 반도체 신기술에 대해 많은 외국 싱크탱크와 글로벌 경쟁사들이 그 실상을 깊게 파악하는 것 같지는 않다. 그들의 기술 보고서는 일종의 인상 비평에 가까우며, 실제 성능이나 객관적인 기술 수준에 대한 구체적인 데이터는 찾기 힘들다. 그러나 외국 기관들도 중국 반도체와 인공 지능 기술의 진면목과 장단점을 제대로 평가하는 것에 한계가 있기는 매한가지이므로 이들의 보고서가 기술적 깊이가 없다고 함부로 평가할 것은 아니다. 다만 그 공백을 메꾸기 위한 노력은 필요하며, 아마도 나 같은 학자들이 그런 과정에서 쓰임새를 가질 수 있으리라 생각한다.

나는 2022년부터 2025년까지 제1기 과학 기술 정보 통신부 산하 과학기술혁신본부 국가전략기술위원회 반도체 분과 위원으로 활동했고, 2025년부터는 다시 3년 임기의 2기 위원으로 활동하고 있다. 두 기수를 거치며 내가 정부 정책에 직간접적으로 관여하는 분들께

                                    차이나 반도체 라이징

드린 제안 중 하나는, 반도체를 비롯해 한국이 전략적으로 중요하다고 설정한 기술에 대해 이제라도 중국 특위를 만들어 그 수준과 허실을 분석해야 한다는 것이었다. 만약 중국 특위가 꾸려진다면, 먼저 집중해야 할 대상은 중국에서 현재 분기되고 있는 반도체-AI-AX(AI에 의한 산업 전환/혁신) 기술의 방향이다. 여기서 '분기'라고 표현한 이유는 앞서도 언급했듯 중국의 반도체와 AI 기술이 이제 카피캣을 점점 벗어나 자신들만의 방향을 잡아 가고 있기 때문이다. 이는 어찌보면 자의반 타의반으로 생겨난 현상이다. 미국을 비롯한 선진국의 제재 때문에 주요 기술에 접근이 어려우니, 자력갱생을 위해 자신들만의 방식을 개발할 수밖에 없게 되었기 때문이다. 그런데 그것이 우회 혁신을 일으켜 예상 밖의 방향에서 혁신 창출로 이어질 수도 있다. 2025년 초 전세계 인공 지능 업계를 놀라게 했던 '딥시크 쇼크'가 그 대표적 사례다. 반도체 공정 장비 분야에서도 중국은 자국 장비 회사와 칩 제조사에게 다중으로 중첩된 보조금 제도를 활용해 양적 기반을 만들고, 그 위에서 다시 질적 도약의 추력을 확보하고 있다. 이 과정에서 우리가 주목해야 할 점은 이렇게 탄생하는 중국식 반도체와 인공 지능 기술이 지금까지의 문법과 기술 논리를 따르지 않을 가능성이 더 높아지고 있다는 사실이다. 『반도체 삼국지』에서 전망한 것처럼, 미중 기술 패권 경쟁이 극심해질수록 양국 간 기술적 디커플링은 가속화될 수 있다. 한국이 이 가능성에 주목해야 하는 이유는 바로 이 디커플링이 공급망의 디커플링으로 귀결될 수 있기 때문이다. 미국 주도의 반도체-AI-AX 기술 생태계와 중국 주도의 생태계가 서로 다른 방식으로 흘러갈 수 있는데, 여전히 양국과 교역 규모가 크고 시장이 많이 오버랩되는 한국으로서는 두 생태계를 어떻게 다뤄야 하는지가 이제 실존의 문제가 되었기 때문이다.

이러한 상황에서도 불행히 한국은 여전히 중국의 첨단 산업을 '군맹무상(群盲撫象)'으로 파악하는 방식의 접근에서 벗어나지 못하고 있다. 중국 기업들의 과잉 생산이 타국에게는 현실을 위협하는 걱정거리로 떠올랐을 정도로 중국 기술 제품들이 주변국 시장으로 진출하는 것은 기정사실에 가깝다. 반면 한국은 중국 시장에서의 위치가 점점 좁아지고 있을뿐더러 그나마 유지하던 글로벌 시장 점유율도 많은 영역에서 점차 줄어들고 있다. 중국은 아시아와 중동, 글로벌 사우스(Global South)에 포진한 인구 대국 및 이머징 마켓에서 주도권을 확보한 후 종국에는 북미와 유럽 시장도 노릴 것이다. 그 과정에서 한국 기업들은 거의 모든 산업에서 중국 기업과 치열한 경쟁을 해야만 하는 상황에 봉착한다. 특히 반도체나 AI 분야에서 기존 글로벌 공급망을 파훼하면서 진입하는 중국 기업들의 기술 경쟁력과 그 근간에 있는 전략을 제대로 파악하지 못한다면 한국 기업들은 그 뿌리부터 흔들리게 될 것이다. 그래서 중국의 첨단 산업과 기술에 대한 분석은 지금보다 더 치열해지면서도 동시에 더 냉철해져야 한다. 배울 것은 배우고, 차별화할 것은 더 뾰족하게 만들며, 제도적으로 견제하거나 보호해야 할 부분을 발굴하는 노력은 실행 가능한 수준까지 구체화되어야 한다. 중국 시장에 진출하는 한국 기업들의 경쟁력에 대한 고민은 물론, 중국 기업들이 한국 시장에 진출하면서 생기는 불안정성에 대한 고민도 필요하다. 미국의 제재 범위가 확대될 경우 한국 기업들이 받을지도 모를 피해에 대한 검토 역시 마찬가지다. 여기에 더해 기술 변화 주기가 가속되는 AI와 AX 시대의 반도체, 그리고 핵심 산업 전략을 가다듬기 위한 다양한 논의와 그것을 뒷받침할 자료 확보가 시급하다. 이 책이 이러한 과정에서 조금이나마 도움이 된다면 그것만으로도 더할 나위 없는 보람일 것이다.

많은 내용을 다루려 했지만 이 책만으로는 충분하지 않다. 어떠한 형태로든 중국 반도체와 AI에 대한 더 깊으면서도 더 포괄적인 연구가 필요함은 분명하다. 중국 반도체가 어떻게 굴기를 넘어 날아 오르기 시작하고 있으며, 그것이 앞으로 한국 산업에 어떤 변수로 작용할 것인지를 이해하려면 중국의 반도체와 AI 산업을 더 깊숙한 지점까지 들여다보아야 한다. 경쟁 상대에 대한 과대 평가와 공포심에 지레 겁을 먹는 것도 문제지만, 과소 평가와 상대의 진면목을 외면하는 것은 더 큰 문제가 될 수 있다. 첨단 산업, 특히 반도체와 인공 지능이 미래의 국부를 책임져야 하는 상황에서 한국은 이제 경쟁과 협력이 뒤얽힌 이 무대에서 기술의 한계와 기정학적 불확실성과 자유 무역주의의 퇴조 현상과 에너지 안보 위기가 엄습하는 환경이라는 변수를 맞아 생존의 방향을 모색해야 한다. 이 책과의 긴 여행에 동참하게 될 모든 독자에게 그 방향이 어디를 향해야 하는지를 같이 고민해 보자는 제안을 드린다.

2026년 수원에서

권석준

　　　　서문　중국의 삼성이 아니라 한국의 화웨이?

차례

서문 중국의 삼성이 아니라 한국의 화웨이? 7

1장 중국의 반도체 굴기

중국 반도체 굴기, 왜 중요한가? 19

중국 반도체 투자 지형도 25

중국 반도체+AI 공적 투자의 성적표 37

인민 해방군과 반도체 산업의 연결 고리 51

미국이 키운 중국의 반도체+AI 58

화웨이와 SMIC, 도전과 대가 76

중국식 베팅의 끝 108

2장 중국 반도체와 인공 지능 생태계 팽창

인공 지능 제국주의 121

미중 패권 경쟁의 주전장, 인공 지능 141

딥시크 쇼크의 본질 158

딥시크 이후의 판도 172

중국 AI 공급망, 어디까지 내재화됐나? 181

대만의 반도체+AI 공급망 재편 전략 190

엔비디아는 중국몽을 꾸는가? 198

3장 자유 무역 파운드리 전쟁

파운드리 산업의 본질 213

수율 전쟁의 문법 215

대만 파운드리의 현주소 227

일본의 재도전 247

파운드리 재건의 현실, 미국의 경우 269

인텔의 난제 272

중국 파운드리 산업의 팽창 전략 289

4장 실리콘 트라이앵글과 COCOM 2.0

실리콘 트라이앵글 299

대만 반도체 산업의 지속 가능성 332

COCOM 2.0은 가능한가? 339

5장 중국의 미개척 반도체 영역 진출

미중 과학 기술 역량의 재편 361

중국식 혁신 우회 전략 383

미중 패권 경쟁의 다음 전장, 양자 컴퓨터 411

6장 중국 첨단 산업 전략의 미래

롱테일로 읽는 중국 산업의 미래 447

탑다운 vs. 보텀업 462

민주적 거버넌스의 중요성 481

중국과 경쟁해야 하는 한국 첨단 산업에 활로는 있을까? 497

7장 한국 반도체의 대응 전략

특이점 시대, 국내 총지능에 주목하라! 513

다음 반도체로 가는 길 529

삼성전자 굴기 2.0 547

한국 파운드리의 돌파구 561

불확실성 시대의 린치핀 전략 588

남은 것은 선택 606

후기 우리는 항산을 위해 항심을 포기해야 하는가? 609

후주 625

용어 해설 672

찾아보기 682

중국의 반도체 굴기

1장

중국 반도체 굴기, 왜 중요한가?

반도체 굴기 분석의 출발점

15년 전 박사 유학 마지막 해 나는 교내 카페에 모여 앉아 졸업 후 진로를 놓고 동기들과 여러 고민을 나누고 있었다. 그중 한 명은 중국 최고 명문인 칭화 대학교에서 공학으로 학사, 석사 학위를 취득한 똑똑한 친구였다. 진로 이야기를 하다가 드디어 어떤 회사에 가고 싶은지가 화두가 되었다. 나는 한국 유학생은 대부분 미국에 남고 싶어 할 것이고 한국에 돌아간다면 아마 삼성전자에 가고 싶어 할 것이라 이야기했다. 중국 친구는 자신도 마찬가지라며 만약 구글, 인텔이나 애플에 갈 수 없다면 삼성전자 같은 한국의 반도체 대기업도 자신의 희망 순위에 든다는 이야기를 했다. 10년이 지나 코로나19 범유행(pandemic)이 발생하기 직전 연락이 닿은 그 친구는 졸업 후 타이완 반도체 제조 회사(台積電, TSMC)에서 전도유망한 엔지니어가 되어 있었다. 그는 TSMC의 강도 높은 근무 문화에 불만을 터트리면서도 높은 연봉으로 보상 받는다는 이야기도 했다.

2023년 SNS에서 우연히 발견한 그 친구의 프로필은 어느새 TSMC의 엔지니어에서 화웨이의 반도체 소재 연구 담당 임원으로 바뀌어 있었다. 나는 농담삼아 여전히 삼성전자에서 오퍼를 받으면 수락할 의향이 있는지 메시지로 물어봤지만, 돌아온 대답은 진지했다. 화웨이에서 자신이 맡고 있는 일이 너무 중대하고 연봉도 삼성전자나 TSMC보다 아마 훨씬 높을 것이라는, 그리고 자신은 마음대로 나가기도 어렵다는 농반진반의 메시지를 보며 나는 중국의 반도체 굴기가 어디까지 왔는지 그 편린을 볼 수 있었다.

2024년 가을, 후베이 성에 위치한 중국의 대표적인 과학 기술 중심 연구 대학 중 한 곳인 화중 과학 기술 대학교(HUST)에서 만난 현지 대학원생들과 나눈 대화도 다르지 않았다. 20대 중후반의 젊은 친구들은 졸업 후 특히 반도체나 인공 지능 분야 기업에 취업하고 싶어 했다. 미국으로의 취업은 거의 생각하지 않는 분위기였고, 한국이나 일본, 대만 같은 주변 국가도 언급되지 않았다. 중국 내 10위권 명문 대학에 재학 중인 석박사급 차세대 엔지니어에게 이제 중국의 반도체 대기업이나 인공 지능 스타트업은 젊음을 투자할 최고의 선택이 된 것처럼 보인다. 실제로 화웨이 같은 대기업은 최근 미국의 테크 업체에 비견될 정도로 연구 개발(R&D) 투자를 늘렸으며 매년 박사급 인력 수천 명이 선전이나 둥관에 위치한 거대한 공원 같은 캠퍼스에서 중국 외에는 찾기 어려운 기술을 개발하고 있다. 딥시크(深度求索, DeepSeek) 같은 스타트업이 세계적 충격을 연이어 가하며 오픈AI나 구글, 메타 등이 주도하던 인공 지능 산업계에 중국의 존재감을 알리고 있고, 우후죽순 쏟아져 나오는 인공 지능 스타트업은 야심만만한 제2, 제3의 량원펑(梁文鋒)의 등장을 예고한다.

불과 10~15년 만에 중국의 반도체 산업은 저급 칩의 위탁 생산 기지라는 이미지에서 벗어나 글로벌 시장에서 수위를 다투는 것이 당연해 보이는 수준까지 올라왔으며, 반도체를 기반으로 하는 인공 지능은 미국보다 더 빠르게 혁신을 가속하고 모든 산업 분야로 그 영역을 넓혀 가는 것처럼 보인다. 중국 반도체 산업의 급격한 확장, 그리고 반도체 기호지세(騎虎之勢)의 인공 지능 산업에서 관찰되는 더 빠른 속도의 융성은 중국 내부에는 자부심을 줄 수 있겠지만, 외부의 관찰자들에게도 다양한 인상을 준다. 화려함과 거대함, 혁신과 속도, 극심한 경쟁과 전투적인 근무 문화에 대한 경탄과 경악이 있는가 하면, 공산당이 지배하는 국가 자본주의와 인권이 등한시되는 민간 통제, 수익성이 아닌 보여 주기식의 기술 개발, 혁신의 이면에 있는 패스트 팔로잉(fast following) 전략 등에 대한 우려와 비아냥도 공존한다.

한국의 반도체 산업, 그리고 2025년 새 정부 출범 이후 정책적 지원을 집중적으로 받고 있는 인공 지능 분야는 하필 중국도 10년 넘게 국가적으로 정책적 지원을 집중하는 분야라, 한국에서 바라보는 중국 반도체, 그리고 인공 지능 산업의 변화에는 이러한 양가적 감정이 더욱 혼란스럽게 섞인다. 이는 중국 반도체와 인공 지능 산업 자체가 너무 거대하기 때문이기도 하지만, 그러한 산업을 냉철하게 고민한 노력이 아직 충분히 축적되지 않아서일 수도 있다. 그래서 정보의 홍수와 판단의 혼란에 더 깊이 침잠하기 전, 우리는 중국 반도체 산업이 실제로 어디까지 왔는지, 그리고 구조적으로 과연 어디까지 지속 가능한지 살펴볼 필요가 있다. 이는 단순히 반도체 산업에만 국한되는 것이 아니라 향후 반도체를 포함한 모든 제조업, 나아가 모든 분야에서 근본적인 변혁을 이끌 인공 지능 산업의 지속 가능성과도 직결되기 때문에 이 시점에 중국 반도체 산업의 전모를 깊게 들여다보는 것은 충분히 시의성이 있다.

'반도체+AI' 굴기를 위한 중국 정부의 정책적 동력이 언제까지 지속될지 예단하기는 어렵다. 그러나 중국이 지난 10년 넘는 시간 동안 어떠한 전략을 취해 왔는지를 돌아보는 것은 그 방향이 어디로 향할 것인지 꽤 많은 것을 알려 준다. 특히 최근 급속도로 발전하는 반도체 및 인공 지능 산업, 그리고 기술 자급화를 향한 중국 정책의 실체를 먼저 살펴볼 필요가 있다. 잘 알려져 있다시피 중국의 인공 지능 산업과 그 기반이 되는 반도체 산업에는 여전히 정부의 영향력이 크다. 시작부터 정부 주도의 공적 자금 투자가 기반으로 작용했기 때문이다. 중국 정부의 투자는 이제 그 규모만큼이나 앞으로 얼마나 더 오래 지속될 수 있을지가 중국뿐만 아니라 글로벌 반도체 산업의 구조 조정에 핵심 사안으로 작용하고 있다.

문제는 지난 15년 가까이 집중된 중국의 반도체 및 AI 산업 분야 투자의 실체를 제대로 파악하기가 어렵다는 것이다. 이는 외국 회계 감사 법인이나 컨설팅 업체가 중국 기업의 재정 내역을 분석하는 일이 철저히 통제되고 있을뿐더러, 중국 회계 법인이 발표하는 감사 자료 역시 정부의 검열을 거쳐서 나오기에 있는 그대로 활용하기가 어렵기 때문이다. 중국의 주요 반도체나 인공 지능, IT 기업의 지분에 정부나 공기관이 차지하는 비중이 얼마나 되는지도 그 내역을 상세하게 확인하기는 쉽지 않다.

중국의 반도체 굴기 실효성을 평가하는 일이 쉽지 않은 두 번째 이유는 중국 정부 혹은 공기관이 투자한 반도체, 인공 지능, IT 기업 상당수가 중국 인민 해방군(PLA)과 밀접한 관련성이 있다는 것이다. 어떤 회사는 아예 처음부터 인민 해방군의 하부 조직에서 출발하기도 했고, 인민 해방군 출신 장교들이 제대 후 창업한 경우도 있다. 중국의 주요 연구 중심 대학에서는 인민 해방군과 민군 이중 용도의 첨단 기술 연구를 공동으로 진행하며, 반도체나 인공 지능이 차지하는 과제 비중은 점점 늘어난다. 이는 기업의 재정적 투명성이 군사 기밀로 분류될 수 있기 때문에 외부에서 파악하기가 더 어려워짐을 의미한다. 재정 건전성이나 기술 실효성을 객관적으로 평가하기 어렵기에 투자의 지속 가능성, 특히 투자 주체가 얼마나 투명하고 효과적으로 제때 자금을 회수할 수 있을지를 예상하는 것도 어렵다.

현재 중국의 반도체 및 인공 지능 산업은 국내 시장을 주로 타깃으로 한다. 중국의 투자가 내수 시장을 향하는 특징을 가지고 있다고 해서 부가 가치를 창출할 수 없다는 것은 아니다. 그러나 부실 기업이 폭증하는 상황에서 제때 그리고 제대로 회수되지 못하는 공적 투자는 분명히 투자 주체의 재무 건전성을 약화시킬 것이고, 이는 투자 확대는 물론, 현 수준의 투자 지속 가능성도 해칠 것이다.

반도체 굴기 정책의 실효성에 한계가 드러난다면 중국의 반도체 및 인공 지능 산업은 지속 가능한 성장 경로에서 이탈하게 된다. 이는 계속 팽창할 것만 같았던 중국 반도체 및 인공 지능 산업도 결국 구조 조정을 피할 수 없을 것임을 의미한다. 보통 반도체 업계에서 구조 조정은 경쟁력이 저하된 기업을 다른 기업이 인수하는 인수 합병(M&A) 방식으로 이루어진다. 그러나 중국처럼 정부 투자가 오랜 시간, 그리고 대규모로 깊게 관여된 기업 간 인수 합병은 정부의 간섭을 피하기 어렵다. 중국 국내법상 외국 기업이 중국 반도체 기업을 인수하기는 거의 불가능하며, 반대로 외국 기업이 중국 기업에게 인수되는 과정에서 외국 기업 주주들이 상대 기업의 정보를 세세히 확보하는 것도 어렵다.

중국에서 진행되고 있는 정부 주도의 반도체 굴기는 구조 조정을 피할 수 없을까? 정부가 깊게 관여하는 구조 조정은 2000~2010년에 일본 정부의 주도로 진행되었던 메모리 산업 구조 조정의 전철을 밟게 될까? 중국 정부는 이를 피하기 위해 반도체 산업에 대한 영향력을 조금씩 민간으로 이전하며 자연스러운 구조 조정을 이끌 수 있을까? 중국의 수많은 전방 산업은 반도체 산업의 지속 가능성에 어떤 영향을 받을까? 이제부터 이러한 질문에 대해 지금까지 공개된 데이터를 최대한 깊게 분석해 보려 한다.

중국 반도체 투자 지형도

빅 펀드의 민낯

중국 정부의 반도체 산업 투자는 주로 국영 기금을 통해 이루어진다. 가장 대표적인 사례는 그 역사가 10년을 넘어가는 국가 대기금(國家大基金), 일명 빅 펀드(Big Fund)다. 빅 펀드의 투자 주체는 기본적으로 2014년에 설립된 국가 집적 회로 산업 투자 기금(國家集成電路産業投資基金, ICF)이지만, 실제 운영은 시노 IC 캐피털(華芯投資, SINO-IC Capital)이라는 전문 운용사가 투자 실행, 회수, 성과 관리를 담당한다. 이 회사는 순수 민간 기업이 아니다. 45퍼센트의 지분을 가진 중국 국가 개발 은행(CDB)의 사실상 자회사다. 그 위에는 중국 정부가 있다. 실질적 의사 결정은 중국 중앙 정부가 주관하기 때문이다. 빅 펀드 의장은 대부분 중국 공업 정보화부(공신부, MIIT) 또는 재정부(MOF) 출신 고위 관료가 임명된다. 현재 진행 중인 제3기 빅 펀드의 이사회 의장은 제2기 말기인 2023년 2월에 선임된 장신(張欣)으로 그는 공신부 네트워크 안전 관리국 부국장, 공신부 전자사 사장 출신이고 제3기에서 재선임되었다.

제3기 빅 펀드는 시진핑(習近平) 3기 집권 시기(2022년 이후)와 오버랩되며 2024~2034년 사이를 계획해 진행되고 있다. 흥미롭게도 그

표 1.1 중국 반도체 빅 펀드 투자 주체. 대외 경제 정책 연구원(KIEP) 《세계 경제 포커스》에서 인용.[1]

펀드 기수	1기	2기	3기
조성 날짜	2014년 09월 24일	2019년 10월 22일	2024년 05월 24일
자본금 규모 (억 위안)	1,387	2,041.50	3,440
총투자 규모 (억 위안)	5,145	8,166	15,000
주요 주주	● 중국 재정부(36.47%) ● 국가 개발 금융 (22.29%) ● 중국연차오(中國煙草) (11.14%) ● 베이징이정(北京亦莊) 국제 투자(10.13%) ● 우한금융지주(5.06%) ● 상하이 궈성 그룹 (5.06%) ● 차이나모바일(中國移動)(5.06%) ● 차이나텔레콤(中國電信)(1.42%) ● 차이나유니콤(中國聯通)(1.42%) ● 따탕텔레콤(大唐電信) (0.51%) 등	● 중국 재정부(11.02%) ● 국가 개발 금융 (10.78%) ● 상하이 궈성 그룹 (7.35%) ● 충칭 전략 신흥 산업 주식 투자 기금(7.35%) ● 청두텐푸(成都天府) 국가 투자(7.35%) ● 우한광밸리(武漢光谷) 금융 지주(7.35%) ● 저장푸저 집적 회로(浙新集成電路)(7.35%) ● 중국연차오(7.35%) ● 베이징궈이(北京國誼) 병원(4.9%) ● 베이징이정 국제 투자 (4.9%) ● 안후이완러우(安徽皖投)(3.67%) ● 안후이신화(安徽芯火) (3.67%) ● 선전선차오(深圳深超) (1.47%) ● 광저우 산업 투자 기금(1.47%) ● 푸젠뤄즈 집적 회로(閩資集成電路)(1.47%) ● 황푸(黃埔) 투자 지주 (0.98%) ● 차이나텔레콤(0.73%) ● 차이나유니콤(0.49%) ● 중국 전자 정보 산업 그룹(0.24%) 등	● 중국 재정부(17.44%) ● 국가 개발 금융 (10.47%) ● 상하이 궈성 그룹 (8.72%) ● 공상 은행(6.25%) ● 건설 은행(6.25%) ● 농업 은행(6.25%) ● 중국 은행(6.25%) ● 교통 은행(5.81%) ● 베이징이정 국제 투자 (5.81%) ● 선전쿤펑(深圳鯤鵬) (4.94%) ● 요추(郵儲) 은행 (2.33%) ● 베이징궈이 병원 ● 국가 개발 투자 그룹 ● 중국청퉁(中國誠通) ● 중국연차오 ● 광저우 산업 투자 모기금 ● 화룬(華潤) 투자 창업 (텐진) ● 광둥웨이차이(廣東粵財) 투자 ● 중이(中移) 캐피털 등

규모는 3440억 위안(약 74조 3000억 원)으로 더욱 커졌다. 제1기에 비하면 2.5배 가까이 규모가 늘어난 셈이다. 제3기로 접어든 빅 펀드의 출자 주체는 표 1.1에 보였듯 여전히 중국 정부와 공공 기관이다. 특히 중앙 정부보다도 중국의 공공 기관과 국책 은행 등이 참여하는 비중이 늘어나는 것을 주목할 필요가 있다. 특히 CDB, 중국 공상 은행(ICBC), 중국 농업 은행(ABC), 중국 건설 은행(CCB) 등의 6개 국책 은행이 도합 1140억 위안(약 24조 6000억 원)을 출자했는데 이는 제3기 빅 펀드 총 투자액 중 3분의 1에 해당한다.

중국 국책 은행들이 3기부터 큰 비중으로 참여하게 된 것은 표면적으로는 3기 들어 큰 폭으로 확대된 기금 조달 채널을 다변화하기 위함이다. 그렇지만 보다 근본적인 이유는 3기 빅 펀드의 투자 기간이 1, 2기에 비해 2배인 10년으로 연장되었기 때문이다. 투자는 10년이고 회수에는 5년이 예정되어 있어 3기 빅 펀드의 지속 가능성을 위해서는 이른바 인내 자본(patient capital)[2]의 비중이 더 커져야 한다. 인내 자본을 맡은 국책 은행 외에도 3기 빅 펀드 투자 주체에는 중국 재정부(17.4퍼센트), 국가 개발 금융(10.5퍼센트), 상하이 궈성 그룹(8.7퍼센트), 그리고 지방 정부 산하 인프라 관리 기업 등 총 19개 기관이 포함된다.

중국 정부의 반도체 투자는 빅 펀드 외에도 지난 10년간 지속된 '중국 제조 2025(中國製造2025)' 계획에 포함된 정책 자금에도 의존한다. '중국 제조 2025'에는 지금까지 1조 4000억 달러(약 2060조 1000억 원) 규모의 공적 자금이 투입된 것으로 추정되는데, 이중 10퍼센트 정도만 반도체 산업에 투자되었다고 가정해도 1400억 달러(약 206조 원)에 달한다. 여기에는 1~3기 반도체 빅 펀드의 총 투자 누적액 960억 달러(약 141조 3000억 원)도 포함되기 때문에 과다 추정으로 보기는 어렵다. 앞서 살펴보았듯 공공 영역이 주도하는 반도체 투자는 중앙 정부만 하는 것이 아니다. 지방 정부도 공적 펀드를 조성하며 적극 참여한다.

흥미롭게도 지방 정부 펀드 조성에는 해외 기관들도 참여하는 것이 확인된다. 예를 들어 광둥 성 정부는 월든 인터내셔널(Walden International) 같은 해외 벤처 캐피털(venture capital, VC)과 합작해 연간 110억 위안(약 2조 4000억 원) 규모의 반도체 펀드를 설립해 반도체 산업에 투자한다.[3] 광둥 성 정부는 반도체 펀드와 별개로 로봇 공학과 인공 지능을 타깃으로 230억 위안(약 5조 원) 규모의 펀드를 추가로 조성하고 있다. 선전 시의 경우 2024년 반도체, 특히 집적 회로(integrated circuit, IC) 생산을 목표로 100억 위안(약 2조 2000억 원) 규모의 펀드를 조성했으며[4] 이를 기반으로 민간 자본과 결합한 398개 이상의 IC 펀드를 운영 중인데 그 총 규모는 1000억 위안(약 22조 원)으로 확인된다. 푸젠 성 정부는 국영 반도체 회사이자 서버용 DRAM 중국 선두 업체인 푸젠진화(福建晉華, JHICC)에 총 56억 달러(약 8조 2000억) 규모의 투자를 집행하고 있다. 상하이 시 정부의 경우 2024년 1000억 위안 규모의 IC, 인공 지능, 바이오 투자 펀드를 조성했고 특히 IC 펀드는 지능형 반도체, 자율 주행 및 로봇 공학 전용 반도체 등에 투입되고 있다. 베이징 시 정부는 인공 지능 전용 가속기인 GPU 기술 자급도 향상을 위해 보조금 지원 계획을 추진 중이다. 베이징 시

　　　　　　　　　　　　　　　　　　　차이나 반도체 라이징

의 목표는 2027년까지 베이징에서 사용하는, 혹은 설치되는 인공 지능 데이터 센터에 필요한 GPU를 모두 중국산으로 자급하는 것이다. 이를 위해 시 정부 차원에서 GPU 펀드를 중국 GPU 설계 전문 팹리스(fabless), 그리고 파운드리(foundry) 회사에도 분산해 투자하고 있다. 항저우, 우한, 우시 등의 주요 지방 정부 역시 IC, 인공 지능 투자 펀드를 각자 조성해 운영 중이다.

미국 반도체 산업 협회(Semiconductor Industry Association, SIA) 백서에 따르면 이처럼 중국 전체 반도체 산업의 등록 자본금 중 43퍼센트가 중앙 또는 지방 정부의 통제하에 있다고 추정된다.[5] 2024년 기준으로 중국의 중앙 및 지방 정부가 운영하는 첨단 산업 관련 펀드만 약 2,000여 개에 달하며 이중 절반은 반도체 혹은 인공 지능에 대한 것으로 분류된다. 특히 지방 정부 펀드는 평균 10억~20억 위안(약 2200억 ~4400억 원) 수준으로, 중국 전역으로 확대하면 지방 정부가 반도체 및 인공 지능 산업에 투자하는 총 펀드는 2조 위안(약 432조 원) 규모로 추산된다. 보수적으로 잡아도 미국 바이든 정부에서 입안된 반도체 및 과학법(CHIPS and Science Act)에서 5년간 계획한 총 누적 투자금을 매년 투입하는 것과 맞먹는 규모다.

중국 정부의 반도체 산업 투자는 직접 출자 외에도 연구 개발에 대한 세액 공제, 저리 장기 대출, 토지 및 인프라에 대한 접근성 강화 혹은 저가 공급 등의 형태로 다변화될 수 있다. 예를 들어 중국의 대표적인 파운드리 업체인 중신 국제 집적 회로(中芯國際, SMIC)는 2023년 장기 차입금을 평균 2.1퍼센트의 저리로 확보했는데 이는 당시 중국

                                                    1장 중국의 반도체 굴기

의 표준 시장 금리였던 4.2퍼센트의 절반에 불과하다. 대출 혜택만이 아니다. 지방 정부는 경쟁적으로 반도체 산업 클러스터를 유치하기 위해 산업 단지 용지를 거의 무상으로 기업에게 제공하는 사례가 부지기수다. 또한 전력, 산업용수, 수처리 시설 등 인프라 혜택도 앞다퉈 제공한다. 이러한 직간접적인 지원을 모두 합치면 중국 정부의 반도체 산업 지원 규모는 3500억 달러(약 515조 원)에 육박한다.

정부 주도 투자의 맹점

중국 중앙 및 지방 정부가 집중 투자하는 반도체와 인공 지능 영역에는 밝은 면만 있는 것은 아니다. 가장 큰 맹점은 투자가 중복되고 있다는 것이다. 중앙 정부의 반도체 빅 펀드와 지방 정부의 공적 펀드는 총액만 놓고 본다면 이제 엇비슷한 수준이 되었을 뿐만 아니라 기업들이 지원을 중복 수혜하는 경우가 빈번해지고 있다.

허페이 시에 본사를 둔 창신 메모리(長鑫存儲, CXMT)가 대표적 사례다. CXMT는 2016년에 설립된 메모리 반도체 분야 신생 업체[6]로서 2025년 4반기에 글로벌 DRAM 시장 점유율 약 8퍼센트로 매출 순위 4위에 올라 있다.[7] CXMT는 2021년 이후 12인치 양산 능력을 월 20만 장 수준까지 끌어올렸는데 필요한 자본을 주로 공적 펀드에서 조달했다. 실제로 중앙 정부 2기 빅 펀드로부터 2023년 145억 위안(약 3조 1000억 원)을 투자 받은 것에 더해 2024년 3월 허페이 시 정부가 주도하는 투자 그룹에서 108억 위안(약 2조 3000억 원)을 추가 조달했다. 이러한 투자를 바탕으로 CXMT는 중국 메모리 반도체 업체

중에서는 가장 앞선 세대인 d1a 공정으로 DDR5 메모리 칩 양산에 진입하는 수준에 이르렀다.

CXMT는 한국의 삼성전자, SK하이닉스, 그리고 미국의 마이크론(Micron) 같은 기존의 글로벌 3강이 지배하던 DRAM 시장에 도전할 수 있는 유일한 중국 업체다. 현재 AI 반도체에서 가장 중요한 병목 지점 중 하나인 고대역폭 메모리(high bandwidth memory, HBM)는 선단 공정을 통해 제조되는 DRAM 기반으로 만들어진다. 중국 정부 입장에서 반도체 기술 자급화는 물론 인공 지능 생태계로의 확장을 위해 CXMT는 가장 중요한 포석 중 하나다. 따라서 이 기업의 생존은 매우 중요하고 앞으로도 대규모의 공적 자금이 지속적으로, 그리고 중복을 감수하더라도 투입될 수밖에 없을 것으로 보인다. 문제는 CXMT가 보이는 매출 규모 신장에 비해 기술적 내실화는 여전히 글로벌 경쟁을 이어 가기가 쉽지 않다는 것이다.

업계가 추정하는 CXMT의 DRAM 양산 공정 수율은 세대마다 차이가 나지만 d1z~d1a에서는 업계 추정에 따르면 2025년 하반기 기준 약 20~55퍼센트 내외다. 이는 동일 세대 기준 삼성전자나 SK하이닉스에 비해 25~30퍼센트 정도 낮은 수준이다. DRAM 같은 범용 반도체(commodity chip)에서는 공정 수율이 곧 원가 경쟁력으로 연결되기 때문에 CXMT가 (중국 시장 외의) 글로벌 시장 점유율을 가져오기는 당분간 어렵다. 특히 DRAM 상위 3개 사는 2025년 이후 d1b, d1c 등 앞선 공정으로의 양산화 병행 발전은 물론 이를 이용해 HBM4(6세대), HBM4E(7세대) 등 다음 세대 HBM 양산을 차근차근 진행하

                                          1장 중국의 반도체 굴기

고 있음에 반해, CXMT는 아직 HBM2(3세대) 양산과 HBM3(4세대) 시험 생산에 머물고 있어 고부가 가치 DRAM 시장에서 기술 격차를 좁히지 못하는 상황이다. 그럼에도 CXMT로의 투자는 지속될 것으로 예상된다. 중국 정부의 공적 펀드가 주기적으로 수십 억 달러 단위로 계속 투입되지 못할 경우 CXMT가 다음 세대로 기술 개발을 이어 가기 어려울 것이기 때문이다.

중국 정부와 반도체 산업계가 자급화를 목표하는 또 다른 영역은 첨단 공정 장비다. 중국 반도체 공정 장비 업계에서 신데렐라처럼 등장한 업체인 사이캐리어(新凱來, SiCarrier)는 그러한 장비 자급화의 대표적 사례다. 2021년 선전 시 정부 주도로 설립된 사이캐리어는 초기부터 선전 시 펀드가 가장 큰 지분을 차지했으며 여기에 더해 빅 펀드, 그리고 화웨이 클러스터 펀드도 같이 지원받았다. 공적 자금만 해도 80억 위안(약 1조 8000억 원)이며, 그 돈은 주로 화웨이, SMIC, CXMT, 양쯔 메모리(長江存儲, YMTC) 같은 중국 반도체 제조업체의 팹 라인에 바로 공급될 수 있는 다양한 공정 장비 개발에 투입된다.

2024년 사이캐리어는 베이팡화창(北方華創, NAURA), 중웨이 반도체(中微公司, AMEC), 상하이 마이크로일렉트로닉스(上海微電子裝備, SMEE) 같이 업력이 비교적 길고 보유 특허 개수도 많은 기존 업체들을 제치고 미국의 어플라이드 마티어리얼즈(Applied Materials)나 램리서치(LAM Research), 일본의 도쿄 일렉트론(東京エレクトロン, TEL) 같은 글로벌 반도체 장비 업체의 제품군과 거의 1 대 1로 대응할 수 있는 풀스펙트럼 포트폴리오를 확보하는 것으로 목표를 대폭 상향 조

차이나 반도체 라이징

정했다. 이런 목표는 중국 정부가 사이캐리어를 반도체 기술 내재화의 기수로 삼았다는 근거가 된다. 그러나 사이캐리어의 장비 수준은 여전히 글로벌 장비 업체들과 근접하는 상황은 아니다. 대표적으로 사이캐리어가 집중하는 심자외선 노광(DUV lithography) 스캐너는 동세대 ASML의 장비 대비 노광 성능이 40퍼센트 이하로 평가된다. 특히 글로벌 파운드리 업체나 메모리 제조사들의 수요가 몰리는 극자외선 노광(EUV lithography) 장비는 여전히 광학 장비부터 자급이 어려운 수준이다. 노광 장비 외에도 확산(diffusion), 증착(deposition), 식각(etching), 검사(test) 장비 역시 동세대 글로벌 업체들의 성능에 아직 미치지 못한다. 즉 사이캐리어마저도 현실은 여전히 중국 내수용에 국한된 셈이며 글로벌 시장에서 경쟁하기 위해서는 더 많은 개발 기간과 공적 자금이 필요한 상황인 것이다.[8]

큰 자본이 필요한 반도체 사업에서 중앙 정부와 지방 정부, 그리고 민간 펀드를 동시에 지원받는 것은 원칙상 문제가 없다. 그러나 하나의 세부 기술 개발에 투자가 중복되면 그 기술로부터 파생된 특허 등 지식 재산권(intellectual property, IP)에 대한 성과 분배나 기업 매각에 따른 소유권 정리 문제가 생긴다. 또한 투자 실패에 대한 부채 정리 문제, 그리고 과잉 생산으로 인한 수익성 저하 문제를 해결하기 어렵다. 특히 최근 문제가 되는 것은 중국 제조업 전반에 걸쳐 관찰되는 과잉 생산이다. 앞다퉈 비슷한 분야, 그리고 상대적으로 진입이 어렵지 않은 분야로 투자를 집행하면서 중국 전역에는 비슷한 수준의 반도체 팹이 우후죽순으로 건설되거나 계획되고 있다. 공정 장비 시장에서도 비슷한 사양의 장비들이 중복 공급되고 있다. 중국 정부는 내수 시장에서 해외 반도체 업체들의 비중을 자국 업체들이 질서 있게 대체하는 모습을 희망했을 것이다. 그러나 현재까지는 핵심 기술이 필요한 영역은 대체가 더디게 진행되고 반대로 진입이 어렵지 않은 저부가 가치 반도체 칩 생산이나 공정 장비에서는 레드오션화가 예상보다 빠르게 진행되면서 중국 정부가 바라던 그림과는 점점 멀어지고 있다.

이를 피할 방법이 없는 것은 아니다. 반도체 공정 장비의 경우 같은 장비라고 해도 세대와 적용 영역이 다르면 중복을 최소화할 수 있다. 예를 들어 식각 장비만 해도 건식, 습식 식각에 특화된 장비로, 건식 식각도 다시 플라스마(plasma) 식각, 고종횡비 접촉식(HARC) 식각 등으로 분류될 수 있다. 이러한 기술은 식각이 어느 단계에서 쓰이냐에 따라, 그리고 공정의 세밀함 정도에 따라 더 세분화된다. 따라서 여러 회사들은 각자의 분야에서 수익성을 확보할 수 있다.

그런데 중국의 반도체 장비 회사들은 달성이 상대적으로 쉬운 사양으로 몰리고 있다. 예를 들어 사이캐리어와 SMEE, AMEC 같은 회사들의 식각 장비는 HARC 식각처럼 기술적 난도가 높은 장비보다는 진입 장벽이 낮은 습식 장비 위주로, 그리고 건식 장비에서는 대면적 박막 식각 장비 등의 영역에서 겹치고 있다. 아직은 중국의 반도체 장비 자급도가 15퍼센트 내외이므로 시장 경쟁이 아주 과열된 상황은 아니나, 결국 진입 장벽을 통과하지 못하면 레드오션화는 피하기 어렵다. 더구나 집중된 투자를 수익성이 받쳐 주지 못하면 생태계 다

　　　　　　　　　　　　　　　　　　　　차이나 반도체 라이징

양화로 이어지기 어려우므로 중국 정부의 반도체 산업 투자에 내재된 중복성은 시간이 지날수록 폭탄이 될 수 있다.

정부 투자 모델의 한계

중국에서도 이러한 위험을 인지하고 있으며 조정 장치를 마련하지 않은 것은 아니다. 특히 중앙 정치 및 행정 기관이 주도하는 협업 구조와 지방의 펀드가 공동 유한 책임 조합원(limited partner, LP)으로 참여하는 방식, 즉 중앙 정부는 투자 정책을 주도하고 지방 정부는 실행 및 재원 분담을 맡는 방식을 통해 조정이 가능하다.[9] 보통의 경우 LP 계약상 핵심 성과 지표(KPI)는 자금 회수율(IRR), 투자 회수 시기 준수, 전략 목표 충족 여부 등으로 구성된다. KPI를 만족하는 LP는 KPI에 기여한 지분에 비례해 성과 보수를 받는다. 이러한 방식은 중앙 및 지방 정부가 이상적으로 협력 파트너로 작동하는 것을 전제로 한다. 특히 이 방식에서는 중앙 정부의 재정부, 중앙 은행, 국무원 등의 고위 관리가 지방 정부의 담당 관리를 지휘하는 방법이 선호되는데 여기서 생길 수 있는 문제는 수익이 충분치 않을 경우 그 책임 소재를 중앙 정부가 지방 정부에게 일방적으로 돌릴 수 있다는 것이다.

대표적 사례가 반도체 빅 펀드 2기에서 부정부패 혐의로 ICF와 시노 캐피털 임원들이 중국 공산당 중앙 기율 위원회의 단속에 걸린 사건이다. 이로 인해 2기 빅 펀드의 책임자였던 딩웬우(丁文武)가 사임했다. 이 사건은 부정부패에 대한 처벌이라기보다는 수익성 악화로 인한 책임 소재를 빅 펀드 임원진이 뒤집어쓴 것으로 볼 수 있다. 수익성 악화는 빅 펀드 3기의 방향 수정에 영향을 미쳤다. 중국 재정부와 중앙 은행, 그리고 국무원이 더 적극적으로 참여하고 조정할 수 있는 역할이 부여되었다. 실제로 3기 빅 펀드 이사회 의장으로 취임한 장신은 감사 역할도 겸임한다. 이에 따라 대형 프로젝트, 수익 중심의 투자가 주 목표로 설정되었고 이사회의 KPI도 장기 수익률로 결정되었다. 이는 다시 빅 펀드 운영사와 임원진에게 더 큰 성과 압박 요인으로 작용할 것이다.

이에 대한 향후 중국 반도체 빅 펀드 운영 주체의 대응은 두 가지로 전망된다. 첫 번째 대응은 하드 테크 중심의 중장기 회수 전략을 수립해 주요 투자 대상에 기업 공개(IPO)를 적극 추진하고 필요에 따라 전략적 구조 조정을 하며 인수 합병을 주도하거나, 대기업의 인수를 활성화해 엑시트 로드맵을 현실성 있게 설계하는 것이다. 이러한 대응은 다른 나라에서도 관찰되는 '정상적' 방법이다. 전제 조건은 빅 펀드를 받는 기업을 중심으로 투명한 회계와 수익 보고 방식을 설정하고 주기적으로 외부에 감사 결과 및 재정 상황을 공개하는 것이다.

두 번째 대응은 이와는 반대다. 빅 펀드가 투자한 기업의 수익성이 목표에 미달할 경우 책임 소재를 묻는 공산당 정부의 압박은 결국 부정부패 혐의를 앞세운 법적 조치로 이어질 수도 있다. 따라서 당장의 책임을 면하기 위해 이중 회계 등의 부정 행위가 발생할 가능성이 있다. 어느 쪽으로 중국 반도체 빅 펀드의 운영 방향이 정해질지는 예단하기 어렵지만, 투자 대상 중 극히 일부를 제외하면 여전히 공적 자금에 의존하는 비중이 높으므로 이 기업들이 수익성을 개선할 근본적

해결책을 확보하지 못한다면 첫 번째 대응만으로 빅 펀드 운용 주체
가 버티기는 어렵다.

중국 반도체+AI 공적 투자의 성적표

중국 인공 지능 펀드와 반도체 펀드는 어떠한 결말을 맞을까? 일단 3기
빅 펀드에서는 반도체와 인공 지능 펀드가 마치 하나의 생태계인 것처
럼 동시에 추진된다. 기본적으로 현재의 인공 지능 산업은 여전히 연산
가속을 위한 전용 반도체의 안정적 공급을 필요로 한다. 그리고 이 전
용 반도체는 반도체 산업에서 구축된 인프라에 전적으로 의존한다.
다만 3기 빅 펀드의 서브 펀드로서 AI 반도체 투자 규모는 따로 책정
되고 있기는 하다. 2025년 1월 17일 출범한 '국가 인공 지능 산업 투자
펀드'는 빅 펀드 일부 자금을 활용해 600억 위안(약 13조 원) 규모로 조
성되었으며 집행사(general partner, GP)로는 상하이 국유 사모 펀드인
궈쯔 인베스트먼트(中國國資投資集團, China Guozi Investment Group)가
이름을 올렸다. 빅 펀드 3기의 운용사였던 시노 IC 캐피털은 이 서브
펀드에서는 LP로 역할을 바꿔 들어갔다. 이러한 서브 펀드는 주로 인
공 지능 스타트업에 투자된다.

　예를 들어 2024년 12월 31일 설립된 베이징 기반의 화싱딩신(華芯
鼎新, HuaXing Dingxin) 같은 신생 사모 펀드는 주문형 AI 가속기 칩(定
製算力芯片) 개발 업체인 캠브리콘(寒武纪, Cambricon),[10] 하이곤 정보

　　　　　　　　　　　　　　　　　1장 중국의 반도체 굴기

(海光信息, Hygon), 룽손 테크놀로지(龍芯中科, Loongson Technology), 인제닉 반도체(北京君正, Ingenic) 등에 집중 투자한다. 또한 2025년 4월 상하이 자오퉁 대학교 인공 지능 대학원과 윈치 연합(雲啟聯合)이 공동 설립한 3억 위안(약 600억 원) 규모의 인공 지능 공동 투자 펀드(交大-雲啟AI天使基金)는 궈터우지신(國投集新, Guotou Jixin), 즈푸 AI(智譜AI, Zhipu AI), 센스타임(商湯, SenseTime), 엑스탈피(晶泰科技, XtalPi) 같은 AI 모델 및 연산 하드웨어 설계 전문 팹리스 스타트업에도 투자한다.

애초에 빅 펀드 3기는 HBM은 물론 인공 지능 관련 고성능 칩의 설계, 제조, 응용을 포괄하는 풀스택(full-stack) 인공 지능 생태계 내재화를 목표로 하므로 인공 지능 서브 펀드와 구조적으로 잘 연계된다. 이 서브 펀드는 2025년 상반기 현재 34곳 이상의 인공 지능 스타트업에 투자하고 있으며 운용 시한은 2025년부터 2038년까지로 장기 설정되었다. 그래서 빅 펀드가 만약 5년 주기를 따라 2029년에, 혹은 10년 연장 후 2034년에 4기로 진입할 경우 대규모 언어 모델(large language model, LLM) 같은 파운데이션(foundation) 모델이나 AI 앱, 온디바이스(on-device) AI 반도체 등, 더 세분화된 영역으로 2기 서브 펀드의 시드(seed) 펀드가 될 것으로 예상된다. 실제로 국가 인공 지능 산업 투자 펀드는 이러한 세부 영역 전담 투자 플랫폼으로 설정되었으며 여기에 더해 1조 위안(약 216조 원) 규모의 '국가 벤처 캐피털 가이드 펀드(國家創業投資引導基金)'도 인공 지능을 포함한 하드 테크를 그 지원 대상으로 하기 때문에 인공 지능 산업으로의 공공 투자는 계속해서 확장될 것이다.

중국 정부의 반도체, 그리고 나아가 인공 지능으로의 대규모 투자 실효성은 확보될 수 있을까? 빅 펀드는 계속 후속 투자로 이어질 수 있을까? 그렇게 되면 과연 어떠한 경로로 진행될까? 본격적인 시나리오를 고민해 보기에 앞서 유사한 과거 사례가 있는지부터 살펴보자. 대표적 사례는 일본의 반도체 시장 주도 정책이다. 일본은 1980~1990년대 반도체 주도권 수성을 목표로 정부와 기업이 대규모 예산과 보조금을 투입했지만 메모리 반도체 분야 초격차 유지에 실패했고 삼성전자나 SK하이닉스, 마이크론 같은 해외 업체들이 시장에 진입하며 수익성이 약화되었다. 독일의 사례도 있다. 독일은 첨단 장비 및 자동차 영역에서 자립 정책을 추구한 바 있으나 그 효용이 점차 낮아진다고 판단해 결국 글로벌 네트워크와의 균형을 중시하는 기술 협력적 자립 전략으로 선회했다. 즉 완전한 자립보다는 글로벌 공급망에서 핵심 위치를 유지하는 전략을 취함으로써 수익률과 자급화 유지라는 두 마리 토끼를 더 늦기 전에 잡을 수 있었던 것이다. 이를 통해 우리는 외부 공급망과 단절되는 방식의 자립화 추구는 고비용-저성과-글로벌 고립을 초래하는 반면, 협력적 자립은 기술력 제고 및 시장 경쟁력 유지 측면에서 더 유리한 결과로 이어질 것임을 알수 있다. 그렇다면 중국은 이러한 과거 사례를 학습해 최적의 투자 조정과 협력적 자립 전략을 동시에 추구할 수 있을까? 중국이 어떠한 전략을 취하든 우리는 각 시나리오가 구성하는 큰 공간 안에서 이러한 전략, 그리고 전략에 따른 후과(後果)를 추정해 볼 수 있다.

1장 중국의 반도체 굴기

첫 번째 시나리오는 성과 기반 고도화 전략이 성공하는 케이스다. 이 전략이 성공하려면 빅 펀드 3기와 인공 지능 서브 펀드의 투자 선정, 회수 전략이 IPO, 수익률 강화, 목표치 달성 같은 정량적 성과 중심으로 개편되고 대형 국영 기업 중심으로 안정적 수익성이 확보되어야 한다. 이 전략의 성과로서 HBM, GPU, 신경망 연산 장치(neural-processing unit, NPU),[11] 머신 러닝 연산 장치(machine learning unit, MLU)나 텐서 연산 장치(tensor processing unit, TPU) 같은 인공 지능 반도체의 자급도가 강화되고 RISC-V 같은 독립적 로직 반도체(logic chip) 기술이 일정 수준에 도달해야 한다. 또한 지방 정부는 중앙 정부와 분업하며 중복 투자를 피하기 위해 협력해야 한다. 이 케이스를 따른다면 '**반도체+AI**'로 이어지는 산업 진화 과정에서 지속적인 순환 투자(circular financing) 구조가 형성될 것이며 중국 내부에서는 인공 지능 클라우드 서버, 스마트 제조, 방위 산업에서 인공 지능 응용 등 전방 산업 전반에서 경쟁력이 강화될 것이다. 특히 중저가 인공 지능 데이터 센터(AIDC) 서버 시장에서는 가격 대비 성능이 최적화된 중국산 클라우드 서버 제품군이 각광을 받을 것이다.

구조 조정 실패 시나리오

두 번째 시나리오는 양적 팽창 속 구조 조정이 실패하는 케이스다. 이는 중앙 정부와 지방 정부가 투자 중복성과 수익 회수에 대한 철저한 계획과 조정 없이 오로지 단기 실적 중심으로 펀드의 양적 확대와 기

술 자급화에만 집중하다가 투자 회수율이 저하되고 부실 프로젝트
가 급증하며 공공 부채가 늘어나는 결과로 이어진다. 인공 지능 칩 개
발 시도 대부분은 실패로 돌아가며 수익률과 연관된 KPI 달성 실패
로 많은 기업이 도산 위기에 직면한다. 빅 펀드 운용 주체들은 공산당
기율 위원회의 내부 감사에 적발되고 관료들의 부패 스캔들이 반복
되며 심지어 디폴트(채무 불이행) 위기에 처하는 지방 정부도 속속 등
장하게 된다. 또한 펀드 조달의 상당 부분을 책임졌던 중국 주요 국책
은행의 부실 대출이 누적되어 구조 조정 압박이 거세지고 연대 보증
에 나선 중소형 은행들의 연쇄 도산 가능성도 높아진다. 반도체 및 인
공 지능 분야로 쏠렸던 투자에 수익이 제때 회수되지 않으면서 중국
의 반도체 산업 성장세와 글로벌 수출은 점차 둔화된다. 중국에서 많
은 수익을 거두던 미국, 일본, 네덜란드의 글로벌 장비 회사 매출도 큰
타격을 입는다.

인공 지능 리디렉션 시나리오

세 번째 시나리오는 AI 반도체 및 생태계 중심으로 중국 반도체 투자
의 리디렉션(redirection)이 성공하는 케이스다. 빅 펀드가 반도체 카테
고리에만 머문다면 중복 투자와 수익률 약화를 피하기 어렵겠지만,
인공 지능 산업의 급속한 팽창을 제2의 동력으로 삼아 AI 모델이 기
존 산업으로 응용되는 풀스택 인공 지능 생태계에서 돌파구를 찾는
다는 시나리오다. 이 경우 화웨이, 텐센트(騰訊, Tencent), 샤오미(小米,
Xiaomi), 알리바바(阿里巴巴, Alibaba) 같은 정부 또는 민간 관련 기업

　　　　　　　　　　　　　　　　　　　　1장 중국의 반도체 굴기

이 산업 전이 플랫폼을 주도할 것이며 빅 펀드도 자연스럽게 인공 지능 중심으로 재편된다. 다만 이 시나리오에서는 인공 지능 생태계 자체에 초점이 맞춰지다 보니 반도체는 중요도가 상대적으로 낮아지는 결과가 예상된다. 즉 AI 반도체 생산의 해외 의존도를 많이 낮추기 어려워지며 자국 플랫폼 중심의 생태계도 쪼그라들 수 있다. 중국 AI 모델 개발 업체 혹은 칩 설계 업체들도 이른바 소버린 AI(sovereign AI, 주권형 AI) 생태계에만 집중하다가 스스로 만든 갈라파고스 AI(폐쇄형 AI) 생태계 벽 내부에 갇히는 신세가 될 수도 있다.

디커플링 시나리오

네 번째 시나리오는 외생 변수로 인한 충격이다. 이는 반도체 및 인공 지능 산업에 대한 중국의 투자 지속성이 국제 정치 사안의 영향을 받아 방향이 바뀌는 시나리오를 포함한다. 예를 들어 미중 패권 경쟁이 격화되어 관세 갈등이 전면적 무역 전쟁으로 번지고 양국이 반도체는 물론 인공 지능 산업 전체에 걸쳐 디커플링(decoupling)되는 흐름이다. 이렇게 되면 중국은 기술 자급을 위한 더 공격적인 투자 확대가 시급해진다. 사실상 반강제적으로 반도체와 인공 지능 생태계 대부분을 내재화해야 하는 상황에 처하기 때문이다. 이로 인해 글로벌 반도체 및 인공 지능 공급망은 자연스럽게 미국과 중국을 중심으로 분리된, 이른바 '듀얼 클러스터(dual cluster)'로 재편된다. 반도체 강국으로 분류되는 한국, 일본, 대만, 네덜란드, 유럽, 영국 등은 미국 주도의 클러스터에 포함될 가능성이 높다. 다만 이 과정에서 미국을 제외한 주요 반도체 강국과 기업의 대중 수출 채널이 상당 부분 막히고, 중국 내에서 사업을 하는 외국 기업도 생산 차질을 피하기 어려워진다. 내재화에 주력하는 중국 반도체 및 인공 지능 산업은 자체 표준을 확립하겠지만, 그 표준이 글로벌 생태계와 호환되지 않으면 디커플링이 되풀이되는 악순환에 빠질 수 있다. 이는 중국의 '**반도체+AI**' 산업이 내핍형 구조로 바뀔 것임을 의미한다. 최악의 경우 과거 냉전 시기 미국과 (구)소련의 관계에 준하는 체제 분리까지 이어질 수도 있다.

시나리오별 실효성 예측

앞에서 언급한 시나리오들의 현실적 가능성은 얼마나 될까? 우선 첫 번째 시나리오가 성립하기 위해서는 중국의 모든 반도체 및 인공 지능 산업 투자가 투명하게 이뤄지고, 정부 펀드 운용 과정에서 부정부패가 생기지 않으며, 모든 투자 주체가 정확하게 KPI 위주로 성과 관리를 하는 것이 전제로 요구된다. 그러나 현재의 중국 투자 시스템에서 이 전제가 성립하기를 기대하기는 어렵다. 왜냐하면 정부와 독립적인 민간 혹은 해외 기관이 KPI를 검증할 수 있어야 한다는 조건이 성립하기 어렵기 때문이다.

두 번째 시나리오는 어떨까? 중복 투자의 부작용을 10년가량 겪어온 중국 입장에서 앞으로도 계속 시행착오를 반복할 가능성은 높지 않을 것이라 예상할 수도 있다. 그러나 앞서 언급한 것처럼 투자의 중복 문제는 계획 경제 구조에서는 근본적으로 해결되기 어렵다. 여전히 많은 기업이 안정적인 수익 경로를 확보하지 못한 상황이며 정부

1장 중국의 반도체 굴기

보조금이 끊길 경우 연쇄 도산 가능성도 있다. 그렇지만 이 과정이 반드시 나쁜 것만은 아니다. 중국 정부 입장에서는 오히려 재무 건전성이 나쁜 기업을 정리하고 기술과 핵심 인력을 남겨 더 좋은, 그리고 더 큰 회사로 만들어 내실을 강화하는 기회로 삼을 수 있을 것이다.

　가장 현실적인 가능성이 높다고 평가되는 시나리오는 세 번째와 네 번째로 볼 수 있다. 물론 세 번째 시나리오도 중국 입장에서는 다소 희망적 전망에 가깝다는 사실을 기억할 필요가 있다. 왜냐하면 반도체와 인공 지능은 일견 하나의 산업으로 엮을 수 있을 것처럼 보여도 엄밀히 말하면 반도체 기술이 인공 지능으로 연결되는 과정에서 인공 지능 특화 기술이 충분히 고도화된 기업만 살아남게 될 것이기 때문이다. 오히려 과도한 리디렉션은 일종의 인위적인 구조 조정 압력으로 작용해 인공 지능과 별로 상관없는 반도체 업종은 점차 쇠퇴할 가능성도 있다. 만약 세 번째 시나리오로 향하는 결정을 한다면 중국은 미국이 2025년 1월에 발표한 스타게이트(Stargate) 프로젝트에 버금가는 대형 투자를 일으켜야 할 것이다. 스타게이트 프로젝트는 초인공 지능(artificial super intelligence, ASI) 구현을 궁극적인 목표로 하며 그 과정에서 창출될 산업 전환과 혁신 생태계 조성을 위해 5000억 달러(약 736조 원) 규모로 조성된 초대형 중장기 프로젝트다. 중국 입장에서는 지금까지의 빅 펀드 1~3기 투자에 더해 지방 정부가 투자한 누적 금액을 모두 합쳐도 이에 미치지 못한다. 과연 중국에서 이 정도 규모의 빅 펀드를 조성할 수 있을까? 세 번째 시나리오로 가기 위해 중국은 반드시 3기 빅 펀드의 KPI 목표 달성 과정을 투명하게

공개하고 인공 지능 서브 펀드가 어떻게 다음 과정으로 연계되는지
를 보여야 할 것이다. 그렇지만 현재로서는 그럴 가능성은 높아 보이
지 않는다.

네 번째 시나리오는 이미 역사적 사례가 있다는 점에서 현실적이
다. 다만 이 시나리오가 현실화될 경우 하나의 공급망이 2개 이상으
로 분기하면서 글로벌 반도체 공급망 자체가 축소되는 문제가 생긴
다. 언뜻 생각하면, 예를 들어 8000억 달러 규모의 글로벌 공급망이
3000억 달러와 5000억 달러 규모의 공급망 2개로 분리된다고 해도
여전히 전체 규모는 그대로이니까 큰 문제는 아니라고 볼 수도 있다.
그런데 이것은 겉보기만으로는 설명이 어려운 비용 증가와 수익 감소
를 동시에 일으킨다.

우선 복수로 쪼개지는 공급망은 기술 표준과 로드맵의 분기로 이
어지기 때문에 기술 호환성을 해결하기 위한 비용이 추가된다. 또한
하나로 최적화되었던 공급망이 강제적으로 쪼개지면서 최적화 지점
이 달라진다. 이로 인해 비용 추가는 물론, 수급 우선 순위 변동으로
인한 가치 배분 혼란이 생긴다. 이는 공급망에 참여하는 모든 주체에
게 비용 증가와 수익 감소라는 대가를 치르게 한다. 따라서 주요 반도
체 회사들은 이러한 최악의 시나리오에 대비해 우회 전략을 미리 마
련하려 한다. 이는 이른바 소프트 디커플링(soft decoupling) 혹은 선택
적 디커플링(selective decoupling)이라 불리는 방식을 상정한다. 이렇게
될 경우 네 번째 시나리오는 이제 현실화 여부보다는 그 여파의 범위
를 얼마나 좁혀서 통제할 수 있을지가 더 중요한 문제가 된다. 예를 들

　　　　　　　　　　　　　　　　　1장 중국의 반도체 굴기

표 1.2 중국 반도체 펀드의 기수별 투자-회수-연장 타임라인. 영국 앨런 튜링 연구소 (Alan Turing Institute) 보고서.[12]

기수 \ 연도	2014	2015	2016	2017	2018	2019	2020	2021
1기	투자	투자	투자	투자	투자	투자/회수	회수	회수
2기	—	—	—	—	—	—	투자	투자
3기	—	—	—	—	—	—	—	—

기수 \ 연도	2022	2023	2024	2025	2026	2027	2028	2029
1기	회수	회수	회수/연장	연장	연장	연장	연장	연장
2기	투자	투자	투자/회수	회수	회수	회수	회수	회수/연장
3기	—	—	투자	투자	투자	투자	투자	투자

어 첨단 반도체 공정 장비 및 고성능 AI 반도체 영역에서는 미국의 기술 및 무역 제재에 맞서 내수 자립을 추구하되, 상용 시스템 반도체나 범용 메모리 반도체 등은 글로벌 공급망에서 수요–공급 포지션을 그대로 유지하게 되는 방식이 그렇다.

빅 펀드 주기의 충돌

앞서 제시한 시나리오 중 어떤 것에 가장 실효성이 있을 것인지는 앞으로의 상황 변화에 따라 순위가 바뀐다. 시나리오 게임을 마무리하기에 앞서 중국 빅 펀드의 맹점을 다시금 새겨 둘 필요는 있다. 이는 빅 펀드의 장기 지속성, 그리고 실제 효과를 객관적으로 추정함에 있어 필수적으로 짚고 넘어가야 하는 문제다.

표 1.2에 보였던 중국 반도체 빅 펀드의 기수별 투자-회수-연장 타임라인을 자세하게 살펴보자. 우선 1기와 2기의 타임라인, 그리고 2기와 3기의 타임라인이 각각 10년씩 겹치는 것을 확인할 수 있다. 1-2-3기 역시 5년이라는 꽤 오랜 오버랩 기간이 존재한다. 이러한 구조는 다분히 의도적인 것이다. 반도체 산업의 경우 팹 건설, 장비 배치, 시험 가동, 연구 개발 팹 가동, 양산 공정 진입으로 이어지는 과정에 최소 4~5년의 시간이 필요하다. 따라서 1기에서 초반 5년간의 투자가 이후 5년간의 수익 회수로 연결되고, 다시 시장 성장과 다른 산업으로의 확산에 따른 연장 과정에서 추가 수익이 발생할 수 있다. 이런 점에서 5+5+5 형태로 구성된 15년의 타임라인은 충분히 합리적인 설계로 보인다.

문제는 1기의 타임라인이 2기와 10년이나 겹친다는 점이다. 일단 1기의 중간 5년간 수익 회수 단계와 2기 초반 5년간 투자 단계가 정확히 겹친다. 또한 1기의 후반 5년간 연장 단계와 2기의 중반 5년간 수익 회수 단계도 정확히 겹친다. 공적 자금이 기수별로 구분되는 형태임에도 의도적으로 투자-회수-연장으로 이어지는 사이클을 이전-다음 기수 사이에서 장기간 오버랩시키는 방식이 꼭 나쁜 것만은 아니다. 수익 회수에 문제가 생겨 일시적으로 재무 불안정성이 발생할 경우 그 위험을 분산시키는 것이 이론적으로는 가능하기 때문이다. 또한 장기간의 오버랩은 공공 사업의 연속성과 산업으로 유입되는 고용률 유지를 보장하는 제도적 장치가 될 수도 있다. 사업의 연속성이 보장되면 산업 생태계로 공적 자금이 유입될 수 있음은 물론 민간 투자의 기반도 형성될 수 있기 때문이다.

문제는 빅 펀드가 취하는 투자-회수 방식이 그 효과만큼이나 위험도 크게 증폭될 수 있다는 점이다. 예를 들어 1기 빅 펀드의 투자 후 수익이 제대로 회수되지 않을 경우 2기 빅 펀드는 시작 단계부터 그 전 기수에서 생긴 빚을 떠안고 시작하게 된다. 이는 각 기수의 자금 풀(corpus)이 사실상 연속적으로 중첩되는 방식을 따르기 때문이다. 만약 1기의 후반부 연장 기간 동안에도 충분한 수익이 확보되지 못하고 부채가 계속 누적될 경우, 2기에서 발생한 수익은 1기에 참여했던 LP의 회수 과정에서 부채 상환에 우선 사용되어야 한다. 이는 다시 2기의 수익이 다음 기수인 3기로 넘어가는 시점을 늦춘다. 이 경우 3기 빅 펀드는 출범 단계부터 10년 넘게 누적된 거대한 부채까지 떠안게 되기에 부담감은 훨씬 가중된다. 3기는 이를 고려해 10년이라는 투자 기간을 일종의 완충 장치로 설정함으로써 위험을 분산하려 했던 것일 수도 있다.

빅 펀드 3기가 이전 기수와 다른 점은, 1~2기의 설비나 장비 투자를 바탕으로 단순한 기술 내재화를 넘어 글로벌 시장에서 경쟁할 수 있는 고부가 가치 반도체 제조로 변모를 획책하고 있다는 데 있다. 문제는 목표 달성을 위해서는 1~2기를 합친 것만큼이나 더 팽창한 자본이 지속적으로 투입되어야 하는데 누적된 부채로 인해 실제로 투입되는 현금성 자산에 불안 요소가 생기고 있다는 것이다. 3기에서 투자 기간을 2배로 늘리는 방법으로 그 위험을 회피하려고 해도 결국 수익 회수 단계에서 부담은 눈덩이처럼 불어난다.

　현재까지 공개된 타임라인에 따르면 2014년에 시작된 반도체 빅 펀드 1기부터의 부실은 이론적으로는 무려 2044년까지 눈덩이처럼 커질 수 있다. 빅 펀드가 장기간 오버랩되는 방식의 또 다른 문제는 현금 흐름 관리가 꼬이면서 각 기수의 KPI 관리가 어려워지고 이 과정에서 부실 기업의 재무적 취약점이 정리되기는커녕 숨어들 수 있다는 것이다. 또한 3기 투자의 상당수가 2기 투자의 마무리를 위해 사용되는, 좀비 형태의 투자가 기생하는 빈도가 늘어날 수도 있다. 이는 이전 기수에서 부담했어야 하는 성과 분배나 책임이 희석됨은 물론 다음 기수에서 KPI가 망가질 가능성을 높인다.

　10년 넘게 지속되고 있는 빅 펀드에서 예견된 오버랩 문제는 이미 곳곳에서 나타나고 있다. 1기에서 실패한 노광용 블랭크 마스크(blank mask) 개발 목표를 2기로 미루는 동시에 1기의 IRR 손실이 은폐된다든지, 1기에서 목표로 했던 14나노(미터)[13]급 공정 장비 개발 프로젝트가 기술 진척도가 0에 가까움에도 불구하고 2기, 3기 과정에서 추가 자금이 수억 달러 이상 더 투입되는 것, 1기에서 청산된 부실 기업 매각 대금을 2기 출자금으로 돌리는 것, 지방 정부에서 1~2기 동안 우후죽순으로 늘어난 팹의 양산 수율이 10퍼센트 미만, 가동률은 20퍼센트 미만에 그치는 상황에도 3기까지 연장시켜 운영비가 눈덩이처럼 불어나는 것, 3기에 처음 참여한 LP가 1기에서 시작된 적자 혹은 좀비 프로젝트의 후속 집행금까지 부담하면서 부실의 도미노에 동참하는 것, 동일한 고위 임직원이나 과제 평가 위원이 10년 이상 1-2-3기에 걸쳐 자본 투자 및 평가 과정에 관여하는 것, 외부 감사 주체가 불분명한 시기가 곳곳에서 나타나는 것 등은 장기간 오버랩되는 방식의 빅 펀드가 내포한 문제에서 빙산의 일각에 불과하다.

반도체 빅 펀드의 재무 불확실성과 수익률 관리 문제는 빅 펀드 3기가 최종 마무리되는 2044년이 되어서야 실체가 드러나겠지만, 중국 정부는 지금까지 해 온 대로 문제가 커진다고 판단할 경우 위험을 희석시킬 수단으로 다시 4기 빅 펀드를 출범시킬지도 모른다. 또는 인공 지능 펀드 1기, 2기 등으로 이름만 바꿔 수익률 관리를 계속 뒤로 미루면서 근본적인 문제 해결을 회피할지도 모른다.

주목할 점은 인공 지능 산업은 아직 반도체 산업만큼 확실한 수익 구조가 확보되지 않았다는 것이다. 인공 지능 산업에 투입되는 자본 대비 초라할 정도로 작은 수익은 일각에서 제기되는 인공 지능 거품론의 원인이 되기도 한다. 2025년 8월 매사추세츠 공과 대학교(MIT)의 난다 이니셔티브(NANDA Initiative)가 공개한 「생성형 인공 지능의 격차: 2025년 기업 인공 지능의 현황(The GenAI Divide: State of AI in Business 2025)」 보고서[14]에 따르면 2025년 상반기까지 300개 이상의 기업에서 총 400억 달러(약 59조 원)의 인공 지능 투자가 이루어졌음에도 그중 95퍼센트의 기업은 뚜렷한 성과를 거두지 못했다. 이른바 매그니피센트 7(Magnificent 7)[15]이라 불리는 기업들이 AI 모델이나 반도체 개발 투자 대부분을 주도하고 있으나, 이들이 2024~2025년에 AIDC나 인프라 등에 쏟아부은 6500억 달러(약 957조 원) 중 실제 매출로 이어진 것은 350억 달러(약 52조 원)에 불과했다. 거대한 투자가

2022년 이후 매년 집중되고 있으나 제대로 된 수익을 거두는, 아니 적자라도 면해 볼 수 있는 기업은 여전히 소수에 불과한 셈이다.

인공 지능 산업에서 아직 수익 창출의 확실한 기반이 정착되기도 전에 그것을 떠받치는 반도체 산업의 생태계 지속 가능성에 근본적 의문이 제기되면 중국은 반도체와 인공 지능이라는 두 마리 토끼를 모두 놓치는 결말을 맞을 것이다. 이렇게 수익 확보라는 숙제를 뒤로 미루면서 기수별로 누적된 부실을 감추는 방식이 앞으로도 지속되면 우리가 알아본 시나리오 중 첫 번째는 확실히 제외할 수 있다. 대신 두 번째 시나리오가 현실화될 가능성이 높다. 회계의 투명성과 수익/비수익 분리, 기업 청산과 부패 처벌 등이 포함된 구조 조정 패키지가 실패할 경우 중국 반도체 산업이 애써 이룩한 거대한 규모는 거대한 모래성이 될 수도 있다. 이는 중국이 장기적으로 획책하는 기술 자급화는 물론 공급망 내재화를 과거 수준으로 후퇴시키는 불행한 결말로 이어질 것이다.

인민 해방군과 반도체 산업의 연결 고리

중국 반도체 및 인공 지능 산업에 대한 미국의 제재가 점점 강도를 높이는 주요한 이유에는 군사 목적으로 전용되는 기술이라는 특징, 그리고 그러한 전용이 점점 노골적이 되고 있다는 미국 정부의 의심이 있다. 실제로 반도체와 인공 지능은 모두 민군 이중 용도 기술이며 특히 중국처럼 첨단 산업에 정부의 투자 지분이 높고 통제가 가능한 구조에서는 군사적 전용을 통제할 민간 영역의 균형은 기대하기 어렵다. 미국이 화웨이를 비롯한 중국의 주요 반도체 업체를 제재 대상으로 정한 배경에도 이들이 군사용 반도체 기술 개발 협력 업체라는 이유가 포함된다. 중국 역시 미국의 제재를 안보적 관점에서 민감하게 받아들인다. 그러면 중국 인민 해방군은 중국 반도체 산업과 어떠한 관계를 가지고 있을까? 이러한 관계가 정말 미국 정부가 의심의 강도를 높일 정도로 실질적인 수준에 이르고 있을까?

군이 필요로 하는 반도체

상당수의 중국 반도체 및 인공 지능 기업과 중국 인민 해방군 간 관계는 밀접하다고 알려져 있다. 가장 대표적인 사례로 화웨이가 자주 언급된다. 설립자이자 전 CEO인 런정페이 본인부터 약 10년간 인민 해방군 산하 정보 기술 연구소에 공병 장교로 복무 경험이 있으며 화웨이는 런정페이 본인의 의도는 물론 자신의 군 인맥으로 확보한 인민 해방군 관련 사업의 영향으로 초기부터 회사 문화가 군대식으로 정착하기도 했다.

화웨이의 초기 사업 모델은 외국에서 홍콩을 통해 수입한 통신 장비를 군용 및 민수용으로 역공학(reverse engineering) 기반 개조하는 것에서부터 시작됐다. 이를 바탕으로 사업 초기에는 민수용 사설 구내 교환기(private branch exchange, PBX) 장비 보급에 뛰어들었으며[16], 중국 국내 기업은 물론 주요 관공서에 공급되며 매출 규모가 급격히 늘어났다. 1990년대 초반 화웨이는 외국산 통신 장비 보급이 어려운 소도시 및 농촌 지역 시장을 장악했고 1994년에는 인민 해방군의 첫 전국 단위 통신망 구축 계약까지 수주하며 전략적 동반자 관계가 시작되었다.

최근 주목받고 있는 반도체 공정 장비 업체인 사이캐리어 역시 인민 해방군 산하 정보 기술 연구소에서 분사되어 창업한 업체이며 2023년 이후에는 화웨이의 투자가 확대되어 어센드(昇騰, Ascend) 같은 NPU 칩을 생산하는 팹 라인에 납품 범위가 확대되면서 매출 규모도 급성장하고 있다. YMTC 같은 중국의 대표적인 메모리 반도체 업체는 칭화 유니그룹(紫光集團, Tsinghua Unigroup) 산하 회사이나 칭화 유니그룹 역시 민군 융합 연구를 주도하는 대표적인 기업으로 잘 알려져 있다.

중국이 미국의 제재에 민감하게 반응하는 영역에도 군사용 반도체를 타깃으로 한 미국의 기술 통제가 있다. 군사용 반도체 중에서도 군사용 데이터 처리에 특화된 인공 지능 반도체의 설계 및 제조는 최근 중요도가 높아지고 있다. 군사용 데이터는 좁게는 첩보 위성에서 수집한 초분광 이미지(hyperspectral image) 데이터나 무인 항공기(UAV)가 수집한 다분광 이미지(multiband-spectral image) 같은 텐서(tensor) 데이터부터, 넓게는 군용 암호화 통신 자연어 데이터나 자율 무기 체제 개발을 위한 비정형 데이터까지 포함한다. 주목할 부분은 군사용 데이터라고 해도 수학적으로 일반화될 수 있는 숫자 뭉치라는 사실에는 변함이 없으므로 민간의 데이터 처리 및 학습 관련 인

    1장 중국의 반도체 굴기

공 지능 알고리듬을 얼마든지 유용할 수 있다는 점이다. 예를 들어 자율 주행차 제어를 위한 비전 처리 알고리듬은 무인 전차나 드론, 경계 로봇 같은 자율 무기 체제 제어를 위한 지능형 알고리듬으로 조정될 수 있다. 특히 군사용 로봇의 시각 정보 처리 및 동작 제어 인공 지능, 주변 환경 인식 및 추론(reasoning) 알고리듬, 장애물 극복 및 공격 우선 순위 설정 알고리듬 등은 민간 산업용 로봇 제어를 위한 알고리듬과 1 대 1로 대응된다. 민간에서 농업이나 기상용으로 활용해 왔던 초분광/다분광 이미지 데이터 처리 기술 역시 군사용 첩보 위성 이미지 및 대상 추적 목적으로 활용될 수 있다. 데이터 암호화/복호화 기술에는 민간에서 활용되는 사이버 보안용 생성형 인공 지능 모델을 이용할 수 있다. 관건은 이러한 복잡한 데이터 처리에 최적화된 알고리듬을 안정적으로 구동하면서도 (온도, 습도, 충격 요구 조건 등이 강화된) 군용 사양에 적합한 품질을 갖는 전용 반도체 칩을 확보할 수 있는지 여부다.

군 자금 투자의 확장 경로

중국 인민 해방군은 군사용 반도체 및 인공 지능 기술의 확보와 고도화를 위해 자국 업체들에 대한 투자를 확장하고 있다. 예를 들어 DRAM 자급도를 높이기 위한 국책 과제인 일명 '허페이 DRAM 506 프로젝트'는 중국 과학 기술부와 공신부가 공동 주관하는 국가 집적 회로 중대 특별 프로젝트(國家集成電路重大專項)의 일환으로 기획되어 2018년에 출범한 프로그램이다. 이 프로그램에서 인민 해방군의 지분은 크다. 이 프로젝트의 주축은 12인치 웨이퍼 기반 DRAM 팹 건설 및 운용을 담당하는 루이리지청(睿力集成, Innotron Memory)과 루이리지청 자회사이기도 한 DRAM 전문 설계 및 제조 종합 반도체 회사 CXMT다. 앞서 언급했지만 CXMT는 현재 중국에서 가장 기술적으로 앞선 세대의 DRAM을 양산하며 DRAM 분야 글로벌 3강 과점 구도에 도전장을 낼 수준에 이르고 있다.

이 프로젝트의 핵심 목표는 18나노 이하급 선단 공정을 통한 12인치 웨이퍼 DRAM 양산 및 기술 자급이며, 투자 주체는 빅 펀드 외에 허페이 시 지방 정부와 인민 해방군이다. 특히 인민 해방군은 9억 달러(약 1조 4000억 원) 규모로 초기부터 투자에 참여하며 CXMT를 통해 군용 서버에 필요한 고성능 메모리 반도체 생산분도 동시에 확보한다. 인민 해방군이 허페이 DRAM 506 프로젝트를 통해 지금까지 확보한 CXMT 지분은 25퍼센트 내외로 추정되며 이는 빅 펀드의 15퍼센트보다 확실히 높다.

중국 인민 해방군은 CXMT 같이 잘 알려진 반도체 기업에만 투자하는 것이 아니다. 방위 산업이 주 영역인 특수 반도체 회사 등에는 더 실질적인 영향력을 행사한다. 예를 들어 중국 전자 과기 집단 공사(中國電科, CETC) 같은 방위 산업용 반도체 연구 개발 전문 업체는 인민 해방군 산하 정보 부대의 지분이 100퍼센트인 군 자회사다. 이 회사의 주력 분야는 첨단 군용 보안 통신, 레이더, 군사용 사양을 갖춘 극한 환경 대응 반도체 설계 등이다. 인민 해방군은 이를 통해 군사용 통신, 감시, 네트워크 기술의 파이프라인을 확보한다. 또 다른 사례는 하이크비전(海康威視, Hikvision)으로서 이 회사는 군용 영상 감시 자산에 필요한 이미지 센서와 반도체를 제조하고 있으며 특히 최근에는 인공 지능 모델이 임베딩(embedding)된 이미지 센서와 영상 처리 전용 시스템 반도체를 설계하고 있다. 이 회사는 CETC의 자회사로 42퍼센트의 지분을 가진 인민 해방군이 최대 주주다. 군용 반도체가 가장 많이 활용되는 영역에는 민감 정보 분석도 있다. 이를 전문으로 다루는 기업은 젠화 데이터(振華數據, Zhenhua Data)인데 역시 CETC의 자회사이기 때문에 인민 해방군이 100퍼센트 지분을 갖는다. 이 회사는 미국의 주요 정보 기관 감시 대상이기도 한데, 주된 영역이 오신트(OSINT)[17] 데이터 분석이고 이에 특화된 반도체 칩을 설계하기 때문이다. 특히 정찰 위성 이미지나 감청 데이터를 실시간 처리할 수 있는 고성능 반도체 확보에서 이 회사의 역할이 지대하다고 판단한 미국 정보 기관은 이 회사도 제재 리스트에 올렸다.

중국이 첨단 반도체 자급화를 위해 집중하는 영역으로서 전자 설계 자동화(electronic design automation, EDA) 프로그램도 있다. 미국은 2021년 이후 미국의 시놉시스(Synopsys), 케이던스(Cadence), 지멘스(Siemens) 같은 기업의 대중국 EDA 패키지 수출 및 업그레이드를 통제하고 있다. 중국은 통제를 우회하기 위해 자국 기업에 투자를 늘리고 있는데 그중 대표적으로 엠피리언(華大九天, Empyrean)이 있다. 흥미롭게도 이 회사 역시 인민 해방군 산하 중국 전자 정보 산업 그룹(中國電子, CEC)이 소유한 지분이 51퍼센트로서 역시 인민 해방군이 가장 큰 영향력을 발휘한다. 엠피리언은 표면적으로는 민수용 EDA

도 제작하지만, 군용 위성 통신 칩, 안보용 칩 설계 IP에도 많은 자원을 투자해 이미 미국 정부의 제재 대상이 되었다.

중국 제1의 파운드리 업체인 SMIC도 예외는 아니다. 인민 해방군은 빅 펀드에 공동 참여하는 방식으로 SMIC에 지분을 갖는다. 특히 SMIC는 10나노 이하급 선단 공정뿐만 아니라 미들테크-레거시(middle tech-legacy) 팹도 중국 전역에 다섯 곳 운영하는데, 인민 해방군은 이중 적어도 팹 라인 두 곳 이상을 군사용 반도체 양산을 위한 파이프라인으로 확보하고 있다. 이미징 센서 분야에서 큐에스티(矽睿科技, QST) 같은 회사는 비즈니스 모델이 주로 대형 국영 방산 기술 연구소와 추진하는 연구 개발 프로젝트 수주인데 개발비 절반 이상이 인민 해방군에서 나온다. QST는 최근 러시아-우크라이나 전쟁 이후 드론 혹은 안티드론 센서 기술력을 인정받고 있으며 인민 해방군의 무인 항공기(unmanned aerial vehicle, UAV) 같은 무기 체계의 개발에도 협력한다. 지분이 정확히 알려지지는 않았으나 인민 해방군이 필요로 하는 군사용 반도체를 공급하는 주요 업체로서 윈텐리페이(雲天勵飛, Intellifusion) 같은 안면 인식 전문 업체뿐만 아니라 다푸 테크놀로지스(大普技術, Dapu Technologies)나 하이 로보틱스(海柔創新, HAI Robotics) 같은 로봇 전문 업체도 있다. 이 업체들은 인민 해방군이 필요로 하는 물류 및 보급을 위한 제어 기술 확보 파트너로 협력하는 것으로 추정된다.

한 가지 특이한 것은 SMEE 같은 업체에도 인민 해방군이 투자한다는 것이다. SMEE는 지금까지 언급된 회사들과는 달리 반도체 칩을 직접 설계하거나 제조하는 회사가 아니라 심자외선 노광 스캐너 같은 첨단 공정 장비에 특화된 회사다. SMEE는 중국 정부가 반도체 공급망 내재화를 위해 집중 지원하는 주요 회사인데, 이러한 회사에 인민 해방군의 투자가 이어지고 있다는 것은 군사용 반도체 생산에도 첨단 장비의 공급망 안정화가 결정적임을 보여 준다.

미국이 키운 중국의 반도체+AI

미국은 2010년대 중반 이후 뚜렷해진 중국의 반도체 및 인공 지능 분야 기술 발전은 물론 군사용 반도체와 인공 지능 기반 방위 산업의 성장, 그리고 미국이 주도하는 혁신 생태계에까지 파고들 정도로 확장되는 글로벌 영향력을 경계하며 주기적으로 제재 정책을 쏟아내고 있다. 그렇지만 그렇게 성장한 중국 반도체와 인공 지능 내재화의 기반에 사실 미국의 지분이 상당히 크다는 것은 자못 충격적인 사실이다. 미국 업체와 펀드 주체들이 짧게는 10년, 길게 보면 거의 20년 넘게 중국의 급성장을 위해 어떻게 촉매로 작동했는지를 살펴보아야 향후 대중 정책의 향방도 조금 더 정밀하게 예측할 수 있다.

애플 인 차이나

2025년 5월 전 《파이낸셜타임스(*Financial Times*)》 기자 패트릭 맥기(Patrick McGee)가 펴낸 르포 『애플 인 차이나(*Apple in China*)』[18]는 출간

직후 미국의 테크 업계와 정가에 큰 충격을 주었다. 그간 심증만 추정되던 미국 기업과 중국 정부 사이의 긴밀한 협력 구도에 대한 의심이 사실에 가까웠다는 증거들이 낱낱이 드러났기 때문이다. 그 의심은 미국의 주요 테크 업체들이 지난 10~20년간 중국에서 비즈니스를 확장하는 과정에서 대규모 자본만 꾸준히 투자한 것이 아니라 아예 중국의 첨단 산업, 특히 미국이 전략적으로 중시하는 산업에서마저 직간접적인 도움을 주었다는 것이었다. 즉 미국이 사실상 중국의 첨단 산업을 키워 주었다는 것이다. 맥기의 책에서는 애플에 국한된 취재가 보고되었지만, 그간의 의심이 사실에 가까웠음이, 그리고 구체적으로 어떠한 방식으로 이루어졌는지가 드러난 것은 이 사례가 비단 애플에만 국한되지 않을 것임을 암시한다.

맥기가 추적한 애플의 중국 사업 사례는 아이폰, 맥북 등의 제조 협력사인 폭스콘(鴻海, Foxconn)이나 페가트론(和碩, Pegatron) 같은 대만 IT 제조 전문사들과의 관계부터 시작한다. 애플과 대만 협력사는 중국 현지에서 비야디(比亞迪, BYD), 럭스쉐어(立訊精密, Luxshare-ICT) 등과 함께 전자 제조 전문 서비스(EMS) 방식으로 에어팟부터 아이폰까지 다양한 제품을 같이 만들었다. 이 과정에서 애플 고유의 생산 및 공급망 관리는 물론 공정 기술, 품질 관리, 납기 체계 관리 등의 노하우가 넘어간 것으로 보인다. 특히 럭스쉐어는 위스트론(緯創, Wistron) 중국 공장을 인수해 제2의 폭스콘으로 성장했을 정도로 노하우를 가장 잘 흡수한 사례다.

그뿐만 아니라 애플이 본격적으로 클라우드 사업을 확장하면서 클라우드 관련 기술도 중국으로 많이 넘어간 것으로 보인다. 중국 내에 위치한 애플의 아이클라우드(iCloud) 데이터 서버는 2018년 2월 28일부로 윈상 구이저우 빅 데이터(雲上貴州, GCBD)로 관리 권한이 넘어갔는데, 문제는 이 GCBD가 사실상 국유 기업이라는 것이다. 즉 중국에서 팔리는 애플 제품의 모든 클라우드 백업 정보를 중국 정부가 소유하게 된 셈이다. GCBD 통제 권한을 확보한 중국 정부는 서버에 보관된 데이터를 언제든 들여다볼 수 있을뿐더러 검열, 사용자 개인별 접근 통제 체계까지도 지배할 수 있다.

지난 20여 년간 애플이 중국에서 일으킨 매출은 실로 막대한 수준에 이르렀다. 2024년 기준으로만 전체 매출의 약 17퍼센트를 차지한다. 특히 아이폰은 20~25퍼센트, 앱스토어 매출도 20퍼센트 이상의 비중을 기록하며 애플에게 중국은 가장 중요한 시장이 되었다. 때문에 애플은 중국 정부의 요구를 대부분 들어줄 수밖에 없었을 것이다. 아이클라우드 서버 제어 권한을 넘긴 것은 물론 제품의 공급망과 생산 파트너를 대부분 중국 업체로 바꾼 것도 애플의 단독 판단은 아니었을 것이다. 문제는 그 과정에서 애플뿐만 아니라 애플의 협력사, 특히 심지어 다른 나라의 반도체 및 IT 제조사 기술도 직간접적으로 같이 넘어갔을 가능성이 높다는 점이다. 폭스콘의 기술이 럭스쉐어로, 삼성디스플레이나 LG디스플레이의 OLED나 LCD 기술이 징둥팡(京東方, BOE)으로 새어 나가는 과정[19]에서 한때 애플의 파트너였던 두 회사의 기술이 유출되었을 것이라는 점은 그러한 가능성의 지극히 일부만 보여 줄 뿐이다. 애플은 현지 공정 개선이나 DFx(Design for

X) 등의 전략을 실행하기 위해 중국 엔지니어와 상주형 문제 해결 체계를 구축했으며 이 과정에서 실제로 공정 관리 노하우가 중국 EMS 파트너, 부품 공급사 등에 빠르게 전수되어 축적되기 시작했다. 맥기의 분석에 따르면 애플은 2008년 이후 중국에서만 2800만 명의 엔지니어 고용 창출이 직간접적으로 이루어졌고 이 과정에서 연간 550억 달러(약 81조 원)를 투자하기도 했다. 애플 CEO인 팀 쿡(Tim Cook)도 2015년 인터뷰에서 중국에서 일자리 약 500만 개를 창출했음을 밝히기도 했다.[20] 사실상 애플이 중국 IT 산업을 궤도에 올리는 일에 일조한 셈이다.

맥기가 지적하듯 애플이 중국에 10년 넘게 집중 투자한 결과물은 (그럴 의도가 있었는지는 불분명하지만) 반도체-IT로 이어지는 거대한 중국 내 생태계 구축에 도움을 주었다. 이렇게 만들어진 생태계는 중국의 정치 경제적 특성, 즉 계획 경제와 국가 자본주의가 주도하는 경제 구조상 중국 정부가 막 융성하던 첨단 산업을 초기부터 통제할 수 있는 기반으로 활용되기도 했다. 이 과정에 도움을 준 미국 업체는 애플만이 아니다. 2010년대 중반부터 본격화된 인공 지능, 특히 딥 러닝(deep learning)을 기반으로 한 생태계가 오픈 소스로 확장되는 과정에서 가장 큰 혜택을 본 나라가 바로 중국이다. 중국은 구글의 텐서플로(TensorFlow), 메타의 파이토치(PyTorch) 같은 오픈 소스 딥 러닝 프레임워크(framework)를 활용해 인공 지능 알고리듬 개발 초기에 미국과의 기술 격차를 빠르게 줄일 수 있었다. 특히 화웨이는 2019년 미국 정부로부터 제재 대상으로 지정되기 전 이미 메타의 파이토치 재단

    1장 중국의 반도체 굴기

(PyTorch Foundation)에 프리미어 멤버로 참여하기도 했으며 이 과정에서 화웨이 어센드 칩의 설계 방향이 정해지기 시작했다.

오픈 소스로 출발한 인공 지능, 특히 딥 러닝 커뮤니티는 초반에는 정부가 규제할 수 있는 영역이 사실 거의 없었다. 그래서 초기에 생태계 형성 방향이 확정되기 전 중국의 여러 업체들은 빠르게 주요 멤버로 참여할 기회를 얻었다. 앞서 언급했듯 이 과정에서 중국의 주요 IT 업체들은 정부로부터 대규모 투자를 받아 반도체 및 인공 지능 생태계를 자급화한다는 명목하에 민관 합작 프로젝트를 지속했다. 예를 들어 2016년에 오픈한 바이두(百度, Baidu)의 패들패들(PaddlePaddle)은 산학관(産學官)이 한 팀을 이루어 파이토치 같은 오픈 소스 딥 러닝 프레임워크를 만들려던 프로젝트이기도 했다.

기술과 인재 양성의 인큐베이션

미국의 주요 업체들이 중국 시장을 노리며 10~20년간 깔아 둔 자본, 기술, 선진적 경영 전략, 인재 훈련 시스템 등은 그대로 중국 업체들에게 흡수되면서 사실상 미국은 최대의 적을 자신의 손으로 공들여 키우는 데 일조했다. 마이크로소프트가 2000년대부터 운영한 마이크로소프트 리서치 아시아(MSRA)가 중국 내 최고 수준의 IT 연구 인력 산실로 작동해 왔을 정도다. 이 연구소 출신 IT 인력들은 시간이 지나면서 중국 반도체와 인공 지능 산업의 테크 리더로 발돋움했다. 그들은 빅테크 업체의 주요 임원으로, 스타트업 창업자 혹은 벤처 투자자로, 정부나 공공 기관의 핵심 요직으로 진출했다.

    차이나 반도체 라이징

예를 들어 MSRA의 공동 설립자인 리카이푸(李開復)는 구글 차이나 사장을 역임했고 현재 반도체나 인공 지능 분야 투자에 집중하는 시노베이션 벤처스(創新工場, Sinovation Ventures) 회장이다. 마이크로소프트 차이나 고위 임원을 지낸 장야친(張亞勤)은 2014~2019년 바이두 사장으로 재임했으며 현재는 칭화 대학교 인공 지능 산업 연구소 책임자다. MSRA 초기 멤버인 장훙지앙(張宏江)은 H-지수(H-index)[21]가 139에 달하는 중국의 대표적 인공 지능 석학 중 한 사람이자 킹소프트(金山軟體, Kingsoft) CEO와 마이크로소프트 차이나 CTO를 역임하기도 했으며 무엇보다 중국 최고의 비영리 인공 지능 연구 기관으로 자리매김한 베이징 인공 지능 아카데미(北京智源人工智能硏究院, BAAI)의 설립자이기도 하다. 틱톡(Tiktok) 개발사인 바이트댄스(字節跳動, ByteDance)에서 인공 지능 연구 책임자이자 칭화 대학교 교수로 일하는 마웨이잉(馬維英)은 무려 15년 동안이나 MSRA에서 머신 러닝 연구를 주도했던 엔지니어였다. 퀄컴의 경우 중국의 스마트폰 시장 급성장기에 이동 통신용 반도체 핵심 IP와 칩셋을 공급하면서 많은 수익을 거두었다. 그러나 동시에 화웨이, 오포, 비보, 샤오미 같은 중국 스마트폰 제조사들이 일찍부터 퀄컴의 하드웨어·무선 주파수(HW·RF) 공급망에 핵심 파트너로 편입되면서 결과적으로 이들의 기술 자립을 가속한 셈이 되었다. 퀄컴 입장에서도 2024년 기준으로 중국 시장이 자사 매출의 거의 절반인 46퍼센트를 책임지는 수준이기 때문에 지금 와서 협력을 마냥 줄이기도 어렵다. 인텔 역시 2014년 모바일 생태계를 가속한다는 명분으로 칭화 유니그룹에 15억 달러(약

2조 2000억 원)를 투자했는데 이는 칭화 유니그룹의 3D 낸드 플래시
(NAND Flash) 기술 개발 자금으로 활용되었다. IBM 역시 중국 반도
체 팹에 큰 투자를 이어 오고 있다. 2007년 IBM은 현재 중국 최대의
파운드리 회사가 된, 그러나 당시로서는 신생 업체 티를 미처 벗지 못
했던 SMIC에 당시 최신이었던 45나노 공정 라이선스를 이전하면서
중국이 반도체 산업 진입 초기에 제조 기술 격차를 빠르게 줄이는 과
정에 일조했다.

클라우드 측면에서도 애플만 중국에 도움을 준 것이 아니다. 마이
크로소프트 애저의 중국 내 운영사인 21Vianet이나 아마존 AWS의
중국 내 운영사인 Sinnet·NWCD 역시, 클라우드의 분리-관리 운영
모델을 채택함으로써 중국 현지 운영권을 정부의 통제를 받는 기관
에 대부분 이양하는 구조로 중국 정부의 요구에 순응했다. 중국 정부
는 아이클라우드에 적용했던 방식 그대로 미국 주요 IT 업체들의 중
국 내 클라우드 서버와 내부 데이터에 대한 접근, 관리, 보관, 검열 등
의 막대한 권한을 국가 안보를 명목으로 이양받았다. 흥미롭게도 중
국 공산당은 나중에는 클라우드 운영 및 구축 기술도 같이 요구했고
목표한 기술을 대부분 확보했다. 이는 중국 대형 클라우드 업체들의
인력에 사실상 기술 노하우를 전수하기 위한 훌륭한 플랫폼이 되었다.

정리하자면, 지난 10~20년간 미국 주요 IT 업체들은 중국 사업을
확장하는 과정에서 직간접적인 방식으로 본의 아니게 경쟁자가 될
회사들의 가장 중요한 기술 인큐베이터 역할을 했다. 적어도 중국 업
체들의 성장 초기부터 글로벌 궤도에 본격 진입하는 중장기까지는

가장 큰 가이드 역할을 했다고도 볼 수 있다. 미국 업체들이 중국 업체로 제조 운영을 외주화한 것은 사실상 기술 전수와 구분하기 힘든 수준이었고 오픈 소스로 시작한 인공 지능 기술의 광범위한 보급은 중국 자체 인공 지능 모델 개발 및 혁신 저변 확대로 이어졌으며 중국에 설립한 연구 및 교육 기관은 경쟁사에서 일할 연구원이나 창업자의 요람이 되었다. 엔비디아가 중국으로 수출한 GPU는 성능 열화와 물량 제한이라는 규제에도 딥시크 같은 강력한 경쟁자가 등장하도록 만드는 촉매가 되었으며 중국 내의 클라우드 운영은 데이터 활용과 노하우를 사실상 정부 기관에까지 전수하는 결말로 이어졌다.

이러한 사례와 이후 이어진 결과의 주 원인이 미국 IT, 반도체, 인공 지능 업체들 때문이라며 책임을 뒤집어 씌우는 것은 이들 입장에서는 억울할 수 있다. 애초에 이들이 진출한 2000년대 후반~2010년대 초반은 중국 시장이 폭발적으로 성장하며 가장 큰 시장으로 자리 잡아 가던 시기였다. 동시에 중국의 기술력과 자본은 충분히 발전하지 못한 상황이라 당시의 미국을 위협할 만한 수준과는 전혀 거리가 멀었다. 그래서 자신들의 기술이나 노하우가 이렇게 빨리 부메랑이 되어 돌아올 것이라 상상하기 어려웠을 것이다. 또한 당시는 미국 정부가 딱히 중국에 기술 규제를 하거나 무역 제재를 하는 상황도 아니었고 미국 정부 입장에서도 중국을 가장 큰 무역 파트너이자 저렴한 제조업 공급 기지 정도로 활용하는 것이 미국 경제에도 긍정적이어서 기업들의 중국 진출, 그리고 합자 열풍을 막을 명분도 없었다. 그렇지만 이들의 다소 안일했던 예상과는 다르게 미국의 기술 요소 하나

     1장 중국의 반도체 굴기

하나를 빠르게 흡수하고 자국 시장에 맞게 최적화한 중국 업체들의 성장 속도가 너무 빨랐다는 것이 문제였다.

미국 벤처 자본은 어떻게 촉매가 되었나?

2024년 2월 미국 의회 산하 미중 전략 경쟁 위원회(The Select Committee on the Strategic Competition between the United States and The Chinese Communist Party)에서는 충격적인 보고서가 나왔다. 「중국 공산당에 투자하다: 미국 벤처 캐피털은 어떻게 중국 인민 해방군과 중국의 인권 탄압에 기여했는가(The CCP's Investors: How American Venture Capital Fuels the PRC Military and Human Rights Abuses)」라는 이 보고서는 중국 첨단 산업 인큐베이터로서 미국의 내부 반성이 정리된 공식 문건이다.[22] 여기서 특히 주목하는 것은 기술 이전 및 첨단 산업 인큐베이션 과정에서 미국의 기술 업체뿐만 아니라 자본, 특히 민간 펀드 기반 VC가 어떻게 촉매가 될 수 있었는지를 분석한 것이다. 보고서에서 분석한 VC는 열여섯 곳이다.[23] 이들이 중국 공산당과 연계된 기업이나 기관, 특히 반도체와 인공 지능 사업 분야에 투자한 누적 자본은 보수적으로 산정해도 31억~45억 달러(약 4조 6000억~6조 6000억 원)에 이른다. 보고서에서 문제 삼는 것은 투자액의 규모나 중국 공산당과 연루된 기업으로 투자가 흘러갔다는 것뿐만이 아니다. 이들이 투자한 기업들이 중국 인민 해방군과 강하게 연계된 기업이라는 것, 그리고 일부는 인권 침해 혐의가 있는 기업들이라는 점이다. 또한 투자 주체로서 미국 중앙 정보국(CIA)이나 국방부 같은 연방 정부 기관이 관여하는 VC도 참여했다는 것이 문제였다.

보고서에 따르면 미국 VC들이 투자한 것은 자본만이 아니었다. 여느 VC가 그렇듯 "투자하고 잊어라.(Invest & Forget)" 방식으로 거액을 투자하는 기관은 없다. VC들은 투자 관리를 위해 투자-회수 시점도 각자의 목적에 따라 세밀하게 제어한다. 어느 단계로 진입하는 VC든 큰 돈이 자국 법을 따르지 않는 해외 기업에 투입되었다면 그것이 수익으로 제때 회수되는지를 철저하게 관리하는 것은 당연한 논리다. 하지만 중국 기업에 투자한 미국의 VC는 이 과정에서 투자금의 흐름을 감시하는 것 이상의 역할까지 맡으며 기업 경영에 깊이 관여했다는 것이 문제였다. 예를 들어 중국 내에서 수익 창출을 위해 월든 인터내셔널 같은 VC는 직접 투자한 SMIC 같은 반도체 파운드리 회사의 이사회에 참여하는가 하면 패키징(packaging) 분야의 에스제이세미(盛合晶微, SJSemi)나 이미지 센서 분야의 갤럭시코어(格科微, GalaxyCore), 반도체 공정 장비 분야의 AMEC 같은 회사들에 대해서는 기술이나 경영 멘토링을 가장한 컨설팅도 지원했다. 필요하면 컨설팅 파트너가 될 수 있는 서구권 테크 업체를 연결해 주기도 했다.

반도체 분야에서 미국 VC뿐만 아니라 테크 업체가 **투자+기술 이전**이라는 패키지를 만들어 참여하는 경향은 더 뚜렷하다. 대표적인 사례가 앞서 언급했던 IBM의 45나노 반도체 공정 기술 이전이다. 이러한 기술 지원은 VC의 공식 지원 항목에 포함되지 않는다. 그러나 실제로 일부 VC는 수익률 관리라는 명목하에 중국 기업, 특히 공산당과 연루된 기업, 나아가 인민 해방군과 긴밀하게 연계된 기업에도

　　　　　　　　　　　　　1장 중국의 반도체 굴기

깊숙이 관여했다. 결과적으로는 미국과의 기술 격차 축소와 기술적 난제 해결, 솔루션 지원 등의 협력까지 폭넓게 제공한 셈이다.

예를 들어 2000년대만 해도 기술력에서 한참 뒤쳐졌던 SMIC는 2010년대 들어 본격적으로 중국에서 로직 반도체 선두 업체로 자리 잡을 수 있었는데, 그다음 단계의 관건은 반도체 제조업의 특성인 높은 초기 설비 투자(CAPEX) 비중을 감당하기 위한 대량의 자본 확보였다. 이 과정에 월든 인터내셔널 같은 미국 VC가 초기 자금을 제공함과 동시에 SMIC의 경영에 참여해 성장의 기반이 되어 주었다. 이들은 2001년부터 SMIC에 5200만 달러(약 800억 원)를 누적 투자했고 2001~2018년 사이 거의 20년 가까이 SMIC의 이사회 멤버로도 참여했다. 그 과정에 인텔 CEO인 립부 탄(Lip-Bu Tan)이 SMIC 이사로 참여한 전례가 미국 정치권에서 문제로 지적되기도 했다.[24]

인공 지능 산업이 중국에서 자리 잡는 과정에도 미국 민간 VC의 역할은 지대했다. 중국 인공 지능 업체 대다수는 크든 작든 미국 VC 자금을 받았고, 인공 지능 반도체 업체들인 비런 테크놀로지(壁仞科技, Biren Technology)나 무어 스레드(摩爾線程, Moore Threads)에도 초기부터 자금이 흘러갔다. 문제는 이 업체들이 2020년대 이후 미국 정부 제재 대상에 포함되기 시작했음에도 투자는 끊이지 않았다는 점이다. 이들이 제재 대상에 포함된 가장 주된 이유는 중국 공산당이 큰 지분을 가지고 있는 업체일 뿐만 아니라 인민 해방군과 협력해 군사용 고성능 인공 지능 반도체 생산도 담당하는 파트너라는 점 때문이었다.

인공 지능 인프라나 컨텐츠 산업에서도 미국 VC의 역할은 멈추지 않았다. 세쿼이아 캐피털(Sequoia Capital)의 경우 중국의 홍산 캐피털(紅杉中國, HongShan Capital)[25], 미중 다국적 VC인 GGV 캐피털(纪源资本, JiYuan Capital)[26]과 연합해 틱톡 개발사인 바이트댄스에만 14억 달러(약 2조 1000억 원) 이상을 투자했다. 바이트댄스는 이를 기반으로 글로벌 시장, 특히 미국 젊은 사용자층을 노린 쇼츠(Shorts) 위주의 SNS 시장으로 진출하기 위한 초기 자금을 확보할 수 있었다.

미국이 깔아 준 도약판

미국의 첨단 기술 업체와 대형 펀드가 중국의 반도체, IT, 인공 지능 기술의 개발, 나아가 미국과의 기술 격차를 줄이는 데 얼마나 기여했는지 정확하게 추정하기란 쉽지 않다. 분야와 단계마다 천차만별일뿐더러 투자한 자본이 정확히 어느 세부 영역에서 활용되었는지를 보여 주는 데이터를 중국 정부나 회사가 외부에 거의 공개하지 않기 때문이다. 또한 겉으로 보이지 않는 간접적인 지원도 10년 넘는 세월 동안 지속되었기 때문에 그 영향을 세밀하게 계상하기는 매우 어렵다. 그럼에도 몇 가지는 보수적으로 추정해 볼 수 있다.

반도체 같은 경우, 특히 파운드리, 패키징, 공정 장비 측면에서는 미국이 제공해 준 도움닫기를 통해 중국 업체들은 적어도 3년, 길게 잡으면 6년까지 기술 격차를 단축시킨 것으로 분석된다. 기술 격차 규모를 산출할 수 있는 근거는 명확하다. 기술 격차 축소 혜택을 가장 많이 본 회사 중 하나로서 월든 인터내셔널 같은 VC가 투자한 SMIC

의 사례를 통해 이를 알아보자.

2000년에 설립된 SMIC는 이미 2000년대 중반부터 미국 VC의 투자를 받은 동시에 IBM 같은 회사로부터 핵심 공정 기술 이전도 받았다. 2010년대 들어 미국 회사들의 공정 장비가 중국 현지의 팹 라인에 설치되는 과정에서 장비 엔지니어들도 대량으로 양성되기 시작했다. 한국이나 대만 등에서 비슷한 수준의 인력 양성에 10~15년 이상의 시간이 소요된 것에 비해 중국에서는 엔지니어를 더 많이 집중 양성하면서 그 기간을 5~8년으로 단축했다. 여기에 투자금, 기술 솔루션이나 라이선스 제공은 각 영역에서 기술 단축에 어느 정도까지 기여했는지를 각각 추정할 수 있게 해 준다. 이러한 방식으로 SMIC라는 개별 회사만 급성장한 것이 아니라 SMIC를 둘러싼 수많은 소재·장비·부품(소부장) 회사들의 생태계가 같이 형성되었다. SMIC가 2010년대 들어 파운드리에 본격적으로 집중하면서 팹리스, 디자인 솔루션 파트너(design solution partner, DSP), 패키징 업체 등까지 같이 이 생태계에 들어왔고, 양과 질 모두 급격하게 팽창했다는 것은 실제 기술 격차 축소가 더 크고 더 빨리 이루어졌을 것이라는 추정도 가능하게 한다.

이러한 생태계의 팽창은 미국 기술 업체와 VC 들의 장기적 협력과 도움이 없었으면 그렇게 빨리 이루어지지 못했을 것이다. 중국에서 첨단 산업이 초기의 빈약한 기술 생태계와 불확실성을 딛고 본격적으로 시장에 안착하는 단계, 그리고 다시 글로벌 수준으로 뛰어오르는 단계에서 미국의 테크 업체들과 VC가 결정적 기여를 했음에 주목할 필요가 있다. 특히 미국의 VC는 자신들이 투자한 중국 회사의 초기 스케일업, 해외 진출을 위한 신뢰 확보, 이사회 지배 구조에서 경영 전략을 추진하기 위한 일종의 보증인 역할까지 해 주었기 때문에 보이지 않는 그 거대한 신뢰 자산은 중국 업체들에게 글로벌 시장에 진입하는 초기와 중기 사이 매우 결정적 역할을 했다고 보아야 할 것이다.

미국으로 되돌아오는 부메랑

립부 탄의 사례로 다시 돌아와 보자. 탄은 EDA 업계 선두 주자인 케이던스의 고위 임원 출신이다.[27] 그런데 그는 2025년 3월 인텔 CEO 취임 이후 인텔의 반도체 사업 구조 조정 방향을 두고 내부적으로 이사회와 대립하는 것은 물론 8월에는 미국 상원과 도널드 트럼프(Donald Trump) 대통령도 그의 사임을 요구하는 등 취임 직후부터 안팎으로 화제가 되었다. 내부적으로는 인텔 이사회가 점차 회사의 글로벌 경쟁력이 떨어지는 상황, 특히 절망적이라고까지 불리는 형국에 몰린 인텔 파운드리 사업부(IFS)의 분리를 두고 탄과 경영 갈등이 있었기 때문이었던 것으로 보인다. 이사회는 사업부 분리 후 구글, 퀄컴, 엔비디아 같은 미국 반도체 기업이 지분 상당수를 인수하거나 심지어 TSMC 같은 기업이 인수 후 파운드리 사업부를 정상화하는 솔루션을 제공하기를 바라는 것 같다. 그러나 탄은 그러한 방식에 반대하는 입장이다. 인텔 이사회 의장 프랭크 이어리(Frank Yeary)는 IFS 분리를 넘어 아예 매각까지도 바라고 있는데 이미 탄이 CEO로 취임하기

　　　　　　　　　　　　　　　　　1장 중국의 반도체 굴기

전부터 이사회에서 줄곧 제기되었던 시나리오다. 특히 인텔은 미국 반도체 제조사로는 유일하게 10나노 이하급 선단 공정 기반 12인치 웨이퍼 양산 기술을 보유한 회사라 미국 정부 입장에서도 이대로 인텔이 몰락하게 놔두기는 어렵다는 특수성이 있다. 국가 안보와 직결되는 문제이기 때문이다. 그래서 미국 정부도 인텔 파운드리 사업부를 살릴 묘책을 고민하는데 그 과정에서 나온 아이디어가 민간-정부 컨소시엄이 IFS를 인수한다는 방식이다.

트럼프 2기 정부 이후 미국의 자국 우선주의가 노골화되고 있는 상황 속에 인텔 이사회는 이에 더해 반도체 및 과학법 자금 지원, 미 국방부의 군사용 반도체 주문량 확보 등에 기대어 IFS를 살릴 방안을 탄이 확실하게 정해 주기를 원했다. 사실상 IFS 정리만 완료하면 탄이 CEO 자리에서 물러나는 것도 계획되었을 것이다. 애초에 탄은 반도체 설계 업체 출신이지 제조업에서 잔뼈가 굵은 엔지니어는 아니기 때문이다.

문제는 탄이 IFS의 분리 매각에 반대하고 있다는 점이다. 물론 탄스스로도 인텔의 선단 공정 기술력이 매우 열악한 수준임을 잘 알고 있고 때문에 14옹스트롬(Å)[28] 공정 프로젝트를 중단한다는 결정을 내리기도 했다. 그러나 여전히 탄은 미국의 반도체 기술 독립성을 유지하기 위해서 IFS를 분리 매각하는 것은 적절한 방안이 아니라고 믿는다. 물론 빚만 쌓여 가는 IFS를 이대로 좌시할 수는 없으니 특단의 조치가 취해져야 하는 것은 맞다. 아예 10나노 이상급 공정에만 집중하는 레거시 전용 파운드리로 간다든지, 맞춤형 AI 반도체 수요를 노리고 하이브리드 메모리(hybrid memory)까지 패키징하는 전용 팹으로 전환한다든지 하는 방안 등이 그렇다. 그렇지만 인텔 이사회는 그러한 전환으로 IFS를 살리기에는 이미 시기를 많이 놓쳤다고 판단하고 있으며 단기 현금 흐름을 확보해 다음 단계로 진입하기 위해서라도 공정 장비와 기술 IP의 가치가 남아 있을 때 하루라도 빨리 매각하는 편이 제일 적절하다고 판단하는 것으로 보인다.

이 과정에서 2025년 8월 트럼프 대통령과 미국 상원은 탄이 중국과 연계한 혐의가 있다며 국가 안보를 위해 그의 사임을 요구하고 나섰다. 립부 탄은 일주일만에 해당 혐의에 대한 소명이 가능하다고 밝혔지만, 아직 확실한 정리가 이루어진 상황은 아니다. 앞서 분석했듯 탄은 과거 월든 인터내셔널 같은 VC를 통해 SMIC에 투자했을 뿐만 아니라 기술 자문 등에도 확실히 참여했다. 미 상원의원인 톰 코튼(Tom Cotton)도 이를 빌미로 인텔 이사회에 탄에 대한 심문과 탄핵을 요청하기도 했으며 사실상 이는 이사회와 미국 정치권과 정부가 결탁해 탄을 빨리 쫓아내기 위한 조치로 번졌다. 탄은 SMIC에서 자신의 활동이 법적, 윤리적 기준을 준수한 것이라며 반박했으나, 미국 정가의 의심은 여전히 풀리지 않은 상황이다.

현재의 미국 기술 안보 강조 추세를 고려하건대 조만간 아예 법적으로 미국의 팹리스 업체는 미국 내에 있는 파운드리에서만 칩을 생산할 수 있다라고 규정하는, 이른바 '반도체판 존스법'[29]이 언제든 나온다고 해도 전혀 놀랍지 않을 것이다. 만약 이런 법이 통과된다면 인텔 파운드리에 수백억 달러 규모의 공적 자금이 투입될 것임은 물론 IFS는 새로운 일종의 공기업으로 재탄생할 것이다. 일각에서 ASMC(American Semiconductor Manufacturing Company) 같은 사명도 이미 언급되고 있을 정도다. 투자 금액이 불충분하다면 미 연방 정부의 지급 보증이 추가되거나 미국의 주요 팹리스 업체들, 그리고 TSMC로 이루어진 민간 컨소시엄이 파트너로 참여하는 방식이 동원될 것이다.

10~20년 전 미국 반도체 업체들이 SMIC에 투자하며 기술 인큐베이터 역할을 했던 것처럼 TSMC도 IFS에 자금, 인력, 공정 기술 노하우, 그리고 무형의 기술적, 경영적 자원도 지원하는 구조에 동참할 가능성이 높아지는 것이다. 심지어 현 트럼프 2기 정부의 강압적인 기조라면, 아예 TSMC의 애리조나 신규 팹의 일부를 인텔에게 넘기는 방식으로 현물 투자를 대체하라는 요구까지 나올 가능성도 있다. 만약 반도체판 미국 존스법이 정말 등장한다면, TSMC뿐만 아니라 이미 미국에 투자하는 삼성전자와 SK하이닉스에게도 불똥이 튈 가능성이 높아진다.

이미 삼성전자는 테슬라, 애플 등에서 새로운 파운드리 물량을 수주하고 있는데, 아마도 대부분은 텍사스 오스틴이나 테일러에 위치한 팹에서 생산이 이루어질 것이다. 이러한 미국 내 물량을 근거로 미국 정부는 미국에서 첨단 반도체 생산을 지속하고 싶다면 ASMC 컨소시엄에 더 적극적으로 출자하고, 기술 이전 등의 방식으로 현물 투자하라는 압박을 삼성전자로까지 연장할 가능성이 충분히 있다. SK하이닉스는 현재 미국 내 팹에 직접 투자하지는 않지만, 인디애나 주 등에 패키징 팹을 구축하게 될 경우 역시 마찬가지로 패키징 기술 파트너로서 IFS 생태계에 참여하면서 현금/현물 투자 규모를 늘리라는 압박을 받을 수 있다.

인텔, 특히 인텔의 파운드리 사업을 둘러싼 현재의 쟁점은 단순히 인텔이 살아날 수 있는가, 파운드리가 정상화될 수 있는가의 문제를 넘어선다. 미국이 궁극적으로 바라는 것은 국가 안보라는 명분을 내세워 반도체판 존스법까지 꿈꾸는 수준의 산업 보호 체제를 구축하는 일이다. 그렇게 보호된 반도체 산업을 기반으로 미국은 인공 지능과 산업 특화 인공 지능(vertical AI)으로 가게 될 모든 영역에서 산업을 선도하고자 한다. 이 과정에서 중국과의 격차를 벌리는 것을 넘어 중국이 미국 생태계에 접근하는 통로 자체를 차단하는 방향으로 디커플링에 가까운 조치를 한층 강화해 갈 가능성이 크다. 또한 이에 협력하지 않는 기업은 립부 탄 사례에서 보듯 중국 정부나 공산당, 인민해방군과의 직간접적 연루를 문제 삼아 강도 높은 제재를 본격화할 것이다. 립부 탄 사례는 아마도 미국 기술 업체 전체로 확산될 것이고, 중국 반도체와 AI 산업에 투자했던 VC들의 자본 이동도 가속화될 것이며, 아직 중국에서 일부 사업을 지속하는 미국 업체들도 철수를 서두르게 될 것이다.

미국 업체뿐만 아니라 미국에 팹을 가지고 있거나, 미국 정부로부터 보조금을 받거나, 관세 면제 혜택을 조금이라도 받는 업체 역시 이렇게 급격하게 바뀌는 기조를 빨리 제대로 파악해야 할 것이다. 인텔, 특히 인텔 파운드리 사업부가 앞으로 어떠한 방식으로 살아남게 될

것인지가 미국이 자국으로 되돌아오는 반도체 부메랑을 다루는 장기
적 전략을 제일 잘 보여 주는 사례가 될 것이다.

화웨이와 SMIC, 도전과 대가

7나노 공정 돌파의 함의

2023년 9월 3일, 화웨이는 새로운 모델 메이트 60 프로(Mate 60 pro)
를 출시했다. 출시 직후 주요 대도시 매장에서 이 신제품을 구매하려
는 고객들이 장사진을 치고 있다는 기사가 연이어 나왔으며, 화웨이
는 이를 바탕으로 2023년에만 3800만 대 이상, 2024년에는 6000만
대 이상 시장에서 팔릴 것이라는 과감한 전망을 제시하기도 했다. 메
이트 60 프로에서 가장 화제가 된 부분은 스마트폰의 핵심인 모바일
애플리케이션 프로세서(AP) 칩 기린 9000s였다. 이 칩은 화웨이 자회
사인 하이실리콘(海思技術, HiSilicon)이 설계한 제품이다. 업계의 관심
은 과연 이 칩의 성능이 어느 수준인가 하는 것으로 쏠렸다.

　벤치테스트 성능 점수만 놓고 본다면, 기린 9000s의 CPU 커스텀
코어는 2020년 12월에 공개된 퀄컴의 AP 칩인 스냅드래곤 888에 비
해 다소 열위인 수준이고, 그보다 1년 전에 출시한 스냅드래곤 865+
와 비슷하거나 약간 높은 수준이다. GPU 코어는 2022년 말에 공개
된 퀄컴의 스냅드래곤 8 2세대보다 약간 낮고, 그보다 1년 전에 출시
한 1세대와 비슷하거나 약간 높은 수준이다. 이를 종합적으로 고려하

면 대략적으로 2023년 기준 가장 최신 세대의 안드로이드 전용 모바일 AP 칩과 성능 측면에서는 CPU 기준 3~4년 정도, GPU 기준 1~2년 정도의 기술 격차가 나는 것으로 평가할 수 있다.

퀄컴의 AP 칩은 TSMC나 삼성전자에서 위탁 생산된다. 예를 들어 2018~2019년에 생산된 스냅드래곤 865＋는 TSMC의 7나노 공정(N7)으로, 그리고 2020~2021년에 생산된 스냅드래곤 888은 삼성전자 파운드리에서 7나노 이하 공정으로 생산되었다. 코어 중에서도 가장 높은 트랜지스터 집적도를 달성해야 하는 대형 커스텀 코어를 기준으로 본다면, 성능을 고려할 때 화웨이의 모바일 AP 칩은 7나노 파운드리로 생산되었다고 추정할 수 있다.

흥미로운 지점은 화웨이가 2020년 9월부터 본격적으로 미국의 기술 및 무역 제재에 놓여 있다는 사실이다. 이는 스마트폰 사업뿐만 아니라 화웨이의 통신, 장비, 그리고 반도체 사업 영역 전체로 확장되었는데, 이로 인해 하이실리콘이 설계한 로직 반도체 생산 역시 차질을 겪고 있다. 하이실리콘이 미국의 제재 전 제조 위탁을 하던 주 파운드리 상대는 TSMC였다. TSMC 입장에서도 하이실리콘이 글로벌 주요 고객사 중 하나로 올라서고 있던 상황이었다. 미국 정부의 제재가 없었다면 TSMC의 가장 큰 고객은 애플이나 엔비디아가 아니라 화웨이가 되었을 수도 있다. 그렇지만 제재 조치로 2020년 9월 이후 하이실리콘, 즉 화웨이는 더 이상 TSMC 팹에 위탁하지 못하게 되었다. 이는 화웨이의 로직 반도체 수급이 불안정해졌음을 의미했다.

화웨이가 취한 차선책은 중국의 파운드리 업체인 SMIC를 활용하

　　　　　　　　　　　　　　　　　　　　　　1장 중국의 반도체 굴기

는 것이었다. 마침 SMIC에는 AMD와 TSMC에서 17년, 삼성전자에서 6년 경력을 쌓으며 반도체 미세 공정 최적화 및 수율 관리에 최고의 전문성을 가지고 있는 핵심 엔지니어 출신 량멍쑹(梁孟松)이 CEO로 취임한 상황이었다. 량멍쑹, 그리고 그와 같이 이직한 수십 명의 엔지니어들은 SMIC의 전폭적인 투자를 받고 합류 후 불과 2년 만에 SMIC의 양산 공정을 28나노에서 14나노까지 빠르게 진보시켰다. 이는 5~6년이 걸릴 것이라는 업계의 예상보다 훨씬 빨리 앞당겨진 것이었기 때문에 이 성과만으로도 SMIC 입장에서는 놀라운 발전으로 볼 수 있었을 것이다.

그러나 화웨이 입장에서는 충분한 수준에 이른 것은 아니었다. 2020년 당시 하이실리콘이 TSMC를 통해 만들고 싶어하던 AP 칩이 바로 7나노 공정 기반 기린 9000 시리즈였기 때문이다. 즉 당시 화웨이가 원했던 파운드리 공정 수준은 이미 7나노에 와 있었는데, SMIC의 파운드리 수준은 기술 격차로는 2세대, 시간으로는 적어도 4~5년은 뒤쳐져 있었던 셈이다.

미국 정부가 주목한 부분도 바로 이러한 기술 격차였다. 미국 정부는 하이실리콘을 비롯한 대부분의 중국 팹리스 회사와 TSMC의 거래에 제한을 걸었다. 중국 난징에 있는 TSMC 파운드리는 대만 타이중 TSMC 파운드리 수준의 선단 공정 기술력에는 미치지 못했기 때문에, 미국의 기술 제재가 난징 팹까지 미치지는 않았다. 그렇지만 화웨이 입장에서 난징 팹은 큰 의미가 없었다. 7나노 공정이 필요했기 때문이다. 화웨이를 비롯한 중국 반도체 기업들의 기술 진보가 가로

   차이나 반도체 라이징

막히게 된 셈이었다. 중국 정부는 이를 우회하는 전략을 세웠다. 다름 아닌 SMIC를 키우는 전략이었다. SMIC가 14나노까지 급진전을 이뤘으니, 14나노에서 10나노, 그리고 7나노 이하까지 가는 것은 어려운 일이 아닌 것처럼 보였다. 문제는 14나노에서 7나노 공정으로의 진보는 단순히 공정 노드를 반으로 줄이는 것만으로 달성될 과제가 아니었다는 것이다.

애플이 앞당긴 미세 공정 경쟁

여타의 맞춤형 로직 반도체(ASIC)와 달리, 스마트 기기 전용 모바일 AP 칩은 저전력에서도 멀티모달(multi-modal) 고성능 연산을 지원해야 한다는 혹독한 성능 조건을 만족해야 한다. 5세대 네트워크 데이터 처리는 물론 고해상도 이미지나 동영상, 다양한 센서 데이터, 심지어는 최근에는 인공 지능 학습을 위한 계산을 뒷받침하는 NPU까지도 저전력으로 동시에 지원해야 한다. 그래서 인텔이나 AMD 같이 기존 PC용 CPU를 만들던 업체들의 폼 팩터를 그대로 활용하기는 어렵다. 모바일 시장이 본격적으로 성장하기 시작하면서 AP 칩 최적화에 가장 먼저 관심을 가진 기업은 세계 최초로 스마트폰 개념을 제시한 애플이었다. 2010년대에 들어서면서 애플은 아예 자사가 설계한 이른바 애플 실리콘(Apple Silicon) 같은 A시리즈 AP 칩을 아이폰과 아이패드에 장착하기 시작했다. 이 칩은 고성능과 저전력을 동시에 만족하는 구조로 설계되었다. 물론 애플이 직접 이 칩을 제조하는 것은 아니었다. 애플은 아이폰 4에 탑재되었던 A4 칩부터 아이폰 5에 탑재되었던 A7 칩까지는 삼성전자 LSI 사업부(당시 28~45나노 공정)에 위탁했다. 상황이 달라진 것은 삼성전자가 스마트폰 사업에 뛰어들면서 안드로이드 OS 진영에 참여한 이후였다. 삼성전자는 갤럭시 시리즈를 앞세워 기술적으로 가장 앞선 제품군을 갖춘 동시에 글로벌 시장 점유율이 가장 높은 스마트폰 제조사로 빠르게 부상하기 시작했다. 이는 스마트폰 전체 시장에서 애플의 수익 구조까지 위협할 위치에 올라섰음을 뜻했다.

삼성전자를 견제하기 위해 애플은 A8 칩부터는 물량을 대부분 TSMC에 위탁하기 시작했다. A8 칩이 위탁된 TSMC의 시스템 온 칩(system on chip, SoC)[30] 공정은 2014년 당시 20나노 공정으로서, 애플은 그때까지만 해도 TSMC의 가장 큰 고객은 아니었다. 그렇지만 2015년 아이패드 프로 전용 AP 칩인 A9X부터 전량을 TSMC SoC 파운드리(당시 16나노 공정)에 위탁하기 시작하면서 애플은 점점 TSMC의 가장 중요한 고객으로 자리 잡아 갔다. 애플이 2010년 중반 이후 전 세계 스마트폰 시장에서 가장 큰 수익을 가져가기 시작하면서 막대한 현금 흐름이 발생했고, 애플은 이 현금을 다시 그다음 세대의 스마트폰 전용 AP 칩 설계와 제조에 투자했다. 상당 부분은 TSMC로도 투입되었고, 이는 TSMC로 하여금 원래 계획보다 더 빠르게 파운드리 공정 로드맵을 앞당기게 만들었다. 이는 애플의 아이폰/아이패드 출시 로드맵과 일치하도록 생산 스케줄이 강제적으로 조정되었기 때문이기도 했다.

파운드리 업계에서는 상징적인 10나노 벽을 돌파해 한 자릿수 나노 공정으로 진입한 것도 바로 2017년 TSMC가 애플의 2세대 아이패드 프로에 탑재되는 A10X 칩 제조를 개시하면서부터다. TSMC의 핀펫 (FINFET) 집적도를 높이려는 스케일업 전략은 14나노 공정까지는 잘 이어졌다. 그러나 10나노부터는 TSMC 입장에서도 불확실한 영역이 었다. 중단 단계에 해당하는 12나노 공정은 TSMC가 2016년에 발표했고, 엔비디아의 지포스(GeForce) 시리즈 GPU 양산에 적용하기도 했으나, 모바일 AP 칩처럼 대면적 다이(die) 기반 저전력 고성능 로직 반도체의 양산은 그보다 더 진보한 공정을 요구했다. 더구나 10나노 공정은 2016년 말경 테스트 생산 단계에 머물고 있었기 때문에, 2017년에 바로 양산으로 돌입하는 것은 TSMC에게는 큰 모험이었다. 이 과정에서 애플은 자사의 설계, 공정 엔지니어를 더 적극적으로 TSMC에 파견해 설계 기술 공동 최적화(design-technology co-optimization, DTCO) 전략을 이끌었다. 이로써 세계 최초의 10나노 공정 기반 로직 반도체 양산 기록이 2017년 TSMC가 애플의 A10X와 A11 칩을 양산하면서 수립되었다.

애플의 모바일 AP 칩 성능 향상을 위한 기술 로드맵은 계속 이어졌지만, AP 칩에 요구되는 성능에 하나의 차원이 더 추가되면서 로드맵에도 수정 압력이 가해지기 시작했다. 2016년 이후 반도체 업계에 본격적으로 불어닥친 인공 지능, 특히 딥 러닝 기반의 기계 학습 알고리듬을 고속으로 처리할 저전력 컴퓨팅 하드웨어에 대한 요구가 바로 그것이었다. 아이폰 8과 아이폰 X는 각각 10나노 공정 기반 A10X와 A11 칩을 사용했다.

A11 칩부터는 아이폰 자체에서 딥 러닝 기반 신경망 연산 수요가 커지기 시작했고, 이를 처리하려면 기존의 CPU나 GPU와는 구분되는 NPU 프로세서가 필요해졌다. 이 프로세서에 계산 자원을 할당하려면 이전보다 더 많은 트랜지스터를 집적해야 했다. 문제는 스마트폰의 크기와 두께에 한계가 있다는 점이었다. 결국 같은 면적에 더 많은 트랜지스터를 집적하는 것만이 돌파구였고, 이는 10나노 공정보다 더 미세한 공정을 구현할 수 있는 파운드리가 필요함을 의미했다.

TSMC의 7나노 공정 전략

글로벌 파운드리 최강자 자리에 올라선 TSMC는 양산 기술뿐만 아니라 항상 선행 공정 기술도 동시에 개발해 오고 있었기 때문에 10나노 이하급 공정은 이미 준비된 상황이었다. 그러나 애플의 요구 조건은 TSMC의 예상보다도 더 가혹했다. 애플은 A12 칩의 트랜지스터 개수를 69억 개로 추산했으며, 최대 다이 사이즈는 83제곱밀리미터(mm^2)로 제한했다. 디자인 솔루션 파트너 엔지니어들은 이 요구 조건을 TSMC의 공정에 매칭했는데, 이는 7나노 공정을 의미했다.

TSMC의 당초 로드맵에는 10나노 다음 단계로 8나노가 있었다. 그런데 이를 생략하고 바로 7나노 공정으로 돌입해야 한다는 요구로 TSMC의 고민은 깊어졌다. TSMC의 전통적인 그리고 기본적인 기술 개발 방향은 불확실성을 줄이는 것이었다. 이는 TSMC의 모든 공정 진화 단계에서 이전의 시행착오를 활용해 다음 세대의 기술 난제를 해결하는 방식의 밑거름이 되어 주었다. 이러한 기술 개발 방식에 익숙했던 TSMC의 공정 엔지니어들은 10나노에서 7나노 공정으로 가는 것 역시 당시 현행 공정의 핵심 기술이었던 심자외선 노광 공정을 이용해야 한다고 생각했다. 그러나 10나노 공정에 비해 7나노 공정부터는 트랜지스터 집적도가 2배 이상으로 높아지기 때문에 심자외선 노광 공정 활용은 기술 난도와 공정 비용이 대폭 증가할 것으로 예상되었다. 공정 비용 상승은 양산 공정 원가 상승을 의미하고, 따라서 경쟁력 하락을 야기하므로 회사 입장에서는 새로운 기술 돌파구가 필요했다. TSMC 엔지니어들이 대안으로 고려한 것은 다음 세대인 극자외선 노광 공정이었다. 그러나 TSMC 임원진은 7나노 공정에서도 처음에는 안전 경로를 선택했다. 극자외선 노광 공정은 전 세계에서 네덜란드의 ASML만이 장비 양산에 성공했고, 당시에는 본격적으로 양산 라인에 설치되기 전으로 공정 데이터도 충분히 축적된 상황이 아니었다. 그래서 공정 원가는 심자외선 공정보다도 훨씬 비쌀 것으로 추정되었다. 특히 극자외선 광원 특성상, 심자외선 공정에 비해 웨이퍼 가공 시간도 역시 두세 배 더 늘어났고, 이는 월간 웨이퍼 생산량이 30~50퍼센트로 줄어들 것임을 의미했다. 양산 규모 감소, 공정 수율 하락, 생산 원가 상승, 예상되지 않은 오류라는 수많은 문제점이 앞에 놓여 있었기에 극자외선 노광 공정 전환은 처음에는 무리수였을 것이다.

결국 TSMC가 7나노 파운드리에서 처음 채용한 공정은 위험해 보이는 극자외선 대신, 불화아르곤 액침(ArFi) 심자외선(193나노미터 파장) 노광 공정 기반 방식이었다. 2018년 애플은 아이폰 XS, XS max

에 탑재될 A12 칩을 발표했고, 이 칩은 TSMC가 선택한 심자외선 노광 공정 기반 초기 버전 7나노 공정으로 제조되었다. 애플이 예고한 대로 A12 칩부터는 기존의 CPU, GPU뿐만 아니라 딥 러닝을 위한 NPU도 칩셋에 포함되었다. 7나노 공정을 기존 방식으로 간다는 TSMC의 판단에 우려가 없었던 것은 아니었다. 그러나 양산 돌입 후 심자외선 노광 기반 공정이 예상보다 높은 수율로 활용될 수 있음이 확인되면서 결국 이 결정이 합리적이었음이 확인되었다. 물론 여기에도 시행착오는 존재했다. 극자외선 노광 공정은 심자외선보다 훨씬 짧은 파장(13.5나노미터)의 광원을 사용하기 때문에, 노광 공정에 필요한 마스크(mask) 개수가 적다. 그래서 기본적으로 트랜지스터 회로에서 게이트(gate)를 구성하는 금속 산화물 패턴 크기를 줄이기 위한 공정 단계도 단축할 수 있다. 반면 심자외선 노광 공정은 물리적 선폭 축소에 한계가 있어 정렬(alignment)과 식각, 감광재(photoresist, PR) 도포, 노광 공정 등으로 이루어진 사이클이 고속 반복되는 다중 패터닝(multi-patterning) 공정이 필요하다. TSMC 입장에서 다행이었던 점은 TSMC가 적어도 핀펫의 고밀도 집적을 위해 식각과 감광재 도포, 노광 공정에서 오랜 기간 축적된 노하우를 보유하고 있었다는 점이다. 그래서 다중 패터닝으로 전환하는 것은 기술적으로 충분히 가능했다.

다중 패터닝 공정 성패의 핵심은 단위 공정 사이클을 반복할 때마다 에러를 얼마나 줄일 수 있느냐에 달려 있다. 2018년 TSMC가 채용한 초기 버전의 7나노 공정은 정확히는 자기 정렬(self-aligned, SA) 노광–식각 반복(LELE) 공정으로 불리는데, 여기서 말하는 SA 공정은 노광–스페이서(spacer) 증착–스페이서 식각–기판 식각으로 이루어지는 반복된 사이클을 거쳐야 한다. 후속으로 이어지는 LELE 공정 역시 노광–식각–노광–식각(litho-etch-litho-etch)의 사이클로 이루어지는 반복 공정을 의미하는데, 복잡한 나노 패턴을 만들기 위해서는 SA 공정과 LELE 공정을 혼합 적용해야 한다.[31]

공정 원리상으로는 자기 정렬보다 노광–식각 반복이 수율 저하에 더 큰 타격을 준다. 왜냐하면 노광–식각 반복 과정에서 한번 식각된 기판을 피해 바로 근처(이때 위치 제어 정밀도는 2나노미터 이하로 유지되어야 한다.)에 다른 형태의 패턴 형성을 위한 노광–식각 공정을 한 번 더 적용하는 상황에서 정밀도 제어에 실패한다면 전체가 모두 오작동을 일으키는 패턴이 되어 버리기 때문이다. 대략적으로 노광과 식각 단위 공정에서 발생하는 에러율은 0.2~0.5퍼센트 수준이다. TSMC의 초기 7나노 공정(N7)은 심자외선 노광 공정 기반 다중 패터닝 공정인 SA LELE 공정(SADP)을 채용했다. 이때 필요한 총 공정 단계는 42~46단계다. (SA에 22~26단계, LELE에 20단계) 이를 모두 고려해 각 요소 공정이 독립 시행된다는 가정하에 단순하게 계산해 본다면, TSMC의 7나노 공정 수율은 최소 79.4퍼센트에서 최대 91.9퍼센트까지도 도달할 수 있다. 2018년 TSMC의 초기 7나노 공정 수율은 정확히 알려진 바 없으나, 원가 구조를 기반으로 추정한 수율은 85~87퍼센트다. 이는 앞서 단순하게나마 추정한 전체 수율 범위에 들어오므로, 대략적인 추정 방식의 근거가 확보된다.

     1장 중국의 반도체 굴기

TSMC의 7나노 공정 양산 성공은 심자외선 노광 기반 다중 패터닝 공정의 유효성을 증명한 사례였다. 그러나 그것만으로 공정의 경제성이 담보되지는 않았다. 왜냐하면 다중 패터닝 공정은 구조상 근본적 취약점을 지니고 있기 때문이다. 가장 큰 문제는 더 정밀한 패턴을 만들기 위해 노광-식각이 두 번이 아니라 네 번 이상 더 반복되어야 한다는 것이다. 애플은 계속 더 강력한 AP 칩을 설계할 것이고, 따라서 7나노 공정만으로는 만족하지 못한다. 그래서 다시 5, 4, 3나노 공정 등으로 요구 조건이 최근까지도 강화되었고, 2026년 이후로는 옹스트롬(0.1나노미터) 공정 진입 요구는 기정사실이다. 이럴수록 심자외선 다중 패터닝 공정 조건은 급격하게 까다로워진다. 즉 공정 에러율 증가, 그에 따른 수율 저하라는 숙명을 피하기 어렵다는 것이다. 앞서 언급한 것처럼 자기 정렬 공정보다도 노광-식각 공정 사이클 반복 과정에서 수율 저하가 더 빈번해질 것임을 기억해 보자. 예를 들어 자기 정렬 4중 패터닝(self-aligned quadruple patterning, SAQP) 같은 공정의 경우, 전체 수율은 73퍼센트까지도 떨어질 수 있다. 이 정도 수율은 파운드리 업체 입장에서는 원가 경쟁력을 간신히 유지할 수 있는 수준이다. 쉽게 말하자면 웨이퍼 4장 중 1장을 폐기하는 정도로, 수율이 저하되면 웨이퍼 한 장당 가격이 더 비싸지는 것을 막기 어려워진다.

두 번째 문제는 공정 단계가 늘어나면서 공정 비용도 비례해 증가하고 월간 생산량은 그에 반비례해 줄어든다는 것이다. 예를 들어 SAQP 공정 비용은 SADP에 비해 최소 1.5배 이상이며 생산량은 3분의 2 이하로 축소된다. 이는 공정 수율이 그대로 보존된다고 하더라도 원가를 1.5×1.5＝2.25배 이상으로 책정해야 하는 경제성의 압력을 피하기 어려워진다는 뜻이다. 세 번째 문제는 미세 패턴의 퀄리티 문제다. 팹리스에서 설계하는 로직 반도체 성능 요구 조건이 강화될수록 단위 면적당 핀펫 집적도도 올라간다. 그런데 이뿐만 아니라 서로 다른 설계 구조를 갖는 GPU, CPU, NPU 등이 좁은 다이 영역에서 혼선되지 않고 구분되며 연결되어야 하기 때문에 회로 패턴의 복잡도가 더욱 높아지며 이것 역시 중요한 기술적 도전 과제다. 물론 앞서 살펴본 것처럼 이 요구 조건을 만족시키기 위해 심자외선 기반 다중 패터닝을 활용하는 것은 기술적으로 불가능하지 않다. 그런데 다중 패터닝 공정에서 각 사이클에서 잔류하는 물질의 영향이 누적되기 시작한다. 노광-식각 공정이 두 번 반복되는 공정까지는 사이클 횟수가 적으므로 이를 무시할 수 있다. 그러나 네 번 반복되는 공정부터는 누적되는 영향이 스페이서 소재의 증착이나 식각 플라스마와 기판 사이의 화학 반응 동역학 특성, 즉 단위 시간당 식각량이나 식각 방향의 균일성 등에 무시할 수 없는 오류를 만들기 시작한다. 이는 패턴 거칠기가 증가하거나 패턴 크기 균일도가 떨어지는 등의 품질 저하나, 아예 회로 오작동을 유도하는 패턴 형성 같은 주요 문제가 될 수 있다. 이 역시 전체 공정 수율 저하로 이어진다. 이로 인한 추가적 수율 손해는 통계적으로 20퍼센트 정도로 추정된다.

앞서 추정한 73퍼센트는 이러한 오작동을 유도할 패터닝 오류를 고려하지 않은 수치이며, 식각-노광 공정이 네 번 반복되는 경우에는 종합 수율이 낮게는 0.73×0.8＝66퍼센트까지도 저하될 수 있다. 즉 심자외선 노광 공정 기반 다중 패터닝 공정은 기술적으로는 가능하나 패턴의 복잡도가 증가하고 패턴의 크기가 미세해질수록 숙명적으로 원가 경쟁력 방어가 매우 어려워지는 것이다. 이미 생산량 감소와 공정 비용 증가로 2배 이상의 원가 상승이 도출되는 경제성 압력에 더해, 공정 수율 저하로 인한 악영향까지 고려하면 이제는 3배 이상의 원가 상승을 피하기 어려워진다. 물론 3배 가까이 상승한 원가에 합의하는 팹리스가 있다면 파운드리의 생산 자체는 가능할 것이다. 그렇지만 예를 들어 아이폰의 생산 단가가 2배가 되어 소비자 가격이 500만 원까지 치솟는다면, 소비자들이 다음 세대 아이폰으로 업그레이드하겠다고 결정하는 비율은 급격히 낮아질 것이다. 그렇지 않아도 점점 포화 시장이 되어 가고 있는 스마트폰 시장에서 가격 상승은 치명적인 경쟁력 상실 요건이다. 점점 공급자가 아닌 수요자에게 선택의 헤게모니가 넘어가는 현 모바일 시장의 상황이라면, 현재 소비자 가격보다 2배는커녕, 20퍼센트 정도의 상승만으로도 거센 저항을 마주할 수밖에 없을 것이다. 결국 파운드리 입장에서는 심자외선 노광 공정 기반의 다중 패터닝 공정을 원가 방어적 측면에서나 기술적 난관 극복 면에서나 계속 끌고 갈 수는 없다.

TSMC는 왜 EUV를 택했나?

2019년 이후 TSMC 역시 7나노 공정 이후의 로드맵에서 더 이상 심자외선 다중 패터닝을 계속 고수하기는 어렵다는 판단을 내렸다.

TSMC의 심자외선 노광 기반 초기 버전의 7나노 공정은 아이폰 11 시리즈에 탑재되는 A13 Bionic 칩까지만 적용되었고, 아이패드 10세대와 아이폰 12 시리즈에 탑재되는 A14 Bionic 칩부터는 공정 로드맵이 5나노로 업그레이드되었다. 7나노와 5나노 공정의 가장 큰 차이는 바로 극자외선 노광 공정이 본격적으로 도입되었다는 것이었다.

이론적 관점에서 극자외선 노광 공정은 심자외선 노광 공정에 비해 광원 파장이 14분의 1로 줄어들기 때문에 회절(diffraction) 한계를 그만큼 축소할 수 있다. 따라서 웨이퍼에 새길 수 있는 패턴의 물리적 크기도 훨씬 더 작게 축소할 수 있다. 로직 반도체의 경우 동일한 패턴을 만들기 위해 심자외선 노광 공정 기반의 다중 패터닝 공정이 총 60~65단계의 사이클을 필요로 한다면, 극자외선 노광 공정은 단일 패터닝 공정에 적용될 경우 10여 단계의 공정만 있어도 된다. 단위 공정이 6분의 1 이하로 줄어들 수 있다는 것이다. 이러한 공정 단계 단축은 개별 공정 비용 절약은 물론, 공정 시간도 단축될 수 있음을 의미한다. 이는 생산량 증산에도 유리하고, 수율 향상에는 더 유리하다. 특히 단일 공정을 채택하기 때문에 마스크 사용량은 하드 마스크(hard mask)는 1장, 노광용 마스크도 1장으로, 합쳐서 2장만 있어도 된다. 이는 심자외선 다중 패터닝 공정에서 하드 마스크 1장, 노광용 마스크 4장, 합쳐 5장이 필요한 것에 비하면 훨씬 유리하다.

TSMC는 이러한 극자외선 단일 노광 공정의 장점을 2019년 N7+ 공정과 2020년 6나노(N6) 공정에서 양산 적용으로 연계하는 기술을 개발했으며, 이를 바탕으로 극자외선 노광 공정 기반의 5나노 공정 양산이 2021년부터 본격화되었다. TSMC의 파운드리 로드맵이 한 자릿수 나노미터 공정에 돌입한 시점부터 이미 TSMC의 가장 큰 고객은 애플이었다. 즉 스마트폰 시장에서 애플이 창출하는 독점적인 수익이 TSMC의 빠른 진보를 자극하는 촉매로 작용했다고 볼 수 있다. 이후로도 애플은 애플 실리콘 대부분을 TSMC에 위탁 생산하고 있으며, 아이폰 14 시리즈에 탑재되는 A16 Bionic 칩은 TSMC의 4나노 극자외선 공정으로, 그리고 2023년 하반기에는 아이폰 15 시리즈에 탑재되는 A17 칩 생산이 TSMC가 2022년 하반기에 양산에 돌입한 3나노 공정으로 생산되고 있다.

그렇지만 5나노 공정부터 극자외선이 도입된 것은 TSMC 입장에서 반가운 일은 아니었다. 무엇보다도 노광 장비의 단가가 심자외선 장비에 비해 과할 정도로 급증했기 때문이다. TSMC가 5나노 공정부터 도입한 ASML의 1세대(0.33수차(NA)) 극자외선 노광 장비의 가격은 대략 1600억 원에 달했다. 이는 기존에 비해 두세 배 이상 비싼 가격이었다. 또한 한 대 제작에만 18~22개월이 소요되는 것으로 알려진 극자외선 노광 장비는 ASML의 제작 규모 한계로 인해, 2019~2020년에 생산된 대수가 60대 내외였다. 설사 ASML이 생산 규모를 늘린다고 해도 TSMC가 도입할 수 있는 대수에는 한계가 있다. 도입 대수가 많아질수록 장비가 차지하는 구입 비용은 물론, 유지 보수 비용이 과하게 높아지기 때문이다.

실제로 TSMC의 재무 구조에서 설비 구매를 포함한 CAPEX 비중은 5나노 공정 돌입 이후부터 급격히 높아지기 시작했다. 7나노 공

차이나 반도체 라이징

정까지만 해도 TSMC의 CAPEX 비용은 연간 120억~140억 달러(약 18조~21조 원) 수준이었다. 그런데 5나노 공정 돌입 후에는 172억 달러(약 25조 3000억 원)로, 4나노 공정 도입 후에는 300억 달러(약 44조 원)로 급상승했다. 7나노 공정까지를 기준으로 삼을 때 5나노 공정 도입으로 CAPEX가 23퍼센트 이상, 4나노 공정 도입만으로 다시 91퍼센트 이상 더 증가한 셈이다. 5나노 이하급 공정을 모두 고려하면 TSMC는 장비 도입 및 유지 보수 비용으로 CAPEX가 114퍼센트나 증가했다.

TSMC가 추가 도입한 설비와 그 유지 비용으로 인한 급격한 CAPEX 비중 상승은 TSMC의 재무 구조 건전성을 약화시킨다. 가장 큰 고객인 애플 실리콘 매출이 4분의 1 이상에 달할 정도로 높은 비중을 차지하는 상황에서는 더욱 그렇다. 스마트 기기 시장이 포화 상태에 이르러 고객들의 교체 주기가 길어지고 고성능 제품 수요가 줄어든다면 애플이 TSMC에 지급할 수 있는 공정 비용에 상한이 생긴다. 그런데 TSMC가 도입한 장비는 지속적으로 감가상각되므로, 몇 년이 지나면 새로운 장비로 교체해야 한다. 만약 애플 같은 대형 고객이 어려운 시장 상황을 근거로 생산 단가 인하를 요구할 경우, TSMC의 재무 구조는 급격히 악화될 수 있다. 물론 고객 생태계를 다변화하면 재무 구조의 약점을 미연에 보완할 수도 있다. 그러나 현재 TSMC의 가장 큰 고객은 애플, 엔비디아, 구글, 퀄컴, AMD, 브로드컴(Broadcom), 미디어텍, 인텔 같은 인공 지능 특화 로직 반도체 혹은 모바일 AP 칩 팹리스들이라는 점을 생각할 필요가 있다. 이 칩들의 시장 성장세가 둔화되면 고성능 시스템 반도체 수요가 꺾일 수

     1장 중국의 반도체 굴기

있다. 이는 고가의 장비를 주기적으로 대량 투입하고 교체해야 하는 TSMC 입장에서는 투자 회수 기간이 점점 길어짐을 의미한다. 실제로 TSMC는 2023년 5월, 5나노 이하급 공정 단가를 최대 30퍼센트까지 인상했다. 업계에서 추정하는 TSMC의 4나노 공정 수율은 80퍼센트, 3나노 공정 수율은 55~60퍼센트 사이인데, 7나노 공정 수율로 추정되는 90~92퍼센트에 비해 이러한 수율은 원가 인하를 이끌 수 있는 수준이 아니다.

2018년 애플이 아이폰 XS, XS max에 탑재된 A12 칩을 TSMC의 1세대 7나노 공정으로 만들기 시작하던 시점, 화웨이 역시 하이실리콘이 설계한 기린 980 시리즈 AP 제조 계획을 발표했다. 당시는 아직 미국이 중국에 반도체 기술 및 무역 제재를 본격화하기 전이었기 때문에 화웨이의 AP 칩 제작은 TSMC에 위탁할 예정이었다. 기린 980 칩이 목표로 삼은 공정은 애플이 활용한 TSMC의 심자외선 다중 패터닝 기반 7나노 공정(N7)이었고, 업그레이드된 기린 990 5G 시리즈 칩 제작은 TSMC의 극자외선 기반 7나노 공정(N7+)이었다. 당시 TSMC의 N7+ 공정 물량 중 모바일 기기용 공정 대부분은 애플에 예약 배정된 상태였으므로 기린 칩 양산 규모에는 한계가 명확했다. 더구나 N7+ 공정이 본격적으로 양산에 도입된 2019년 하반기부터는 미국 정부의 압박이 본격화되기 시작했고, 2020년이 되자 화웨이를 타깃으로 기술과 무역 제재가 본격화되었다. 이로 인해 기린 칩은 더 이상 TSMC의 7나노 공정에 위탁할 수 없게 되었고, 그다음 세대인 기린 9000 시리즈는 TSMC의 극자외선 노광 공정 기반 5나노 공정 위탁 생산 예약이 취소되어 결국 양산에 들어가지 못했다.

SMIC의 7나노 공정 내재화 시도

앞서 언급했듯, 화웨이가 선택한 대안은 중국의 파운드리 업체인 SMIC를 이용하는 것이었다. 미국 제재가 본격화되기 오래 전부터 SMIC는 중국 정부와 미국 VC의 지속적인 지원, 기술 이전, 경영 자문과 더불어 TSMC의 전현직 전문 인력을 꾸준히 영입하면서 파운드리 공정 기술 격차 단축에 투자를 집중했다. 2017년에는 AMD, TSMC와 삼성전자 등에서 오랜 기간 미세 공정 엔지니어로 핵심 노하우를 획득한 대만 출신 량멍쑹을 CEO로 영입했다. 량멍쑹이 SMIC로 이직하는 과정에서 TSMC를 비롯한 글로벌 반도체 제조사 출신 핵심 엔지니어들 20여 명도 한 팀으로 같이 움직였는데, 대부분 전공정에 특화된 주요 공정 장비 운용 및 최적화 노하우를 갖춘 엔지니어들이었다. SMIC는 이러한 핀포인트 방식의 인력 수혈 전략을 통해 TSMC나 삼성전자 파운드리와 한때 10년 넘게 차이 나던 공정 기술 격차를 단번에 5년 이하로 단축했으며, 2018년에는 14나노 공정기반 로직 반도체 양산 기술 개발에 성공하기도 했다.

문제는 SMIC가 그다음 목표로 잡은 10나노 이하 공정 개발 추진 단계에서 미국 정부의 제재가 본격화되었다는 것이다. 미국 정부는 2020년 화웨이를 필두로 중국 반도체 산업 거의 전체를 대상으로 하는 기술 및 무역 제재를 확대했다. 가장 먼저 언급된 장비는 바로 극자외선 노광 장비였다. 핵심 장비들의 수입마저 끊기면서 중국 업체들에게 남은 대안은 SMIC밖에 없었다.

SMIC의 량명쑹과 그의 팀은 장비 운용과 공정 노하우가 있었으나, 그들이 보유한 장비는 ASML의 구세대 심자외선 노광기뿐이었다. 7나노 이하 공정으로 가기 위해 극자외선 노광 스캐너를 활용하는 것은 불가능했다. SMIC가 취할 수 있는 방법은 결국 이미 보유한 수백 대의 심자외선 장비를 이용해 다중 패터닝하는 공정밖에 없었다. 이는 앞서 설명한 TSMC의 1세대 7나노 공정에 준하는 기술을 개발해야 함을 의미했다. TSMC가 1세대 N7 공정에서 심자외선 다중 패터닝이 양산 적용 가능함을 이미 증명했고, 공정 수율도 앞서 추정한 바에 따라 79.4퍼센트에서 91.9퍼센트까지도 나올 수 있기 때문에 SMIC도 이를 목표로 했다. SMIC는 2019년부터 2022년까지 3년간 심자외선 다중 패터닝 공정 기술 개발에 집중했다.

2022년 7월, SMIC는 N+1 공정이라고 명명된 7나노 공정을 통해 로직 반도체를 시험 생산했다고 공식 발표했다. N+1 공정은 SMIC가 보유했던 이전의 최신 공정, 즉 14나노 공정에 비해 전력 사용량은 57퍼센트 절감하면서도, 로직 다이(logic die) 면적은 55퍼센트 이상 줄이고, 성능은 20퍼센트 개선한 수준의 사양으로 포장되었다. N+1 공정 생산을 위탁한 팹리스 업체는 미네르바(MinerVa)라는 비트 코인 채굴 칩 설계 팹리스 업체로서, 사실 이러한 채굴 전용 ASIC 칩은 학습이나 추론, 생성 같은 복잡한 연산이 아닌 단순 연산 반복에 특화되어 있으므로 설계가 상대적으로 간단하고 따라서 생산 난도도 높지 않다. 그렇지만 미국을 비롯한 전 세계는 대중 기술 제재가 더 강

표 1.3 2023년 SMIC의 N+1 공정과 2018년 TSMC의 1세대 7나노 공정 사양 비교.
테크인사이츠(TechInsights) 자료.

사양 \ 공정	SMIC — N+1, 7 NM	TSMC — N7	TSMC — N7 HPC/N7P	TSMC — N7+
제공 시점	2022년 4월 (양산 착수)	2018년 9월	2019년 9월	2019년 11월
노광 기술	193i ArF SA-LELE	193i ArF SA-LELE	193i ArF SA-LELE	193i ArF SA-LELE/EUV
M0/M1/M2/ Mx 배선 방향	단방향(Uni-dir)	단방향(Uni-dir)	단방향(Uni-dir)	단방향(Uni-dir)
최소 트랙 높이	6T (2 x 2 fin)	6T (2 x 2 fin)	6T (2 x 2 fin)	6T (2 x 2 fin)
핀 로직 (Fin Logic)	SAQP variable pitch	SAQP variable pitch	SAQP variable pitch	SAQP variable pitch
게이트	SADP + Cut	SADP + Cut	SADP + Cut	SADP + Cut
확산 분리 방식 (Diffusion Break)	SA-SDB	DDB	DDB	SA-SDB
CT/CG	W-filled	Co filled	Co filled	Co filled
M0	단일 다마신 구리 배선(Single Damascene Cu)	단일 다마신 구리 배선(Single Damascene Cu)	단일 다마신 구리 배선(Single Damascene Cu)	단일 다마신 구리 배선(Single Damascene Cu)

해지고 있는 상황에 중국의 반도체 제조 공정 기술이 마침내 10나노 장벽을 돌파한 것 자체에 경악하기도 했다.

SMIC가 제조한 채굴 전용 칩을 분석한 결과에 따르면 N+1 공정으로 제조된 칩의 사양과 구조, 공정 파라미터는 TSMC의 1세대 7나노 공정을 거의 그대로 카피한 수준이었다. 금속 배선 층의 폼 팩터(form factor)와 금속 산화물 유전체 소재, 적층 공정 등이 동일했으며, 확산 방지막 역시 같은 소재와 폼 팩터를 가진 것으로 확인되었기 때문이다. 무엇보다도 핀펫의 물리적 크기가 동일했는데, 이는 사실상 SMIC의 7나노 공정이 TSMC의 N7 공정을 그대로 이식한 결과물임을 재확인하는 증거이기도 했다. 물론 이는 량멍쑹을 비롯한 TSMC의 전직 엔지니어들이 예전에 사용하던 공정 장비를 SMIC의 팹에서 대부분 거의 그대로 복제할 수 있는 환경이었기 때문에, 그리고 그러한 환경을 활용할 노하우가 있었기 때문에 재현 가능했던 결과다.

SMIC에서 사용하는 공정 장비는 대부분 미국의 대중 제재 조치가 본격화되기 전 ASML, 어플라이드 마티어리얼즈, 램 리서치, KLA, TEL 같은 주요 글로벌 반도체 장비사로부터 수입한 것이었기 때문에 거의 동일한 장비를 활용하는 TSMC의 파운드리 공정을 복제하는 것은 충분한 노하우가 확보되었다는 가정하에 그다지 어려운 일은 아니었을 것이다.

2022년에 SMIC가 생산한 비트 코인 채굴 전용 칩은 SMIC 입장에서는 일종의 리스크 생산에 해당한다. 위탁 생산 주문량이 적었기 때문이다. SMIC 입장에서는 7나노 공정으로 본격 양산 가능한 로직 반도체 제작 전에 다중 패터닝 공정의 신뢰도와 수율을 테스트한 셈이다. SMIC는 다시 1년 정도 공정 최적화를 거쳐 드디어 2023년 8월 화웨이의 기린 9000s 시리즈 양산을 선보였다. SMIC가 이 모바일 AP 칩 양산에 투입한 공정은 N+1 공정의 개선판인 N+2 공정으로 알려졌다. 마찬가지로 이 공정은 심자외선 다중 패터닝 공정이지만, 한 단계 더 업그레이드된 기술에 기반을 두고 있어 난도는 더 높다.

SMIC가 2023년 첫 7나노 공정 양산 고객으로 화웨이를 내세운 것은 중국 정부의 반도체 굴기 프로파간다와도 연계된다. 화웨이가 2020년 이후 오랜 침묵을 깨고 최신 스마트폰을 출시한 시점이 미국 상무부 장관 방중에 맞춘 것이라는 사실에서 드러나기도 하거니와, 당시 중국 관영 매체들이 일제히 보도한 것처럼 미국의 대중 제재 조치 속에서도 중국이 결국 기술 내재화 솔루션을 찾았고 진보했음을 전 세계를 상대로 증명하고 싶었기 때문일 것이다.

7나노 공정 내재화의 이면

그렇지만 화웨이와 SMIC는 물론 중국 정부가 굳이 드러내고 싶어 하지 않는 문제는 따로 있다. 화웨이나 하이실리콘 같은 회사는 상장사가 아니므로 이들이 SMIC에 얼마나 많은 비용을 지불하면서 AP 칩 제조를 위탁했는지 파악하기 어렵다. 그렇지만 2018년 애플이 TSMC에 7나노 공정 기반 A12칩 위탁 생산을 위해 지불한 비용보다는 높을 것으로 볼 수 있다. 이렇게 추정할 근거는 많다. 기본적으로 SMIC의 공정이 TSMC와 흡사하다고 하더라도 TSMC 고유의 기술 지원과 노하우 모두를 SMIC가 활용할 수 있는 것은 아니다. 이는 핀펫 스케일링 노하우가 중요한 전공정뿐만 아니라 TSMC가 자랑하는 CoWoS[32] 같은 후공정(OSAT), 특히 이종 접합(heterogeneous integration), 칩렛 패키징(chiplet packaging), 하이브리드 본딩(hybrid bonding) 같은 첨단 공정 노하우를 활용하기 어려움을 의미한다. 파운드리 공정 전체 수율에는 전공정뿐만 아니라 후공정의 완성도도 영향을 준다. 후공정 완성도가 떨어지면 전공정의 수율이 아무리 높게 유지되었다고 해도 결국 최종 원가 경쟁력은 저하될 수밖에 없다.

또한 SMIC가 N+2 공정에 투입한 장비에는 ASML의 심자외선 노광 장비가 포함되지만, 이 장비에 대한 ASML의 기술 지원이 2020년 이후 중단되었다는 것도 문제다. 심자외선 장비 역시 ASML는 2023년 말까지만 중국에 수출했다. 2024년부터는 미국 정부의 제재에 따라 심자외선 이상급 노광 장비 전체와 부품, 기술 지원 등의 중국 수출이 제한되었다. 즉 2024년 이후로는 소모품 수급과 기술 지원이 사실상 불가능해진다. 따라서 중국 내 동종 노광 장비를 분해하거나 개조해 부품을 한시적으로 수급하는 대안밖에는 없다. 이렇게 되면 노광 공정 파라미터가 변동하고, 미세 공정 조건도 함께 흔들리게 된다. 이는 앞으로 SMIC가 추진하는 7나노 이하급 공정 수율은 TSMC의 N7 공정에 비해 낮아질 가능성이 높음을 의미한다.

비용 상승의 근거로서 규모의 경제를 실현하는 어려움도 들 수 있다. TSMC의 N7 공정은 애플이라는 큰 고객이 지속적인 현금 흐름을 창출해 주었기 때문에 안정적 자금 수급 사이클이 형성되었고, TSMC로 하여금 다양한 기술적 테스트를 시행할 기반을 마련해 주었다. 반면 SMIC 입장에서는 화웨이가 애플에 해당하는 큰 고객이라고 보기는 어렵다. 화웨이는 메이트 60 프로 등의 스마트폰이 2023년 3000만 대 이상, 2024년에는 6000만 대 이상 팔릴 것이라 예상했지만, 실제 판매된 물량은 각각 3570만, 4840만 대에 머물렀다. 화웨이의 중국 스마트폰 시장 점유율은 20퍼센트 안팎으로 애플과 비슷하다. 그러나 화웨이는 애플만큼의 시장 지배력은 없다. 이익율이 애플에 미치지 못하기 때문이다.

물론 SMIC의 가장 큰 고객이 반드시 화웨이일 필요는 없다. 중국의 GPU, CPU 설계 팹리스 회사인 룽손 테크놀로지나 비런 테크놀로지 같은 회사들이 중국의 대대적인 인공 지능 투자 붐을 타고 SMIC에게 새로운 큰 고객이 될 수도 있다. 그렇지만 TSMC의 매출 비중이 모바일 AP 칩과 고성능 컴퓨터(high performance computer, HPC)로 양분된 것을 고려하면 SMIC 역시 수익성 강화를 위해서는 모바일 AP 칩 매출 비중을 높여야 한다. 현재로서 SMIC 매출에서 화웨이가 차지하는 비중은 TSMC에서 애플이 차지하는 비중보다 훨씬 낮으며, 중국의 HPC 업체나 AI 반도체 팹리스 업체들은 엔비디아, 브로드컴, AMD, 퀄컴, 인텔 등 미국 팹리스가 TSMC 매출에서 차지하는 매출액의 1/20~1/30 수준에 불과하다.

그럼에도 진행한다

SMIC가 이렇게 높은 비용 구조를 감내하면서까지 7나노 공정으로 로직 반도체 양산 능력을 증명하려는 이유는 브랜드 가치를 제고할 수 있다는 것에 더해, 중국 정부의 반도체 굴기 압력이 크기 때문이다. 중국 정부는 반도체 기술 내재화라는 정치 경제적 목적을 달성하고 대외적으로는 미국의 대중 반도체 제재 조치가 실효성이 없음을 증명하고 싶어 한다. 특히 미국이 스스로 더 큰 피해를 입는 단계로 진입하기 전에 대중 기술 제재 조치를 철회하거나 적어도 완화할 것을 끊임없이 요구한다.[33] SMIC의 7나노 공정 양산 첫 파트너로서 화웨이 AP 칩을 선택한 것도 미국의 기술 제재 조치가 제일 먼저 시행된 회사가 바로 화웨이라는 것을 상징적으로 강조하려는 목적도 있었을 것이다. 그런데 SMIC가 감내해야 할 높은 공정 비용과 낮은 수익 회수 가능성은 단순히 공정 노하우 부족, 공정 장비 퀄리티 저하, 규모의 경제 가능성 저하 이상의 근본적인 한계에 봉착해 있다. 그것은 앞서 언급한 심자외선 기반의 다중 패터닝 공정이 갖는 기술적 한계다.

2018년 TSMC는 7나노 공정을 처음 시작할 때 보수적으로 접근하기 위해 심자외선 다중 패터닝 공정을 택했고, 그간의 핀펫 집적도 스케일업 기술 노하우를 이용해 수율 저하 방어에 성공했다. 그럼에도 TSMC가 5나노 공정부터 보수적 접근 방식을 버리고 극자외선 노광 공정이라는 보장 안 된 경로를 택한 이유는 무엇일까? 그것은 결국 기술 노드(technology Node)가 진보할수록 단위 면적당 트랜지스터 집적 밀도 증강과 전력 소모율 감축 요구, 특히 인공 지능 고속 연산에 할당되는 NPU 등이 추가되는 다이 레이아웃(die layout) 최적화 요구 조건을 기존 공정만으로는 감당하기가 불가능해졌기 때문이다. 기술적으로 SMIC가 7나노 공정을 넘어 5, 3, 2나노, 심지어 옹스트롬 영역 공정까지 달성할 가능성이 0퍼센트라고 단정할 수는 없다. 그렇지만 이렇게 기술 노드가 진보할수록 다중 패터닝에서 요구되는 공정 개수는 급증한다. 예를 들어 5나노 공정 다중 패터닝으로 로직 반도체를 제조할 경우, 100~110단계의 공정이 필요하다. 이에 반해 극자외선 단일 패터닝 공정을 채용하면 15단계의 공정이면 충분하다. 3나노 공정에서는 그 격차가 더 벌어진다. 심자외선 다중 패터닝은 450~460 단계의 공정이 필요한 반면, 극자외선 단일 패터닝은 25단계면 된다. 2나노 공정에서는 심자외선 다중 패터닝이 630~650 단계의 공정이 필요한 반면, 극자외선 단일 패터닝은 30단계의 공정만 필요하다.

그래서 종합 수율을 평가했을 경우 심자외선 다중 패터닝 공정은 경제성 확보가 사실상 불가능하다. 5나노 공정에서는 44.8퍼센트, 3나노 공정에서는 5퍼센트 이하, 2나노 공정에서는 1퍼센트 이하로 수율이 급격하게 저하되기 때문이다. 처참할 정도로 낮아진 수율은 더 이상 양산을 위한 수치라고 볼 수 없다. 생산할수록 비용은 급격히 증가하고 적자폭은 기하급수적으로 확대되는, 기업 입장에서는 자해 행위에 가깝기 때문이다.

그림 1.1에는 심자외선 다중 패터닝 공정과 극자외선 단일 패터닝 공정으로 DRAM이나 로직 반도체를 제조할 경우의 수율 예상치가 비교되어 있다. 메모리와 로직 반도체의 수율이 다른 까닭은 단위 공정 개수가 다르기 때문이다. 이를 감안해 두 공정의 수율 차이를 비율로 표시한 수치를 그림 1.2에 보였다. 현 추세대로라면 심자외선 다중 패터닝 공정은 3나노 공정에서는 극자외선 단일 패터닝 공정에 비해 수율이 12분의 1로, 2나노 공정에서는 48분의 1로 떨어진다. 다시 말하자면 두 공정 사이의 원가 경쟁력이 2나노 공정에 이르러서는 50배 가까이 차이 날 수 있다는 것이다. 여기에 더해 3나노, 2나노 공정에서 각각 요구되는 고성능을 맞추기 위해 단위 공정 개수가 증가하면 이로 인해 심자외선 다중 패터닝 공정으로 양산되는 웨이퍼 규모 역

                              1장 중국의 반도체 굴기

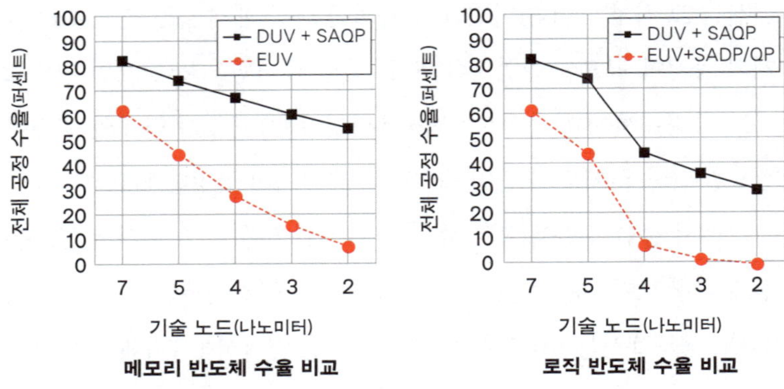

그림 1.1 심자외선 다중 패터닝과 극자외선 단일 패터닝 공정의 수율 비교. 왼쪽: DRAM, 오른쪽: 로직 반도체.

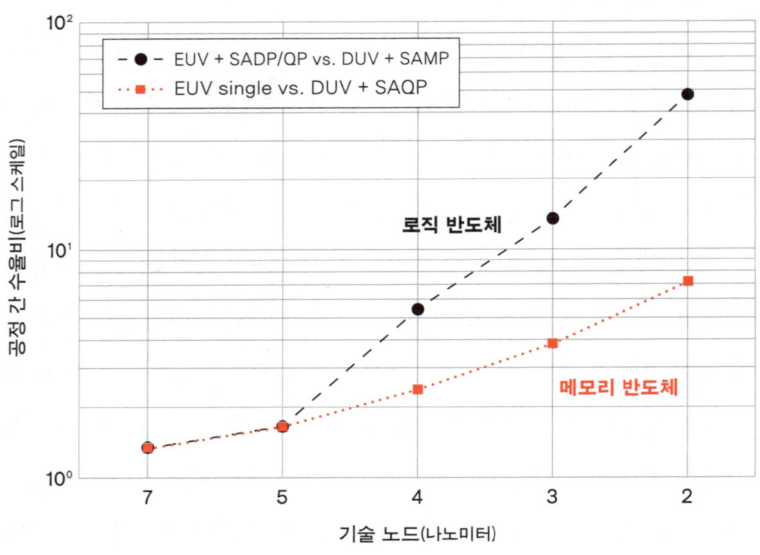

그림 1.2 심자외선 다중 패터닝과 극자외선 단일 패터닝 공정의 로그 스케일 수율 비교.

시 극자외선 단일 패터닝 공정에 비해 줄어든다. 단일 패터닝만 비교해 보면 4 대 1 정도로 심자외선 패터닝이 양산 규모 확장에 더 우세하다. 그렇지만 다중 패터닝 공정이 되면 구도가 역전된다. 3나노 공정에서는 극자외선 단일 패터닝 공정 생산 규모가 심자외선 다중 패터닝에 비해 2.3~4.8배, 2나노 공정에서는 2.5~5.2배까지도 양산 규모 차이가 벌어진다. 즉 공정 미세화가 진행될수록 심자외선 다중 패터닝 공정은 원가 경쟁력이 하락하고 생산 규모가 감소되면서 더 급속한 시장 점유율 하락을 맞게 될 것이라는 뜻이다.

물론 이러한 계산은 SMIC가 내수를 넘어 글로벌 시장에서 TSMC나 삼성전자, 인텔 등과 5나노 이하급 첨단 파운드리 고객 수주 경쟁을 펼칠 경우에만 유효하다. 현재 SMIC의 양산 규모는 화웨이의 모바일 AP 칩에 대응하기만으로도 벅차다. SMIC는 화웨이로부터 약 100억 달러(약 15조 원)를 투자 받아 베이징, 상하이, 선전 등에 300밀리미터 웨이퍼급 파운드리 팹 라인 증설을 추진하고 있으나, 많은 파운드리가 여전히 28나노 같은 레거시 공정 기반이다. 최선단 공정인 N+1 공정에 대해서는 미국의 제재 조치 때문에 라인 증설 계획이 뒤로 밀리고 있다.

만약 SMIC가 중국의 경계를 벗어나지 않고 오로지 자국 팹리스 업체가 위탁한 물량만 수주한다면 어떨까? 이 경우 중국은 기술 탈취 시비나 특허 침해 소송은 물론, 세계 무역 기구(WTO)나 외국 업체들이 미국 법원에 불공정 무역이나 기술 침해 건으로 제소하는 것까지 외부의 견제와 경쟁에서 당분간 자유로워지기 때문에 자유롭게 정책 및 자금 지원을 할 수 있다. 예를 들어 중국 정부는 반도체 국부 펀드를 앞세워 SMIC로 하여금 당분간 계속 심자외선 다중 패터닝 기술을 5나노 이하급으로 더 고도화하도록 지원할 수도 있고, 이로부터 예상되는 급격한 비용 증가의 상당 부분을 빅 펀드 등 정책 자금 내에서 메꿀 수 있다. 그러나 이렇게 강제적으로 공정 원가를 인하한다고 하더라도 여전히 TSMC나 삼성전자 파운드리보다 생산 단가를 낮추기는 어렵다. 규모의 경제에서 오는 한계 때문이다.

그럼에도 중국의 팹리스 업체들은 미국의 제재로 TSMC나 삼성전자의 파운드리를 활용하기 어려운 상황이므로 어쩔 수 없이 SMIC에 더 많은 물량을 위탁할 수밖에 없다. 이는 중국 팹리스 업체들이 생산하는 AP 칩, CPU, GPU 등의 가격 경쟁력이 하락하게 하는 구조적 원인이다. 사실 SMIC의 7나노 파운드리는 로직 반도체뿐만 아니라 DRAM 같은 메모리 반도체 생산에도 적용될 수 있다. 예를 들어 CXMT가 1z 공정에서 1a나 1b 공정을 기반으로 DDR5나 LPDDR5X 등으로 진보하기 위한 중요한 기술적 솔루션을 제공할 수도 있다. 그렇지만 심자외선 다중 패터닝 기반 공정 기술의 한계는 메모리 반도체에서는 더 큰 문제가 된다. 소품종 대량 생산을 통해 원가 절감이 중요한 범용 반도체이기 때문이다.[34] 기술적으로 가능하다고는 하지만 원가 경쟁력이 떨어지는 공정을 범용 반도체 양산에 적용하는 것은 매우 비효율적이다.

공정 기술과 비용의 장벽을 버틸 수 있다고 해도, 중국의 첨단 반도체 제조 내재화가 마주하게 될 세 번째 장벽이 있다. 삼성전자는 3나노 공정부터는 트랜지스터의 물리적 선폭 축소 기술과 수율 한계로 인해 트랜지스터 구조를 기존의 핀펫에서 GAAFET(gate-all-around FET)[35]이나 MBCFET(multi-bridge channel FET)[36] 같은 3차원 구조로 전환했다. 다소 보수적인 기술 전환 방식을 추구하는 TSMC 역시 2나노 공정부터는 GAAFET으로 트랜지스터 구조를 근본적으로 바꾸기 시작했다. 문제는 핀펫 이후 새로운 트랜지스터 구조 관련 원천 특허 대부분을 IBM과 TSMC, 삼성전자, 마이크론 등이 보유하고 있다는 것이다.

중국의 파운드리 및 메모리 반도체 업체들이 GAAFET 특허에서 차지하는 글로벌 비중은 10퍼센트 이하이며, 이는 차세대 트랜지스터에서도 중국이 미국의 기술 제재 포위망을 벗어나기 어려움을 의미한다. 삼성전자나 TSMC가 3나노 혹은 2나노 이하급 파운드리 공정에서 트랜지스터 구조를 바꾸려는 이유는 분명하다. 기존 핀펫으로는 인공 지능이나 HPC 전용 칩을 설계하는 팹리스에서 목표로 하는 연산 능력 달성이 불가능하기 때문이다. 3나노 이하 영역에서 게이트 길이를 축소하는 과정에 누설 전류가 증가하는 단점을 갖는 핀펫은 에너지 효율 저하는 물론 동작 오류 가능성이 높아 계속 사용하기 어렵다. 그래서 게이트 길이 축소에 따른 단점을 채널을 3차원 공간에서 게이트 안에 감싸서(embedding) 극복하는 구조의 GAAFET이 매우 중요한 대안이 된다. SMIC 같은 중국 반도체 제조사의 기술력이 설사 3나노 영역까지 도달한다고 해도, 그다음 기술 돌파구가 될 새로운 트랜지스터 구조는 활용이 거의 불가능할 것이므로, 연산 능력

    1장 중국의 반도체 굴기

의 진보도 가로막히게 된다.

굴기의 지속 가능성이 흔들릴 때

첨단 파운드리 공정 기술 개발과 세대 교체, 양산 규모 확장이라는 SMIC의 목표가 공정 비용 급증, 기술 난도 상승, 원가 경쟁력 하락 같은 큰 문제, 특히 장기적으로는 새로운 트랜지스터로의 전환이라는 근본적 과제와 마주한 상태에서도 중국 정부는 자금력이 있는 한 반도체 굴기 전략을 멈추지 않을 것이다. 중국 정부의 최우선 목표는 반도체 기술의 내재화와 공급망 자급화이기 때문이다.

중국의 입장을 고려할 때, 화웨이의 새로운 스마트폰 AP 개발, SMIC의 7나노, 5나노 공정 개발, 인공 지능 전용 GPU나 NPU 개발 및 생산, 자체적 LLM 같은 인공 지능 모델 개발 및 그것에 특화된 생태계 조성 등은 앞으로도 이어질 것이다. 그러나 그러한 진보와 확장 이면에서 더 잘 살펴봐야 하는 것은 이후 중국 시장이 국산 기술을 얼마나 활용할지, 수익 창출로 얼마나 연계되는지, 기술 자급이 정말 독립적으로 이루어진 것인지 등이다.

중국은 인구 구조, 특히 이공계 우대 문화를 기반으로 재능 있는 젊은 층이 몰리는 첨단 산업을 기대하며 시간이 흐를수록 중국에게 유리한 상황이 조성되리라고 본다. 중국 정부와 산업계가 이를 근거로 고비용을 감내하면서 얼마나 더 오래 버틸 수 있을지는 계속 살펴야 하는 지점이다. 중국은 밑빠진 독에서 물이 빠져나가는 속도보다 더 큰 유량으로 물을 쏟아붓듯 막대한 자본을 집중적으로 투입하며 시

차이나 반도체 라이징

간을 벌고 있다. 중국은 그렇게 확보한 시간을 다시 미국의 기술 제재 대상이 되는 각 기술 영역에서의 자급에 투입한다.

예상치 못한 역발상이나 혁신은 언제든 나올 수 있다. 고비용 구조를 감당하지 못하게 된 SMIC가 심자외선 다중 패터닝 진보 전략을 포기하고 오히려 역발상으로 10나노 이상의 성숙 공정 고도화에 자본을 투자할 수도 있다. 실제로 SMIC는 여전히 파운드리 증설 대부분을 성숙 공정인 28나노 공정 등에 투자한다. 이 경우 오히려 성숙 파운드리 시장에서는 중국의 지배력이 막강해진다. 이는 여러 산업용 반도체 시장의 주도권이 중국에게 넘어갈 수도 있다는 뜻이다. 2025년 상반기, 레거시 공정에서 점유율 20퍼센트를 넘어가고 있을 정도로 중국의 성숙 공정 점유율은 무시할 수 없는 수준이며, 그 비중은 지속적으로 높아질 것이다. 또한 중국은 미국 주도의 기술 로드맵이 고비용 구조를 강요하는 것임을 확인하고 이를 따르지 않기 위해 전혀 새로운 로드맵을 주도하려고 할 수도 있다. 새로운 방식의 노광 공정이나, 나아가 아예 새로운 구조의 트랜지스터 등을 표준으로 제시하며 글로벌 시장에 도전할 수도 있다. 물론 이러한 새로운 시도와 역발상이 다 통한다는 보장은 없다. 관건은 그때까지 중국 반도체 산업이 버틸 수 있어야 한다는 것이다. 현재로서는 기술력 한계를 돌파할 수 있을 정도의 새로운 혁신이나 우회 전략이 중국 반도체 산업에서 자생을 시작했다는 증거는 없다.

시장 점유율이나 기술 수준만 놓고 보면 메모리 반도체에서는 YMTC나 CXMT 같은 회사, 파운드리에서는 SMIC 같은 회사가 글

　　　　　　　　　　1장 중국의 반도체 굴기

로벌 수준에 이르렀다고도 볼 수 있다. 그러나 이들의 점유율은 중국 내수 시장을 벗어나면 미약하다. 기술 수준도 고비용 구조를 벗어나지 못한 경우가 대다수이기 때문에 정부 지원 없이 글로벌 시장에서 자립하기는 어렵다. 중국은 경제 강국이자 인구 대국이므로 산업도 다양하고 필요로 하는 물품과 기술도 다양하다. 한정된 정부의 재원을 특정 분야에만 장기간 집중하기 쉽지 않고, 설사 그럴 수 있다고 하더라도 다른 배후 산업이 동반 성장하지 않으면 반도체 산업의 성장이 국가 전체의 경제 성장을 견인하는 효과는 한정될 수밖에 없다. 2024년에도 중국의 반도체 산업 자급도가 20퍼센트 내외에 그치고 중국 반도체 업체들의 목표가 여전히 내수 시장에 집중되는 현실을 감안하면 더더욱 그렇다. 그렇지만 이를 뒷받침할 중국의 경제력에는 이제 한계가 뚜렷해지고 있다. 10년 가까이 반도체 산업에 집중 투자할 자금 역시 앞으로는 한계가 있을 것이고 이는 중국 정부가 고비용 구조를 숙명적으로 안게 되는 자국의 반도체 제조업, 특히 SMIC 같은 파운드리를 언제까지나 계속 품고 가기는 어려워진다는 것을 의미한다.

중국식 베팅의 끝

CAPEX가 지배하는 산업

중국의 반도체 대마불사 전략이 경제성과 수익보다는 생태계 자급

화, 그리고 첨단 기술 내재화를 우선시하는 전략으로 일관한다면 이
는 큰 도박이나 다름없다. 반도체 산업 같이 CAPEX가 높은 산업
은 대량의 설비를 주기적으로 교체하고 업그레이드하기 위해서라도
안정적인 수익 창출이 필요하다. 중국에서도 반도체 제조업의 높은
CAPEX 특수성은 바뀌지 않는다. 그러나 정책적 목적 때문에 원가
경쟁력이나 수익 회수율 등의 성과 목표를 뒤로 미루는 중국의 반도
체 산업 전략은 시간이 지날수록 지속 가능성이 저하된다. 저하되는
지속 가능성은 결국 정부의 공적 자금 투자를 지속적으로 요구하는
구조를 고착화한다.

한 가지 더 중요한 특징은 CAPEX를 높이는 주 원인인 공정 장비
대부분이 빠르게 감가상각된다는 것이다. 반도체 제조업은 공정 장
비 업그레이드 주기가 다른 제조업보다 짧으며, 장비 유지 보수 비용
은 구매 비용에 맞먹거나 더 크다. 따라서 반도체 제조업체들은 현금
흐름이 안정화될 수 있는 주기적 사이클에서 벗어나서는 안 된다. 만
약 현재의 공정에서 충분한 수익이 창출되지 못하면 다음 투자 타이
밍에 투자 규모가 불충분해지거나 투자 적기를 놓치는 상황에 직면
할 수 있다. 투자 규모 축소는 신규 장비를 구매하지 못해 더 저렴한
구형/중고 장비를 구매하거나, 신규 장비 구매 대수를 줄이거나, 장비
연한이 다 된 장비를 연장해 무리하게 활용해야 한다는 의미다. 이는
다음 세대로의 반도체 칩 양산 규모 축소, 수율 감소, 양산 시점의 연
기로 이어진다.

글로벌 DRAM 3강의 한 축인 미국의 마이크론은 2026년에도 여

전히 d1c DRAM 공정에서 극자외선 노광 장비 도입이 늦어지고 있다. 근본적인 이유는 마이크론이 팹 확장과 극자외선 노광 장비 도입을 동시에 추진할 정도로 자본력이 충분하지 않기 때문이다. 극자외선 장비를 대규모로 도입하면 DRAM 양산 규모가 줄어든다. 이는 d1c 공정의 수익 감소로 이어지므로 극자외선 장비 도입에 투자를 늘리기 어렵다. 그렇다고 d1b 이하 세대의 DRAM 양산 규모 유지에 가중치를 높이면 이미 극자외선 노광 장비를 d1b나 d1c 공정 양산에 도입하고 있는 삼성전자와 SK하이닉스와의 기술력 격차가 더 벌어지게 된다. 이는 마이크론에게 DRAM 양산 비율을 범용 DRAM, 그리고 HBM 같은 주문형 고부가 가치 칩으로 분배하는 것과 더불어 가장 골치 아픈 문제다.

마이크론의 장비 교체 사례가 보여 주는 것은 글로벌 시장을 공략하려는 반도체 제조사에게 매년 수조~수십조 원 규모의 수익은 결국 대부분 재투입되어야 하는 CAPEX로 잡아 두어야 한다는 것이다. 여기에 더해 반도체 제조사들은 다음 세대 기술 구현을 위해 매년 수조 원 이상의 연구 개발 비용도 집행해야 한다. 연구 개발 비용은 CAPEX에 포함되지 않는다고 하더라도 주기적인 기술 업그레이드에 꼭 필요하다는 점에서 사실상 이에 준하는 비용이라고 볼 수 있다.

이러한 반도체 제조업의 특징을 생각하면 일정 수준 이상의 기술을 구현하고, 그 기술에 바탕을 둔 반도체 칩을 양산하고, 글로벌 시장에서 경쟁하는 방식의 비즈니스 구조는 대규모 수익이 주기적으로 반드시 확보되어야 한다. 그렇게 하지 못한다면 보유 현금이 소진되는 시점에 투자 타이밍과 규모에 불일치가 생기고, 그 영향은 시간이 지날수록 누적되어 반도체 경기가 다운턴(downturn)에 진입하는 시기 치킨 게임의 희생자가 되는 결말을 맞게 된다. 반도체 산업도 경기의 순환 사이클이 명확한 산업이고, 거대한 수익만큼이나 거대한 손실이 언제든 나타날 수 있다. 2022~2023년 글로벌 메모리 반도체 시장 상황이 가장 최근에 있었던 대표적 사례다. 이 시기 글로벌 메모리 반도체 제조사들은 범용 메모리 반도체 시장에서 기록적인 손해를 기록했는데,[37] 이 과정에서 각 제조사들이 실제로 얼마나 많은 현금성 자산을 동원할 수 있었는지가 드러났다. 반도체 시장에서 2~3년 이상 다운턴이 지속되면 현금이 부족하고 기술 수준이 뒤쳐진 후발 주자들은 더 보수적인 투자를 하게 된다. 즉 신기술 도입을 주저하며 재고 소진에 더 많은 자원을 배분하는데, 이는 결국 업턴(upturn) 시기에 궤도에 진입할 기회를 자신이 걷어차는 악수로 되돌아온다. 후발 주자의 의사 결정자들은 대부분 그 의미를 잘 알고 있고 과거 사례에서 교훈을 잘 배웠음에도 불구하고, 당장 눈앞에 닥친 회사 경영 위기에 대처하기 위해, 그리고 현금 유동성을 조금이라도 더 확보하기 위해 악수 두는 일을 피하기 어렵다. 이는 결과적으로는 업턴 시기에서 수익을 충분히 못 거둘뿐더러, 다운턴 시기가 되면 치킨 게임에서 패배해 퇴출되는 결말로 연결된다.

수익 창출을 미룬 대가

중국의 기술 자급화와 겉보기 규모 확장, 국산품 애용 마케팅과 우후죽순 이어지는 반도체 창업 열풍 이면에는 관료들과 결탁한 부정부패, 중앙/지방 정부의 회계 불확실성과 재무 불안정성, 기술 사기나 산업 스파이 같은 문제뿐만 아니라 수익 창출 사이클의 지속 가능성을 장담하지 못하게 만드는 구조적 문제가 있다. 중국의 반도체 업체들의 매출은 회계 장부상으로는 계속 증가하는 것처럼 보인다. 애국 마케팅을 앞세워 고가의 외국산 장비를 구매할 자금으로 상대적으로 저렴한 자국 장비를 구매하고, 그에 더해 정부의 보조금과 세금 혜택을 수익으로 잡을 수 있다. 외국 파운드리 업체에 위탁할 반도체 제조를 자국 팹에서 진행하면서 또 한번 정부 보조금과 세제 혜택, 정부가 투자한 고객사의 물량을 확보하면 회사의 장부에는 높은 수익이 기록될 수도 있다. 그렇지만 중국 반도체가 진짜 수익을 거두기 위해서는 그 제품들이 글로벌 시장에서 이익을 창출할 수 있어야 한다.

중국 정부나 반도체 업계는 이러한 수익 창출의 중요성을 누구보다도 잘 알고 있지만, 현재는 미중 경쟁이 모든 사안을 집어삼키고 있기 때문에 수익 확보 과제를 계속 뒤로 미루게 된다. 시진핑 정권이 2024년 3기에 들어서며 제15차 5개년 계획에서 '신품질 생산력(新質生産力)'이라는 새로운 기치를 내걸며 비용을 줄이고 수익성을 높이는 목표를 제시하고 있으나, 중국 반도체 기업은 정부의 빅 펀드 의존도가 여전히 높기 때문에 빠르게 수익을 회수하기는 어렵다. 한 해 1만 곳 이상 폐업해도 다시 2만 곳 이상 창업한다면 산업은 겉보기로는 성장하는 것으로 기록되며, 정부는 이를 바탕으로 투자 확대를 더 종용할 것이다. 각 지방 정부는 자신들의 지역에서 반도체나 인공 지능 분야의 유니콘 기업이 하나라도 더 탄생하는 것에 초점을 맞출 것이고 무리한 펀드 조성에 경쟁적으로 매달리게 된다. 이 과정에서 수많은 좀비 기업이 탄생할 것임에도 불구하고, 국가 안보, 공급망 내재화와 기술 자급이라는 목표 아래서는 반도체 산업의 수익 최종 책임은 정부로 향하며, 정부는 이를 다시 미래의 숙제로 미룬다.

마틴게일 베팅

중국 정부의 반도체 산업에 대한 투자 증대 정책은 도박에 비유할 수 있다. 실제로 '마틴게일 베팅(martingale betting)'이라는 도박 용어까지도 사용된다. 마틴게일 베팅은 이런 식이다. 어떤 도박이 참가자 승률은 50퍼센트이고 이기면 배당이 2배가 되는 구조를 갖는다고 가정해보자. 참가자가 게임에서 패하면 판돈을 다 잃는다. 이 게임에서 돈을 건 사람은 자신이 돈을 딸 때까지 판돈을 2배씩 올린다. 예를 들어 처음에 100원을 걸고 게임을 했는데, 질 경우 다음 라운드에는 200원을 건다. 만약 두 번째 라운드에서도 패하면 손해는 200＋100＝300원이 된다. 그러면 다시 3라운드에는 400원을 건다. 만약 3라운드에서 이긴다면 총 800원을 받게 되고, 이익은 400원이 생겼다. 1~2라운드에서 잃었던 돈은 300원이었지만, 3라운드에서 400원 이익이 생겼으므로 결과적으로는 100원을 벌었다.

사실 이는 간단한 수열 문제로서, 게임이 몇 라운드까지 가든 일단 최종 라운드에서 이기기만 한다면 (이길 때까지 라운드를 계속 이어간다면), 수익은 반드시 보장되며, 그 수익은 사실 최초의 판돈이 된다. 예

          1장 중국의 반도체 굴기

를 든 사례에서 수익은 반드시 100원으로 수렴한다. 이 게임이 수학적으로 통한다는 사실만 알고 있다면, 수익 극대화를 위해서는 처음부터 판돈을 최대로 설정하면 될 것이다. 그리고 다섯 판, 열 판 내리 패할 가능성은 거의 없으므로 이런 류의 게임은 참가자에게 무조건 유리할 것이라고 생각할 수 있다. 하지만 현실에서 이러한 게임이 성립하기 어려운 이유가 있다.

그것은 일단 승률×배당률=1이 되도록 설계된 게임 따위는 없기 때문이다. 앞서 사례로 든 게임에서 배당률은 200/100이므로 2이고, 승률은 0.5이므로, 이 게임의 승률×배당률은 정확히 1로 맞춰져 있다. 그렇지만 현실에서는 승률이 0.5나 되는 게임도 거의 없으려니와, 승률이 0.5로 설정되었다고 해도 배당률을 2로 맞춰 주는 게임은 더 더욱 없다. 이는 기본적으로 수수료, 위험 비용 등의 고정 비용이 소요되기 때문이다. 설사 그런 도박 게임이 있다고 하더라도 게임 참가자가 동원할 수 있는 자본은 무한이 아니다. 즉 참여할 수 있는 라운드가 무한이 아니라는 뜻이다. 앞서 언급한 '초반 판돈=최종 수익'이 되는 수학 공식을 아는 사람일수록, 초반에 더 많은 돈을 걸려고 할 것이다. 그런데 그만큼 참가자가 동원할 수 있는 자본은 더 금방 바닥 나게 된다. 물론 초반 판돈을 적게 걸면 조금 더 오래 버틸 수는 있을 것이다. 그러나 그런 방식으로 설사 어느 시점에 승리한다고 해도, 이익은 별로 크지 않다. 무엇보다도 이러한 베팅의 문제는 매 라운드마다 판돈을 2배씩 늘려야 해서, 수익을 확보하지 못할 경우 다른 게임에 참가할 자본이 급속도로 줄어든다는 것이다.

     차이나 반도체 라이징

중국은 세 번에 걸쳐 약1.3~1.5배씩 반도체 빅 펀드 규모를 늘려 왔다. 마치 5년마다 한 번씩 라운드가 돌아가는 글로벌 반도체 도박장에서 충분한 수익을 거두지 못해, 다시 판돈을 배증시키면서 세 번째 라운드에 도전하는 상태로 보일 수 있다. 이는 앞선 베팅이 결국 실패로 돌아갔음을 가정하는 것이기도 하다. 그러나 이러한 경향이 중국이 자국 반도체 산업을 놓고 도박을 벌이는 것이라고 치부할 문제는 아니다. 애초에 글로벌 반도체 산업은 승자와 패자가 확실히 구분되는 도박판도 아닐뿐더러, 승자 독식(winner takes all)하는 도박장도 아니기 때문이다. 또한 지난 라운드에서 승리한 측이 나왔다고 해도, 누군지도 불확실하거니와 그것이 특정 국가(예를 들어 미국)이기만 한 것도 아니다. 다만 투자 기간만 잡아도 무려 20년, 수익 회수 기간까지 따지면 무려 30년에 걸친 중국 빅 펀드의 운용은 우리가 앞서 살펴본 대로 중국이 확실히 반도체 산업에 올인에 가까울 정도로 승부를 걸고 있음을 방증한다. 만약 제3기 빅 펀드도 제대로 글로벌 시장에서 수익을 창출하지 못한다면, 중국은 2029년 혹은 2034년에 다시 규모가 배증된 제4기 빅 펀드를 집행하려 할까? 예단할 수는 없겠지만 그렇게 되는 시점은 (시진핑이 정권을 계속 이어 간다면) 시진핑 4기~5기일 것이고, 1~3기에서 누적된 수익 구조의 폐단과 미뤄 두었던 숙제가 한꺼번에 밀어닥칠 것이기 때문에, 민간 참여는 소극적이고 정부의 재무 안정성 약화는 공적 펀드 투자에 걸림돌이 될 것이다.

   1장 중국의 반도체 굴기

중국 반도체 도박의 결말

중국 위정자들이 합리적인 전략가라면 1~3기 간 누적된 반도체 빅 펀드의 규모 확장을 이어 가기보다는, 투자된 자본의 수익 회수에 초점을 맞춰 투자 규모와 타이밍을 조절하는 정책을 정교하게 만들 것이다. 중국이 반도체 산업을 판돈 삼아 국력 경쟁이라는 도박을 벌이는 입장이라면 이제 그 플레이 상대는 자국 경제가 될 뿐이라는 구조적 숙명을 인식해야 한다. 판돈을 올리려면 누군가가 그 판돈을 대 주어야 하기 때문이다. 중국에서는 반도체와 인공 지능을 향한 정부의 투자가 집중된 나머지, 식량이나 에너지, 부동산이나 건설 같은 다른 중요 산업의 성장과 잠재력을 담보 잡아 판돈을 올리는 것처럼 보이기도 한다. 이러한 도박이 좋은 성과로 연결되지 못한다면, 이는 국가 전체의 성장 잠재력을 갉아먹을 것이다. 도박에서 패자가 된다는 것은 산업 경쟁력을 깎아 먹는 수많은 좀비 기업과 관료 체계 내의 부정부패, 기술 사기와 회계 부정의 문제를 스스로 해결하지 못함을 의미한다. 물론 중국 정부는 이러한 문제를 예상 가능한 오점 정도로 격하하고, 반도체 산업을 대마불사이자 국가 기간 산업으로 계속 통제하려 할 것이다. 때마침 반도체 전략 도박의 상대는 자국을 제재하려는 미국이라고 설득하기 좋은 시대적 상황이 조성되었기 때문에, 인민들에게 애국심을 고취하기 좋다. 그러나 경제라는 진짜 상대를 이기지 못하면, 즉 중국 반도체 산업이 근본적인 수익성 강화의 구조 개혁을 달성하지 못하면 그 도박은 판돈을 모두 잃는 결말로 이어질 것이다.

중국 반도체 산업은 앞서 살펴 보았듯 제조업에 초점을 맞추고 수십 개의 반도체 팹이 우후죽순으로 건설되고 있다. 현재 추세대로라면 2030년대 초중반, 전 세계 파운드리 규모 절반은 이제 대만이 아니라 중국이 차지하며 특히 10나노 이상급 레거시 파운드리 팹의 3분의 2 이상은 중국이 점유하게 될 것이다. 이는 중국 위협론의 근거가 되기도 하지만, 중국의 반도체 제조업이 과잉 생산의 함정에 빠질 가능성을 스스로 피하기 어려울 것임을 함의하기도 한다. 과잉 생산은 반도체 제조업의 디플레이션으로 연계된다. 특히 중국이 집중하는 레거시 반도체 제조업[38]이나 범용 메모리 반도체처럼 수익 창출 경로의 한계가 명확한 영역에서 지금보다 수익성이 더 악화될 경우, 중국발 반도체 디플레이션은 글로벌 레거시 반도체 시장의 다운턴이 더 빨리 돌아오게 만드는 요인이 될 것이다. 그 시점이 되면 과연 고가의 장비를 그냥 감가상각시키는 것과 조금이라도 공정을 가동해 웨이퍼를 생산 원가 이하 밀어내기 방식으로 덤핑하는 것 사이에서 고민하게 될지도 모른다.

사실 중국의 반도체 산업이 지금처럼 투자와 수익 회수 사이에서 아슬아슬한 줄타기를 하면서 그 경쟁 상대가 내부에 있음을 인지한다고 하더라도, 현재의 중국 반도체 산업은 기호지세라 호랑이 등 위에서 내려올 수도 없다는 것도 문제다. 만약 호랑이를 강제로 멈춰 세우면 수많은 기업이 연쇄 도산할 것임은 명약관화하고, 그 과정에서 10년 넘는 세월 동안 누적된 온갖 폐단이 드러날 것이기 때문이다. 내적인 폐단을 최우선적으로 해결하려는 세력이 있더라도, 반도체 산업 정책을 10년도 넘게 집행해 온 공산당 간부들의 의사 결정을 뒤집기는 어려울 것이다. 중국에게 반도체 산업은 미래의 인공 지능 주권 확보를 위해서라도 포기할 수 없는 산업이다. 그래서 그간의 매몰 비용이 얼마나 거대하든 상관없이 계속 베팅할 수밖에 없다. 그렇지만 이 게임이 지속되려면 내부의 경제 성장 둔화라는 상대를 이겨야 함은 물론, 외부적으로는 미국과 기술 패권 경쟁에서 버틸 수 있어야 한다. 또한 글로벌 가치 사슬(value chain) 각 지점에서 기득권을 가진 나라들과의 경쟁에서 살아남아야 한다. 반도체 산업 전략 수립자들이 이 상황을 냉철하게 인지하지 못한다면 중국의 반도체 산업 지속 가능성은 생각보다 더 이른 시점에 바닥을 보일 수 있다.

한국은 그간 주로 미국이나 일본을 패스트 팔로잉하면서 특히 일본 반도체 쇠망사를 타산지석으로 삼아 왔다. 그러나 이제 오히려 많이 분석해야 할 상대는 바로 자국의 경제와 전투를 벌이게 될 중국의 반도체 산업이다. 이들이 과연 구조적 맹점에서 빠져나올 수 있을지를 관찰해야 하지만, 더 많이 관심을 가져야 할 부분은 정부 주도의 정책적 지원이 갖는 양면성이 만들 결과, 그리고 그것이 중국이 자국 경제를 상대로 벌이는 도박에서 어떠한 결말로 이어질 것인지다.

중국 반도체와 인공 지능 생태계 팽창

2장

인공 지능 제국주의

안보 자산이 된 AI

헨리 키신저(Henry Kissinger)는 미국의 전직 외교관이자 20세기 중반 냉전 시대를 관통하며 현실주의에 입각한 미국의 대외 정책 토대를 설계한 장본인이다. 그가 말년에는 정작 본업인 외교나 국제 정치보다는 인공 지능에 깊은 관심을 기울였다는 사실은 상대적으로 덜 알려져 있다. 키신저는 죽기 몇 년 전, 구글의 전 CEO인 에릭 슈밋(Eric Schmidt), 마이크로소프트의 전 최고 연구 개발 전략 책임자(CRSO)인 크레이그 먼디(Craig Mundy)와 함께 인공 지능에 관한 책을 쓰기 시작했다. 바로 그의 유작이 된 『새로운 질서: AI 이후의 생존 전략

(Genesis: Artificial Intelligence, Hope, and the Human Spirit)』[1]이다. 이 책의 주요 내용은 단순히 인공 지능이 아니라, 통제할 수 없는 인공 지능 출현 이후 인류 운명의 향방에 대한 것이다. 특히 그가 인공 지능을 제2의 핵무기 같은 파괴력을 갖는 대상으로 인식했다는 사실은 이목을 끈다.

그가 핵무기 다음으로 인류를 위협할 존재로서 인공 지능에 주목하게 된 까닭은 바로 문명 붕괴 수준의 실존적 위험을 가져올 기술이 또 등장하게 될 것이라는 불안감이 엄습해서였을 것이다. 핵무기와 인공 지능은 좋은 방향으로 쓰이면 문명 진보에 기여하는 혁신 수단이지만, 통제되지 않을 경우 인류의 공멸을 촉발할 잠재력이 있는 파괴 병기라는 이중성을 갖는 공통점이 있다. 실제로 키신저는 LLM이 본격적으로 등장하기 전부터 인공 지능에 내포된 문명사적 파괴의 잠재력을 인지하고 있었다.[2] 2016년 알파고 쇼크를 관찰한 그는 인공 지능의 발전이 통제되지 않을 경우 인류는 16세기 스페인 정복자에게 절멸 당한 잉카 문명 같은 처지가 될 것이며, 심지어 수백 년간 이어져 온 문명의 진보가 우리 시대를 마지막으로 종말을 고할 것이라는 심각한 경고도 했다.

이는 단지 키신저만의 생각은 아니다. 특히 2022년 오픈AI의 챗GPT(ChatGPT) 등장 이후, 인공 지능이 단순히 똑똑한 챗봇(chatbot) 수준을 넘어 얼마나 빠르게 범용 인공 지능(artificial general intelligence, AGI)[3] 혹은 초인공 지능으로 진화할 것인지, 그리고 그 과정에서 파괴력이 어떠한 방향으로 증폭될지 예측하기는 점점 어려워지고 있다.

이는 인공 지능 발전 속도가 지난 몇 년간 배증의 법칙을 보이며 양과 질 모든 면에서 규모 확장이 가속되고 있기 때문이다. 2024년 노벨 화학상 공동 수상자이자, 2016년 이세돌 9단에게 충격적인 패배를 안긴 AI 바둑 프로그램 알파고(AlphaGo)의 개발자이며, 구글 딥마인드(DeepMind) CEO인 데미스 허사비스(Demis Hassabis) 역시 이와 생각의 궤를 같이 한다. 2025년 2월 파리에서 개최된 인공 지능 정상 회의(French AI Action Summit 2025)에서 그는 앞으로 5년 내로 초인공 지능과 다름없는 시스템이 등장할 것이라고 예견했다. 물론 키신저나 허사비스의 염려와 예견이 조만간 현실이 된다는 확실한 증거는 뚜렷하지 않다. 여전히 범용 인공 지능이나 초인공 지능에 대한 개념 정의는 물론, 그 기술적 구현 가능성에 대해서도 전문가들의 격론이 끊이지 않는다. 또한 세계 각국에서 인공 지능의 안전성(AI Safety) 혹은 제도적 규제에 대해 글로벌 규범 구축 협력이 활발해지고 있어 제어 불가능한 초인공 지능이 정말 아무런 제약 없이 등장할 것인지도 확실하지 않다. 그러나 에너지원과 핵무기라는 양면성을 갖춘 채 아슬아슬하게 균형이 지속되어 온 원자력 기술처럼, 인공 지능도 앞으로 문명의 발전과 인류의 절멸 가능성을 동시에 갖는 야누스적 본성을 가진 채 가느다란 선 위에서 위태로운 균형을 유지하는 것 자체가 큰 과제가 될 것이다.

AI가 벌리는 국력 격차

문제는 인공 지능이 갖는 양면성 중에서 문명의 진보라는 비교적 온

건한 방향으로 무게추가 쏠린다고 해도 그 정치 경제적 심대성은 사라지지 않는다는 것이다. 오히려 시간이 지날수록 중요성이 증가할 것이다. 인공 지능에 최근 몇 년간 수천억 달러 규모의 거대한 자본이 쏠리고 있기 때문에[4] 그 자본을 회수하기 위해서라도 다른 산업으로의 확산은 빠르게 추진될 수밖에 없다. 인공 지능이 기존 산업과 결합해 증폭되는 파급력은 지금의 혁신 문법을 다시 쓰는 방식을 취할 것이다. 인공 지능에 의한 생산 자동화만으로는 폭발적 경제 성장이 어렵더라도, 연구 개발의 자동화로 정보 → 정보 자본 → 정보로 이어지는 아이디어 생산의 되먹임 고리가 완성되면[5] 실제로 연평균 20~30퍼센트 수준의 경제 성장이 가능할 수 있음이 스탠퍼드 대학교의 시뮬레이션 연구에서 관찰되었다.[6] 예를 들어 자동화 속도가 10배 강화되면 2050년경 미국 GDP는 71퍼센트 이상 증가할 수 있다. 그러나 자동화가 생산에 국한되면 성장은 점차 둔감해지고 결국 높은 정상 상태에 수렴할 뿐 폭발적 성장은 이어지기 어렵다는 전망도 있다.[7] 다만 그러한 신중론에서도 인공 지능이 아이디어 축적과 반응 가속화의 사이클을 촉발할 가능성은 높게 점쳐진다.

거시 경제학 관점에서 본다면 인공 지능으로 인한 생산 자동화 가속은 투자 수요 증가 → 실질 금리 상승 → 자본 비용이 저렴한 선진국으로의 투자 집중＋인공 지능 채택에서 뒤쳐진 지역의 투자 위축이라는 경로를 형성하며 국가간 경제력 격차를 더 벌어지게 한다. 물론 이 과정에도 회의적 신중론은 있다. 예를 들어 초거대 인공 지능 기업의 과점이 발생하면 오히려 기술 확산이 늦어질 수 있고 소비의 유효

　　　　　　　　　　　　차이나 반도체 라이징

수요가 경제 성장률을 따라가지 못하면 고성장 기조가 꺾일 수도 있다. 그럼에도 인공 지능, 특히 초인공 지능 이후의 글로벌 경제력 격차는 인공 지능과 자본 이동의 불균형을 동시에 야기할 것이므로 국력 격차가 더 벌어지는 것은 기정사실이다.

끝이 정해진 쳇바퀴

이는 인공 지능이 앞으로는 국제 정치 관계의 변화를 촉진할 매개체가 될 것임을 예고한다. 냉전 시절의 핵무기는 키신저가 지적하듯 양적인 관점에서 상호 확증 파괴(mutual assured destruction, MAD) 수단이었다. 인공 지능도 산업 경제로의 확산을 통해 양적인 국력 경쟁 수단이 될 수 있다. 그런데 더 주목해야 하는 것은 초인공 지능이 양적 차원을 넘어 질적인 관점에서 승자에게 압도적 이익을 안겨 줄 수 있다는 것이다. 상대를 확실히 절멸시키는 것을 목표로 배치된 전략 핵무기는 파괴력이 너무 커지다 보니 원래 목적과는 다르게 먼저 버튼을 누른 쪽이 누구인지, 그리고 승자가 누구인지 자체가 무의미해지는 일종의 '양쪽 패배 게임(lose-lose game)' 성격으로 변질되었다. 그러나 초인공 지능은 '승자 독식 게임(winner-takes-all game)' 성격을 갖는 비대칭 전력이 될 가능성이 높다. 인간의 개입 없이 (혹은 도움 없이) 스스로 진화를 거듭하는[8] 초인공 지능은 GPU 같은 하드웨어가 보장되는 한 발전이 멈추지 않는다. 다시 말해 초인공 지능 구현 이후부터 인공 지능은 스스로를 설계하고 최적화할 수 있는 기술로 진화한다.[9] 이는 기하급수적 기술 격차를 유도하는 기폭제가 등장함을 의미한다.

　　　　　　　　　　　2장 중국 반도체와 인공 지능 생태계 팽창

초인공 지능이 가질 막강한 성능은 승자에게 네트워크 효과는 물론 규모의 경제에서 오는 이점을 경쟁자보다 먼저 점유하게 해 준다. 예를 들어 금융, 사이버 보안, 제조업, 국방, 이동 수단(모빌리티), 에너지, 항공 우주, 생명 과학, 심지어 기후 공학에 이르기까지 최적화가 가능한 모든 영역에서 시장을 개척하거나 선도할 권리를 안겨 준다는 뜻이다. 이것이 전략적 관점에서 핵무기와 초인공 지능 사이의 가장 근본적인 차이점이다.[10]

따라서 인공 지능, 나아가 초인공 지능은 19세기 서구 제국주의 열강들의 광적인 경쟁을 방불케 할 정도로 치열한 각축전을 벌이는 대상이 될 것이다. 당시의 제국주의 경쟁은 모두 산업 생산을 기반으로 팽창한 경제력으로 군사력을 증강한다는 목표로 수렴했다. 더 강해진 군사력은 다시 더 많은 생산력을 확보하는 수단이 된다. 이른바 건보트(gunboat) 법칙이라고도 불리는 이러한 배증 원리는 당시 제국주의 경쟁에 뛰어든 열강들의 전략이었다. 문제는 배증 원리를 앞세운 경쟁은 제한된 자원과 시장을 놓고 반드시 충돌을 불러일으킨다는 것이다. 역사는 이러한 맹목적 경쟁이 결국 모두를 절벽으로 몰고 가는 파국으로 이어졌음을 보여 준다. 열강들의 치열한 자원-기술-군사력 패권 경쟁 역시 결국 양차 세계 대전이라는 인류 역사상 가장 불행한 결말로 이어졌다.

역사를 비춰 볼 때 국가 전략 관점의 인공 지능도 제국주의적 성격이 점차 뚜렷해진다. 세계 각국은 150여년 전 서구 열강이 벌인, 끝이 정해진 패권 경쟁이라는 쳇바퀴를 인공 지능을 놓고 다시 돌릴 가능성이 있다. 인공 지능 역시 경제와 산업 각 분야의 생산성을 증강하는 수단으로 인식되며 동시에 이러한 생산성이 다시 인공 지능 성능을 더 강력하게 만드는 되먹임 구조로 이어진다. 여기서 의미하는 생산성은 사이버 공간의 데이터, 연산 가속기 같은 정보 인프라 내의 생산성뿐만 아니라 인공 지능으로 새로운 부가 가치를 만들어 낼 모든 산업과 경제 시스템을 포괄한다.

냉전 종식 후 약 30년 넘게 단극으로서의 패권국 지위를 고수해 온 미국에게 이렇게 제국주의적 특색이 점점 뚜렷해지는 인공 지능의 심대성은 더 특별하다. 압도적 패권을 놓치지 않기 위해서라도 인공 지능은 물론 궁극적으로는 초인공 지능을 선점하는 것 외에는 선택지가 없다고 판단할 것이기 때문이다. 그런데 여기서 주목할 부분은 인공 지능, 나아가 초인공 지능을 향한 패권 경쟁은 150여 년 전의 제국주의 패권 경쟁과는 여러 면에서 다르다는 점이다. 우선 과거 제국주의 경쟁이 수십 년에 걸쳐 진행된 것과는 달리 시간 스케일이 짧다. 연단위로, 심지어 2022년 챗GPT 등장 이후에는 분기, 월, 주 단위로 압축이 가속되는 양상마저 보인다.

때문에 미국은 중국 같은 최대 패권 경쟁국과 전통적인 지정학적 경쟁은 물론, 시간과의 경쟁, 디지털 전환(digital transformation, DX) 영역 넓히기 경쟁으로 전선을 확대하려 한다. 경쟁의 전선이 시간과의 싸움으로 수렴하는 상황에서는 패권국이 최소한의 제도적 안전 장치마저도 대부분 해제하며 국가 자원을 총동원하는 총력전 전략을 취할 것이라 예상하기는 어렵지 않다. 초인공 지능의 맹아로 볼 수 있는 트랜스포머(transformer)나 LLM 같은 파운데이션 AI 모델이 등장한 2010년대 후반 이후 실제로 미국의 국가 안보와 패권 전략은 인공 지능을 중심으로 하는 기정학(技政學, technopolitics)적 방향으로 확실하게 재편되고 있다. 그리고 이러한 전략이 겨냥하는 대상은 이제 거의 모든 면에서 미국의 패권을 확실하게 위협하게 된 최대 경쟁자, 즉 중국이다.

미국의 AI 패권 전략

2025년 1월 20일, 미국 제47대 대통령으로 취임하며 제2기 정부를 시작한 지 불과 사흘만에 도널드 트럼프 대통령이 기자 회견에서 발표한 스타게이트 프로젝트는 미국의 인공 지능 전략이 패권 확보로 방향을 정했다는 신호탄으로 볼 수 있다. 물경 5000억 달러(약 736조 원) 규모에 달하는 민관 합동 투자를 바탕으로 추진될 이 거대 프로젝트의 핵심은 인공 지능 공급망과 기술 주도권 확보다. 프로젝트의 주축으로 언급되는 기관들은 오픈AI, 마이크로소프트, 소프트뱅크(Softbank), 그리고 오라클 같은 기업이다. 여기서 일본의 IT 대기업인 소프트뱅크, 그리고 인공 지능과는 큰 관련이 없어 보였던 서버와 클라우드 솔루션 전문 기업인 오라클이 전면에 배치된 것은 전략적 관점에서 주목할 부분이다.

이 프로젝트의 함의를 생각하면 그 맥락은 어렵지 않게 파악할 수 있다. 그것은 전임 바이든 행정부에서 강조한 규제와 안전성 같은 정책을 폐기하고, 인공 지능을 국가 패권 강화를 위한 수단으로 확실

　　　　　　　　　　　　　　　차이나 반도체 라이징

하게 정립하겠다는 것이다. 트럼프 2기 행정부는 실제로 스타게이트 프로젝트 직후인 2025년 1월 23일 행정 명령 14179호를 발효시켜 '인공 지능 리더십 장벽 제거(Removing Barriers to American Leadership in Artificial Intelligence)'라는 정책 방향을 명확하게 설정했다. 인공 지능을 향한 급격한 방향 전환은 트럼프 2기 정부 이후의 외교 안보 정책과도 연동된다. 2025년 2월 파리에서 개최된 인공 지능 정상 회의(French AI Action Summit 2025)에 미국 대표로 참석한 JD 밴스(James David Vance) 부통령은 이를 재확인했다. 그는 회담 폐막식에서 채택된 합의문에 서명을 거부하면서 과도한 규제는 이제 막 융성하려는 인공 지능 산업에 도움이 되지 않음을 강조했다. 바이든 정부가 행정 명령 14110호에서 말한 "안전하고 신뢰할 수 있는 인공 지능 개발(Safe, Secure, and Trustworthy Development and Use of Artificial Intelligence)"을 180도 뒤집은, 말하자면 '반(反)규제 정책'을 펼 것임을 재확인한 셈이다.[11]

인공 지능에 대한 규제와 안전성의 장벽을 정부 차원에서 철폐한다는 것이 갖는 의미는 무엇일까? 그것은 인공 지능을 국익을 위한 도구로 격상시킬 것임은 물론 궁극적으로는 인공 지능의 투명성, 글로벌 규범 마련, 자원과 산업의 지속 가능성, 정부 간 신뢰성 같은 외교적 가치를 뒤로 미루며 미국이 초인공 지능에 제일 빠르게 도달하게 하겠다는 힘의 논리를 노골적으로 보여 주는 것이다. 동시에 동맹국에 더 강한 영향력을 미치는 것은 물론 중국 같은 최대 경쟁국의 패권 전략을 더 효과적으로 사전에 견제하겠다는 계산일 수 있다. 미국

　　　　　　　　　　　2장 중국 반도체와 인공 지능 생태계 팽창

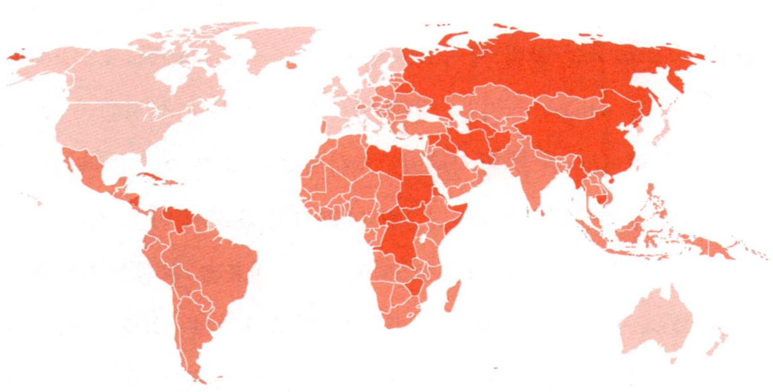

그림 2.1 2025년 1월 이후 미국의 AI 반도체 수출 제한 대상국 범례. 미국 상무부 산업 안보국(BIS) 자료를 재가공했다.

의 인공 지능 전략은 경제와 안보 가치가 결합한 기정학적 맥락에서 결국 패권 경쟁의 방향으로 추진될 것임을 명확히 보여 준다.

바야흐로 인공 지능은 미국의 안보 협력 우선 순위도 조정하게 만드는 주요 기술이 되었다. 그림 2.1에 보인 것처럼, 이미 미국은 2025년 1월부터 자국에서 거의 독점적으로 공급하는 AI 연산 전용 고성능 하드웨어, 특히 엔비디아의 GPU 수출 대상국을 세 등급으로 구분해 통제 강도 차별화 정책을 시행했다. 이 정책의 핵심은 AI 모델 학습과 추론 연산 가속에 필수재가 된 GPU의 총연산량을 미국과의 근원 관계나 이해 관계를 따져 국가별로 철저히 차별화하겠다는 것에 있다.

미국의 전통적인 동맹국 중에서도 반도체와 인공 지능 공급망 핵

　　　　　　　　　　　　　　　　　　　차이나 반도체 라이징

심 이해 관계국들은 가장 견제를 덜 받는 상위 그룹(Tier 1)으로, 반대로 미국의 적성국으로 분류되는 국가들은 GPU 수출이 사실상 금지된 하위 그룹(Tier 3)으로 분류된다. 후자에는 러시아나 이란, 북한 같은 나라뿐만 아니라 중국도 포함된다. 이는 전임 바이든 정부에서 본격적으로 강화된 대중 반도체 및 첨단 전략 기술 통제 기조와 이어지는 것이기도 하다. 그러나 현실적 관점에서 본다면 앞으로 미국이 주도하는 인공 지능 기술 안보 전략은 철저히 국익에 따라 결정되므로, 협력 파트너 우선 순위에서 지금의 근원 관계도 보장되지 않을 것이라 해석할 수도 있다. 동맹국이라고 해도 언제든 미국의 기술 견제 대상에 오를 가능성이 현실화되었다는 의미다. 충분한 기술력과 자본력을 갖춘 상대만 미국의 인공 지능 파트너가 될 수 있으며, 미국은 이를 안보 협력 관계에서 무게추로 활용하려 할 것이다.

미국의 세 가지 전략

미국의 인공 지능 전략은 정교한 패권 정책이 펼쳐지는 경로로 구체화된다. 2025년 7월 23일 트럼프 2기 행정부의 백악관 과학 기술 정책실에서는 '인공 지능 행동 계획(America's AI Action Plan)'을 발표했다.[12] 이 계획은 2025년 1월 23일에 발표된 트럼프 대통령의 행정 명령 14179호, 즉 '미국 인공 지능 리더십 장벽 제거 전략'이 6개월 간의 의견 취합을 거쳐 정책으로 본격 출범했음을 의미한다. 보고서에 따르면 미국의 행동 계획은 세 가지 전략으로 구성된다.

첫 번째 축은 인공 지능 혁신 가속이다. (Pillar I: Accelerate AI

Innovation) 이를 위해 미국은 인공 지능에 대한 불필요한 규제를 철폐하고 민간 부문의 혁신에 무게추를 두려 한다. 민간 주도권을 보장하기 위해 오픈 소스와 오픈웨이트(open-weight)[13] AI 모델의 민간 보급을 장려하는 동시에, 인공 지능 혁신을 과학, 제조업, 국방, 정부 행정 시스템 등 다방면에 선제 도입하는 것을 목표로 한다.

두 번째 축은 미국 내 AI 인프라 구축이다. (Pillar II: Build American AI infrastructure) 여기서는 인공 지능 지속 가능성 전략이 구체화된다. 특히 AIDC는 물론, GPU 같은 AI 가속기 생산 팹에서 요구하는 막대한 규모의 전력을 위한 발전 용량 확충, 송배전 시설 업그레이드 같은 에너지 인프라 구축 추진도 강조된다. 더불어 제조업 인프라 업그레이드 계획도 포함된다. 이는 미국이 2010년대 들어 본격적으로 추진하는 이른바 리쇼어링(reshoring) 정책과 연계되는 것이기도 하다. 인공 지능 생태계 구축을 위한 인프라 보안에 투자가 집중되고 있다는 것 역시 주목할 부분이다. 이는 미국의 필수 인프라에 대해 경쟁국이나 군사적 목적에 입각한 접근을 더욱 세밀하게 감시하겠다는 의도로 해석될 수 있기 때문이다. 인공 지능 생태계 인프라에는 전력망(grid)뿐만 아니라 통신이나 클라우드 같은 사이버 공간도 포함된다. 특히 사이버 공간 보안 강화는 미국 외 기관의 접근과 활용을 더 철저히 감시할 것임을 의미한다. 즉 미국이 천명하는 민간 인공 지능 보급 확대는 공짜 점심이 아니며, 추적과 감시를 동반할 것이다.

마지막 축은 국제 인공 지능 외교 및 안보 선도 전략이다. (Pillar III: Lead in International AI Diplomacy and Security) 이는 미국이 인공 지능

패권 전략을 국제 정치적 맥락으로 투사하는 포인트가 어디에 있는 지를 정확히 보여 준다. 앞서 언급했듯 미국은 인공 지능 규범 구축을 위한 글로벌 협력에서 벗어나, 자국 주도의 풀스택 AI 패키지(full-stack AI package)[14]를 주요 핵심 이익 공유 당사국들에게 우선 공유함으로써 인공 지능 생태계의 외연을 넓히고자 한다. 이와 동시에 글로벌 표준도 주도해 후발 국가들을 장기적으로는 미국 생태계에 편입시킨다는 계획도 포함됨을 주목해야 한다. 미국의 전략은 중국 같은 경쟁국을 필요할 경우 자국이 주도하는 체계로부터 배제시킨다는 의도를 내포하고 있기 때문이다.

이는 앞으로 미국이 인공 지능은 물론, 인공 지능으로 빠르게 변할 첨단 기술 혁신 체제, 표준, 그리고 기술 로드맵에 대해 중국 정부와 민간 기업, (어떤 형태로든) 중국과 거래하는 외국 기관 등 제3자의 접근을 더욱 강력하게 감시하고 통제할 것임을 예고한다. 이미 강력하게 시행되고 있는 AI 연산 가속기, 설계 최적화 프로그램, 첨단 반도체 공정 장비의 수출과 유지 보수 등 풀스택 AI 패키지에서 대중 제재 강도가 더 강화될 것임은 물론, 인공 지능과 연관된 전 영역에 걸쳐 미국의 감시 활동, 즉 위치 추적 및 검증된 최종 사용자(validated end user, VEU) 정보 수집이 더욱 세밀해질 것이다.

미국 인공 지능 패권 전략의 마지막 축에는 안보 관점, 그리고 지정학 맥락에서 인공 지능을 어떻게 통제할 것인지가 포함된다. 특히 AI 모델이 국가 안보에 위협이 될 가능성을 사전에 평가하고 대비하는 체계 구축도 언급된다. 주된 시나리오에는 대량 살상 무기 통제권

  2장 중국 반도체와 인공 지능 생태계 팽창

을 확보한 인공 지능의 위협 가능성은 물론 사이버 공격에 활용되는 인공 지능도 포함된다. 안보적 가치 공유를 명분으로 미국은 동맹국의 안보를 자국의 인공 지능 생태계 편입과 연계시키는 정책을 펼칠 것이다. 즉 미국의 인공 지능 기술을 받아들이는 국가에는 미국의 대중 기술 수출 통제 조치에 동참하라는 압박이 점차 거세질 가능성이 높다. 이에 동참하지 않는 국가와 기업에는 해외 직접 생산품 규칙(Foreign Direct Product Rule, FDPR)[15]의 확대 적용이나 추가 관세율 부과 같은 고강도 교역 제제는 물론, 미국 주도 인공 지능 생태계로의 접근 자체를 차단하는 기술 제재까지 뒤따를 수 있다.

AI 패권의 지정학

미중 패권 경쟁의 향방이 인공 지능 생태계, 궁극적으로는 초인공 지능 선점으로 방향이 선명해지면서 인공 지능 제국주의는 다른 나라들까지 새로운 지정학적 불확실성에 노출되게 했다. 한국, 일본, 인도, 영국, 독일, 프랑스, 캐나다처럼 지역 강국이자 GDP 세계 순위 10위 내외의 중견국들은 여전히 안정적 내수 시장과 인구 규모를 가지고 있다. 특히 반도체, 에너지, 방위 산업, 로봇, 조선, 항공 우주, 이동 수단 등 주요 산업은 물론 식량과 에너지, 그리고 지하 자원의 주요 수출입국으로서 글로벌 가치 사슬의 핵심 이해 관계국이기도 하다. 그러나 이 국가들이 글로벌 공급망에 영향력을 거의 미치지 못하는 영역이 있으니 바로 인공 지능이다.

　현재 미국과 중국이 과점하는 양상으로 치닫는 인공 지능 산업에서 투자 규모[16], AI 모델이나 데이터 세트 같은 원천 기술 IP, 투입 가능한 인재의 양과 질, 그리고 민관 연구 개발을 단독으로 대등하게 따라갈 수 있는 국가는 없다. 역할이 제한된 중견국들은 미중 기술 패권 경쟁이 격화되는 과정에서 어느 한 쪽을 어쩔 수 없이 선택해야 하는 상황에 점점 몰리게 될 것이다. 특히 미국이 인공 지능을 국가 안보의 핵심으로 선언한 2025년 이후 파이브 아이즈(Five Eyes)[17] 같은 핵심 동맹국은 물론, 북대서양 조약 기구(NATO) 회원국, 그리고 한국이나 일본 같은 동북아시아 지역의 핵심 동맹국에게는 운신의 폭은 더 좁아진다. 미국의 견제 대상에 포함될 경우 중견국들은 글로벌 인공 지능 생태계로의 진입에 심대한 타격을 받는다. 진입이 어려워질수록, 혹은 늦어질수록 인공 지능에 대한 투자 대상에서도 점점 순위가 뒤로 밀린다. 이는 컴퓨팅 파워, 거대 모델 성능, 인공 지능 기반 전환(AI transformation, AX)의 모든 측면에서 기술 혁신을 주도하는 국가에게 끌려가거나 아예 그 궤도에서 탈선할 가능성이 점점 높아짐을 의미한다.

이는 결국 향후 중견국의 기술 주권이 스스로의 판단이 아닌 미국의 취사선택으로 격하되는 위기 상황에 봉착할 것임을 의미한다. 인공 지능발 기술 식민주의가 정말로 현실화되면 다음 수순은 경제 예속화다. 역사는 한 나라의 기술, 경제, 산업이 다른 나라로 예속되는 과정이 종국에는 정치 외교적, 안보적 종속 관계로 이어짐을 계속해서 보여 준다. 이는 인공 지능이 실로 지정학적 판도를 다시 그리는 21세기판 제국주의로 변질될 위험성을 재차 확인시켜 준다. 중견국들은 미

          2장 중국 반도체와 인공 지능 생태계 팽창

국과 중국이 벌이는 극단적 기술 패권주의, 나아가 기술 식민주의마저 내포하는 새로운 제국주의가 현실이 될 가능성에 대응하기 위해 더 늦기 전에 다자간 글로벌 협의체 구성도 시도할 수 있다. 신뢰할 수 있고 정치적으로 편중되지 않은 인공 지능을 보장하기 위한 최소한의 글로벌 규범을 공동으로 제정하는 것이 급선무일 것이다. 그러나 미중 양국이 인공 지능 가치 사슬과 기술을 사실상 양분하는 현 상황에서는 다자간 협의체가 구성될 수 있다고 하더라도 실질적인 견제 능력을 갖춘 제3의 세력으로 자리 잡을 가능성은 그리 높아 보이지 않는다. 인공 지능 반도체 공급망의 대부분은 이미 미중으로 쏠리고 있기 때문이다.

AI 공급망의 독점 구조

패권을 추구하며 국가 안보 가치를 재정립하려는 미국의 전략은 인공 지능에만 국한되는 것이 아니다. 인공 지능과 영향을 주고받을 전후방 산업, 그리고 그 산업들이 글로벌 공급망 전체로 확장되는 메커니즘까지도 전략 범위에 포함됨을 인지해야 한다. 우선 전방 산업부터 살펴보자. 인공 지능 구현에서 현재 가장 주효한 병목 지점은 GPU처럼 연산 가속에 특화된 하드웨어다. 현재 미국의 거대 테크 기업들은 대부분 엔비디아의 고성능 GPU를 연간 수천~수만 장 단위로 대량 확보해 학습과 추론을 위한 컴퓨팅 기반 구축에 막대한 자금을 쏟아붓는다.[18] 엔비디아가 설계한 GPU를 최종 제조하는 회사는 대만의 파운드리 전문 기업인 TSMC이며 이 과정에서 한국의 SK하

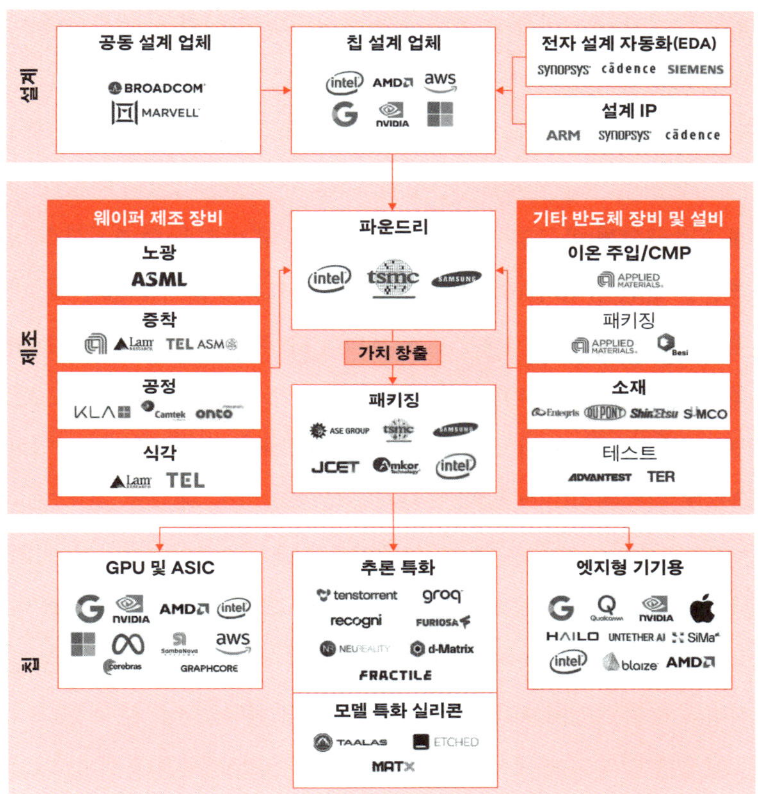

그림 2.2 글로벌 인공 지능 공급망 구조도. 기술 분석 뉴스레터 매체인《제너러티브 밸류(*Generative Value*)》자료를 재가공했다.[19]

이닉스 같은 메모리 반도체 제조사가 맞춤으로 최적 설계 및 제조한 HBM도 같이 TSMC 후공정으로 패키징되어 한 장의 GPU로 탄생한다. 엔비디아 GPU는 2025년 기준 TSMC 외의 파운드리 회사에서 제조되지 않으며 HBM 역시 HBM3E 이후 세대에서는 SK하이닉스

　　　　　　　　　2장 중국 반도체와 인공 지능 생태계 팽창

와 삼성전자가 사실상 과점 수준의 주력 공급 업체가 될 것으로 유력
시된다.

　동아시아를 대표하는 두 첨단 반도체 제조사 모두 각자의 영역에
서 기술 경쟁력은 독점 수준에 이르렀으나 역설적이게도 이들의 칩
제조는 글로벌 공급망에 많이 의존한다. 특히 반도체 제조에서 핵심
역할을 하는 공정 장비는 네덜란드의 ASML, 미국의 어플라이드 머
티어리얼즈, 램 리서치, KLA, 일본의 TEL, 히타치, 캐논 같은 소수
의 기업에 의존한다. GPU 설계를 위한 회로 설계 최적화 프로그램,
EDA 역시 미국의 시놉시스, 케이던스, 지멘스 같은 소수의 기업이
글로벌 시장을 70퍼센트 이상 과점한다. 또한 반도체 설계 IP 시장은
ARM, 시놉시스, 케이던스, 알파웨이브(Alphawave), 암페어(Ampere)[20]
같은 회사들이 75퍼센트 이상을 점유하고 있다. 그림 2.2는 글로벌 인
공 지능 공급망이 어떤 식으로 반도체 공급망과 연결되는지, 특히 각
지점의 연계 과정에 어떤 기업이 영향력을 발휘하는지를 보여 준다.

　공급망 연결 구조에서 확인할 수 있는 것은 현재의 인공 지능 가치
사슬에서 소수의 국가와 회사에 의존하는 독과점 구조가 매우 확고
하다는 것이다. 이는 반도체 공급망부터 따진다면 지난 1990년대 이
래 줄곧 이어진 구조적 특징 때문이다. 인공 지능 공급망에서 가장 중
요한 역할을 하는 축은 GPU 같은 반도체다. 따라서 인공 지능 가치
사슬 역시 당분간 독과점 구조에서 벗어나기 어려울 것임은 당연해
보인다. 독과점 요소가 해소되기 어렵다는 것은 인공 지능 산업에 투
자한 기업은 물론 연산 인프라 등에 투자하는 정부나 공공 기관도 특

　　　　　　　　　　　　　　　　　　　차이나 반도체 라이징

정 회사나 국가에 대한 의존도를 완화하는 것이 당분간 쉽지 않을 것임을 의미한다.

예를 들어 일부 AI 모델 개발사들은 GPU 확보 경쟁에서 밀리거나 투자금의 한계로 차라리 엔비디아 독점 영역을 벗어나려는 시도를 하기도 한다. GPU 공급망을 AMD나 브로드컴, 마벨(Marvell), 미디어텍 같은 회사들이 만드는 ASIC 칩으로 다변화를 추구하거나 아예 자체적인 인공 지능 컴퓨팅 하드웨어를 개발하는 것이 이에 포함된다. 2025년 하반기 들어 오픈AI는 AMD와 향후 2030년까지 6기가와트(GW)급 GPU 공급 계약을 체결하기도 했다.[21] 그러나 엔비디아 GPU에 락인(lock-in)된 것이나 마찬가지인 현재의 인공 지능 생태계에서 엔비디아의 지배력은 여전히 공고하기 때문에 이런 시도는 업계의 독점 구도 완화에는 큰 영향을 미치지 못한다. 구글처럼 아예 10년 넘게 TPU 같은 행렬 연산 전용 ASIC 칩을 자체적으로 최적화하고 제조해 자사의 LLM인 제미나이(Gemini) 개발을 위한 서버 구축으로까지 풀스택화한다면 독점 구도에 균열을 만들어 낼 수는 있다. 그렇지만 이러한 시도가 가능한 회사는 현재 미국에서 구글 외에는 없다. 설사 경쟁사 혹은 경쟁 클러스터의 등장으로 엔비디아의 AI 반도체 독점 구도가 점차 완화된다고 하더라도 그 속도는 생각보다 느릴 것이며 미국의 인공 지능, 그리고 그것을 가능하게 하는 반도체 공급망에서 독점 구도에 당분간 큰 변화는 기대하기 어렵다.

산업으로 확산되는 AI

인공 지능이 갖는 후방 산업으로의 영향력은 다양한 실물 경제 분야로 확산되며 증폭된다는 특징이 있다. 이는 투자 관점에서 본다면 당연한 일이다. 왜냐하면 2020년대 들어, 특히 2022년 이후 집중적으로 AI 모델 개발 분야에 투자된 자본은 이제 수익을 회수해야 하는데 수익 자체를 인공 지능 산업 내에서 확보하기는 어렵기 때문이다. 따라서 수익의 회수 대상은 AI 모델이 전파될 후방 산업이 될 수밖에 없다. 실제로 2025년 초 라스베이거스에서 있었던 CES에서 엔비디아 CEO 젠슨 황(Jensen Huang)은 인공 지능이 '소프트웨어 세계(bit world)'를 넘어 '물리적 세계(atom world)'로 더 넓게 확산될 것이라는 의미에서 '물리적 AI(Physical AI)' 개념을 제시했다. 비슷한 시기 스타게이트 프로젝트에서도 인공 지능 산업 적용에 대한 가장 대표 사례로 언급된 것이 개인 맞춤형 첨단 바이오 헬스 같은, 언뜻 보면 인공 지능과는 당장 큰 상관이 없어 보이는 분야였다. 특히 스타게이트 프로젝트의 주역 중 한 곳으로 참여하는 오라클은 오픈AI와 소프트뱅크가 제공하는 인공 지능 플랫폼을 기반으로 mRNA 레벨에서 유전정보를 분석/예측해 개인 맞춤형 암 백신을 48시간만에 로봇 기반 공정으로 만든다는 구체적 목표까지도 제시했다.

바이오 헬스 산업 외에도 인공 지능은 이미 다양한 후방 산업으로 확산되고 있다. 자율 주행 시스템 같은 이동 수단 영역에서는 테슬라가 이미 시각 정보 기반으로 작동하는 자율 주행(FSD) 베타 버전을 공개했으며 2025년 6월부터 사이버캡 무인 로보택시가 시범 주행을 시작했다. 2020년대 이후 LLM 기반 AI 모델로 자동 제어되는 산업용 로봇은 물론 테슬라의 옵티머스(Optimus)나 보스턴 다이나믹스(Boston dynamics)의 아틀라스(Atlas) 같은 휴머노이드 로봇, 스마트 그리드(smart grid) 제어와 태양광 같은 신재생 에너지 연계, 5세대(5G) 이후의 초고속 광대역 통신, 우주 탐사와 해양 개척, 그리고 드론이나 도심 항공 교통(UAM), 첨단 방위 시스템 등 다양한 후방 산업에서 인공 지능의 영향력은 빠르게 확산되는 추세다.

인공 지능과 전후방 산업이 결합한 체계의 핵심은 학습·추론 모델, 각 산업 도메인과 연계된 소프트웨어, 그리고 이를 가능하게 하는 전용 가속기와 데이터 센터로 구성된 풀스택 생태계다. 따라서 이 생태계의 기반이 되는 공급망에서 얼마나 많은 지분을 확보하는지는 회사의 경쟁력을 넘어 한 나라의 안보와 패권 경쟁의 핵심이 된다.

미중 패권 전쟁의 주전장, 인공 지능

중국의 AI 진입 전략

2025년 1월 20일 트럼프 대통령이 취임 직후 스타게이트 프로젝트를 발표하던 시점, 중국의 인공 지능 스타트업 딥시크는 오픈AI의 LLM 모델인 o1에 필적하는 성능을 훨씬 더 저렴한 비용으로 더 빠르게 구현할 수 있는 인공 지능 모델인 딥시크-R1을 허깅 페이스(hugging face)[22]와 깃허브(github)[23] 등에 오픈 소스로 전격 공개했다. 인공 지능

　　　　　　　　　　　2장 중국 반도체와 인공 지능 생태계 팽창

공급망 주도권 확보를 위해 인프라 확장에 매진해 온 이른바 매그니 피센트 7을 비롯한 전 세계 인공 지능 커뮤니티는 딥시크가 공개한 모델이 오픈AI 최신 모델과 대등한 성능을 보였을 뿐만 아니라, 가성비에서도 강한 경쟁력을 지녔다는 사실을 확인한 뒤 이른바 딥시크 쇼크를 겪었다. 특히 회사별로 연간 수백억 달러씩 투자하며[24] 모델 파라미터 크기 확장 경쟁을 주도하던 미국 업체들에게는 딥시크의 가성비는 더 큰 충격으로 다가왔다. 왜냐하면 딥시크 모델 V3의 개발 비용은 미국 업체들의 1/100~1/1,000 정도밖에 안 되는 고작 560만 달러(약 82억 원)로 보고되었기 때문이다.[25] 딥시크의 등장과 효율적 인공 지능 개발 전략은 충격의 크기만큼이나 하나의 혁신 아이콘이 되어 글로벌 인공 지능 생태계로 빠르게 전파되었다. 이 과정에서 한 가지 명확해진 메시지가 있다. 그것은 미중 첨단 기술 패권이 반도체를 넘어 인공 지능으로 확전되었고, 중국은 미국과 경쟁할 실력을 갖추고 있으며, 인공 지능의 주도권도 이제 더 이상 보장되지 않을 것이라는 점이었다.

중국 정부 AI 산업 정책의 흐름

딥시크는 갑자기 혜성처럼 등장한 회사가 아니다. 이미 중국 인공 지능 생태계는 그보다 앞서 중국에서 뿌리내리고 있던 첨단 반도체 공급망, 그리고 2010년대 중반부터 급속도로 팽창하고 있던 인공 지능 관련 학계에서 배출된 인재들의 창업 열풍으로 융성 단계에 접어들고 있었다. 물론 그 이면에는 중국 정부의 집중 투자 전략이 있다.

차이나 반도체 라이징

2010년대 중반 이후 중국 정부가 추진해 온 인공 지능 정책은 대략 4단계로 구분된다. 먼저 2017~2020년 사이의 자율-자조 단계다. 2016년 중국 국무원은 '인터넷+AI' 3개년 행동 계획을 처음 수립했으며 이는 그 이후 이어진 정부 정책의 기반이 되었다. 2017~2018년 중국 국무원과 공신부는 '차세대 인공 지능 발전 계획'과 산업 발전 '3개년 행동 계획(2018~2020)'을 위한 사업을 개시했다. 2019~2020년 사이 국가 차세대 인공 지능 거버넌스 전문 위원회, 교육부와 재정부 주도의 국가 발전 개혁 위원회, 그리고 국가 표준 관리 위원회와 중국 사이버 공간 관리국(國家互聯網信息辦公室, CAC), 과학 기술부, 공신부는 인공 지능 표준 체계 구축과 대학원 육성, 이를 위한 학문 융합 프로그램을 각각 추진하기 시작했다. 중국 인공 지능 산업 발전 연맹(中國人工智能産業發展聯盟, AIIA)은 2019년 인공 지능 산업의 자율 규약을 발의했으며 기업 주도의 윤리적 규제를 강조하기 시작했다.

두 번째 단계는 인공 지능에 대한 기본 법제가 확립된 2021년이다. 2021년 9월 중국에서는 데이터 보안법이 시행되었고 인공 지능에 활용되는 데이터 처리와 국가 안보가 연계되는 체계를 강화했다. 2021~2023년 사이 중국 사이버 공간 관리국, 국가 발전 개혁 위원회, 교육부, 과학 기술부, 공신부, 공안부, 국가 라디오 텔레비전 총국 등의 정부 기관이 협력해 '생성형 인공 지능 서비스 관리 잠정 방법' 같은 정책을 구체적으로 입안했다. 이 시점이 오픈AI의 챗GPT가 막 선풍적인 인기를 끌던 초기였음을 감안하면, 중국 정부 기관이 산업 변화의 방향을 얼마나 빠르게 따라잡았는지, 또 규제까지 염두에 둔 포

     2장 중국 반도체와 인공 지능 생태계 팽창

석을 얼마나 치밀하게 준비하고 있었는지가 분명히 드러난다.

　세 번째 단계는 인공 지능 특화 규제를 출범시킨 2022~2023년이다. 2023년 중국은 생성형 인공 지능 서비스 관리 규정을 시행했고 딥 시뮬레이션(deep simulation), 알고리듬 추천 등에 대한 규제 방안을 구체화했다. 마지막 단계는 2024년 이후 지금까지 이어지고 있는 인공 지능 안전과 표준화, 그리고 국제 협력 강화 단계다. 2024년말 설립된 인공 지능 표준화 기술 위원회는 LLM 관련 표준과 위험 평가 기준을 개발했다. 특히 주목할 부분은 2025년 상반기에 개최된 전국 인민 대표 대회(전인대) 상무 위원회에서 글로벌 AI 규범 구상을 제안한 것인데 이는 다분히 중국 중심의 국제 협력 체계를 구상하고 있음을 보여 주는 신호다. 중국 정부가 구축한 인공 지능 산업 정책과 전략은 2022년 이후 지금까지 중국에서 인공 지능 산업의 민간 이양을 위한 토대이자 동시에 규제 시스템으로 작동하고 있다.

중국의 AI 내재화 전략

중국의 인공 지능 생태계는 정부가 오랜 시간 구축한 기반과 규제 범위 내에서 민간 기업의 융성으로 이어진다. 특히 인공 지능 스타트업뿐만 아니라 AI 반도체 및 전후방 산업으로 수직 계열화되며 풀스택 서비스처럼 변모하는 양상, 즉 산업의 범위와 깊이가 확장되는 추세를 주목할 필요가 있다. 이는 미국이 주도하려는 '반도체+AI' 결합 생태계 구축, 그리고 그를 기반으로 한 산업 확장 전략과 1 대 1로 대응되기 때문이다. 예를 들어 중국에서는 화웨이를 필두로 자회사 하이실리콘이 AI 반도체 설계를 담당한다. 딥시크가 자사의 AI 모델 학습을 위한 컴퓨팅 시스템에 화웨이 어센드 NPU 칩 같은 인공 지능 전용 프로세서(AI-specific ASIC)[26]를 수천 장 단위로 대량 활용한 것도 잘 알려져 있는데 이 칩은 하이실리콘이 2018년부터 설계를 담당해 온 NPU다.

대만의 TSMC에 중국 반도체 기업들이 접근하는 것은 2019년 5월 이후 미국의 강력한 제재로 불가능해졌지만, 이를 대체할 파운드리 업체들도 속속 등장했다. 중국에서 가장 매출 규모가 큰 파운드리인 SMIC는 이미 중국 전역에 팹 일곱 곳을 보유하고 있으며 그중 2024년에 완공한 상하이 팹 7은 현재 중국에서 유일하게 10나노 이하급 선단 공정 양산이 가능한 팹이다. 화웨이가 2023년 하반기 자사의 메이트 60 프로에 탑재되는 모바일 AP 칩인 기린 시리즈를 7나노 공정으로 출시할 때도 상하이 팹 7이 완공도 되기 전부터 주력 파운드리로 활용되었다.[27] 화웨이는 SMIC뿐만 아니라 이른바 '그림자 팹(shadow fab)' 운영에도 폭넓게 관여한다. 예를 들어 선전 시 구안란 지구에 위치한 팹 세 곳에서는 심자외선 노광 기반의 7나노 이하 공정 연구 개발이 집중적으로 이루어진다. 화웨이가 투자하는 공정 장비 회사인 사이캐리어나 스웨이슈어(昇維旭, Swaysure) 장비를 테스트하기 위한 전용 라인도 설치되었다. 내수용 파운드리 팹의 규모와 라인에 설치되는 공정 장비 자급도가 올라가면서 중국 내 시스템 반도체 생산 자립도도 같이 강화된다.

SK하이닉스의 HBM 역시 중국 생산은 물론 중국으로의 수출도

         2장 중국 반도체와 인공 지능 생태계 팽창

엄격하게 금지되어 있지만, 이를 대체하기 위해 중국 1위의 메모리 반도체 기업인 CXMT가 전면에 나선다. CXMT의 DRAM은 DDR5 양산을 목표로 점점 삼성전자나 SK하이닉스와 기술 격차를 줄이고 있으며 대용량 서버의 데이터 저장을 담당하는 낸드 플래시는 역시 중국 1위 업체인 YMTC가 격차를 좁히고 있다. YMTC는 낸드 플래시 제조 공정의 모든 장비를 2025년 말까지 100퍼센트 국산화한 시범 라인을 우한 팹에 구축함은 물론 이를 기반으로 2026년 말까지 글로벌 낸드 시장 점유율 15퍼센트를 달성한다는 목표도 천명했다.[28] CXMT와 YMTC의 협력이 가시화되는 것도 주목할 부분이다. 3차원 낸드 플래시 제조에서 쌓은 YMTC의 기술력이 CXMT의 DRAM 셀 적층 공정에 활용되어 중국판 HBM이 빠르게 양산될 가능성이 생겼기 때문이다.

이미 HBM2 양산을 시작한 CXMT는 YMTC의 적층 기술, 특히 고단 적층에 필요한 하이브리드 본딩 같은 첨단 패키징 기술을 활용해 2026년 HBM3, 2027년 HBM3E 양산 등으로 발빠르게 진입할 계획을 발표했다. 딥시크 외에도 중국에서 가장 많은 데이터를 보유하고 있는 알리바바, 바이두, 텐센트, 바이트댄스 같은 업체들은 미국의 주요 IT 기업과 비슷한 위치에서 모델 개발, 학습용 데이터 세트 확보, 산업용 경량화 모델 최적화 등 '반도체+AI' 생태계에서 주요 축을 담당하고 있다. 특히 물리적 AI의 구현은 자율 주행차 기업인 BYD, 드론 기업인 디제이아이(大疆創新, DJI), 로봇 기업인 유니트리(宇樹科技, Unitree) 같은 기업이 글로벌 시장으로 진출하며 저변이 확대되

차이나 반도체 라이징

는 양상이다. 인공 지능과 반도체, 그리고 그에 연계된 글로벌 공급망의 모든 영역에서 미중 양국은 1 대 1 대결 구도를 형성하고 있는 셈이다.

AI 패권 전쟁의 개막

미중 간 첨단 기술 패권 경쟁의 발단이 반도체, 특히 10나노 이하급 시스템 반도체 생산에 초점을 맞춘 기술 제재였다면 경쟁은 이제 AI 모델 성능과 가성비 경쟁으로 격화되고 있다. 인공 지능 제국주의라는 새로운 경쟁 국면에서는 인공 지능이 확산되는 후방 산업 전체로 전선이 계속 확장된다. 핵심은 인공 지능과 반도체를 둘러싼 산업 파급력의 주도권을 향한 기정학 전략이 될 것이다. 양국의 기술 경쟁은 투자와 기술 생태계는 물론 공급망의 모든 측면에 영향을 미칠 것이다. 이는 점점 미중 양자택일이라는 이분법, 궁극적으로는 산업 클러스터의 분리라는 파국으로 이어질 가능성이 높아진다.

미국 중심의 '**반도체＋AI**' 클러스터는 그 자체로 하나의 표준처럼 작용하고 이를 토대로 호환성이 기술적 장벽으로 작용하는 전후방 산업 방식을 따를 것이다. 중국 중심의 클러스터도 역시 국제 규범을 주도한다는 명목을 내세우기는 하나 미국과 원리적으로는 다를 바 없는 1 대 1 대응 방식으로 맞대결이 이루어질 것이므로 인공 지능 생태계의 디커플링은 예견된 결말이다. 이미 2010년대 중반부터 반도체 공급망을 꾸준히 내재화해 온 중국은 반도체 제재가 본격화된 2019년 이후 미국이 주도하는 공급망에 대한 의존도가 자의 반 타의 반 낮아지면서 산업 클러스터 분리를 현실화해 나가고 있다. 반도체

　　　　　　　　2장 중국 반도체와 인공 지능 생태계 팽창

공급망에 의존하는 인공 지능 산업에서는 미중 반도체 디커플링 기조에 따라 가치 사슬 역시 분리되는 구조가 고착될 수 있다.

지난 30년 넘는 기간 동안 지속된 자유 무역주의 체계는 글로벌 공급망 단일화를 통해 기술 표준과 호환성이라는 공통 분모를 보증했다. 그리고 그 공통 분모는 비용 절감이라는 효용을 창출해 왔다. 그러나 정치적, 안보적 가치가 전면에 등장하는 현재의 형국에서는 자유 무역주의가 보호 무역주의로 회귀하는 양상이 나타난다. 여기에 기술이나 산업 클러스터 분리마저 현실화된다면 그간 자유 무역주의를 떠받치던 호환성이라는 공통 분모는 존립 기반이 약화된다. 안보와 국익 보호라는 가치가 경제성에 앞서 인공 지능 산업 전략에서 우선되면서 다음 세대의 혁신 성과 분배 역시 패권 게임으로 변질될 가능성이 높다.

인공 지능 고지전

앞으로도 인공 지능과 반도체를 둘러싼 미중 패권 전쟁은 냉전 시절 미소 우주 경쟁, 핵무기 경쟁처럼 국력을 대량으로 쏟아붓는 스케일로 심화될 것이다. 과도한 국력 소모전은 상호 간 손해라는 점이 이미 냉전 시기 관찰되었기에 미중 국력 소모전도 장기적으로 지속될 것이라 보기는 어렵다. 40년 넘게 지속되던 미소 핵무기 경쟁이 냉전 종식 무렵인 1991년 전략 무기 감축 협정(START)에 따라 차츰 완화되며 진정되기 시작한 것처럼, 미중 사이의 과도한 인공 지능 경쟁이 촉발할 경쟁 역시 시간이 흐르면 자본력과 에너지 수급, 저출생으로 인한 인구 구조 및 인재 확보 한계, 기후 위기 같은 인류 공통의 문제에 대한 협력 등으로 완화될 가능성은 충분히 있다.

실제로 미중 양국은 2023년 말 샌프란시스코에서 있었던 조 바이든(Joe Biden) 대통령과 시진핑의 정상 회담에서 '인공 지능으로 인한 오판의 위험'을 줄이기 위한 공식 대화 개시에 합의했다. 이를 통해 2024년 상반기 스위스 제네바에서 '인공 지능이 국가 안보에 미칠 잠재적 위협'을 주요 의제로 하는 양국 고위 관료 간 첫 공식 회의가 개최되었다. 2024년 11월 페루 리마 APEC 정상 회의에서 만난 양국 정상은 "핵무기 사용 결정은 인공 지능이 아닌 인간이 통제해야 한다."라는 점에도 상호 합의했다.[29] 그러나 이러한 정치적 판단은 핵무기가 인류 공멸의 최대 위협이고 양국의 경제력을 낭비하게 만드는 주된 요소라는 점에 인식을 같이하고, 상호 감축을 신뢰하는 수준이 인공 지능 경쟁이 치열해지는 국면 속에서도 별도로 성립되어야 비로소 구체적 상호 실행 단계로 진입할 수 있다.

최근 미중 간 인공 지능 사용에 대한 합의 노력이 지속되고 있음에도 여전히 미국은 중국을 협력 대상으로 인정하지 않는다. 이러한 괴리는 2024년 12월 베이징에서 열린 과학 기술 협력 협정 개정 회의에서도 잘 드러난다. 1979년 체결된 양국 과학 기술 협력의 복원과 확장이 주요 의제였음에도, 정작 핵심 아젠다가 될 인공 지능과 양자 컴퓨팅은 제외되었기 때문이다. 결국 양국이 합의한 협력 분야는 기초 과학만으로 제한되었다.

미중 인공 지능 패권 경쟁이 장차 국력 소모전 양상으로 변질되더

　　　　2장 중국 반도체와 인공 지능 생태계 팽창

라도, 인공 지능이 인류 공멸이라는 실존적 위기와 경제적 불확실성을 초래할 수 있다는 점에 양국이 즉각 공감대를 형성하고 신뢰 기반을 구축하리라고 보장할 수는 없다. 냉전 말기 미소 관계에서처럼 공통된 위기 상황 인식과 제한적 신뢰가 재현될 수 있을지도, 인공 지능 투자가 국가 패권 경쟁의 핵심으로 규정된 채 앞만 보고 가속되는 현 상황에서는 불투명하다. 비교하자면 불행히도 지금은 냉전 말기가 아니라 초기와 비슷하다. 즉 체제 위협이 서로에 대한 공포로 증폭되는 과정 속에 상대방보다 한 기라도 많은 전략 핵무기를 확보하기 위해 국력을 쏟아붓기 시작한 상황이다. 더구나 인공 지능은 다른 산업으로의 파급 효과와 수익 창출이 그 거대한 잠재력과는 별개로 아직 초기 단계다. 그래서 인류 문명에 얼마나 큰 실존적 위협이 되는지 판단하기 위한 구체적인 데이터도 아직은 불충분하다.

핵무기는 제2차 세계 대전 시기 일본에 투하된 두 번의 원자 폭탄과 냉전 시기 가공할 파괴력이 몇 백 차례나 확인된 핵 실험, 그리고 무엇보다도 한 차원 높아진 최종 파괴 수단으로서 수소 폭탄이라는 구체적 사례가 확인되었기에 역설적이게도 상호 파괴 단계까지 이르지 않을 수 있었다. 그렇지만 인공 지능은 아직 그러한 문명 파괴적 사례를 보여 준 바가 없다. 심지어 현재의 생성형 인공 지능을 원자 폭탄에 비유한다면, 수소 폭탄 같은 존재로 볼 수 있는 초인공 지능이 구현될지 여부를 보여 주는 명확한 사례도 아직 없으므로 그 실존적 위험이 여전히 피부에 와닿는 수준은 아니다.[30]

미중 어느 한 쪽이 초인공 지능으로 진보하는 징후를 한발 앞서 발견했다고 하더라도, 그 징후는 논문이나 특허는 물론, 상품이나 서비스의 형식으로도 외부에 거의 공개되지 않을 것이다. 인공 지능 성능을 보여 주는 현재의 지표들이 제한적으로 공개될 수는 있겠지만, 그 지표들만으로 그것이 최종 목표로서의 범용 인공 지능인지, 아니면 초인공 지능의 구성 요소 혹은 전 단계인지 구분하기는 어렵다. 기본적으로 인공 지능은 성능 지표(벤치마크 점수, 모델 파라미터 수, 학습 연산량 등)만으로는 질적 변화 양상을 제대로 파악하기 어렵기 때문이다. 초인공 지능 여부를 결정하는 기술적 지표가 필요하다고 해도, 미중 양국이 합의 자체를 하기 어려울 것이다.

따라서 미중 양국의 인공 지능 국력 소모전은 기술적 우위를 다양한 산업 분야의 혁신으로 만들기 위해 서로 제한된 정보만 공개하는[31] 고지전 방식을 취하게 될 것이다. 즉 더 효율적으로 (더 저렴한 비용과 더 적은 에너지로), 더 광범위하게 (더 다양한 산업 분야로) 응용되며 기존의 공식을 파훼하는 기술 선점 경쟁이 지속될 것이라는 뜻이다. 상대적으로 산업 기반이 약했던 (구)소련이 먼저 몰락했던 것처럼 미중 인공 지능 패권 경쟁도 한쪽의 우열이 확실해지기 전까지는 멈추지 않을 것이다. 앞서 언급했듯 인공 지능 패권 전쟁은 승자 독식형 비대칭 전력 확보 경쟁으로 이어질 것이므로 초인공 지능의 선점뿐만 아니라 그 이후의 산업과 공급망 재편, 그리고 기술 독점까지도 양국의 패권 전쟁이 향하는 다음 전선이 될 것이다.

　　2장 중국 반도체와 인공 지능 생태계 팽창

2025년 3월에 개최된 중국 양회, 즉 전인대와 전국 인민 정치 협상 회의(인민정협)에서 중국 공산당은 경제 전 분야에 걸친 정책 방향을 새롭게 제시했다. 양회 개최 한 달 반 전인 2025년 1월 전 세계에 충격을 준 딥시크의 AI 모델은 때마침 중국 입장에서는 국산 인공 지능 혁신의 성과를 대대적으로 홍보할 대표적 성공 사례가 되었다. 실제로 전인대 상무 위원회는 인공 지능 법 제정을 본격 논의 대상으로 올리면서 딥시크를 예로 들어 국산 인공 지능의 중요성을 재차 강조했다. 중국의 인공 지능 혁신 생태계가 글로벌 수준에 도달했다는 자신감을 얻은 중국 공산당과 정부는 2024년 국무원이 정부 사업 보고서를 편찬하며 제시한 전략, 즉 독자적 인공 지능 생태계 구축은 물론 제조업으로의 확장 전략을 포괄하는 이른바 'AI+ 정책'에 대한 구체적 응용 방안도 제시했다. 예를 들어 이동 수단에서는 스마트 커넥티드 카(connected car), 개인용 IT 제품에서는 스마트폰과 PC, 제조업에서는 휴머노이드 로봇과 지능형 제조 장비 등을 포함하는 산업 육성을 발표했다.

중국 정부의 정책에 민간 기업도 적극 화답했다. 바이두의 리옌훙(李彦宏) 회장은 인공 지능 에이전트(AI agent) 활용이 제조업 AI로 연계되는 핵심임을 강조했으며 이를 위해 AI 반도체, 데이터 센터, 클라우드 서버 같은 인프라에 대한 정부 투자 확대를 요청했다. 화웨이의 쉬즈쥔(徐直軍) 순환 회장도 독자적 인공 지능 생태계, 즉 중국판 주권형 AI의 중요성을 피력하며 민관 투자가 지속되어야 함을 재차 강조했다. 온디바이스 AI 응용에서 가장 앞서 있는 중국의 대표적 소비자 IT 기기 기업 중 하나인 샤오미의 레이쥔(雷軍) 회장은 자국의 막대한 전자 제품 소비자 시장이 갖는 규모의 경제 특성을 고려해 중국이 온디바이스 AI 생태계를 주도할 수 있음을 역설했다. 샤오미는 이를 위해 앞으로 전체 연구 개발 투자의 25퍼센트를 AI 모델 개발에 투입한다는 계획도 발표했다. 알리바바 클라우드의 장젠펑(張建鋒) 회장은 인공 지능 기반 클라우드 컴퓨팅의 중요성을 강조하며 향후 3년간 인공 지능 전용 클라우드 개발에 총 3800억 위안(약 82조 원)을 투자한다는 계획도 발표했다. 이렇듯 중국 정부와 민간 기업 모두 2025년 이후 독자적 인공 지능 생태계 구축이 필요하다는 의견으로 정책이 수렴하는 양상을 보이고 있다. 그 지점은 앞서 언급했듯 기술적 주권의 확보를 넘어 인공 지능의 본격적인 산업 응용으로 향한다. 좁게는 중국 내수 시장을 대상으로 하지만, 종국에는 글로벌 제조업 시장을 향한 영향력 확대를 목표로 할 것이다.

엔비디아 CEO 젠슨 황이 2024년 말 이후 강조한 '물리적 AI'에 상응하는 개념이 2025년 3월 양회에서 최초로 공식 언급된 것 역시 이를 확인시켜 준다. 양회에서 처음 등장한 중국판 물리적 AI 개념은 이른바 '구신지능(具身智能)'이라는 표현으로 정의된다. 이는 물리적 세계에서 작동할 수 있는 휴머노이드 로봇 같은 구동 체계로 인공 지능을 체화(體化)하는 것을 의미한다. 실제로 중국의 휴머노이드 로봇은 2020년대 들어 미국의 테슬라나 보스턴 다이나믹스 같은 선두 기업과 대등한 수준으로 급속 발전하고 있다. 예를 들어 유비테크(優必選,

　　　　2장　중국 반도체와 인공 지능 생태계 팽창

UBTech)나 유니트리 같은 중국 기업들은 제조업 무인화, 자동화를 타 깃으로 삼아 이치훙치(一汽紅旗, FAW Hongqi), 베이징 자동차(北京汽 車, BAIC Motor), 니오(蔚來, NIO) 같은 제조업 공장에 최적화된 휴머 노이드 로봇을 공급하는 계획을 발표했다. 결국 중국의 물리적 AI는 이러한 산업용 로봇 보급의 확대는 물론, 제조업의 무인화, 스마트화, 최적화로 더 빠르게 진행될 것이다.

　민관 협력으로 추진되는 중국 인공 지능 생태계 전략은 이제 국경 밖으로의 확장까지 내다보고 있다. 양회에서 발표된 중국 외교부 전 략에 따르면 중국 정부는 2024년 9월에 발표된 '인공 지능 역량 구 축 보편화 계획(人工智能能力建設普惠計劃)'을 국제적 판로를 상정해 구 체화했다. 브릭스(BRICS)[32]같은 친중국 중견 국가 혹은 제3세계 지역 강국은 물론 아프리카 연합을 필두로 하는 글로벌 사우스를 중국 인 공 지능 생태계로 유도하려는 의도가 명확해졌다. 중국 정부는 2025 년 7월 '글로벌 인공 지능 협력 기구(Global AI Cooperation Organization)' 라는 기구를 공식 제안했는데, 이름은 글로벌이지만 실제로 주요 협 력 대상 지역은 글로벌 사우스다. 이를 위해 중국은 '모두를 위한 선 한 목적의 인공 지능 역량 구축 계획(AI Capacity-Building Action Plan for Good and for All)'을 모토로 '디지털 실크로드' 프로그램을 출범 시켜 글로벌 사우스로 인공 지능 영향력 확대를 도모한다. 영향력 확대는 클라우드 접근, 오픈 소스 AI 모델 공유, 인공 지능 교육 프 로그램 제공이나 인재 양성 협력 등으로 이루어지며 이는 글로벌 스케일로 확대되는 것을 최종 목표로 한다. 딥시크 모델이 가성비를 앞세워 출시 후 제3세계로 빠르게 확장된 상황을 고려하건대[33] 중국의 인공 지능 생태계 확장 전략은 개도국 맞춤형으로 미국의 공백을 채우며 경쟁력을 갖추게 될 것이다. 이미 중국은 일대일로(一帶一路) 같은 거대 프로젝트를 통해 중국 인공 지능 생태계를 글로벌로 확산시키는 'AI 실크로드'가 마련된 상황이다.

중국이 인공 지능 국산화는 물론 생태계 확장, 그리고 글로벌 영향력 확대를 빠르게 추진하려는 이유는 중국 업체들이 주도하는 기술이 향후 인공 지능은 물론 그에 영향을 받을 산업의 표준이 되는 지점을 선점하기 위해서다. 중국 인공 지능 생태계는 공급망 내재화가 아직 100퍼센트에 도달하지 못했으며 거대 모델의 성능도 미국에 비해 확실한 장점이 나오는 상황은 아니다. 그래서 중국은 오히려 생태계 확장의 주요 수단으로 경제성과 접근성에 집중한다. 즉 AI 모델과 그를 기반으로 하는 제조업이나 로봇, 이동 수단 기술을 미국보다 더 저렴하고 더 접근성이 뛰어나게 만듦으로써 경제 성장률은 높지만 산업 기반이 아직 성숙하기 전 단계의 국가들은 중국의 인공 지능 생태계를 더 빨리 흡수할 가능성이 높아진다.

미국의 AI 포위 전략

미국 정부는 지금까지는 자국이 주도하는 첨단 기술 공급망에 중국의 접근을 차단하는 방식으로 제재를 취해 왔다. 그러나 중국의 '반도체＋AI' 내재화, 그리고 생산 규모와 기술 수준의 동시 진보로 인한 글로벌 영향력 확대는 미국 제재 방식의 효과가 점점 약해질 것임

   2장 중국 반도체와 인공 지능 생태계 팽창

을 예고한다. 원리상으로 미국 정부는 중국 인공 지능 생태계가 글로벌로 확장되는 것을 통제하기 위해 중국산 기술을 도입하는 기관이나 국가까지 제재 대상에 올리는 FDPR 제재나 세컨더리 보이콧(secondary boycott) 정책을 추진할 수 있다. 그런데 그러한 대상이 될 국가들은 대개 미국보다는 중국에 대한 경제적 의존도가 더 높기 때문에 기대만큼 효과를 거두기는 어려울 것이다. 중국이 생태계 확장의 주요 타깃으로 삼고 있는 러시아, 인도, 아세안 국가들은 물론 많은 글로벌 사우스, 중동, 중앙아시아 국가들의 제1 무역 상대는 이제 중국이 되었다. 중국은 이들로부터 식량, 지하 자원, 에너지를 수입하며 반도체, 디스플레이, 조선, 기계, 전기 자동차, 그리고 이제 인공 지능 생태계를 수출하려 한다. 중국 의존도가 점차 높아지는 이 국가들의 무역 구조가 근본적으로 바뀌지 않는 한 미국이 중국의 인공 지능 생태계 확장 전략을 견제하기에는 한계가 명확하다.

　물론 미국에게 방법이 없는 것은 아니다. 글로벌 반도체 및 인공 지능 공급망에 영향을 줄 수 있는 동맹국이나 핵심 이해 당사자 국가들을 더 결속시킴으로써 견제 전략의 외연을 확장하는 방법을 취할 수도 있다. 예를 들어 반도체 공급망의 핵심 병목 지점을 통제하기 위해 일본, 한국은 물론 영국, 네덜란드, 독일, 그리고 대만 같은 핵심 기술 보유 국가들을 규합하는 확장된 대중국 포위망을 구성하려 할 수 있다. 문제는 이러한 나라들의 경제 성장률은 대부분 1퍼센트 내외의 박스권에 갇혀 있다는 것이고 출생률 저하로 내수 시장 확장에도 한계가 있다는 것이다. 즉 이들 국가들의 기술 혁신 주도권은 그 지속성이

　　　　　　　　　　　　　차이나 반도체 라이징

보장되기 어렵다는 구조적 맹점이 있다. 특히 미국과 핵심 이익을 공유할 수 있는 전통적 우방국이자 핵심 기술 보유국들은 트럼프 2기 정부의 적과 아군을 가리지 않는 전방위적 상호 관세 정책으로 혼란 상황에 놓여 있기 때문에 미국을 중심으로 하는 다자간 첨단 기술 규합이 제대로 자리 잡기란 현재로서는 쉽지 않아 보인다.

미국 정부 입장에서는 중국의 인공 지능 생태계 확장을 견제하기 위해 앞으로 AI 모델 공유 통제는 물론 인공 지능으로 파생되는 이동 수단, 로봇, 신재생 에너지, 통신, 첨단 바이오-헬스, 방위 산업 같은 영역의 혁신 기술에서도 중국을 타깃으로 하는 제재 조치를 산업별로 구체화할 것이다. 예를 들어 엔비디아가 휴머노이드 전용으로 개발한 젯슨 토르(Jetson Thor) 같은 칩들은 중국 수출이 강력하게 제재될 것이다. 중국의 인공 지능 생태계가 확산되어 미국의 제조업 리쇼어링에 지장을 주는 시점까지 기다리지 않고, 제보 AI가 만들어 낼 가치 확산의 주요 단계를 선제적으로 통제하려는 전략도 계속 등장할 것으로 예상된다. 그렇지만 다른 산업으로 인공 지능이 확산되는 것을 미국이 통제하기 위해서는 미국에서 기반이 약한 산업에 강점을 가진 국가들과의 협력이 필수적이다.

미국은 스타게이트 프로젝트를 추진하며 계속 새로운 산업의 탄생으로 이어질 수 있는 시범 케이스를 늘리려 할 것이고, 중국의 접근을 통제할 것이다. 이를 위해 미국이 영향력을 갖는 산업에서는 인공 지능 국제 기술 표준, 통상 규범, 로드맵 등의 우선권을 계속 점유하면서 제재의 '실효성'을 높이려 할 것이고 그렇지 못한 산업에서는 동맹

  2장 중국 반도체와 인공 지능 생태계 팽창

국들에게 영향력을 행사하며 제재의 '외연'을 넓히려 할 것이다. 이는 미국이 앞으로 인공 지능 생태계 재편에 얼마나 자국과 동맹국 위주로 기반을 확보했는지가 미중 패권 전쟁의 주요 변수가 될 것임을 의미한다. 그러나 다자간 첨단 기술 규합이 느슨해질 경우 인공 지능 생태계 포위 전략은 오히려 미국의 생태계가 역으로 포위당하는 모양새로 뒤집힐 수도 있다. 미국의 인공 지능 생태계 견제는 그래서 아직 미국의 영향력이 미치는 국가들이 얼마나 포위 전략에 동참하게 만들 수 있을 것인지로 결정될 것이다. 미국은 이를 위해 기술적 우위나 표준과 로드맵 외에도 안보적 영향력을 활용할 것이고 가장 큰 영향을 받게 되는 나라 중에는 한국과 일본이 포함될 것이다. 이는 미중 인공 지능 생태계 패권 전쟁이 한국의 문제가 됨을 의미한다.

딥시크 쇼크의 본질

차이나 쇼크 2.0의 개막

2025년 초 중국은 냉전 시기 (구)소련의 스푸트니크 쇼크에 버금가는 충격을 미국에 선사했다. 그 쇼크의 한가운데에 있는 중국의 인공 지능 스타트업인 딥시크 창업자 량원펑이 본래 인공 지능 특화 엔지니어도 아니었다는 사실이 알려지며 충격은 더 커졌다. 량원펑이 원래 이름을 알리던 분야는 금융업이었다. 저장 대학교에서 전자 공학과 컴퓨터 공학을 전공해 공학 석사 학위까지 취득한 그는 학부생 시절

차이나 반도체 라이징

2008년 글로벌 금융 위기를 겪으며 금융업, 특히 자동화된 파생 상품 설계와 알고리듬에 입각한 거래 최적화, 즉 정량 금융(퀀트)에 관심을 갖게 되었다.

2015년 불과 서른 살의 나이로 그는 중국 항저우에 환팡 퀀트(寧波 幻方量化投資管理合夥企業, High-Flyer Quant)라는 회사를 창업했다. 자동화된 알고리듬으로 금융 상품을 사고파는 컴퓨터 알고리듬, 즉 고빈도 매매(high-frequency-trading, HFT) 알고리듬을 직접 설계하고 자사의 헤지펀드 운용에 적용하며 알고리듬과 하드웨어를 동시에 최적화하는 노하우도 쌓았다. 그가 창립한 회사는 발군의 실력을 보이며 창업 4년 만인 2019년 이미 자산 규모가 100억 위안(약 2조 2000억 원)에 이를 정도로 일약 유니콘 기업으로 성장했다. 량원펑은 거대한 자본과 기술 노하우를 기반으로 2023년 5월 환팡 퀀트의 연구 분야를 범용 인공 지능으로 전환했으며, 자회사로 인공 지능 스타트업인 딥시크를 설립하면서 CEO도 겸하게 되었다. HFT에서는 다양한 금융 상품의 시계열 데이터를 실시간 분석해 블랙-숄스 방정식(Black-Scholes equation) 같은 파생 상품 가치 평가 편미분 방정식을 수치 해석으로 빠르게 해결하고 상품 수익률을 극대화하는 것이 핵심 목표다. 이러한 계산은 기본적으로 행렬 형태의 거대한 데이터 연산을 다루며 비선형 함수의 최적화를 요구하기 때문에 AI 모델의 학습이나 추론 계산에 필요한 행렬 곱셈이나 역전파 알고리듬(back-propagation algorithm) 같은 미분 연산 기반 최적화 작업과 원리적으로는 별로 차이가 없다.

량원평은 더 큰 규모의 금융 상품 최적화 계산을 더 빠른 속도로 실행하기 위해 일반적인 자동화 소프트웨어뿐만 아니라 2022년 말 미국 오픈AI가 공개한 LLM 방법론 기반 AI 모델을 적극 참고해 AI 연산 최적화의 더 깊은 단계로 진입하기 시작했다.[34] 흥미롭게도 그는 HFT를 개발하면서 축적한 '알고리듬+하드웨어' 동시 최적화 전략을 AI 모델 개발에도 그대로 적용하면서 LLM을 더 똑똑하고 효율적으로 활용할 수 있게 만들었다. 예를 들어 GPU 여러 개가 연결된 병렬 처리 연산기는 큰 규모의 행렬 데이터 계산에 필수적인 하드웨어지만, GPU 사이의 통신은 상대적으로 느리기 때문에 연산 속도를 결정하는 병목 지점이 될 수 있다. 이를 해결하기 위해 GPU 간 통신 연산 가속에 특화된 하드웨어가 필요하다. 그런데 이러한 칩 간 통신 연산 최적화는 량원평의 퀀트 회사에서 서버를 다루던 하드웨어 엔지니어들이 이미 충분히 노하우를 축적한 영역이었다. 수백 마이크로초 이내로 통신 지연 시간을 어떻게 줄일 수 있는지는 금융 상품의 수익률에 지대한 영향을 미치기 때문에 퀀트 회사들에게 매우 중요한 문제다. HFT에서는 칩의 연산만큼이나 이러한 통신 최적화에도 집중하는데, 병렬 연결하는 칩의 개수가 늘어날수록 실제 지연 시간은 대부분 칩 간 통신 속도의 한계에서 비롯되기 때문에 병렬 연산 최적화 노하우도 같이 축적된다.

이들은 소프트웨어 역시 파이썬(Python) 같은 프로그래밍 언어를 쓰지 않았다. 파이썬은 인간-컴퓨터 인터페이스(human-computer interface, HCI)에 특화된 고급 언어이기 때문에 실행 과정에서 불필요한 계층 간 데이터 이동과 입출력(input/output, I/O) 프로세스가 반복되고, 그에 필요한 커널(kernel) 계산도 요구하기 때문이다. 딥시크는 이러한 계산과 프로세스를 시간 낭비 요소로 간주해 생략하려 했고, 이를 위해 인간의 관여가 거의 필요 없는, 즉 기계에 더 근접한(자연어보다 훨씬 낮은 레벨의) 언어인 C++나 포트란(Fortran) 기반의 프로그래밍도 진행했다. 이러한 다양한 최적화 작업은 딥시크뿐만 아니라 대부분의 중국 반도체나 IT 스타트업들도 적극적으로 취하는 전략이기도 하다.

딥시크식 혁신의 문법

앞서 언급했듯, 딥시크는 하루 아침에 갑자기 등장한 기업이 아니다. 이미 생성형 AI 모델 업계에서 그 존재감은 2023년 11월에 공개된 코드 작성 자동화 소프트웨어인 딥시크 코더(DeepSeek Coder) 등을 통해 커지고 있었다. 2024년 초 딥시크는 보다 일반화될 수 있는 AI 모델인 딥시크 MoE,[35] 딥시크 Math 등을 공개했으며 2024년 말에는 이를 집대성한 초기 버전인 딥시크 V3를 공개했다. 그리고 2025년 1월 20일 드디어 최종 버전인 딥시크-R1 모델을 공개하며 충격적인 글로벌 데뷔 무대의 마무리를 장식했다. 그다지 길다고 보기 어려운 딥시크의 역사 속에도 미국의 주요 테크 기업들이 개발한 노하우는 곳곳에 많이 녹아 있다. 예를 들어 구글이 2018년에 공개한 트랜스포머 같은 딥러닝 기반 학습 모델은 딥시크 모델에서도 가장 중요한 기초로 작동한다. 딥시크는 이를 적극 참고하되 더 효율적으로 메모리 사용을 할

수 있는 다중 지연 어텐션(multi-latent attention) 같은 독자 모델로 업
그레이드했다. 특히 딥시크는 다양한 종류의 알고리듬 및 하드웨어
최적화를 위해 또 다른 기계 학습 방법론인 강화 학습(reinforcement
learning, RL)도 빈번하게 활용했다.[36] 딥시크가 이용한 방식은 정답만
고려하는 방식의 보상 강화 학습(answer-graded RL)이었다. 강화 학습
은 연산 가속 극대화를 위한 강화 학습 알고리듬으로 재탄생했다.

　딥시크가 정형화된 AI 모델 개발 경쟁에서 벗어나 독자적 혁신을
추구하게 된 배경에는 미국의 기술 제재가 장기간 지속된다는 외생
적 환경 요인도 작용했다. 딥시크가 AI 모델을 개발하던 무렵 미국은
반도체 제조 기술, 그리고 GPU 수출 통제를 포함해 강력한 대중 기
술 규제를 시행하고 있었다. 때문에 중국 인공 지능 개발사들에게는
미국에 의존하는 기술, 예를 들어 텐서플로나 파이토치 같은 파이썬
기반 프레임워크 의존도를 줄이는 것부터가 주된 과제였다. 동시에
하드웨어 측면에서는 엔비디아가 독점하는 H100 같은 고성능 GPU
의존도를 줄여야 했고, 이는 독자 기술 개발을 촉진하는 요인으로 작
용했다. 딥시크가 취한 전략은 미국 인공 지능 기업들이 상대적으로
관심을 덜 기울이던 영역을 기술적으로 밑바닥까지 들여다보며 자원
을 아끼고 재배치하는 것이었다.

딥시크의 상식 파훼법

딥시크 쇼크의 이면에는 고정 관념 탈피도 있다. 디지털 컴퓨터는 이
진수 기반으로 데이터를 처리하기 때문에 행렬 곱셈 같은 연산도 실

수 데이터를 먼저 이진화해야만 가능하다. 이때 실수를 이진화하는 정밀도를 사용자가 조절할 수 있다. 예를 들어 -4/3 같은 숫자를 이진 수로 표현하는 경우를 생각해 보자. 일단 부호(이를 S라고 부름)를 표시하기 위해 1비트가 필요하다. 그리고 소수점 이상의 숫자(이를 지수 E라고 부름)를 표현하기 위해 비트를 몇 개 더 배정해야 한다. 마지막으로 소수점 이하 자릿수를 표현하기 위해(이를 가수 M이라고 부름) 비트를 또 몇 개 더 배정해야 한다. 이러한 방식을 부동소수점(floating point, FP) 표현 방식이라고 부른다. 그러면 일반적인 실수는 $(-1)S \cdot M \cdot 2E$ 같이 이진 부호로 표현할 수 있다. 예를 들어 FP32 형식[37]을 사용한다면 부호 표현에 1비트, 지수 표현에 8비트, 가수에 23비트를 배정해 1/01111111/01010101010101010101011 같이 32비트 형식의 이진수로 표현할 수 있다. 부호 표현의 정밀도를 FP16 형식으로 낮추면 표현은 더 간단해진다. 1/01111/0101010101 같이 부호에 1비트, 지수 표현에 5비트, 가수에 10비트, 총 16비트만 활용하면 되기 때문이다. 엔비디아 GPU도 실수 연산 정밀도를 FP32 형식으로 설정하는데 딥시크는 실수 표현 정밀도를 한참 낮춰서 FP8 같은 8비트 이하의 정밀도에서 연산이 가능한지 테스트했다. FP8로 정밀도를 낮추면 FP32 형식보다 메모리 사용량을 4분의 1로 줄일 수 있을뿐더러 연산도 그만큼 더 빨라지니 효과적이다.

물론 정밀도를 낮추는 것에는 대가가 따른다. 정밀도가 낮아지면 연산 과정에서 오차가 더 빠르게 누적되기 때문이다. 이러한 구조적 문제를 해결하기 위해 딥시크는 혼합 정밀도 훈련(mixed precision

          2장 중국 반도체와 인공 지능 생태계 팽창

training)이라고 불리는 방법을 사용했다.[38] 비유하자면 도미노 게임에서 도미노가 한 번에 실수로 한꺼번에 무너지는 것을 미리 방지하기 위해 몇 개마다 일부러 도미노를 하나씩 빼 놓는 안전 장치를 마련하는 것과 비슷하다.

딥시크가 선보인 GPU의 '알고리듬＋하드웨어' 동시 최적화 기술들은 GPU 수출 제재 3등급 국가들에 대한 미국의 기술 통제 정책의 실효성에 허점이 존재함을 단적으로 보여 준다. 미국이 다른 나라로 수출되는 인공 지능 반도체 성능을 등급(Tier)별로 구분하는 기준은 GPU의 총연산량(FLOPS)을 기준으로 한다. 그런데 만약 연산 정밀도를 4분의 1이나 8분의 1로 조절하면 총연산량에 걸린 제한을 우회할 수 있다. 예를 들어 미국이 중국으로 수출하는 GPU의 연산량 규모를 100테라플롭스(TFLOPS)로 정했다고 가정해 보자. 이는 기본적으로는 FP32 형식을 기준으로 하기 때문에 사용자가 정밀도를 FP4로 의도적으로 낮추면 연산량 규모는 800테라플롭스까지 늘어날 수 있다. 정밀도만 건드려도 연산 능력을 8배나 강화할 수 있는 셈이다.

이뿐만이 아니다. 미국은 애초에 중국의 AI 모델 연산 성능을 제한하기 위해 엔비디아가 제조하는 GPU 중 최고 사양 모델인 H100 같은 GPU의 대중 수출을 원천 금지했고 대신 연산 성능을 20분의 1 수준으로 다운그레이드한 모델인 H800 등에 한정해 수출 길을 열어 주었다. 그런데 흥미롭게도 H800과 H100는 사실상 거의 같은 공정으로 만들어졌기 때문에 연산 성능 차이는 FP32 이상의 연산 정밀도에만 국한된 것이었고 FP16 이하의 저정밀도에서는 동등한 성능을 보였다. 딥시크는 이러한 성능 제한 조건을 역이용해 FP8이나 FP4 수준의 낮은 정밀도, 혼합 정밀도 훈련에 최적화된 알고리듬, 그리고 엔비디아의 GPU 특화 정밀도인 TF32를 적절하게 혼용해 신경망 학습에 활용했다. 또한 딥시크는 HFT에서 축적한 '**알고리듬＋하드웨어**' 동시 최적화 노하우를 살려 GPU 수백~수천 장이 병렬 연결된 데이터 서버 최적화에서도 그간 쌓은 실력을 아낌없이 보여 주었다. 특히 엔비디아의 GPU 간 연결 프로토콜인 NVLink 기술을 우회하기 위해 GPU 클러스터를 세부 작업별로 따로 묶어 두는 '전문가 혼합(mixture of experts, MoE)' 방식도 적극 채용했다. 흥미롭게도 MoE 방식은 오히려 딥시크 AI 모델이 추론 작업을 함에 있어 더 빠르게 특정 작업에 접근할 수 있는 지름길이 되어 주었다.

제2의 딥시크 쇼크

딥시크가 소프트웨어와 하드웨어 양면에서 다양하게 최적화한 혁신들은 딥시크-R1 챗봇 AI 모델 구축에서 겨우 2,048장의 H800 GPU, 총 2,788,000GPU-시간이라는 자원만으로 GPU 훈련 비용도 560만 달러(약 82억 원) 수준으로 낮추면서도 글로벌 탑티어 수준의 성능을 갖춘 LLM 모델을 발표할 수 있었던 원천이 되었다. 훈련 비용만 놓고 본다면 딥시크는 알파벳(구글), 메타, 아마존, 테슬라(xAI), 오픈AI 같은 미국의 주요 테크 기업이 비슷한 성능의 모델 개발에 연간 수백억 달러 규모의 막대한 자금을 사용한 것에 비해 최소 1/100에서 거의 1/1,000까지도 비용을 절감한 셈이다. 그것도 더 낮은 사양의 연산 하드웨어와 제한된 인공 지능 개발용 라이브러리만 가지고서 말이다.

미국이 받은 쇼크는 단순히 딥시크가 훨씬 더 낮은 비용으로 거의 동등한 성능을 갖는 AI 모델을 개발했다는 것에만 있지 않다. 진짜 충격은 미국 정부가 그렇게 오랜 기간 동안 중국 반도체와 인공 지능을 집중 제재하려고 했음에도 중국에서는 이를 우회하는 요령을 파악한 것을 넘어 이제는 기술적 측면에서도 최신 기술을 압도할 잠재력을 갖춘 혁신이 출현하기 시작했다는 것에 있다.

원론적으로 이제 중국은 미국만큼 자본을 투자할 경우 100배 이상 더 강력한 AI 모델을 만들 수 있거나 혹은 동등한 성능의 AI 모델을 100배 더 빠르게 만들 수도 있다는 뜻이 된다. 물론 이는 단순한 산술 계산에 의거한 추정일 뿐이지만, AI 모델 개발 추세가 이제는 비용 대비 성능 효율성(단위 전력당 토큰 생성량, 단위 비용당 토큰 생성량 등)으로 맞춰지고 있는 시점에서 인공 지능 혁신의 주도권이 중국으로 넘어갈 수 있다는 시나리오는 미국 입장에서는 큰 충격일 수밖에 없다.

딥시크 쇼크는 빙산의 일각일지도 모른다. 혁신을 이끌어 내는 중국 인공 지능 회사가 딥시크만 있는 것이 아니기 때문이다. 중국에서는 2018년 이후 인공 지능 회사들이 매년 수십 개씩 쏟아져 나오고 있다. 2024년만 해도 중국에 자체적인 LLM을 선보인 회사는 200곳이 넘었다. 물론 이중 상당수는 미국 메타가 공개한 LLM 모델 라마(Llama)를 기반으로 모델을 증류한 것이었고 자체 모델을 만들었다고 평가되는 회사는 10곳 미만이다. 그렇지만 이렇게 살아남은 소수의 회사들은 다시 중국 정부의 집중 지원 대상이 되면서 더 강력한

　　　　　　　　　　　　차이나 반도체 라이징

성능을 갖는 AI 모델 개발 그룹으로 지정된다. 2025년 5월에 출시된 딥시크 R1-0528 같은 모델은 물론 2024년 9월에 출시한 알리바바의 720억 개 파라미터 규모 큐웬(Qwen) 2.5나 2025년 4월에 출시된 2500억 개 파라미터 규모의 큐웬 3, 7월에 출시된 4800억 개 규모의 큐웬 3 코더(Qwen3-Coder),[39] 화웨이가 자체 풀스택 인공 지능 생태계로 개발한 1350억 개 규모의 팡구 울트라(Pangu Ultra), 텐센트가 선보인 130억 개 규모의 훈위안(Hunyuan)-A13B 같은 추론용 SLM 모델, 바이두의 4240억 개 규모의 어니(Ernie) 4.5 같은 학습용 LLM 모델들의 성능 점수는 MMLU,[40] GPQA,[41] HLE,[42] 사이코드(SciCode),[43] AIME,[44] MATH나 MATH-500[45] 등 다양한 벤치마크 지표에서 이미 미국 xAI의 그록(Grok) 4, 오픈AI의 o3-pro, 구글의 제미나이 2.5 Pro, 앤트로픽(Anthropic)의 클로드 4 오퍼스(Claude 4 Opus) 같은 LLM 기반 모델과 대등한 성능을 보이며 글로벌 순위권 내로 진입하고 있다.

딥시크가 선보인 최적화 기술은 또다른 파괴적 혁신으로 이어질 것이다. 그러나 일부 전문가들은 딥시크의 혁신이 '스푸트니크 쇼크' 수준에는 이르지 못한다고 평하며 중국 인공 지능 업계에 대한 과대 평가를 경계하기도 한다. 이러한 지적이 나오는 이유는 딥시크 알고리듬이 처음부터 자생한 것이 아니고 이미 미국에서 개발되고 최적화된 모델에 뿌리를 두고 있다는 사실 때문이다. 실제로 딥시크의 LLM은 구글이 공개한 신경망 최적화 알고리듬, 오픈AI가 공개한 LLM 학습용 데이터 세트, 메타의 데이터 세트와 합성 데이터 생성 알고리듬

  2장 중국 반도체와 인공 지능 생태계 팽창

등이 없었다면 그렇게 저렴한 비용과 빠른 시간 내에 성공할 수 없었을 것이다. 또한 비록 성능이 다운그레이드되긴 했으나 엔비디아의 H800 같은 GPU를 수천 장 단위로 대량 확보할 수 없었다면 훨씬 성능이 떨어지는 화웨이 어센드 같은 NPU 칩만으로는 빠르고 효율적인 학습이 불가능했을 것이라는 점도 지적된다.

중국의 인공 지능, 그리고 그것을 가능하게 한 반도체 기반 기술에 대한 평가가 과장될 가능성을 미연에 경계한다는 점에서 이러한 평가는 충분히 합리적이다. 그렇지만 앞서 언급한 것처럼 딥시크 쇼크가 갖는 진짜 함의는 중국의 인공 지능이 원천 기술 주도권 측면에서 미국을 압도했다는 것에 있지 않다. 오히려 인공 지능 업계가 그간 다소 맹목적으로 따르던 스케일업 일변도의 투자 궤도를 벗어나 기존 상식과는 좀 다른 실험과 시도를 했다는 것, 그래서 다른 방향이 출현했다는 점에 있다. 비유하자면 그동안 산 정상으로 가는 길이 하나밖에 없는 줄 알았는데 적어도 2개 이상 존재한다는 것을 증명한 셈이다.

여기에 더해 미국의 기술 제재를 우회하면서도 오히려 더 비용을 저렴하게 만들 수 있는 사례까지 발빠르게 오픈 소스로 공개한 중국 인공 지능 산업계의 함의가 무엇인지도 더 깊이 생각해 볼 필요가 있다. 특히 딥시크 이후 중국에서 우후죽순으로 쏟아져 나오는 거대 파라미터 기반 LLM들이 인공 지능 공급망 안에서만 머물지 않는 상황을 주목해야 한다. 이 모델들은 이제 수익성 확보라는 목적하에 독립적인 방향으로 각 산업 영역에서 버티컬 AI를 향해 최적화되는 단계로 나아가고 있다. 훈련과 추론 비용이 절감된 AI 모델이 향하는 곳이 인공 지능 자체가 아니라 현실 세계라는 점에서 빠른 인공 지능 확산은 수익성 경쟁에서 중국이 앞서 나갈 수 있음을 암시한다.

화웨이 인공 지능 전략이 향하는 곳

화웨이가 2024년 자체 개발한 LLM인 팡구 울트라는 인공 지능 생태계 내재화, 그리고 궁극적으로는 버티컬 AI로 향하는 중국 인공 지능 전략의 대표적 사례로 볼 수 있다. 우선 화웨이는 자체 개발한 어센드 190B 같은 NPU 칩만 사용해 AI 모델 학습 전용 연산 하드웨어 인프라를 구현했다. 이는 화웨이가 풀스택 인공 지능 생태계를 바닥부터 만들고 있다는 뜻이다. 다음으로 화웨이의 AI 모델은 훈련 데이터 역시 중국 내에서 확보할 수 있는 중국어 데이터에 더 많은 가중치를 두었다. 이를 위해 도메인 인식 어휘(domain-aware vocabulary) 데이터 세트를 따로 구축해 총 153,375개의 중국어 어휘 토큰을 새로 만들었다. 모델 형태도 단일 밀집(single-dense) 형태를 사용함으로써 다른 개발사들이 주로 선택하는 MoE 방식에서도 탈피했다. 8,192장의 어센드 칩을 연결한 슈퍼컴퓨터 클러스터를 활용하기 위해 화웨이는 딥시크가 그 효용성을 증명한 하드웨어 최적화를 더 큰 스케일로 응용했다. 서버 1개당 NPU를 8장씩 묶어 배치함으로써 클러스터의 유연성을 늘렸고, 서버 간 통신 가속을 위해 자체 개발한 캐시(cache) 동기화 시스템도 이용했다. 서버 간 연결 지연이 개선되면서 데이터 전송 속도는 초당 200기가비트까지 강화되었고 제원상으로는 엔비디아의 서

     2장 중국 반도체와 인공 지능 생태계 팽창

버 간 연결 솔루션인 인피니밴드(Infiniband)와 유사한 성능 점수도 기록했다. 또한 현재 SK하이닉스가 인공 지능 전용 고성능 반도체 시장에서 독점하다시피 하는 HBM3E 없이도 HBM 확보를 위해 어센드 칩 내에 대역폭을 늘린 효과를 만들어 낼 수 있는 펌웨어(firmware)를 장착했고 병렬 처리를 위해 데이터, 텐서, 시퀀스, 파이프라인 각 레벨에 최적화된 병렬 연산 시스템을 적용하며 파이프라인 병목 비율을 10퍼센트 이하로 낮췄다.

딥시크가 주로 AI 모델의 효율화, 그리고 그에 맞춘 하드웨어 활용 최적화에 집중했다면 화웨이는 모델 설계는 물론 모델에 맞춘 하드웨어 자체의 설계와 제조, 그리고 그를 연결하는 서버와 클러스터 위상 구조 최적화, 마지막으로 통신 사업에서 쌓은 노하우를 십분 활용해 슈퍼 클러스터에서도 병목을 최소화하는 등 거의 모든 영역에서 자사 주도로 독립적인 AI 모델 개발 공급망, 즉 풀스택 인공 지능 생태계를 구현하고 있다. 화웨이는 2025년 9월에 개최된 '화웨이 커넥트 2025'에서 어센드 칩의 로드맵을 공개했는데 이에 따르면 어센드는 향후 중국 인공 지능 생태계의 핵심 인프라가 될 가능성이 높다. 화웨이가 보이는 전략이 단순히 엔비디아 GPU에 대항할 코어 칩뿐만이 아니라 이제는 SK하이닉스가 거의 독점하던 HBM 같은 전용 메모리까지 확장되고 있기 때문이다.

딥시크보다 더 큰 제2의 충격이 화웨이에서 나올 가능성이 정말로 있다면, 하드웨어부터 모델까지 아우르는 자체 풀스택 인공 지능 생태계를 구축할 수 있는 화웨이의 역량이 그 시작점이 될 것이다. 화웨이의 AI 모델은 제조업으로 생태계를 빠르게 확장하고 있다. 이 과정에서 화웨이 모델은 일종의 프레임워크로 작동한다. 예를 들어 물리적 AI에 특화된 팡구 예측 모델(Pangu Prediction Model)과 팡구 월드 모델(Pangu World Model)을 지원한다. 이 모델은 제조 AI에 특화된 디지털 트윈(digital twin) 지원에 초점을 맞추는데 가장 눈에 띄는 사례는 중국 최대의 제철소인 바오우 제철소(寶武集團, Baowu)다.[46] 바오우 제철소는 화웨이의 AI 모델을 기반으로 용광로 온도 예지 보전(predictive maintenance)을 통해 철강 품질을 높임은 물론 에너지 사용량을 연간 2600만 킬로와트시(kWh) 절감하는 성과도 거두었다. 광저우 자동차 그룹(廣汽集團, GAC)은 주행 영상 데이터와 포인트클라우드(point-cloud) 같은 도로 주행 데이터를 정밀하게 분석, 정합하는 고난도 연산에 화웨이 AI 모델을 적용해 자율 주행 소프트웨어를 개발했다. 특히 이 프로그램은 자율 주행 시스템의 사고 예측 프로그램 성능 개선에도 기여한 것으로 보고된다. 화웨이 모델 중에서도 1350억 개나 2300억 개 규모의 파라미터를 갖는 팡구 U-시리즈 모델이 제조 AI 특화 모델로서 더 주목받는 이유는 처음부터 도메인 사업에 특화되어 원하는 방향으로 개조될 수 있게끔 설계되었기 때문이다.

중국에서 화웨이를 비롯한 인공 지능 개발사들이 제조업으로 버티컬 AI에 빠르게 접근할 수 있는 근본적인 비결에는 중국 정부가 산업 간 연계를 강력하게 드라이브하는 정책적 배경도 있음에 주목할 필요가 있다. 이 과정에서 고객사들의 기밀 유출이나 탈취 우려가 있으나, 정부 차원의 추진을 위해 이러한 우려는 대개 무시되거나 뒤로

　　　　　　　2장 중국 반도체와 인공 지능 생태계 팽창

미뤄진다.

딥시크 이후의 판도

딥시크 쇼크는 일회성으로 그치지 않는다. 딥시크가 준 충격의 진짜 의미는 더 많은 GPU와 더 큰 데이터 세트가 강력한 인공 지능 성능을 보장한다는 공식이 더 이상 절대적이지 않다는 데 있다. 물론 이러한 스케일업 법칙의 효용성 자체가 무의미하다는 뜻은 아니다. 하지만 훨씬 더 적은 연산 자원과 비용만으로도 비슷한 성능의 AI 모델 구현이 가능함을 보여 주었으므로, 딥시크 이후 모델 개발의 방향 수정은 불가피해졌다.

딥시크는 LLM의 핵심 알고리듬인 트랜스포머를 깊이 파고들었다. 특히 멀티헤드 잠재 어텐션(multi-head latent attention, MLA) 같은 알고리듬을 활용해 모델 경량화를 달성하는 동시에 추론 성능도 개선했다. 이 점은 고성능 AI 모델을 개발하려면 수천~수만 장의 초고가 엔비디아 GPU가 반드시 필요하다는 통념에 균열을 냈다. 물론 이것이 곧바로 엔비디아의 기술적 장벽이 무너졌다는 뜻은 아니다. GPU뿐 아니라 GPU 간 연결과 통신을 제어하는 NVLink, 서버 간 통신과 병렬 처리를 가능하게 하는 인피니밴드, 그리고 AI 모델 프로그래밍 환경을 제공하는 CUDA에 이르기까지 엔비디아가 쌓아 온 기술적

차이나 반도체 라이징

우위는 여전히 강력하다. 다만 딥시크의 사례는 알고리듬 최적화와 시스템 설계에 따라 그 효력이 일부 영역에서는 약해질 수 있으며, 적어도 모든 모델 개발자가 동일한 비용 구조와 인프라 경로를 따를 필요는 없다는 점을 보여 주었다.

실제로 딥시크 쇼크가 전 세계를 강타하던 2025년 1월 말 엔비디아의 주가는 일시적으로 17퍼센트나 하락하기도 했다. 동시에 브로드컴은 17퍼센트, SK하이닉스는 10퍼센트, TSMC도 13퍼센트나 동반 하락했다. 지금까지는 엔비디아 GPU와 그 성능을 극대화하는 기술 지원 체계가 시장을 사실상 독점해 왔기 때문에, 이는 인공 지능 업계의 핵심 병목 지점으로 작용했다. 그렇지만 딥시크는 CUDA 없이도 모델을 만들어 냈고 NVLink 없이도 GPU 간 통신을 최적화하는 병렬 연산 기술을 구현했다. 엔비디아의 독점 구도에 균열이 생기는 징후는 더 뚜렷이 확인되고 있다. 즉 엔비디아 GPU뿐만 아니라 브로드컴이나 AMD의 GPU, 애플 실리콘 M시리즈 칩, 화웨이 NPU인 어센드 칩, 테슬라의 A14나 A16칩 등을 사용해서 AI 모델 학습을 최적화하는 것도 기술적으로 가능해졌다는 뜻이다.

중국에서는 CUDA 생태계를 대체하기 위해 CUDA와 거의 동일한 방식을 채용하는 MUSA 생태계도 빠르게 조성되고 있다. MUSA는 2019년 고성능 반도체 설계와 병렬 연산 도구 위주로 미국의 대중 반도체 제재가 본격화되자 중국에서 이를 우회하기 위해 개발한 CUDA 대응형 GPU 프로그래밍 아키텍처다. 2020년 10월 전 엔비디아 부사장 겸 중국 총괄 매니저였던 장지안중(張建中)은 GPU 스타트

　　2장 중국 반도체와 인공 지능 생태계 팽창

업인 무어 스레드를 설립한 후 2025년 4월 MUSA 소프트웨어 개발
도구(SDK) 4.0.1을 공개했다.[47] 특히 엔비디아 GPU에서만 호환되는
CUDA에 비해 MUSA는 태생부터 CUDA를 지원하는 것은 물론, 오
픈 소스로 출발했다는 특징이 있다.

엔비디아가 AI 반도체에서 독점적 영향력을 보장해 주었던 기술적
장벽은 오히려 역효과를 만들 수 있다. 실제로 앞으로는 혁신을 추구
하며 비용을 절감하려는 인공 지능 스타트업들이 엔비디아 생태계로
부터 탈피하게 만드는 동기가 될 수도 있다는 신호가 관측된다. 이로
인해 엔비디아는 2025년 7월 상하이에서 개최된 RISC-V 사용자 컨
퍼런스(RISC-V Summit)에서 그간 고수하던 정책, 즉 CUDA는 오로
지 엔비디아가 제조한 GPU에서만 온전히 작동할 수 있게 한다는 원
칙을 폐기하고 RISC-V 기반 칩을 포함한 비엔비디아 연산 하드웨어
에서도 CUDA를 사용할 수 있게 하는 개방형 플랫폼을 공개하기도
했다.

이러한 정책 방향 급변은 비록 명시된 것은 아니나, 누가 보더라도
딥시크 이후 AI 반도체 혁신이 엔비디아의 지배에서 벗어나는 것을
막기 위한 사전 포석으로 해석된다. 특히 최근 인공 지능 산업의 무
게 중심이 거대 신경망 기반 학습 모델에서 온디바이스 AI를 위한 추
론 전용 경량화 모델로 옮겨 가는 상황에서 RISC-V 기반으로 맞춤
형 최적화될 수 있는 하드웨어 시장은 더욱 빠르게 성장할 것이다. 이
시장에서 자사의 영향력이 점차 줄어들 가능성을 감지한 엔비디아가
이를 미연에 방어하겠다는 의지를 구체화한 셈이다. 실제로 엔비디아

　　　　　　　　　　　　　　　　　　　차이나 반도체 라이징

CEO 젠슨 황은 미국의 지속적인 대중 규제로 엔비디아 GPU가 중국 시장에서 점유율이 줄어들면 그 공백을 캠브리콘이나 화웨이, 비런 같은 중국 팹리스 업체들의 ASIC 칩이나 GPU가 차지할 것임을 경고하는 메시지를 끊임없이 워싱턴에 보내고 있다.

2024년 기준으로 엔비디아 매출의 13퍼센트를 차지하는 중국 시장은 더 빠르게 성장할뿐더러 제조 AI 등으로 칩 수요 다변화가 예정되어 있기 때문에 앞으로 미국보다 더 중요한 시장이 될 것이다. 엔비디아는 이미 베이징과 상하이에 인공 지능 혁신 센터를 운영 중이며 연구소에서 일하는 엔지니어만 해도 벌써 4,000명에 이른다.[48] 그렇지만 미국 정부의 규제가 지속될 경우 AI 연산 가속기를 필요로 하는 중국 기업들은 자연스럽게 중국에서 내재화되는 생태계로 접근할 것이고 엔비디아의 시장 점유율은 축소될 가능성이 높다.

미국 혁신 전략에 던져진 파장

딥시크 쇼크는 기술적 측면에만 그치지 않는다. 인공 지능 시대에 들어선 지금, 그것은 미국이 그간 추진하던 혁신 전략의 지속 가능성에도 근본적인 의문을 던지고 있다. 제2차 세계 대전 후 미국이 산업 혁신을 이끌어 온 주된 전략은 고부가 가치 산업을 선점하는 것이었다. 이 전략은 1990년대 이후 자유 무역주의가 글로벌 교역 질서로 확립되면서 다른 국가들과 경제력 격차를 벌리는 주요 동력이 되기도 했다. 대표적인 사례가 1990~2000년 PC-인터넷 전환기에서 일본과의 디지털 격차를 벌린 것, 2000~2010년 모바일 전환기에서 독일, 프랑스를 포함한 유럽과 격차를 벌린 것, 2010년대 이후 바이오 산업에서 유럽, 일본과 격차를 벌린 것, 그리고 2020년대 들어 전 세계를 대상으로 인공 지능 기술의 격차를 벌리고 있는 것이다.

특히 EU 전체와 비교해 보면 그 전략의 효과는 극명하게 드러난다. 2008~2009년 글로벌 금융 위기 당시만 해도 미국과 (영국을 포함한) EU의 GDP는 대등한 수준이었지만 2025년에는 미국이 경제 규모 면에서 EU를 거의 2배 가까이 앞서게 되었다. 이 차이는 디지털과 인공 지능 기술 선점, 그리고 그 이후의 전환이 얼마나 중요한 변수였는지를 단적으로 보여 준다. 미국의 실리콘 밸리와 워싱턴의 기술 리더, 그리고 정치가들은 인공 지능뿐만 아니라 인공 지능 기반 산업 전환 (AX) 과정에도 막대한 자금을 매년 쏟아붓고 있다. 이 역시 미국이 지금까지 취해 온 기술 선점 전략의 연장선상이다. 이제 새로운 강력한 경쟁자를 맞이하게 된 미국의 전략이 지속될지의 관건은 지난 30년간의 미국의 산업 전환 문법, 즉

새로운 혁신의 초입을 먼저 선점.

→ 혁신의 사슬을 창출하는 플랫폼 선점.

→ 플랫폼에서 파생되는 서비스와 그 파급 효과까지 주도.

같은 순차적 방식에 기반을 두었던 전략이 인공 지능과 AX 시대에도 그대로 통할 것이냐는 것이다. 인공 지능은 기술 선점 효과가 패권으로 이어질 것이라 대부분 예상하고 있으나 그 구체적 메커니즘은 여

전히 불투명하다.

중국이 미국 AI 전략을 흔드는 지점

지난 30년간 잘 작동해 온 미국의 혁신 선점 전략은 중국 경제가 너무 가파르게 성장한 것, 그리고 그로 인해 예상보다 훨씬 더 빨리 기술 생태계 자립을 이루고 다음 산업으로 전환을 주도하기 시작한 것에서 허점을 드러냈다. 무엇보다도 중국 정부의 계획 경제식 산업 투자 전략 효율성이 예상보다 더 효과적일뿐더러 장기간 지속 가능한 것으로 나타나면서 미국이 설정한 기술 격차도 빠르게 좁혀지기 시작했다.

미국이 다음 혁신 엔진으로 내세우려는 인공 지능은 그나마 미국이 중국과 충분히 격차를 벌리고 있고 그 격차를 더 벌리기 위해 스타게이트 같은 거대 프로젝트까지 발표하며 의지를 표방하고 있는 분야임은 확실하다. 그러나 딥시크 쇼크가 보여 준 것은 인공 지능 분야의 혁신 문법이 미국의 계획대로만 진행되지 않는다는 것이다. 더 주목할 것은 딥시크보다 더 혁신적인 인공 지능 기업들이 중국에서 쏟아져 나올 가능성이 높다는 것이다. 딥시크의 혁신 방법론을 더 발전시킨 문샷 AI(月之暗面, Moonshot AI)라는 중국 인공 지능 스타트업은 이미 2025년 상반기 전 세계 AI 모델 성능 점수 10위권에 포함되는 모델을 출시했으며 제2, 제3의 기업들이 충격파를 이어 가는 주기는 이제 점점 더 짧아질 것이다. 중국으로 인공 지능 혁신의 주도권이 넘어갈 경우, 미국이 구상해 온 인공 지능 선도 전략과 이를 바탕으로 한

　　　　2장 중국 반도체와 인공 지능 생태계 팽창

관련 산업의 수직 계열화·전환 전략은 근본부터 다시 짜야 할 가능
성이 크다.

미국 AI 혁신의 고민

이 시점에서 미국의 고민은 이것이다. 인공 지능이 미국은 물론 세계
각국이 주목하는 차세대 혁신 엔진임은 분명하지만, 사실상 전 분야
에 걸쳐서 미국과 대등하거나 혹은 심지어 추월할 수 있는 상대가 출
현한 상황에서 혁신 전략을 이끌며 지배해 본 경험이 없는 다음 세대
에게 전략 구상을 어디까지 공유해야 하는가에 대한 것이다. 미국에
는 여전히 인공 지능-디지털 혁신 생태계와 거대 자본, 전 세계 인재
를 블랙홀처럼 끌어당기는 제도적 개방성이라는 세 가지 카드가 강
력하게 유지되고 있지만, 인공 지능이 2단계로 넘어가는 시점에서는
파급력 극대화를 위해 정부 개입이 점차 줄어들어야 한다. 만약 미국
이 국가 안보를 명목으로 인공 지능을 보호 기술로 지정한다면 파급
효과에 브레이크가 걸리고 이는 다시 3단계로 넘어가는 타이밍도 늦
출 것이다. 미국이 인공 지능 산업을 안보적 차원에서 보호하려 할수
록 중국의 오픈 소스 인공 지능 혁신 생태계가 저렴한 가격과 쉬운 접
근성을 앞세워 기존의 3세계는 물론 주요 아시아 국가, 심지어 EU에
까지 영향력을 미칠 것이다. 트럼프 2기 이후의 미국 상황은 혁신을 주
도하기에 더욱 불리한 국면으로 흐르고 있다. MAGA로 대표되는 21
세기판 고립주의로 점점 내핍을 향하는 형국이고 주요 첨단 산업은 불
확실해지는 국제 정치 및 외교 안보 논리에 더 자주 흔들리게 되었다.

     차이나 반도체 라이징

중국 AI 혁신의 위험 요소

중국의 혁신 생태계도 늘 지속 가능성이 보장되는 것은 아니다. 자유로운 사고와 창의적인 도전 정신이 보장되어야 기술 혁신이 지속적으로 나올 수 있다는 기본 원리에는 변함이 없다. 그리고 혁신을 가속시킬 자본 흐름에도 과도한 규제가 적용되면 안 된다. 또한 인재의 다양성과 프로젝트 성공을 위한 노력에 대한 보상 구조가 공정하고 투명해야 한다. 이러한 연유로 중국 공산당이 주도하는 인공 지능 혁신 생태계는 그 지속 가능성에 제도적, 구조적, 정치적 한계가 분명하다. 중국에서 과시하는 혁신 성과와 높은 경제 성장률 이면에는 로봇으로 대체되어 버리는 수많은 노동자들의 일자리 불안정성이 누적되고 있고 인공 지능과 IT, 반도체 같은 특정 산업으로 쏠리는 민관 분야의 투자는 다른 산업과 불균형을 야기한다. 거대한 자본을 투자하는 중국 지방 정부의 재무 건전성은 수익률 저하, 좀비 기업 양산, 중복 투자와 디플레이션 등으로 악화일로에 있다. 그러나 중국 정부로서는 미중 패권 경쟁이 첨단 기술 중심의 대결 구도로 굳어지는 현 상황에 향후 가장 중요한 비대칭 전력이 될 인공 지능 생태계 주도권 경쟁을 양보할 여유는 없다. 이는 중국도 인공 지능과 반도체 분야에 더 집중적인 자원을 투입할 수밖에 없음을 의미한다. 이는 단기적으로는 중국의 패권 추구에 도움이 되겠지만, 장기적으로는 중국 경제와 산업 전체에 다음 세대까지 이어질 부담으로 남을 것이다.

　　　　2장 중국 반도체와 인공 지능 생태계 팽창

2020년대 이후의 중국이 만약 1980~1990년대 일본 같았다면 미국은 자국의 안보적 자산 전개가 가능하고 정치적 협력이 가능한 파트너로서, 예를 들어 미일 반도체 협정(United States – Japan Semiconductor Pact) 같은 제도적 장치를 만들면서 공식적으로는 협력하는 전략을 취했을지도 모른다. 그렇지만 체제 차이, 그리고 같은 경제권을 공유하기 어렵다는 근본적 차이로 때문에 양국이 안정적인 수렴 방향을 찾기는 쉽지 않다. 인공 지능이 승자 독식 게임의 비대칭 전력이 될 것이라 믿는 양국 입장에서 초인공 지능과 산업 전환 주도권을 놓고 합리적인 전력 감축 협정을 한다는 것은 마치 과거 냉전 시대 미소 양국이 핵무기 감축을 넘어 안전한 핵무기를 공동 개발한다는 소리만큼이나 비현실적으로 들릴 수 있다.

미국은 앞으로도 인공 지능 기술 선점에 전력투구할 것이다. 그 전략은 기술 표준과 로드맵이 될 것이며 여기에 참여할 수 있는 소수의 핵심 국가, 회사와 클러스터를 이루며 중국을 배제하려 할 것이다. 그렇지만 아무리 성긴 그물도 물을 다 담을 수는 없듯 인공 지능 생태계 내의 기술적 병목 지점의 독점 구도가 고착되면 이에 대한 안티테제(antithese)가 출현하며 그중 파괴적 혁신은 언제든 갑자기 출현할 수 있다. 특히 혁신의 근간이 되는 기초 과학은 지금까지 누적한 실력만큼이나 앞으로의 투자가 더 중요하다는 점에서 최근 중국에 뒤쳐지고 있는 미국의 기초 과학 투자 역량은 안티테제의 주도권이 넘어갈 가능성을 암시한다. 미국 입장에서는 지난 30여년간 취해 오던 혁신 선점 전략을 재검토해야 할 시점이다. 중국에서 연이어 제2, 제3의 딥 시크 쇼크가 오픈 소스 생태계를 장악하며 지속되면 초인공 지능은 미국이 생각하는 시점이나 방법과는 전혀 다른 타이밍과 방식으로 구현될지도 모른다.

중국 AI 공급망, 어디까지 내재화됐나?

중국 AI 내재화 전략

중국은 미국의 인공 지능 선점 전략에 맞서 기술 패권 경쟁에서 살아 남을 수 있을까? 미국이 취할 전략은 당연히 그 효과가 가장 선명하 게 나타날 기술 제재를 지속하는 것이다. 중국 입장에서 본다면 인공 지능 패권 전쟁에서 살아남기 위해서 미국의 기술 제재를 뚫는 것이 중요하다. 이를 위해 중국이 취하는 전략은 자체 공급망을 구축하는 것이다. 앞서 언급한 것처럼 공급망 내재화는 결과적으로는 미국, 중 국 중심의 '**반도체+AI**' 클러스터가 분리되게 만드는 디커플링을 야 기할 수 있지만, 인공 지능 공급망 내재화는 중국에게 더이상 선택 사 항이 아니다. 또한 디커플링이 반드시 모든 영역에서 모 아니면 도 같 은 이분법으로만 진행되는 것도 아니다.

그러면 중국의 인공 지능 생태계 내재화는 어느 수준까지 진행되 었으며 앞으로 어디까지 가능할까? 인공 지능 생태계에서도 중국 정 부의 탑다운(top-down)식 산업 정책은 유사하게 작동한다. 중국 인

                                         2장 중국 반도체와 인공 지능 생태계 팽창

공 지능 정책 개발은 중국 정부와 베이징 시가 공동 설립한 베이징 인공 지능 아카데미(BAAI)가 주도한다. 베이징 시는 이미 2024년 7월, '2024~2025 베이징 AI+ 행동 계획(北京市推動「人工智能＋」行動計劃2024—2025年))'을 발표하며 인공 지능 응용 범위를 규정한 바 있다. 이 계획의 주요 목표는 2025년 말까지 초거대 인공 지능 파운데이션 모델을 3~5종 개발하고, 각 산업별 우수 적용 케이스 100종 발굴과 성공 사례 1,000건을 만드는 것이다. 베이징 시에서 등록된 초거대 AI 모델 개수는 이미 중국에서 가장 높은 비중을 차지하고 있으며(약 40퍼센트) 2024년 기준으로 생산 부가 가치만 따져도 2500억 위안(약 54조 원)을 돌파했다.

2018년에 설립된 비영리 기관인 BAAI는 중국 인공 지능 생태계 구축이라는 현실적 목표를 선도하며 정부 정책과 방향을 일치시킨다. BAAI는 2025년 상반기까지 200개 이상의 AI 모델과 140개가 넘는 데이터 세트를 공개하며 중국에서 가장 성능이 앞선 AI 모델의 오픈 소스화에 동참하고 있다. 중국을 대표하는 인공 지능 연구 기관이라는 위상을 정립했을뿐더러, 이를 기반으로 인증 기관 역할도 겸한다. 즉 BAAI는 중국에서 가장 영향력 있는 AI 종합 싱크 탱크가 되었다.[49] BAAI가 설계하는 혁신 전략은 중국어로 된 LLM 모델 개발에만 치중되지 않는다. BAAI는 범용 모델의 글로벌화도 추구한다. 이런 흐름은 AI 반도체 개발 업체들의 성능 평가를 플래그퍼프(FlagPerf)[50] 같은 공공 벤치마크 체계를 통해 비교하고, 투명성과 재현성을 확보하며, 공통 데이터 세트를 오픈 소스로 공개하는 방식에서도 잘 드러난다. 플래그퍼프는 AI 반도체 성능 평가를 연산량, 즉 플롭스 수치 위주로만 진행하지 않는다는 점에서 연구 성과는 물론 그 성과의 상업화 혁신 역량을 글로벌 수준에서 같이 평가할 수 있는 벤치마크 테스트로 활용된다. 예를 들어 챗GPT나 라마 같이 공개된 대형 LLM 모델을 기반으로 다양한 플랫폼 위에서 성능 지표를 다각도로 분석하고 평가한다. 가장 중요하게 평가하는 지표는 전력당 토큰 처리량, 지연 속도, 맥락 유지 메모리 크기와 효율 등이다. 이러한 성능 지표와 테스트에 활용된 데이터들은 모두 허깅 페이스나 깃허브 등에 공유되며, 재현이 보장되는 지표만 업로드되기 때문에 BAAI가 관리하는 지표 데이터는 기본적으로 인공 지능 기술의 투명성과 재현성이 보장된다. 즉 BAAI가 일종의 국가 단위 인공 지능 종합 실험장 역할을 하는 셈이다.

BAAI와 중국 정부 기관들은 중국 전역의 데이터 센터 자원을 AI 모델 개발 업체에게 공급하는 것에도 협력한다. 이 과정에서 BAAI는 중국의 AI 모델 개발 업체들과 AI 연산 가속기 하드웨어 개발 업체들이 협력할 기반도 제공하려 한다. 이는 AI 모델 특화 하드웨어의 중요성이 높아지는 앞으로의 상황에 대비하기 위함이다. 특히 BAAI의 전략에는 반도체에 집중된 미국의 대중 기술 제재가 점차 인공 지능으로 확장되는 상황에 대비하려는 흔적도 역력하다. 오픈AI가 챗GPT를 공개하기 전인 2021년, BAAI는 미국 정부의 제재 정책이 인공 지능으로 연계될 것을 마치 예견이라도 한 듯 AI 모델 훈련을 위한 하드웨어 환경 다각화에 집중했다. 이렇게 해 두면 특정한 종류의 칩이 제한된다고 해도 AI 모델 훈련을 위한 연산 자체는 지속될 수 있기 때문이다. 이를 위해 BAAI는 엔비디아 GPU뿐만 아니라 화웨이, 캠브리콘, 비런, 룽손 같은 중국 업체들의 ASIC 칩을 대량 구매해 이질적인 연산 하드웨어 환경에서도 실행될 수 있는 LLM 모델 개발에 힘을 쏟았다. 이 과정에서 BAAI는 플래그오픈(FlagOpen) 프로젝트에서 개발된 시스템 소프트웨어인 플래그OS(FlagOS)도 보급하며 기술 호환성 문제도 해결했다.[51]

딥시크도 초창기 연산 자원 확보를 위해 화웨이의 어센드 NPU 칩과 엔비디아 GPU가 장착된 공공 클라우드 같은 연산 인프라 접근 권한을 BAAI와 협력해 우선적으로 확보했고 AI 모델 훈련 과정에서 플래그OS를 활용한 것으로 알려져 있다. 즉 플래그OS는 미국의 대중 엔비디아 GPU 수출 제재가 지속되는 가운데 중국이 거대 AI 모델 개발에 필요한 대용량 연산 하드웨어를 어떻게 해서든 자체 조달하기 위해 다양한 이기종 AI 연산 자원을 하나의 시스템처럼 묶어 일단 구동 가능하도록 한 고육지책으로 볼 수 있다.

실제로 이렇게 연계를 시도한 상황에서 이기종 연산 하드웨어 서버의 초기 버전은 계획대로 잘 작동하지는 않는 것으로 보인다. 예를 들어 2025년, 딥시크는 R1 다음 세대 모델인 R2 개발 과정에서 중국 정부의 정책에 따라 이기종 연산기 전략을 활용했지만 엔비디아 칩만으로 이루어진 클러스터만큼의 성능을 확보하기는 어려웠고 오히려 연산 지연과 오류 확률이 높아지는 문제를 겪기도 했다. 관건은 중국 정부와 BAAI 같은 기관이 계속 이러한 이종간 연산 하드웨어 결합 기술을 지원하고 심지어 장려할 텐데, 그 과정에서 세대가 진보할수록 계획된 성능을 끌어낼 수 있느냐일 것이다.

AI 반도체 성능 역시 BAAI와 중국 정부 기관이 평가 주체로 참여한다. 특히 정부 기관 중에는 공신부 산하 부서인 중국 전자 기술 표준화 연구원(中國電子技術標準化研究院, CESI)이 성능을 검증한다. CESI는 선전, 광저우, 상하이, 수저우 등에 인증 실험실을 다수 운영하고 있으며, 검증에 통과한 업체의 반도체는 중국 정부 기관의 조달 후보로서 우선 고려되는 인센티브가 부여된다. CESI는 2023년 '국가 인공 지능 표준화 범그룹 태스크포스'를 주도하며 LLM을 포함한 국가 표준 AI 모델 및 반도체 성능 평가 프레임워크를 개발했고 이를 통해 공식 인증 프로세스를 진행한다. 중국 정부의 인터넷 규제 기관인 사이버 공간 관리국은 이렇게 개발된 LLM 같은 AI 모델 라이선스의 최종 결정을 담당한다. 사이버 공간 관리국 라이선스까지 취득한 모델 공급사는 사실상 국가의 인증과 다른 산업으로의 수직적 확장에 필요한 허가까지 취득한 셈이므로 컨텐츠는 물론 제조업 등으로의 진출에서 유리한 고지를 점하게 된다.

이렇게 중국의 정부 기관, 정부와 협력하는 비영리 기관 등은 민간 기업을 지원하는 동시에 견제와 인증 과정도 독점하며 인공 지능 공급망을 구성하는 중국 업체들의 기술 발전을 사실상 지도한다. 미국의 기술 제재 대상이 되는 세부 영역에서 내재화 진척을 위해 공적 자금을 집중 투자하는 당근도 제공하지만, 동시에 라이선스 발급을 늦추거나 이미 발급한 라이선스도 박탈하는 채찍도 휘두르며 민간 기

　　　　2장 중국 반도체와 인공 지능 생태계 팽창

업의 기술 발전을 양방향에서 통제하는 것이다. 기술력을 인정받은 기업들의 법인세는 대폭 면제되며 투자 세액 공제도 확대해 준다. 특히 가장 중요한 혜택은 국영 기업이나 정부 기관이 구축하는 AIDC에 반도체를 우선 납품할 수 있다는 것이다. 이는 납품 자체가 큰 매출을 일으키는 수단이 될뿐더러, 브랜드 가치 제고 효과는 물론 다음 세대 반도체 개발을 위한 귀중한 데이터를 축적하게 한다는 점에서 핵심 자산이 된다.

중국 AI 내재화의 수준

정부 주도적 지원 프로그램과 정책적 뒷받침, 체계적인 인증-평가 시스템에도 불구하고 중국 인공 지능 공급망의 기술은 글로벌 수준에 비해 미진한 영역이 많이 존재한다. 그럼에도 각 공급망의 세부 영역에서 중국 업체들의 기술 개발 속도는 경쟁국보다 빠르다. 즉 기술 격차는 시간이 지나면 점차 줄어들 것이라는 의미다. 특히 AI 모델 훈련을 위한 전용 칩 설계와 제조를 아우르는 DTCO에서는 화웨이가 이끄는 반도체 클러스터가 가장 중요한 역할을 하고 있다. 글로벌 공급망에서는 브로드컴이나 마벨 같은 회사들이 선두 그룹을 이루지만, 중국에서는 화웨이는 물론, 알리바바나 핑터우거(平頭哥, T-Head), 캠브리콘이나 비런 같은 업체들이 그 뒤를 쫓고 있다. 2025년 하반기 기준으로 기술 격차를 평가하자면 중간(3년 내외의 격차) 이하 수준이다. GPU 칩 설계 기술은 엔비디아, 인텔, AMD, 구글, AWS 등이 글로벌 공급망과 기술 개발을 주도하고 있으나, 중국에서는 CPU부터

차이나 반도체 라이징

기술을 축적해 온 비런, 캠브리콘, 호라이즌 로보틱스(地平線機器人, Horizon Robotics), 화웨이의 자회사 하이실리콘 등이 기술 격차를 점차 줄이고 있다. 기술 격차를 정성적으로 평가해 본다면, 여전히 각 영역에서 중간 혹은 큰 수준(5년 이상의 격차)의 격차가 있다.

중국 입장에서 가장 큰 격차를 보이는 영역은 앞서 언급했듯 EDA다. 중국은 2024년 기준으로 미국의 3대 EDA 업체에 대한 툴체인(toolchain) 의존도가 70퍼센트에 달했다. 그렇지만 EDA에서도 미국의 기술 제재가 강력한 동인으로 작용하면서 역시 빠른 속도의 자급화가 진행되고 있다. 대표 기업으로는 엠피리언, 프리마리우스(槪倫電子, Primarius), 엑스피딕(芯和半導體, Xpeedic) 같은 기업들이 내재화 강화 추세에 올라타 EDA 시장 점유율을 넓히고 있다. 특히 업체들의 상호 인수 합병이 빠르게 진행되면서 이들의 덩치도 덩달아 커지고 있다.

물론 중국 EDA 업체들과 미국의 3대 EDA 업체들 간 기술 격차는 여전히 큰 편이나, 국내 시장 매출액이 연간 2~3배씩 증가하는 추세는 중국 EDA 업체들의 영향력이 빠르게 확산하는 요인이 되고 있다. IP 면에서도 영국의 ARM, 시놉시스, 케이던스가 큰 기술 격차를 바탕으로 글로벌 공급망의 지배력을 유지하고 있으나, 룽손, 알리바바, 핑터우거 같은 업체들이 시장 점유율을 빠르게 넓히며 중국 AI 반도체 팹리스 업체들에게 IP를 공급하고 있다.

제조면에서의 공급망 내재화도 주목해야 한다. 중국의 AI 반도체 공급망 내재화는 기본적으로 반도체 공급망 자급화로 가속된다. 미국이 가장 강력하게 통제하는 네덜란드 ASML의 극자외선 노광 장비도 중국에서는 SMEE나 사이캐리어 같은 장비 업체들이 극자외선 이전 세대인 심자외선 노광 장비부터 자급화를 시작하면서 반사경 같은 광학 장비, 플라나 스테이지(planar stage) 같은 관성 제어 장비, 광원 등으로 각개격파 방식을 채용하며 빠르게 격차를 줄이고 있다. 박막 증착 장비는 미국의 램 리서치나 일본 TEL이 가장 큰 영향력을 가지고 있으나 이 역시 중국의 대표적 반도체 공정 장비 회사인 베이팡 화창이나 AMEC 등이 빠른 진보를 보이고 있다.

HBM이나 3차원 DRAM 같은 적층형 반도체 칩 제조의 핵심인 식각 장비 역시 램 리서치나 TEL, 어플라이드 머티어리얼즈 같은 미국과 일본 업체들이 여전히 글로벌 공급망을 지배하고 있으나 중국의 AMEC는 SMIC, CXMT 등에, 사이캐리어는 YMTC, 화웨이 등에 공급 규모를 매년 증강시키면서 기술 격차를 중간 수준까지 줄이는 데 이르고 있다. 반도체 검사 장비는 KLA가 지배하고 있으나 SMEE나 킹세미(芯源微, Kingsemi) 등이 기술 격차를 줄이고 있으며, 패키징 공정에서는 대만의 일월광 그룹(日月光集團, ASE Group)이나 미국의 앰코(Amkor)가 주도하는 소재, 장비 기술력을 중국의 JCET나 통푸(通富微電, TFME) 같은 패키징 전문 회사들이 빠르게 따라잡고 있다. 특히 패키징 영역은 근래 들어 기술 격차를 가장 많이 줄인 영역으로서 하이브리드 본딩이나 이종 접합, 칩렛 패키징처럼 부가 가치가 높은 첨단 후공정에서도 중국 업체들의 공급망 내재화는 물론, 글로벌 공급망으로의 진출이 가장 먼저 가시화될 가능성이 높다.

칩 설계 영역의 공급망 내재화 추세도 살펴보자. GPU나 ASIC 칩에서는 주로 AI 모델의 학습을 위한 연산 최적화를 목표로 한다. 엔비디아나 구글 등이 주도하는 AI 전용 가속기 설계 영역에 도전장을 내민 것은 중국의 비런, 화웨이, 루바타(天數智芯, Iluvatar) 같은 기업들이 만드는 NPU다. 추론 전용 AI 칩은 엔비디아는 물론, 미국의 텐스토렌트(Tenstorrent)나 그로크(Groq)에 대항해 중국에서는 캠브리콘, 엔프레임(燧原科技, Enflame), 무어 스레드 같은 기업들이 2021년 이후 등장했다. 온디바이스 AI 전용 칩은 엔비디아, 퀄컴, 애플, 브로드컴, 미디어텍이 주도하는 시장이나, 중국에서는 호라이즌 로보틱스, 록칩(瑞芯微, Rockchip), 유니삭(紫光展銳, Unisoc) 같은 기업이 물리적 AI 시장으로 빠르게 진출하며 공급망의 한 축으로 자리 잡고 있다. GPU나 ASIC 칩 분야에서는 아직 미중 기술 격차가 뚜렷하지만, 추론 전용 칩과 온디바이스 AI 칩 분야에서는 격차가 이미 중간 이하 수준까지 좁혀진 상태다. 이러한 변화는 중국이 향후 AX에 필요한 고에너지 효율의 도메인 특화 AI(domain-specific AI) 반도체 공급망에서 주도권을 확보할 가능성을 내포한다.

현재로서는 글로벌 인공 지능 공급망의 세부 영역 전반을 중국이 국내 역량만으로 내재화하기는 아직 요원하다. 기술 격차가 큰 영역은 대부분 미국 정부의 강력한 제재로 격차가 좁혀지지 못하고 있고, 이를 단시간에 완전히 대체하기는 어려울 것이다. 그런데 이렇게 대체가 불가능하다고 판단되는 영역에는 중국이 오히려 우회 혹은 완전히 다른 방식의 기술을 택할 가능성도 높아짐에 주목할 필요가 있다.

제재 대상이자 대체가 불가능하다고 평가되는 독점적 기술에 대

　　　　　　　2장 중국 반도체와 인공 지능 생태계 팽창

해 다양한 우회 시도를 하는 과정에서 후보 기술들은 대부분 양산 수준 도달 전에 실패로 돌아갈 것이다. 그런데 그 과정에서 어떤 기술이든 살아남는다면 오히려 경쟁력이 강해지며 파괴적 혁신을 주도하는 씨앗이 될 수도 있다. 결국 중국에서 인공 지능과 반도체 공급망 내재화가 가능할지는 이러한 파괴적 혁신의 씨앗이 자립할 수 있을 때까지 중국의 공급망과 생태계가 버틸 수 있느냐에 달려 있다. 충분한 수익이 창출되고 사실상 거의 일방적 퍼주기에 가까운 중앙 및 지방 정부의 보조금이나 세제 혜택, 인프라와 연구 개발 지원 정책이 지속된다면 파괴적 혁신이 출현할 시간을 벌 수 있다. 그러나 자원이 바닥난다면 파괴적 혁신의 맹아는 미처 싹트기도 전에 대부분 말라 버릴 것이다.

대만의 반도체+AI 공급망 재편 전략

대만 공급망 전략의 방향

중국의 '**반도체+AI**' 생태계 지배력이 글로벌 공급망으로까지 확장될지 여부에 영향을 미치는 주요 변수에는 대만이 이 과정에서 어떠한 역할을 하느냐도 포함된다. 2023년 이후 눈에 띄게 빈도가 높아진 엔비디아 CEO 젠슨 황의 친 대만 행보 과정에서 떠오르는 대만 중심의 '**반도체+AI**' 산업 구조 개편은 미중 간 기술 패권 및 생태계 지배 경쟁에서 대만이 키 플레이어가 될 것임을 예고한다. 현재로서는 반도체는 물론, 인공 지능 생태계에서도 대만이 미치는 영향력은 대체 불가능한 수준으로 자리 잡고 있다. 그러나 대만의 공백 지점, 그러니까 대만이 가장 아쉬워할 수도 있는 부분은 메모리 반도체다.

엔비디아의 고성능 GPU는 현재 SK하이닉스의 HBM에 의존한다. 그리고 HBM의 모체는 DRAM이며, 여기서 핵심 기술은 각 DRAM의 다이를 수직 적층해 연결하는 패키징 기술, DRAM 다이에 I/O 채널을 만들어 주는 실리콘 관통 전극(through silicon via, TSV) 기술, 그리고 실리콘 인터포저(interposer) 위에서 메모리와 GPU 코어를 연결시켜 주는 동작하는 메모리 모듈 제조 기술, 인터포저와 메모리 사이에 데이터 흐름과 연산 자원 배분, 전력 제어 등을 책임지는 베이스 다이(base die) 설계 기술이다. 이로 인해 HBM 제조 공정의 난도는 세대가 거듭될수록 악명 높아진다. 기본적으로 TSV 공정부터 기술적 진입 장벽이 매우 높다. 반지름이 수 마이크로미터(μm)에 불과한 미세 터널을 똑같은 크기로 수직 식각하면서 수십 마이크로미터 이상의 깊이까지 정밀하게 뚫고 들어가야 하기 때문이다. 특히 DRAM 다이를 이미 수십 마이크로미터 수준의 두께로 얇게 가공한 상황에서, 이러한 채널들을 수백 개씩 근접시켜 고밀도로 집약시켜 형성하는 것은 고난도 제어 기술을 필요로 한다.

사실 이보다 더 어려운 일은 이렇게 채널 수백 개가 집적된 웨이퍼를 정확하게 수직-수평 위치를 맞춰서 정렬한 후, 본딩(bonding)하는 것이다. 스태킹(stacking)된 DRAM 다이와 인터포저, 그리고 그들을 연결하는 마이크로범프(microbump) 위치의 오차는 모두 1마이크로

　　　　　　　2장 중국 반도체와 인공 지능 생태계 팽창

미터 이내로 제어되어야 한다. 인터포저 형성은 더 어렵다. 기본적으로 로직 칩 제조 전공정에 활용되는 재배선층(redistribution layer, RDL) 공정을 수십 단계씩 반복하면서 배선 공정까지 완벽하게 성공시켜야 하기 때문이다. 다이와 인터포저 기술이 완성되어도, 후공정, 특히 패키징 단계에서 온도나 압력 조건이 세밀하게 조정되지 않으면 소재의 열팽창 계수, 열전도율, 기계적 탄성 계수 등 물성 차이로 인해 애써 적층시킨 소자에 구조 변형이 일어난다.

한국의 주요 메모리 업체들은 12인치 웨이퍼 스케일에서 트랜지스터를 미세 공정으로 만들어 DRAM 다이를 균일하게 집적하고 양산 과정에서 이를 고수율로 제조하는 것에 오랜 노하우를 축적했다. TSMC 창립자인 모리스 창(張忠謀, 장중머우)은 이러한 한국 업체들의 노하우를 학습 곡선이라고 표현하기도 했다.[52] 또한 웨이퍼를 얇게 가공하는 것, TSV 공정 수율을 높이는 것, 마이크로범프 공정 등의 후공정 노하우도 있다. 그렇지만 패키징부터는 경쟁력이 저하된다. 만약 TSMC가 주요 메모리 제조사들로부터 DRAM 다이를 공급받아 자사의 2.5D/3D 패키징을 적용하겠다고 마음먹으면 사실 못할 것도 없다. 예를 들어 TSV 공정, RDL 형성, 마이크로범프 본딩과 몰딩, 최종 테스트와 칩렛 모듈화까지 종합적으로 제일 잘하는 회사는 다름아닌 TSMC다. 물론 애초에 외부에서 공급받아야 하는 DRAM 다이 자체까지 직접 만들지는 못하므로, 현재로서는 엔비디아 GPU의 최종 제조에서 TSMC는 GPU 제조와 SK하이닉스의 HBM을 같이 패키징하는 수준에서 더 영역을 넓히지는 않는다.

AI 반도체의 병목 지점

AI 반도체의 극적인 성능 강화를 추구하는 과정에서 메모리는 지속적으로 병목 지점으로 작용하기 때문에 엔비디아 같은 GPU 제조업체들 입장에서는 메모리 기술의 상대적으로 더딘 발전이 여전히 아쉬운 부분일 것이다. 이는 소위 메모리 장벽(memory wall)을 좀처럼 좁히기 어렵다는 하드웨어 아키텍처의 구조적 한계에서 비롯된다. 흔히 메모리 장벽은 폰 노이만 격차(von Neumann bottleneck)와 혼동되는데 사실 비슷하긴 하나 엄밀히 말하면 다른 개념이다. 둘 다 CPU-메모리 간 데이터 전송 속도가 전체 시스템 성능을 좌우한다는 기본 원칙을 강조하지만, 폰 노이만 격차는 주로 소자의 구조적 병목 현상, 즉 CPU-메모리 사이를 잇는 버스 자체의 데이터 전송 성능 한계에 초점을 맞추는 반면에 메모리 장벽은 CPU와 DRAM 성능 발전 추세에서 관찰되는 멱함수(power-law) 형태의 기술 발전 추이가 확대되는 현상에 초점을 맞춘다.

엔비디아가 고성능 GPU를 아무리 잘 만들어도 일단 GPU 코어와 DRAM 셀이 물리적으로 떨어져 있으면 그 지점부터 연산 성능의 한계가 시작된다. DRAM에 있는 데이터를 코어로 가져오고 코어에서 처리된 데이터를 다시 메모리로 보내는 I/O 과정에서 물리적 시간이 소요될 수밖에 없기 때문이다.

메모리 장벽으로 인해 HBM이 등장했을 때 그간 상대적으로 너무 느렸던 DRAM(GDDR)에 비해 체감상으로 놀라운 속도 개선이 보고되었던 것이고 아쉬우나마 GPU-메모리 사이의 레이턴시(latency)가

 2장 중국 반도체와 인공 지능 생태계 팽창

꽤 많이 줄어든 것처럼 보이기도 했다. 그렇지만 엔비디아처럼 GPU 성능을 극한으로 끌어올리는 것에 몰두하는 업체 입장에서는 현재의 HBM만으로는 만족하기 어렵다. 그래서 더 강력한, 즉 더 채널 개수가 많고 더 TSV를 고밀도로 만들고 다층으로 적층해 용량을 높이고, 더 높은 인터커넥트 대역폭으로 무장한 HBM을 요구할 수밖에 없다. 그러나 메모리 제조사 입장에서는 기본적으로 국제 반도체 표준화 기구(Joint Electron Device Engineering Council, JEDEC)의 표준을 벗어나기 어렵다.

엔비디아의 메모리 선택지

그렇다면 엔비디아는 어떠한 혁신을 추구하려고 할까? 엔비디아 입장에서 생각해 보자. 엔비디아는 현재의 방식으로 계속 메모리 제조사에게 성능 요구 수준을 닦달하듯 밀어붙여 봐야 메모리 원가만 높아지면서 충분한 기술 개선 효과를 기대하기 어렵다. 8층을 16층, 32층으로 배증하고, TSV 채널도 100개에서, 200개, 400개로, 대역폭도 초당 1테라바이트에서 2테라바이트, 4테라바이트로 빠르게 늘리고 싶겠지만, HBM은 그러한 곱하기 방식으로 발전하기 어렵다. 따라서 엔비디아 입장에서는 이대로 가면 충분히 강력한 AI 모델을 구현하기 위한 하드웨어 성능 진보는 원하는 타임 스케일에서 이루기 어려울 것이라는 (혹은 훨씬 더 많은 자본과 에너지가 소모되는 것을 피하기 어렵다는) 생각을 할 것이다. 엔비디아는 이 시점에 자신들이 더 잘하는 기술을 깊이 들여다보기 시작할 것이다. 그것은 무엇일까? 메모리를 직

차이나 반도체 라이징

접 건드리는 것이다.

엔비디아가 메모리 자체를 건드리는 기술을 구현하는 것은 이미 예견된 일이다. 엔비디아는 2027년부터 메모리와 실리콘 인터포저를 잇는 베이스 다이 설계에 참여한다는 계획을 명시했다. 엔비디아는 여기서 한 단계 더 나아갈 수도 있다. HBM처럼 TSV로 DRAM 다이를 로직 위에 스태킹하고, 스택된 DRAM 뱅크 안에 가벼운 RISC 코어나 벡터 유닛을 배치해 데이터 이동을 최소화하며 메모리 내부에서 연산을 수행하는 단계다. 이는 이미 메모리 제조사들이 2010년대부터 꾸준히 보고한 이른바 프로세싱 인 메모리(processing in memory, PIM) 기술과 원리적으로 다를 바 없다. 엔비디아 입장에서는 GPU 내부의 공유 메모리나 스크래치패드 최적화 노하우가 있으므로 소프트웨어 단계부터 메모리를 직접 관리하며 액세스 대기 시간을 SRAM보다 더 짧게 가져간다는 계산을 할 수 있다. 엔비디아는 이미 호퍼(Hopper)나 에이다(Ada) 시리즈 GPU에서 공유 메모리를 다수의 뱅크로 확장하는 스케일업 경험이 있고, 여기에 텐서 코어에서 처리할 연산 작업량에 맞춰 메모리 명령어 세트까지 추가할 수 있으므로 자동화는 큰 문제가 되지 않는다.

이렇게 자신들이 잘하는 메모리 관리와 TSMC가 잘하는 패키징, 그리고 TSMC 고유의 **하드웨어＋공정** DTCO 노하우를 종합하면 메모리 장벽 병목 시간을 현재의 10분의 1이나 20분의 1까지도 낮추는 것이 가능하다는 계산을 얻을 것이다. 엔비디아와 TSMC가 이 전략에 합의한다면 메모리 액세스 경로를 최적화하는 공정을 개발하는

　　　　　2장 중국 반도체와 인공 지능 생태계 팽창

것은 가능하다.

이를 모두 종합해 보면 현재 SK하이닉스나 삼성전자 HBM을 사용하는 것보다 메모리 인터커넥트 병목 지연 시간을 20분의 1 이하로 만들 수 있다는 결과를 얻을 수 있다. 대만이 인공 지능 생태계를 정말 독점에 가깝게 지배하고 싶다면 이 전략에 대만의 메모리 제조사들도 승부수를 던질 수 있다. 점유율 면에서 글로벌 빅3 만큼의 존재감은 없지만 대만의 난야 테크놀로지(南亞科, Nanya Technology) 같은 업체가 이러한 생태계에 포섭될 수 있다. 난야의 메모리 팹은 TSMC 팹과 지리적으로 거의 붙어 있는 데다가 두 회사는 초기부터 전략적 협업 관계를 유지해 온 사이이므로 TSMC에서 CoWoS 맞춤형 DRAM 설계 제안이 온다면 이를 기꺼이 받아들일 것이다. 엔비디아는 대만 제조사들에게 제대로 '메모리 파운드리(memory foundry)' 역할을 하기를 주문하고 설계와 공정 자원 공유를 약속할 수도 있을 것이다.

엔비디아-TSMC는 한국 메모리 제조사에게도 기회를 주지만 그것을 기술 요구 조건 강화를 위한 카드로 활용할 수 있다. 예를 들어 DRAM 다이에 레지스터 파일과 간단한 선형 연산을 하는 전용 ALU 로직을 추가할 수 있도록 설계 IP를 넘기라고 요구하거나, 엔비디아-TSMC가 요구하는 로직이 메모리 제조사 IP에 확장되어 연계될 수 있는 IP 공유를 요구할 수도 있다. 이는 엔비디아가 자사 중심의 인공 지능 하드웨어 생태계에 메모리 제조사들을 사실상 종속시키기 위한 밑작업으로 해석할 수 있다.

한국이나 대만 외의 메모리 제조사들이 이러한 요구에 응할까? DRAM 글로벌 3위 업체인 마이크론은 DDR5, GDDR7 생산은 물론 TSMC의 CoWoS 공정 호환성 경험도 있다. DRAM 양산 공정 기술도 d1b 수준까지는 도달한 상태다. 그래서 TSMC의 다이 튜닝 요구에 대응할 수 있다. 무엇보다 마이크론은 대만에 대규모 팹이 있어 대만의 반도체 제조 생태계와 직접 연결될 수 있다.

글로벌 DRAM 메모리 시장 점유율 확장을 위해 중국 정부가 집중 지원하는 CXMT는 가능성이 있을까? 이들은 현재 글로벌 메모리 시장에서 언더독이지만, 글로벌 인공 지능 생태계 진입을 위해 언제든 단가와 용량에서 타협할 준비가 되어 있고 중국 정부도 기꺼이 지원할 것이다. 무엇보다도 이들은 인공 지능 생태계의 핵심 HBM 벤더로 인정받으며 글로벌 공급망의 한 축을 차지하는 것이 급선무이기 때문에 TSMC의 제안이 들어오면 긍정적으로 고려할 가능성이 높다. 물론 기존의 한국 메모리 제조사들을 이런 방식으로 하루아침에 하청 업체 수준으로 격하시키기는 어렵다. 아무리 마이크론, 난야, CXMT 등이 성장해도 DRAM에서 수십 년 동안 과점 지배력을 유지해 온 한국 제조사들의 실력을 무시할 수는 없기 때문이다. 그럼에도 한국 제조사들에게 엔비디아-TSMC는 AI 반도체 성능 강화를 명목으로 더 강력한 요구를 할 것이다. 장차 급격히 개편될 AI 반도체 시장에서 한국 메모리 제조사들이 위상 추락을 감내하면서도 계속 엔비디아와의 공급망에 주안점을 둘 것인지, 아니면 아예 새로 판을 짜고 메모리 공급자 위치에서 벗어나 PIM 등을 위시로 제대로 로직

        2장 중국 반도체와 인공 지능 생태계 팽창

다이를 같이 고려해 제조한 하이브리드 메모리로 승부를 볼 것인지
사이에서 고민이 깊어질수록 엔비디아-TSMC는 시간을 벌게 된다.

엔비디아는 중국몽을 꾸는가?

엔비디아가 보는 미래

엔비디아가 장차 생각할 법한 몇 가지 시나리오를 한 번 생각해 보자.
좁게 본다면 자사 중심으로 인공 지능-반도체-물리적 AI로 이어지
는 거대한 산업 공급망을 조정하려는 것이 첫 번째 의도일 수도 있다.
그러나 조금 더 넓게 본다면 첨단 산업의 패권이 대만-중국, 즉 중화
권으로 넘어오는 기류를 미리 읽고 선제 포석을 두려는 의도로도 해
석할 수 있다. 물론 젠슨 황은 미국 국적이고 본사도 캘리포니아 산타
클라라에 있으며 나스닥에 상장한 엄연한 미국 기업이므로 엔비디아
자체가 근미래에 중화권을 중심으로 비즈니스를 펼치는 기업이 되리
라 예단하는 것은 무리다. 그럼에도 산업 패권의 무게 중심이 중화권
으로 옮겨 가는 상황에서 엔비디아가 이에 적극 대처하는 차원을 넘
어 아예 키 플레이어로서 리더십을 보이려는 행보는 확연하다.

2025년 5월, 젠슨 황은 대만을 방문해 타이베이 북부 베이터우-스
린 사이언스파크 부지에 엔비디아 컨스텔레이션(Nvidia Constellation)
이라는 신사옥을 건설하는 계획을 발표했다. 표면적 이유는 현재 공
간이 포화되어 더 큰 오피스가 필요하다는 것이다. 대략 1,000여 명

차이나 반도체 라이징

의 AI 반도체 연구 개발 인력을 추가 채용할 수 있는 수준이고, 주요 목표는 인공 지능 슈퍼컴퓨터 구축이다. 대만 언론은 엔비디아 컨스텔레이션은 사실상 대만을 중심으로 엔비디아가 계획하는 아시아 지역 본부급이라는 표현도 사용했으나, 엔비디아는 이것이 현 캘리포니아 산타클라라 본사급이라고 언급한 적은 없다. 그렇지만 규모로 보나 의도로 보나 사실상 아시아권 본사로 봐도 무방할 것이다. 엔비디아가 대만에서 비즈니스 행보를 더 적극적으로 확대하려는 움직임은 확실하다. 그리고 그 가장 강력한 동기는 인공 지능 슈퍼컴퓨터 공급망을 대만 내에 최적화하기 위함이다. 우선 엔비디아의 GPU, NVLink 스위치칩은 100퍼센트 TSMC의 2~3나노 공정과 CoWoS 패키징, 그리고 전 세계 패키징 1위 업체인 ASE의 후공정으로 제조된다. 여기에 대만의 폭스콘, 퀀타(廣達, Quanta), 위스트론 같은 대형 업체들이 인공 지능 서버를 제조하며 공급망이 완성된다. 특이한 것은 이 업체들이 타이베이-타이중-신주 등을 중심으로 대략 반경 100킬로미터 이내의 영역에 대부분 위치한다는 것이다. 즉 지리적으로 인접한 업체들이 기술적으로는 더욱 밀접한 관계를 이루면서 하나의 클러스터를 이루는 셈이다.

여기에 대만 정부는 국가 인공 지능 슈퍼컴퓨터 제조를 위한 일명 '인공 지능 공장(AI Factory)' 건설 계획도 발표했는데, 이 인공 지능 공장은 단순히 인공 지능 전용 반도체나 서버 제조를 넘어 본격적으로 물리적 AI나 옴니버스 디지털 트윈(omniverse digital twin) 등으로 인공 지능의 영역을 확장하는 플랫폼 역할을 한다. 즉 엔비디아는 대만 정

   2장 중국 반도체와 인공 지능 생태계 팽창

부, 기업들과 함께 인공 지능 영역 밖의 가치 사슬까지 구성하려는 것
으로 볼 수 있다. 이미 대만 정부는 행정원 경제부에서 'Supreme A+'
라는 지원 정책을 통해 대략 2억 달러(약 3000억 원) 이상의 인센티브
를 제공하기로 결정했으며, 미국을 포함한 해외 인력이 대만의 인공
지능 프로젝트에 자유롭게 참여하게 할 수 있는 제도적 보장 (예를 들
어 글로벌 인재 특례, 비자 제도 등의 법적 신분 보장)도 정비를 완료했다. 대
만은 한국보다 훨씬 더 반도체와 인공 지능 인재 양성에 집중된 파이
프라인을 구축하고 있는데 내외국인 합쳐 연 1만 5000~2만 명 규모
로 석박사급 인력이 배출된다. 대만 정부는 여기에 더해 5,000~1만
명 규모의 외국인 대학원생, 박사 후 연구원 유학/취업 비자를 확대해
첨단 산업 인재 파이프라인을 강화하려 한다.

엔비디아-대만 공급망의 향방

엔비디아가 던진 승부수에 대만의 TSMC, ASE, 폭스콘, 퀸타 같은
전통적인 반도체 강자는 물론 대만 정부가 적극 화답하며 대만은 바
야흐로 인공 지능-반도체-물리적 AI의 모든 영역에서 가치 사슬을
조성하려는 의도가 확실해지고 있다. 그런데 여기서 한 가지 생각해
볼 것은 대만 자체의 시장은 크지 않다는 것이다. 이는 엔비디아가 새
롭게 구성하려는 가치 사슬이 대만에 국한된 것이 아님을 의미한다.
결국 그 가치 사슬이 향하는 목표는 폭발적으로 성장하는 중국의 인
공 지능, 반도체, 그리고 제조업 시장이다. 엔비디아는 대만에서 비즈
니스를 확장하는 계획을 발표하기 전부터 이미 미국 정부의 제재에

차이나 반도체 라이징

저촉되지 않을 정도로 절묘하게 GPU 성능을 조절해 가며 중국 맞춤형 비즈니스 전략을 취해 왔다.

예를 들어 H100 대중 수출이 막히자 H20을, H20도 막히게 되자 H20 lite 등으로 점점 성능을 다운그레이드한 GPU를 중국으로 수출하는 식이다. 중국도 이러한 다운그레이드 GPU가 원래 칩보다는 성능이 떨어지는 것을 알고 있음에도, 하드웨어+소프트웨어 최적화로 그 성능 저하를 충분히 메꿀 수 있다는 것을 딥시크나 화웨이 사례에서 확인했기 때문에 한 장이라도 더 많은 GPU를 확보하려 돈을 아끼지 않는다. 이 개념은 이미 딥시크가 작년부터 계속 선보이고 있는 것이기도 한데, 이는 엔비디아에게 위협이자 기회라는 상반된 신호를 동시에 던졌음이 분명하다.

중국은 이미 엔비디아에게 가장 성장률이 높은 AI 반도체 시장이다. 시장의 크기 자체는 여전히 미국이 더 크지만, 성장률을 고려하면 순위가 뒤바뀌는 것은 시간 문제다. 젠슨 황 스스로도 중국 AI 반도체 시장이 글로벌 시장에서 차지하는 비중이 40퍼센트 이상이 될 것임을 예고했다. 여전히 미국 정부는 엔비디아 같은 미국 반도체 기업이 중국으로 수출하는 AI 반도체에 기술 제재를 해제할 계획이 없으므로 엔비디아는 수출망 유지를 위해 H800, H20 lite (2025년 7월 출시) 같은 개량형 GPU를 끊임없이 제조하고 수출한다. 중저가형 개량형 GPU 외에도 가칭 '블랙웰-CN' 같은 중국 시장용 블랙웰 GPU도 수출할 것으로 보이는데 이는 사실상 기존 블랙웰과 아키텍처는 동일하고 연산 정밀도만 조절한 수준의 GPU로 볼 수도 있다. 젠슨 황은

　　　　　　　2장　중국 반도체와 인공 지능 생태계 팽창

이미 2025년 4월에 베이징과 상하이를 차례로 방문하며 중국 국제 무역 촉진 위원회(CCPIT), 부총리, 딥시크 창업자 등과 만나 인공 지능 분야의 협력 의지를 수 차례 확인한 바 있으며 중국 시장 투자를 엔비디아가 더 적극적으로 늘려갈 것임은 기정사실이다. 물론 엔비디아가 이 과정에 속도 조절을 하지 않는 것은 아니다. 미국 반도체 기업으로서의 정체성이 흔들릴 정도로 대만-중국 비즈니스 확장에 무리수를 두지는 않을 것이다. 장기적으로는 중국 시장에 더 많은 자원을 집중하되 미국 정부의 규제 기준을 철저히 준수하는 전략을 따를 것이다.

중국으로 지나치게 쏠리는 비즈니스로 인해 엔비디아도 미국 정부의 제재 대상이 되지 말라는 법은 없다. H20이나 H20 lite 같은 열화된 GPU마저도 수출 통제 대상이 될 수 있고 아예 그 어떤 버전도 대중 수출 자체가 법적으로 원천 금지되는 조치가 나올 수도 있다. 젠슨 황도 미국 정관계에서 보기에는 '대만계' 미국인일 뿐이므로 언제든 기술-수출 제재가 시범 케이스로 나올 수도 있다. 특히 양안 긴장이 더 심화되고 결국 군사 충돌로 이어질 경우 모든 사안이 지정학으로 쏠리게 되므로 엔비디아도 치명적인 타격을 받게 된다. 현재로서 엔비디아는 이러한 지정학 혹은 정치적 리스크를 우회하면서도 충분한 수익성을 유지하고 동시에 인공 지능은 물론 도메인 산업으로 영향력을 확장하는 전략을 추구하려는 것으로 보인다. 특히 이 전략의 시작점을 대만으로 잡았다는 것에 주목해야 한다.

대만은 여전히 미국의 영향력이 미치는 영역에 있으므로 대만을

　　　　　　　　　　　　　　　　차이나 반도체 라이징

중심으로 반도체와 인공 지능 공급망을 개편하는 시도 자체에는 문제가 없다. 동시에 지근거리에서 폭발적으로 성장하는 중국 시장도 비즈니스 타깃으로 삼을 수 있으므로 지정학적 위험 요인을 우회하기에 적합한 위치다. 특히 중국으로 대만 엔지니어가 끊임없이 유입되고 동시에 대만으로 중국 유학생과 젊은 인력도 끊임없이 유입되는 인적 교류가 이어지기 때문에 대만을 중심으로 엔비디아가 구축하려는 공급망은 그 자체로 중화권 '반도체+AI' 가치 사슬의 밑거름이 될 수 있다. 예를 들어 중국 출신 유학생이 대만의 주요 연구 중심 대학에서 인공 지능이나 반도체 전공으로 학위를 받고, 타이베이에 위치한 엔비디아 컨스텔레이션에서 중국 수출용 GPU 설계에 참여한 후 그 경력으로 알리바바나 화웨이, 딥시크나 바이두 같은 중국 회사로 이직하는 일을 미국이 일일이 추적하고 통제하기는 어려울 것이다.

엔비디아 전략에 내재된 위험성

2027년 연 500억 달러(약 74조 원)까지 성장할 중국의 인공 지능 칩 시장에서 엔비디아가 30퍼센트 정도 점유할 것이라 보수적으로 가정해 보자. 그러면 대략 연간 150억 달러(약 22조 원) 정도의 매출이 발생한다. 블랙웰-CN 같은 중국 수출 버전의 GPU가 장당 대략 8,000달러(약 1200만 원)로 H20 대비 25퍼센트 수준의 가격이 책정되어도 이익률을 50퍼센트로 유지할 수 있다면 영업 이익은 70억 달러(약 10조 3000억 원) 정도가 될 것이다. 이는 연 10억 달러(약 1조 5000억 원) 수준의 수익 감소를 충분히 상쇄할 수 있는 규모다. 문제는 트럼프 2기 정

　　　　　　　　　2장 중국 반도체와 인공 지능 생태계 팽창

부 들어서는 중국 시장 매출에 대한 방어 전략보다 미국이 영향력을 미치는 공급망에 대한 리스크 헷지 전략이 더 중요하다는 것이다. 그럴 가능성은 적지만 정말 극단적 시나리오까지 흘러가는 상황이 되면 엔비디아 입장에서는 가치 사슬을 다변화하는 것이 시급한 과제가 된다. 예를 들어 엔비디아가 GPU 설계에 활용하는 EDA나 IP 라이선스는 대부분 미국 정부의 제재가 미치는 영역에 있다.[53]

미국 정부가 이에 더해 엔비디아의 파운드리 파트너인 TSMC까지 제재 대상으로 추가할 경우 TSMC의 3나노 라인에서 GPU 생산도 어려워진다. 이론적으로는 이를 우회해 삼성전자나 인텔 IFS에서 GPU 제조를 시도할 수 있으나, TSMC가 사실상 엔비디아만을 위해 최적화한 양산 공정 수준을 삼성이나 인텔의 파운드리 팹들이 단기간에 재현할 수 있다고 보기는 어렵다. 이는 GPU 양산에 적어도 1년 이상의 공백이 발생함을 의미하며 엔비디아 연 매출 60퍼센트 이상이 타격을 입을 것이다. 이를 넘어 엔비디아가 거래하는 다른 파운드리 업체에도 미국 정부가 세컨더리 보이콧 조치까지 꺼내 든다면, 미국 장비 회사들이 TSMC, 삼성전자 파운드리 등으로 장비를 공급하는 길도 막힌다.

이미 미국 상무부 산업 안보국(BIS)은 2024년 11월 화웨이-소프고(算能, Sophgo) 우회 공급 사건[54]을 적발한 후 TSMC에 FDPR 위반 사실에 대한 경고 서한을 발송했는데(이후 2025년 4월 벌금이 10억 달러가 될 수 있다고 업데이트되었다.), 이는 TSMC에, 그리고 더 길게 보면 엔비디아에 보내는 사전 경고문일 수 있다. 엔비디아와 완벽한 궁합을 자

차이나 반도체 라이징

랑하는 TSMC도 FDPR 제재 대상이 될 지점은 있다. 미국이 아닌 외국에서 만들어지는 반도체도 '미 원천 기술이 들어간' 경우라면 수출 통제 대상에 걸리게 되는 것이다. TSMC에 들어가는 미국산 장비와 유지 보수 소프트웨어가 차지하는 비중은 80퍼센트 이상인데, 따라서 TSMC가 EAR[55]/FDPR 위반으로 제재 조치 대상에 오르게 되면 타격은 매우 심대해진다. 벌금 차원을 넘어 장비 면허 자체 정지(denial order)까지 확장될 수 있기 때문이다.

물론 이러한 카드를 미국 정부가 함부로 발동할 수는 없다. 장비 회사들의 연 매출 절반 이상이 상실될 수 있기 때문이다. 따라서 완전한 기술 접근 차단보다는 위반 건별로 과징금 강화와 최첨단 노드 공정 증설에 대한 라이선스 발급 지연 같은 비교적 약한 카드부터 꺼낼 것이다. 그런데 사실 그러한 약한 제재가 현실화되는 것부터가 엔비디아나 TSMC에게 안 좋은 신호로 작용해 두 회사의 장기 전망에 큰 타격을 줄 수 있다.

엔비디아의 리스크 헷지 전략

엔비디아가 이러한 다양한 시나리오를 상정하면서도 대만과 중국 시장을 중심으로 비즈니스 영향력을 늘릴 수밖에 없는 상황이라면 현실적으로 택할 전략은 무엇일까? 그것은 밸런싱 전략이 될 것이다. 즉 제품 사양, 공급망, 거래 구조, 거버넌스 및 정책 대응의 모든 측면에서 철저하게 분리, 이중화된 노선을 취하는 것이다. 우선 지금까지 그랬듯 미국 정부의 제재에 걸리지 않는 수준까지 블랙웰-CN이

　　　　　　　2장 중국 반도체와 인공 지능 생태계 팽창

나 H20 lite 같은 중국 시장용 제품군 범위를 확대하고 이를 위해 아예 처음부터 10~15퍼센트 정도의 성능 여유를 두고 설계할 수도 있다. 안전 장치 마련을 위해 중국 시장용 칩에는 내부에 F/W 플래그를 추가해 미국 정부의 통제 요구에 유연하게 대처할 수단을 확충해 둘 수 있다. 여기에 동적 지역 코드를 추가해 기술 안보에 저촉되는 기술 품목이 되지 않도록 하는 장치를 마련할 것이고 (예를 들어 해외에서 군사용 네트워크에 접속하면 연산 성능을 강제 하향시키는 조치), CUDA-enterprise, Omniverse-Cloud 등을 대만뿐만 아니라 싱가포르, 말레이시아 등의 아시아 지역으로 분산시켜 중국 고객으로 하여금 분산된 클라우드 서버에서 인공 지능 서비스를 이용할 수 있는 API를 공급하고 하드웨어는 해외로 호스팅하는 방식으로 리스크 관리를 할 수도 있을 것이다. 이런 방법은 물리적 칩 확보 없이도 중국계 인공 지능 기업이 계속 기술을 개발할 수 있게 하는 최소한의 장치를 마련하기 위함이다.

이중화 정책을 중장기로 추진하기 위해 TSMC 애리조나 팹을 활용하는 카드도 생각할 수 있다. 애리조나 피닉스 팹은 현재 4나노 공정을 채택하고 있는데 중국 시장용 열화 버전 GPU 제조에는 오히려 적합한 옵션이 될 수 있다. 미국 현지 팹이므로 정치적 리스크로부터도 비교적 자유롭다. 장기적으로 엔비디아가 맞게 될 고통스러운 지점인 EDA나 IP 의존도 완화를 위해 엔비디아는 중국 EDA 기업에 대한 투자를 늘림과 동시에 EU, 일본, 한국, 인도 등의 팹리스 스타트업들과의 협력 강화, 내부 클라우드 EDA 도구를 자체 개발하는 등으로 위험을 분산하려 할 수도 있다. 특히 RISC-V, SerDes 같은 ARM 영역 외의 IP 도구 확보를 통해 ARM에 대한 의존도를 낮추려 할 것이다. 패키징에서 병목 현상이 생길 가능성도 피하기 위해 미국 패키징 회사인 앰코와 공동으로 TSMC 애리조나 팹에서 CoWoS 이중화를 추진할 것이고, 실리콘웨어 정밀 공업(矽品, SPIL)의 말레이시아 팹에도 비슷한 전략을 적용하려 할 것이다. 이들 라인에서 제조된 칩들은 TSMC의 CoWoS 패키징 기술만큼은 아닐 것이므로 중국 시장용 GPU로 활용하면 된다.

엔비디아의 장기 AX 구상

이렇게 여러 단계로 리스크 관리 단계를 만들어 둔 후 엔비디아가 계속 대만-중국으로 연계되는 시장에 공을 들이려는 이유는 따로 있다. 엔비디아는 이미 인공 지능 그 너머의 시장을 본다. AI 모델 학습이나 정보 생성을 위한 추론용 연산은 여전히 중요하다. 그러나 이제 인공 지능을 향한 거대한 투자는 실제 수익으로 이어져야 한다는 압력이 커지고 있고, 그것을 실물 경제에서 활용하고 싶어 하는 고객사들은 폭증하게 된다. 엔비디아는 이러한 변환 추세를 읽는다. 물리적 AI 시장에서 인공 지능을 가장 적극적으로 활용하려는 고객은 전 세계에서 가장 높은 제조업 비중을 보유한 중국이다. 중국 제조업은 조만간 미국, 독일, 일본, 한국, 인도를 모두 합친 것보다 더 큰 비중을 차지하게 될 전망이다. 사실상 세계 제조업의 절반에 육박하는 수준이다.

중국 제조업은 세계에서 가장 빠르게 로봇을 도입하고 가장 빠르게 신재생 에너지를 공급하며 가장 빠르게 전기차로 전환한다. 인공 지능을 자율 제조, 에너지 절감, 불확실성 해소 등에 활용하는 것을 포함하는 물리적 AI는 엔비디아의 옴니버스(omniverse) 플랫폼 위에서 운영될 수 있도록 설계된다. 예를 들어 생성형 시뮬레이션 모델을 기반으로 로봇이나 비전에서는 토르(Thor)/아이작(Issac)/메트로폴리스(Metropolis), 실시간 경로 찾기나 조합 최적화에서는 쿠업트(cuOpt), 반도체 공정에서는 쿠리소(cuLitho) 등으로 이미 라인업이 맞춤형으로 세분화되고 있다. 이들 라이브러리는 다른 산업과의 연계를 위해 스택화될 수 있다. 예를 들어 클라우드형(블랙웰 DGX), 엣지형(Jetson Thor), 옴니버스 디지털 트윈이 각자의 목적에 따라 여러 단계에서 연계될 수 있다. 훈련-검증-실행의 모든 과정이 엔비디아가 만든 인공 지능 파이프라인에서 구동될 준비가 이미 차곡차곡 진행되고 있는 셈이다. 제조업에서 무려 5경 달러(약 7400경 원) 규모의 부가 가치를 창출하고 스마트 팩토리만 3만 곳이 넘으며 AI 소프트웨어 시장이 1490억 달러(약 219조 원)에 육박하는 중국은 이러한 인공 지능 파이프라인이 증폭되기에 최적의 시장이다.

엔비디아가 중국을 놓지 못하는 이유

물리적 AI에서 중국과 맺은 파트너십은 엔비디아에게 미래 시장 그 자체이므로 미국의 제재 조치가 예상된다고 해도 이를 포기하기는 어렵다. 그래서 제재 범위에 저촉되지 않는 범위 내에서 현재처럼 최대한 중국 시장 진출을 위한 포석을 확대하는 전략이 우선 추진될 것이

차이나 반도체 라이징

다. 엔비디아는 당분간 대만에서 시범 적용과 검증을 거치며 데이터
를 축적한 뒤, 이를 바탕으로 중국 진출을 가속할 것이다. 이러한 상
황에서 엔비디아와 대만의 주요 반도체 업체들이 추구할 목표는 장
기적으로는 중화권에서 인공 지능-반도체-제조업-바이오-에너지 등
전 산업 분야로의 영향력 확대, 그리고 핵심 중심지로의 부상이다. 중
국 입장에서도 인공 지능을 제조업과 첨단 산업에 빠르게 도입하는
것이 주 목표이므로, 엔비디아나 TSMC의 압도적 기술력, 영향력을
인정하며 파트너십을 유지하기를 원한다. 그러나 기술 내재화가 완성
단계에 이르면 엔비디아나 TSMC에 대한 의존도를 점차 줄이려 할
것이다.

엔비디아가 대만-중국을 중심으로 확장하려는 산업 특화 AI 파이
프라인(vertical AI pipeline)은 그 자체로 양안의 지정학적 리스크를 줄
이는 요소로 활용될 수도 있다. 중국이 대만을 통일하려 시도하는 이
유에는 정치적 목적뿐만 아니라 경제적 목적도 있기 때문이다. 만약
중국 입장에서 대만의 반도체 생산 클러스터와 AI 반도체 가치 사슬
을 마치 중국 내 하나의 성처럼 자유롭게 접근하고 활용할 수 있게 된
다면 굳이 위험을 무릅쓰며 군사 충돌을 야기해 세계적 혼란을 일으
킬 동기는 약해진다. 특히 인적 교류, 기술 교류와 함께 미국을 벗어난
공급망의 재편은 중국 입장에서도 글로벌 영향력을 확보하는 교두보
가 될 수 있으므로 엔비디아의 **대만＋중국** 중심 인공 지능 산업 전략
구상은 중국에게도 당분간 유리하게 작용할 가능성이 있다.

엔비디아와 TSMC를 필두로 대만의 반도체 및 인공 지능 가치 사

　　　　　　　　　　　　　　　2장 중국 반도체와 인공 지능 생태계 팽창

슬의 외연이 중국으로까지 확장되면 그에 영향을 받는 것은 비단 한 국만이 아니다. 일본, 싱가포르, 동남아시아 각국도 영향권 내에 들어온다. 이로 인해 대만을 앞세운 중국의 영향력은 아시아 주요 국가로 확장될 수 있다. 이는 아시아 태평양의 주요 경제권이 중화권으로 편입되는 상황이 도래할 수도 있음을 의미한다. 이를 견제하기 위해 미국에게 가능한 카드는 자국 내에서 인공 지능 산업 가치 사슬의 내재화다. 다만 이러한 내재화는 기술-자본-인력 어느 한 요소라도 충분한 경쟁력이 없다면 이룩하기 어렵다. 미국은 그간 이러한 요소를 개방성과 연구 개발 투자, 그리고 글로벌 자유 무역주의를 통해 이끌어 왔지만, 이제 그 어떤 요소에서도 확실한 미래를 보장하지 못하고 있다.

차이나 반도체 라이징

자유무역 파운드리 전쟁

3장

파운드리 산업의 본질

재편되는 반도체 산업 구조

글로벌 반도체 가치 사슬은 1990년대 이래 본격화된 자유 무역 기조 하에서 설계와 제조의 영역이 각자 분화되는 방식으로 진화해 왔다. 반도체 칩 설계 전문 기업은 직접 제조를 하지 않기 때문에 팹리스라고 불리며, 제조 전문 기업은 팹리스 기업들이 생산을 위탁한 반도체 칩을 양산하는 방식으로 분업 구조가 이루어진다. 이렇게 위탁 생산에 집중하는 형태의 반도체 제조업을 이른바 파운드리라고 부른다. 물론 인텔이나 삼성전자 같은 종합 반도체 기업(IDM) 방식도 여전히 유효하지만, 팹리스-파운드리 분업 모델은 인공 지능 시대에 들어 중요성이 더욱 커지고 있다. 그리고 이 분업 구조에 가장 잘 최적화된 나라는 대만이다. 대만은 1987년 TSMC 창립을 필두로, 파운드리 전문 회사들이 반도체 산업 생태계의 중요 요소로 작동하고 있다. 특히 TSMC는 2000년대 후반부터 IT와 반도체 업계의 주요 동력이 된 모바일 생태계, 그리고 2010년대 중반부터 본격화된 인공 지능이라는 쌍두마차를 맞아 각각 애플과 엔비디아라는 최대 고객을 상대로 글로벌 반도체 산업에서 가장 지배력이 강한 제조업체가 되고 있다.

파운드리 산업은 고정 자산 확보를 위한 CAPEX 비중이 높다는 특징이 있다. 이는 팹 건설 비용은 물론 팹 내 생산 라인에 설치될 수백 종, 수천 기에 이르는 고가의 공정 장비 구매, 소프트웨어 활용 및 유지 보수 비용이 매년 막대하게 소요되기 때문이다. 또한 공정 장비들은 감가상각율이 높기 때문에 주기적 교체가 필요하며 이를 감당하기 위해 파운드리 산업은 꾸준히 대형 고객을 유치함으로써 수익률을 안정적으로 유지해야 한다. 범용 반도체 양산 팹과 파운드리 팹이 가장 큰 차이점을 보이는 부분도 이러한 고객 위주 생태계의 비중이다.

DRAM 같은 메모리 반도체는 고객별로 맞춤화된 칩을 만들지 않기 때문에 범용 반도체로 분류된다. 그렇지만 파운드리 팹에서 양산하는 비메모리 반도체, 특히 CPU, GPU, ASIC, AP 같은 로직 반도체는 처음부터 수요 고객이 원하는 작업에 특화된 설계를 수천~수만 장 규모의 웨이퍼로 양산하는 공정을 필요로 하기 때문에 고객의 설계를 정확히 이해하고 구현하는 능력이 필요하다. TSMC가 1987년 창립 이후 지금까지 꾸준히 파운드리 사업에 집중하면서도 자체 브랜드를 갖춘 반도체를 생산하지 않는 이유 역시 이러한 고객 위주의 맞춤형 시스템 반도체 생산에 집중하고 있기 때문이다.

바야흐로 인공 지능 시대를 맞아 반도체 산업도 재편되면서, 반도체 제조업의 중심 화두는 GPU 같은 인공 지능 전용 SoC로 옮겨 가는 중이다. 그 시장도 이제는 NPU, TPU 등으로 세분화되며 파운드리 기술과 생태계가 글로벌 경쟁의 핵심 전장으로 떠오르고 있다. 중국이 과연 여기서 살아남을 것인지 알아보기 위해서는 글로벌 파운드리 경쟁이 어떠한 방식으로 펼쳐지고 있는지를 살펴보아야 한다.

수율 전쟁의 문법

수율이란 무엇인가?

반도체 제조업에서 수율은 기술 경쟁력에서 가장 중요한 지표 중 하나라는 것은 이미 잘 알려진 사실이다. 실제로 제조업체들의 양산 기술력을 논하는 경우에도 수율은 대표적인 기술 보증 지표로 자주 언급된다. 그렇지만 반도체 공정의 수율은 단순 공식만 따르지 않는다. 원리적으로는 웨이퍼 한 장에서 제대로 작동하는 다이(die)를 계수하는 방식으로 수율을 계산할 수 있으나 공정 전체의 수율 계산은 훨씬 복잡하다. 반도체 제조는 웨이퍼 위에 트랜지스터 회로를 새기는 전공정(FEOL)과 그것을 다이싱(dicing)하고 패키징하는 후공정(BEOL)

　　　　　　　　　　　　　　　　　　　

으로 나뉜다. 공정 기술 난도가 점차 올라가는 최근에는 전공정-후공정 경계가 불명확해지고 있다. 그러나 여전히 전공정에서 얼마나 정확하게 설계한 대로 트랜지스터 패턴이 형성되고 집적도가 구현되며 미세 회로가 잘 만들어지는지는 공정 전체의 수율에 핵심 영향을 미친다.

일단 수율의 종류부터 알아보자. 전공정이 끝난 웨이퍼의 테스트 통과 비율을 의미하는 1차적 의미의 수율을 웨이퍼 테스트 수율(wafer test yield)이라고 한다. 테스트를 통과한 웨이퍼는 패키징 공정을 거쳐 기판과 연결되는데 연결 테스트 후 살아남는 비율을 패키징 테스트 수율(packaging test yield)이라고 한다. 마지막으로 패키징 테스트까지 통과한 웨이퍼를 가공해 고객사 납품 칩으로 만드는 과정에서도 살아남은 비율을 의미하는 모듈 테스트 수율(module test yield)이 있다. 실제 수율은 위 세 과정의 비율을 모두 곱한 값이다. 예를 들어 웨이퍼 테스트 수율이 90퍼센트, 패키징 테스트 수율이 95퍼센트, 모듈 테스트 수율이 98퍼센트일 경우, 실제 수율은 $0.90 \times 0.95 \times 0.98 = 83.8$퍼센트가 되는 것이다. 반도체 업계에서는 언급하는 수율은 이 최종 수율이라기보다는 웨이퍼 테스트 수율이다. 즉 "수율이 90퍼센트다."라는 표현은 주로 웨이퍼 테스트 수율 90퍼센트를 의미한다.

전공정 웨이퍼 테스트 수율을 결정하는 것은 크게 두 가지다. 첫 번째, 얼마나 설계대로 물리적 패턴이 제대로 구현되었는지와 두 번째, 웨이퍼상에 원하지 않는 오류 요소가 얼마나 많이 끼어들었는지다.

두 번째 요소는 미세 먼지 입자 통제 능력이라고도 할 수 있다. 설계대로 잘 만들어진 웨이퍼라고 하더라도 미세 먼지 입자가 웨이퍼 표면 위에 내려앉으면, 그 영역을 품은 다이는 오작동할 확률이 높기 때문이다. 따라서 공정 청정도 유지는 수율 방어에서 제일 먼저 신경써야 하는 일이다. 그렇지만 두 번째 요소는 첫 번째 요소와도 연계된다. 예를 들어 트랜지스터의 물리적 크기(half-pitch, HP)가 14나노미터인 패턴을 만드는 DRAM 제조 공정인 d1a나 d1b 공정을 생각해 보자. 일단 이 공정은 이전 세대인 d1y나 d1z 공정에 비해 트랜지스터의 물리적 크기가 더 작아졌을뿐더러 회로 간 간격도 좁아져서 패턴 만들기도 더 어렵다. 패턴을 잘 만든다고 해도 그 내부를 채울 절연체 물성과 형태 균일도가 보장되지 않으면 소자의 정상 작동 확률이 저하될 수 있다. 그래서 구현이 어려운 공정으로 진행될수록 설계 파트에서는 회로 오작동 확률을 감안해(예를 들어 확률 분포 함수로서 푸아송 분포(Poisson distribution) 등을 가정한다.) 설계에 여유를 둔다. 예를 들어 100나노미터 선폭에서는 5나노미터 내외의 공정 오차는 심각한 오차로 보기는 어려울 것이다. 그렇지만 선폭이 12나노미터로 대폭 축소된 상황에서 공정 오차가 여전히 5나노미터 내외라면 이 공정에서 만들어지는 소자는 대부분 오작동할 것이다. 왜냐하면 최악의 경우 회로의 선폭이 원래 예정했던 12나노미터가 아니라 7나노미터 혹은 17나노미터가 될 수 있음을 의미하기 때문이다. 이렇게 회로 선폭 변동이 심해질 경우 전류 밀도가 국부적으로 급증하거나 급락할 수 있다. 당장의 트랜지스터 작동에는 오류가 없더라도 반복적인 스위칭 온/오

프로 결국 전기적 단락이 발생할 가능성이 높아지는 것이다. 이는 소자의 오작동 확률 증가는 물론 소자 자체의 수명을 단축시키는 주 원인이 된다.

설계와 공정 사이의 알력

설계 파트에서는 이 문제에 어떻게 대응할까? 이전 세대의 허용 오차를 감안한 설계팀이 공정팀에게 설계를 맡기면 공정팀은 기존에 최적화된 파라미터 세트로 공정을 진행한다. 그런데 겉보기로는 패터닝이 잘 된 것처럼 보이는 기판이 알고 보니 허용 오차가 아슬아슬한 상황이라면 결국 소비자에게 칩이 공급되었을 때 보장된 기간이 완료되기도 전에 오작동을 일으킬 데드셀이 나올 가능성이 높아진다. 설계는 공정의 어려움을 다 고려하기 어려우므로 공차를 5나노미터에서 2나노미터로 줄이는 정도가 최선일 것이다. 그렇지만 설계 파트의 요구 조건을 받아 든 공정팀에서는 5나노미터 오차로 맞춰진 모든 조건을 뒤엎고 2나노미터 오차로 공정을 다시 뒤틀어 맞춰야 한다. 그러나 그렇게 애를 써도 문제의 원인이 잡히지 않으면 초고가 장비를 새로 들여오는 수밖에 없다.

허용 오차에 여유가 있을 때에는 설계-공정 사이 간극이 별로 크지 않다. 그렇지만 허용 오차 여유가 줄어들고 제품 생산에 차질이 생기면 잘못의 원인이 어느 쪽에 있는지 다툼이 생긴다. 따지고 본다면 어느 한 쪽의 일방적 잘못이 아니다. 무어의 법칙(Moore's law)으로도 대변되는 스케일링 추세가 더 이상 이어진다는 보장이 없기 때문이

차이나 반도체 라이징

다. 무어의 법칙이 2010년대 들어 정체되는 상황 속에서도 트랜지스터 밀도의 주기적 증강을 요구하는 고객사의 압박은 반도체 제조사를 더 강하게 옥죈다. 물리적 선폭을 더 이상 작게 만들 수 없더라도 소자 간 간격을 줄이거나, 소재를 통으로 바꾸거나, 3차원으로 쌓거나 아예 회로를 구성하는 방식 등으로 모험적인 시도를 해야만 한다.

입자 결함이 좌우하는 수율

수천 번의 최적화를 거쳐 겨우 안정된 회로를 갑자기 새롭게 바뀐 공정을 고려해 재설계하기는 쉽지 않다. 그래서 우선적으로는 공정에서 오차를 줄이기 위한 시도를 하게 된다. 예를 들어 심자외선 노광 공정도 그렇다. 물리적 선폭을 18나노미터까지 만들었다고 하더라도, 여기서 4나노미터 더 줄이는 것에는 마스크가 더 많이 필요하다. 그리고 노광-식각 같은 단위 공정도 더 많이 반복해야 한다. 단위 공정을 반복한다는 것은 더 많은 마스크를 교체하고, 진공 사이클을 더 많이 반복하는 것을 의미한다. 또한 세정과 검사도 그만큼 더 많이 반복된다. 단위 공정이 늘어날수록 웨이퍼는 먼지나 정전기 등 결함에 노출될 가능성이 높아진다. 그 대표적인 결함이 입자 결함(particle defect)이다.

입자 결함은 반도체 제조업에서 가장 싫어하고 또 잡기 어려운 종류의 결함이다. 예를 들어 입자 크기가 100나노미터 이하라면 주사 전자 현미경(SEM) 같은 장비가 필요하다. 그렇지만 기본적으로 SEM은 전자 빔을 이용하는 진공 장비이기 때문에 육안이나 광학 현미경

　　　　　　　　　3장 자유 무역 파운드리 전쟁

보다 더 많은 시간이 필요하다. 또한 흑백 이미지이기 때문에 입자의 크기나 형상밖에 관찰하지 못한다. 입자 결함을 잡아내기 어려운 또 다른 이유는 그 입자가 어떤 이유로 발생했는지 찾기가 까다롭기 때문이다. 진공 챔버 안쪽에 붙어 있던 불순물에서 뜯겨져 나왔을 수도 있고, 플라스마 식각 공정 중에 생긴 화합물일 수도 있고, 웨이퍼 세정 과정에서 섞인 불순물일 수도 있고, 공정 엔지니어의 땀방울이나 피부 세포 조각일 수도 있다. 웨이퍼 표면 위에 새겨야 하는 회로의 정밀도가 높아질수록 원래는 별 문제없었던 크기의 입자도 문제가 된다. 예를 들어 5나노미터 크기 입자는 선폭이 100나노미터인 회로에서는 큰 영향이 없을 것이다. 그러나 선폭이 15나노미터인 회로에서는 모든 소자의 작동에 지장을 주는 위험 요소가 될 수 있다. 최근 반도체 팹의 청정도는 클래스 0.1(class 0.1)까지 내려와 진공도와 오염도를 극도로 통제하는 수준에 이르렀으나 입자 결함을 근본적으로 방지하는 일은 여전히 불가능에 가깝다.

더 심각한 문제는 미세 입자들은 크기가 작아질수록 개수가 더 많아진다는 것이다. (큰 입자가 작은 입자 여러 개로 쪼개지는 것을 생각해 보자.) 그러나 설계팀에서는 미세 입자들의 개수가 늘어나는 상황을 설계에 다 반영하지는 않는다. 왜냐하면 정작 다이에서 차지하는 트랜지스터의 면적이 너무 좁아지기 때문이다. 자동차 크기는 그대로 두고, 범퍼 크기나 차문의 두께를 늘리면 차 내부 공간이 좁아지는 것과 마찬가지다. 결국 입자 결함에 대한 책임은 공정으로 넘어오게 된다. 문제는 새로운 공정과 고가의 장비를 도입할수록 새로운 종류의 입자 결함이 등장하기 시작한다는 것이다. 특히 입자 결함은 단순히 입자 밀도를 넘어, 그 분포 양상이 어떤 방식을 따르는지가 더 중요할 수 있다. 그러나 그 양상은 점점 예측하기 어려워진다.

2024년 말에 자리에서 물러난 전 인텔 CEO 팻 겔싱어(Pat Gelsinger)는 인텔이 야심차게 추진했던 18옹스트롬 공정의 수율이 예상보다 너무 낮다는 일부 미디어의 비판에 기자들은 수율을 어떻게 계산하는지조차 모른다고 불만을 토로한 적이 있다. 실제로 같은 밀도의 입자 결함이라고 하더라도 분포 방식에 따라 수율 변동폭은 꽤 커질 수 있다. 과거 허용 오차가 어느 정도 여유 있었을 때에는 분포 양상 변화에 따른 영향은 별로 크지 않았다. 그런데 10나노 이하 공정이 주종을 이루고 DRAM도 극자외선 노광 장비를 사용하는 dlc 공정으로 접어들면서 이 문제의 심각성은 커지고 있다. 예를 들어 12인치 웨이퍼 기준으로 엔비디아의 A100, H100 같은 GPU의 다이 사이즈는 810~830제곱밀리미터(mm^2)다. (SXM 버전 기준) 즉 12인치 웨이퍼에서 GPU 다이가 평균 64개 생산될 수 있다. 만약 입자 결함을 고려하지 않고 초기 테스트 수율이 95퍼센트로 나왔다고 가정해 보자. 그러면 일단 다이 64개 중 61개가 살아남을 것이다. 여기에 원인 불명의 입자 결함이 발생하되 밀도는 세계 최고 수준으로 관리된 수치인 제곱미터당 결함 0.02개($0.02 defects/cm^2$) 정도로 발생했다고 가정해 보자. 그리고 입자 결함을 품은 다이는 오작동한다고 설정해 보자. 그러면 초기 테스트를 거친 살아남은 다이 61개 중 과연 몇 개나 합격점을 받을까? 사실 이는 한번에 답하기 어렵다. 왜냐하면 동일 입자 결

　　　　　　　　3장　자유 무역 파운드리 전쟁

함 밀도라고 해도 수율은 크게 달라질 수 있기 때문이다.

보통 무작위 원인으로 입자 결함이 발생한다고 가정할 때 활용되는 확률 분포는 푸아송 분포다. 이를 고려해 정상 작동 확률 Y는 $Y=\exp(-AD \times D)$ 같은 방정식을 써서 계산할 수 있다. 이 방정식에서 AD는 입자 결함 밀도, D는 다이 면적이다. 앞서 언급한 숫자를 대입하면 Y 값은 84.2퍼센트로 나온다. 그러니까 실제 수율은 $0.950 \times 0.842 = 0.800$인 셈이다. 따라서 64개 중 건질 수 있는 다이는 61개가 아니라 51개로 줄어든다. 그런데 앞서 언급한 푸아송 분포는 입자 발생 원인이 무작위라는 가정을 한다. 만약 입자가 어떤 구조적인 원인으로 발생한 것이라면(예를 들어 특정 공정에서 활용한 장비 때문에 발생), 결함 분포는 무작위가 아니다.[1] 이 경우 수율은 더 낮아진다. 마치 곰팡이가 떡의 아주 일부 영역에만 모여 있으면 그 부분을 정교하게 한 덩어리로 잘라 버리면 나머지는 건질 수 있지만, 곰팡이가 떡 전체에 골고루 분포하면 떡을 통째로 버릴 수밖에 없는 것과 비슷하다. 이 경우 Y 값은 84퍼센트가 아니라 81퍼센트로 더 낮아진다. 한 가지 흥미로운 사실은 단위 면적당 입자 결함 밀도가 충분히 작다면 입자 결함 분포 방식의 차이는 수율에 큰 영향을 미치지 않는다는 것이다. 반면 입자 결함 밀도가 높아지면 분포 양상에 따른 수율 차이도 커진다. 예를 들어 결함 밀도가 0.02에서 0.2가 되었다고 가정해 보자. 그러면 푸아송 분포에서는 Y 값이 18.0퍼센트인 데 반해 시드(seed) 분포에서는 Y 값이 36.8퍼센트가 된다. 같은 결함 밀도임에도 수율은 2배 이상 벌어질 수 있는 것이다.

다이 크기 문제

더 흥미로운 것은 수율 저하는 입자 결함뿐만 아니라 다이 크기에 따라서도 달라진다는 사실이다. 일반적으로 다이가 작아질수록 수율 방어에 더 유리하다. 도미노를 세울 때 실수로 한꺼번에 무너지는 일을 방지하기 위해 일정 간격마다 일부러 도미노를 빼 피해를 최소화하는 것과 비슷하다. 예를 들어 다이 사이즈를 10분의 1로 줄였다고 생각해 보자. 그러면 입자 결함 밀도 0.02 수준에서는 수율이 푸아송 분포에서 98.9퍼센트, 시드 분포에서는 98.9퍼센트로 일정하게 유지된다. 결함 밀도가 10배 더 올라가도 별로 나빠지지 않는다. 푸아송 분포에서는 89.8퍼센트, 시드 분포에서는 90.3퍼센트 정도로서, 평균 90퍼센트 정도의 안정적 수율이 나온다. 그렇다면 이러한 생각을 할 수 있다. '큰 다이를 만들면 수율 방어에 불리한데 왜 굳이 다이 크기를 키워야 하는가? 차라리 작은 다이를 여러 개 만들어서 조각보처럼 이어 붙이면 되는 것 아닌가?'

문제는 팹리스 회사들이 항상 작은 다이를 선호하는 것은 아니라는 사실이다. 예를 들어 엔비디아의 H100 GPU 다이 면적을 858제곱밀리미터에서 85제곱밀리미터로, 10분의 1로 축소시킨 상황을 생각해 보자. 이론대로라면 축소된 다이 10개를 2열 종대로 직사각형 형태로 이어 붙이면 원래 큰 다이 하나와 동일한 성능을 구현할 것처럼 생각된다. 그러나 실제는 다르다.

가로세로 $5cm \times 5cm = 25cm^2$ 면적의 정사각형 레고 블록 가장자리에 테이프를 붙여서 2열 종대 방식으로 연결해 총 250제곱센티미

    3장 자유 무역 파운드리 전쟁

터 면적을 갖는 블록 덩어리를 만들었다고 생각해 보자. 그러면 이 블록 덩어리와 처음부터 250제곱센티미터 면적을 갖는 통짜 블록은 같을까? 두 블록은 비록 같은 면적과 모양을 가졌더라도 엄밀히 다르다. 왜냐하면 이어 붙인 블록 덩어리는 그 '이어 붙이는' 과정에서 물리적 특성이 달라질 것이기 때문이다. 작은 다이로 나눠서 각 다이에 기능을 나누는 것은 가능하나 이 다이들이 서로 연결되어 신호를 주고받게 만들려면 더 많은 공정이 필요하다. 특히 다이를 더 작게 만들면 다이의 개수 제곱에 비례해 그만큼 이어 붙여야 하는 경우의 수가 늘어난다. 즉 연결 과정에서 통신, 신호 분배 등에 필요한 추가 공정 비용이 증가한다. 또한 다이 간 연결 과정에서 어쩔 수 없이 생기는 신호 손실로 인해 그만큼 더 신호 강도를 늘려 주어야 하는 전력 부담도 생긴다. 큰 다이는 면적이 넓으므로 칩 내부에 CPU, GPU, 메모리 콘트롤러 같은 부품을 SoC 개념으로 한꺼번에 설계해 제조하는 것이 가능하다. 그러나 작은 다이는 제한된 면적으로 인해 SoC 개념을 확장하기 어렵다.

물론 그럼에도 여전히 작은 다이가 주는 수율이라는 장점은 명확하다. 특히 수율 방어는 선단 공정 비용이 비싸질수록 더 큰 장점이 되기 때문에 매력적인 옵션이다. 5나노 이하급 선단 공정으로 갈수록 모험적인 기술들을 적용해야만 하는 상황이 오는데, 만약 수율이 충분히 방어된다면 예기치 못한 피해를 최소화할 수 있다. 예를 들어 12인치 웨이퍼에서 다이 64개가 나오는 H100 GPU 같은 큰 다이의 경우, 웨이퍼 테스트 수율이 80퍼센트 수준이라면 51개만 살아남는다. 여기에 제곱센티미터당 0.1개 정도의 입자 결함이 발생하면 결함 수율은 42.4퍼센트가 되므로, 굿 다이는 21개밖에 안 남는다. 만약 다이 사이즈를 10분의 1로 줄이면 어떨까? 12인치 웨이퍼에서 다이가 1,176개 나올 수 있고 이중 891개가 살아남는다. 이들을 10개씩 묶으면 큰 다이를 89개 만들 수 있다. 큰 다이를 통짜로 만들 때보다 4배나 더 많이 생산할 수 있는 셈이다. 4배의 생산량 격차라면 작은 다이의 단점을 최대한 극복해야 할 충분한 이유가 된다.

칩렛 패키징을 통한 돌파구

이러한 관점에서 작은 크기의 다이를 연결하는 패키징으로 승부를 보려는 방식은 칩렛 공정을 필수적으로 요구한다. 칩렛 공정의 관건은 블록과 블록을 매끄럽게 한 몸처럼 이어 주는 것이다. 이를 위해 인터커넥트 기술이 중요한 역할을 한다. 인터커넥트는 칩과 칩을 단순히 물리적으로 이어 주는 것뿐만 아니라, 대역폭을 맞추고, 칩간 통신 대기 시간을 최소로 하며, 데이터 전송 과정에서 신호 손실을 최소화하기 위해서도 중요하다. 그래서 칩렛 공정에서는 필수적으로 패키징 최적화가 필요하다. 전력 배분 및 에너지 효율 강화, 방열 성능 강화, 기계적 물성 제어 등의 다양한 물리적 특성을 고려한 정밀한 패키징 공정은 칩렛 공정의 수문장 역할을 한다.

물론 아직까지 엔비디아는 GPU 기술에서 수율이나 원가 통제보다는 칩 자체의 성능을 구현하는 것에 더 높은 가중치를 두고 있다. 엔비디아가 구현하려는 GPU 성능은 큰 다이를 추구할 때 더 강력해

　　　　　　　　　　　　　　　　3장 자유 무역 파운드리 전쟁

지며 엔비디아가 최적화하려는 GPU 성능의 또 다른 축은 GPU 코어 수백, 수천 개에서 병렬로 처리되는 데이터의 입출력 레이턴시를 최소화하기 위한 데이터 버스다. 엔비디아는 2020년 시스템 반도체 설계 기업 멜라녹스(Mellanox)를 약 70억 달러(약 10조 3000억 원)에 인수했는데, 이는 오로지 멜라녹스가 독자적으로 개발해 온 클러스터 컴퓨터 내의 통신 스위칭 최적화와 레이턴시 최소화 기술을 한꺼번에 획득하기 위함이었다. 엔비디아는 멜라녹스의 스위칭 기술을 기반으로 NVLink를 개발해 GPU 클러스터 데이터 입출력 표준을 정했고, 이 기준에 따라 2020년대 이후 엔비디아 HBM 공급사들은 GPU-메모리 데이터 통신을 맞추기 위한 대역폭을 맞춰 가고 있다. 특히 AI 연산 가속기로 활용되는 엔비디아의 GPGPU는 실리콘 인터포저와 CoWoS 패키징을 통해 하나로 연결되게끔 설계 단계부터 최적화되어 있다. 엔비디아의 설계는 큰 다이를 기준으로 최적화된 것이므로 당장 방향을 크게 바꾸기 어렵다. 다른 측면에서 생각한다면 엔비디아가 지배하는 GPGPU 전략과 차별화하려는 HPC 반도체 업체들은 역으로 칩렛 전략을 옵션으로 생각할 수 있다. CoWoS나 3D 스태킹 같은 첨단 패키징 기술이 충분히 뒷받침되고, 칩렛 전용 인터커넥트 기술이 안정화되고, 대역폭이 확장되는 동시에 동작 속도가 빠르고 메모리 접근성이 개선된 칩렛 특화 저전력 메모리가 등장하면 칩렛 패키징은 GPGPU의 한계를 뛰어넘는 AI 반도체 시장을 만들어 낼 수 있다.

　　　　　　　　　　　　　　　　　　　　차이나 반도체 라이징

대만 파운드리의 현주소

파운드리 최강국 대만

대만의 반도체 산업은 주로 제조업에 치중된 형태로 구성되고 있으며, 그 한가운데에는 파운드리 산업이 있다. 글로벌 일류의 대기업이 된 TSMC를 필두로, 대만에는 유나이티드 마이크로일렉트로닉스(聯電, UMC), 파워칩(力積電, PSMC), 뱅가드 국제 반도체 그룹(世界先進, VIS) 같은 파운드리 기업들이 생태계를 구성하고 있다. TSMC의 비즈니스 모델은 UMC, PSMC, VIS, 에피실(漢磊, Episil) 같은 중소 기업의 파생으로 이어졌으며 대만의 파운드리 산업의 글로벌 점유율은 70퍼센트 이상에 이른다.

TSMC의 시장 지배력은 압도적이다. 2025년 3분기 기준 TSMC의 파운드리 시장 점유율은 분기 수익 331억 달러(약 49조 원)를 기록하며 71.0퍼센트를 기록하고 있다. 이는 2위 삼성 파운드리가 기록한 6.8퍼센트의 10배 이상이다. TSMC에서 주목할 부분은 주기적으로 공정 세대를 업그레이드하는 것이다. 예를 들어 TSMC는 약 2년마다 공정의 기술 노드를 꾸준히 고부가 가치 공정으로 전환한다. 2024년 4분기 기준으로 3나노 혹은 5나노 공정이 TSMC 전체 매출에서 차지하는 비중은 40퍼센트 이하지만, 이 공정이 창출한 수익은 전체의 60퍼센트에 육박한다. 특히 3나노 다음 영역인 2나노 공정은 2025년 하반기부터 양산이 시작되었는데 주요 고객은 애플의 M시리즈 칩인 애플 실리콘과 엔비디아의 GPU 등 고가의 로직 반도체가 주종을 이루게 되었다. TSMC의 뒤를 이어 SMIC가 시장 점유율 5.1퍼센트, UMC는 4.2퍼센트, VIS는 0.8퍼센트, PSMC는 0.7퍼센트를 각각 기록하고 있는데 이를 합산하면 글로벌 시장의 75퍼센트에 육박한다.

대만 파운드리 산업의 핵심 전략 중 하나는 끊임없이 발생하는 다양한 기술적 문제 해결에 연구 개발 자원을 유연하게 배분하는 것이다. 특히 현업 문제에 대응할 수 있는 솔루션을 그 즉시 확보하는 방식을 취하려 한다. 이는 극단적으로 솔루션 확보 래그 타임(lag time)을 단축하는 라이브러리 관리로 이어진다. TSMC는 관리 영역 밖의 문제에는 산학연 협의체 네트워크를 적극 활용한다. 예를 들어 ITRI[2]나 TSRI[3] 같은 대만 내 연구 기관이나 연합체를 활용해 잠재력이 있는 기술을 미리 시험하고 선정된 기술은 현업 솔루션 라이브러리에 바로 포함시킨다. 이러한 기술 솔루션은 TSMC 같은 회사들이 고객 맞춤형으로 자사의 기술 생태계를 확장하는 기반이 된다.

대만 파운드리 산업 경쟁력의 또 다른 한 축은 대만에서는 가치 사슬 집적 파트너(價値鏈聚合, VCA), 한국에서는 디자인 솔루션 파트너나 디자인 플랫폼(design platform)이라고 알려진 설계-파운드리 사이의 접점이다. 대표적 VCA 업체인 대만의 글로벌유니칩(創意, GUC)은 TSMC가 직접 출자한 회사이자 가장 규모가 큰 회사이며 2024년 약 1조 1000억 원의 매출을 기록했다. VCA 업체들은 팹리스 업체의 설계를 파운드리 업체의 공정 스펙에 맞춰 레시피로 만든다. 따라서 공정의 디테일, 그리고 팹리스 고객사의 설계 도구이자 TSMC가 인증한 EDA 도구를 잘 알고 있어야 한다. 애플이 2020년 말부터 제품군

차이나 반도체 라이징

에 탑재한 M시리즈 애플 실리콘이 TSMC에서 독점 생산되는 것도 TSMC와 VCA로 구성된 생태계가 효과적으로 작동하기 때문이다. VCA는 TSMC뿐만 아니라 UMC, PSMC, VIS 등과도 협력해 다양한 팹리스 업체들이 최적화된 파운드리로 접근할 수 있도록 도와준다. 이는 대만 파운드리 산업 전체의 전략의 한 축으로 작동한다. 예를 들어 10나노 이하급 최선단 공정은 TSMC가, 10~30나노 사이의 공정은 UMC가, 30나노 이상의 공정은 PSMC나 VIS 등이 분담하는 식이다. 이러한 분업 구조는 각 사의 주력 공정이 오버랩되는 일을 최소화하면서도 대만 내 인력-기술 생태계의 선순환을 가능하게 하며 반도체 클러스터 전체의 효율도 높여 준다.

대만의 파운드리 산업은 2020년대 이후 인공 지능을 중심으로 재편되는 중이다. 인공 지능 전용 반도체는 기존의 GPU 외에도 HPC, 온디바이스 AI 기반 추론 전용 칩, 더 나아가 NPU, TPU, 멤리스터(memristor) 같은 다양한 방향으로 진화할 것으로 예상된다. 대만의 파운드리 산업 역시 다변화되는 로직 반도체 수요에 대응하기 위해 전공정뿐만 아니라 첨단 패키징 같은 후공정, 화합물 반도체(chemical compound semiconductor) 같은 신소재, 그리고 반도체 장비와 부품 생태계로까지 확장하며 제조 경쟁력을 다각도로 강화할 것으로 보인다. 이는 궁극적으로는 대만뿐만 아니라 중국의 동남 해안권에 분포하는 인공 지능 생태계, 그리고 인공 지능 기반 전환, 즉 AX 생태계까지 겨냥한 것으로 해석된다.

　　　　　　　　　　　　　　　　3장 자유 무역 파운드리 전쟁

현업 중심 R&D의 힘

글로벌 1위 시스템 반도체 생산 업체이자 파운드리의 본산인 TSMC가 가진 경쟁력에 대한 이야기는 우리나라에서 널리 회자된다. "고객과 경쟁하지 않는다.", "TSMC는 호국신산(護國神山)이다.", "TSMC는 대만의 실리콘 방패(silicon-shield)다." 같은 구호도 이제 여러 미디어를 통해 잘 알려져 있다. 창업자 모리스 창의 수많은 전설적 일화, 삼성전자와 TSMC의 대결 구도, 최근 복잡해지는 미국의 TSMC에 대한 정책 등도 잘 알려져 있다. 그렇지만 TSMC만의 진짜 경쟁력이 무엇인지는 여전히 충분히 알려져 있지 않다. 30년간 TSMC에 출입한 대만의 기술 전문 기자 린훙원(林宏文)이 2024년에 펴낸 『TSMC, 압도적 세계 1위의 비밀』[4]에 따르면 그 핵심 비결은 바로 '위탁 생산 전문화'다.

위탁이라는 표현만 놓고 본다면 일견 '갑'으로서의 팹리스 업체들, 특히 애플, 엔비디아, 구글 같은 IT 분야 거인들이 설계한 첨단 반도체의 생산을 TSMC가 '을'로서 전적으로 수행하는 구도에만 주목하게 된다. 그런데 TSMC가 취하는 전략은 단순한 위탁 전문 회사 포지션 지키기가 아니다. 그들은 '공급자 우위 시장 전략'을 철저하게 고수한다. 즉 '갑' 고객사들이 '을'인 자신에게 더 철저하게 의존하도록 만드는 전략이다. 물론 이것은 TSMC가 고객들로 하여금 삼성전자 파운드리, 인텔 파운드리 사업부, 미국의 글로벌 파운드리(Global Foundries) 같은 대안을 굳이 찾지 않게 만들 정도로 압도적인 기술적 초격차와 양산 원가 경쟁력을 지닌 사실상 유일한 회사임을 증명할

차이나 반도체 라이징

수 있어야만 가능한 일이다.

예를 들어 TSMC는 단순히 엔비디아의 GPU 같은 AI 반도체나 애플 실리콘 같은 첨단 로직 반도체를 생산하기 위한 전공정(FEOL) 기술 개발에만 집중하지 않는다. 그것을 실제 작동하는 칩으로 양산하는 후공정, 특히 CoWoS 같은 첨단 패키징 공정에서도 세계 최고 수준의 기술력을 가지고 있다. 이런 기업은 이제 전 세계를 통틀어 봐도 TSMC 외에는 없다. 그에 비견할 수 있는 것은 1990년대 이전까지 전 세계 IDM 시장을 지배한 인텔 정도다. 설사 애플이나 엔비디아가 원가 절감을 위해 TSMC 대신 삼성전자 파운드리를 사용한다는 결정을 해도, 결국 삼성의 공정을 거친 웨이퍼를 다시 TSMC로 운송해 와서 마무리 공정을 해야 하는 단계를 우회하기 어렵다. 그래서 그럴 바에는 그냥 처음부터 TSMC가 제공하는 일괄 공정을 이용하는 옵션을 선택하게 된다. TSMC만이 가지고 있는 공급자 시장 우위 전략의 한 사례다. 특히 2010년대 초반 이후 TSMC는 팹리스 고객사들에게 일종의 맞춤형 서비스도 제공하기 시작했다. 팹리스 고객사들이 만들고자 하는 칩의 요구 조건은 명확하지만, 대부분 성능에만 치중할 뿐 그 주변 기기와 공정 세부 기술, 성능 구현을 위해 필요한 IP 정보를 잘 모르는 경우가 태반이다. TSMC는 웬만한 팹리스보다 훨씬 더 설계에 능통하며 팹리스 회사들이 공정 단계에서 겪는 성능 구현 문제를 해결할 IP 솔루션도 다양하게 보유하고 있다. 마치 실력이 월등한 요리사가 까다로운 고객의 취향을 파악한 후 알아서 특선 코스를 준비하고, 그를 위한 도구와 재료도 미리 선별해 놓았다가 고객의

　　　　　　　　　　　　　3장 자유 무역 파운드리 전쟁

주문이 바뀌면 언제든 바로 대응해 맞춤형 요리를 내어 놓는 것과 비슷하다. 이는 점점 요구 조건이 가혹해지고 복잡해지는 고성능 반도체 시대에 더욱 중요한 장점이자 TSMC의 초격차를 더 강력하게 만드는 근간이 된다.

왜 트러블슈팅인가?

테크 기업에서 진행하는 연구 개발이라고 해서 반드시 최첨단 분야에만 점철되는 것은 아니다. 그 이유는 몇 세대 이후에나 쓰일 미래 연구 개발에만 집중하기에는 현재의 기술에도 문제는 지뢰처럼 분포하고 있고 현업 문제를 해결하려는 노력이 충분하지 못하다면 첨단 기술은 너무나 쉽게 실패하기 때문이다. 그렇다면 미래 먹거리 확보와 현재의 문제 해결이라는, 다소 동떨어져 보이는 두 영역에 한정된 연구 개발 자원을 나누어야 한다면 어떠한 방식으로 하는 것이 최적인가? 이에 대한 정답은 하나만 있는 것이 아니다. 그렇지만 몇 가지 기준은 고려해 볼 수 있다. 예를 들어 기업이 당장 닥친 심각한 문제에 제대로 대처하지 못해 다음 단계로 나아가기 어려운 상황일 때 기업의 연구 개발 역량은 당연히 현업 문제 해결에 우선적으로 집중되어야 한다. 반대로 현재의 성숙 기술에서 더 이상 최적화 대상이 없을 정도로 안정된 상태라면 이를 오히려 파괴적 혁신의 제물이 될 가능성이 있다는 위기로 여기고 미래 먹거리 발굴에 더 많은 투자를 해야 할 것이다. 이러한 판단은 현장 연구자들도 할 수 있지만, 사실 연구 개발의 생리를 충분히 경험한 경영자들이 시스템 수준에서 냉철하게 판단해야 한다. 왜냐하면 이러한 영역의 구분은 연구 개발에서 이른 바 사이클 방식으로 연계되는 특징이 있기 때문이다.

예를 들어 메모리 반도체 산업이 주로 범용 반도체 위주로 오랜 기간 충분히 축적된 기술 솔루션을 연장해 현재의 기술을 안정화하고 동시에 양산 규모를 키우며 원가를 관리하는 방향이 반복되는 성숙 기술이 된 상황을 생각해 보자. 정상적인 기업이라면 이러한 상황에 안도하기보다는 불안감을 느끼고 다음 세대 기술, 특히 지금의 정석 같은 기술을 대체하거나 전혀 다른 방향으로 응용할 수 있는 선행 기술 개발에 더 많은 자원을 배분해야 할 것이다. 여기서 말하는 선행 기술 개발은 과거의 솔루션을 연장하는 방식으로 이루어지는 것이 아닌, 시행착오와 실패가 거듭되는 시도로 점철된다.

예를 들어 3나노 공정에서 2나노 공정으로 가는 과정에서 핀펫 대신 GAAFET 같은 3차원 트랜지스터로 전공정이 전환된 케이스를 생각해 보자. 이 과정에서 생각지도 못한 누설 전류(leakage current)나 계면 불안정성(interface instability)이 발견되어 소모 전력은 늘어나고 신호 대 잡음비(SNR)가 줄어드는 문제가 발생할 수 있다. 트랜지스터 집적도 향상을 위해 커패시터(capacitor)의 물리적 크기를 줄이면서 정전 용량(capacitance)을 높이기 위해 새로운 조성의 고유전율(high K) 소재를 도입했는데, 의도치 않게 열팽창률(thermal expansion coefficient)에 비등방성(방향마다 팽창하는 정도가 다른 성질)이 발견되어 장시간 사용 시 변형이 제대로 제어되지 못해 칩의 성능 저하는 물론 수명도 크게 짧아지는 문제가 생길 수도 있다. 대당 수천억 원에 달하

　　　　　　　　　　　　　　　3장 자유 무역 파운드리 전쟁

는 고가의 극자외선 노광 장비를 도입한 이후 생각지도 못한 광화학 반응 이상 현상이 발생해 감광재(PR) 박막의 경시 변화[5]가 제어되지 않아 미세 패턴을 제대로 구현하지 못할 수도 있다. 이러한 세부적 기술 문제들은 본격적으로 공정 단계에 적용하기 전에 미리 예측하기는 어렵다. 그래서 선행 기술 탐색은 현장에서 다양한 오류와 기술 문제가 출현하면 최대한 빠르게 그에 대처하는 연구 개발이 맞춤형으로 진행되어야 한다.

TSMC는 반도체 제조업에서 기술 개발 사이클의 특성을 누구보다도 잘 알고 있기에 연구 개발 자원을 현업 문제 해결에 우선 배분한다. TSMC가 최첨단 분야의 연구 개발을 별로 하지 않는다는 이야기는 그냥 엄살이 아니다. TSMC는 극단적이다 싶을 정도로 트러블슈팅에 연구 자원을 집중하는데 이는 사실 그 외의 영역에 눈을 돌릴 여유가 없는 상황이기 때문이기도 하다. 삼성전자와 마찬가지로 TSMC도 지금까지 축적된 기술 솔루션을 최대한 알뜰하게 활용하는 것에 항상 높은 가중치를 둔다. 이는 첨단 미세 공정이나 패키징 공정을 개발하는 과정에서도 왜 TSMC가 최대한 보수적인, 즉 이미 개발된 기술을 먼저 이용하고 부족한 영역에만 신기술을 도입하는 방식을 취하는지를 설명한다.

예를 들어 TSMC는 ASML의 극자외선 노광기를 인텔이나 삼성전자보다 한발 앞서 도입했음에도 불구하고 선단 공정 양산화에 본격 투입한 것은 삼성전자보다 다소 늦었다. (삼성전자가 2019년 자사의 엑시노스 9825 AP 칩 양산에 먼저 적용.) 또한 핀펫에서 게이트올어라운드 펫

    차이나 반도체 라이징

(GAAFET)으로 트랜지스터 구조를 전환하는 것 역시 삼성전자가 3나노 공정부터 먼저 도입한 것과는 달리 2나노 공정에 진입한 후에야 도입했다. 이러한 조심스러운 태도는 TSMC가 도전 정신이 약하거나 혁신성이 부족해서라기보다는 예상치 못한 기술적 불확실성을 최소화하고 가장 최근까지 충분히 성숙된(그래서 더 믿을 수 있는) 기술 솔루션을 최대한 많이 활용하려 하기 위함이다.

TSMC가 현업 문제에 집중하는 까닭은 그들이 제조하는 칩이 TSMC의 브랜드가 아닌 고객의 브랜드로 시장에 진출하기 때문이다. 즉 TSMC는 세계 최대, 최고의 파운드리 업체라는 지배적 지위와는 별개로 여전히 '을'로서 '갑' 고객이 원하는 기술을 칩의 형태로 실현시켜야만 그 독점적 지배력이 보장된다. 이는 TSMC로 하여금 선행 기술 개발보다는 현업에서 매일 수없이 부딪히는 예측 불가능한 요소들에 대응하기 위한 기술 솔루션의 통합과 관리에 더 집중하게 만든다. 관리 체계가 성숙될수록 기술 솔루션 하나하나는 개발되는 즉시 TSMC만의 기술적 자산이 된다. 이는 다시 미래의 팹리스 고객들에게 차세대 칩 제작도 TSMC에 위탁해야 하는 근거가 된다. 물론 TSMC가 현업 문제에만 회사의 연구 개발 자원을 100퍼센트 배분하는 것은 아니다. TSRI 같은 산학연 협력 조직을 대만의 주요 연구 중심 대학이나 정부 연구소와 공동 운영하거나 벨기에의 대학간 마이크로 전자 공학 센터(IMEC)[6]의 대만 현지 연구소와도 협력하며 다양한 차세대 기술 솔루션을 확보한다. 예를 들어 2세대(high NA) 극자외선 노광 공정 기술 솔루션은 TSMC가 가장 많이 보유하고 있다. 심지어 극자외선 노광 장비 생산을 독점하는 네덜란드의 ASML조차도 3세대 이후의 노광기 개발에서는 TSMC가 보유한 극자외선 노광 기술 솔루션에 많이 의존하는 형편이라 대만 현지 연구소에 1,000명이 넘는 인력을 상주시키고 있기도 하다. 선행 기술 개발은 사실 TSMC 만을 위한 것이라기보다는 근미래에 예상되는 반도체 공정의 트러블 슈팅에 대응하기 위한 사전 포석으로 볼 수 있다.

TSMC에서도 2000년대 초중반부터 2010년대까지 선행 기술 개발에 더 많은 가중치를 두어야 한다는 목소리가 크던 때가 있었다. 그 때의 TSMC도 파운드리 비즈니스에 집중했지만, 지금처럼 대형 고객사보다는 다양한 고객사들의 위탁 제조에 치중했다. 그 시기 반도체 공정의 기술 진보 로드맵은 비교적 예측 가능한 추세였고 고객사들의 기술 요구 역시 고난도 수준은 아니었기에 현재 기술이 충분히 성숙했다는 판단하에 미래 먹거리 개발에 많은 자원이 투입되었다. 그랬던 TSMC가 현업에 더 많은 연구 개발 자원을 투입하게 된 것은 회사가 어려워졌거나 TSMC의 고객들이 줄어서가 아니라 2010년대 초반 매출 구조가 대형 고객사 중심으로 급격히 재편되기 시작하면서부터다. 폭발적으로 성장한 모바일 산업, 그리고 2010년대 후반 이후 더 급팽창한 인공 지능 산업의 성장세 속에서 팹리스 고객사들의 기술적 요구는 현업 기술의 최적화는 당연하고 양산 전 단계 기술까지도 더 빠르게 당겨와서 투입하라는 식으로 더 까다로워졌다. TSMC 입장에서는 대형 고객이 차지하는 매출 비중이 너무 커진 상황이었기 때문에 현업에서 고객 맞춤형 기술 솔루션 개발에 더 많은 자원을 투입할 수밖에 없었다. 특히 2010년대 들어 TSMC를 포함한 글로벌 반도체 제조업체들이 공통적으로 겪게 된 문제는 그간 거의 40년 가까이 이어지던 무어의 법칙이 급속도로 느려졌다는 것이다. 주기적으로 트랜지스터 밀도가 배증되는 추세를 이끌어 온 무어의 법칙에 브레이크가 걸리면서 TSMC에는 훨씬 도전적인 상황, 즉 생산 단가는 높이지 않으면서 트랜지스터 밀도는 증강시켜야 하는 전례 없는 기술적 과제를 맞게 되었다. TSMC가 이 과정에서 수많은 시행착오를 거치면서 2010년대 중반 전후 팹 라인의 엔지니어들 사이에서는 TSMC의 지옥 같은 근무 문화 악명이 더욱 드높아졌다.

극단적이다시피 한 TSMC의 연구 개발 전략이 반드시 바람직한 것은 아니다. 현재 TSMC가 가진 가장 큰 고민은 지금까지 무리하다시피 해서 양산 규모와 공정 퀄리티 모두를 최고의 수준까지 끌어 올리는 것까지는 성공했지만, 이러한 전략이 앞으로 얼마나 지속 가능할지 장담할 수 없다는 것이다. 2010년대 중반 이후 TSMC의 가장 큰 고객으로 자리 잡은 애플이 위탁하는 M시리즈 애플 실리콘 칩은 그러한 고민에서 큰 비중을 차지한다. 애플의 스마트 기기는 앞으로 10년, 아니 5년 후에도 계속 스마트 기기 시장에서 압도적인 점유율을 유지할 것이라는 보장이 없다. 애플이 글로벌 스마트폰 시장에서 차지하는 비중은 삼성전자에 밀리고 있으며 조만간 샤오미, 비보, 오포 같은 중국 스마트폰 업체에게 2위 자리마저 내어줄 수도 있다. 또한 애플은 인공 지능 혁신에서도 점점 밀리고 있다. 특히 2022년 이후 생성형 인공 지능 열풍이 휩쓰는 IT 산업에서 애플의 존재감은 애플 인텔리전스(Apple Intelligence)의 개선이 더딘 상황에서 점점 약해지고 있다.

흥미롭게도 쓰나미처럼 모든 산업을 집어 삼킬 것만 같은 인공 지능도 그 투자 파도가 언제까지 지속될지 장담하기는 어렵다. 인공 지능은 물론 데이터 센터의 핵심인 클라우드 시스템 확충 수요 역시 언제 다른 비즈니스 모델로 전환될지 모른다. 닷컴 버블[7] 속에서도 AWS(Amazon Web Service)[8] 같은 클라우드 컴퓨팅 비즈니스는 10년 가까운 연속 적자를 버텨내고 결국 아마존의 가장 큰 캐시 카우로 자리 잡을 수 있었지만, 인공 지능을 위한 클라우드 컴퓨팅 서비스가 이와 동일한 성공을 거둘 것이라는 보장은 없다. 인공 지능 서버와 GPU의 수요가 줄어들면 엔비디아의 매출도 줄어들고 이는 TSMC의 매출 감소로 직결된다.

TSMC 역시 향후 기술 지형이 바뀌는 것에 대응하기 위해 계속 연구 개발을 이어 갈 것이나 그 투자 방향이 올바른 것일지는 사전에 예측하기 어렵다. 대형 고객사의 트러블슈팅과 선단 공정 개선을 위해 TSMC도 첨단 공정 장비를 대량 도입하며 막대한 CAPEX를 집행하고 있으나 그로 인해 차세대 기술의 한계에 대응할 솔루션을 확보할 여력은 점점 바닥을 드러내고 있다. 더구나 지난 10여 년간 대형 팹리스 고객사 위주로 매출 구조가 굳어진 TSMC 입장에서 고객사가 원하지 않는 영역으로 발을 내딛는 것은 이제는 큰 모험이 된다. 연구 개발 자원이 미래 기술로 쏠릴수록 TSMC가 생산하는 웨이퍼 생산 단가는 높아질 수밖에 없기 때문이다. 그렇다고 대형 고객사의 요구에 대응하는 현업 위주의 연구 개발 전략을 언제까지나 끌고 가기도 어렵다. 애플은 물론 엔비디아 같은 대형 고객사의 비즈니스가 지속 가능하지 않은 방향으로 흐르면 TSMC도 같이 위기를 겪게 된다.

TSMC가 앞으로도 파운드리 비즈니스를 지속하려면 TSMC를 지금의 위치에 올려 준 연구 개발 전략이 계속 통하게 만들어야 하고 애플, 엔비디아 같은 현재의 대형 고객은 물론 앞으로 그 자리를 차지할 고객을 발굴할 수 있어야 한다. 그러나 그 미래의 파트너는 모습이 아직 뚜렷하지 않다. 아마도 TSMC가 갖는 가장 큰 고민은 미래 고객이 중국에서 나타나기 시작하는 시점에서 과연 그 고객을 새로운 파트너로 맞아 미국의 제재 대상이 되는 일을 감수하면서 중국으로 완전히 무게 중심을 옮길 것인지, 아니면 대중 제재에 계속 동참하면서 그 파트너가 중국 내에서 TSMC의 경쟁자가 될 새로운 파운드리 업체와 거대한 클러스터를 이뤄내는 것을 그저 지켜만 볼 것인지 사이에 있게 될 것이다.

파운드리 편중의 약점

산업의 성장은 밑바닥부터 시작한다. 산업 성립을 위한 가치 사슬이 있어야 하고 그 산업에 특화된 전문 인력 양성 시스템이 갖춰져야 한다. 모자란 자원은 수입하고 부족한 기술은 라이센싱할 수도 있지만, 그것만으로 공백이 다 메꾸어지는 것은 아니다. 산업이 온전히 뿌리 내릴 수 없기 때문이다. 또한 고유한 경계 안에서만 독립적으로 존재할 수 있는 산업이란 현 시대에는 존재하지 않는다는 것도 기억해야

    3장 자유 무역 파운드리 전쟁

한다. 자유 무역주의를 언급하지 않더라도 이는 충분히 납득 가능한 일이다. 현대 경제 국가는 고수익성 산업의 부가 가치를 높이기 위해 상대적으로 경쟁력이 약한 영역은 외주를 주거나 수입으로 대체한다. 예를 들어 석유 산업만 해도 이러한 분화가 나타난다. 지층 탐사를 위해 위성과 발사체 기술이 필요하고 그를 위한 항공 우주 산업이 필요하다. 시추를 위해 지질학과 토목 공학이 필요하며 원유 처리를 위해 공정 장비를 제작할 기계 공업, 수송을 위한 파이프 제조를 위해 금속 산업과 조선업, 그리고 플라스틱 제품 생산을 위해 화학 공업이 필요하다. 이는 종국에는 산업 네트워크 형태로 성립한다.

네트워크 학문 관점에서 보았을 때 연결이 지나치게 촘촘한 네트워크는 외부 충격에 약하다. 도미노를 생각해 보자. 촘촘하게 배열된 도미노들은 작은 도미노 1개가 쓰러지는 것만으로도 연쇄적으로 무너질 수 있다. 이는 네트워크 시스템의 안정성을 분석하는 좋은 비유다. 예를 들어 2009년 글로벌 금융 위기의 원인 중 하나는 금융 시스템의 편의성을 위해 지나치게 촘촘하게 연결되었던 금융 기관들의 지급 보증 네트워크에 숨어 있던 부실 채권 같은 취약성이 작은 충격에 의해 전염, 증폭되었기 때문이었다. 그렇지만 현대 산업이 구성하는 네트워크는 오작동의 증폭을 막는 브레이크가 곳곳에 설치되어 있다. 그중 하나는 충격 전달의 시간차를 늘리는 것이다. 네트워크 내각 지점, 즉 노드(node) 사이에 신호를 전달하는 것에는 물리적 시간이 걸린다. (산업 네트워크에서 말하는 노드는 각 도메인 산업을 의미한다.) 그 시간이 충분히 길다면 도미노가 연쇄적으로 무너지는 것을 막을 기회를 얻을 수 있다. 이것을 산업 네트워크에서는 '공급망 재편' 혹은 '공급망 다변화'라는 개념으로 통칭한다.

충격에 잘 대비된 네트워크는 위험이 통제된다. 위험의 통제는 네트워크 내에 노드의 개수를 늘리면 더 잘 될 것처럼 생각된다. 분자를 위험도로 본다면 분모는 노드의 숫자로 생각할 수 있고 그러면 평균 위험도, 즉 분자 나누기 분모는 분모가 커질수록(노드 개수가 많아질수록) 작아질 것이기 때문이다. 따라서 네트워크의 강건성을 위해 더 많은 노드를 포함시키는 것은 언뜻 생각하면 합리적인 아이디어로 보인다. 그런데 여기에는 함정이 있다. 그것은 노드가 많다고 무조건 좋은 것만은 아니라는 것이다. 다시 한 나라의 산업 네트워크를 생각해 보자. 그 나라는 산업 경쟁력을 강화하기 위해 산업 네트워크에 배치할 수 있는 노드와 노드를 연결하기 위해 자원을 투입해야 한다. 국가 자원은 한정되어 있으므로 투입할 수 있는 자원은 무한이 아니다. 따라서 노드 숫자와 노드 간 연계의 가짓수에도 한계가 있다. 산업 정책의 핵심 과제 중 하나는 산업 네트워크 안에서 상대적으로 더 중요한 산업을 선별하고 그 산업의 경쟁력을 체계적으로 끌어올리는 것이다. 또 다른 과제는 그렇게 하기 위해 산업 간 연결을 설계할 때 더 높은 부가 가치를 만들어 낼 조합이 무엇인지를 찾아내는 일이다. 이는 국내 정책뿐만 아니라 대외 경제 상황의 변동도 고려해야 하는 문제다. 왜냐하면 한 나라에서 생산된 잉여 재화는 수출되어야 하는데 수출은 경쟁 시장이기 때문이다. 관건은 연계 방법이 노드 개수의 제곱에 비례하기 때문에 노드 개수가 조금만 늘어도 고려해야 하는 연계 조

합의 수가 너무 많아진다는 점이다.[9] 그래서 네트워크 내의 노드 수와 연계 방안 최적화는 쉬운 문제가 아니다.

어느 하나의 슈퍼 노드에만 의존하는 네트워크는 장단점이 뚜렷하다. 슈퍼 노드, 즉 매우 수익성이 높은 산업이 잘 작동하면 국부가 늘어난다. 그렇지만 그 산업이 잘 작동하지 않으면 그 슈퍼 노드에 쏠린 자원 때문에 시스템 전체가 안 좋은 방향으로 흘러갈 수 있다. 반도체 강국 대만은 한국보다도 훨씬 더 높은 집중도로 반도체 원툴(one-tool)이나 마찬가지인 산업 경제 구조로 고도로 진화하고 있다. TSMC로 대표되는 대만의 반도체 제조업은 세계 최고 수준이고 당분간 경쟁자들의 범접을 허용하지 않을 정도로 높은 기술적 장벽을 만들고 있다. TSMC의 기술력뿐만 아니라 나이트호크(night hawk)라는 표현으로 대표되는 3교대 트러블슈팅형 연구 개발 조직,[10] 한 몸처럼 움직이는 석박사급 엔지니어들, 협력사들의 엔지니어까지도 일종의 패밀리가 되는 것 같은 독특한 근무 문화는 같은 동아시아 유교 문화권의 한국이나 일본마저도 흉내 내기 어려운 수준이다. TSMC라는 슈퍼스타 기업, 반도체라는 슈퍼스타 산업이 있는 대만의 경제 산업계는 TSMC와 반도체 산업이 다같이 잘 나가는 상황에서는 전도유망하다. 특히 인공 지능에 막대한 투자가 끝없이 이어지는 것 같은 상황에서는 대만의 국제적 위상과 영향력이 함께 커질 수 있다. 세계 각국이 대만과 반도체 및 인공 지능 분야에서 더 많이 협력하기 위해 관계 재정립에 나설 것이기 때문이다. 대만의 반도체 제조업 경험을 공유해 주길 바라며 TSMC나 UMC 같은 기업이 해외에 팹을 건설해 주기를 간청한다. 그러나 TSMC와 반도체라는 원툴은 대만에게도 언제든 독이 될 수 있다.

대만의 우위는 지속될까?

TSMC가 주도하는 생산하는 3나노 이하급 로직 반도체 양산 능력은 엔비디아 GPU나 AMD의 CPU, 애플 실리콘, 심지어 인텔 CPU나 GPU 물량의 위탁 생산을 대부분 점유하며 독점 구도를 굳힌다. 그렇지만 TSMC의 독점적 지위는 미국 정부가 반도체 공급망이 한 기업에 과도하게 의존하고 있다고 경계하게 한다. 미국에게 반도체는 냉전 시대부터 민군 이중 용도의 핵심 기술이자 국가 안보와 분리해서 생각할 수 없는 항목이기 때문이다. 대만과 TSMC의 영향력이 커지면 미국은 공급망 보호를 위해 대만에 직접적으로 관여해야 할 상황이 더 많이 일어날 수 있다. 그러나 너무 커지는 영향력은 장기적으로 미국 정부로 하여금 대만에 집중된 공급망 리스크를 어떤 방식으로든 완화해야 한다는 동기를 부여한다. 실제로 미국은 이미 2022년 이후 TSMC가 더 큰 규모의, 그리고 더 최신 공정을 갖춘 팹을 미국 현지에 건설하도록 압박의 수위를 높이고 있다.

TSMC 입장에서는 이미 공급망과 인재 확보 생태계가 대만 내에 갖춰진 상황에서 해외로 팹을 확장하는 것, 특히 선단 공정을 갖춘 첨단 팹을 신설하는 것은 불필요한 투자다. 이는 해외 정부가 수십억 달러의 직간접적 보조금을 제공하더라도 큰 차이가 없다. 그러나 안보 위기의 가능성이 상존하는 대만으로서는 미국이 요구하는 반도체

    3장 자유 무역 파운드리 전쟁

팹 신설과 직접 투자를 외면하기 어렵다. 그 결과 TSMC는 운영 비용 증가라는 현실과 맞닥뜨려야 한다. 더구나 미국이 추구하는 공급망 다변화는 어디까지나 미국 내에서 이루어지는 방식이므로 TSMC 미국 공장은 점차 미국화되는 경로에 들어설 가능성이 높다. 이러한 상황에서 반도체 경기가 인공 지능발 투자 거품 붕괴, 중국발 과잉 생산으로 인한 디플레이션, 미중 무역 갈등 등으로 점차 악화되면 TSMC의 파운드리 경쟁력은 그 지속 가능성을 장담할 수 없다. TSMC의 경쟁력 악화는 반도체 산업이라는 슈퍼스타에 의존하는 대만 경제 산업계에도 악영향을 준다. 대만을 이끌고 있는 반도체, 전자, IT 기업 대부분이 TSMC와 촘촘하게 연결된 도미노 같은 상황이기 때문이다.

대만의 파운드리 산업이 미국의 전략에 전적으로 협력하지 못할 경우 기술 제재가 이루어지는 최악의 시나리오도 고려해야 한다. 중국에 취하는 수준의 전면적 제재까지는 아니겠지만, 이러한 조치는 대만 파운드리 산업의 취약점을 노린 방식으로 작동할 수 있다. 2025년 하반기 트럼프 정부는 중국 현지에서 반도체 팹을 운영하는 해외 회사들에게 주요 반도체 장비 신규 반입은 물론 기존 장비의 유지 보수도 중단한다는 VEU 강화 방침을 발표했다. 이러한 상황에서 TSMC 같은 업체들은 중국 매출을 줄이면서 글로벌 매출 밸런스를 맞추고 이에 더해 국가 안보와 연계를 위해 미국을 비롯한 해외로 파운드리 팹을 분산시키는 정책을 펼치고 있다. 그러나 근본적으로 대만 파운드리 업체들은 공정 장비와 소재를 대부분 미국, 일본, 네덜란드 같은 해외 공급망에 의존한다. 특히 네덜란드의 ASML가 생산하는 극자

  차이나 반도체 라이징

외선/심자외선 노광기, 미국의 어플라이드 머티어리얼즈나 램 리서치에서 생산하는 HARC 같은 식각 장비 등의 의존도는 100퍼센트에 가깝다. 이러한 고성능 공정 장비 의존도는 대만 파운드리 산업의 구조적 약점이다.

대만 반도체 산업, 특히 파운드리가 보이는 지배력의 지속 가능성은 인공 지능 투자 규모가 줄거나 글로벌 경제 상황이 바뀌는 등의 변수에도 흔들릴 수 있지만, 자체 인프라 확충 측면에서도 불안정성이 존재한다. 예컨대 전력 인프라(전력망, 발전소), 용수 인프라(산업용수 공급 및 처리 시설), 신재생 에너지를 포함한 비탄소 전력원의 대규모 확충이 모두 필요하다. 여기에 정밀 기계 공업과 조선업 같은 기반 제조 역량까지 뒷받침되어야 한다. 문제는 대만이 처한 상황은 이러한 다양한 인프라 산업을 반도체와 연계해 발전시킬 수 있는 생태계가 취약하다는 것이다. 대만도 향후 반도체 팹과 AIDC의 확충으로 전력 수요가 급증할 것임에도[11] 안정적인 기저 전원은 이제 화력 발전밖에 없다. 대만 내 반핵 여론은 여전히 강하고 2025년 5월 마지막 남은 대만의 마안산 2호기 원전은 가동을 멈추고 폐로 단계에 돌입했다. 한때 대만 발전량 전체의 절반 이상을 차지했던 원전은 이제 대만의 반도체와 인공 지능 산업에 전력을 공급할 수 없다. 원전을 대체하기 위한 비탄소 배출 전원 확보도 쉽지 않은 상황이다. 산지 비율이 높은 지형적 특성 때문에 대규모 태양광 발전 단지를 확장할 여력도 한계가 명확하다. 대만 정부는 해상 풍력 발전을 대안으로 고려하나, 주로 대만 중부 앞바다의 좁은 대륙붕에 건설되는 풍력 발전 단지는 중국

　　　　　　　　　　　　　　　　　3장 자유 무역 파운드리 전쟁

과 너무 가까워진다는 약점이 있다. 또한 대만은 지난 10년간 물 공급량이 7퍼센트나 감소했을 정도로 만성적 물 부족에 시달리고 있으며, 국가 전력망은 신재생 에너지에 적합한 수준으로 보기 어려울 정도로 낙후되어 있다.

산업적 기반은 물론 인프라에도 취약점이 명확한 상황에서 대만이 전통적으로 고려할 수 있는 파트너 국가는 일본이다. 그러나 일본도 잃어버린 30년을 거치며 제조업과 첨단 산업에서 경쟁력을 잃고 있다. 심지어 2024년 이후 1인당 GDP가 오히려 대만에 역전되는 형국이 되었다. 일본의 빈자리를 원가 경쟁력을 앞세운 중국 업체들이 차지해 나가고 있지만, 급격하게 바뀌는 미중 패권 전쟁 속에 중국 업체들과 더 깊은 산업 연계망을 추진하는 것에도 현실적인 한계는 있을 수밖에 없다. TSMC는 더 이상 화웨이나 샤오미 같은 중국 IT 기업들의 반도체 생산 위탁 주문을 늘리기 어렵다. 대만이 처한 상황, 그리고 그로 인한 고민이 한국에 시사하는 바는 명확하다. 슈퍼스타급 산업 하나에만 치중하는 것은 경제 산업 맥락에서 매우 위험하다는 것이다. 대만의 반도체 산업, 특히 파운드리 산업은 그 존재만으로 호국신산이라는 별칭이 어울린다. 그러나 그 거대한 신산에 산사태가 발생하면 그로 인한 피해도 그만큼 커진다. 대만이 취하는 파운드리 일변도 전략은 장기적으로는 반도체를 기반으로 한 도메인 특화 산업 전략으로 다변화될 수 있어야만 유효할 것이다.

일본의 재도전

일본 반도체의 재기 전략

일본은 2010년대 들어 자국에서 글로벌 수준으로 첨단 로직 반도체를 생산하는 업체들이 모두 퇴장한 상황이다. 일본 정부는 국가 경쟁력을 확보하기 위해 2020년대 들어 전국 곳곳에 반도체 팹을 구축하려는 정책에 집중하고 있다. 이중 정책적 지원이 집중되는 양대 축으로 한때 '규소 섬(Silicon Island)'으로 불리던 규슈 남부 구마모토에 위치한 TSMC의 합자 회사인 일본 첨단 반도체 제조(JASM) 파운드리, 그리고 홋카이도 지토세 인근에 건설 중인 라피더스(ラピダス, Rapidus) 컨소시엄의 파운드리 팹이 있다. 라피더스는 2022년 말 일본 경제 산업성(경산성)이 주도해 구성된 산학 연관 컨소시엄을 모체로 삼는 파운드리 업체로서 2027년 상반기까지 2나노급 시스템 반도체 양산을 목표로 발족한 대형 국가 프로젝트다.

이 프로젝트에는 일본 정부뿐만 아니라 소니, 키오시아(キオクシア, KIOXIA), 도요타, 덴소 같은 기업, 이화학 연구소(RIKEN)와 도쿄 대학교 같은 연구소·대학, 미쓰비시 UFJ 파이낸셜 그룹(MUFG) 같은 금융 기관, 그리고 미국의 IBM 등이 주체로서 참여하나 투자의 95퍼센트 이상은 일본 정부가 담당한다.[12] 따라서 사실상 라피더스는 마치 TSMC 설립 초기와 같은 공기업 형태로 시작하는 셈이다. 그러나 양산이 가능한 팹의 구축을 위해 필요할 것으로 추정되는 최소 5조 엔(약 46조 원) 규모의 자금 확보가 쉽지 않고 무엇보다 기존의

TSMC, 삼성전자 파운드리, IFS 등과 경쟁할 기술적 노하우가 충분히 쌓이지 못한 상황에서 프로젝트가 진행된다는 점은 일본 반도체 산업계의 우려를 낳았다. 그럼에도 이 2나노급 공정 단일 라인 파운드리 팹 실험은 일본의 반도체 권토중래를 위한 핵심 프로젝트로 지원이 지속될 것이다. 이 프로젝트가 일본에게 쇠락한 반도체 산업을 다시 살리기 위한 수단 이상의 의미를 갖기 때문이다.

일본 정부가 그리는 큰 구상은 두 가지다. 앞으로 지정학적 불확실성이 커질 첨단 반도체 제조 가치 사슬에서 일본이 위험 분산의 한 축으로 다시 일정한 지위를 회복하는 것, 그리고 미국이 대만 의존을 낮추기 위해 추진하는 반도체 제조 공급망 다변화 전략에서 일본이 주요 파트너로 자리 잡는 것이다. 일본의 2나노급 파운드리 팹은 계획된 규모로 추정할 경우 글로벌 매출 점유율 2퍼센트를 넘기기 어려울 것으로 예상된다. 그러나 단일 라인을 활용한 공정 기술 개선 효과 극대화, 단일 웨이퍼(single-wafer) 가공 방식을 이용한 초고성능 고객 맞춤형 로직 반도체 생산이라는 틈새시장 전략이 차별성을 만들 것으로 일본 정부는 기대하고 있다. 초기 파운드리 팹을 시작으로 반도체 제조 전문 인력 양성을 재개하고 이를 기반으로 추가적으로 제2, 제3 팹으로 이어지는 비즈니스 모델을 만드는 것이 일본 정부가 추진하는 파운드리 산업 부활 전략의 골자다.

라피더스 프로젝트라는 실험

라피더스 프로젝트는 일본 반도체 산업 부활의 양대 축 중 하나다. 반

　　　　　　　　　　　　　　　　　　차이나 반도체 라이징

도체 생태계를 되살리려는 일본 정부 입장에서 명운을 걸고 투자하는 이 프로젝트는 그래서 일본판 대마불사나 마찬가지다. 실제로 이 사업에 집중된 일본 정부의 직간접적인 지원 정책은 라피더스 프로젝트를 양산 단계로 진입하도록 가속하고 있다. 문제는 가속화가 실현되는지 여부와는 별개로 라피더스가 글로벌 파운드리 시장에서 가질 영향력에는 근본적인 한계가 있다는 점이다.

2025년 7월 공시 자료에 따르면 라피더스는 2023년 9월 홋카이도 지토세 지역에 첫 번째 팹(IIM-1 팹) 착공을 시작했고 불과 8개월 만인 2024년 4월 팹의 골조와 클린룸(cleanroom), 그리고 기본 공정 장비 도입을 완료했다. 이와 동시에 라피더스는 일본 반도체 업계 최초로, 그리고 양산 팹 기준으로는 세계 다섯 번째로 네덜란드 ASML의 극자외선 노광 장비를 2024년 12월에 도입했다. (2024년 12월 18일에 장비 설치식까지 개최했다.) 게다가 이들은 그 이전 세대인 ArFi 심자외선 노광 공정도 양산 수준에서 운용 경험이 미미한 상황에서 장비 도입 4개월도 채 안 된 2025년 4월 1일 파일럿 생산을 위한 라인 가동을 시작했다. 더 놀라운 점은 이들이 라인 가동 개시 3개월 만인 2025년 7월 중순 첫 GAAFET 기반 웨이퍼의 전기적 특성(즉 소자로서 작동을 한다는 최소한의 테스트용 신호) 측정에 성공했다고 보고한 것이다.

라피더스의 공시 자료에서 주목할 것은 세 가지 과업의 완수 속도다. 첫 번째는 팹의 완공 속도다. 착공부터 준공까지 불과 8개월밖에 안 걸렸다. 통상 소요되는 2년가량의 시간보다 3배 이상을 압축한 셈이다. 두 번째는 극자외선 노광 장비 도입 후 공정 안정화까지의 속도

다. 도입 후 파일럿 라인 가동까지 불과 100일 정도밖에 안 걸렸다. 세
번째는 극자외선 노광 공정 시험 가동 후 첫 번째 테스트 웨이퍼 생산
까지 다시 불과 100일밖에 안 걸렸다는 것이다. 이러한 과정들이 얼
마나 빠른 속도로 이루어진 것인지 알기 위해서는 TSMC나 삼성전
자 파운드리 팹이 극자외선 공정 안정화에 걸린 시간을 비교해 보면
된다.

극자외선 노광 장비는 팹에 도착한 후에도 설치와 안정화에만 최
소 6개월 이상 시간이 걸린다. TSMC가 3나노 공정에서 극자외선 노
광 장비를 최초로 도입했을 때도 최소 30주에서 50주, 삼성전자의 경
우 1년이 넘는 시간이 걸리기도 했다. 물론 극자외선 빔을 성공적으
로 웨이퍼 표면으로 유도해 반사식 마스크를 통해 패터닝하는 공정
자체는 그리 많은 시간이 걸리지 않지만, 라피더스 팹은 연구 개발 전
용 팹이 아니다. 엄연히 '양산'을 목적으로 운영되는 팹이기 때문에 초
기 수율 안정화에 많은 시간이 걸리는 것을 피하기 어렵다. 공시 자료
를 그대로 받아들인다면 라피더스는 TSMC나 삼성전자가 통상 소
요로 했던 공정 안정화 기간을 3분의 1에서 4분의 1 이하로 단축해 극
자외선 노광 공정을 양산 수준으로 올려 놓은 셈이다. 물론 이를 있는
그대로 받아들이기는 어렵다.

공시 자료에서 얻을 수 있는 힌트는 라피더스의 파운드리 공정 방
식이 TSMC나 삼성전자 파운드리와는 다르다는 것이다. 라피더스는
파운드리 공정에 단일 웨이퍼 방식을 채용하고 있다. 이는 TSMC나
삼성전자 파운드리가 주로 배치(batch) 방식을 사용하는 것과 구분된

　　　　　　　　　　　　　　　　　　　　차이나 반도체 라이징

다. 비유하자면 다른 파운드리 업체들이 현대자동차나 도요타 같은 양산 라인을 가지고 있는 회사라면, 라피더스는 람보르기니나 페라리 같은 슈퍼카를 수작업으로 사람이 직접 조립하며 만드는 것과 비슷하다. 이는 단순히 공정의 차이를 설명하기 위한 비유가 아니다. 왜냐하면 람보르기니 같은 슈퍼카는 일반적인 양산 차량보다 10~20배 이상 비싼 단가를 유지할 수 있기에 그러한 수작업 위주의 공정도 수익성이 보장되기 때문이다. 문제는 라피더스 팹이 실제로 람보르기니급의 슈퍼카 같은 웨이퍼를 만들 가능성은 낮다는 것이다.

단일 웨이퍼 방식으로 운영되는 팹은 배치 방식을 채용한 팹과 여러 면에서 다르다. 예를 들어 극자외선 노광 공정 데이터부터 다르다. 단일 웨이퍼 방식에서는 한 번에 한 장씩 웨이퍼를 생산해 데이터 수준 변동이 큰 반면, 배치 방식에서는 여러 장의 웨이퍼가 동시 확보되어 데이터 품질이 비교적 일정하게 유지되기 때문이다. 단일 웨이퍼 방식에서는 노광 공정을 몇 번 거친 웨이퍼 중 적절한 실측 데이터가 나온 샘플을 위주로 공정 스펙을 공시할 수 있다. 이러한 방식이 정직하지 못하다는 뜻은 아니다. 문제는 이런 방식은 애초에 라피더스가 목표로 한 '양산'과는 거리가 멀다는 것이다. 즉 단일 웨이퍼 방식으로 노광 공정을 했다는 발표는 사실상 기술 마케팅 차원에서 이루어진 홍보에 가깝다.

1기 팹의 완공이 놀라운 속도로 이루어졌다는 사실 역시 있는 그대로 받아들이기는 어렵다. 착공부터 완공까지 채 1년이 안 걸린 것은 애초에 팹의 규모가 작았기 때문이다. 월 1만 장 이하급의 소형 팹은 연구 개발 위주의 팹과 규모면에서 별로 차이 나지 않는다. 팹의 규모가 작으면 장비 도입 대수도 작고 설치나 안정화 시간도 그만큼 단축된다. 오히려 팹 완공 후 극자외선 노광기 설치가 신속하게 이루어진 이례적 상황에 주목해야 한다. 이 역시 대량 생산이 아닌 소규모 단일 웨이퍼 생산을 목적으로 이루어진 것이기 때문이다. 즉 팹 내부의 공정 장비 배치가 오로지 극자외선 노광기를 중심으로 구성되었을 것임에 주목할 필요가 있다. 양산 활용성을 고려한 다른 장비들의 배치와 연속 공정 최적화는 뒤로 밀리고 오로지 극자외선 노광 공정의 초기 데이터를 최대한 이른 시점에 확보하기 위한 방식이라는 뜻이다.

2022년 라피더스 프로젝트 출범이 처음 발표되었을 때 많은 일본 반도체 전문가가 회의적 반응을 보인 이유는 라피더스에서 목표로 하는 2나노 공정이 일본에서 이미 오래전에 대가 끊긴 18나노 공정 이하와 2나노 공정 사이의 징검다리를 모두 건너 뛰는 방식(frog leaping)을 내포했기 때문이었다. 현재 단계에서 갑자기 열 단계 이상 건너뛰면서 기술적 내공을 쌓을 획기적인 방법이 있다면 그것을 마다할 기업은 없을 것이다. 그러나 TSMC를 비롯한 주요 파운드리 업체들이 시간이 걸리더라도 성숙 공정부터 공정 경험을 충분히 쌓는 과정을 거쳐 가는 답답한 행보를 보이는 것에는 그럴 만한 이유가 있다.

예를 들어 극자외선 전 세대인 심자외선 노광 공정이라고 하더라도 단위 공정은 별로 다르지 않다. 특히 웨이퍼를 배치 단위로 노광–식각(LE) 공정을 반복해 패터닝 수율을 높게 유지하는 것은 충분한 경험과 데이터가 쌓이지 않으면 확보하기 어려운 노하우다. 18나노부터 2나노까지 중간에 징검다리처럼 존재하는 여러 공정 세대는 단순히 점진적 한계 돌파를 위한 기술 전략이 아니다. 각 세대는 다음 세대로 가기 위해 필히 확보해야 할 기술적 베이스캠프 역할을 한다. 특히 한 자릿수 나노 공정부터는 심자외선에서 극자외선으로 근본적인 포토 리소그래피(photolithography) 기술 전환이 요구될 뿐만 아니라 광학 장치도 바뀌며 트랜지스터 게이트를 구성하는 금속 산화물이나 감광재를 포함한 반도체 소재도 근본적으로 바뀌어야 한다. 이 과정에서 단순히 공정의 기술적 시현 가능성뿐만 아니라 그 공정을 원하는 팹리스 고객들이 설계한 칩의 성능과 공정을 동시 최적화해야 하는 DTCO 요구 조건까지 모두 고려해 공정 세대의 진보가 차근차근 이루어져야 한다.

라피더스가 이러한 징검다리를 한두 개도 아니고 열 단계나 건너뛰겠다는 계획을 발표했을 때 라피더스에게도 믿을 구석이 없던 것은 아니었다. 라피더스는 미국의 IBM과 2나노 공정에 반드시 필요할 것으로 예상되던 GAAFET 기술 라이선스 도입에 합의했고 네덜란드 ASML이나 벨기에 IMEC과도 노광·소재 기술 개발을 함께할 협력 기반을 다져 두었다. 그렇지만 이 과정에서 라피더스가 자체적으로 반드시, 더구나 단기간에 확보해야 하는 기술적 노하우를 뒷받침할 전문 숙련 인력을 충분히 확보할 수 있는지에 대해서는 명시되지 않았다.

라피더스 공시 자료에서는 극자외선 노광 공정을 끝낸 초기 웨이퍼의 전기적 특성을 확인했다는 언급이 있다. 그러나 구체적인 측정 수치는 공개되지 않았다. 라피더스가 정말 충분한 수준의 극자외선 노광 공정 기술을 확보했다면 웨이퍼의 전기적 특성을 공개하는 것이 순리였을 것이다. 팹리스 고객이라면 의당 가장 알고 싶어할, 극자외선 노광 공정의 패터닝을 거친 웨이퍼 품질 수준이 곧 기술력을 증명하는1차적 데이터로 간주되기 때문이다.

고객사를 모집하기 위해서는 여기에 더해 2차적 데이터도 필요하다. 예를 들어 10나노미터 내외의 크기로 패터닝된 구조물의 품질 지표인 선예도/선폭 거칠기(LER/LWR), 물리적 크기 균일도(CD/CDL uniformity), 오버레이 균일도(overlay uniformity), 입사 광량(power exposure & dose) 같은 실측 데이터를 공개하는 것이 전략적으로 당연한 수순이다. 그래야 잠재적인 팹리스 고객에게 2나노 공정 기술이 충분히 경쟁력 있는 수준에 이르렀음을 증명할 수 있기 때문이다. 그렇지만 라피더스는 2나노 패터닝에 관련한 자세한 수치도 공개하지 않았다. 이는 특허 검색 결과에서도 확인된다. 2025년 8월 기준으로 국내외 특허 검색 포털에서 라피더스가 작성한 문서를 찾아 보면 2나노 공정과 관련된 기술 특허 문건이 수 건 검색되나, 대부분 공정 통합 수준의 권리항만 청구할 뿐 구체적인 공정 매개 변수(게이트 스택(gate stack) 구성, 리소그래피 마스크(lithography mask) 설계, 금속 산화물(metal-oxide) 소재 등)가 기재된 것은 확인되지 않는다.

라피더스 파운드리의 향방

라피더스 프로젝트는 인상적일 정도로 빠르게 완공된 팹, 첫 시도에
도 단번에 안정화된 극자외선 노광 공정, 그리고 바로 공개된 시제품
웨이퍼 같은 중요 이정표(milestone)를 보였음에도 여전히 파운드리 업
체로서 지속 가능성은 확보하기 어려워 보인다. 이는 단일 웨이퍼 위
주의 생산 전략이 갖는 구조적 한계 때문이다. 1기 팹 규모가 상대적
으로 작고 고객 생태계가 충분히 형성되지 않았다는 점을 감안하면
단일 웨이퍼 생산 전략이 사업적으로 완전히 비현실적인 것은 아니
다. 예를 들어 단일 웨이퍼 공정은 배치 공정보다 설계-제조 사이의
턴어라운드(turnaround) 시간을 대폭 단축할 수 있다. 인공 지능 분야
로 거대한 투자가 물밀 듯 들어오는 상황에 분초를 다투며 AI 연산
가속기를 하루라도 빨리 세상에 내놓고 싶어하는 팹리스 회사 입장
에서는 양산에 돌입하기 전에 소규모로 자신들의 칩 설계가 정말 원
하는 수준의 성능으로 구현되는지 확인하기 위한 용도로 이렇게 턴
어라운드 시간이 짧은 파운드리를 이용하는 것은 합리적인 선택이
될 수 있다. 라피더스는 이러한 잠재적 고객을 대상으로 턴어라운드
시간을 15일로 단축할 수 있다는 자료도 공개했다. 특히 세레브라스
시스템즈(Cerebras Systems)처럼 웨이퍼 전체를 하나의 칩으로 구현하
려고 시도하는 일부 AI 반도체 설계 업체들에게 단일 웨이퍼 방식은
최적일 수도 있다.[13]

　라피더스는 이러한 방식을 통해 생산되는 웨이퍼가 마치 고가의
예술품 같다는 뜻에서 '파인 아트 웨이퍼(Fine Art Wafer)'라는 별칭으

로도 부른다. 그러나 앞서 언급한 것처럼 슈퍼카를 수작업으로 만드는 것이나 마찬가지인 단일 웨이퍼 공정은 배치 방식에 비해 여러 문제점에서 자유로울 수 없다. 가장 큰 문제점은 매우 저하될 양산 속도, 즉 스루풋(throughput)이다. 다른 회사들이 한 공정에서 25~50장 단위의 웨이퍼를 생산할 때 라피더스는 단일 웨이퍼 생산 방식으로 웨이퍼를 한 번에 한 장씩만 만들 수 있다. 이렇게 만들면 로딩(loading), 언로딩(unloading), 퍼니스 사이클(furnace cycle) 같은 단위 공정을 훨씬 더 빈번하게 반복해야 하므로 공정 스루풋은 배치 방식에 비해 10분의 1 수준으로 저하된다. 그러면 웨이퍼 한 장당 공정 운영 비용(OPEX)도 그에 비례해 증가한다. 이뿐만이 아니다. 반도체 공정 장비는 도입된 이후 일단 스위치를 누르는 순간부터 바로 감가상각이 시작된다. 문제는 이렇게 한 장당 OPEX가 높은 단일 웨이퍼 방식을 채용하면 웨이퍼 한 장에서 확보해야 하는 수익 부담이 그만큼 커진다는 것이다.

두 번째 문제는 일관성(uniformity)이다. 단일 웨이퍼 방식은 한 장씩 단위 공정을 거치는 것뿐만 아니라 검사도 한 장씩 하면서 에러 체크를 반복한다. 이렇게 하면 전반적인 공정 속도도 느려질뿐더러 한 번 공정할 때마다 확보되는 데이터의 편차가 커진다. 품질 관리를 위해 데이터가 갖춰야 할 최소한의 통계적 유의성을 확보하기 어려워지는 것이다. 예를 들어 첫 공정을 거친 웨이퍼에서 에러 파트가 세 곳에서 나왔고 두 번째 공정을 거친 웨이퍼는 다섯 곳, 일곱 번째 공정을 거친 웨이퍼는 네 곳에서 나왔다면 평균은 네 곳이라고 할 수 있다. 그러

차이나 반도체 라이징

나 50장 단위로 진행되는 배치 공정에서는 똑같이 평균이 네 곳에서 나왔더라도 표준 편차는 훨씬 줄어든다. 50장의 웨이퍼가 동일한 공정을 동시에 거쳤기 때문이다. 이와는 대조적으로 단일 웨이퍼 방식은 한 장씩 단위 공정을 거치기 때문에 같은 공정 조건이라고 하더라도 웨이퍼마다 성능 수치가 다르게 나올 가능성이 높다. 더구나 라피더스가 채용하는 2나노 공정은 핀펫도 아니고 GAAFET을 채용하는데 이 경우 단위 공정 개수가 늘어나므로 웨이퍼 품질 일관성이 더 들쭉날쭉해질 가능성이 높다.

물론 앞서 언급했듯 단일 웨이퍼 방식만의 장점이 없는 것은 아니다. 웨이퍼 상태를 한 장 단위로 확인할 수 있으므로 칩 설계나 공정 기술에 대한 되먹임 주기가 짧아져 기술 진보를 가속할 수 있다. 그러나 라피더스는 처음부터 양산을 목표로 시작된 프로젝트임을 생각해야 한다. 단일 웨이퍼 방식으로 접근할 경우 라피더스는 수익률 확보를 위해서라도 배치 위주 방식을 채용하는 경쟁 파운드리 회사보다 훨씬 더 높은 공정 수율을 확보해야 한다. 예를 들어 TSMC 3나노(N3) 공정은 2023년 초기 수율이 55퍼센트 정도로 시작되었고 양산 단계에 들어와서는 60~80퍼센트에 육박하고 있으며 삼성전자 파운드리 역시 3나노 공정부터 GAAFET을 채용하는 기술적 난제에 직면하고 있음에도 불구하고 초기 30퍼센트의 수율로 시작해 양산 단계에서 60퍼센트까지는 올라온 상황으로 알려졌다. 그렇다면 라피더스는 경쟁력 확보를 위해 적어도 70~80퍼센트 이상의 2나노 공정 수율이 필요하고, 양산 과정에서는 수율이 90퍼센트 이상으로 안정되어야만 경쟁력을 갖출 수 있다.

여기서 흥미로운 사실은 일본의 반도체 제조업은 오래 전부터 수율에 대한 과도한 집착을 보여 왔는데 그것이 라피더스에서도 재현되는 것 같은 인상이 있다는 점이다. 2000년대 삼성전자와 일본의 메모리 반도체 제조사 엘피다(Elpida)가 한참 DRAM 기술 주도권을 놓고 치열한 경쟁을 벌이던 시절 엘피다의 주 전략은 양산 수율을 단 1퍼센트라도 높여 품질 경쟁력에서 한발 앞서는 것이었다. 이를 위해 엘피다는 삼성전자보다 더 많은 검사 공정과 엄격한 수율 기준을 유지하며 무려 95퍼센트에 이르는 고수율을 달성할 수 있었다. 그렇지만 과도할 정도로 높은 수율에 맞춰진 전략은 엘피다의 생산 스루풋을 저하시키는 결과로 이어졌고 원가 경쟁력도 약화되었다. 수율에 과도하게 매달린 것이 삼성과의 메모리 반도체 치킨 게임에서 엘피다가 끝내 경쟁에서 밀려난 원인 중 하나였다는 사실은 널리 알려져 있다.[14]

물론 라피더스가 목표로 하는 시스템 반도체와 엘피다가 만들던 DRAM 같은 범용 메모리 반도체를 같은 선상에 놓고 단순 비교하기는 어렵다. 그렇지만 라피더스가 채용하는 단일 웨이퍼 방식이 슈퍼카처럼 완성도 높게, 최소의 에러율로 제작하는 것을 추구한다면 겉보기 수율은 높게 유지될지 몰라도 스루풋은 매우 낮아질 수밖에 없다는 점은 바뀌지 않는다. 과도한 수율 집착과 그 대가로 지불해야 할 양산성 저하는 결국 원가 상승의 주범이 되고 글로벌 시장에서 가격 경쟁력 확보를 어렵게 하는 결과로 이어진다.

라피더스는 지속 가능한가?

라피더스가 2025년에 시험 생산된 초기 2나노 웨이퍼를 내세워 고객사에 영업을 하기 위해서는 과연 공정 단가를 어느 정도로 책정해야 할까? 비교를 위해 TSMC 2나노 공정을 생각해 보자. 2025년 하반기 기준으로 TSMC가 고객사들에게 제시하는 2나노 공정 12인치 웨이퍼 단가는 장당 3만 달러(약 4500만 원) 이상으로 결정될 것으로 보인다. 단일 웨이퍼 방식으로 2나노 공정 12인치 웨이퍼를 제조할 경우 OPEX가 3~5배로 늘어난다고 보수적으로 가정해도 라피더스 웨이퍼는 장당 최소 9만~15만 달러(약 1억 3000만~2억 2000만 원) 정도는 되어야 채산성이 확보된다는 뜻이다. 3만 달러 수준의 TSMC 2나노 공정 웨이퍼도 과도하게 비싸서 이를 대량 구매할 고객은 애플이나 엔비디아, 구글 정도로 한정된다. 그런데 그보다 3~5배나 더 비싸진 웨이퍼를 선뜻 대량 구매할 글로벌 고객은 과연 얼마나 있을까? 라피더스 프로젝트 초기 멤버로 참여한 민간 기업들, 예를 들어 키오시아나 소니, 덴소 같은 기업이 주력 고객이 될 수 있을까?

이들은 잘 알려진 것처럼 AI 반도체, 예를 들어 GPU, NPU, 하다못해 온디바이스 AI 반도체를 만드는 기업도 아니다. 덴소나 도요타는 차량용 센서나 MCU 정도면 충분하고 소니는 CMOS 이미지 센서나 통신용 SoC, NTT는 통신용 ASIC 칩 정도가 주력이다. 이 칩들의 공통점은 2나노급 최선단 공정까지 활용할 필요는 전혀 없다는 것이다. 10나노 공정만으로도 충분하고 심지어 22나노, 40나노 같은 성숙 공정도 충분히 활용할 수 있다. 훨씬 저렴한 가격의 성숙 공정과 이

3장 자유 무역 파운드리 전쟁

미 잘 돌아가는 글로벌 양산 팹들이 세계 곳곳에 있는데 굳이 수십 배나 더 비싸고 검증되지 않은 라피더스 팹을 이용해야 할 이유가 없는 것이다. 일본 정부가 만약 라피더스 팹을 이용하는 고객사들에게 무려 90퍼센트 이상의 보조금을 지급하는 파격적인 정책을 취한다고 해도 여전히 라피더스의 웨이퍼 단가는 장당 1만 달러(약 1500만 원)에 육박한다. 이렇게 기형적인 가격 구조를 갖는 웨이퍼를 굳이 구매해야 할 특수한 이유가 있는 고객사는 별로 없을 것이다. 왜냐하면 대만 UMC 같은 파운드리만 하더라도 레거시 공정을 통한 웨이퍼를 장당 1,000~2,000달러 수준이면 충분히 확보할 수 있기 때문이다. 설사 그런 팹리스가 있더라도 대부분 스타트업일 것이므로 그들이 한 번에 주문하는 물량은 1,000장을 넘기 어렵다. 1,000장 단위의 웨이퍼 매출이 일어나도 그것은 라피더스에 이미 확정적으로 투입된 2조 3000억 엔(약 21조 3000억 원)이 넘는 CAPEX의 1퍼센트도 안 된다.[15] 적어도 본전치기라도 하려면 1,000장 단위로 웨이퍼를 주문할 수 있는 글로벌 스타트업 고객을 무려 1,000곳 이상 확보해야 한다.

라피더스 팹으로 수많은 외국 팹리스 업체를 유치하기 위해 일본 정부가 정말 90퍼센트 이상의 보조금을 지급하는 방안이 구체화된다면 그 전략은 얼마나 유효할까? 앞서 언급한 것처럼 웨이퍼 가격을 장당 1만 달러 수준으로 유지한다면 실제로 애플이나 엔비디아까지는 아니더라도 구글, 퀄컴, 아마존, 테슬라 같은 대형 고객을 유치할 수 있을지도 모른다. 그렇지만 고객사를 유치하는 과정에서 파운드리 업종이 갖는 고유한 비즈니스 메커니즘을 고려해야 한다.

팹리스 업체는 대부분 1~2개 정도의 주력 파운드리 업체와 거래하며 그 외의 옵션을 잘 고려하지 않는다. 이는 오랜 시간 파운드리와 같이 최적화해 온 DTCO로 인한 일종의 락인 메커니즘 때문이다. 즉 팹리스 업체가 비록 칩을 잘 설계한다고 하더라도 그 설계는 공정과 동시 최적화되며 파운드리에서 생산이 진행되기 때문에 설사 단가가 조금 더 저렴한 파운드리가 옵션으로 제시된다고 하더라도 팹리스 업체들은 웬만해서는 주 거래처를 잘 바꾸려 하지 않는다. 또한 TSMC나 삼성전자 파운드리의 경우 전체 글로벌 시장에서 3분의 2 이상을 점유하는 선두 EDA, IP 업체인 시높시스나 케이던스 기반으로 설계-공정 최적화가 이루어지는 반면 라피더스의 EDA+IP 공급 파트너는 3위 업체인 지멘스다. 지멘스 역시 세계적으로 충분히 영향력이 있지만, 주요 팹리스 업체들과 그 파트너인 파운드리의 생태계가 이미 시높시스나 케이던스의 EDA 위주로 대부분 구성되어 있다는 점을 고려하면 지멘스 기반의 DTCO 패키지로 기존 고객들에게 접근하는 방식이 가질 경쟁력은 뚜렷하지 않다. 양산 속도에 제한이 있는 데다가 대형 고객과 파트너십 경험이 전무한 신생 파운드리 업체를 보조금이 있다는 조건만으로 쉽게 세 번째 파트너로 삼는다는 옵션은 성립이 어려울 것이다.

사실 많은 글로벌 팹리스 업체에게 TSMC 다음으로 주로 고려되는 삼성전자 파운드리조차 TSMC의 아성을 뛰어넘지 못해 여전히 고전을 면치 못하는 현실도 팹리스 업체들의 파운드리 생태계 및 최적화 락인 효과가 그만큼 강력하기 때문이다. 비슷한 수율이나 단가만으로는 라피더스 같은 언더독 입장에서는 TSMC의 앞선 공정 최적화와 SDK, 그리고 TSMC를 중심으로 구성된 디자인 플랫폼이 제공하는 최적화 노하우로부터 주요 고객사들이 벗어나게 하기 어렵다. 또한 대형 팹리스 고객들은 이미 TSMC 같은 최선두권 파운드리와 짧게는 1년에서 길게는 3~5년 단위로 대량의 물량을 이미 선주문한 상황이기 때문에 그중 일부라도 삼성전자 파운드리 같은 2위권 업체를 건너뛰고 라피더스 같은 신생 파운드리가 가져오는 것 역시 매우 어렵다.

반복될 수 있는 일본의 비극

일본 정부 입장에서는 반도체 산업 부흥을 위해 야심차게 꺼내든 카드인 라피더스가 시장에 안착도 하기 전에 벌써부터 쇠락의 궤도에 빠지는 모습을 지켜만 보고 있을 수는 없다. 일본 정부는 2030년까지 총 10조 엔(약 93조 원) 규모의 인공 지능-반도체 분야 특화 재정 및 금융 지원책을 계획하고 있는데 이중 일부를 라피더스에 꾸준히 투자할 가능성이 높다. 이 패키지에는 라피더스로 직접 투자되는 자금 외에도 라피더스 팹을 중심으로 하는 생태계 구성을 위한 간접적 지원도 포함될 것이다.

예를 들어 일본 정부가 정부용, 군사용, 공공 기관용, 대학이나 연구소용 반도체 수요 물량을 집중적으로 라피더스에 발주하는 방안을 생각할 수 있다. 또한 수십조 원 규모의 공공 AIDC를 설립하거나, 주요 국립 대학 곳곳에 HPC 확충 사업을 지원한다든지, 방위 산업

차이나 반도체 라이징

용 인공 지능 온디바이스 칩을 만들고 항공 우주청(JAXA)에서 활용할 우주선 제어용 칩을 만드는 등 정부 발주로 인공 지능 사업을 확장할 수 있다. 하지만 그러려면 라피더스에 쏟아부은 2조 3000억 엔(약 21조 3000억 원)보다 적어도 1.5배 더 많은 자금이 추가로 투입되어야 한다.[16] 이렇게 되면 수익 회수 전 매몰 비용이 배증될 가능성이 생긴다. 즉 이미 투자된 2조 3000억 엔을 조속히 회수하기는커녕 매몰 비용이 될 수 있는 것이다.

위험을 피하기 위해 반도체 제조 수요를 인위적으로 일으켜 수익을 회수하는 방법이 거론되지만, 오히려 이러한 방법은 밑빠진 독에 불을 붓는 격이 될 가능성이 높다. 예를 들어 제조 규모 확대를 명목으로 라피더스에 3조 엔(약 28조 원)이 추가 투자되어야 한다는 계산이 나오는데 이러면 일본 정부는 최악의 경우 5조 엔(약 46조 원)의 재정 적자를 떠안을 수도 있다. 라피더스의 순이익율을 최대한 긍정적으로 20퍼센트 정도로 산정해도 일본 정부가 이미 투입한 2조 엔의 공적 자금을 10년에 걸쳐 회수하기 위해서는 연간 2000억 엔씩 순이익이 확보되어야 하므로 매출이 연간 1조 엔(약 9조 3000억 원) 이상 창출되어야 한다. 12인치 웨이퍼 단가를 TSMC와 비슷한 규모인 3만 달러로 상정할 경우 연간 70억 달러(약 10조 원) 규모의 매출을 달성하기 위해서는 연간 23~24만 장 정도의 웨이퍼, 즉 월 평균 2만 장가량의 주문량이 꾸준히 유지되어야 한다. 웨이퍼 한 장에서 대략 400~500개 정도의 칩이 생산된다고 가정하면 일본 정부 기관이나 연구소, 학계는 이 칩의 10퍼센트도 소화하기 어렵다. 민간 업체들을 포함시켜도

20퍼센트 이상은 힘들다. 결국 월 2만 장의 물량 중 최소 1.4만 장을 글로벌 시장에 공급해야만 한다. 이는 연간 50억 달러(약 7조 원) 정도의 매출을 글로벌 시장에서 일으켜야 함을 의미한다. 그런데 이러한 매출을 위해 일본 정부가 다시 90퍼센트 가까운 보조금을 지급한다면 추가적으로 45억 달러(약 6조 6000억 원)를 매년 더 투입해야 한다는 계산이 나온다. 그야말로 아랫돌 빼어 윗돌 괴기다.

라피더스가 연착륙할 다른 출구 전략은 없을까? 대형 IT 기업인 소프트뱅크와 파트너십을 맺는 방법도 생각할 수 있다. 소프트뱅크는 스타게이트 프로젝트의 자금 운용과 투자를 주관하는 기업으로서 미국 차세대 인공 지능 전략의 주축으로 자리 잡았다. 일본 정부는 회장인 손 마사요시(孫正義)를 설득해 스타게이트 프로젝트에서 필요로 하는 AI 반도체 물량의 10퍼센트 정도라도 라피더스 팹에 위탁해 달라고 요청할 수 있을 것이다. 스타게이트 프로젝트에서 계획한 초기 단계 1000억 달러(약 147조 원) 규모의 투자는 AI 반도체 및 AIDC 구축 같은 인프라 확보에 집중될 예정이다. 특히 이중 500억 달러(약 74조 원) 이상은 GPU 같은 AI 반도체 구매에 투입될 것이므로, 라피더스가 그 10퍼센트인 50억 달러(약 7조 4000억 원) 수준의 물량만이라도 확보할 수 있다면 앞서 언급한 글로벌 시장 물량의 상당수를 채울 수 있을 것이다. 그렇지만 스타게이트 프로젝트에서 일본 라피더스 팹을 주요 파트너로 볼 가능성은 높지 않다. 미국 정부는 기본적으로 반도체 생산 공급망 내재화를 목표로 한다. 따라서 50억 달러의 여유 자금이 있다면 그것을 인텔 IFS나 삼성전자의 텍사스 테일러 팹, TSMC의 애리조나 피닉스 팹 등에 우선 배정함으로써 미국 내 반도체 생산 규모를 늘리려 할 것이다. 신생 라피더스 팹에 굳이 물량을 배정할 뚜렷한 동기가 없는 셈이다. 만약 스타게이트 프로젝트의 파트너로서 라피더스가 유의미한 수준의 물량 확보에 성공한다면 그것은 경제적 이유가 아닌 안보적 동기에 입각한, 예를 들어 미일 양국의 정상간 합의 수준의 반도체 동맹 관계를 필요로 할 것이다.

일본 정부의 재정이 점차 악화되는 상황 속에서 매몰 비용이 계속 늘어나는 방향으로 라피더스를 강제 연명시키는 현재의 방식은 지속 가능하지 않다. 그렇다고 라피더스에 이미 투자된 비용을 제때 회수하지 못하는 것 역시 작은 문제가 아니다. 추가 재정 투입을 최소화하면서도 라피더스가 자립하게 만들 다른 옵션이 있을까? 잔존 가치가 남아 있을 때 인수 의사가 있는 반도체 회사를 찾아 협상을 할 수도 있을 것이다. 일본 정부가 정말 급한 상황에 몰리면 홋카이도 라피더스 팹을 JASM 제3팹처럼 활용하는 옵션도 고려할 수 있다. 우선 인수 협상 대상자로는 JASM의 모회사인 TSMC이 고려될 것이다. 문제는 TSMC도 피닉스 파운드리 팹 확장에 1650억 달러(약 243조 원)나 투자한 상황이라 홋카이도의 작은 팹까지 추가로 인수할 여력이나 동기가 뚜렷하지 않을 것이라는 점이다. 일본 정부는 2조 3000억 엔(약 21조 3000억 원) 이상 투입된 라피더스 팹을 30억~40억 달러 정도의 염가에 인수 합병할 대상자를 물색할 가능성도 염두에 두겠지만, TSMC는 그런 상황에서도 인수에 선뜻 나서지는 않을 것이다. 미국 정부나 IFS 파운드리 업체가 인수 협상 테이블에 앉을 가능성은 더욱 낮다.

그렇다고 SMIC나 화홍 반도체(華虹半導體, Hua Hong Semiconductor) 같은 중국 파운드리 업체가 인수하는 것은 일본은 물론 미국의 첨단 기술 정책상 불가능하다.

일본 정부가 택할 수 있는 옵션에 한국도 포함된다면 오히려 한일 합작으로 라피더스 팹을 양산이 아니라 첨단 반도체 시험 생산 연구 개발용으로, 또는 차세대 반도체 소재나 기초 과학 연구 전용 팹으로 탈바꿈하는 옵션도 생각할 수 있다. 필요하다면 일본 수도권이나 한국의 부산, 울산 같은 동남 해안권 혹은 용인 메가클러스터 등으로 팹을 이전하는 옵션도 생각할 수 있다. 물론 이 과정에서는 한일 양국 정부가 대승적인 협력을 하기로 합의하는 결단이 필요하다. 라피더스 인수 희망자가 하나도 나타나지 않는다면 한국과의 협력 옵션은 현실화될 수도 있다.

또 다른 현실적 옵션이 있다면 라피더스 팹을 일본 반도체 산업계가 컨소시엄을 이루어서 연구 개발에 전용하거나 아니면 아예 첨단 패키징 팹으로 전환하는 것이다. 특히 단일 웨이퍼 방식으로 라인이 구성된 특징을 고려해 고객에게 원스톱 제조 솔루션을 제공하는 방식으로 공정 트랙을 개조하고 자체 GAAFET IP와 프로세스 디자인 키트(process design kits, PDK)를 유료로 라이센싱하는 비즈니스 전략을 옵션으로 생각할 수 있다. 한발 더 나아가 인공 지능은 물론 양자 컴퓨터 실용화 및 고도화 등으로 방향을 차세대 기술 개발에 맞춰 표준화 전단계의 검증 및 초기 테스트용 웨이퍼 생산 전문 팹으로 거듭나는 방법도 있다. 이 과정에서 벨기에 IMEC의 비즈니스 모델[17]을 차용한 IMEC-Japan 전용 팹으로 사용하는 방법도 있을 것이다.[18] 일본 정부가 정말 그러한 의도가 있다면 IMEC 모델을 그대로 차용해 대만의 ITRI, 일본 라피더스, 한국 NNFC[19] 같은 공적 팹, 그리고 세 나라의 연구 중심 대학을 기능별로 묶어 차세대 공동 연구 개발 플랫폼으로 확장하는 방안을 모색할 수도 있을 것이다.

그러나 이러한 연착륙 옵션들도 결과적으로는 일본 정부가 애초에 가졌던 원대한 비전, 즉 일본의 첨단 반도체 제조업 부흥 전략에는 미치지 못한다. 일본은 반도체 산업의 생태계를 재구축해 1980~2000년대 글로벌 시장을 호령했던 영광을 재현하고 싶어 한다. 특히 첨단 기술 위기가 고조되는 현 상황에서는 한국이나 대만의 반도체 회사들까지 일본에 유치하는 것도 목표에 포함시킬 수 있을 것이다. 그렇지만 구마모토 팹은 제1팹이 레거시 팹이고 제2팹은 미들테크 공정에 머무르고 있을 뿐이며 그나마 제2팹은 TSMC의 해외 투자 다변화 전략으로 예정보다 1~2년 이상 연기되고 있어 언제부터 본격 양산에 돌입하게 될지도 불확실하다. 마이크론도 일본보다는 대만과 미국 본토 중심으로 투자하는 전략으로 선회하고 있다. 그래서 일본 정부의 큰 그림에 남은 옵션은 라피더스뿐이다. 그러나 라피더스는 비즈니스 궤도에 본격적으로 오르기도 전부터 단일 웨이퍼 생산 전략이라는 어찌 보면 발등을 스스로 찍는 전략을 택했다. 현재의 최선단 공정 기반 시스템 반도체 제조는 더 이상 수율만으로 승부를 보는 과거 방식과는 거리가 멀다. 팹리스 고객사의 설계를 정확히 구현하는 것을 넘어 소자 성능의 재현과 신뢰성이 확보되는 공정을 더 적극적으로 고객사와 같이 최적화할 수 있는지 여부가 점점 더 중요해진다. 생산 단가를 낮추는 것도 여전히 필요하지만, 더 중요한 것은 초미세 공정을 구현할 기술력과 높은 스루풋의 양산 규모 유지이며 이를 위해서는 다시 고객사와 강력하게 결합된 생태계가 자립하는 것이 급선무다. 라피더스는 이 모든 단계에서 고전을 면치 못하고 있다.

라피더스가 그간 일본 정부가 벌여 왔던 정부 주도의 탑다운 산업 정책 실패 사례의 최신 업데이트 리스트에 포함될지 확언하기는 어렵다. 앞서 언급한 방안 외에 라피더스를 살릴 더 창의적인 옵션도 제안될 수 있다. 소프트뱅크가 무리수를 두며 라피더스를 인수해 자체 인공 지능 생태계를 구축하기 위한 마지막 퍼즐로 활용할 가능성도 있고 파운드리가 아닌 HBM 같은 인공 지능 메모리 전용 팹으로 전용하며 마이크론 등과 공동 운영하는 방법도 있을 것이다. 그렇지만 모두 궁극적인 해결책과는 거리가 멀다. 12인치 웨이퍼 한 장을 아예 통째로 초고속 연산이 가능한 AI 반도체로 제조하는 극한의 방법을 새로운 돌파구로 볼 수도 있겠으나, 그 칩을 필요로 할 클라우드 혹은 인공 지능 서비스 업체들이 과연 얼마나 있을 것인지도 불확실하기 때문에 주력 대안이 될 가능성은 매우 낮다. 라피더스와 일본 정부가 앞으로 어떤 자구책과 연착륙 경로를 택하든 그간의 매몰 비용을 단기간에 회수해 자립할 수 있는 팹으로 거듭나는 것은 현재로서는 상상하기 어렵다.

파운드리 재건의 현실, 미국의 경우

리쇼어링 정책의 핵심 축

미국을 대표하는 파운드리 업체는 전통의 인텔과 2위 그룹인 글로벌 파운드리다. 그러나 양사 모두 글로벌 순위권에는 들지 못하고 있다. 특히 글로벌 파운드리는 2010년대 후반 이후 10나노 이하급 선단 공정을 채택한 팹이 한 곳도 없으며 모든 팹이 미들테크-레거시 같은 성숙 공정에 집중되어 있다. 인텔은 지난 20여년간 꾸준히 10나노 이하급 로직 반도체 생산 공정을 추진해 왔으나 2010년대 들어 기술력, 양산 수율, 그리고 점유율까지 모든 면에서 TSMC에 밀리며 글로벌 영향력이 쇠락하고 있다. 인텔은 2025년 상반기 CEO를 교체하며 본격적으로 파운드리 사업부를 궤도에 올리고 고객사를 모집하고 있으나 인텔의 로직 반도체 생산 시설은 외부 위탁에 적합한 방식이 아니기 때문에 생태계 구성에 난항을 겪고 있다. 글로벌 파운드리의 경우 성숙 공정 수요는 꾸준히 유지되나 가격 경쟁면에서 UMC, PSMC, VIS 같은 대만의 2~4위권 파운드리 업체들과 경쟁하기 쉽지 않은 데다가 최근에는 SMIC나 화홍 반도체 같은 중국 파운드리 업체들에게도 점차 치이는 형국이다.

예를 들어 2025년 1분기 글로벌 파운드리는 2024년 4분기에 비해 글로벌 점유율이 4.6퍼센트에서 4.2퍼센트로 축소되었는데 6.0퍼센트의 점유율을 기록한 SMIC에 밀린 것은 물론 중국의 2위권 파운드리 업체인 화홍 반도체(점유율 2.7퍼센트)와의 격차도 줄어들었다. 글로벌 파운드리는 경쟁력 강화를 위해 2025년 5월 연구 개발 투자를 160억 달러(약 23조 원)로 늘리고 그중 30억 달러(약 4조 4000억 원)를 새로운 칩 기술에 투자한다는 계획을 발표했다. 이중에는 패키징, 양자 컴퓨팅, 실리콘 포토닉스(silicon photonics), 화합물 반도체 등의 신규 사업 분야가 포함되나 글로벌 파운드리의 투자 확장은 그 규모로 추정했을 때 매출 확장으로 이어지지는 않을 것으로 예상된다. 특히 130억 달러(약 19조 1000억 원)에 달하는 투자 상당수가 기존 팹 업그레이드가 아닌 확장에 활용될 것으로 예상되는 바, 글로벌 파운드리에게 기술적 장벽처럼 작동하는 10나노 이하급 영역으로의 진출은 앞으로도 쉽지 않을 것이다.

미국 정부 입장에서 보았을 때 첨단 반도체 내재화를 위해서는 글로벌 파운드리보다 인텔의 중요성이 막중하다. 그러나 인텔의 IFS 생태계 전략은 여전히 불확실하며 특히 10나노 이하 선단 공정에서 기술적 한계와 고질적인 수율 문제로 인해 위탁 생산의 가격 경쟁력을 확보하기 어렵다는 점은 인텔의 상황이 앞으로도 쉽게 개선되지 못할 것임을 보여 준다. 인텔은 2000년대 후반부터 2010년대 초중반까지 모바일 전용 AP 칩 같은 로직 반도체 생산에서 실패를 겪었고 2010년대 중반 이후에는 자체 GPU가 엔비디아나 AMD에 밀리면서 AI 반도체 분야에서 또 다른 실패를 겪었다. 이에 더해 대중의 IT 접근 환경이 모바일 플랫폼으로 전환되면서 전통적으로 지배력을 발휘하던 PC용 CPU 기반이 약해지고 있으며, 또 다른 주력 사업 분야였던 기업용 서버 CPU 시장 역시 많은 IT 기업이 CPU 기반에서 GPU

기반으로 AIDC 투자를 확장하면서 같이 축소되고 있다. 이는 인텔이 첨단 반도체 시장에서 IFS의 성립을 논하기도 전에 생존이 점점 어려워지고 있음을 의미한다.

2025년 3월 립부 탄 취임 후, 인텔은 2026년 2월에 GPU 사업 진출을 선언하는가 하면, 동시에 소프트뱅크나 엔비디아 같은 대형 파운드리 고객을 확보하는 것을 2026년의 핵심 목표로 설정했다. 미국 정부는 전임 바이든 정부에서부터 이미 인텔에 반도체 및 과학법을 근거로 보조금을 집중 투입하고 있으나 200억 달러(약 29조 원) 규모의 직접 보조금과 장기 저리 대출만으로는 인텔이 목표로 하는 파운드리의 자립과 지속 가능성을 보장하기에는 역부족이다.

미국의 파운드리 산업은 결국 전통적인 미국 반도체 강자가 아닌, TSMC와 삼성전자 같은 해외 기업들이 미국에서 자체적으로 비즈니스 환경을 이루어 갈 수 있을지가 주된 변수가 될 것이다. 특히 TSMC의 파운드리 팹이 첨단 반도체 생태계의 한 축으로서 그 지위를 미국 기업에 준하는 수준으로 인정받는지 여부가 향후 미국 파운드리 생태계의 향방을 결정한다. 글로벌 파운드리는 제한된 투자 규모 때문에 앞으로도 미들테크-레거시 성숙 공정 파운드리에 집중할 것으로 예상된다. 그러나 대만이나 중국 파운드리 업체들과 원가 경쟁이 치열한 만큼, 미국 정부의 대중 반도체 규제가 지속되지 않으면 점차 경쟁력이 약화될 수 있다. 텍사스 주 테일러 인근에 다수의 파운드리 팹을 건설 중인 삼성전자의 경우 TSMC와 마찬가지로 주력 고객 생태계는 미국에서 인공 지능, 통신, 군사용으로 시스템 반도체를

     3장 자유 무역 파운드리 전쟁

만드는 팹리스 업체들이 될 가능성이 높은데, TSMC와 차별점을 갖기 위해 온디바이스 혹은 기존 제조업이나 에너지 산업에 특화된 주문형 반도체 생산에서 경쟁력을 확보해야 미국 시장에서 버틸 수 있을 것으로 예상된다.

인텔의 난제

흔들리는 반도체 왕국

2024년 12월 초 미국 인텔에서는 CEO 팻 겔싱어가 조용히 은퇴를 선언함과 동시에 CEO 자리에서도 물러났다. 겔싱어는 전임 CEO보다 반도체 기술 이해도가 훨씬 깊고 무엇보다도 본인 스스로가 1980년대 인텔이 x86 시리즈 CPU를 만들던 시절부터 설계-공정을 아우르는 모든 분야에서 경험을 쌓은 40년 인텔맨이었기 때문에 업계와 회사가 그에게 거는 기대는 컸다. 겔싱어는 특이하게도 설계 엔지니어(80386~80486 시절 CPU 수석 아키텍트 출신)였지만 파운드리 공정 설계에도 참여하고 장비도 다룰 줄 아는 드문 타입의 융합형 엔지니어이기도 했다. (반도체에서 설계와 공정을 모두 잘 아는 엔지니어를 찾기는 예나 지금이나 어렵다.) 겔싱어가 잠시 떠나 있다가 다시 CEO로 영전되어 복귀한 후 맞게 된 인텔은 침몰을 앞둔 타이타닉 같은 상황이었다. PC 시절의 최강자였던 인텔이 인터넷 시대와 모바일 시장에 대응하기 위해 많은 노력을 하지 않았던 것은 아니다. 실제로 인텔은 2008년 야

차이나 반도체 라이징

심작이었던 아톰 시리즈 AP[20]를 출시했지만, 시장 반응은 그리 좋지 않았다. 애초에 모바일 환경에서 성능과 호환성이 최적화된 칩이 아니었기 때문이다. 그래서였는지 인텔은 2016년 적자만 보던 모바일 AP 사업에서도 결국 완전히 철수했다. 인텔이 엔비디아 그리고 AMD와 경쟁하기 위해 야심 차게 준비한 GPU 역시 2010년 GPGPU인 라라비(Larrabee)가 취소되면서 사업을 접었다.[21] 무엇보다도 인텔이 전통적으로 강점을 가지고 있던 선단 공정 파운드리 사업이 2010년대 내내 죽을 쑤며 TSMC와 삼성전자에게 기술 리더십을 내주는 상황을 초래했다.

겔싱어가 CEO에 취임하던 2021년 초 인텔은 여전히 개선의 여지가 별로 보이지 않았지만, 겔싱어가 뭔가 해 주겠거니 하는 기대가 있었는지 주가가 반짝 반등하기도 했다. 시장은 정말 그가 인텔의 체질 개선을 완수할 수 있다고 기대했던 것으로 보이나, 사실 인텔의 근본적인 문제는 한 사람이 해결하기 어려운 것이었다. 인텔이 40년간 이어 온 IDM 방식이 이미 바뀐 상태였기 때문이다. IDM은 말그대로 설계-제조-패키징-OEM까지 한 회사가 다 하는 구조이다 보니 팹리스 고객사라는 개념이 자리 잡을 여지가 없다. 고객사와 공동으로 이루는 반도체 생태계 확장 전략이 부재한 상황을 너무나 늦게 파악했던 인텔이라는 공룡은 빠르게 바뀌는 시대에 적응하기가 어려웠다.

2010년대 내내 인텔을 향한 시장의 의심은 도대체 왜 칩을 제대로 못 만드냐는 것, 그리고 스스로 설계한 제품을 자체 파운드리로 만드는 것에 과연 경쟁력이 있느냐는 것이었다. 주주와 고객들의 요구

　　　　　　　　　　　　　　　　3장 자유 무역 파운드리 전쟁

는 파운드리를 확실하게 분리하라는 방향으로 모였다. 그러나 이는 IDM의 선구자인 인텔의 자존심에 큰 상처를 내는 일이어서 쉬운 결정이 아니었다. 인텔에게 자체 설계한 CPU를 TSMC에 위탁함과 동시에 파운드리 사업부는 수익성을 확보할 수 있는 안전한 공정만 하라는 방향은 말하자면 자신의 영혼을 버리라는 요구 같았을 것이다. 무거운 기대와 책무 속에 CEO가 된 겔싱어는 이러한 내외부의 압박에 대응하며 사업부 구성을 조금씩 바꾸려 했다.

취임 첫 3개월 동안 그는 데이터 플랫폼 그룹을 사업부 2개로 나눴는데 이는 급격히 확장되는 AIDC 시장을 노리는 전략이었다. 한 사업부는 '데이터 센터+AI' 그룹으로, 나머지 사업부는 네트워크 플랫폼, 사물 인터넷(IoT), 커넥티드 부문을 담당하는 방식으로 분리를 추진했는데 이는 사내 자원을 집중 투입해 AI 반도체에 역량을 쏟으려는 의도였다. 그렇지만 그 전략은 부서 개편만으로 이루어지는 것이 아니었다. 시장에서 경쟁 가능한 인공 지능 전용 SoC를 제대로 만들 실력이 있는지가 핵심 변수였다. 2021년 당시에도 이미 AI 반도체, 즉 GPGPU 시장에서는 엔비디아의 독주가 굳어진 상황이었지만, 정작 인텔이 따라잡아야 하는 상대는 엔비디아가 아니라 턱밑까지 쫓아온 CPU 2위 업체 AMD였다. 겔싱어는 AMD를 견제하는 동시에 엔비디아를 따라잡는 어려운 문제를 해결해야 했지만, AMD에 대한 견제부터 삐걱거리기 시작했다.

CPU 경쟁력은 왜 약해졌나?

겔싱어는 취임 1년이 다 되어 가는 시점에 인텔의 제조 능력이 돌아왔고 동세대에서는 AMD를 충분히 압도할 수 있다는 자신감 넘치는 인터뷰를 했다. 그러나 겔싱어와 인텔은 AMD를 과소 평가했고 스스로는 과대 평가했다. 2021년 하반기에 출시했던 인텔의 12세대 엘더 레이크(Alder Lake)는 인텔7 공정으로 제조되었는데, 그보다 못한 사양으로 생각되던 AMD의 라이젠(Ryzen) 7600 시리즈와 비슷하거나 더 떨어지는 성능 수치를 보였다. 여기에는 공정 수율이 충분히 높지 못했다는 사정도 있었지만, 더 근본적으로는 설계 문제가 있었다.

인텔은 12세대부터 하이퍼스레드(hyperthread, HT) 아키텍처에 변화를 주었는데, 이것이 제대로 최적화되었다면 성능 향상으로 이어졌을 것이다. 그러나 설계 오류로 실제로는 HT 기능을 강제로 꺼야만 겨우 칩이 작동하는 어이없는 결과가 초래되었다. 이는 마치 비싼 옵션을 추가해 자동차 가격은 올랐는데, 정작 그 옵션이 고장 나서 제대로 쓰지도 못하는 데다 설계 탓에 실내 공간까지 줄어든 상황과 비슷했다. 더구나 제품 가격마저도 AMD 라이젠보다 높게 형성되면서 시장 반응은 부정적인 기류로 흘렀다. 칩 설계에서 오류는 늘 생길 수 있다는 점을 감안하더라도 인텔의 파운드리 공정 기술이 답답할 정도로 정체된 상황이었다는 사실은 치명타로 작용했다. 시장이 원하는 공정 기술은 계속 진보하는데 트랜지스터 집적 밀도 향상은 로드맵대로 이루어지지 않고 칩 발열 문제는 잡히지 않으며 공정 원가도 계속 올라가는 상황에서 겔싱어도 딱히 더 꺼낼 수 있는 카드가 없었다.

겔싱어는 2022년 여름 당시 인텔 제품 생산에 제일 많이 투입되던 10나노 공정 (인텔7 공정에 해당) 원가를 낮추겠다고 발표했으나, 문제가 근본적으로 해결되었다고 믿는 사람은 별로 없었다. 문제는 인텔이 13세대 랩터 레이크(Raptor Lake)로 전환하기 위해서는 어쨌든 인텔7 공정의 수율이 반드시 안정되어야만 했다는 것이다. 그러나 상황은 나아진 것이 없었다. 그렇지 않아도 AMD에 점점 밀리던 형국에 가격 경쟁력마저 계속 떨어지니 인텔 파운드리 문제는 악순환의 고리에 점점 깊이 침잠하고 있었다.

인텔은 사실 소비자 PC용 CPU보다는 기업 데이터 센터용 프로세서 시장이 주력인데, 2023년에는 이 시장에서마저 경쟁력이 악화되기 시작했다. 인텔은 서버 시장을 타깃으로 원래 2023년 중에 서버용 ASIC인 사파이어 래피드(Sapphire Rapid)를 출시할 예정이었으나 2025년 이후로 미뤄졌다.

겔싱어와 인텔 경영진은 로직 반도체에 집중하겠다며 주변 사업들을 과감하게 구조 조정하기도 했는데 이 과정에서 인텔이 오랜 시간 공들여 온, 그리고 인텔이 글로벌 경쟁력을 갖춘 몇 안 되는 분야이자 차세대 반도체 기술인 실리콘 포토닉스 사업부마저도 2023년 말에 미국 반도체 부품 업체인 자빌(Jabil)에 매각했다. 이로 인해 차세대 AI 반도체 기술로 활용될 잠재력이 큰 실리콘 포토닉스 기술 주도권이 TSMC로 넘어가게 되었다. 이러한 주변 사업 정리는 겔싱어가 취임 초기에 확언했던 대로 인텔의 근본적 문제를 해결하기보다는 당장 급한 현금 확보에 더 치중하기 시작했음을 의미하는 것이었다.[22]

표 3.1 인텔18A 공정과 TSMC 2나노, 3나노 공정의 사양 비교.

공정 사양	Intel 18A	N3(3나노)	N3E(3나노)	N2(2나노)
SRAM 집적도	31.8Mb/mm²	33.55Mb/mm²	31.8Mb/mm²	38Mb/mm²
SRAM 셀 크기	0.0210μm²	0.0199μm²	0.021μm²	0.0175μm²
대량 양산 시점	2025년 하반기 양산 시도 시작[23]	2022년 4분기	2023년 4분기	2025년 하반기

2023년 말 2024 CES를 앞두고 인텔은 14세대 메테오 레이크(Meteor Lake)를 발표했는데 14세대부터 인텔4 공정으로 전환되는 것이 예정되어 있었기 때문에, 이는 상징적인 신호탄처럼 보이기도 했다. 공정의 안정화보다는 새출발을 암시하는 것이었기 때문이다. 다만 인텔4 공정도 성능만 놓고 비교한다면 TSMC의 7나노 공정에 해당하기 때문에 양산 시점으로만 따진다면 5년 이상 격차가 벌어진 수준이었다. 인텔은 이러한 격차를 잘 알고 있었고 TSMC를 따라잡기 위한 전략으로서 (성능상 TSMC 4나노 공정에 해당하는) 인텔3 공정을 거쳐 (성능상 TSMC 2나노 공정에 해당하는) 인텔20A 공정으로 15세대 애로 레이크(Arrow Lake)를, 그리고 인텔18A 공정으로 (성능상 TSMC 1.8나노(혹은 18옹스트롬) 공정에 해당) 16세대 팬서 레이크(Panther Lake)로 진화하는 공격적인 로드맵도 같이 발표했다. 그런데 문제는 로드맵과는 달리 인텔7 공정 시절부터 오랜 기간 누적되어 온 근본적인 문제가 충분히 해결된 상황이 아니었다는 것이었다.

3장 자유 무역 파운드리 전쟁

인텔은 옹스트롬 공정으로 진입하기 위해 큰 모험수를 던졌다. 그것은 1세대 EUV를 사실상 건너뛴 것이다. 인텔은 10나노 이하급 선단 공정에서 2010년대 들어 기술적 개선을 빠르게 이뤄 내지 못했는데, 그 이유 중 하나는 인텔이 추구한 패터닝 로드맵에 극자외선 노광 공정 도입 규모와 타이밍이 경쟁사보다 많이 밀려 있었기 때문이다. 인텔은 핀펫 위주로 심자외선 노광 공정 기반 다중 패터닝 기술을 고도화하고 아나모픽 광학(anamorphic optics) 제어 같은 주변 기술에 집중해 왔다. 이는 극자외선 없이 시도할 수 있는 극한에 도달한 것이나 마찬가지였다. 그러나 심자외선 다중 패터닝은 노광과 식각 공정을 반복해야 하기 때문에 결국 수율 관리에서 한계가 명확하다. 각 단위 공정의 수율을 아무리 열심히 관리한다고 해도 단위 공정의 개수 자체가 늘어나면 그 수율은 곱하기 방식으로 저하되는 지수 함수 법칙의 저주에서 벗어날 수 없기 때문이다. 이러한 한계를 잘 알고 있었을 인텔이 왜 1세대 극자외선 노광 공정을 양산에 도입하는 결정을 늦게까지 주저했을까?

사실 인텔도 ASML의 1세대 극자외선 노광 장비 스캐너를 일찍부터 도입하지 않은 것은 아니었다. TSMC나 삼성만큼은 아니더라도 그다음으로 극자외선 스캐너를 많이 도입한 회사도 인텔이다. 2020년 3대, 2021년 3대, 2022년 6대, 2023년 6대를 도입한 것으로 나타난다. 그렇지만 2020년과 2021년에 도입한 장비는 연구 개발이나 시험 생산 용이었을 뿐, 양산 투입을 위한 것은 아니었다. 실제 양산용으로 볼 수 있는 물량은 2022년부터 들어온 NXE 시리즈 1세대 장비다. 연구 개발 단계의 극자외선 노광 공정이 양산 수준으로 올라가려면 최소 3년 이상의 안정화 시간이 필요하다. 이는 노광 공정 자체의 안정화에 필요한 시간은 물론 스캐너 개조와 구조 변경에 들어가는 최적화 시간도 많이 소요되기 때문이다. 극자외선 노광은 지금까지의 노광 방식과 궤도가 전혀 다르며 사실상 아직도 완벽한 수준에 도달한 기술이 아니다. 광원 품질과 광학 제어 기술은 양산에 적용 가능한 성숙한 수준에 이르렀지만, 정작 웨이퍼 위에서 벌어지는 물리적 현상에 대해서는 아직 다 파악하지 못하고 있으며 그래서 제어 기술에도 여전히 한계가 있다.

인텔에서도 1세대 극자외선 노광 장비를 양산에 도입하는 것 자체가 무리수라는 반대 의견이 나올 정도로 극자외선으로의 전향은 도박에 가까웠다. 실제로 극자외선 노광 공정을 파운드리는 물론 DRAM 양산에 가장 먼저 투입한 삼성전자는 초기에 상당한 기술적 난제를 만나 수율 저하와 양산 규모 감소로 인한 큰 손해를 감수해야 했다. 인텔도 1세대 극자외선 노광 장비를 2019년에 최초로 도입한 후 3년 정도의 기간 동안 연구 개발 테스트를 거듭했다. 그 결과물로 양산 수준에서 최초로 출시된 제품이 2023년 말에 출시된 메테오 레이크다. 그렇지만 그 공정(즉 인텔4 공정) 수준은 TSMC나 삼성 파운드리의 3나노 공정에는 미치지 못했다. 실제로 성능 벤치마크에서도 구세대 CPU보다 클럭은 물론 전성비도 떨어지는 것으로 나타나기도 했다. 물론 10나노 이하 선단 공정에서 계속 많은 시행착오를 겪던 인텔 입장에서 늦게나마 극자외선을 이용한 양산 수준의 CPU 신제품을 선보인 자체는 분명 중요한 이정표였으며 이는 인텔이 IFS라는 출사표를 세상에 공개하게 한 기반이 되었을 것이다. 문제는 인텔의 극자외선 활용 경험이 경쟁사보다 여전히 부족했다는 것이다. 업계의 추정에 근거해 극자외선 노광 장비 보유 대수만 놓고 보자면 2023년 말 기준으로 TSMC가 115대 내외, 삼성전자가 65대 내외임에 반해 인텔은 20대 안팎이다. 대략 5~6대 정도가 연구 개발용으로 쓰이는 것을 감안하면 TSMC는 110대 이상, 삼성전자는 60대 이상을 투입할 수 있는데 반해 인텔이 동원할 수 있는 대수는 15대 이하에 머문다. TSMC의 7분의 1, 삼성의 4분의 1 수준인 셈이다. 더구나 인텔은 여전히 내부 CPU나 GPU 등에 파운드리 생산 능력의 상당수를 할당해야 하므로 외부 고객에게 개방 가능한 극자외선 노광 공정 양산 규모는 다시 절반 이하로 쪼그라든다.

이러한 구조적 문제를 타개하기 위해 인텔이 꺼내든 강력한 카드가 바로 2세대 극자외선 노광 장비 스캐너를 세계 최초로 대량 입도선매하는 것이었다. 사실 2세대 장비는 제작사인 ASML마저도 출시 당시에는 성공 여부를 확신하지 못하던 상황이었는데, 1세대 극자외선 노광 공정에서도 미처 다 해결되지 않았던 기술적 문제가 2세대에서 더욱 불거질 것임은 명약관화했다. 1세대와 2세대 극자외선 노광 공정 장비의 가장 큰 차이는 수차(numerical aperture, NA) 값 차이다. 1세대 장비는 0.33NA를, 2세대는 0.55NA를 사용한다. NA 값이 커지면 물리적 패터닝 해상력은 그에 비례해 더 강력해진다. 예를 들어 15나노

차이나 반도체 라이징

미터 크기의 물리적 패턴을 만들 수 있는 해상력이 9나노미터까지도 높아질 수 있다. 해상력이 강력해지면 트랜지스터 집적도는 그 제곱으로 늘어난다. 예를 들어 0.55NA 극자외선 노광기는 0.33NA 극자외선 노광기보다 이론적으로는 트랜지스터 집적도를 2.8배까지도 증강시킬 수 있다. 문제는 이 과정에 대가가 따른다는 것이다. 수차 수치를 늘리기 위해서는 극자외선 빔과 웨이퍼 사이의 거리(beam distance)가 더 가까워져야 한다. 즉 초점 깊이(focal depth)가 더 얕아져야 하는 것이다. 이렇게 되면 1세대 노광 공정에서 쓰던 감광재 박막 두께도 그만큼 더 얇아져야 한다. 심지어 10나노미터 수준이 될 수도 있다. 박막은 얇을수록 두께와 표면 제어가 어려워지는데, 특히 표면 거칠기 정밀도에 훨씬 민감해진다. 마스크나 펠리클과 웨이퍼 사이의 근접 거리 제어도 더 어렵다. 또한 입사되는 극자외선 광자(photon)의 확률론적 영향이 커질수록 얇은 감광재 박막 안에서 이차 전자(secondary electron)가 생성되는 변동성도 함께 커진다. 그 결과 패턴의 품질, 즉 선예도(line-edge roughness, LER)는 더 나빠질 수밖에 없다. 1세대 공정에 맞춰 최적화해 둔 소재-공정-광학 조합이 모두 쓸모없어질 수도 있다.

인텔에게 부족했던 것도 바로 이 부분이었다. 인텔은 2023년 말이 되어서야 극자외선 노광 공정을 적용한 로직 반도체를 선보였을 정도로 양산 경험이 충분히 축적된 상황이 아니었다. 그마저도 1세대 노광 공정을 충분히 많이 운용해 보았다고 보기는 어려웠다. 생산된 CPU의 벤치마크 성능 점수만 놓고 봐도 그렇지만, 양산 규모와 트랜지스터 집적도, 그리고 무엇보다도 여러 칩을 집적하는 과정에서 극자외선 노광 공정을 활용해야만 하는 원래의 목적이 충분히 구현되지 못했다. 그 결과 인텔은 극자외선 노광 공정 고유의 강점을 제대로 살리는 데 뚜렷한 한계를 드러낼 수밖에 없었다.

위험한 카드, 차세대 노광 공정

2세대 극자외선 노광 공정은 1세대보다 더 까다로운 기술 요건을 요하기도 하지만 무엇보다 가격 부담이 훨씬 크다. 예를 들어 ASML의 2세대 극자외선 노광 장비인 EXE:5x00 계열 스캐너는 대당 가격이 무려 5억 달러(약 7000억 원)에 육박하는데 인텔은 이 장비를 연간 5~6대씩 도입하는 계획을 추진했다. 연간 6~7대 수준으로 소량 생산되는 장비를 나오는 대로 족족 들여오겠다는 의도를 보인 셈이다. 2세대 극자외선 노광 장비에만 연간 최소 25억~30억 달러(약 3조 7000억~4조 4000억 원)를 투자한다는 계획이었는데 이는 4~5배 이상으로 CAPEX를 확대한다는 뜻이었다.

그러나 2세대 극자외선 장비의 부담은 비용에만 있지 않았다. 2세대로 넘어오면서 고에너지를 갖는 극자외선 광자를 다루기가 더 까다로워지다 보니 월간 웨이퍼 생산량도 1세대의 3분의 2 이하가 된다는 문제가 생겼다. 이러한 상황에서 인텔이 대등한 성과를 내려면 2세대 노광 장비를 1.5배 이상 더 많이 도입해야 한다. 그렇지만 이는 비용 측면에서나 관리 측면에서나 불가능에 가까운 무리수였다. 무엇보다도 2세대 극자외선 노광기는 실제 양산 과정에서 수율이나 성능 사양 등 검증된 부분이 많지 않았고, 특히 높아진 수차 값의 조건에 버틸 만한 충분한 생태계 (소재-공정-마스크-펠리클) 조합이 확정된 상황도 아니었다.

실제로 TSMC, 삼성전자, SK하이닉스는 2025년이 되어서야 2세대 극자외선 노광 장비를 도입했고 양산 레벨에 적용하는 것은 충분한 공정 수율이 나오는 것을 확인한 이후인 2020년대 후반이 될 전망이다. 인텔 입장에서 매년 최소 25억 달러(약 3조 7000억 원) 이상이 드는 2세대 극자외선 노광 장비가 실제 양산에서 수익을 내기까지 적어도 6년이 필요하다고 가정한다면 그 기간 동안 150억 달러(약 22조 원)가 넘는 비용이 사실상 매몰될 수 있다. 이 비용은 고스란히 CAPEX에 반영되며, 장비는 계속 감가상각되고 유지 보수 비용도 올라가므로 공정 원가를 치솟게 만드는 주범이 된다.

인텔이 IFS를 출범시키며 내심 기대했던 그림은 2세대 극자외선 장비에서 TSMC나 삼성을 궁극적으로 대역전하는 것이었을 것이다. 그러나 그에 필요한 충분한 기술적 노하우를 축적하지 못한 상황에서 2세대 노광 장비의 급한 도입은 오히려 인텔의 발목을 더 붙드는 함정이 되었다. 겔싱어가 자신 있게 TSMC의 3나노 공정, 나아가 1.8나노 공정과 경쟁할 수 있다고 자신했던 인텔의 18옹스트롬 공정은 일부 보도에 따르면, 정작 1년 빨리 양산에 들어간 TSMC의 N3E 같은 3나노 공정의 채 10분의 1도 안 되는 수율에 그치며[24] 250억 달러(약 37조 원) 투자금 회수조차 어렵게 만든 뼈아픈 패착이 되었다. 반도체 제조업 본령인 파운드리에서부터 문제를 차근차근 풀어 나갔어야 했던 인텔은 자신 있게 추진하던 18옹스트롬 공정, 무리하다시피 해서 들여온 2세대 극자외선 노광 장비를 이용한 선단 공정에서 모두 극악의 수율을 기록함으로써 문제 해결의 실마리를 찾는 데 실패했다.

인텔 파운드리의 구조적 한계

미국 정부 입장에서도 인텔의 기술 진화 정체, 특히 좀처럼 해결의 기미를 보이지 않는 파운드리 분야의 혼선은 당혹스러운 문제다. 인텔은 2024년 초 인텔 파운드리 사업부의 출범을 발표했고 글로벌 2위급 파운드리로 자리매김하기 위해 TSMC를 벤치마킹해 고객 중심의 비즈니스를 추구한다는 계획도 천명했다. 그러나 업계는 이를 진정한 의미의 파운드리 분사로 해석하지 않았다.[25] 인텔이 2024년 2월 키노트 발표에서 내놓은 메시지는 IFS 출범을 계기로 파운드리 채널을 내부와 외부로 명확히 분리하겠다는 것이었다. 이는 CPU나 다른 로직 반도체의 생산 일정이 급박해지더라도 외부 고객용으로 배정한 자원을 내부 수요에 전용하지 않겠다는 인텔의 의지 표명으로 해석됐다. 동시에 IFS가 벤치마킹했을 TSMC의 사훈, "고객과 경쟁하지 않는다."를 의식한 표현으로도 읽혔다.

인텔은 외부 채널에 할당된 파운드리 양산 능력을 보장한다는 차원에서 TSMC처럼 공급망을 구축하는 것도 제안했는데, 이는 외부 고객사들을 위한 접근성을 강화하겠다는 의도에서 비롯된 것이다.[26] 다만 이러한 의지와는 별개로 인텔 파운드리 공정의 세부 사양이 1세대 극자외선 공정인지, 2세대 공정인지, 혹은 그 이전의 ArFi 심자외

차이나 반도체 라이징

선 다중 패터닝 공정에 해당하는지에 관한 구체적인 파운드리 로드맵은 언급되지 않았다. 생태계와 공정 기술 사양이 제시되어도 형식상으로 내/외부 파운드리 채널을 분리하는 것만으로는 고객과 경쟁하지 않는 분사를 보장할 수 없다. 분사가 불명확한 파운드리는 고객이 위탁한 칩과 인텔 자체적으로 생산하는 CPU, SoC, ASIC 제조 라인이 언제든 혼재될 가능성을 의미한다. 그 가능성이 조금이라도 존재한다면 잠재적 경쟁자에게 오히려 이점을 줄 수 있는 IFS에 굳이 위탁하려 하는 팹리스 고객사는 별로 없을 것이다. 파운드리 위탁 생산과 자사의 제품을 동시에 만드는 방식이 갖는 맹점이 여기에 있다. 파운드리는 말 그대로 위탁 제조를 한다는 것이기에 팹리스 업체들의 노하우와 기업 기밀이 담긴 설계가 노출될 가능성이 있다. TSMC는 자사의 브랜드로 칩을 제조해 시장에 내놓지 않으니 문제가 없지만, 삼성전자나 인텔 같은 IDM의 사정은 다르다. 예를 들어 퀄컴은 스냅드래곤 시리즈 AP 칩의 생산을 계속 삼성 파운드리에 맡길 수도 있었다. 그러나 삼성전자 무선사업부는 한편으로 갤럭시 스마트폰용 AP 칩인 엑시노스(Exynos)를 삼성 시스템LSI를 통해 공급하고 있었고, 잘 알려져 있다시피 두 칩은 안드로이드 스마트폰 AP 시장에서 서로 경쟁 관계에 있다. 퀄컴 입장에서는 경쟁 계열사가 속한 기업 집단에 생산을 맡기는 셈이므로 불안을 완전히 떨치기 어려웠다. 결국 퀄컴은 2021년을 끝으로 삼성 파운드리에 대한 스냅드래곤 위탁 생산을 중단하고 물량을 TSMC로 돌리기 시작했다. 직접적인 이유는 삼성 파운드리에서 생산된 칩의 전력 효율, 발열, 공정 수율 문제가 해소되지 않았기 때문이지만, 내부 사업과 외부 고객용 파운드리를 구조적으로 분리하기 어렵다는 점 역시 배경 요인으로 작용했다.[27] 이는 AI 반도체에서도 비슷하게 흘러간다. 엔비디아가 아무리 GPU 생산량을 늘리고 싶어도 주거래 업체인 TSMC를 놔두고 검증되지 않은 IFS에 물량을 일부라도 위탁하는 일은 현재로서는 생각하기 어렵다. 삼성전자 역시 자체 AI 반도체 제조를 지향하지만, 삼성전자 파운드리는 공정 기술력과 수율에서 동세대 TSMC보다 밀리는 데다, 파운드리 사업이 내부 사업과 구조적으로 분리되지 못했다는 한계까지 안고 있다. 그 결과 엔비디아 GPU 제조 물량을 위탁받는 일도 쉽지 않다.

갤싱어를 포함한 인텔 경영진이 믿던 복안은 바이든 정부의 반도체 및 과학법에 따른 약 200억 달러(약 30조 원) 규모의 보조금, 미 국방부가 주문한 30억 달러(약 4조 5000억 원) 규모의 군사용 반도체 생산 등을 통해 현금을 확보해 공정 기술 개선을 이루고 IFS를 궤도에 올리는 것이었다. 그러나 바이든 정부에서 약속된 보조금은 공짜가 아니었고 트럼프 정부로 바뀐 이후에는 지급된 보조금만큼 인텔의 지분을 인수한다는 결정을 내렸다. 인텔은 엔비디아에 대항하기 위해 결성된 UALink 같은 미국 AI 반도체 협의체에도 승부수를 띄워보려 했지만, AI 반도체 시장에서 이러한 다자간 협의체의 입지는 협소했다. UALink 연합에서 인텔은 단독 파운드리 파트너로 낙점되었으나 메타, 알파벳, 아마존 같은 주요 팹리스 입장에서 인텔의 뒤떨어지는 공정 기술에 의존하는 리스크를 감수하기 쉽지 않았던 만큼

UALink가 당초 목적만큼 강력한 엔비디아 경쟁자가 되기는 어려워 보인다.[28] 차라리 인텔이 엔비디아로 쏠린 팹리스 고객사 중 일부라도 잡기 위해 CUDA 호환 가능한 칩을 더 저렴하게 제조하는 확실한 청사진을 보였다면 그나마 UALink를 파운드리 사업의 디딤돌로 삼아 볼 수는 있었을 것이다. 그러나 여전히 인텔 경영진은 과거의 영광에 발이 묶인 채, 인텔이라는 거대 공룡이 AI 반도체 시장에서 살아남기 위해 요구된 근본적 체질 개선의 책임을 다하지 못했다.

인텔이 남긴 교훈

어찌 보면 예견되었던 문제들, 예를 들어 1세대 극자외선 노광 공정의 양산 적용 같은 중요한 단계를 건너뛰고 2세대 극자외선 노광 공정으로 바로 진입한다는 모험수, 테스트 단계를 대부분 생략하며 연구-양산 사이의 간격을 극단적으로 줄이는 불확실성 감수, 누적된 선행 공정 문제 해결 없이 다음 세대 공정에 바로 진입하는 무리수, 펠리클이나 마스크, PR 등의 주변 기술 문제 해결책이 확보되지 않은 채 바로 선단 공정에 진입하는 강수, 팹리스 고객사 수요와 기술 개발의 변화 방향을 무시하고 자사의 공정 로드맵만 추구하는 고집으로 누적된 문제는 경영진에게 가장 먼저 해결해야 했던 과제였다. 그러나 겔싱어를 비롯한 임원진은 시간을 압축해 승부를 보려는 방식으로 이 거대한 문제들을 돌파하려 했다. 그 결과는 신제품 CPU의 연이은 성능 저하와 그에 따른 시장 장악력 약화, 그리고 무엇보다 GPU나 NPU 같은 AI 반도체 시장 진출의 교두보 확보 실패와 고객 맞춤형 생태계의 황폐화로 이어졌다.

인텔의 주가는 이제 회사를 10개 넘게 팔아도 엔비디아 같은 회사 하나를 사기 버거운 상황이며 퀄컴 같은 팹리스 업체들이 외려 인텔 파운드리 인수를 타진한다는 소식마저 나올 정도로 위상이 추락했다. 결국 벼랑 끝에 몰린 겔싱어는 CEO 사임 후 반도체 업계를 떠나게 되었지만, 2025년 EDA에서 잔뼈가 굵은 립부 탄으로 수장을 바꾼 공룡이 과연 앞으로 더 급변할 반도체 시장에서 버틸 수 있을지는 미지수다.

비슷한 IDM 비즈니스 모델을 이용해 약 30년 동안 반도체 업계에서 글로벌 강자로 자리매김해 온 한국 반도체 업계에게 인텔의 상황은 반드시 참고해야 할 반면교사다. 특히 삼성전자도 그간 누적된 구조적, 기술적 문제에 제대로 대응하지 못하면 인텔의 전철을 밟게 될 가능성이 있다. 삼성도 2010년대 들어 시스템LSI를 비롯한 파운드리 부문에 본격적으로 투자하기 시작했고 2020년대 들어 글로벌 2위권까지 도달한 파운드리를 활용하는 것은 삼성전자가 급변하는 글로벌 반도체 시장에서 어떻게 계속 제조 기술로 살아남을 수 있을지 그 향방을 결정하는 중요한 변수가 되었다. 특히 AI 반도체로 가는 길목에서 옹스트롬 공정 진입을 앞둔 선단 공정을 어떻게 안정화하느냐, 그리고 양산으로 활용하느냐가 핵심 관건이 되었다는 점에서 삼성전자 파운드리 사업부는 인텔의 사례를 숙지하고 냉철하게 연구할 필요가 있다.

거슬러 올라가자면 2006년부터 지금까지 체질을 바꿀 기회가 인텔에게는 많이 있었지만, 결국 시행착오를 거듭하고 그 과정에서 얻은 교훈을 충분히 되새기지 않으면서 무리한 사업 확장과 공정 건너뛰기 같은 방식으로 숙제를 미뤘던 것이 인텔이 오랜 시간 지켜 온 정체성이 무너지는 절체절명의 위기로 자신을 몰고 가는 원인이 되었다. 삼성이 업계 선배의 불행한 경로를 밟지 않기 위해서는 위기 상황 속에서 자신의 문제를 차근차근 역추적해 발견할 수 있어야 한다. 특히 삼성전자 파운드리가 겪는 문제는 기술력의 절대적 부재라기보다는 고객 맞춤형 제조를 뒷받침할 생태계의 취약성에 더 가깝다. 이는 인텔 파운드리 사업부가 오랜 기간 겪어 온 문제와도 근본적으로 다르지 않다. 그런 점에서 삼성 역시 근본적인 체질 개선과 더불어 미뤄왔던 기술 과제를 더 이상 늦추지 않고 해결해야 할 필요를 직시해야 한다. 불안한 것은 중국의 빠른 추격과 TSMC의 초격차 확대 속에서 삼성, 특히 삼성 파운드리에게 그 과제를 스스로 풀어낼 시간이 그리 많이 남지 않았을지도 모른다는 점이다.

중국 파운드리 산업의 팽창 전략

중국식 투 트랙 전략

중국은 2010년대부터 본격화되기 시작한 이른바 '반도체 굴기' 정책을 앞세워 첨단 반도체 생산의 내재화, 자급화에 정부와 산업계의 정책적 지원 및 투자를 집중하고 있다. 특히 2010년대 후반 이후 미국의

　　　　　　　　　　　　　　3장 자유 무역 파운드리 전쟁

대중 반도체 기술·무역 제재가 심화되면서 중국의 첨단 반도체 생산에는 차질이 생겼고, 이러한 외생적 압력은 오히려 중국의 내재화 경향에 더욱 박차를 가하는 동력이 되고 있다. 즉 중국은 미국의 규제 상황을 자국의 반도체 제조 기업과 장비, 소재, 부품 기업들의 생태계를 다양하게 개발하고 내재화하는 방향으로 우회하고 있는 것이다. 이러한 전략의 핵심으로 자리 잡은 것은 AI 반도체 같은 첨단 시스템 반도체 생산의 자급화이며 그 중심에는 중국 파운드리 산업이 있다. 현재 중국을 대표하는 파운드리 업체는 SMIC다. SMIC는 2020년부터 미국의 기술 제재로 ASML이 독점 생산하는 첨단 공정 장비를 활용하지 못하고 있으나 그 제재를 우회할 기술 개발은 물론 화웨이와의 협력, 그리고 중국 팹리스 업체들로부터 수주하는 물량과 지방 정부의 집중 투자를 받으면서 10나노 전후 공정에서 매출이 지속적으로 상승하고 있다. SMIC를 이용하는 주요 고객사들은 대부분 하이실리콘, 샤오미, 바이두, 알리바바 같은 중국의 대형 팹리스 업체들이지만 SMIC는 조금씩 해외로도 고객 생태계를 넓히고 있다. 이러한 전략은 2025년 1분기 SMIC의 글로벌 파운드리 시장 점유율을 6퍼센트로 올려놓으며 세계 3위 업체로 만드는 데 공헌했다. SMIC의 점유율 확장 속도는 인상적일 정도로 빠르다. 5년 전 불과 1퍼센트 내외였던 점유율이 분기당 0.3~0.4퍼센트씩 빠르게 상승 중이다. SMIC 외에도 중국 팹리스 기업들의 위탁 생산 수요 폭증으로 인해 다양한 파운드리 기업들이 계속 덩치를 키우며 글로벌 무대에 차례로 등장하고 있다. 중국에서 SMIC의 뒤를 이어 2위권에 안착한 업체는 화홍 반도체로서 이들은 2025년 1분기 글로벌 시장 점유율 2.7퍼센트를 기록하며 대만의 VIS나 PSMC 같은 3~4위권 파운드리 업체를 추월했다. 3위 파운드리로 안착한 넥스칩(晶合集成, Nexchip)은 2025년 1분기 글로벌 시장 점유율 0.9퍼센트를 기록했는데 이는 PSMC를 처음 추월한 기록이다. 지금까지 이어진 성장세를 고려할 때 중국의 글로벌 파운드리 시장 점유율은 5년 내로 20퍼센트 이상까지 상승할 것으로 전망되며 심지어 SMIC는 삼성전자 파운드리를 추월해 2위권에, 화홍 반도체는 UMC나 미국의 글로벌 파운드리를 추월해 3~4위권까지도 올라갈 것으로 전망된다.

중국의 파운드리 산업은 아직까지는 주로 10~30나노 공정 기반 미들테크-레거시 공정에 집중되어 있다. 이는 10나노 이하급 공정에 필수적인 ASML의 극자외선 노광기에 대한 수출 통제가 계속 유지되고 있기 때문이다. SMIC는 10나노 이하급 최선단 공정에서 극자외선 장비 없이도 이를 우회할 수 있는 기술을 계속 활용하고 있다. 예를 들어 SMIC는 2023년 하반기 화웨이 자회사 하이실리콘이 설계를 맡고 화웨이 스마트폰 메이트 60 프로에 탑재된 모바일 AP 기린 9000s의 양산에 성공했다고 밝혔다. 이 칩은 7나노 등가 공정(N+2)으로 제조된 것으로 알려졌다. 이는 이전 세대 공정인 심자외선 노광기만 활용해 노광–식각 공정을 반복적으로 적용하는 다중 패터닝 공정으로 달성된 것이다. SMIC는 연이어 2024년 하반기 5나노 공정으로의 양산 진입도 선보였는데 역시 심자외선 노광 공정을 반복적으로 적용해 구현한 것으로 확인된다.

　　　　　　　　　　　　　　　　　　　　　

중국 파운드리 기업들이 극자외선 노광 공정 없이도 5나노급 공정까지 양산에 적용하고 있다는 사실 자체는 중국의 반도체 생산 기술력이 꾸준히 발전하고 있음을 방증한다. 그러나 동시에 그러한 반복 공정으로 인해 피할 수 없는 수율 저하, 그리고 원가 경쟁력의 하락을 감내하면서도 밀어내기식으로 생산이 이루어지는 상황임을 내포하는 것이기도 하다. 이는 곧 양산 수율의 격차로 이어진다. 수율의 격차는 선단 공정의 기술 노드가 더욱 작아질수록 증가한다. 따라서 이를 화웨이나 중국 정부의 대규모 보조금으로 메꾼다고 해도 그 지속 가능성은 점차 담보하기 어려워진다. 이는 SMIC의 5~7나노급 파운드리 공정이 앞으로도 지속되기 위해서는 낮아진 원가 경쟁력만큼 외부에서 보조하는 방식이 보장되어야 함을 의미한다. 더구나 4나노, 3나노 공정으로 기술 노드가 줄어들수록 원가 경쟁력이 더 낮아질 것이므로 중국 파운드리 산업은 한계 상황에 봉착한다.

이러한 한계에 봉착하기 전 중국 파운드리가 살아남기 위해서는 세 가지 가능성밖에 없다. 첫 번째 가능성은 미국의 제재가 풀려서 글로벌 공급망으로 접근이 회복되는 것이고, 두 번째 가능성은 자체 공급망을 완성해 기술 제재 품목을 우회하거나 대체할 장비를 갖추는 것이며, 마지막 가능성은 선단 공정을 포기하고 성숙 공정에만 집중하는 것이다. 첫 번째 가능성은 현재로서는 기대하기 어렵고 현실적으로 중국의 파운드리 업체들이 전략을 구성할 수 있는 옵션은 두 번째와 세 번째 사이다. 중국 파운드리 산업계와 정부의 주력 정책은 두 옵션 중 하나를 택하는 것이 아니라, 두 가지를 병행 추진하는 투 트랙 전략이다. 일단 세 번째 옵션은 SMIC를 제외한 화홍 반도체 등 나머지 업체들이 성숙 공정에 대한 집중 투자를 이어 가면서 이미 실현 단계에 들어섰고, 두 번째 옵션은 화웨이 등 대기업의 지원을 받는 중국 공정 장비 업체들의 기술이 얼마나 빨리 양산 단계에 적용 가능한 수준에 도달하고, 동시에 글로벌 수준의 경쟁력을 확보할 수 있느냐에 달려 있다. 세 번째 옵션은 민관의 집중 투자와 설비 확장, 그리고 강제적인 물량 밀어내기를 통해 일정한 실적을 만들어 낼 수 있다. 반면 두 번째 옵션은 기술 장벽을 하나씩 넘어서는 과정이 필수적이므로 훨씬 더 긴 시간과 더 큰 자본 투입이 필요하다. 두 번째 옵션은 결국 시간과의 싸움으로 바뀔 것이고 따라서 중국 파운드리 산업의 투 트랙 전략은 두 번째 옵션이 실현될 수 있을 때까지 중국의 반도체 산업, 그리고 중국 경제가 버틸 수 있느냐로 결정될 것이다.

중국이 파운드리를 놓지 못하는 이유

이러한 구조적 맹점에도 중국 파운드리 산업은 중국 정부와 중국 산업계 전체에서 포기하기 어려운 분야다. 중국의 반도체 산업계와 정부는 이를 위해 심자외선 노광기, HARC 식각 장비 같은 핵심 반도체 공정 장비 내재화를 병행하며 투자를 지속하고 있다. 특히 주목할 부분은 화웨이의 전략이다. 화웨이는 사이캐리어 같은 첨단 반도체 공정 장비 회사는 물론 주하이 코너스톤(珠海基石科技, Zhuhai Cornerstone), 탄케블루(天科合達, TankeBlue) 같은 반도체 소재 혹은 화합물 반도체 회사, 지탑 같은 광학 검사 장비 회사 등에 투자를 집중

하며 공정 기술 내재화를 구현하려는 것으로 보인다. 또한 반도체 제조를 담당하는 팹을 중국 전역에 건설, 운영하는 일에도 관여한다. 이미 SMIC가 중국 전역에 8인치 웨이퍼 세 곳, 12인치 웨이퍼 세 곳을 운영하고 있고, 추가로 10나노급 공정을 타깃으로 12인치 웨이퍼 팹 다섯 곳을 건설하고 있으나, 화웨이가 직간접적으로 투자하는 파운드리 팹은 이보다 한 단계 더 진보한 선단 공정에 초점을 맞추고 있다.

화웨이가 투자하는 업체만 해도 이미 7개이며, 이들이 운영하는 파운드리 팹은 양산 전용 팹이 열한 곳, 연구 개발 전용 팹이 아홉 곳에 이른다. 각 지역의 팹은 중국 국무원의 국유 자산 감독 관리 위원회(SASAC), 그리고 그 지역 성 정부가 설립한 지역 공기업이 투자와 운영을 공동으로 감독하고 관리한다. 화웨이가 투자한 팹 중 기술적 수준이 7나노 이하급에 이른 회사만 해도 이미 다섯 곳에 이르는 것으로 확인된다. 예를 들어 칭다오에 위치한 칭다오시엔(靑島芯恩, Qingdao Sien)이나 둥관에 위치한 둥관 광마오 테크놀로지(東莞光茂科技, DGGMT), 선전에 위치한 펑신쉬 테크놀로지(鵬新旭, PST), 펑신웨이(鵬芯微, PXW), 스웨이슈어 등이 그렇다. 이 팹들은 화웨이가 지원한 반도체 장비 회사를 테스트하는 동시에 7나노 이하급 양산을 위한 솔루션 개발에 협력하고 있는 것으로 확인된다. 화웨이가 직간접적으로 투자하는 이러한 파운드리 팹들은 노하우를 상호 공유하며 중국 팹리스 업체들의 위탁 물량을 우선적으로 소화하는 동시에 반도체 소부장 업체들의 기술 자립도 향상에도 기여하는 생태계를 구성할 것으로 예상된다. 특히 전문가들의 전망보다 더 이른 시점에 극자외선 노광 장비의 자급화가 가능해지는 촉매 역할을 할 것으로 예상된다. 이러한 중국 파운드리 산업의 지속 가능성은 정부의 정책적 보조금이 줄어든 상황에서도 재정 건전성을 갖출 수 있을지, 특히 그를 위해 충분한 수율과 원가 경쟁력을 자체 달성할 수 있을지 여부에 달려 있다. 현재로서는 정부의 보조금이 끊길 경우 생존 가능한 파운드리 팹은 3분의 1 이하가 될 것으로 전망되나 정확한 매출 규모와 수익률 통계를 확보하기 어렵기 때문에 이 수치는 추정에 불과할 뿐이다.

중국은 미국과의 반도체 패권 경쟁 속에서 첨단 로직 반도체 양산 기술 생태계의 자급화를 핵심 과제로 보고, 반도체 팹의 증설과 기술 개발에 집중 투자를 이어 갈 것이다. 화웨이를 중심으로 형성되는 10나노 이하급 반도체 팹들은 중국 내 AI, 통신, 방위 산업, 에너지, 로봇 분야의 산업용 온디바이스 맞춤형 칩 수요에 대응하기 위해 지속적으로 규모를 확대해 갈 가능성이 크다. 이 과정에서 중국의 제2차 반도체 굴기는 단순한 양적 팽창을 넘어 질적으로도 미국과 경쟁 가능한 수준을 목표로 전개될 것이다. 나아가 중국 파운드리 산업의 취약점으로 지적되어 온 첨단 반도체 소부장의 내재화도 더욱 빨라질 것으로 보인다. 여기서 관건은 중국의 파운드리 양산 규모가 급속히 확장되면서 특히 10나노 이상급 레거시-미들테크 파운드리에서 디플레이션이 발생할 수 있다는 것이다. 초과 생산으로 생산 원가 이하의 가격 경쟁이 이어지면 상대적으로 부가 가치가 낮은 미들테크-레거시 파운드리 회사들의 재정 불안정성이 증폭될 것으로 예상된다. 중국의 파운드리 2차 굴기 전략의 효용성은 결국 중국 팹리스 업체들이 위탁 생산하는 고성능 로직 반도체들이 얼마나 자국을 넘어 글로벌 시장에서 경쟁력을 가지며 점유율을 높여 갈 것이냐에 달려 있다고 볼 수 있다.

차이나 반도체 라이징

실리콘 트라이앵글과 COCOM 2.0

4장

실리콘 트라이앵글

대만의 반도체 기정학

2020년대 들어 한국, 일본, 미국, 대만 등지에서 개최되는 기술 안보 포럼에는 공통점이 있다. 그것은 첨단 기술과 지정학을 하나의 주제로 묶어서 분석하는 논의가 본격화되고 있다는 것이다. 물론 예전에도 이러한 접근이 없던 것은 아니었다. 그렇지만 예전에는 주로 지정학적 변수에 첨단 산업의 지형이 영향을 받는 사례를 논했다면, 최근에는 오히려 역으로 첨단 산업 공급망이 국제 정치 관계 조정에 영향을 주고 있다. 이러한 기술 안보의 핵심에는 반도체와 인공 지능이 자리한다. 그래서 중국의 반도체와 인공 지능 산업의 향방을 논할 때 지정학적 논리를 같이 검토하는 것은 어찌 보면 당연한 일이다. 특히 반도체 공급망 재편과 인공 지능 패권 경쟁이 맞물리면서, 산업 전략 자체가 곧 지정학적 선택이 되는 국면이 뚜렷해지고 있다. 미중 양국의 '반도체+AI' 패권 경쟁에서 가장 중요한 역할을 하는 변수는 무엇일까? 상식적으로는 기술 초격차나 공급망으로의 접근 제한 같이 회사 혹은 정부가 주도할 수 있는 인위적 장벽일 것이다. 그런데 흥미롭게도 이 장벽은 제3의 플레이어, 즉 공급자이자 또 한편으로는 균형자인 대만의 미래에 의해 결정된다.

나는 2024년 두 차례에 걸쳐 기정학적 변수와 기술 안보의 의미를 토론하는 대만 국제 포럼에 참석한 적이 있다. 특히 하반기에 있었던 타이베이 안보 대화 2024(Taipei Security Dialogue 2024)의 주요 의제는 대만이 기정학적으로 왜 중요한지, 그리고 반도체를 중심으로 한 대만의 현 전략이 어느 정도까지 유효한지, 앞으로 유효하지 않다면 어떻게 바뀌어야 하는지였다. 내가 포럼에서 발제한 내용은 후버 연구소(Hoover Institution) 같은 미국 싱크 탱크에서 근래 자주 언급되는 '실리콘 트라이앵글(Silicon Triangle)' 모델의 의미와 유효성에 대한 것이었다.[1] 여기서 말하는 트라이앵글은 미국-중국-대만이 이루는 삼각 구도를 의미하며 실리콘은 이 역학 관계에 영향을 미치는 반도체 기술 혹은 공급망을 의미한다.

미국은 대만과의 경제 협력, 특히 반도체와 인공 지능 협력이 국가 안보적으로 매우 중요한 요소임을 인지하고 있음에도 대만과 공식 외교 관계는 맺지 않고 있고, 따라서 동맹이 아니다. 그러나 대만은 미국이 중국의 서태평양 패권 확대를 견제하기 위해 제2차 세계 대전 직후 먼저 설정했으나 이제는 오히려 중국 방위 전략의 기본 개념으로 활용되고 있는 지정학적 개념, 즉 일본 본토-오키나와 제도-대만-필리핀-말라카 해협을 잇는 이른바 제1도련선 중에서도 최요충지다. 미국 입장에서 대만은 중국이 태평양으로 패권을 투사하는 것을 견제할 수단이며, 반대로 중국 입장에서 대만은 태평양 진출은 물론, 통일을 위한 마지막 수복 목표이기 때문에 대만이 미중 양국에게 갖는 안보적 특수성과 중요성은 크다. 여기에 반도체가 본격적으로 안보 요소로 들어오기 시작하며 형성된 특수한 기정학적 구도가 바로 실리콘 트라이앵글이다. 특히 최근 들어 반도체가 인공 지능 패권과 직결되는 핵심 기반이 되고 있다는 사실은 실리콘 트라이앵글 모델의 해석이 인공 지능까지 포괄하는 범위로 넓어짐을 의미한다.

기정학은 '기술'과 '지정학'이 단순히 연결된 것 그 이상의 의미를 갖는다. 지정학적 구도라는 틀 안에서 결정되던 국제 안보 지형과 패권 경쟁 전략은 이제 특정 산업, 특히 그 산업의 향방을 좌우하는 '기술'과 '공급망'에 의해 변화가 가속된다. 동시에 각국이 맺어 온 기존의 지정학적 연관성은 국가 간 관계는 물론 회사나 연구 기관의 기술 개발 전략과 정부 간 기술 협력에도 영향을 미친다. 이러한 양방향 상호 작용을 모두 고려하면서 전략의 유효성을 평가하는 관점이 바로 기정학이다.

사실 기정학이라는 개념은 냉전 시대부터 정립되었다. 당시 미국과 NATO 회원국, 일본 등 동맹국들은 제2차 세계 대전 종전 후 얼마

　　　　　4장　실리콘 트라이앵글과 COCOM 2.0

되지 않은 1949년, 냉전이 시작되자마자 대공산권 수출 통제 위원회
(Coordinating Committee for Multilateral Export Controls, COCOM) 같은
다자간 무역 체제를 결성했다. 이 기구가 사회주의 진영인 (구)소련과
바르샤바 조약 기구 국가들을 견제하기 위한 목적으로 운영되었음은
잘 알려져 있다. 특히 견제하려는 기술은 정보 관련 기술이었다. 실제
로 수출 통제 대상에는 핵무기나 발사체, 통신 장비뿐만 아니라 반도
체도 포함되어 있었다. 체제 경쟁을 하는 두 거대 집단 사이에서 민군
이중 용도임이 확실한 첨단 기술들은 미국과 동맹국들의 대공산권
수출 규제 대상 리스트에 상시 포함되었으며, 이를 위반하는 회사는
해체에 준하는 강력한 처벌을 받기도 했다.

냉전 종식 후 한 세대 이상 시간이 흐른 현대에도 기정학의 중심에
는 여전히 반도체가 있다. 예전부터 지금까지 반도체는 첨단 기술인
동시에 민군 이중 용도 기술이라는 정체성에는 변함이 없다. 2022년
러시아–우크라이나 전쟁이 발발했을 때 미국이 취한 대러시아 제재
에 반도체 금수 조치가 있었고, 러시아나 벨라루스의 반도체 기업들
이 미국 상무부 제재 대상에 오른 것에서도 그 의미가 잘 나타난다.
그런데 이제는 인공 지능도 그러한 민군 이중 용도의 정체성을 갖는
기술로 진화하고 있다. 러시아–우크라이나 전쟁에서 우크라이나 군
이 군사용 인공 지능 알고리듬을 이용해 드론을 조종하고 원거리 미
사일 공격을 통제하는 것, 그리고 최근 이스라엘–이란 전쟁에서 이스
라엘 군이 군사용 인공 지능을 적극 활용하는 것, 미국의 방산 AI 모
델 개발사인 팔란티어(Palantir)의 알고리듬이 실제로 작전에 활용되

고 있는 것이 대표적 사례다. 특히 팔란티어는 아예 미 국방부와 대형 장기 계약을 맺은 후 밀접한 민군 협력 체계를 이어 가며 군사, 안보는 물론 CIA나 국토 안보부(DHS) 같은 정보 기관에 인공 지능 플랫폼 을 제공하고 있기도 하다.

기술 패권 경쟁에서 AI 모델이 핵심으로 부상하면서, 기정학적 차 원에서 인공 지능의 전략적 가치도 더욱 커지고 있다. 문제는 설계된 성능이 아무리 강력하다고 해도 AI 모델의 성능을 최대로 이끌어 내 려면 그에 최적화된 연산 가속기가 먼저 확보되어야 한다는 것이다. GPU를 비롯한 AI 연산 전용 가속기는 최적화된 반도체 설계와 최선 단 공정 및 양산 규모를 갖춘 파운드리 팹 같은 기술적 기반 위에서만 확보될 수 있다. 문제는 연산 가속기는 현재 독과점에 가까운 공급망 에 의존하고 있다는 것이다. 공급망 내 각 지점의 독점적 지위는 대부 분 미국과 대만, 한국, 일본이나 유럽 기업에 의해 지배된다. 그러나 최 근 중국은 자급화를 목표로 독점을 우회할 경로를 구축하고 있다. 중 국의 반도체-인공 지능 자급화 경향은 실리콘 트라이앵글 기정학 구 도가 인공 지능으로 확장되면서 앞으로 더 복잡한 양상으로 바뀔 것 임을 의미한다.

반도체+AI가 만드는 새로운 기정학

기정학적 맥락의 전략 기술 대상으로서 '반도체+AI'가 실리콘 트라 이앵글 모델에 어떤 영향을 줄까? 중국과 외교 관계를 이어 가는 미 국 입장에서는 중국이 대외적으로 취하는 공식 입장인 '하나의 중국'

　　　　　　　　　4장 실리콘 트라이앵글과 COCOM 2.0

원칙을 인정(recognize)은 한다. 여기서 '인정'은 중국 주도의 대만 통일을 지지한다는 뜻은 아니다. 그보다는 "중국은 하나."라고 주장하는 중국 정부의 정강(政綱)을 미국 정부가 외교적 차원에서 공식 인지하고 있다는 정도로 해석해야 한다. 이로 인해 미국은 대만과 공식 외교 관계를 맺을 수 없고, 당연히 동맹 관계도 불가능하며 따라서 평시에 대만 내 미군 주둔은 더더욱 불가능하다. 그렇지만 외교 관계 성립이 어렵다고 해서 교류까지 금지된다는 뜻은 아니다. 앞서 언급한 것처럼 미국 전략가들에게 대만은 기본적으로 중국을 견제하기 위한 최적의 불침항모로 간주되며 제1도련선에서도 최요충지다. 따라서 대만이 미국의 아시아 태평양 안보 전략에 얼마나 협력할 수 있는지는 미국 입장에서 매우 중요하다. 친중 정권이 수립되고 그 영향력이 커지면 미국이 대만의 자발적 협력을 얻기는 더 어려워진다. 결국 미국 입장에서는 현상 유지를 위해 자국의 영향력이 계속 대만으로 투사될 수 있게 하는 전략이 필요하다.

그런데 이 전략이 고려해야 하는 상황은 좀 복잡하다. 미국은 중국이 아시아 태평양으로 패권을 확장하는 것을 견제해야 하지만, 동시에 거대 시장인 중국과 무역을 포기할 수는 없다. 또한 대만을 쉽게 포기할 수도 없다. 대만이 첨단 반도체 생산과 공급에서 독점적 영향력을 발휘하는 현 상황에서는 더더욱 그렇다. 미국에게는 중국을 자극하지 않는 범위 내에서 대만의 첨단 기술에 영향력을 끼칠 수 있어야 하고, 그 전략의 실효성을 자국은 물론 대만과 중국에 동시에 보일 수 있는 방향 설정이 중요하다.

　이러한 복잡성은 미국 전략가들이 지난 수십 년간 취해 오던 이른바 '전략적 모호성'의 근간이 되었다. 대만을 한국이나 일본 같은 동아시아 주요 동맹국처럼 상호 방위 조약 수준으로 보호하지는 않지만, 그렇다고 중국이 대만에 영향력의 균형을 깨뜨릴 정도의 실력을 투사하는 것도 좌시하지 않는다는 것이 이 모호성의 핵심이다. 다만 이는 어디까지나 미국이 원하는 수준으로 양안 관계를 현상 유지하기 위해 유용한 개념일 뿐이다. 즉 필요에 따라 언제든 한쪽으로 쏠릴 수 있다.

　문제는 반도체와 인공 지능이 21세기 패권 경쟁, 더 나아가 신제국주의적 경쟁의 중심 전장에 자리 잡고 있는 현 상황이다. 그 결과 미국에게 대만이 갖는 의미도 전통적인 지정학적 안보 가치에서, 기정학적 차원의 경제, 기술 안보 가치로 점차 이동하고 있다. 일례로 TSMC를 필두로 한 대만의 반도체 제조업은 2024년 하반기 기준으로 전 세계 7나노 이하급 반도체 생산의 90~92퍼센트 이상을 점유할 정도로 독점적 위치를 점하고 있다. 만약 대만에 급변 사태가 생겨 단 1년 동안만이라도 반도체 제조가 지연되면, 당장 대만 파운드리 업계의 매출은 420억 달러(약 62조 원) 정도 감소하지만, 전 세계 IT 기업의 매출은 무려 약 12배에 해당하는 4900억 달러(약 721조 원)나 감소한다.[2] 대만 내 첨단 반도체 제조 기반을 다른 나라로 옮겨 대체하려 한다고 해도 결코 쉬운 일이 아니다. 최소 3년 이상의 시간이 걸리며 무려 3500억 달러(약 515조 원)를 투입해야 한다.

　막대한 시간과 자원을 투입한다고 해도 대만에서 제조하는 수준의 고성능 반도체 칩의 양산이 재현된다는 보장도 없다. 대만의 반도체 산업, 특히 파운드리를 중심으로 설계-제조-패키징으로 수직 계열화된 첨단 반도체 제조업은 현재로서는 세계 그 어떤 나라와 기업을 조합해도 당장 대체가 불가능하다. 그래서 강제적인 공급망 재조정은 오히려 역효과를 낼 수 있다. 글로벌 파운드리 시장 1위를 고수하고 있는 TSMC뿐만 아니라, UMC, PSMC, VIS 같은 대만의 2~4위권 파운드리 업체들은 거대 기계 장치의 톱니바퀴처럼 맞물려 돌아가면서 2나노 공정 같은 초미세 공정부터 가장 성숙한 공정으로는 180나노 이상의 공정에 이르기까지, 전 세대를 아우르며 글로벌 시스템 반도체 공급의 곳간지기 역할을 한다.

수직 계열화된 대만의 시스템 반도체 생산 구조는 인공 지능 시대에는 더욱 중요해진다. 위스트론, 폭스콘 같은 대만 업체들과 연합해 TSMC가 생산하고 패키징한 엔비디아의 GPU는 AIDC용 서버 랙으로 재탄생한다. 이러한 데이터 센터는 다시 대만을 인공 지능 생태계의 핵심으로 만들어 주는 것에 일조한다. TSMC를 필두로 하는 대만의 대체 불가능성은 그들이 갖는 제조 기술뿐만 아니라 파운드리에 특화된 산업 생태계의 특수성, 그리고 압도적인 양산 규모와 수율의 초격차에서 비롯된다. 이를 대체하기 위해 삼성전자 파운드리 사업부나 IFS, 혹은 2027년 시제품 출시를 목전에 둔 일본의 라피더스 등이 대안이 될 수도 있다. 그러나 기술력, 양산성, 고객 생태계, 디자인 솔루션 파트너, IP 가치와 다양성 등 모든 면에서 대만의 파운드리 산업과 겨루기에는 역부족이다. 기술과 공급망을 지배하는 국가는

                                              차이나 반도체 라이징

엔비디아, 오픈AI, 알파벳, MS, 메타, 아마존, 테슬라 등이 전면에 포진한 미국임에는 분명하지만, 이들 회사는 당장 TSMC가 위탁 생산 주문을 소화하지 못하면 GPU를 구매할 수도 없고 자체 설계한 칩을 제조할 수도 없으며, HBM 같은 메모리를 한 장의 칩으로 패키징할 수도 없다. SK하이닉스가 HBM 시장에서 압도적인 지배력을 발휘하고 있다고 하지만, 결국 이 HBM도 최종 단계에서는 대만으로 항공 운송되어 GPU 다이와 연결하기 위해 TSMC 고유의 패키징 기술인 CoWoS 공정을 활용해야 하는 의존도가 여전히 높기 때문이다. 고성능 반도체 생산에서 독점적 지위를 유지하려는 기조는 기술적으로 보면 전형적인 초격차 전략에 해당한다. 그러나 이것이 국가 차원으로 확장되면 곧 기술 안보 전략이 된다. 인공 지능을 국익의 핵심 수단으로 설정한 국가들에게 반도체와 인공 지능은 더 이상 산업 경쟁력의 문제가 아니라 국가 안보의 핵심 자산이다. 첨단 기술을 둘러싼 현대의 기술 안보 경쟁은 결국 반도체와 인공 지능을 국가 전략의 중심에 둔 미국과 중국이 서로 양보할 수 없는 영역으로 수렴한다.

공급망 충격은 어디까지 번지는가?

대만에 거의 전적으로 의존하는 현재의 첨단 반도체 공급망은 곳곳에 산재한 독점 구도 때문에 본질적으로 불안정하다. 특히 대만이 지배하는 공급망에 불안정성이 발생할 경우 그 여파는 글로벌 스케일로 확장된다. 반도체 생산이 지진이나 전쟁 같은 외생적 요인으로 1년이 아니라 단 1개월만이라도 지연된다면 전 세계 반도체 시장에는 문

　　　　　　　　　　4장 실리콘 트라이앵글과 COCOM 2.0

자 그대로 패닉이 올 수 있다.

대만은 지리적으로 환태평양 조산대에 속하기 때문에 지진에 취약하다. 1999년 9월, 대만 중부 난터우에서 발생한 규모 7.6의 지진은 110킬로미터 북쪽에 위치한 신주의 TSMC 반도체 팹에 직접적인 타격을 주어 일주일 간 팹 가동이 중단되었다. 이로 인해 당시 신주 팹에서 생산하던 메모리 반도체 공급이 중단되어 글로벌 메모리 반도체 가격이 일시적으로나마 무려 3배나 폭등한 사례가 있다. 지진의 영향은 작게는 공정 장비에 대한 미세한 손상이나 오류부터, 정전이나 화재로 인한 피해, 크게는 팹의 공정 라인을 재조정하게 만드는 뒤틀림 등으로 나타나는데 반도체 공급망이 받는 영향을 복구 시간으로 환산하기 위해 이러한 변수들이 종합적으로 고려되는 함수를 설계할 수 있다.

나는 이러한 수학적 함수를 직접 설계한 후 몬테카를로 시뮬레이션(Monte-Carlo simulation)을 활용해 신주 지역 반경 50킬로미터 이내에서 진도 7.5~8.0의 지진이 발생했을 때 반도체 공급망에 끼치는 여파를 분석했다. 1,000번 시뮬레이션한 결과를 종합한 결과 진도 7.5 시나리오에서는 평균 2주 간 팹 라인 가동이 전면 중단되며 이후 4주에 걸쳐 85퍼센트 수준까지 조금씩 복구되다가 95퍼센트 수준까지 복구하는 데 4개월이 소요되는 것으로 나타났다. 진도 8.0의 경우는 더 큰 파급력이 관찰되었다. 팹 라인 전체는 평균 6~7주 간 가동이 전면 중단되며 이후 12~14주 간 서서히 85퍼센트까지, 그리고 6개월 동안 95퍼센트까지 복구됨이 관찰되었다. 진도 7.5의 지진 발생 후에는 완전히 복구되기까지 일주일에 평균 1억 1000만~1억 2000만 개의 5나노 이하급 반도체 칩 공급이 중단된다. 진도 8.0 시나리오에서는 그 규모가 3억 1000만~3억 2000만 개까지 늘어났다.

　TSMC 파운드리를 이용하는 주요 고객은 통상 4~6주치 칩 재고를 보유하고 있으므로, 진도 7.5 수준의 지진이 발생한다고 해도 5주 이내로 복구가 진행될 경우 공급망에는 큰 차질이 없다. 그러나 진도 8.0 이상의 지진에서는 재고 소진 후 적어도 3주 이상 칩 공급이 전면 중단되고 이후 3~4개월 동안 15퍼센트 정도의 공급 감소가 예상되므로 큰 차질이 생긴다. 원가 상승 요인을 고려해 공급가 변동을 추산해 보면 4나노 이하급 공정에 의존하는 엔비디아 GPU 가격은 진도 7.5 시나리오에서는 1.7배 이상, 진도 8.0 시나리오에서는 2.7배 이상으로 폭등할 것으로 예상된다. 이로 인해 전 세계 AIDC 및 전용 가속기 시장에는 대혼란이 찾아올 가능성이 높다.

　TSMC에 100퍼센트 생산을 위탁하는 애플의 M시리즈 애플 실리콘 칩, 퀄컴의 스냅드래곤 같은 모바일 AP 공급 지연으로 주요 스마트 기기 제조사의 신제품 출시 시점도 최소 3~6개월 연기된다. 시스템 반도체 공급망이 흔들리면 테슬라의 자율 주행 전용 칩은 물론, 글로벌 주요 자동차 제조사가 필요로 하는 MCU 등도 공급 차질을 겪어 자동차 시장은 코로나19 범유행 사태 당시보다 훨씬 더 크고 더 장기간의 공급망 혼란을 겪을 것이다. 전력, 통신용 반도체, 센서 같은 기타 산업용 반도체 시장은 시스템 반도체보다 상대적으로 저가라는 이유로 아예 공급 우선 순위에서 밀려 더 큰 혼란을 겪을 수도 있다. 만약 이러한 사태가 6개월, 혹은 심지어 1년 이상 이어진다면, 글로벌 경제 시스템에도 경제 대공황에 맞먹는 충격이 도래할 가능성이 높다.

실리콘 트라이앵글의 힘의 균형

반도체 공급망의 불확실성을 가장 피하고 싶어 하는 나라는 사실 미국이다. 바이든 정부부터 미국은 이미 자국의 혁신 엔진을 인공 지능으로 결정했고, 그 엔진은 첨단 반도체에 전적으로 의존한다. 이는 미국 입장에서 자국 안보의 핵심 변수가 자국도 아니고 심지어 동맹국도 아닌 국가에 휘둘리게 됨을 의미한다. 그래서 실리콘 트라이앵글 구도에서 대만에 갖는 '**반도체+AI**' 의존도가 완화되지 않는 한, 미국이 오랜 기간 고수하던 전략적 모호성은 점점 전략적 확실성으로 바뀌어야 한다는 압력에 저항하기 어려워진다. 그렇지만 이러한 방향 전환은 미국 입장에서 받아들이기 어렵다. 그 대가가 자못 크기 때문이다.

미국의 안보 전략가 크리스토퍼 매켈리언(Christopher McCallion)은 2022년 10월 《디펜스 프라이어리티(*Defense Priorities*)》라는 매체에 기고한 글에서 미국은 반도체 공급망의 안전성을 보장한다는 명목만으로 대만을 방위하는 전략적 확실성을 택할 필요가 없다는 주장을 피력했다.[3] 그는 대만이 내세우는 실리콘 방패 전략은 적어도 중국이 대만을 침공해 대만의 첨단 반도체 생산 능력을 그대로 흡수하기 어렵다는 점에서 사실 효용 가치가 없고, 따라서 미국이 유사시 반도체

차이나 반도체 라이징

공급망을 보호하기 위해 군사적으로 개입하거나 미중 전면전을 벌일 정도의 위험을 감수해서는 안 된다고 주장했다.

실제로 국제 전략 문제 연구소(CSIS)나 랜드 연구소 같은 미국 싱크 탱크가 최근 시행한 워 게임(war game) 시뮬레이션은 대만 해협에서 미중 전면전이 발발할 경우 중국은 GDP의 25~35퍼센트, 미국은 5~10퍼센트가 감소할 정도로, 전면전이 반도체 공급망의 불안정성보다 훨씬 막대한 피해를 야기할 것임을 경고했다.[4] 2024년 네덜란드 정부와 ASML은 중국이 대만을 무력 점령한 뒤 TSMC의 반도체 생산 시설을 탈취할 가능성에 대한 미국 정부의 우려와 관련해, 극자외선 노광 장비 등을 원격으로 무력화할 수 있음을 처음으로 공식 인정하기도 했다. 원격 무력화 외에도 미국은 중국과의 무력 충돌을 최소화하면서도 대만 반도체 생산 시설 접근을 제어하기 위해 주요 시설을 오히려 선제적으로 파괴할 수 있다는 의중을 보인 바 있기도 하다.[5] 이러한 메시지는 대만이 실리콘 트라이앵글 기정학 구도에서 갖는 중요성이 커질수록, 역설적으로 미국의 전략이 대만에 대한 의존도를 완화하고 군사적 개입은 줄이는 방향으로 바뀔 가능성이 높음을 암시한다.

비록 1979년 미 의회에서 공표한 대만 관계법(Taiwan Relations Act), 그리고 2020년에 제정한 대만 동맹 국제 보호 강화법(Taipei Act)[6]이 미군의 개입 가능성을 열어 놓는 장치로 작동하기는 하나, 이는 엄밀한 의미에서 양자 간 상호 보호 조약은 아니다. 따라서 하나의 중국 원칙을 외교적 입장으로 인지하는 미국 정부 입장에서는 전략적으로 대만을 안보 파트너로 격상시키는 무리수를 추진한다고 해도 군사 개입은 여전히 부담스럽다. 만약 미국이 동북아시아 지역에 더 많은 전력을 투사하고 대만을 사실상 동맹국으로 인정해 주요 안보 자산을 더 많이 배치하는 방식으로 전략적 확실성을 구현하려 한다면, 이에 대해 중국은 더 강경한 군사적 대응 의지를 드러낼 가능성이 높다. 이것은 미국에도 상당한 부담이 된다. 그렇지 않아도 2024년 상반기 대만 민진당의 라이칭더(賴清德) 총통이 친미-자주 정책을 전면에 내세우며 집권한 이후 양안 긴장은 날로 고조되고 있다.

이처럼 미국과 중국 모두 전략적 확실성을 추구한다고 말할 수는 있지만, 실제 군사 행동에 나설 가능성은 결코 대칭적이지 않다. 이는 미국-대만 거리보다 중국-대만 거리가 훨씬 가깝기 때문이다. 실제로 중국은 2022년 이후 대만 전역을 해상 봉쇄하다시피 하는 강도 높은 군사 훈련을 이미 2022년 8월, 2024년 5월, 10월, 2025년 4월, 12월 다섯 차례나 실시해 오고 있다. 이러한 해상 봉쇄만으로도 에너지의 96퍼센트와 식량의 70퍼센트를 해상 무역로를 통한 수입에 의존하는 대만은 장기적으로 버티기 어려운 상황에 놓이게 된다. 따라서 이는 국가적 실존 위기로 이어질 수 있다. 중국이 대만에 보이는 비대칭적인 전략적 확실성은 미국에게 군사적 개입보다는 대만에 대한 '**반도체+AI**' 의존도를 가능한 빠르게 완화해야 한다는 정책의 근거가 될 수 있다.

미국의 대응 시나리오

앞서 알아보았듯, 대만의 반도체 초격차와 공급망 지배력으로 인한 기정학적 구도 변화는 미중 양국 모두에게 안보와 직결되는 요소로 작용함이 명확하다. 그러나 반도체와 인공 지능을 둘러싼 실리콘 트라이앵글 기정학 구도는 고정된 상수가 아니다. 미국은 트라이앵글 구도의 주도권을 잡기 위해 군사/기술 안보 투 트랙 전략을 동시에 추진할 것이다. 주요 전략은 대만에 과도하게 쏠린 첨단 반도체와 인공 지능 공급망 의존도를 다변화하는 것이다.

공급망 다변화를 위해 미국이 취할 수 있는 정책은 기본적으로 리쇼어링이다. 바이든 정부에서는 이 정책이 반도체 및 과학법 제정 후, 보조금을 지원하는 동시에 중국과의 거래를 규제하는 방식으로 양면에서 진행되었다. 특히 보조금은 미국과 해외 반도체 업체들로 하여금 미국에 반도체 팹을 신설하거나 확장하는 투자를 하도록 설계되었다. 미국은 인텔이나 글로벌 파운드리 같은 자국 반도체 제조 업체만으로는 글로벌 공급망 변동 대응에 한계가 있다고 판단했고, TSMC 같은 파운드리 리더들이 대만에서 운영하는 수준과 맞먹는 기술 세대와 양산 규모의 파운드리를 미 본토에 건설하는 것에 우선 주안점을 두었다. 바이든 정부에서는 이미 이러한 전략의 일환으로 TSMC가 미국 애리조나 주 피닉스에 650억 달러(약 98조 원)를 투자해 파운드리 팹을 세 곳 짓기로 결정했고, 그중 Fab 21은 4나노(N4) 이하급 공정으로 제조되는 로직 반도체 양산에 배정되었으며, 2025년 상반기부터 양산 초기 단계에 진입했다.

이 정책의 골자는 트럼프 2기 정부에서도 유지된다. TSMC는 2025년 3월 피닉스 팹에 1000억 달러(약147조 원)를 추가 투자해 규모를 늘리는 것은 물론, 대만 본토 팹과 거의 동일한 최선단 공정인 2나노 및 1.6나노(16옹스트롬) 공정을 채용한 라인을 신설해 각각 2028년, 2030년에 양산에 돌입한다는 계획을 발표했다. 이로써 TSMC의 총 대미 파운드리 팹 투자 규모는 1650억 달러(약242조 원)에 달하게 되었다. 비록 반도체 법에 따라 66억 달러(약9조 7000억 원) 규모의 직접 보조금과 5억 달러(약7000억 원) 규모의 저리 대출 지원을 받기는 했으나, TSMC 입장에서는 미국에 대만 본토와 동일한 수준의 기술을 갖춘 양산 팹을 건설하는 것은 수익성이 저하되는 불합리한 결정이다. 그러나 정치 논리와 안보 균형 전략에 따라 결국 대만은 그간 고수하던 실리콘 방패 전략을 수정해, 해외에도 본토와 동등한 수준의 팹을 신설한다는 방향으로 돌아섰다.

앞서 언급했던 타이베이 안보 대화 2024 포럼에 참석한 미국 전략가들은 미국의 반도체 리쇼어링 정책의 배경을 설명하며, 그 필요성 자체는 인정하지만 효용은 충분치 않을 것이라는 분석을 공유했다. 보통 반도체 업체들이 해외로 팹을 신설할 때 주로 채용하는 방식은 이른바 마더 팹-차일드 팹(mother fab-child fab)으로, 즉 본토와 해외 팹의 기술 수준에 의도적인 격차를 유지하는 것이다. 그런데 미국의 요구는 최선단 공정을 채용하는 대만 본토의 TSMC 반도체 팹을 사실상 고스란히 미국 내로 복제해 오라는 것이다. 미국의 표현을 빌리자면 미국판 TSMC 쌍둥이 팹(TSMC american twin)을 구현하는 것에

차이나 반도체 라이징

해당한다. 그러나 문제는 여전히 남아 있다.

TSMC가 파운드리 팹을 유지하기 위해서는 수십, 수백 곳의 협력사는 물론, 운용을 위한 전문 엔지니어들도 수백~수천 명 단위로 필요하다. 그렇지만 이들이 모두 그대로 복제되어 이전하기는 어렵다. 더구나 대만에서 유지되던 강도 높은 근로 문화는 미국 현지의 근로 시스템과 양립이 거의 불가능하며, 대만 정부가 TSMC에 우선적으로 지원하던 전력과 산업용수 등의 인프라 혜택도 그대로 재현되기는 어렵다. 설사 재현된다고 해도 인건비, 세금, 공급망 재편 비용, 운송비 등으로 운영 비용이 최소 1.5배 이상으로 올라가며, TSMC 투자액의 10분의 1에도 못 미치는 보조금이 2027년 이후 규모가 축소될 경우, 실제로는 40퍼센트 이상의 비용 상승을 거의 반 영구적으로 TSMC가 감내해야 한다. 상승한 비용은 당연히 생산 원가에 반영되며, 이 팹을 이용하는 미국의 주요 팹리스 업체들 그리고 AI 반도체 회사들은 더 비싸진 청구서를 받아들게 될 것이다.

TSMC가 이를 우회하기 위해 주기적으로 대만 본토에서 엔지니어나 근로자를 파견해 인건비를 절감하려 해도 2025년 9월 미국 이민 세관 단속국(ICE)이 조지아 주에 건설 중인 한국의 LG에너지솔루션-현대차 합자 배터리 공장을 급습해 무려 300명이 넘는 근로자들을 구속한 사태에서 보듯 그러한 방식은 더 이상 통용되기 어렵다. 이러한 사정을 잘 아는 미국의 전략가들은 반도체 리쇼어링 정책이 일정한 효과는 보일지라도 그 효용에는 분명한 제약이 있다고 본다. 따라서 전략의 한 축이 될 수는 있어도 해외 반도체 공급망 리스크를 완화하는 핵심 수단이 되기에는 역부족이라고 지적한다.

그렇다면 미국이 추가로 취할 수 있는 전략은 무엇일까? 한 가지 대안으로 프렌드쇼어링(friend-shoring), 즉 간접적 리쇼어링이 있다. 프렌드쇼어링은 원리적으로는 미국과 육로로 국경을 맞대고 있고 상대적으로 인건비가 저렴한 멕시코 북부에 공장을 증설해 생산비와 운송비를 절감하는 전략이다. 그렇지만 반도체 산업에서는 지리적 이점보다는 소재-부품-장비-설계를 아우르는 안정된 공급망 생태계와 숙련된 전문 기술 인력을 충분히 확보하는 것이 훨씬 더 중요하기에 멕시코는 적절한 대상이 되기 어렵다. 대안이 될 수 있는 나라는 어디일까? 미국 입장에서 훨씬 더 비용을 절감할 수 있으면서도, 대만과 비슷한 고강도의 근무 문화를 공유하고 이미 잘 형성된 반도체 공급망이 갖춰진 곳이 최적 후보지로 고려될 것이다. 미국-대만의 프렌드쇼어링 수요가 동시에 겹칠 수 있는 나라는 다름 아닌 일본이다.

이미 일본은 1980~2000년대 글로벌 반도체 공급망의 모든 사이클에 참여해 지금의 대만에 버금가는 지배력을 유지했던 역사가 존재한다. 일본 반도체 산업이 많이 쇠락한 현재도 반도체 소부장 생태계는 글로벌 수준의 경쟁력을 유지하고 있다. 여기에 더해 최근 일본 정부도 자국 반도체 산업을 되살리려는 정책적 지원 의지가 강해, 미국-대만-일본 세 국가의 이해가 맞아떨어질 수 있다. 대표적 사례는 2024년에 준공된 일본 규슈 남부 구마모토 지역에 신설된 JASM 제1팹이다. JASM의 지분 75퍼센트는 TSMC에 있으므로, 사실상 TSMC 자회사로 볼 수 있다. 그렇지만 현지 팹에 채용된 공정 인력 대

다수는 일본 엔지니어들이며, JASM 주변에는 일본의 반도체 소부장 회사들이 생태계를 구성하고 있다. 여기에 더해 2027년 준공을 목표로 제2팹이 건설 중이며, 상황에 따라 2030년까지 제3팹도 추진될 가능성이 있다. JASM의 팹은 파운드리 전용이지만, 제1팹이 20~30나노급의 레거시 공정에 치중한 반면 제 2팹부터는 본격적으로 10나노 이하급 선단 공정을 채택할 가능성이 높다. 이는 양산 규모뿐만 아니라 기술적 수준에서도 첨단 로직 반도체 생산의 일부가 일본으로 분산될 수 있음을 의미한다.

만약 계획대로 제3팹까지 완성될 경우, 5나노 이하급 최선단 공정까지 기술 수준이 상향될 수 있으며 일본 JASM에서 분담할 TSMC의 로직 반도체 생산량이 4~5퍼센트 정도까지 확장될 것으로 추정된다. 이제 제1팹이 완성되어 양산에 들어간 JASM 팹의 규모는 대만 본토 TSMC 팹에 비하면 여전히 미약한 수준이다. 그러나 일본으로의 프렌드쇼어링이 비용, 안보 측면에서 충분히 대안이 될 수 있음이 증명된다면 미국의 반도체 의존도 완화 정책은 미국으로의 리쇼어링/일본으로의 프렌드쇼어링의 투 트랙으로 동시 추진될 수도 있다. 특히 일본은 미국에게 동맹국이자 동아시아-태평양-인도양을 잇는 쿼드(QUAD)[7] 같은 지역 안보의 최우선 파트너로서 기정학 전략 수립에서도 가장 중요한 국가다.

TSMC 미국 기업화 시나리오

이러한 투 트랙 전략도 미국의 '**반도체+AI**' 패권을 위한 근본적 대안

    4장 실리콘 트라이앵글과 COCOM 2.0

은 아니다. 트럼프 2기 정부는 전임 바이든 정부의 대표 업적 중 하나인 반도체 및 과학법에 반기를 들었으며 2027년으로 예정된 완료 시점 이후 이 법을 다시 연장하려는 의지가 없다. 심지어 자국 및 해외 반도체 업체들에 보조금 회수를 요구할 가능성도 높다. 2025년 8월 트럼프 2기 정부는 바이든 정부에서 집행되지 않은 CHIPS법 보조금 및 시큐어 엔클레이브 프로그램(Secure Enclave Program) 자금 총 89억 달러(약 13조 1000억 원)를 지분으로 전환하는 방식으로 인텔 보통주 9.9퍼센트를 취득했다. 의결권은 부여되지 않은 형태이나, 정부가 민간 반도체 기업의 최대 주주 위치에 오른 것 자체가 전례 없는 산업 정책적 신호탄으로 받아들여졌다.[8] 트럼프 2기 정부에서는 리쇼어링이나 프렌드쇼어링 수준을 넘어 더 강력한 요구를 하며 해외 반도체 업체들을 압박할 가능성이 있다. 투 트랙이 아니라 확실한 원 트랙 전략을 쓸 수도 있는 것이다.

예를 들어 TSMC에 대해서는 인텔과 미국에 합작 법인을 설립해 애리조나 피닉스 외에도 다른 지역에서 최선단 공정을 채용한 로직 반도체 생산을 유도하는 방안도 거론된다. 이는 겉으로는 10나노 이하급 선단 공정에서 경쟁력이 심각하게 저하된 인텔을 부활시키려는 조치로서 언급되는 것이기도 하다. 즉 TSMC의 세계적 수준의 노하우와 기술력을 인텔에 이식해 인텔 파운드리의 경쟁력을 강화하려는 목적이다. 그러나 실제로는 기술 이전을 넘어, 아예 TSMC 자체를 미국으로 이전하는 것까지 요구가 확대되는 시발점으로도 해석된다. 대만 본토의 팹을 그대로 복제한 TSMC 아메리칸 트윈 수준의 요구를 할 가능성도 있는 것이다. 미국 정부가 이 옵션을 정말 진지하게 생각한다면, 그 실행을 위해 입안할 가능성이 있는 주요 계획은 다음과 같이 예상된다.

1) TSMC의 첨단 패키징 팹까지 갖춰진 종합 제조 클러스터 구축.
2) TSMC-인텔 파운드리 합자 회사에 대한 파트너 투자사로서 스타게이트 컨소시엄 참여 확대.
3) 미국의 주요 IT, 인공 지능, 반도체 업체들에게 해외 파운드리 이용에 페널티를 부과하는 고강도 규제 및 미국 본토의 파운드리 이용 유도를 위한 인센티브 정책 신설.

트럼프 2기 정부에서 TSMC를 사실상 미국 기업화하기 위해 취할 수 있는 가장 효과적인 방법은 TSMC로 하여금 인텔을 인수하게 해 이른바 'TSMC-America' 같은 형태로 재편한 후, 이 합자사를 TSMC 본사로부터 인적-물적으로 분리시켜 독립 법인으로 만드는 것이다. 이때는 인텔의 파운드리 부문, 즉 IFS만 따로 인수하는 모양새를 취할 것이다. 이렇게 되면 앞서 본 일본 구마모토의 JASM과 비슷하지만, 미국 정부는 합자사에서 TSMC의 역할을 투자와 인력 및 기술 제공으로 제한하려 할 것이다. 즉 경영과 운영은 철저히 미국 산업계와 정부의 입김에 따르는 방식을 취할 가능성이 높다. TSMC가 JASM 사례를 벤치마킹한다면 IFS를 인수하며 지분율 70퍼센트 정도를 유지하는 방식을 취할 것이다. 이 경우 IFS 인력 고용도 대부분

승계하고, IFS 내부의 장비와 노하우, IP까지도 인수할 수 있다. 그렇지만 JASM은 사실상 파운드리 팹의 껍데기만 인수하고 내부를 다 개조하면서 TSMC식으로 완전히 탈바꿈시킨 것임에 반해, IFS에 대해서는 그러한 방식을 취하기 어렵다. 왜냐하면 인텔이 제조하는 반도체에는 미 국방부, 국방 고등 연구 계획국(DARPA), NASA, CIA, 보잉이나 노스롭그루먼 같은 주요 방위 산업체가 매년 수십억 달러 규모로 주문하는 특수 목적의 아날로그 칩이나 센서 칩 등도 포함되기 때문이다. 이를 고려해 미국 반도체 업계에서 예측하는 인수 방식은 TSMC가 IFS 지분을 전부 인수하는 형태가 아닌, 지분율을 50퍼센트 이하로 유지하고 나머지 30퍼센트 정도는 인텔의 고객사, 나머지 20퍼센트 정도는 인텔이 보유하는 일종의 컨소시엄 형태다. 이렇게 지분율이 구성되어야만 하는 이유는 TSMC가 과반의 지분을 확보해 IFS 경영 과정에 미국의 개입을 막는 시스템 구성을 미연에 방지하기 위함이다.

IFS의 고객은 당연히 미국의 주요 팹리스 업체를 타깃으로 하지만 현재로서 IFS는 이들로부터 위탁 받는 물량이 거의 없다. 따라서 미국 정부는 첨단 반도체 자급을 이루기 위해서라도 TSMC-IFS 팹을 내재화하고 이들이 국내 물량을 소화하는 방향의 정책을 강력하게 추진할 것이다. 미국 정부는 이를 위해 TSMC가 IFS의 팹 일부에 고객들이 원하는 수준의 칩을 만들 수 있도록 기술 이전 형태를 띤 실질적 투자 비중을 높이도록 TSMC에게 강력하게 요구할 수 있다. 즉 공정 장비 같은 현물이나 팹 건설을 위한 현금 투자보다, TSMC

가 보유한 공정 IP와 디자인 솔루션 파트너 라이브러리, 첨단 패키징을 포함한 양산 기술 노하우를 직접 이전하는 방식이 TSMC의 IFS 출자분에서 더 큰 비중을 차지하도록 만들려는 것이다. 이렇게 되면 TSMC의 지분이 50퍼센트 안팎으로 유지되더라도 현물이나 현금 형태로 계상되는 출자 비중에는 상한이 생긴다. 따라서 인텔과 미국 팹리스 업체들로 구성된 지분 집단이 컨소시엄에서 더 실질적인 지배력을 행사할 수 있게 된다. 이러한 형태의 합자사는 TSMC의 지배력이 약해지면서 시간이 지나면 TSMC마저도 회사 명칭에서 대만이라는 단어를 떼어낼 것이다. 아마도 ASMC(American Semiconductor Manufacturing Corp.) 같은 명칭이 될 것이다.

미국은 첨단 반도체를 자급할 수 있을까?

이를 토대로 2030년대 초반을 상정해, 미국에서 생산될 수 있는 10나노 이하급 반도체 생산량을 추정해 보자. 10나노로 한정한 이유는 10나노 이상급은 미국 입장에서 공급망 다변화가 현재도 가능하기 때문이다. 일단 미국 내 10나노 이하급 웨이퍼 수요가 연평균 4~6퍼센트 성장한다고 설정해 보자. 그러면 2024년에 대비해 2033년의 10나노 이하급 12인치 웨이퍼의 미국 수요량은 약 55퍼센트 정도 증가한 월 15만 장 규모에 이를 것으로 추정된다. 그렇다면 2033년경 미국의 10나노 이하급 웨이퍼 생산량은 어떨까? TSMC 애리조나 피닉스 팹만 따져도 2033년경 10나노 이하급 웨이퍼의 생산량은 월 8만 장 수준에 이를 것으로 추산할 수 있다. 다음으로 삼성전자의 텍사스 테일

　　4장 실리콘 트라이앵글과 COCOM 2.0

러 파운드리 팹이 있다. 테일러 팹의 본격 양산 시점은 2026년 상반
기까지도 아직 확정되지 않은 상태이며, 양산 일정도 여러 차례 지연
되었다. 최초 계획 대비 2~3년 이상 지체될 가능성이 높으며, 이 불확
실성 자체가 미국의 첨단 반도체 자급 계획에 변수로 작용한다. 본격
적인 테일러 팹 운영은 빨라야 2030년 초반 이후가 될 것으로 예상된
다. 3나노 이하급 선단 공정을 채용할 것으로 예상되며, 초기 1년간 월
5,000장 규모로 생산되지만, 2030년대 중반에는 월 2만에서 3만 장
까지도 생산량이 확대될 것으로 예상된다. 마지막으로 인텔과 글로
벌 파운드리의 생산량도 고려해야 한다. 인텔 역시 애리조나에 위치
한 팹 52~62 등에서 10나노 이하급 공정을 채용하고 있는데, 2033년
경 월 2만 장 내외로 생산량이 확장될 것으로 예상된다. 글로벌 파운드
리의 생산 비중은 비교적 작긴 하나, 현 추세대로라면 2033년까지 월
1만 장 규모로 10나노 전후 공정 기반 웨이퍼 생산이 가능할 수도 있다.

따라서 생산량을 합산해 보면 미국에서 2033년경 생산되는 10나노
이하급 웨이퍼 생산량은 월 13만~14만 장 수준이 될 것으로 추산된
다. 이는 2033년경 미국의 10나노 이하급 웨이퍼가 사실상 자급 가능
한 수준에 도달함을 의미한다. 일본의 라피더스 파운드리가 2033년에
도 운영 중이라면 2나노급 생산량 월 5,000~1만 장도 추가되므로, 자
급도 100퍼센트는 현실화될 수 있다.

물론 이러한 추산에는 불확실성 요소가 곳곳에 존재한다. 우선 삼
성전자의 텍사스 테일러 파운드리 팹이 계획대로 운영될 것인지부터
가 불확실하다. TSMC 역시 애리조나 피닉스 팹 운영 비용이 본토 팹

차이나 반도체 라이징

에 비해 최소 20퍼센트, 최대 40~50퍼센트까지도 높아진다는 불리함을 감내해야 하므로, 반도체 시장의 업황에 맞춰 생산량을 감산할 수 있다. 일본 라피더스 팹도 현재 계획상으로는 양산용으로 보기에 규모 자체도 매우 작을뿐더러, 2나노 양산을 표방하고 있기 때문에 충분한 수익성이 보장될 정도로 수율 기술력이 성숙할 가능성이 현재로서는 그리 높지 않다. 이러한 불확실 요소를 모두 고려해 다시 보수적으로 생산량을 평가한다면 2033년경 미국이 주도할 수 있는 10나노 이하급 웨이퍼 생산은 월 6만~7만 장 수준에 그칠 수도 있다.

그러나 이러한 부정적 상황에도 미국의 첨단 반도체 제조 자급도가 2030년대 초중반까지 50퍼센트에 도달할 가능성은 여전히 충분하다. 해외 반도체 업체들의 직접 투자 외에도, 미국 팹리스 회사들이 조금씩 자체적인 팹을 만들기 위해 투자할 가능성도 높기 때문이다. 2024년 기준 미국의 10나노 이하급 반도체 자급도가 채 5퍼센트가 되지 않는 것을 고려하면, 50퍼센트 정도에 도달할 미국의 첨단 반도체 자급도는 기정학적 맥락에서 완전히 다른 의미를 가질 것임은 분명하다.

이번에는 대만에 대한 미국의 10나노 이하급 웨이퍼 의존도가 얼마나 완화될 수 있는지도 평가해 보자. 2024년 기준으로 미국은 10나노 이하급 반도체 제조 대부분을 대만에 의존하며, 특히 5나노 이하급 반도체는 의존도가 95퍼센트에 달한다. 그렇지만 앞서 추산했던 상황을 고려한다면 2033년경, 대만에 대한 10나노 이하급 웨이퍼 의존도는 불확실한 경우에도 50퍼센트 이하로 완화되며, 시장이 호황으로 진입한 상황이라면 심지어 10퍼센트 이하로 내려갈 수도 있다. 2024년과 2033년 사이 미국의 첨단 웨이퍼에 대한 대만 의존도가 30~50퍼센트로 크게 완화된다고 가정하면, 대만이 그동안 미국에 발휘해 온 기정학적 교섭력도 줄어든다. 미국의 반도체 의존도 완화는 대만에 대한 전략적 확실성의 증가 혹은 전략적 모호성의 감소로 반영될 것이다. 2033년경의 미국은 적어도 반도체, 특히 AI 반도체와 생태계 구성 관점에서는 대만을 현재만큼 중요하게 여기지 않을 가능성이 높다는 뜻이다.

대만의 생존 계산법

TSMC의 미국 투자가 철저하게 미국이 그리는 방향을 따라갈 것이라는 전망에 내포된 심각성을 대만 정부도 잘 인식하고 있다. 2024년 하반기 TSD 포럼에서 대화한 대만의 기술 안보 전략가들은 트럼프 2기 정부에서 미국의 압박으로 실리콘 방패 정책에 변화가 생기는 메커니즘을 피하기 어렵더라도, 미국은 여전히 대만을 포기할 수는 없을 것임을 강조했다. 오히려 인공 지능 산업의 급속한 팽창으로 미국 정부의 예상보다 더 빠른 속도로 반도체 수요가 폭증할 것이며, 따라서 미국 내 10나노 이하급 반도체 웨이퍼의 생산량으로는 이를 감당하기 어렵고 대만 첨단 반도체의 영향력은 당분간 보존될 것이라는라는 전망도 내놓았다. 이는 일견 합리적인 전망이고 전략이라고 볼 수 있다.

그러나 현재 미국의 정치 상황과 미국 정부의 대외 정책은 합리적 전제 아래 전략 게임이 지속된다고 보기에는 불확실성이 너무 크다. 앞서 언급했듯 트럼프 2기 정부에서 TSMC를 필두로 한 대만 반도체 산업에게 요구하는 것은 투자를 넘어 기술 이전이나 합자사 설립 등 으로 더 노골적으로 바뀐 형태가 될 것이다. 이러한 방안에 TSMC와 대만 정부가 난색을 표하며 비협조적으로 나온다면, 미국 정부는 안 보 문제를 본격적인 압박 수단으로 활용할 수 있다. 중국의 군사적 위 협이 날로 거세지는 상황에서 안보 환경이 취약한 대만에게 미국의 안보 압박은 곧 실존의 문제로 이어진다. 따라서 실리콘 트라이앵글 구도 아래 자국이 원하는 방식의 반도체 투자와 안보를 결합한 미국 의 요구를 대만이 회피하기는 어렵다.

미국 정부가 쓸 수 있는 카드는 안보 외에 경제도 있다. 당연히 제일 먼저 쓸 수 있는 카드는 대만 반도체에 대한 선별적 고율 관세 부과다. 물론 TSMC는 미국으로 반도체 완제품을 자사 브랜드로 직접 수출 하지는 않기에, 직접적인 영향은 적을 것이다. 그러나 고율 관세의 부 담은 결국 후공정 업체나 완성품 제조사 같은 파트너에게 전가되고, 이들이 미국 시장에 공급하는 최종 제품의 가격 상승으로 이어지게 된다. 그 부담은 다시 엔비디아, 애플, 구글 같은 미국의 인공 지능·반 도체·IT 기업들에 돌아간다. 결과적으로 이는 미국 팹리스 업체들로 하여금 미국 내 파운드리를 이용하도록 압박하는 유인책으로 작용 할 수 있다. (미국 정부가 경제 카드를 꺼낸다면, 이는 미국 내 파운드리를 이 용하는 불리함을 상계할 수준까지 세율이 설계될 것임을 의미한다.) 미국의 AI 반도체는 미국에서 생산되어야 한다는 아주 단순한 기치에 경제

     4장 실리콘 트라이앵글과 COCOM 2.0

적 정당성까지 부여하는 셈이다.

미국 정부는 TSMC에게 더 강압적인 요구도 할 수 있다. 예를 들어 앞으로 TSMC가 투자하는 모든 파운드리 팹은 미국에 먼저 가장 앞선 세대의 라인으로 건설하고, 미국 외로의 투자 비중은 50퍼센트를 넘지 않게 하라는 경영 개입에 가까운 요구를 할 수 있다. 이러한 요구는 국가 대 국가의 합리적 협상 사안이라고는 보기 어렵지만, 자국 우선주의를 내세우는 트럼프 2기 정부에서는 충분히 고려될 수 있다. 미국 정부가 대만 반도체 산업을 견제하기 위한 최후의 카드는 어플라이드 머티어리얼즈나 램 리서치 같은 대표적인 미국 반도체 회사들이 제조하는 공정 장비의 대만 파운드리 팹 반입 금지, VEU 기준 강화, EDA 소프트웨어 반입 및 업그레이드 금지 같은 기술 제재다. 이 카드는 확실히 대만의 반도체 산업을 고사시킬 수 있을 것이다. 그러나 동시에 미국 반도체 산업에도 재앙급의 악영향을 미치기 때문에 실제로 시행될 가능성은 낮다.

미국 정부는 여러 종류의 카드를 언급하는 것만으로도 대만 정부에 많은 압박을 가할 수 있다. 최악의 경우 중국이 첨단 반도체 생태계를 그대로 접수하는 것을 막기 위해 미국이 선제적으로 대만의 반도체 생산 시설을 파괴하는 수준의 카드도 이제는 거리낌 없이 공식 석상에서 언급될 정도다. 그렇지만 대만에서 팃포탯(tit-for-tat) 전략으로 대응할 수 있는 카드와 범위는 제한적이다. 대만은 미군의 안보 지원 없이는 현실적으로 중국의 무력 침공을 격퇴하거나 억제하기 어렵다. 가장 좁은 곳의 폭이 130킬로미터에 불과한 대만 해협은 중국

　　　　　　　　　　　　　　　차이나 반도체 라이징

의 위협을 억제하기에는 충분한 지리적 방벽이 아닐 수 있다. 여기에 중국 인민 해방군 해군의 전력 증강 속도를 감안하면 그 규모가 미 태평양 함대를 넘어서는 것 역시 시간 문제다. 트럼프 2기 정부는 대외적으로는 고립주의 노선을 강력하게 표방하며 불개입주의로 변화하고 있기 때문에, 핵심 국익이 걸린 문제가 아니라고 판단할 경우 양안 위기에서 미군의 개입은 제한적일 수준에 그칠 가능성이 더 높다.

대만은 첨단 반도체 초격차에 기반한 경제-기술 안보 전략이 갖는 유효 기간을 최대한 연장하고 싶어 한다. 그러나 대만에 의존하는 공급망 구도가 지속되는 것은 인공 지능을 국가 패권 경쟁의 핵심 수단으로 설정한 미국과 중국 모두 원하지 않는다. 이것이 대만에 닥친 첨단 기술 위기의 본질이다. 대만은 자국 내에 폐쇄적으로 구축하려던 첨단 반도체 생산 기반을 분산시켜 공급망 위기에 대응하려 한다. (그림 4.1 참고) 다만 이렇게 분산시킨 해외 팹은 대부분 대만 본토 팹의 기술 수준과 격차를 충분히 두는 방식을 주로 따른다.[9] 그러나 TSMC 애리조나 팹은 본토 팹에 준하는 수준으로 확장해야 한다는 미국의 압박에 이미 그렇게 운영되거나 구축되고 있다.

실리콘 트라이앵글의 역학 구도 변화에서 영향력을 미칠 수 있는 범위가 점차 좁아지고 선택지가 얼마 남지 않게 되면 국내 정치 상황에 따라 대만은 자발적으로 중국 반도체와 인공 지능 산업, 나아가 경제 체제에 편입될 가능성마저 있다. 다시 말해 홍콩과 유사한 정치적 이중 체제를 보장받는 대신 경제적 이익을 보존하는 쪽으로 타협할 수 있다는 것이다. 물론 이 경우 대만의 반도체 산업은 중국에 준

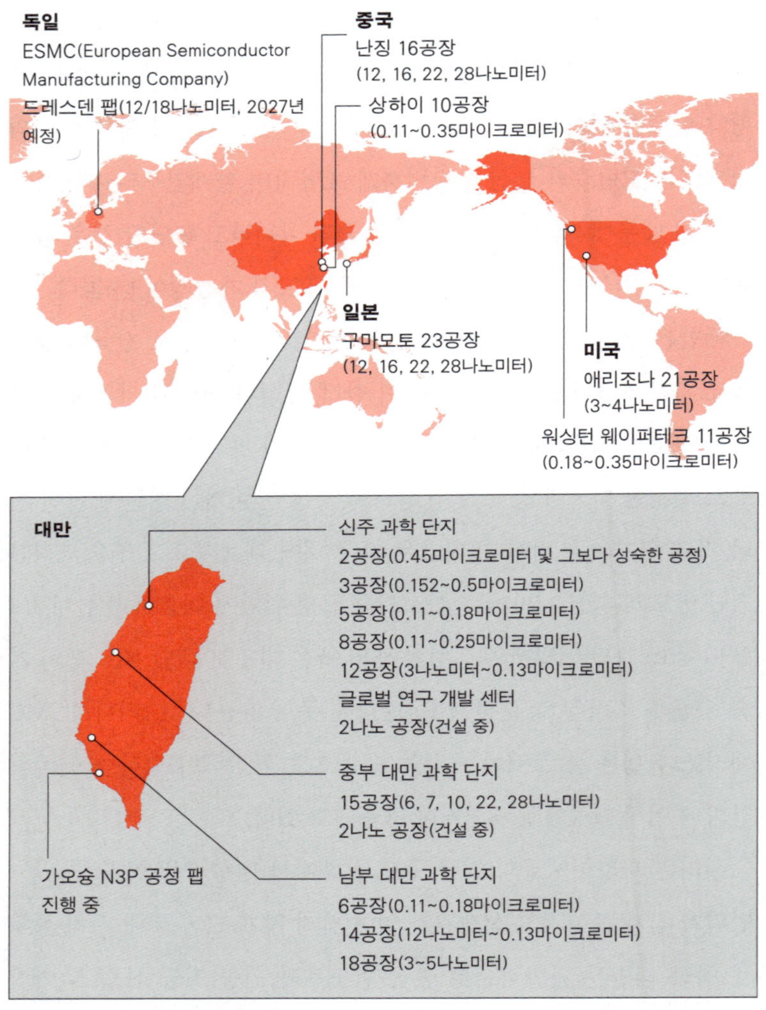

그림 4.1 2024년 기준 TSMC가 운영하는 파운드리 주요 팹의 위치. 대만 중앙통신사 (中央通訊社, CNA) 2023년 8월 8일자 기사 자료를 재가공했다. 현재 추가적인 해외 팹 이 건설 중이다.

     차이나 반도체 라이징

하는 수준의 무역 및 기술 제재를 받을 가능성이 높다. 그러나 실제로 그런 시점이 되었을 때 중국 중심의 공급망에서 얻는 이익이 더 크다고 판단할 경우 미국의 제재는 더 이상 대만에게 통하지 않을 수도 있다. 대만 반도체 산업이 중국으로 편입되는 것이 확실해지면 미국은 TSMC의 미국 팹을 강제로 국유화하는 초유의 카드까지 꺼낼 수 있다. 물론 이렇게 극단적인 상황은 중국이나 미국이 지나치게 대만을 군사적으로 혹은 경제적으로 압박할 경우에나 가능할 것이다. 미국과 대만은 극단적 시나리오로 비화되기 전 단계에서 합리적인 협력 방안을 모색할 것으로 예상된다.

중국이 흔드는 삼각 구도

중국 입장에서도 현재의 실리콘 트라이앵글 구도는 고정된 상수로 간주하지 않는다. 미국만큼이나 중국도 자국의 파운드리 회사들을 앞세워 경쟁적으로 팹을 건설하고 첨단 반도체 공급망을 내재화하기 위한 노력을 기울이며 이 구도에 변수를 만들려 한다. 2030년 초중반이 되면 10나노 이상급 미들테크-레거시 영역의 성숙 공정 파운드리 시장에서는 중국 파운드리 업체의 점유율이 최대 30퍼센트까지 상승할 것으로 예상된다. 이미 2025년 상반기 전 세계 파운드리 매출액 순위 10위권 이내에는 중국 회사들이 대거 포진하기 시작했다. 1위 TSMC가 67.6퍼센트의 점유율로 압도적 영향력을 보이는 가운데 2위 삼성전자(점유율 7.7퍼센트)에 이어 3위를 중국 SMIC(점유율 6.0퍼센트)가 차지했다. 특히 SMIC와 삼성전자의 점유율 차이는 이제 1퍼센트대

     4장 실리콘 트라이앵글과 COCOM 2.0

로 좁혀졌기 때문에 두 회사의 순위가 바뀌는 것은 시간 문제에 가깝다.

더 충격적인 현실은 그간 대만에서 수직 계열화된 파운드리 산업 구조를 떠받치던 2, 3, 4위급 회사들의 글로벌 점유율이 점차 쇠락하고 있다는 것이다. 그 자리에는 중국의 2, 3위권 파운드리 회사들이 공격적으로 치고 들어오고 있다. 2025년 상반기 대만의 2위 파운드리 업체 UMC가 글로벌 매출액 4위를 기록한 가운데 3~4위권 업체인 VIS는 중국의 2위 파운드리 업체인 화홍 반도체에 밀려 7위로 내려 앉았다. 또다른 대만의 3~4위권 업체인 PSMC는 중국 3위 업체 넥스칩에 밀려 10위로 순위가 하락했다. 중국의 파운드리 회사들이 차지하는 글로벌 점유율 합산 비중은 이미 10퍼센트를 넘었으며 현재의 추세를 고려하건대 큰 변동이 없는 한 2030년 초중반이 되면 20퍼센트대에 진입할 것이 확실시된다. 특히 중국 파운드리 팹의 라인 상당수가 10나노 이상급의 레거시 팹이기 때문에 이들이 성숙 공정 파운드리 시장에서 차지하는 비중은 30퍼센트 이상으로 커질 가능성이 매우 높다. 중국은 파운드리 팹의 양적 팽창에 그치지 않고, 질적으로도 10나노 이하급 선단 공정 팹에 대한 투자를 지속하고 있다. 중국의 선단 공정 기반 파운드리 팹의 글로벌 시장 점유율도 그에 맞춰 2030년대 중반 이전에 5~10퍼센트에 육박할 것으로 전망된다. 미국만큼은 아니지만 중국 역시 AI 반도체 등 첨단 반도체의 자급률을 꾸준히 높일 것임은 확실하다.

중국은 실리콘 트라이앵글 구도가 앞으로 어떻게 바뀔 것으로 예상할까? 그리고 어떤 변화가 자국에 더 유리하다고 판단할까? 앞서 분석한 시나리오대로라면 2033년경 보수적으로 보더라도 미국은 첨단 반도체의 절반 이상을 자급하게 된다. 그렇게 되면 대만에 대한 미국의 의존도도 크게 낮아진다. 이는 파운드리 업체들이 새로운 시장을 개척하거나 비즈니스 모델을 바꿔야 하는 상황에 놓인다는 뜻이다. 특히 2~4위권 대만 파운드리 업체들의 주력이던 미들테크-레거시 팹은 중국 파운드리 팹의 공격적 확장 앞에서 원가 경쟁력마저 밀릴 가능성이 높다. 그렇게 되면 대만 파운드리 팹 상당수가 향후 10년 안에 중국 기업의 인수 합병 대상이 될 가능성도 한층 현실성을 띠게 된다. TSMC마저 중국 고객 물량을 확보해야 하는 처지에 놓인다면, 대중 제재를 피해 중국으로 직접 투자를 늘릴 가능성도 배제하기 어렵다. 결국 대만 반도체 제조업이 점차 중국의 영향권 안으로 편입될 가능성도 그만큼 커진다.

즉 향후 10년 이내로 실리콘 트라이앵글 구도에는 미국의 자급도는 점차 높아지고, 대만이 글로벌 공급망에서 미치는 영향력은 축소되며, 중국은 대만에 투사하는 경제적 영향력이 커지는 세 가지 변수가 동시에 발생한다. 이 세 가지 변수는 서로 얽히며 예측하기 어려운 복잡한 결과를 만들 수 있다. 예를 들어 중국의 영향력이 더 커지기 전에 대만에 개입하는 것이 국익에 도움이 된다고 판단한다면 미국은 오히려 대만에 대한 제재 조치를 강화할 수 있다. 동시에 중국 입장에서는 더 늦어지기 전에 공급망 내재화에 박차를 가하는 것은 물론 대만을 향한 경제 산업적 영향력을 확장하기 위해 양안 전쟁이라는 무리수를 두려 할 수도 있다. 만약 중국 내에서 양적으로는 첨단 반

     4장 실리콘 트라이앵글과 COCOM 2.0

도체 생산 자급도가 일정 수준에 이르더라도 질적으로는 명확한 한계 — 예를 들어 5나노 이하급 반도체 자급 등 — 를 극복하기 불가능하다고 판단할 경우는 어떨까? 미국의 전략적 확실성이 불개입 방향으로 바뀐다는 징후가 확실해질 경우 중국은 질적인 격차를 좁히기 위해 대만 파운드리 팹에 대한 강제적 병합을 다양한 수단으로 시도할 수 있을 것이다. 이는 TSMC의 전문 반도체 인력을 대량으로 스카우트하는 것, 대만 반도체 생태계에 대한 원가 및 공급망 교란, 대만 생태계로 중국 업체들이 공격적 진출하는 등의 간접적 방식이 먼저 취해질 것임을 의미한다.

대만 반도체 산업의 지속 가능성

대만 경제를 떠받치는 반도체 산업

앞서 알아보았듯 반도체는 대만의 안보는 물론 동북아시아 지정학 구도의 변동, 그리고 글로벌 경제와도 직결되는 산업이기 때문에 그 향방을 알아보는 것은 중요하다. 대만의 반도체 산업은 지진의 위협과 미중 사이의 갈등 속에 지속적인 위기와 기회의 사이클이 반복되겠지만, 반도체 산업을 지탱하는 대만의 산업-경제 구조 자체가 지속 가능한지 여부부터가 논의의 대상이 된다.

단일 산업에 의존하는 경제 시스템은 외부 위기에 매우 취약하다. 만약 내수 시장이 튼튼하고 식량과 에너지가 안정적으로 자급되며,

외부 위협에서 안전한 나라라면 자연스럽게 산업이 내수 시장 위주로 구성되고 산업 포트폴리오 최적화를 고민할 필요는 없을 것이다. 그러나 내수 시장이 협소하고 대외 교역 의존도가 높은 나라들은 다르다. 이중에서 한국이나 대만은 제조업-첨단 산업으로 반세기 넘는 시간 동안 산업 포트폴리오를 고도화하면서 글로벌 제조업 공급망의 한 축으로 존재감을 키워 왔다. 반도체 산업은 최근 수출액의 5분의 1을 담당할 정도로 한국의 산업 네트워크에 슈퍼 노드처럼 자리 잡고 있지만, 대만에게는 그야말로 초슈퍼 노드다. 대만은 반도체를 중심으로 마치 거대한 기업이 수직 계열화를 추진하듯 국가 산업 생태계를 최적화하고 있다. 이렇게 해서 반도체라는 가장 강력한 창을 만들면 그 창이 찌를 수 있는 지점에서는 당연히 제일 빠르게 앞서 나갈 수 있다. 이렇게 갈고 닦은 경쟁력으로 대만의 국부는 빠르게 증가해 1인당 GDP가 한국이나 일본과 같거나 추월하기에 이르렀다. 이제 대만은 반도체 원툴 전략을 더 강력한 수준으로 업그레이드하고자 한다. 대만 반도체 산업계와 정부는 엔비디아와 손잡고 AIDC는 물론 초인공 지능이나 산업 전반의 AX 등으로 계속 반도체 산업이라는 창의 날카로움과 크기를 키우려 한다.

첨단 반도체 제조 기지로서 대만의 지속 가능성

TSMC가 5나노 이하급 로직 반도체 양산을 사실상 장악하고, 엔비디아와 애플의 위탁 물량을 독점하고, 더 나아가 최근에는 인텔 같은 전통적 반도체 제조업체의 물량까지 상당 부분 받아 생산하는 현실은 앞서 살펴보았듯 미국 정부가 TSMC를 중심으로 한 대만 의존도를 낮춰야 한다는 판단을 더욱 굳히게 한다. 만약 인공 지능 산업에 대한 집중 투자가 충분한 수익으로 회수되지 못하거나 반도체 과잉 생산으로 인한 경기 둔화가 오래 지속되면, 반도체-인공 지능발 거품 위기가 발생해 반도체 경기가 다운턴에 들어갈 수 있다. 특히 실리콘 트라이앵글의 주도권을 둘러싼 경쟁이 심화되는 가운데, 미국과 중국이 첨단 반도체 자급률을 높이고 일본, 한국, 유럽 등도 경쟁적으로 팹을 유치하며 공급망 다변화에 나설 경우 대만의 반도체 산업 지배력은 시간이 갈수록 약화될 수 있다. 이는 TSMC뿐만 아니라 반도체 산업에 거의 전적으로 의존하는 대만 산업과 경제에도 장기적으로 불리한 요인이 된다. 대만의 반도체 기업 상당수가 TSMC와 지나치게 강하게 연결되어 있기 때문이다. 대만 반도체 산업은 TSMC를 필두로 거의 수직 계열화 시스템을 구성하고 있기 때문에 글로벌 점유율이 정점을 찍고 서서히 감소하는 상황에서 맞게 될 TSMC의 위기는 곧 반도체 산업의 위기, 나아가 대만 경제 산업 전체의 위기가 된다.

인공 지능이 촉발하는 혁신 동력이 약해지거나, 투자의 증가 속도를 산업의 지속성을 위한 인프라 확충 속도가 따라오지 못하는 경우도 위기 상황으로 이어진다. 특히 대만 반도체 산업의 지속 가능성 위기는 반도체와 인공 지능 산업을 떠받치는 인프라의 지속 가능성 위기와 직결된다. 반도체 제조업과 AIDC는 모두 대만에서 앞으로도 제일 집중적인 투자를 할 분야임에는 분명하나, 문제는 이들이 대표적인 에너지 집약 산업이기 때문에 다량의 전력을 필요로 한다는 것이다. 대만 내에서 반도체 팹이 많아지고 AIDC가 확충될수록 그에 비례해 전력 수요는 더 치솟을 것이고, 이는 그렇지 않아도 에너지 자립도가 낮은 대만에게 점점 더 해결하기 어려운 문제가 된다. 2025년 상반기에 원전 가동을 모두 중단한 대만은 '**화력 발전+신재생 에너지**' 믹스 정책을 통해 전력 수급을 해결할 것으로 예상되나, 수출 지향인 대만의 반도체 산업 특성상, 비탄소 배출 요건이 문제가 된다. 비탄소 배출 요건을 만족하기 위해서 대만 반도체 산업에서는 신재생 에너지 비중이 70퍼센트 이상까지 확대되어야 한다. 여기에 더해 신재생 에너지가 국가 전력 공급의 주축이 될 경우, 그 고유의 간헐성을 보완하기 위해 대용량 리튬 이온 배터리 기반 에너지 저장 장치(energy storage system, ESS), 가상 관성 제어 장치, 슈퍼커패시터 같은 설비를 발전원과 함께 구축해야 한다. 이러한 간헐성은 발전 설비 확충의 문제에 그치지 않고 송배전 시스템에도 큰 부담을 준다. 더 빠른 속도로 주파수, 전압, 전류 밀도의 변동폭에 대응하는 예지 보전 기능이 강화된 스마트 그리드 등이 필요하며, 이는 대만 국가 전력망 전체의 업그레이드를 요구한다. 그러나 현재 섬나라인 대만의 전력망은 외부의 도움을 받을 수 없는 상황이며, 국가 전력망 용량을 늘리기 위한 투자는 대체로 화력 발전 같은 기저 전원을 전제로 설계되어 있기 때문에 에너지 집약도가 높은 특정 산업에 맞춰 송배전 시스템을 추가로 확충하는 일은 대만 경제에 큰 부담으로 작용한다.

대만 정부와 전략가들도 '**반도체+AI**'로의 산업 쏠림 경향이 내포한 위험성과 지속 가능성의 함정을 잘 알고 있다. 그래서 산업 포트폴

     4장 실리콘 트라이앵글과 COCOM 2.0

리오를 조금씩 다각화하려 노력한다. 문제는 대만의 내수 시장은 그러한 다각화를 뒷받침하기에는 협소하다는 것, 그리고 너무 오랜 시간 동안 반도체 위주로 최적화되었기 때문에 산업 다각화를 유도할 관성이 부족하다는 것이다. 반도체 바깥의 산업 간 균형 잡기는 더 큰 문제다. 대만은 자동차나 석유 화학 산업의 비중이 미미하며, 조선, 기계, 에너지, 바이오 산업 역시 규모의 한계는 물론 빠르게 팽창하는 중국 제조업의 영향으로 발전 속도가 더디다. 반도체와 다른 산업 사이의 불균형과 쏠림 현상은 글로벌 경쟁력 저하를 낳고, 내부에서도 반도체 산업과 비반도체 산업의 평균 임금 수준 격차를 벌리는 이른바 'M자형 임금 구조'의 문제로 이어진다. 여기에 재앙적 수준의 저출생으로 노동력 기반까지 앞으로 더욱 축소될 가능성이 크다는 점은, 대만 산업 포트폴리오의 개선 여지가 점점 더 줄어들 것임을 보여 준다.

중국의 대만 반도체 압박 전략

대만이 반도체 중심의 산업 포트폴리오에 집중할 때 나타나는 양날의 검은 중국과의 교역이 확대될수록 더욱 날카로워진다. 대만의 반도체 산업은 미국의 제재 아래에서도 중국 수출이 계속 늘고 있으며, 앞으로도 그 흐름이 이어질 것이다. 반면 대만이 다각화를 시도하는 비반도체 산업은 팽창하는 중국 제조업에 점차 편입되거나 종속될 가능성이 높다. 결국 대만이 산업 포트폴리오를 다각화하려 해도 그 효과는 충분한 수준에 이르기 어렵고, 그렇게 비어 있는 자리는 오히

차이나 반도체 라이징

려 중국이 메우게 될 수 있다. 반도체를 제외한 다른 산업에서 대만의 대중국 수입 의존도는 계속 높아지고 있고, 중국은 이제 대만에게 가장 큰 무역 상대(2022년 기준으로 대만의 전체 대외 교역에서 중국이 차지하는 비중은 수출에서는 42퍼센트, 수입에서는 22퍼센트에 달한다.)이기 때문에, 이러한 예속 구조는 시간이 지날수록 더욱 고착된다.

더욱 주목할 부분은 반도체 산업마저도 결국 예속될 가능성이 높다는 것이다. 2024년 기준으로 대만의 대중국 수출 상위 품목 10개 중 7개가 반도체이며, 중국에서 수입하는 상위 10개 품목에도 반도체가 4개를 차지한다. 중국 회사로부터 직접 수입하는 것도 있겠지만, 중국에 진출한 대만 반도체 기업들의 중간재 혹은 완제품인 경우도 많아서 이러한 대중 의존도는 중국이라는 시장을 포기할 수 없는 대만 반도체 산업에게 장기적으로는 불안 요소로 작용한다. 특히 중국이 10년 넘게 지속하고 있는 집중 투자는 대만 반도체 기업들이 상대적으로 우위를 가졌던 많은 영역에서 점유율을 떨어뜨리는 주요 요인이 될 것이다.

대만이 반도체 일변도의 산업 구조를 벗어나 포트폴리오 다각화를 시도한다고 해도, 대부분 중국과의 교역 구조로 인해 한계에 부딪힌다. 대만이 시장 규모를 키우기 위해 다른 산업에 투자를 하면 할수록, 규모의 경제와 더 저렴한 생산 비용을 앞세운 중국 동남 해안권 클러스터로 자본이 이동하는 것을 막기 어려워지므로, 결국 대만의 산업이 스스로 예속되는 경향만 가속된다. 이를 안보를 내세워 강제로 통제하려고 해도 그 비용 격차를 대만 정부가 중국처럼 공적 자금

　　　　　　　4장　실리콘 트라이앵글과 COCOM 2.0

으로 메꿔 주기란 더더욱 어렵다. 중국과는 달리 대만은 국가 자본주의가 아니기 때문이다. 이는 대만에게 해결하기 어려운 딜레마다.

중국에 자국 경제가 지나치게 예속되는 것은 당연히 경계해야 하지만, 그렇다고 현재의 산업 경쟁력이나 내수 시장만 믿고 가기에는 경제 구조의 근본적 한계가 해결되지 않으므로 중국 시장과 거리를 두기도 어렵다. 중국 외의 시장을 개척하는 것도 쉽지 않다. 실제로 대만에서는 미국이나 일본은 물론, 베트남이나 말레이시아 같은 아세안 지역, 인도, 그리고 동유럽 등으로 시장을 다각화하고 더 많은 글로벌 투자가 필요하다는 목소리가 꾸준히 나온다. 그러나 대만이 글로벌화할 수 있는 산업은 대부분 반도체에 집중되어 있는지라, 새롭게 개척할 지역의 반도체 시장이 충분히 경쟁력이 없다면 이러한 다각화는 수익률이 보장되지 않는다는 한계가 있다.

대만의 선택지

대만은 반도체 산업의 지속 가능성을 위해 현재의 산업 고도화 전략을 유지하되, 적극적인 대외 투자와 국제 협력을 통해 위험을 분산하는 전략을 함께 추진할 가능성이 높다. 첨단 기술 전략 역시 인공 지능, 그리고 AX로 변모하는 과정에서 중국과의 결합도가 지나치게 높아지는 것을 경계하는 방향으로 재조정될 것으로 보인다. 이를 위해 대만이 자랑하던 파운드리 중심 시스템 반도체 제조업도 결국 메모리 반도체를 포함해 범용 반도체를 자체 생산하는 방식으로 확장할 수밖에 없으며, 이로 인해 글로벌 반도체 시장의 경쟁 구도는 몇 차례

차이나 반도체 라이징

큰 변화를 겪게 것이다. 관건은 이 과정에서 중국의 반도체 기업들이 경쟁력이 약화된 대만 반도체 기업들을 어떤 식으로 활용할 것인지다. 직접 인수 합병을 시도하는 경우도 가능하나 미국의 견제, 대만 정부의 규제 등이 강해지면 중국과 대만에서 동시에 운용하는 합작 회사로 제재를 우회하는 형태가 자리 잡을 것이다.

실리콘 트라이앵글 역학 구도가 변하면서 미국의 반도체 자급도가 올라가면 대만 반도체 산업에 대한 미국의 영향력이 약해질 수 있고, 그럴 경우 자본력을 축적한 중국 반도체 기업들의 대응은 더욱 적극적인 형태를 보일 것이다. 여기에는 대만 기업들이 중국에 투자한 합자 회사에 대한 완전한 인수 합병은 물론, 대만 본토에 근거를 둔 반도체 회사에 대한 인수까지도 포함된다. 양적으로 팽창해 온 중국 반도체 산업이 대만과 결합할 경우 질적으로 급성장할 추진력을 얻게 되고, 이는 미국 입장에서는 가장 피하고 싶은 시나리오다. 중국 반도체 굴기 전략을 꺾을 카드 중, 디커플링 카드의 효력이 약해질 것이기 때문이다.

COCOM 2.0은 가능한가?

COCOM은 어떻게 작동했나?

반도체가 갖는 글로벌 지정학적 의미를 이해하기 위해서는 반세기 전 냉전의 역사를 돌아볼 필요가 있다. 2020년대 들어 미국은 과거 (구)

소련과 컴퓨팅 파워와 시스템을 둘러싸고 벌였던 전략 경쟁을 이제 중국을 상대로 다시 전개하려 하고 있다. 여전히 미국은 컴퓨팅 하드웨어와 그것을 구현하는 기술력에서 중국을 앞서고 있으며, 앞으로도 그 우위를 유지할 수 있다고 믿는다. 여기서 핵심적인 문제는 미국이 그 우위를 바탕으로 어떤 견제망과 통제 체제를 구축해 왔으며, 그것이 오늘날 중국을 상대로 어떻게 다시 작동하고 있는가 하는 점이다. 이를 이해하기 위해서는 냉전기 미국이 (구)소련을 상대로 기술 우위를 군사적·산업적 봉쇄 체제로 조직해 갔던 과정을 먼저 돌아볼 필요가 있다. 그 한 장면이 잠수함을 둘러싼 미소 경쟁이었다.

잠수함의 생명은 당연히 은밀성이다. 물속에서는 일반적인 전자기파가 잘 전달되지 않으므로 레이더를 사용하기 어렵다. 대신 잠수함이 만들어 내는 소음이 잠수함 탐지의 주된 단서가 된다. 수상함의 아군은 소나(SONAR) 같은 장비를 이용해 적 잠수함이 만들어 내는 음향 신호를 분석함으로써 피아 식별을 할 수 있다. 현대 잠수함 작전에서 내 소리를 죽이고 상대의 미세한 소리를 잡아내는 것은 그래서 매우 중요하다. 미국과 (구)소련의 경쟁이 극에 달했던 1970~1980년대 냉전기에 양국은 서로의 전략 원잠 추적에 열을 올리고 있었다. 다만 공업 생산력과 기술에서 미국에 뒤쳐졌던 (구)소련은 핵잠수함 원자력 추진 기관의 소음 제거에 난항을 겪었다. 잠수함의 프로펠러가 회전할 때 프로펠러 주변에는 공동(cavity)이 생긴다. 프로펠러가 고속 회전할 때 공동의 붕괴와 발생이 반복되고 그 과정에서 발생하는 소음은 잠수함의 은밀성에 문제가 된다. 이를 조금이라도 줄이려면

차이나 반도체 라이징

공동 형성을 제어해야 했고 이를 위해 프로펠러의 형상을 정밀하게 재설계하는 과제를 해결해야 했다. 문제는 1980년대 초반 당시 서방에 비해 한참 뒤처진 (구)소련의 기계 공학 수준으로는 그 정도로 높은 정밀도를 갖는 부품을 가공하기 어려웠다는 것이다. 특히 설계도를 현실로 바꿀 정밀 공작 기계가 부족하다는 것이 가장 큰 문제였다. (구)소련은 물론 중국, 북한, 그리고 체코 같은 바르샤바 조약 기구 회원국 중에도 당시 미국과 NATO 회원국들 수준의 최정상급 공작 기계 기술을 보유했던 나라는 없었다.

냉전이 시작되자마자 미국은 서방 세계 일부 나라들과 대공산권 수출 통제 위원회(COCOM)라 불리는 다자간 협력 기구를 만들었다. COCOM은 (구)소련과 그 원조 국가들(공산권의 경제 상호 원조 회의(COMECON))에 대해 위성, 미사일, 레이더, 그리고 반도체 같은 특정 전략 기술(즉 민간 용도는 물론 군사적 목적으로 전용될 수 있는 민군 이중 용도 기술 품목) 수출 통제를 목적으로 운영되었다. 당시 회원국에는 오스트레일리아, 캐나다, 영국 같은 영미권 핵심 동맹국 외에도 NATO의 네덜란드, 노르웨이, 스페인, 프랑스, 덴마크, 서독 같은 국가들과 일본도 포함되어 있었다. COCOM 회원국들은 미리 합의된 통제 품목과 기술에 대해 상호 감시와 조율 체계를 유지하고, 특히 민간 기술이 군사 목적으로 전용될 가능성이 있는 경우 수출 허가 정책에 일관된 통제 원칙을 적용하기로 했다. 정밀 공작 기계 역시 COCOM의 라이선스 통제 대상 품목이었다.

(구)소련이 이러한 제재를 뚫을 수 없었던 것은 아니다. 가장 흔한

4장 실리콘 트라이앵글과 COCOM 2.0

수법으로는 위장 회사를 만들어 민수용으로 수입하는 방식 혹은 부품을 따로 주문해 현지에서 재조립하는 방식이 있었다. 1980년대 글로벌 제조업을 주도하던 일본은 거의 모든 산업 분야에서 수출 확대를 추진하며 세계 각지에 거점을 세워 시장 지배력을 넓혀 가고 있었다. 일본의 종합 상사들은 심지어 (구)소련의 수도 모스크바에도 지점을 세웠는데 KGB 요원들은 바로 이 지점을 약한 고리로 활용했다. 1979~1981년 사이 KGB 요원들은 기계류 수입 기관 직원으로 위장한 후 도시바(제조사)의 정밀 가공 기계 카탈로그를 들고 일본의 이토추 상사(伊藤忠商事, 중개 상사) 모스크바 지점을 찾아 수입을 의뢰했다.[10] (구)소련이 핵잠수함 프로펠러 소음을 줄이기 위한 정밀 가공에 필요로 했던 기계는 잠수함의 크기를 생각해 보면 3층 건물 정도의 육중한 부피를 자랑했는데, 이 기계, 즉 9축 CNC 밀링 머신을 만들 수 있는 회사는 일본의 도시바가 유일했다. 기계뿐만 아니라 형상설계와 최적화를 위한 수치 해석 전용 소프트웨어와 운용 부품도 필요했는데 KGB는 이를 위해 노르웨이의 기계 제작 업체인 콩스버그(Kongsberg Vaapenfabrikk, 현 Kongsberg Defence & Aerospace)와 접촉해 민수용 부품 수입 계약도 추진했다. COCOM 협정에 따르면 비록 민수용이라고 해도 (구)소련으로의 수출은 선 신고, 후 승인 절차를 거쳐야 했다. 그렇지만 (구)소련은 이 회사들에 시장가의 몇 배나 되는 금액인 5000만 달러(현재 가치로는 2~3억 달러)를 제시했고 실적에 열을 올리던 일본의 종합 상사는 이 거래를 당국에 신고하지 않았다. 이로써 1982년부터 1984년까지 무려 3년 동안 도시바의 거대한 공작 기계와 콩스버그의 정밀 기계 제어 소프트웨어, 그리고 각종 부품은 (구) 소련으로 반입될 수 있었다. 기록에 따르면 도시바의 공작 기계는 연간 2~3대씩 총 8대가 (구)소련으로 납품되었다고 하는데, 납품 서류에서 수입 당사자는 민간 장비 업체로 기록되어 있었다. 사실 이 사건은 거의 발각되지 않은 채 넘어갈 수도 있었으나, 이토추 상사의 위장 회사에서 해고된 모스크바 주재원이 1985년 파리 주재 COCOM 사무국에 익명의 투서로 신고하면서 그 전모가 드러났다.

미국 정부가 이 사건을 인지한 것은 내부 신고가 접수된 지 2년이 지난 1987년이 되어서였다. 이를 통해 미국은 신형 프로펠러가 장착된 (구)소련의 타이푼급 잠수함이 운항을 시작한 후 적어도 5년 동안이나 왜 이 잠수함의 소음 제거 기술을 추적하지 못했는지 파악할 수 있었다. 사건의 전모를 파악한 미국 정부는 COCOM 협정 위반으로 일본에 대한 제재 조치에 들어갔다. 사건 당사자인 도시바와 이토추 상사는 동구권으로의 수출이 전면 금지되었고 노르웨이의 콩스버그는 민간으로 분할 매각되며 군수 부분만 살아남는 방식으로 크게 축소되었다. 도시바는 1987년부터 1993년까지 컴퓨터 등의 전자 제품과 일부 반도체 품목의 대미 수출까지도 덩달아 제재 조치에 포함되면서 미국 시장에서 큰 폭의 점유율 하락을 겪는 타격을 입었다.

COCOM의 효력은 (구)소련 붕괴와 독일 통일로 이어진 냉전 종식 후 글로벌 분업화가 본격화되고 자유 무역주의가 자리 잡으며 과거의 유산이 되는 듯했다. 1990년대 중반 구 바르샤바 조약 기구 당사국들이 COCOM에 새로 가입하면서 더 포괄적 개념으로 '바세나르 협정(Wassenaar arrangement on Export Controls for Conventional Arms and Dual-Use Goods and Technologies)'이 등장했지만, COCOM만큼 강제적 효력을 발휘하기는 어려웠다. 다만 바세나르 협정에서 제재 대상으로 삼는 핵심 물품에 대표적인 민군 이중 용도 기술 품목인 반도체가 여전히 포함된다는 점은 주목할 만하다.

냉전 종식 후 관세 및 무역에 관한 일반 협정(GATT)이 체결되었고 중국이 개혁 개방에 동참하며 2001년 WTO에 가입함으로써 세계는 바야흐로 자유 무역주의 시대, 글로벌 자본의 다국적 시대, 그리고 분업화 시대로 접어들었다. 자유 무역주의 기조하에서는 바세나르 협정의 영향력이 제한된다. 민군 이중 용도에 해당하는 기술에 제재 조치가 적용되기는 하나 COCOM에 비하면 그 효력은 느슨하다. 특히 이제는 러시아까지 회원국으로 가입했기 때문에 예전 같은 강력함과 실행력을 기대하기는 더 힘들어졌다. 왜냐하면 바세나르 협정의 원리상 특정 기술의 특정 국가에 대한 수출 규제는 회원국 전원의 합의가 있어야만 가능하기 때문이다. 다시 말하자면 바세나르 협정에 따라 미국 주도로 대중 반도체 기술 통제를 추진한다고 해도, 중국의 입장에 설 가능성이 큰 러시아가 이에 찬성하지 않을 가능성이 높아 바세나르 협정은 미국이 원하는 수준의 수출 통제 체제로 작동하기 어렵다.

미국의 다음 견제 카드

바세나르 협정의 한계가 명확한 상황에서 미국의 고민은 이제 러시아가 아닌 최대 경쟁국이 된 중국의 성장, 특히 기술적 패권을 견제하기 위해 어떻게 효과적인 통제 수단을 개발할 것인가에 있다. 중국은 2001년 본격적으로 세계 자유 무역 시장에 데뷔한 이후 2010년대 초반까지 약 10년 정도의 기간 동안은 엎드린 호랑이처럼 자국 시장을 글로벌 대기업과 자본에게 내주며 세계 시장에 대한 적응에 시간과 자원을 투입했다. 그 기간 동안 중국 경제는 매해 고도 성장을 거듭했으며 무려 7.5배 이상 규모가 커졌다. 팽창한 규모만큼이나 중국 자본도 성장했고 이 자본은 2010년대 초반부터 자국 시장과 기업에 재투자되기 시작했다. 이는 2010년대에도 이어진 경제 성장의 발판이 되었다.

미국 입장에서는 중국의 성장이 양적인 맥락에서 질적인 맥락으로 바뀌고 있는 2010년대 후반부터는 중국에 대한 견제가 바로 이러한 첨단 기술에 대한 제재가 되어야 한다는 판단에 이르렀다. 여기서 말하는 첨단 기술은 다름아닌 반도체로서 화웨이 제재를 필두로 ASML이 독점 제조하는 극자외선 노광 장비의 대중 수출 규제, 엔비디아가 제조하는 GPU 서버의 대중 수출 규제, 4세대(1a) 공정 이후급 반도체 제조에 필요한 식각 장비의 대중 수출 규제 등으로 범위가 점차 확장되었다. 트럼프 2기 정부 이후 특정 기업에 대한 기술 제재를 넘어 관세 규제 같은 무역 제재로 기조가 바뀌고 있지만, 바이든 정부에서 구체화된 대중 기술 규제는 완화될 조짐을 보이지 않는다.

미국의 고민은 이러한 규제 수단이 점차 자국이 주도할 수 있는 경계를 넘어가고 있다는 것이다. 반도체에 국한해도 미국의 통제 범위는 제한적이다. 미국 스스로 첨단 반도체 공급을 여전히 대만에 대부분 의존하고 있으며, 중국은 첨단 반도체 생산은 물론, 생태계 자급화에 열을 올리며 우회로를 계속 만들어 내고 있다. 바이든 정부 시절, CHIP4 동맹 등의 개념이 등장하며 미국-일본-한국-대만으로 이루어진 첨단 반도체 다자간 수출 통제 기구의 조짐이 나타나기도 했으나 여기에 참여하는 각국의 이해 관계, 특히 중국과의 무역 의존도 차이로 결국 반도체판 COCOM은 형성이 불발되었다. 반도체 산업은 1990년대 이후 글로벌 분업화가 고도로 진행되어 왔고, 중국은 이제 미국을 제치고 세계 최대의 반도체 시장으로 자리매김하고 있어 글로벌 반도체 공급망에 참여하는 국가들은 미국의 대중국 제재 조치에 참여한다는 결정을 쉽게 내리기 어렵다.

미국은 간접적으로 이 국가들에 미국의 반도체 설계 소프트웨어, 공정 장비, GPU 같은 핵심 품목의 수출 규제 카드를 꺼낼 수도 있지만, 지금은 과거 냉전 시절과도 다르다. 냉전 시절 미국과 (구)소련은 산업은 물론 경제적 교류나 학문적 교류마저도 제한되었던 철의 장막 체재 아래에 있었다. 그러나 지금은 교통과 통신이 발달했을 뿐만 아니라 상호 경제 의존도가 더 높아졌고, 특정 국가가 스스로 모든 산업을 자급자족하기는 불가능한 상황이다. 미국의 반도체 공급망 참여 업체들 입장에서도 대중 제재는 물론, 반도체 공급망 핵심 국가들에 대한 간접적인 제재가 가해질 경우, 이는 자신의 발등을 찍는 행위(제재 대상 국가로의 수출 규모 축소를 야기)가 되기 때문에 미국 정부의 방침에 무조건 찬동하기도 어렵다.

미국이 아시아 태평양 지역에서 구상하는 쿼드나 안보 협의체인 오커스(AUKUS)와 달리, 특정 산업이나 기술의 통제를 직접 목표로 삼는 COCOM과 같은 기구를 새로 출범시키는 일은 쉽지 않다. 문제는 미국의 대중 견제 의지가 여전히 강하다는 점이다. 그리고 그 의지를 실제 정책으로 구현하려면 견제 수단의 범위를 넓히려는 시도도 뒤따를 수밖에 없다. 물론 냉전기의 COCOM과는 달리 미국이 반도체 산업에만 초점을 맞춘다면 참여국의 범위를 더 좁힐 수 있기 때문에 일정 수준의 실효성을 확보할 가능성은 있다.

그렇다면 미국이 자국뿐만 아니라, 반도체 공급망에 참여하는 소수의 핵심 국가들을 종용해 대중 기술 및 수출 제재에 동참시킬 현실적 수단은 무엇일까? 냉전 시대 첨단 산업 기술력의 주도권은 미국에게 있었다. 이는 미국을 중심으로 산업의 표준과 로드맵이 구성되어 있었음을 의미한다. 글로벌 시장에서 기술 로드맵은 점유율과 기술 수준으로 결정된다. 점유율이 높을수록, 기술의 세대가 앞설수록, 더 많은 기술 IP를 보유할수록, 기초 과학 혁신이 누적될수록, 다음 세대 기술의 주도권을 더 많이 가질 수 있다. 기술 주도권을 지배하는 세력은 그 주도권을 시장 점유율 강화에 활용할 수 있지만, 특정 세력의 견제, 즉 시장에 대한 인위적 개입에도 활용할 수 있다. 반도체 분야에서 미국이 주도권을 가지고 있는 한 미국은 언제든지 안보 가치를 내세워 이러한 인위적 개입을 시도할 수 있다. 정상적인 자유 무역주의 기조하에서 이러한 인위적 개입은 WTO 등의 제재 대상이 되지만, 안보가 전면에 나선 현재의 상황은 자유 무역주의의 퇴보와 보호 무역주의의 재등장을 부추기고, WTO의 제재 조치는 점점 유명무실

    4장 실리콘 트라이앵글과 COCOM 2.0

화되고 있다.

미국은 반도체를 필두로 첨단 산업 전반의 글로벌 공급망을 자국의 이익에 맞게 재편하려 한다. 그 결과 그동안 각국이 누려 온 공급망 비용 절감 효과는 약화되고, 미국의 견제 대상국 혹은 그와 협력하는 국가로 분류될 경우에는 단순한 비용 증가를 넘어 새롭게 조직되는 공급망 자체에서 배제될 가능성도 있다. 이제 미국은 노골적으로 자국 우선주의를 내세우면서 이익 극대화를 위해 자국 중심의 공급망에 소수의 핵심 당사국을 포함시킬 것이며, '공통'의 위협에서 지킨다는 것을 근거로 COCOM 2.0이나 다름없는 수출 통제 기구를 조성할 가능성이 높다. 트럼프 2기 정부는 여전히 이러한 기구를 명시적으로 설립하려는 의도를 보이고 있지는 않지만, 그 방향으로 가기 위한 포석은 이미 오랜 시간에 걸쳐 조성되고 있다. 바이든 정부 시절이던 2023년 9월 5일, 당시 미국 상무부 BIS 담당 차관인 앨런 에스테베스(Alan Estevez)는 반도체 수출 규제에 참여하는 국가들의 범위를 설정하고 그룹을 지어 분류한다는 정책을 발표했다. 이 조치에서 더 유념해서 보아야 하는 것은 반도체뿐만 아니라 AI로 가는 병목 기술도 포함되고 있다는 것이다.

COCOM 2.0은 현실이 될까?

대중 포위망이 첨단 산업 전반에 걸쳐 전방위적으로 구체화될지 여부는 여전히 불투명하다. 그러나 만약 미국의 다자간 기구 조성 포석에 핵심 이익 당사국들이 하나둘씩 참여하기 시작하면 이러한 기구

차이나 반도체 라이징

가 정례화되는 것은 시간 문제다. 이러한 기구가 소규모라도 형성된다면, 목표 범위 역시 전략적으로 정해질 것이다. 반도체는 당연히 포함될 것이지만, 반도체가 병목이 되는 첨단 기술도 자연스럽게 포함된다. 예를 들어 AI와 양자 컴퓨터는 물론, 5세대 이후의 이동 통신, 사이버 보안, 소형 모듈 원자로(SMR) 같은 차세대 원자력과 제조 AI 등이 포함될 가능성이 매우 높다. 특히 인공 지능은 반도체보다도 더 확실한 민군 이중 용도 기술에 해당하므로 가장 핵심적인 제재 대상이 될 것이다. 실제로 미국은 반도체만큼이나 중국에 대한 인공 지능 제재를 구체화하기 위해 노력하고 있으며, 그 근거를 군사용 AI 개발에서 찾고 있다.

중국에서 가장 인공 지능을 많이 연구하고 있는 기관은 GPU 보유량 기준으로 판단했을 때 중국 인민 해방군이다. 인민 해방군은 이른바 국방칠자(國防七子)로 불리는 중국의 7개 대학과 학군 협력을 강화하며 군사용 인공 지능 연구를 강화하고 있다. 중국의 인공 지능 기반 안면 인식 기술은 세계 최고 수준이며, BYD 등이 주도하는 자율 주행 자동차 기술 역시 미국의 테슬라나 웨이모(Waymo)와 어깨를 나란히 할 정도다. 자율 주행차 기술은 무인 전투기나 무인 수상함, 무인 군용 차량 기술로 전용될 수 있고 통신 암호화/복호화 기술 역시 얼마든지 군용으로 전용 가능하다. 점점 복잡해지는 새로운 무기 시스템이나 첨단 국방 시스템의 시험을 위해 앞으로는 시뮬레이션 기술이 더 중요해질 텐데(보다 정밀한 핵실험 시뮬레이션 등), 이 시뮬레이션 역시 딥 러닝이나 트랜스포머 같은 인공 지능 알고리듬 기반 시스템을

　　　　　　　　　　　　　4장　실리콘 트라이앵글과 COCOM 2.0

통해 현실화할 수 있다.

　미국이 주도하는 COCOM 2.0의 실현 여부는 전통적인 동맹국 외에 첨단 제조업과 지식 산업 분야의 강자들로 하여금 제재에 동참하게 만들 당근과 채찍의 실효성이 중요한 변수가 된다. 반도체는 생각보다 (특히 제조업 분야에서) 핵심 당사국이 한국, 일본, 대만 정도로 국한되기 때문에 미국이 제일 먼저 구체적인 채찍과 당근을 준비하는 영역이 될 것이다. 당근은 차세대 반도체 기술 표준과 로드맵의 주도권을 공유, 미국 시장에 대한 접근 범위의 상한선 상향, 미국의 주요 기술 품목 수출 규제 대상 제외, 미국이 핵심 공급자 위치를 점한 품목의 우선 접근권 등이 될 것이며, 반대로 채찍은 관세 장벽, 기술 품목의 수출 규제 범위 확대, 미국 주도의 표준이나 로드맵 동참 범위 제한, 미국 회사나 연구 기관과의 공동 기술 개발 범위 제한, 인력 교류 제한 등의 형태가 될 것이다. 실제로 2023년 9월 미국 상무부 BIS의 조치는 이러한 전략의 편린을 보여 준다. 미국 상무부는 제재 대상이 되는 개별 기술에 대해 일일이 코드를 부여한 후 분류하고 있으며, 기술 분류 체계는 상위-하위 그룹으로 세분화되는데, 이는 기술간 의존 관계를 고려해 철저하게 설계된 방식이다. 즉 어느 지점을 누르면 가장 고통스러운지를 알고 있는 것이다. 미국은 이러한 양면 정책을 반도체를 중심으로 시험적으로 적용할 가능성이 높다. 먼저 관련 기구를 통해 당근과 채찍을 작동시키고, 반도체가 필수적으로 투입되는 다른 후방 산업으로 그 영향을 확장한 뒤, 다시 그 효과를 반도체 산업에 되먹임해 더 맞춤형으로 후방 산업을 조정하는 방식으로 메커니즘을 구축해 갈 것이다.

예를 들어 반도체 기술이 반드시 선행되어야 하는 분야로는 통신, 사이버 보안, 인공 지능, 양자 컴퓨터 등이 있다. 이들 산업은 반도체와의 연결 고리가 분명하기 때문에 2차 범주에 포함된다. 다음 단계에는 우주와 항공, 로봇이, 그다음 단계에는 바이오, 신약, 에너지 산업이 들어갈 것이다. 이는 사실상 오늘날 첨단 산업의 대부분이 서로 연결된 계층적 구조 안에 놓여 있음을 보여 준다. 각국은 산업별로 기술 성숙도와 시장 점유율, 기술 발전 로드맵이 서로 다르기 때문에 이 구조를 실제로 작동시키려면 참여국 간 조율과 협력이 필수적이다.

한국의 전략적 선택

한국 입장에서 기본적으로 양안 문제는 국가 안보의 핵심 이슈와도 연계된다. 대만을 군사적으로 침공할 때, 미국의 대응 능력 분산을 유도하기 위해 중국이 북한을 이용해 한국에 무력 도발함으로써 주한 미군을 묶어 두고 대만 해역으로의 파병을 최소화할 것이라는 전략은 최근 들어 공공연하게 알려지고 있다. 트럼프 2기 정부의 국방부 차관보 엘브리지 콜비(Elbridge Colby)는 2025년 하반기 들어 아시아 태평양 지역 주요 동맹국들에게 중국-대만 군사적 충돌 상황에서 어떠한 역할을 할 것인지를 명확히 밝히라고 압박하기도 했다.[11] 미국 정부가 일본이나 오스트레일리아 같은 동맹국에게 무리하다 싶을 정도의 요구를 하는 의미는 명확하다. 미국이 전략적 모호성 정책을 당분간 견지한다고 하더라도 대만 급변 사태에 미국이 군사적으로 개입한다는 결정을 할 경우 한국이나 일본도 그에 상응하는 협력을 하라는 뜻이다.

상호 방위 조약을 맺은 동맹국이자 군사 강국으로서 한국도 군사적 수단으로 미군을 지원하라는 요구를 받을 가능성은 점차 높아지고 있다. 한국이 충분한 협력 의지를 보이지 않을 경우 미국 정부는 주한 미군의 대폭 감축, 나아가 장기적으로는 철수 카드를 꺼낼 수 있다. 설사 협력 의지를 보인다고 해도 한국은 유럽의 NATO 회원국, 그리고 일본이나 오스트레일리아 같은 아시아 태평양 국가들이 2025년 하반기 기준 미국 정부에게 요구받은 수준으로,[12] 즉 국방비를 국가 GDP의 5퍼센트까지 증강하라는 압박을 받을 수 있으며 이 압박은 주한 미군 현대화를 위한 방위비 분담 금액을 대폭 올리라는 요구와 연동될 수 있다.[13]

실리콘 트라이앵글 구도의 안보 역학이 급변하는 시나리오는 한국의 경제 및 기술 안보와도 직결되는 문제다. 가장 큰 영향은 글로벌 무역망의 마비에서부터 시작된다. 미국의 싱크 탱크인 브루킹스 연구소(Brookings Institution) 분석에 따르면 한국의 해상 무역에서 대만 해협-남중국해를 경유하는 운송로가 차지하는 비중은 90퍼센트를 넘는다.[14] 대만 해협을 관통하는 운송로 비중도 크다. 대만 해협은 글로벌 해상 무역의 5분의 1 이상을 담당하는 핵심 항로다. CSIS 추산에 따르면 2022년 기준으로 연간 2조 4500억 달러(약 3605조 2000억 원) 규모의 상품이 이 해협을 통과했다.[15] 2024년 기준 한국 전체 수입의 30퍼센트, 수출의 23퍼센트 물량이 대만 해협을 지나며 규모로 환산

                                    차이나 반도체 라이징

하면 연간 3570억 달러(약 525조 3000억 원)에 달한다.

이러한 무역망의 불안정성은 2023년 세계 은행 집계 기준으로 GDP의 약 88퍼센트를 무역에 의존하는 경제 구조를 가진 한국에게는 치명적인 아킬레스건이다. 블룸버그의 분석에 따르면 중국이 대만을 침공할 경우 한국의 GDP는 최대 23.3퍼센트까지 감소할 것으로 전망되는데 주 원인이 바로 대만 해협-남중국해를 경유하는 무역로의 붕괴다.[16] 대외 경제 정책 연구원의 분석에 따르면 대만 해협을 통과하는 무역 운송로가 일주일 이상 폐쇄될 경우 한국 해상 운송량의 33.27퍼센트가 지장을 받으며, 금액으로 환산하면 하루에 무려 4452억원의 손실에 해당한다.[17] 무역로 폐쇄 기간이 1개월 이상 지속된다면 한국이 받는 누적 피해는 최소 13조 원을 넘게 된다.

대만 해협의 급변 사태로 받게 될 경제적 피해가 비슷한 무역로를 공유하는 중국(GDP 16.7퍼센트 감소)이나 일본(GDP 13.5퍼센트 감소)에 비해 눈에 띄게 높다는 점에서 실리콘 트라이앵글의 역학 구도 변화가 한국에도 대만 못지않게 직접적인 사안임이 다시 확인된다. 대만이 글로벌 공급망에서 차지하는 비중이 급감하더라도, TSMC와 경쟁하는 삼성전자 파운드리나 대만에 대규모 팹을 운영하는 미국 마이크론과 경쟁하는 SK하이닉스 같은 국내 반도체 제조업체들에게 이것이 단순한 반사 이익으로만 돌아오지는 않는다.

경쟁 상대의 위기가 내게는 기회가 된다고 생각하는 것은 지극히 단순한 제로섬 게임의 사고방식일 뿐이다. 한국 반도체 산업, 특히 팹리스와 제조업은 이미 상당 부분 대만에 의존하고 있으며 TSMC가 대만 내 불안정성으로 당분간 성장을 멈춘다고 해도 그 자리를 삼성 파운드리가 바로 대체할 수 있다고 단정하는 것도 단선적 시각이다. 저마다 자국의 팹을 앞세워 경쟁에 뛰어들 것이고 미들테크-레거시에 이르는 수준의 성숙 공정 영역은 특히나 중국의 파운드리 업체들이 가격 경쟁력을 내세워 그 빈자리를 차지하려 할 것이기 때문이다.

대만을 둘러싼 상황이 어떠한 방식으로 급변하든 현재로서 한국은 기술 안보 가치를 중심에 둔 현실적인 대비책 마련부터 시작해야 한다. 특히 공급망 리스크를 사전에 피할 수 있으려면 공급망 교란을 만들어 내는 약한 고리를 찾아 최대한 자체적으로 완화할 수 있는 부분부터 찾아야 한다. 의외로 제일 중요하면서도 약한 고리 중 하나가 바로 첨단 패키징 공정 분야다. 한국이 미국의 리쇼어링 파트너로 일본보다 더 우선적으로 고려될 수 있는 부분 역시 실제로 칩이 완성되는 첨단 패키징 분야가 될 것이다. 여기에 더해 인공 지능이나 자율 주행차 외에도 다양한 수요처에서 발생하는 미들테크-레거시 영역의 수요에 대응할 수 있는 파운드리 역시, 한국이 10년 뒤를 내다보며 양적, 질적 역량을 함께 강화하기 위해 선제적으로 투자해야 할 영역이다.

한국은 대만에 공급망 변동 대응을 위한 건설적 제의를 할 수도 있다. 예를 들어 TSMC나 UMC 같은 대만의 파운드리 업체들은 향후 한국이 추진하는 경기 남부권의 용인 메가클러스터 등에 입주하는 정책적 지원을 받을 수 있고 한국은 대만과 협력해 이 업체들이 한국 반도체 생태계에서도 하나의 축이 될 수 있도록 지원책을 공동으로 모색할 수 있다. 한국과 대만은 글로벌 반도체 공급망을 같이 이끄는 파트너로서 전략적으로 공통된 첨단 기술 인식을 공유할 수 있어야 한다. 언제까지나 변하지 않을 것 같았던 미국의 전략적 모호성 정강은 이제 과거의 유물로 바뀌고 있고, 반도체와 인공 지능이 핵심 가치로 떠오르는 글로벌 기정학 변동 상황에서 트럼프 2기 미국 정부가 취하는 대외 정책의 불확실성은 대만을 포함한 동북아시아 전체, 그리고 글로벌 반도체와 인공 지능 생태계 전체에 큰 영향을 미칠 것이다. 미래가 앞으로 어떻게 전개될지 확신할 수는 없지만, 적절한 전략을 세우고 대비책을 마련했는지에 따라 먼 훗날의 결과는 크게 달라질 것이다. 대만이 겪게 될 불확실성과 국가적 실존 위기는 결코 남의 나라만의 문제가 아니며, 한국에도 이런 인식이 자리 잡아야 한다.

다자간 수출 규제 기구에 대한 전략 역시 비슷한 맥락이다. 한국의 입장에서는 이러한 기구가 실제로 성립할 경우, 그 기구에서 다루게 될 산업과 기술이 한국의 전략 분야와 대부분 겹칠 수밖에 없다는 사실을 인지할 필요가 있다. 실제로 한국이 지난 2022~2023년에 정부 주도로 설정한 이른바 '12대 국가 전략 기술'이나 '국가 첨단 전략 기술'은 미국이 설정한 세부 기술과 95퍼센트 이상 겹친다. 또한 이러한 기술들은 일본, 대만, 독일 같은 제조업 중심 국가들에게도 중요할 수밖에 없다.

2023년 6월 26일 나는 이화 여자 대학교 통상 법무 포럼에서 미국 터프츠 대학교 크리스 밀러(Chris Miller) 교수와 대담을 했다. 밀러 교수는 자신의 저서 『칩 워: 누가 반도체 전쟁의 최후 승자가 될 것인가 (*Chip War: The Fight for the World's Most Critical Technology*)』[18]를 바탕으로 지난 반세기 넘게 전개된 산업 경쟁의 역사를 짧게 되짚으며 오늘날 첨단 기술을 중심으로 전개되는 패권 갈등의 양상을 진단했다. 그리고 장기적으로는 (적어도 반도체 산업에서는) 공급망이 분기될 가능성이 크다고 전망했다. 나는 이에 대해 과거 다자간 수출 규제의 실제 효력과 적용 범위가 충분히 논의되지 않았고, 반도체 세부 산업에서 기술 경쟁의 의미 자체도 달라지고 있다는 의견을 밝혔다. 진정한 의미의 글로벌 자유 무역 시대는 이미 끝났고, 이제는 전략적 무역의 시대가 열렸다는 점, 그리고 그 전략의 중심에는 언제나 그렇듯 첨단 기술이 자리 잡고 있다는 점을 강조한 것이다.

한국 입장에서 반도체를 비롯해 국부를 책임질 주요 산업의 전략 산업화는 피하기 어려운 추세다. 지금까지 잘 작동해 온 자유 무역주의는 점차 퇴보할 것이고, 각국은 핵심 이익을 지키기 위해 합종연횡하며 연결 고리를 만들 것이다. COCOM 같은 수출 통제 기구에 한국은 그간 핵심 당사국으로 참여해 본 경험이 없다. 냉전기 미국의 안보 우산 안에서 제조업 중심의 산업 규모 팽창에 집중했던 한국은 오히려 냉전 종식 후 공산권은 물론, 2000년대 이후에는 중국이 시장을 개방하면서 자유 무역주의의 가장 큰 수혜를 입은 국가 중 하나다. 한국은 이제 이러한 방식이 통용되지 않을 수 있는 상황을 고민해야 한다. 안보와 첨단 기술이 하나로 엮이고, 반도체와 AI는 민군 이중 용도 기술로 간주되며, 중국으로의 수출은 물론 중국 현지 생산도 점점 규제 대상이 된다. 미국 주도의 규제에 동참하는 것은 사실상 중국과 디커플링하는 입장으로 해석될 것이고, 이는 중국과 무역은 물론

차이나 반도체 라이징

기술 협력이나 인적 교류가 점점 어려워짐을 의미한다.

바둑에서는 선수(先手)를 두는 것이 유리하다고 이야기한다. 반도체라는 바둑판에서는 선수를 두는 쪽이 아직까지는 미국임은 확실한데, 미국은 언제까지나 이 권리가 보장되리라고 단정하지는 않을 것이다. 선수의 권리가 만약 중국에게 넘어가게 된다면, 미국이 취할 전략은 그전에 이를 막을 수 있는 조치를 모든 자원과 권한을 이용해 실행하는 것이다. 이 과정에서 미국뿐만 아니라 반도체 산업에서 수익을 거둬 온 모든 나라가 영향을 받을 것이다. 한국이 아직 강점을 가지고 있는 분야는 최소한의 전략적 카드가 될 수 있다. 자국 우선주의를 노골적으로 내세우고 있는 미국이 앞으로 다자간 수출 규제의 실효성을 위해 어떤 제재 카드를 만들 것인지를 한국은 냉철하게 분석하고 대비해야 한다. 좁게는 재고 관리부터 넓게는 핵심 기술의 내재화 비율 강화도 포함될 것이다. 여전히 글로벌 수준에서 반도체 소부장 경쟁력이 강력한 일본과의 경제 협력 강화, 범위 확대도 반드시 고려해야 하는 카드이며, 대만과의 협력 역시 시스템 반도체 생산의 공급망 다변화를 위해 반드시 적극적으로 추진해야 하는 카드다. 물론 이 과정에서 한국이 행여나 미국의 제재 대상으로 포함되는 일은 없도록 외교 채널을 더 적극적으로 가동하면서 한국의 입장을 알리고, 미국의 구상에 협력할 수 있는 부분은 협력해야 한다. 이른바 COCOM 2.0이 현실화되는 것이 시간 문제일 뿐이라면 판세를 읽고 시나리오 대비를 하며 자원을 축적하고 다음 해에 뿌릴 씨앗을 더 많이 축적하는 수밖에 없다.

　　　　　　　　　　　　　　　　4장　실리콘 트라이앵글과 COCOM 2.0

중국의 미개척 반도체 영역 진출

5장

미중 과학 기술 역량의 재편

바닥을 보이는 미국의 과학 기술 역량

미국을 현재의 위치로 만들어 준 원동력을 논할 때 풍부한 지하 자원 매장량과 광활한 국토, 대서양과 태평양으로 보호되는 지리적 이점, 강력한 군사력과 함께 반드시 언급되는 것이 과학 기술 혁신이다. 여기서 말하는 혁신은 물리학, 화학, 생물학 같은 기초 과학, 우주 과학이나 가속기 같은 거대 과학, 반도체나 인공 지능에 이르는 첨단 과학은 물론 1차, 2차 산업의 기반을 이루는 에너지, 제조업, 농업, 임업 같은 영역의 산업 기술까지 아우른다. 기초 과학에서 미국의 영향력은 주요 과학상 수상 비중이라는 지표로도 확인된다. 예를 들어 노

5장 중국의 미개척 반도체 영역 진출

벨 과학상(물리학상, 화학상, 생리 의학상)의 경우 지금까지 배출된 수상자 660여 명 중 미국 국적이거나, 미국 연구 기관에 재직하고 있거나, 미국에서 교육받은 과학자들의 비중은 절반에 육박한다. 노벨상뿐만 아니라 각 분야에서 권위 있는 필즈상(Fields Medal, 수학, 미국 비중 22퍼센트), 튜링상(Turing Award, 컴퓨터 과학, 미국 비중 63퍼센트), 울프상(Wolf Prize, 물리학, 화학, 의학 등, 미국 비중 49퍼센트), 카블리상(Kavli Prize, 천체 물리학, 신경 과학, 나노 과학, 미국 비중 50퍼센트 이상), 브레이크스루상(Breakthrough Prize, 생명 과학, 기초 물리학, 수학, 미국 비중 50퍼센트 이상) 같은 유력 마일스톤에서도 이 비중은 압도적이다. 대조적으로 중국의 수상자 비중은 여전히 미약하다. 노벨 과학상은 투유유(屠呦呦, 2015년 생리 의학상), 중국 태생이지만 현재는 중국, 미국 이중 국적자인 가오쿤(高錕, Charles Kuen Kao, 2009년 물리학상) 정도다. 각 분야의 권위 있는 상에서도 중국이 배출한 수상자는 필즈상 1명, 튜링상 1명 등 소수에 그친다. 물론 이는 중국이 서구가 주도하는 과학 기술 커뮤니티에 진입해 본격적으로 경쟁하기 시작한 역사가 불과 반세기 정도밖에 안 되었을 정도로 상대적으로 짧기 때문일 수 있다.

최근 과학 기술 분야에서 중국의 약진이 여러 방면에서 나타나고 있음에도 미국이 당분간 세계 최강국의 위치를 점유하게 하는 요인에는 과학 기술 분야의 혁신 능력과 생태계가 반드시 포함될 것이다. 미국은 현재에도 여전히 기초 과학-첨단 과학 분야에서 압도적인 지배력을 가지고 있다. 이는 전 세계에서 인재를 끌어 모아 전문가로 훈련시킨 후 다시 미국의 주요 산업과 학계, 연구계에 포진시켜 혁신 생

차이나 반도체 라이징

태계가 순환되게 하는 방식으로 지속된다. 특히 반도체와 인공 지능 분야로 대표되는 IT는 이미 20세기 중반 트랜지스터 발명부터 시작해 IC, PC, 인터넷, 모바일, 인공 지능으로 이어지는 각 전환기에서 미국이 가장 집중적으로 혁신 동력을 점유한 분야이기도 하다. IT 혁신은 단순히 IT 산업의 주도권뿐만 아니라 이를 기반으로 디지털 전환(DX), 그리고 장차 인공 지능 기반 전환(AX)으로 탈바꿈할 모든 산업의 원동력이 된다는 점에서 미국의 전략이 앞으로도 IT에 초점을 맞출 것임을 예상할 수 있다.

특히 AX는 기초 과학 연구에도 영향을 미칠 것이다. 실험 설계→데이터 해석→논문/특허 작성→기술 로드맵 구축으로 이어지는 연구 개발 전 과정에 인공 지능의 영향력이 확대되면서 진행이 가속된다. 인간 연구원이 하던 실험들을 인공 지능 로봇이 대체하기 시작하면서 연구 혁신도 가속될 것이다. 그럼에도 과학 기술 분야의 연구 기반은 여전히 새로운 아이디어를 테스트하고 그것을 산업에 적용할 수 있게 해 주는 안정적 지원을 필요로 한다. 당장 수익성과는 거리가 있는 기초 과학 분야일수록 정부의 연구 개발 지원 및 기반 구축은 매우 중요하다. 이러한 관점에서 미국의 과학 기술 혁신 경쟁력은 최근 약화의 조짐을 보이고 있다. 특히 2025년 이후 트럼프 2기 정부에서 광범위하게 벌어지는 기초 과학에 대한 연방 정부의 지원 삭감, 기관 규모 축소나 폐쇄, 중장기 대형 연구 프로그램 폐지 등의 움직임은 미국의 과학 기술 혁신 경쟁력의 근간을 붕괴에 이르게 만드는 촉매가 되고 있다.

　　　　　　　　　　　　　　

미국 연방 정부의 최근 행보는 단순히 과학 기술 연구 지원 규모의 축소만 의미하는 것이 아니다. 이는 미국의 과학 기술 경쟁력 자체가 쇠락하기 시작한 신호다. 트럼프 2기 정부 1년차부터 기초 과학 분야의 전 영역에서 궤멸적인 삭감과 축소는 끊임없이 이어지고 있다. 2025년 5월 미국 국립 과학 재단(NSF) 자체 조사에 따르면, 기초 과학과 교육 분야에 대한 연방 정부 지원은 트럼프 2기 행정부의 2026년 예산안에서 57퍼센트 삭감이 제안되면서 절반 이하로 줄어들 압박 상황에 처해 있다. 수학, 물리 분야는 연평균 4억 3200만 달러(약 6000억 원) 지원되던 것이 2025년 들어 1억 4300만 달러(약 2000억 원)로 3분의 1 규모로 축소되었다. 다른 분야도 사정은 다르지 않다. 생물학은 50퍼센트 이상 삭감, 컴퓨터 과학은 31퍼센트 이상 삭감. 공학은 58퍼센트 삭감. 지구 과학은 33퍼센트 삭감되었다. 제일 극심한 영역은 교육으로서, 연평균 2억 8000만 달러(약 4000억 원)에서 5600만 달러(약 800억 원)로 80퍼센트나 삭감되었다. 이러한 조치는 이제 미국 정부가 지원하는 기초 과학 연구 개발 프로그램의 생명력이 꺼지고 있다는 신호로 해석될 수 있다. 심지어 일각에서는 이제 보다 현실적인 수익성 프로그램으로 방향을 전환해야 한다는 의견도 나온다.

한 가지 유념할 사실은 미국 정부가 지원하는 기초 과학과 교육 예산이 전체 예산에서 차지하는 비중이 별로 높지 않다는 것이다. 미국 정부의 국방비는 무려 연간 1조 달러(약 1472조 원)에 달하는 반면, 지난 10년간 기초 과학이나 교육 분야에 지원한 예산은 연평균 20억 달러(약

2조 9000억 원), 즉 국방비의 0.2퍼센트에 불과하다. 그러나 미국은 이 비용만으로도 전 세계에서 가장 똑똑한 인재를 미국을 위해 일하게 만들었다. 미국에서 훈련 받고 자리 잡은 인재들은 새로운 이론이나 기술을 만들어 미국이 혁신 동력을 계속 선도하게 만드는 엔진 역할을 한다. 즉 미국은 외국 인재들에 대한 투자를 결국 자국을 위해 한 것이다. 비즈니스 관점으로만 보더라도 미국 정부가 해외 인재를 전문가로 만들기 위해 투자하는 연간 20억 달러 규모의 비용은 장기적으로는 그 100배, 1,000배 이상으로 되돌아왔을 것이라 추정할 수 있다.

이렇게 투자 효과가 좋았던 미국 정부의 투자에 2020년대 들어 나타나기 시작한 거대한 단층은 단기적 타격만 입히는 것이 아니다. 단절 기조가 수년 이상 지속될 경우 그 여파는 한 세대 이상으로 확대될 수 있다. 우선 장기 연구 개발 프로그램들이 축소되는 기조에서 이미 현실이 되고 있다. 2025년 들어 NSF나 NASA가 지원하던 5년짜리 과제 상당수는 2년 이하로, 10년짜리 과제는 3~5년으로 기한이 절반 수준으로 축소되는 조치가 내려졌다. 집단 과제 역시 참여 인원 규모가 절반 수준으로 감축되면서 박사 과정 대학원생이나 박사 후 연구원들의 고용도 그만큼 축소되었다. 연구 시설 활용에도 제한이 걸린다. 대형 장비에 의존하던 기초 과학 연구는 장비 활용을 위한 최소한의 유지 보수부터 어려워졌다. 미 국립 표준 과학 연구원(NIST)에서 반세기 넘게 거의 독점적으로 관리하던 희귀 물질 분광학(spectroscopy) 데이터는 전담 관리팀이 해체되면서 같이 공중 분해되었다. 고등 교육 지원 예산의 80퍼센트 삭감은 미국 주요 대학에 큰

　　　　　5장 중국의 미개척 반도체 영역 진출

타격을 준다. 일부 최상위 사립 대학을 제외하면 미국의 많은 연구 중심 대학은 재정 자립도가 높지 않기 때문이다. 따라서 연방 정부의 고등 교육 지원금은 이들 대학에 매우 중요한 재원이다. 기초 과학 연구 지원 삭감에 더해 교육 부문 예산까지 줄어들면서, 미국 주요 대학들 사이에서 이전보다 대학원생 선발 규모를 크게 줄이거나 아예 모집 자체를 중단하는 경우도 나타나고 있다.

일부 분야에서는 연구, 교육 지원 예산 대폭 삭감이 학맥(學脈)의 단절로 이어지기도 한다. 이러한 기조가 지속되면 미국 연구 중심 대학의 학문적 다양성은 점차 축소될 것이고, 기초 과학 분야는 더 빠르게 쇠락할 것이다. 여기에 더해 대중 견제가 강화되면서 최근 중국 유학생 수가 급감하는 현상은, 미국의 차세대 전문 인력 파이프라인 하나가 점차 말라 가고 있음을 보여 준다. 수백 년 동안 전문 인력 양성과 경력 전환의 핵심 기관으로 기능해 온 대학 역시 인공 지능의 급속한 침투로 그 역할과 존립 기반이 흔들리고 있다. 대학에 과학 기술 혁신의 상당 부분을 의존해 온 미국의 경쟁력도 그만큼 더 빠르게 위기 쪽으로 기울고 있다.

중국 과학 기술 굴기의 동력

각국 혹은 연구 기관별로 연구력을 측정하는 방식은 여러 종류가 존재한다. 특히 이공계 분야 연구 성과는 국제적으로 영향력 있는 학술지에 출판되는 논문과 그 논문의 인용도로 측정된다. 이를 종합해 연구력을 측정하는 지표로서 유명 과학 잡지 《네이처(*Nature*)》를 발

차이나 반도체 라이징

간하는 스프링거 네이처(Springer Nature) 사가 개발한 네이처 인덱스 (Nature Index)가 있다. 각 분야를 대표하는 학술지 리스트를 설정하고 논문 편수, 저자 비중, 인용도 등을 계수해 종합 점수를 매긴다. 2020년 대 들어 네이처 인덱스로 측정된 연구력에서 보이는 가장 충격적인 현상은 중국과 미국의 과학 기술력이 역전되었다는 것이다. 2020년 대 이전만 해도 미국의 과학 기술력은 모든 지표에서 압도적으로 1위를 기록하고 있었다. 이는 매년 노벨상 수상자 대부분이 여전히 미국 대학이나 연구 기관에서 배출되는 것만 보더라도 알 수 있다.

그렇지만 최근 중국은 미국과 자리를 맞바꾸었다. 2025년 네이처 인덱스 기준으로 연구력 상위 10위 이내 기관 중 중국 기관이 무려 여 덟 곳이나 포함되었다. 1위를 기록한 중국 과학원(CAS)을 비롯해 3위 중국 과학 기술 대학교(USTC), 4위 저장 대학교, 5위 베이징 대학교, 6위 중국 과학원 대학교, 7위 칭화 대학교, 8위 난징 대학교, 10위 상 하이 자오통 대학교가 순위에 올랐다. 10위 이내에 중국이 아닌 연구 기관은 2위 미국 하버드 대학교와 9위 독일 막스 플랑크 연구소밖에 없다. 100위권 이내로 범위를 확대해도 중국 연구 기관은 무려 37곳 이나 포함되며 가장 높은 비중을 차지한다. 35곳이 포함된 미국과 비 교해 보면 중국이 미국을 추월하기 시작한 기조를 재확인시켜 준다.

중국의 영향력은 응용 과학으로도 퍼지고 있다. WIPO[1] 같은 국 제 특허 데이터베이스 기준으로 2024년 PCT[2] 국제 특허 출원 1위 국가는 중국으로, 70,160건의 특허를 출원한 데 반해 2위 미국은 54,087건에 머물렀다. (WIPO, 2025년 3월 공표) 미국의 PCT 출원은

                                           5장 중국의 미개척 반도체 영역 진출

3년 연속 감소세인 반면, 중국은 2019년 미국을 제치고 세계 1위 자리에 오른 이후 격차를 꾸준히 벌리고 있다.[3] '중국 제조 2025' 같은 장기적 정책에 따른 연구 개발 지원 분야와 규모의 확대는 물론 그 이전부터 시작된 장기 정책들, 예를 들어 '과기 굴기 전략',[4] '863 계획',[5] '973 계획',[6] '국가 중장기 과학 기술 발전 계획 요강',[7] '인공 지능 발전 계획',[8] '14차 5개년 계획' 등, 과학 기술을 핵심 산업으로 육성하는 국가 프로젝트가 지속적으로 추진되기 시작했다. 중국의 2023년 연구 개발 지출 규모는 3조 위안(약 648조 원)으로서 미국에 이어 세계 2위를 기록했고 GDP 대비 비중도 선진국에 접근하고 있다. 여기에 더해 중국 정부 특유의 국가 연구소 클러스터와 민군 융합 체제가 더욱 확대되고 있다는 점도 주목할 필요가 있다. 다시 말해 군사적 전용 가능성이 있는 첨단 기술에 연구 자금과 인력 지원이 집중되는 경향이 강화되고 있는 것이다.

　중국의 가파른 과학 기술 굴기 이면에는 안정적인 전문 인력 자원 양성 체계도 있다. 기본적으로 인구 대국인 중국은 막대한 인력 풀이 있으며 높은 대학 진학률을 바탕으로 매년 1000만 명 이상의 대학 졸업자가 배출된다. 이중 이공계생의 비중은 절반에 육박한다. 대학원은 더욱 이공계 중심적 구조로 짜여 있다. 2025년 기준 중국 대학에서 연간 배출되는 이공계 분야 박사 학위 소지자는 약 8만 명에 육박하며, 여기에 더해 2010년대 중반 이후 중국 정부가 적극적으로 해외 인재를 초빙하는 '천인 계획', '만인 계획'[9] 등이 병행 추진되면서 고급 인력도 많이 확보했다. 중국 정부는 중국 대학의 글로벌 경쟁력을 키

　　　　　　　　　　　　　　　　　　　　차이나 반도체 라이징

우기 위해 엘리트 대학 체제를 강화하고 있으며, 이를 통해 칭화 대학교, 베이징 대학교, 푸단 대학교, 저장 대학교, 상하이 자오통 대학교 등이 글로벌 순위급 대학으로 급성장했다.[10] 중국 대학은 학문 생태계 형성 초기에 논문의 양적 확대를 유도하기 위해 게재 논문 수에 비례한 인센티브 제도를 적극 활용했고, 그 결과 교원 1인당 논문 수가 급증했다. 그러나 수준 이하의 연구 논문이 대거 출판되는 등 제도의 허점이 드러나자 2020년대 들어서는 질 중심 평가 체계로 점차 전환되고 있다. 논문의 질적 수준을 높이기 위해 인용 수나 H-지수 같은 지표를 반영하는 방식으로 인센티브 제도도 고도화되었다. 이러한 변화는 양적 확대뿐 아니라 질적 수준 제고까지 함께 이끄는 동력으로 작용한 것으로 보인다. 여기에 더해 2020년대 들어 강화되고 있는 기술 안보, 애국주의, 미국과의 경쟁 의식 고취 등은 중국 연구자들에게 일종의 사회적 동기를 제공하고 있으며 특히 자립자강(自立自强)이라는 기치 아래 기술 내재화와 생태계 자급화가 절실한 반도체나 인공 지능 등의 영역에서 연구력과 기반이 급성장하고 있다.

중국은 어떻게 과학 기술 천재를 키우는가?

중국이 취하는 전략은 단순히 많은 인재의 배출에만 국한되지 않는다. 다른 한 축은 천재를 양성하는 것이다. 중국에서 최우선적인 정책 과제 중 하나인 인공 지능과 반도체의 교점에 해당하는 AI 반도체는 바로 그러한 전략이 대학에서부터 추진되는 영역이다. 현재 중국의 AI 반도체 자급화 최선두 기업 중에는 캠브리콘이 있다. 이 기업

         5장 중국의 미개척 반도체 영역 진출

의 창업자 천윈지(陳雲霽)와 천텐스(陳天石) 형제는 둘 다 USTC 영재반 출신이다. 형제는 각각 스물다섯, 스물넷이라는 젊은 나이에 초고속으로 박사 학위를 취득한 후 중국 과학원 컴퓨터 연구소에서 반도체 설계와 AI 모델 연구를 분담하며 두각을 나타내기 시작했다. 이들은 2014년, '알파고 쇼크'가 일어나기 전부터 이미 NPU 구조 최적화에 대한 논문을 연달아 발표해 세계적인 주목을 받았다.[11] 2016년 중국 과학원 퇴사 후 그들은 이러한 핵심 기술을 기반으로 캠브리콘을 창립했다. 캠브리콘은 2020년에는 상하이 증권 거래소 커촹반(科創板)[12]에 처음으로 상장한 AI 반도체 팹리스 스타트업이 되었으며 시장의 대표적인 블루칩으로 자리 잡았다. 천 형제는 중국의 주요 연구 중심 대학에 설치된 이른바 천재반이 길러 낸 대표적 성공 사례이자, 중국식 엘리트 육성 시스템의 상징적 인물들이다. USTC의 천재반은 샤오녠반(少年班)이라 불리며, 전국에서 해마다 40~50명 안팎의 학생만 선발해 집중적으로 양성하는 전형적인 소수 정예 방식을 취한다. 이와 유사한 제도와 프로그램은 중국의 다른 대학에도 존재한다. 예를 들어 딥시크 창업자 량원펑 역시 저장 대학교에서 전자 정보 공학으로 학사 졸업 후 정보 통신 공학 석사까지 연계해 수학했는데, 저장 대학교 천재반에 해당하는 주커전 학원(竺可楨學院) 혼합반 출신이다. 주커전 학원은 연간 50명 내외의 학부생을 선발해 소수 정예로 운영된다. 그러면 중국 최고의 대학이라 불리는 베이징 대학교나 칭화 대학교는 어떨까?

나는 2025년 11월 초 포럼 참석차 베이징을 방문하면서 두 대학에

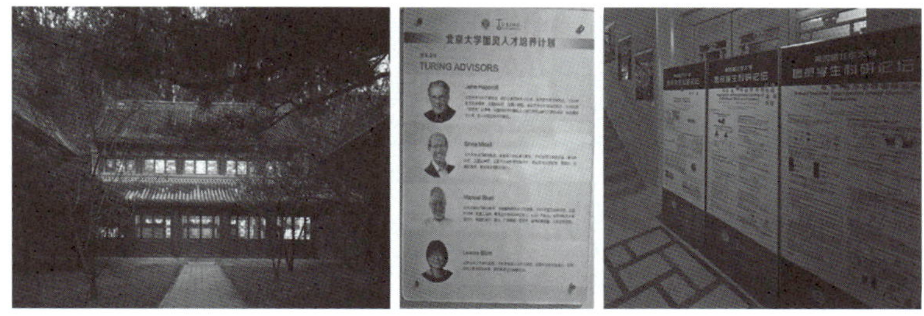

그림 5.1 왼쪽: 베이징 대학교 투링반 건물, 가운데: 외국인 교수진(튜링상 수상자 포함), 오른쪽: 투링반 학생들의 주요 연구 결과. 저자 촬영 사진.

서 운영하는 천재반을 방문하고 그곳의 학생, 지도 교수들과 대담을 나눌 기회가 있었다. 먼저 베이징 대학교의 인공 지능 특화 천재반은 이른바 투링반(圖靈班)이라는 곳으로서, 2017년 베이징 대학교 전자 컴퓨터 공학과 산하 특수 조직으로 설립 후 AI 모델과 반도체 설계 등에 특화된 영재급 학부생들을 소수 정예로 교육하며 관리한다.[13] 베이징 대학교 중앙 도서관 근처에 고즈넉한 명나라 양식으로 지어 진 학사 한 동을 다 차지하는, 겉으로 보면 평범한 기숙사처럼 보이는 이 2층짜리 회색 벽돌 건물 안에는 중국 전역에서 뽑힌 천재들의 학습 과 토론 열기가 교실마다 가득했다. 이들을 가르치는 교수들의 얼굴 에도 중국 최고 천재들을 가르친다는 자신감과 자부심이 엿보였다.

베이징 대학교가 인공 지능 천재반을 '투링'으로 명명한 것은 여러 의미가 있다. 당연히 1차적으로는 영국 수학자이자 현대 컴퓨터 과학 의 아버지 중 한 명인 앨런 튜링(Alan Turing)을 기리기 위한 것도 있겠 지만, 다른 의미도 있다. 튜링을 한자로 음차한 圖靈의 뜻을 추적하면

5장 중국의 미개척 반도체 영역 진출

마치 중국을 대표하는 SF작가 류츠신(劉慈欣)의 대표 작품인 『삼체(三体)』 3부작의 후반부에 등장하는 개념이 그대로 체화된 것 같다는 인상을 받는다. 즉 인공 지능이 다루는 막대한 데이터를 마치 한 폭의 그림에 압축해 담았다는 의미(그러니까 고차원 정보를 저차원 물질에 응축해 놓았다는 뉘앙스)도 내포하는 것 같기 때문이다. 이 해석을 투링반 교수들과 나눴을 때 그들은 미소를 지으며 호기심 어린 반응을 보이면서도 다른 한편으로는 고개를 끄덕이며 10년 전 이 반을 기획할 때 그와 비슷한 의도를 가지고 작명한 것이라는 이야기도 했다. 투링반 지도 교수들은 학생들이 얼마나 뛰어난지 계속 강조했다. 기본적으로 매년 1200만~1300만 명의 수험생이 응시하며 중국 전역에서 치러지는 대학 입학 시험인 가오카오(高考)에서 거의 각 성 랭킹 100위권 이내 학생들 중에서도 고르고 또 고른다. 이들이 베이징 대학교에 입학하면 1학년 초기에 다시 치앙지(强基)[14]라 부르는 일종의 2차 입시가 치러진다. 10 대 1에 가까운 경쟁률을 뚫고 치앙지에 합격해야만 비로소 투링반에 들어올 자격이 주어진다. 매해 중국에서 가오카오에 응시하는 수험생 대비 0.002퍼센트의 학생들에게만 바늘구멍 같은 입반의 문이 열리는 셈이다. 베이징 대학교는 이들을 위해 중국 최고 수준의 연구자들을 교수로 임용할 뿐만 아니라, 세계적 석학으로 꼽히는 연구자들까지 겸임 교수로 초빙한다. 예를 들어 그림 5.1에 보인 것처럼 2025년 하반기 기준으로 투링반에 소속된 역대 튜링상 수상자는 3명(존 홉크로프트(John Hopcroft, 1986년 수상), 마누엘 블룸(Manuel Blum, 1995년 수상), 실비오 미칼리(Silvio Micali, 2012년 수상))이며, 이들은

1년에 3~4개월 정도 투링반에 머물며 직접 학생을 지도한다.

 칭화 대학교의 야오반(姚班)은 중국계 학자로서는 최초로 2000년 튜링상을 수상한 야오치즈(姚期智) 교수가 거의 총장급 이상의 대우와 전권을 받아 2005년에 야심차게 설립한 소수 정예 이공계 천재반이다. 칭화 대학교는 베이징 대학교와 달리 한국의 KAIST나 포항 공과 대학교 같은 이공계 특화 대학을 지향했기 때문에, 설립 초기부터 MIT나 캘리포니아 공과 대학 같은 미국 최고 수준의 연구 대학과 어깨를 나란히 하는 것을 목표로 했다. 야오반의 커리큘럼은 투링반과 비슷하나, 이론 쪽에 조금 더 많은 무게 중심을 둔다는 것이 특징이다. 특히 가오카오 고득점자보다는 수학이나 과학 분야 국제 올림피아드 수상자를 더 우대한다. 칭화 대학교 신입생들도 야오반에 들어가기 위해서는 신입생 시절부터 또 한 번의 입시를 치러야 하지만, 올림피아드 수상자들은 패스트트랙을 탈 수 있다.[15] 최근에는 인공 지능이나 반도체뿐만 아니라 양자 컴퓨터로까지 프로그램이 확장되어 야오반 커리큘럼은 컴퓨팅과 지능 그 자체의 진보에 맞춰 진화하는 양상을 보인다. 지도 교수들과 만나 이야기해 본 결과, 야오반은 초기 10~15년간은 인공 지능 커리큘럼을 따로 두지 않았고 오히려 수학이나 물리학, 정보 공학, 양자 역학 등 기초 과학 집중 양성반의 성격이 강했다고 한다. 그래서 야오반 초기 졸업생들은 현재 주로 학계에서 두각을 드러내고 있다. 예를 들어 프린스턴 대학교 컴퓨터 과학부 부교수인 천단치(陳丹琦), 스탠퍼드 대학교 컴퓨터 과학부 부교수 마텅위(馬騰宇)나 우자쥔(吳佳俊), 카네기 멜런 대학교 컴퓨터 과학부 부

　　　　　　　　　　　　　　5장 중국의 미개척 반도체 영역 진출

교수 자즈하오(賈志豪) 등이 인공 지능의 이론과 응용 분야에서 잘 알려진 야오반 출신 졸업생이다. 이들은 인공 지능뿐만 아니라 최근에는 양자 정보 분야에서도 두각을 나타내고 있다. 대표적으로 캘리포니아 주립 대학교 버클리 캠퍼스 전자공학과 조교수인 첸리지예(陳立傑)는 고전 컴퓨터-양자 컴퓨터 계산 이론 분야에서 신성으로 떠오르는 전문가다.

투링반이나 야오반에서 만난 학생들은 정말 인상적일 만큼 총명해 보였지만, 동시에 어딘가 모를 불편함과 위화감도 느껴졌다. 그것은 이들이 그렇게 뛰어난 세계적 수업과 학교 측의 세심한 관리, 그리고 놀라울 정도로 빠르고 적응력이 뛰어난 글로벌 수준의 커리큘럼을 거치고 있으면서도, 정작 자신이 배우는 기술의 사회적 파급 효과는 고민하는 흔적이 별로 안 보였다는 것이다. 투링반에서 대담회가 끝나고 나는 교실을 나가 근처 푸드 트럭으로 이동하는 고학년 학생 한 명을 우연히 만나 대화를 나눌 수 있었다. 그는 세계적 인공 지능 학회인 ICML에서 이미 몇 년 전에 포스터를 발표한 적이 있다며 자랑스럽게 자신을 소개했다. 나는 그가 투링반에서 어떤 커리큘럼을 배우고 있는지 물어봤고, 그는 컴퓨터 아키텍처, 자료 구조론, 정보/신호 이론, 통신 이론, 인공 지능을 위한 고급 수학 등을 줄줄이 읊었다. 그렇지만 이 과정에서 커리큘럼을 자신의 의지대로 선택할 여지는 많지 않아 보였다. 그는 당연하다는 듯 커리큘럼은 투링반, 나아가 학교에서 정해 주는 대로 따라가면 된다고 이야기했다. 그렇게만 하기에도 시간이 모자라고 매주 나오는 프로젝트와 숙제만으로 이미 벅차다고 했다.

이러한 경직된 커리큘럼은 지도 교수들과의 대담에서도 다시 확인되었다. 교수들은 학생들이 너무 많은 혹은 다양한 과목을 공부하는 것은 비효율적이며, 목표를 정해 확실한 경로를 밟아 나가 성과를 이룩하는 것이 제일 중요하다는 식의 이야기를 했다. 학생들은 교수들이 내주는 과제만 해도 딴생각 할 시간이 없을 것이라며 너털웃음을 터트렸다. 그러한 커리큘럼은 학부생들이 2~3학년 때부터 AAAI, ICML, ICCV, ICLR, CVPR, NeurIPS 같은 인공 지능 관련 주요 국제 학회에서 논문을 발표하고 수상도 하게 만드는 등, 인공 지능 인재 양성 목적으로는 최적의 방식으로 보인다. 그러나 내가 느낀 위화감은 학생이든 교수진이든 인공 지능이라는 길고 좁게 뻗은 회랑에서 빠져나갈 생각 자체를 하지 않는 듯 보인다는 것이었다.

예를 들어 어떤 학생들은 인지 과학이나 뇌과학, 나아가 심리학이나 과학 철학, 그리고 경제학, 정책학, 사회학이나 과학 사회학(STS) 등에 당연히 관심을 가질 수 있다. 또한 인공 지능을 충분히 공부한 학생들이 인접 학문에 관심을 가지고 연구할 기회도 확보하는 것은 학문적 다양성의 중요성을 인정하고 또 추구하는 학교에서는 당연히 권장하는 경로 탐색이다. 그렇지만 투링반이나 야오반에서 만난 천재들은 가오카오 수석이든 혹은 국제 수학, 물리학 올림피아드 출신이든 시야각이 앞으로만 고정되어 한 방향으로 매우 빠르게만 달려가는 경주마 같았다. 이들의 마음 속에는 세계적인 인공 지능 학회에서 자신이 개발한 모델이나 칩을 발표하고, 이를 기반으로 화웨이 같은 중국 최고 기업에 취업하거나, MIT나 스탠퍼드 같은 세계 최고 대학의 교수가 되거나, 량원펑의 딥시크 같은 새로운 인공 지능 유니콘 기업을 만드는 미래만 있는 것 같았다.

투링반에서도 이러한 외부 지적을 의식해서인지는 모르겠지만 2023년부터는 정보반(information class)을 따로 만들어 커리큘럼에 얽매이지 않는 분과를 운영하고 있기도 하다. 특히 정보반은 투링반과는 별개로 대학 전체에서 전공을 불문하고 지원자를 받아 운영하는 방식을 취하는데, 이 프로그램에 진입한 학생들은 졸업할 때 우등의 영예가 같이 주어진다. 그럼에도 이러한 분과들은 투링반만큼의 권위를 인정받지는 못하는 것으로 보인다. 투링반 지도 교수들은 이 천재들을 수없이 반복되는 입시 과정으로 거르고 걸러 뽑아내는 것에 자부심을 가지고 있었고, 그 외의 경로는 인정하는 것 같지 않았다.

투링반이나 야오반은 학생 1명에 지도 교수가 2명 이상 배정되어 학생을 이중으로 전담 마크하는 집중 지도 시스템을 유지한다. 주요 국제 인공 지능 학회 시즌이 되면 이들은 3인 1조로 경쟁적으로 학회에 논문을 제출한다. 만약 제출한 논문이 수백 대 1의 경쟁률을 뚫고 채택되면 지도 교수에게는 큰 금전적 인센티브가 주어진다. 야오반의 경우 이러한 인센티브는 주요 학회 논문으로 인정받을 경우 논문 한 편당 수천 달러에 달한다고 알려져 있다. 그러나 이러한 방식으로 입시라는 체로 걸러지고 인센티브가 걸린 학문 활동 시스템에서 양성되는 인재들은 세상의 벽을 깨뜨리는 천재라기보다는 벽을 잘 올라가는 표준형 영재에 가까워 보인다. 투링반 건물 1층에 자랑스럽게 전시되어 있던 2025년 주요 인공 지능 학회 발표 포스터들은 전반적으로 훌륭했고, 충분히 눈길을 끌 만한 내용도 많았다. 그러나 그것들이 인공 지능 분야의 판도를 뒤흔들 만큼 혁명적인 논문으로 보이지는 않았다. 많은 연구가 이미 구글, 오픈AI, MIT 등에서 발표된 성과를 좀 더 효율적으로 구현하거나 성능을 다듬은 결과처럼 느껴졌고 중국어 기반 LLM 관련 논문에서는 화웨이 출신 연구자가 주저자로 참여하고 있었다.

베이징 대학교 교수들은 자랑스럽게 투링반을 소개하는 프레젠테이션에서 그들이 길러 낸 영재들이 베이징 대학교 박사 과정으로 진학해 훌륭한 연구자나 창업가가 되었는지를 소개하지 않았다. 대신 얼마나 많이 미국 주요 대학의 컴퓨터 공학이나 과학 분야 박사 과정으로 진학했는지를 화려한 막대 그래프와 숫자로 보여 주었다. 나는 투링반 지도 교수 중 한 명과 대화를 나누면서 "만약 산시 성 어느 시골에 진흙 속에 묻힌 보석 같은 친구가 있는데, 이 친구가 만약 산시 성 가오카오 전체 100등 안에 못 들면 아예 투링반에는 시험조차 볼 기회가 안 주어지는가?"라고 물어봤다.[16] 그의 대답은 간단했다. 애초에 투링반에 들어오려면 베이징 대학교 입시에 성공해야 하고, 그러려면 베이징이나 선전, 상하이 같은 주요 1선 도시가 아닌 지방 성에서 100등 정도의 성적으로는 어림도 없다는 것이었다. 산시 성 정도라면 적어도 20~30등 안에는 들어야 베이징 대학교 입시 경쟁이라도 해 볼 만할 것이라는 친절한 해설이 덧붙여졌다. 만약 그 학생이 어찌어찌 비공학 전공으로 입학한 후 투링반에 들어올 가능성은 얼마나 될지도 물어봤는데, 대답은 더 간단했다. 그것은 "투링반은 애초에 베이징 대학교 전자컴퓨터 공학 전공생만 지원 자격이 주어진다."였기 때문이다. 만약 편입이나 전과 등이 허용되면 전국에서 베이징 대학교 입학처에 빗발같이 전화가 쏟아진다고 했다. 중국에서 공학 전공은 모든 학부모에게 큰 관심사인데다가, 그중에서도 반도체와 인공 지능은 더욱 진입이 어려우니 조금이라도 점수화되지 않는 회색 지대가 생기는 상황을 자존심 센 중국 학부모들은 못 견디는 것이다.

입시와 점수로 철저히 줄 세운 뒤 표준화된 논문 작성과 선생의 권위에 대한 반문을 허용하지 않고, 자신이 개발하는 기술의 사회적 파급 효과를 충분히 고민할 여지를 거의 주지 않는 중국 최상위권 명문대의 천재반 교육은 그 단선적 화살표가 향하는 방향이 현재의 기술 발전과 일치할 경우 분명 큰 효과를 거둘 수도 있다. 세계 주요 인공 지능 학회에서 가장 많은 논문을 제출하는 상위 10개 학교 중 8개가 이미 지난 10년간 경쟁적으로 학과를 설치한 중국 대학일 정도다. 그렇지만 기술, 특히 인공 지능의 진화 방향은 계속 바뀌고 새롭게 정의된 방향은 새로운 접근과 학습, 그리고 인재 선발 방식을 필요로 한다. 예를 들어 LLM은 적어도 2025년 하반기까지는 인공 지능의 표준 모델인 것처럼 전 세계적으로 천문학적 규모의 투자와 연구가 이루어졌지만, LLM의 근본적 한계가 가까워질수록 전혀 다른 개념의 알고리듬이 출현할 가능성이 높다.[17] 그렇지만 투링반에서 내걸었던 연구 발표 자료 중에 LLM이 아닌 알고리듬을 찾기란 불가능했다. 중국 최고의 천재들이 모이는 양대 명문대에서 이들의 저력을 직접 확인해 본 결과, 중국의 과학 기술 인재 육성 전략은 그 압도적인 성과만큼이나 근본적 모순에서 벗어나기 어렵다는 한계도 뚜렷해 보였다.

중국 R&D 투자의 방향과 파장

중국에서 급성장한 연구 기반과 질적, 양적 인력 양성 시스템은 모두 한 세대 가까이 집중적으로 지속된 정부 차원의 연구 개발 정책으로 확장되며 강화된 것이다. 중국의 반도체나 인공 지능 경쟁력 지속 가능성을 분석하기 위해서는 중국 연구 개발 투자의 추세와 특징을 더 자세히 살펴봐야 한다. 2025년 기준으로 미국과 중국은 이미 전 세계 연구 개발 투자의 30퍼센트, 28퍼센트를 각각 차지하며 양강 구도를 이뤘다. 2025년 기준으로는 절대 액수만 본다면 미국의 투자 규모가 중국을 앞서고 있으나 그 구도는 조만간 역전될 가능성이 높다. 2025년 4월 《R&D 월드(*R&D World*)》 기사에 따르면 중국의 연구 개발 투자 규모는 2030년경 미국을 30퍼센트가량 앞지를 가능성이 있는 것으로 분석되었다.[18] OECD 자료를 바탕으로 1,000여 차례 몬테카를로 시뮬레이션을 수행한 끝에 내린 결론은 미중 무역 전쟁이 악화하더라도 중국의 연구 개발 투자는 미국보다 더 빠르게 증가할 것이라는 점이었다. (그림 5.2 참조) 실제로 2019~2023년 미국의 연구 개발 투자 연평균 실질 증가율은 4.7퍼센트였던 데 반해 중국은 거의 2배인 연평균 8.9퍼센트의 증가율을 기록했다. 실질 물가 기준으로 따지면 양국의 격차는 더 벌어진다. 구매력 평가(PPP) 기준으로 중국은 이미 미국 연구 개발비의 1.1배 이상을 지출하고 있다. (약 1조 8000억 달러) 이러한

　　　　　　　　　　　　　　　　　　5장 중국의 미개척 반도체 영역 진출

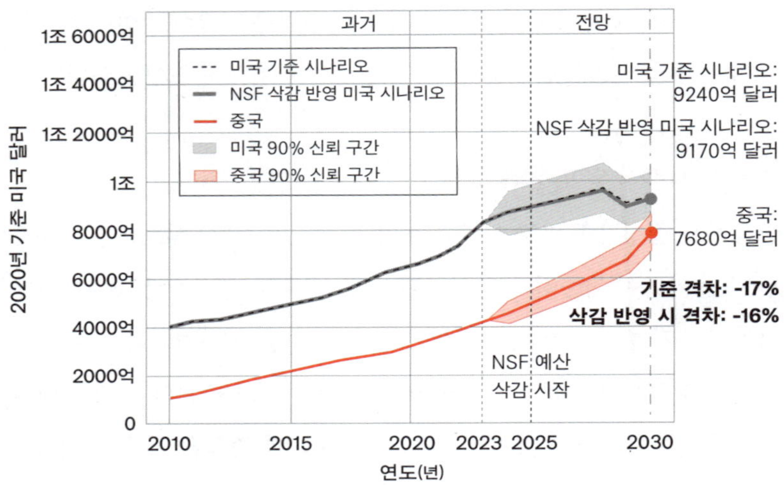

명목 연구 개발 지출

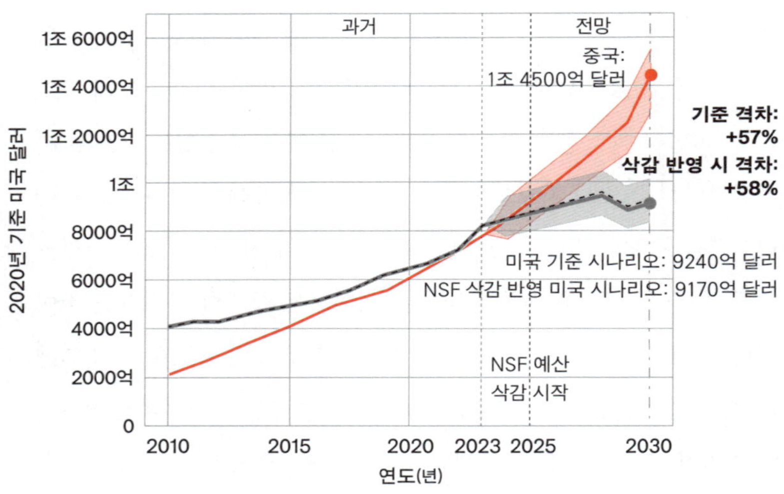

구매력 평가(PPP) 조정 기준 연구 개발 지출

그림 5.2 미중 연구 개발 투자 격차 추세 시뮬레이션 결과. 《R&D 월드》 자료 재가공.

연구 개발 투자 격차는 양국 사이에서 이미 가시화되고 있는 기초 과학 연구력의 차이를 더욱 벌려 놓을 가능성이 높다.

미국은 2023년 기준으로 국가 전체 연구 개발 투자에서 민간 비중이 거의 80퍼센트에 달한다. 연구 자금의 70퍼센트 이상을 기업이 자체 조달하고 있으며 특히 인공 지능이나 반도체에서 기업 투자가 압도적이다. 미국 민간 기업의 연구 개발 가운데 80퍼센트는 정보, 화학/제약, 전자/반도체, 전문 과학 기술 서비스, 운송 장비 분야에 집중되어 있다. 이 가운데 정보, 전자/반도체, 전문 과학 기술 서비스를 함께 보면 소프트웨어와 플랫폼이 차지하는 비중이 특히 크다는 점을 확인할 수 있다. 이는 IT 및 서비스 분야에 미국 기업의 연구 개발이 쏠려 있음을 의미한다.

중국 역시 2020년대 이후 민간 영역으로 연구 개발의 무게 중심이 이동하고 있다. 민간 기업이 수행하는 연구 개발 프로그램의 비중은 75퍼센트 이상이며, 자금 조달 비중도 민간이 78퍼센트를 차지한다. 그렇지만 중국의 민간 기업 연구 개발은 주로 하드 테크 분야, 예를 들어 통신 장비, 전자, 전기 자동차/배터리 등에 쏠려 있다. 화웨이는 2023년 1647억 위안(약 35조 6077억 원, 전체 매출액의 23.4퍼센트), 텐센트는 640억 8000만 위안(약 13조 8539억 원), BYD는 542억 위안(약 11조 7179억 원)을 연구 개발에 지출했다. 흥미로운 사실은 중국의 민간 기업이 지출하는 연구 개발에서 정부 보조금의 비중이 여전히 크다는 것이다. 중국은 연구 개발 비용의 200퍼센트까지 공제하는 손금 산입(슈퍼 공제) 제도[19]를 2023년 이후 상시 적용하고 있으며, 특히 반

　　　　　　　　　　　　　　　5장 중국의 미개척 반도체 영역 진출

도체나 정밀 공작 기계 등 특수 업종은 공제 비율을 220퍼센트까지 늘려 준다. 이는 민간 기업이 법인세 감면 혜택을 얻기 위해서라도 연구 개발에 더 많이 투자하도록 유도하는 제도로 볼 수 있다. 미국에도 민간 연구 개발 장려 제도가 없는 것은 아니다. 2025년부터 연구 개발 비용 처리 제도가 다시 복원되어 민간 연구 개발을 위한 정책적 인센티브가 마련되었다.[20] 또한 2022년 반도체 및 과학법으로 NSF, 첨단 연구 계획국(ARPA), 국가 반도체 기술 센터(NSTC) 같은 연방 정부 기관에서 지원하는 보조금도 민간 연구 개발에 배정되었다.[21] 그렇지만 미국 정부 기관의 지원이나 유도 정책의 규모와 강도는 중국에 미치지 못한다. 달리 표현하자면 미국 민간 기업의 연구 개발은 비교적 자율적인 민간 주도형에 가깝고, 중국 민간 기업의 연구 개발은 정부와 결합한 준국가적 성격을 띠며 진행된다고 볼 수 있다. 미국 민간 기업의 연구 개발은 앞으로도 기업이 직접 수행하고 자체 자금으로 조달하는 비중이 높을 가능성이 크며, 산업 포트폴리오 역시 수익성이 높은 인공 지능, 제약, 반도체 중심으로 고도화될 것이다. 중국 역시 민간의 연구 개발 투자와 수행이 높은 비중을 유지하겠지만, 정부 정책을 감안하면 정책적 유도 효과에 따라 더 좁고 전략적인 특수 영역으로 연구 개발이 집중되는 양상을 보일 가능성이 크다. 정부 지원 규모가 커질수록 민간 투자의 확대 효과도 그만큼 더 강해질 것이다.

중국의 민간 주도 연구 개발에는 점차 비효율적으로 변하는 정부 주도의 가이드 펀드의 영향에서 완전히 자유로울 수 없다는 문제가 남아 있다. 특히 빅 펀드 같은 장기적 인내 자본이 투입되는 반도체나

  차이나 반도체 라이징

인공 지능 산업에서는 정부가 설정한 KPI에 맞추어 연구 개발 프로그램이 조정될 가능성이 높다. 중국 정부가 시행하는 최대 220퍼센트에 달하는 세액 공제 혜택은 민간 연구 개발 투자 유도에는 확실히 인센티브가 된다. 그러나 경계 비용이 낮은 프로젝트에 과다 계상을 유발할 소지도 크다. 이는 기업 회계 불확실성으로 이어질 수 있고 재무 건전성을 해칠 위험이 있다.

중국식 혁신 우회 전략

극자외선 노광 공정의 특징

1장에서도 잠깐 언급했지만, 현재 첨단 반도체 제조업에서 병목 지점으로 작동하는 부분은 바로 패터닝 공정이며 그중에서도 핵심은 5나노 이하급 공정으로 가기 위한 필수 장비인 극자외선 노광 장비다. 2010년대 초반 ASML가 개발한 1세대 극자외선 노광 장비가 처음 양산 공정에 도입된 이후 2020년대 중반부터는 2세대 극자외선 노광 장비가 조금씩 도입되고 있다. 2010년 초반 이후 현재까지 양산에 활용 가능한 극자외선 노광 장비를 제작하는 기업은 네덜란드의 ASML이 유일하다.

ASML이 현재 사용하는 방식은 레이저 생성 플라스마(laser-produced plasma, LPP) 기반의 극자외선 광원을 이용하는 기술이다. 이 기술에서는 광원을 구현하기 위해 일종의 시동(initiation) 장치로서

      5장 중국의 미개척 반도체 영역 진출

고출력 이산화탄소 펄스 레이저(CO_2 pulse laser)를 이용한다. 이때 펄스 레이저의 발진 주파수는 50에서 100킬로헤르츠(kHz) 수준이고 출력은 20킬로와트(kW)에 달한다. 이 강력한 시동 레이저가 향하는 목표는 주석 마이크로 액적(Sn micro droplet)이다. 10.6마이크로미터 파장을 갖는 이산화탄소 시동 레이저는 진공 챔버(chamber) 내에서 수직으로 낙하하는 주석-저마늄 합금(Sn-Ge alloy) 마이크로 액적에 집중적으로 흡수된 후, 석출되어 나온 지름 27~30마이크로미터의 순수한 주석 미세 액적에서 주석 이온 플라스마(Sn ion plasma)가 발생한다. 플라스마가 된 주석 이온은 8가~14가의 이온화 상태를 갖는다.[22]

들뜬 상태의 주석 이온 전자는 더 낮은 에너지 준위로 전이한다. 그림 5.3에 보인 것 같이 이 과정에서 준위 간 에너지 차이에 해당하는 10~15나노미터 범위의 파장을 갖는 전자기파가 방출된다. 이때 발생한 전자기파는 극자외선 대역에 해당하며, 13.5나노미터에서 피크가 형성되는 방출선(emission line) 스펙트럼을 보인다. 13.5나노미터에서 가장 강한 방출선 강도가 나타나는 까닭은 주석 이온이 플라스마 상태가 되었을 때 13.5나노미터에 해당하는 에너지 준위를 중심으로 상태 전이가 이루어지기 때문이다. 이로 인해 LPP 기반 극자외선 광원 기술에서는 리튬(Li), 가돌리늄(Gd), 터븀(Tb), 제논(Xe) 같은 원소에 비해 주석이 가장 높은 에너지 변환 효율을 보인다. 그래서 극자외선 광원으로 주석을 택하는 것은 합리적인 결정이었다. 이온화된 주석 플라스마로부터 만들어 낸 극자외선 전자기파는 집광기를 거쳐 노광

　　　　　　　　　　　　　　　　　　　　　차이나 반도체 라이징

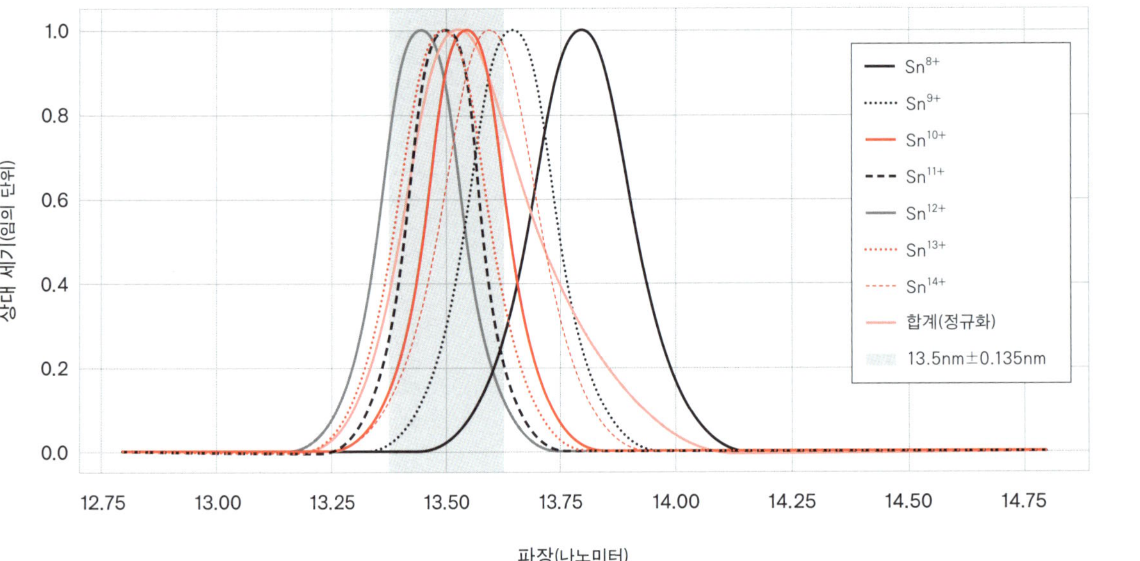

그림 5.3 8가~14가 주석 이온의 집단 전이 과정에서 방출되는 극자외선 대역의 전자기파 스펙트럼. 극자외선 노광 공정에 쓰이는 광원은 위 스펙트럼 중에서도 회색으로 강조한 영역에 몰린, 거의 단파장 전자기파가 활용된다.

기 내부로 투입되어 노광 공정의 핵심인 광화학 반응을 개시하기 위한 에너지가 된다.

포토리소그래피의 기술적 원리를 고려하면 더 정밀한 노광 공정도 가능하다. 예를 들어 현재 주력인 13.5나노미터 파장의 절반인 6.7나노급 극자외선을 사용하면 이론적으로는 물리적 패터닝 해상력이 2배로 향상된다. 문제는 소재는 대부분 전자기파의 파장이 짧아질수록(즉 광자 에너지가 높아질수록) 반사율이 떨어진다는 것이다. 그런데 전자기파 반사 과정에서 반사율이 너무 낮다면 광화학 반응을 일으키는 감광재 박막에서 경시 변화가 진행될 정도의 충분한 에너지가 확보되지 않는다.

ASML이 여러 극자외선 파장 대역 중에서도 하필 13.5나노미터를 택한 이유 중 하나는 이 대역에서 그나마 반사율을 높일 수 있는 인공 반사경 소재를 확보할 수 있었기 때문이다. 이 반사경(Mo/Si DBR)은 ASML와 수십 년 협력해 온 독일의 광학 전문 회사 칼 자이스(Carl Zeiss)가 만든 것으로, 몰리브덴(Mo)과 실리콘(Si) 박막이 교차로 수십 층 적층된 형태의 인공 거울이자 일종의 1차원 광결정(photonic crystal)이기도 하다.[23] 칼 자이스가 제작한 반사경의 극자외선 반사율은 70퍼센트 내외로서 현재까지는 가장 높은 수준이다. 문제는 이 반사경이 파장을 절반으로 줄인 극자외선에 대해서는 반사율이 거의 0으로 떨어진다는 것이다.[24] 따라서 더 짧은 파장의 극자외선을 활용하는 노광기를 구현하려면 기존과는 다른 재료 조합의 인공 거울이 필요하다. 예를 들어 몰리브덴계 대신 란타넘(La)이나 붕소(B) 또는

차이나 반도체 라이징

탄화붕소(B_4C)를 조합한 반사경(La/B, La/B_4C 계열 DBR)가 요구된다. 6.7나노미터 파장에 대해 현재까지 기록된 가장 높은 반사율은 La/B 나 La/B_4C 계열 반사경에서 45퍼센트 내외로 보고되었다. 그러나 반사율이 70퍼센트에서 45퍼센트로 저하되면 양산 공정에서 사실상 광원으로 활용하기가 매우 어려워진다.

70퍼센트 반사율의 Mo/Si DBR를 이용해 13.5나노미터 파장의 극자외선을 일곱 번 반사시키면 반사율은 8.2퍼센트가 된다.[25] ($0.70^7 = 0.082$) 반면 45퍼센트 반사율의 La/B DBR로 6.7나노미터 파장의 더 짧은 극자외선을 일곱 번 반사시키면 반사율은 0.37퍼센트다. ($0.45^7 = 0.0037$) 에너지 효율이 Mo/Si DBR의 5퍼센트 정도밖에 안 되는 셈이다. 이는 곧 13.5나노미터 파장의 극자외선 노광 장비보다 6.7나노미터 파장 장비에 20배 이상 더 많은 에너지를 투입해야 한다는 뜻이다. 이렇게 극단적으로 높아진 에너지 사용량 때문에 6.7나노미터 극자외선 기반의 노광 공정은 현재 수준에서는 양산에 적용하기 거의 불가능할 것이라 예상된다.

에너지 사용량이 높아지는 것은 비단 비용 문제만 일으키는 것이 아니다. 양산 여력과 생산 단가에 가장 큰 영향을 미치는 노광 공정의 핵심 품질 지표인 조사량(dose-to-size, DtS)에도 영향을 미친다.[26] 13.5나노미터에서 6.7나노미터로 파장이 절반이 되면 광자 1개당 에너지는 2배가 되며 감광재 박막의 최대 허용 두께도 절반 이하로 줄어든다. 이로 인해 DtS는 30~50퍼센트 이상 증가한다. DtS가 증가하면 노광 공정 속도는 그만큼 느려지고 이는 다시 반도체 전공정 공정 시간(리드

타임)의 증가를 야기한다. 예를 들어 DtS가 50퍼센트 증가할 때 리드 타임은 대략 5퍼센트 이상 증가할 수 있다.

극자외선 노광 공정을 제어하기 더욱 어렵게 만드는 또 다른 요인도 있다. 바로 확률론적 효과(stochastic effect)가 극자외선 영역에서 훨씬 더 두드러지게 나타난다는 점이다. ArFi 심자외선(193나노미터) 노광 공정까지는 포토리소그래피 기술이 기본적으로 광학 리소그래피(optical lithography)의 연장선에 있었다. 따라서 D-line이나 I-line 같은 이전 세대에서 축적된 광학 기술 노하우와 장비 파라미터를 상당 부분 계승할 수 있었다. 그러나 극자외선은 가시광 기반 공정과 성격이 크게 다르다. 파장이 13.5나노미터로 기존 193나노미터 공정의 14분의 1 수준까지 짧아졌을 뿐 아니라, 파장이 짧아질수록 개별 광자가 지니는 에너지는 그만큼 더 커진다.[27] 때문에 이전 세대보다 투입할 수 있는 노광량(dose)을 크게 줄여야 한다. 하지만 그렇게 되면 웨이퍼 단위 면적당 입사하는 광자의 수도 함께 급감하므로, 통계적 불확실성에서 비롯되는 확률론적 효과가 오히려 더 커진다.[28] 그래서 극자외선 노광 공정에서는 이전 세대 광학 리소그래피의 경험칙과 노하우를 그대로 이어받기 어렵다. 한때 포토리소그래피 장비 시장에서 ASML과 경쟁하던 일본의 캐논이나 니콘 같은 기업이 경쟁에서 뒤처진 것도 이러한 변화를 충분히 따라잡지 못했기 때문이며, 그 결과 일본의 장비 업체들은 2000년대 후반 막대한 투자를 했던 극자외선 노광기 개발을 포기했다.

극자외선 노광 공정의 문제에는 극자외선 광자에 적합한 신소재와 부품 개발이 어렵다는 것도 있다. 극자외선 파장 대역에서 요구되는 광화학 반응성과 광흡수 특성을 동시에 만족하는 물질은 자연계에서 쉽게 찾기 어렵다. 그래서 TSMC, 삼성전자, SK하이닉스 등 극자외선 노광 장비를 양산에 도입한 반도체 제조업체들은 노광기 자체는 물론, 그에 맞는 소재와 부품까지 아우르는 공급망 관리에 집중한다. 예를 들어 극자외선 노광 공정에 적합한 감광재는 인프리아(Inpria, 미국의 스타트업 화학 소재 회사였으나 2021년 이후 일본의 반도체 소재 회사인 JSR가 지분 100퍼센트 소유)에서 만드는 주석 산화물(Sn-O) 나노클러스터 기반의 무기물 소재밖에 없으며 이를 대체하기 위한 다른 회사의 소재는 양산 단계에서 검증을 통과하지 못하고 있다.[29] 마스크를 보호하는 펠리클 같은 부품도 그래핀이나 탄소 나노 튜브(carbon nanotubes, CNT) 등의 소재를 활용하려는 시도가 이어지고 있으나 아직 대면적 양산에는 적용되지 못하고 있다.

이처럼 1세대 극자외선 노광 공정조차 이를 뒷받침할 기술 생태계가 아직 충분히 성숙하지 않았는데도, 시장의 요구는 이미 2세대 극자외선 노광기의 양산 투입 쪽으로 기우는 분위기다. 2세대 극자외선 노광 공정은 더 극한의 기술 조건 — 예를 들어 더 얇아진 감광재 박막 두께로 인한 광특성 및 품질 제어 — 을 만족시켜야 하는 문제가 있다. 그래서 양산 적용에 더 많은 시행착오가 예상된다.[30] 더구나 2030년대 이후로 예정된 3세대 극자외선 노광 공정은 감광재나 광학 장비, 반사경 소재 등 주변 생태계 기술들이 양산 수준 테스트를 통과한 사례가 사실상 없으며, 이로 인해 2030년대 중반 즈음 양산에 적용될 것인지 여부 자체가 여전히 회의적이다.

ASML 생태계 바깥의 길

이러한 여러 기술적 이유로 현재 반도체 패터닝 공정의 핵심으로 자리 잡은 극자외선 노광 공정은 앞으로 적어도 10년 이상은 13.5나노미터 파장 대역의 극자외선을 반사형 광원으로 채용하는 노광 방식에서 벗어나기 어려울 것이다. 이는 13.5나노미터 파장의 극자외선에 맞춘 노광 공정과 연계된 소재, 부품, 장비 공급망이 현 상태로 고착화될 수 있다는 의미다. 이 지점이 바로 미국 정부가 중국을 대상으로 극자외선 노광 장비 수출 금지 조치를 내린 실질적인 근거가 되었다.

SMEE, AMEC, 사이캐리어 같은 중국의 반도체 공정 장비 회사들이 ASML의 기술 방식을 흉내 내거나 우회하려는 다양한 시도를 하고 있으나 가능한 경로는 그렇게 많지 않다. 중국에서 개발되는 극자외선 노광 장비는 기본적으로 그 이전 세대인 심자외선 노광 장비를 역공학하는 것에서 시작된다. 이를 통해 중국은 기본적인 포토리소그래피 기술 자급화 시간을 절반 이하로 단축했고 소재·부품·장비 생태계를 구축하기도 했다. 그러나 중국이 ASML 심자외선 장비의 역공학에서 확보할 수 있는 기술에는 한계가 있다. 5년 넘게 진행된 ASML의 1세대 심자외선 노광 장비 역공학 작업이 일부만 성공한 까닭은 노광 장비 자체의 특수성 때문이다. 극도로 정교한 부품 배치와 광경로의 정밀도, 칼 자이스 반사경의 품질은 완성된 시스템을 분해하는 과정에서 이미 오염이 발생하고 오차가 누적되기 시작한다. 특히 ASML의 노광 장비를 구성하는 부품들은 폐쇄형 교정(calibration) 절차와 그 교정을 제어하는 암호화된 소프트웨어로 연계되어 있어, 개별 부품을 강제로 분해하는 과정은 교정 체계 전체를 사실상 되돌릴 수 없을 정도로 훼손한다. 2024년 1월 이후 네덜란드 정부가 중국에 수출된 ASML 심자외선 노광 장비의 소프트웨어 및 하드웨어 유지 보수 라이선스를 더 이상 연장하지 못하게 한 기술 제재 상황[31]에서 소프트웨어 기능 오류는 장비 복구를 거의 불가능한 수준으로 만든다. 그래서 중국에서 ASML의 구형 심자외선 장비의 역공학을 통한 자체 기술 확보는 일부 부품을 흉내 내는 수준에 그쳤다.

13.5나노미터 파장의 극자외선을 그대로 이용하되 ASML의 특허 장벽을 우회 가능한 기술은 없을까? ASML의 방식은 앞서 설명한 대로 고출력 레이저를 미세 주석 액적에 직접 조사(照射)해 플라스마를 유도하는 LPP 방식이다. 중국은 이를 우회하는 기술 개발에도 투자를 집중한다. 하얼빈 공업 대학 항공 우주 학원 자오융펑(趙永蓬) 교수 연구팀이 화웨이와의 협력 아래 15년간 연구한 끝에 2023년에 보고한 우회 기술은, 레이저를 주적 액적에 직접 주입하는 것이 아니라 고전압을 유도해 방전 플라스마(discharge plasma)를 만드는 방식으로 레이저 유도 방전 플라스마(laser-induced discharge plasma, LDP) 기술이라고도 불린다. 자세한 구조는 다음과 같다. 일단 똑같이 고출력 레이저를 사용하되 파장 대역을 1,064나노미터로 훨씬 줄인 네오디움:야그(Nd:YAG) 레이저를 주석 마이크로 액적에 주입한다. 이때 발생한 기체 상태의 주석을 다시 1,500켈빈(K)의 고온으로 가열시킨 후 여기에

          5장 중국의 미개척 반도체 영역 진출

25킬로볼트(kV)의 고전압을 걸어서 플라스마 방출을 유도한다. 이렇게 발생한 플라스마에서 생성되는 극자외선 역시 13.5나노미터 파장 근처의 스펙트럼을 보이므로 이제 광원으로 활용할 수 있다. 화웨이는 LDP 방식의 극자외선을 이용해 2025년 하반기, 극자외선 노광 개념 증명을 위한 실험용 장비 하이페리온(Hyperion-1)을 개발했다. 화웨이의 계획에 따르면 적어도 2026년에는 테스트 단계에 들어갈 것으로 보이며 시범 생산은 2027년부터 베이징에 위치한 SMIC의 연구 개발 전용 팹에서 이뤄질 전망이다.

SMIC 팹에서 계획된 양산 능력 테스트 기준은 시간당 12인치 웨이퍼 10장 처리와 수율 70퍼센트다. 개념 실증용 장비는 양산에 바로 투입하기 어렵기 때문에, 실제 양산 단계에 들어갈 가능성이 있는 장비가 나오더라도 빨라야 2028년 이후일 것이다. LDP 기반의 EUV 광원과 그를 기반으로 하는 기본적인 노광 방식이 완성된다면, 남은 주요 기술 장벽은 이제 칼 자이스가 독점 제조하는 극자외선 전용 반사경 Mo/Si DBR다. 화웨이와 협력하는 중국의 반도체 소재 회사인 상하이 광학 정밀 기계 연구소(上海光機所, SIOFM)는 2024년 Mo/Si DBR를 자체 개발했는데 알려진 바로는 반사경 수명과 성능은 칼 자이스 제품의 3분의 1 수준에 그치나 화웨이는 이를 인공 지능을 이용해 광원을 정밀 제어하는 기술로 극복하려 한다. 중국 공신부와 화웨이의 기술 로드맵에는 DBR도 자체 확보하는 것이 이미 포함되어 있다. 화웨이의 계획이 전부 현실화된다면 2030년대 중반 이후 중국 내 극자외선 노광 장비 수요의 70퍼센트까지를 중국에서 자체 생산할 가능성도 있다.

　물론 LDP 기반으로 ASML의 LPP를 전부 대체할 수 있는 것은 아니다. ASML과 칼 자이스는 1991년부터 지금까지 극자외선 노광 공정 관련 소재·부품·장비 개념 특허를 총 6,000건 이상 보유하고 있으며[32] 핵심 특허 유효 기간도 여전히 10년 이상 남아 있다. 2024년 기준 ASML이 보유한 유효 특허 비중은 20퍼센트를 넘으며 약 950개의 특허가 바로 극자외선 광원 및 광학계에 대한 특허다. 화웨이의 전략은 학계-장비 회사-연구소 컨소시엄을 통해 극자외선 주변 생태계를 동시다발적으로 개발하는 것이다. 여기서 핵심은 2022년 이후 하얼빈 공업 대학(광원 및 리소그래피 제어), SIOFM(DBR 개발), 칭화 대학교(광원 제어 알고리듬 개발), 그리고 둥관 시에 위치한 화웨이 연구 개발 센터를 중심으로 구축된 극자외선 기술 컨소시엄이다.

　이를 기반으로 화웨이는 주석 플라스마에 고압 전기장을 인가할 때 발생하는 불안정성을 정밀 제어하는 기술과 단위 면적당 광자 입사량을 낮추는 기술 개발을 집중적으로 추구한다. 현재 화웨이가 SMIC와 협력해 상하이에 구축해 둔 연구 개발 전용 팹에서 테스트하는 LDP 기반 노광 장비는 8인치 웨이퍼를 초당 10장 내외로 소량 처리하는 수준으로, 1세대 ASML 노광 장비의 성능에 비하면 7퍼센트밖에 안 되는 낮은 생산량이다. 생산량을 높이기 어려운 주된 원인은 DtS를 낮추기 어렵다는 근본적 기술 한계에 있다. 즉 현재 방식으로 양산 투입은 사실상 불가능하다는 뜻이다. 이 문제를 극복하기 위해 중국은 최근 러시아와도 협력 범위를 넓혔다. 러시아 정부의 지원을 받는 전문 연구 기관인 젤레노그라드 나노 기술 센터(Zelenograd Nanotechnology Center, ZNTC)는 벨라루스의 군수 기업이자 반도체 기업인 프라나(Planar)[33]와 공동으로 이미 350나노미터급 1세대 심자외선 노광기를 시험 개발하고 있으며 이로부터 파생된 제어 기술을 광학계 안정화 및 광원 효율 강화에 적용할 것으로 보인다.[34] 광원 효율 강화와 광화학 소재 흡광 특성이 개선되면 양산성도 향상될 수 있다. 이와는 별도로 중국의 장비 업체 SMEE는 2025년 하반기, 시험용 극자외선 노광기 개발에 돌입한 것으로 알려졌다. 특히 극자외선 노광 공정 전용 감광재, 반사경, 블랭크 마스크, 식각 공정 등의 주변 기술 개발도 동시에 추구하고 있다. 이는 SMEE가 중국 내수용 극자외선 노광 장비 개발을 위한 일종의 테스트베드를 구축하고 있음을 의미한다.

중국에서는 6.7나노미터의 차세대 극자외선(beyond EUV, BEUV) 광원과 그 주변 소재 개발 전략도 우회 시도와 별개로 꾸준히 진행되고 있다. 앞서 언급했던 한계에도 불구하고 충분한 반사율, 광경로 제어 기술을 확보할 수 있다면 BEUV 같은 새로운 광원은 물리적 해상력을 2배 높일 수 있기 때문에 우회로 수준을 넘어 혁신적 기술이 될 수도 있다. 중국에서 2020년대 들어 활발하게 진행되는 BEUV 기술 개발은 주로 가돌리늄(Gd)이나 터븀(Tb) 같은 란타넘계 금속 원소에 기반을 둔다. 그에 적합한 인공 거울 소재로는 앞서 언급한 란타넘이나 붕소가 포함된 DBR가 활용되는데, 반사율은 여전히 50퍼센트 미만으로 양산에 바로 적용되기는 어렵다. 그러나 반사율을 60~65퍼센트 수준까지 올릴 수 있다면 ASML의 2세대 극자외선 노광 공정보다 불과 1.7~3배 정도 증가하는 수준으로 에너지 사용량을 완화할 수 있으므로 최소한의 양산 요구 조건을 만족할 수도 있다. 1.7~3배 정도의 에너지 사용량 증대에 대한 대응은 충분히 현실적인 수치로 받아들일 수 있기 때문이다.

관건은 10퍼센트 이상 끌어 올려야 하는 반사율 장벽을 과연 현재 방식만으로도 극복할 수 있느냐다. ASML의 기술 발전 경로를 기준으로 살펴본다면 1994년 첫 Mo/Si DBR 샘플의 반사율이 60퍼센트를 기록한 후, 1998년 67.5퍼센트, 2002년 70퍼센트로 조금씩 증강된 사례가 있다. 약 8년에 걸쳐 10퍼센트 정도의 개선이 이루어진 셈이다. 다만 ASML의 사례를 그대로 BEUV 반사경 개발 공식에 대입하기에는 무리가 있다. 일단 ASML과 칼 자이스가 Mo/Si DBR를 제작하던 시점에서는 이미 소재와 제작 공정이 확립된 상황이었고 그 소재들도 확보가 용이한 공급망이 있었다. 그러나 BEUV 반사경의 핵심 소재로 거론되는 란타넘계 희유 금속은 고순도로 확보하기가 매우 어렵다. 더구나 원자 한 층 수준의 정밀도로 교차 다층 박막을 형성하는 데에는 훨씬 더 많은 시간과 비용이 든다. 이를 다시 대면적 거울 형태로 구현하는 일은 한층 더 어렵다. 현재 50퍼센트에 미치지 못하는 반사도를 60퍼센트까지 끌어올리는 데만도 10년 이상이 걸릴 수 있으며, 그 뒤 다시 65퍼센트로 높이는 데에도 5~10년이 필요할 것이다.

중국에서 이 프로젝트에 ASML-자이스가 투자한 인력이나 비용 대비 5~10배 이상의 자원을 집중 투입한다면 개발 기간이 절반 이하로 단축될지도 모른다. 여기서 한 가지 주목해야 할 흥미로운 사실은 현재 란타넘계 희유 금속을 가장 쉽게 확보 및 가공할 수 있는 국가가 다름 아닌 중국이라는 것이다. 2025년 미국 국립 지질 조사국(USGS) 데이터 기준으로 란타넘계 희유 금속의 중국 매장량은 약 4400만 톤으로서 세계 최대 규모다. 이에 반해 미국 매장량은 190만 톤, 즉 중국의 4퍼센트 정도여서 상대적으로 매우 적다. 사실 매장 규모보다는 실제 활용 가능한 광산 확보가 더 중요한 지표인데, 여기서도 중국의 희유 금속 생산 능력은 압도적이다. 2024년 기준으로 중국은 희유금속 27만 톤을 생산했는데 글로벌 전체 생산량 39만 톤 중 무려 70퍼센트에 육박한다. 이에 반해 미국의 생산 능력은 연간 4.5만 톤에 불과하다. 마지막으로 희유 금속 원광은 반도체 소재로 활용하기 위해 분리 정제 과정을 거쳐야 하는데, 그렇게 할 수 있는 대규모 처리 시설도 대부분 중국에 집중되어 있다. 희유 금속 광물 처리 시설의 90퍼센트가 중국에 있으며, 이로 인해 고순도 희유 금속 소재 공급의 병목 역시 사실상 중국에 종속된 상태다. 만약 란타넘계 희유 금속이 향후 극자외선은 물론 BEUV 노광 공정에서 핵심 광학 소재가 된다면 차세대 노광 기술에서는 오히려 중국이 유리한 고지를 점령할 가능성이 높다. 실제로 중국 정부는 이미 2025년 하반기 들어 미국의 기술 제재 조치에 대한 보복의 일환으로 반도체 산업 분야 희유 금속과 희토류 수출 제어 조치를 발표했다. 이는 넓게 보자면 글로벌 반도체 공급망에 대한 통제 지점을 선점하기 위한 포석에 가깝다.

그럼에도 중국이 ASML이 지배하는 극자외선 노광 공정 생태계로
부터 완전히 독립하는 과정에는 여전히 기술적 장벽이 많이 남아 있
다. LDP 방식이 ASML의 LPP 기술 장벽을 일부 우회할 수 있는 광
원이기는 하다. 그러나 광원 생성 과정에서 미세 주석 마이크로 액
적을 순간적으로 플라스마로 만들기 위해 레이저를 집중 조사하는
방식은 여전히 유사하다. 따라서 ASML은 화웨이나 중국 공정 장
비 업체들에 자사가 보유한 950여개의 극자외선 노광 장비 관련 특
허 중 적어도 430개 이상에 대해 특허 침해 소송을 제기할 수 있다.[35]
ASML이 오랜 기간 구축해 둔 극자외선 노광 패밀리 특허 침해 위
험을 회피하기 위해 중국 업체들은 주석 마이크로 액적을 플라스마
로 만드는 방식을 탈피하고 광원 생성 과정에서 나오는 부산물도 역
시 완전히 다른 방식으로 처리해야 하는 부담을 안게 된다. 광학 기
술 역시 ASML뿐만 아니라 칼 자이스, 그 이전에 미국 업체인 사이머
(Cymer)가 보유한 특허부터 회피해야 한다.

이 회사들의 특허 유효 기간이 만료되기만을 기다리는 버티기 전
략도 별로 효과적이지 않다. 극자외선 노광 기술 같은 핵심 기술은 기
간 만료/패밀리 특허 연계의 단절이 발생하는 경우라도 연속 출원,[36]
분할 출원,[37] 개선 특허[38] 등의 방어 전략으로 얼마든지 유효 기간을
연장할 수 있기 때문이다. 선발 주자들의 보호 전략은 특허 울타리로
작동할 수 있으며, 설사 후발 기업이 시장에 진입해도 청구항을 계속
보정하거나 후속 특허를 내면서 포위 전략을 유지할 수 있다. 특허 회
피가 어려울 경우 후발 기업은 결국 교차 라이선스(cross-license)나 고

액의 로열티 지급이 포함된 불리한 조건으로 협상을 맺어야 한다. 란타넘계 희유 금속의 지배력이나 SMEE의 테스트베드 구축, 사이캐리어의 식각 장비 등이 합세해도 ASML이 구축한 생태계와 바로 경쟁하기는 어렵다. ASML은 양산 공정에서 극자외선 노광 공정을 적용하는 데이터를 15년 넘게 축적해 왔으며 양산에 적용되지 않은 기술에도 대규모로 방어 특허군을 만들어 두었기 때문이다. 결국 중국에서 ASML의 극자외선 노광 공정을 일부 흉내 내거나 대체할 수는 있어도 완전히 독립하기는 매우 어렵다. 설사 그렇게 하려고 해도 양산에는 10년 이상 걸릴 것이며, 특허 문제 때문에 국내용으로 국한되는 범위를 넘기기 어려울 것이다.

기술 장벽은 사실 ASML에게만 있는 것이 아니다. 실제로 양산 적용 과정의 기술은 TSMC가 더 강력하게 보유하고 있으므로 중국 파운드리와 장비 업체에게는 TSMC가 더 높은 기술 장벽으로 작동할 것이다. TSMC가 구축한 극자외선 노광 공정 포트폴리오는 다층 구조다. 예를 들어 7나노 공정에서 TSMC는 극자외선 노광을 핵심 레이어 4개에 적용하지만, 5나노 공정에서는 EUV 적용 레이어 수가 10~14개로 급증한다.[39] 이는 극자외선 패터닝의 반복 횟수를 가능한 한 줄여 다중 패터닝 공정을 대체하려는 목적에서다. 이처럼 레이어 수의 조정과 배치 설계는 그 자체로 공정 기술 장벽이 된다. TSMC는 여기에 더해 극자외선에 최적화된 마스크와 펠리클에서도 경쟁사가 쉽게 넘기 어려운 기술 장벽을 쌓아 두었다. 펠리클은 고가의 극자외선 전용 마스크를 열적 자극, 과량의 광흡수, 파면 왜곡 등에서 보호하는 막으로, 현재 극자외선 노광 공정의 양산 규모 확대에서 핵심 부품으로 작용하고 있다. 따라서 중국 후발 업체 입장에서는 반드시 지나가지 않으면 안 되는 병목 지점이다. 중국 후발 업체들이 TSMC의 기술 장벽을 회피하기 위해서는 당분간 심자외선 다중 패터닝 공정을 지속해야 할 것이다.

싱크로트론이라는 새로운 기회

그렇다면 극자외선을 레이저나 전기 에너지 가속 없이 만드는 방법은 없을까? 중국에서는 아예 다른 방식의 기술도 병행 개발하고 있다. 그것은 입자 가속기, 즉 싱크로트론(synchrotron)을 활용하는 방식이다. 싱크로트론을 활용해 극자외선 대역의 전자기파 광원을 만들려면 이론적으로는 싱크로트론 내에서 거의 빛의 속도로 가속된 전자들의 운동 에너지를 13.5나노미터 파장 대역으로 감속시키면 된다. 문제는 쓸 만한 광원으로 활용하기 위해서는 전자의 운동 에너지를 감속시키는 과정뿐만 아니라, 각각 파동-입자 이중성을 갖는 전자들의 고유 파동이 갖는 위상차가 파장보다 충분히 작아지게 하는 조정 작업도 필요하다는 것이다. 이를 미세 다발화(microbunching, MB)라고 부른다. 위상까지 조절된 전자의 운동 에너지가 갖는 단위 면적당 세기는 미세 다발(bunch) 안에 포함된 전자 밀도의 제곱에 비례한다. 위상차 제어가 잘 안 되면 전자 에너지 세기는 전자 밀도의 제곱이 아니라 선형으로 비례한다. 따라서 전자의 위상차 제어는 고품질, 고효율의 극자외선 전자 빔 생성의 핵심이다. 이는 사실상 13.5나노미터 파

    5장 중국의 미개척 반도체 영역 진출

장의 단파장 레이저를 구현하는 것이나 마찬가지다. 특히 빛이 진행하는 시간 동안 단위 면적당 세기도 일정하게 유지되어야 하는데 이를 위해 미세 다발화도 정상 상태(steady-state, SS)로 만들 필요가 있다.

정상 상태 미세 다발화(SSMB)를 구현하기 위해서는 일단 원형 가속기에 설치된 저장 링 속 전자들이 가속되는 경로에 조절기(modulator 또는 undulator)를 설치해 특정 파장을 갖는 레이저를 외부에서 조사할 통로를 확보해야 한다. 전자들이 정상 상태를 유지하면 저장 링 내부의 전자들이 갖는 운동 에너지도 균형 상태에 놓인다. 이러한 기술은 가속기를 이용해 특정 파장을 갖는 광원을 만드는 아이디어에 기반을 둔 것으로서 완전히 새로운 것은 아니다. 다만 기존 방식이 라디오파 공동(RF cavity)을 이용해 100만 분의 1 정도로 작은 물리적 크기의 저장 링, 즉 공동 내에서 가시광 대역의 광원을 만들던 것임에 비해 가속기 방식에서는 조절기를 이용해 더 작은 파장의 연성 엑스선(soft X-ray) 광원을 만든다는 차이가 있다. 기존 방식에서는 공동 내의 전자들이 뭉치는 양상이 링 안에서 대략 라디오파에 해당하는 파장 길이(대략 1미터) 비슷한 수준으로 분포한다. 이 경우 1미터 간격으로 전자들의 다발이 형성된다고 해도 다발 안에서 전자들이 갖는 위상차가 커지기 때문에 결맞음 상태(coherent state)[40]를 이루기 어렵다. 결맞지 않은 전자는 하나의 단일 파장 광원으로는 기능하기 힘들다. 중국에서 현재 시도되는 아이디어는 이를 더 정밀하게 제어해 전자 다발의 크기를 훨씬 더 작게 만들겠다는 것이다. 예를 들어 레이저 조절기를 이용하면 가시광 대역 레이저의 파장 주기에 맞춘

차이나 반도체 라이징

간격으로 전자 미세 다발을 형성할 수 있다. 그러면 미세 다발 내부 전자들 사이의 위상차를 줄여 결맞음 상태를 더 안정적으로 유지할 수 있다. 이 결맞음을 더 오래 유지하려면 레이저를 더 짧은 주기로 정밀하게 조절하면 된다. 충분한 시간 동안 결맞음을 유지한 전자 미세 다발은 짧은 파장 특성을 지닌 전자 빔을 형성하게 된다. 이 전자 빔은 가속기 내부의 저장 링 안에서 빠르게 가속되다가, 필요할 때마다 마치 고속도로에서 차량이 출구로 빠져나가듯 저장 링의 접선 방향에 설치된 추출 경로로 빼낼 수 있다. 이렇게 추출된 전자 빔은 전자석 구간을 통과하면서 자기장에 의해 편향되고, 그 과정에서 운동 에너지를 조금씩 잃으며 특정 파장의 전자기파를 방출한다. 이를 통해 충분한 세기의 극자외선을 만들어 낼 수 있다.

싱크로트론에서 만드는 극자외선 광원은 ASML의 LPP 방식이나 화웨이의 LDP 방식 극자외선에 비해 몇 가지 근본적 장점이 있다. 기본적으로 싱크로트론 기반 극자외선은 단일 파장의 고품질 전자기파다. 또한 위상차가 정밀 제어되어 있으므로 전자 빔도 시준(collimation)되어 있다. 즉 품질이 극대화된 광원을 얻을 수 있다는 뜻이다. 또한 전자 빔을 여러 다발로 나누어 간섭시키면 밭고랑 모양, 체스판, 벌집 모양 등 다양한 주기와 모양의 미세 패턴을 만들 수 있다. 이는 ASML이나 화웨이 방식에 비해 미세 패터닝에 필요한 마스크 개수를 대폭 절감해 양산 비용을 낮출 수 있게 해 주는 장점이다.

그렇지만 시준된 전자 빔이라는 장점은 한편으로는 단점이 된다. 잘 시준된 전자 빔은 장거리 진행하는 과정에서도 위상 결맞음 상태

     5장 중국의 미개척 반도체 영역 진출

가 오래 유지되어 퍼지는 정도가 작다.[41] 전자 빔의 퍼짐을 최소화하면 유효 에너지가 집중되는 조사 면적도 매우 좁아진다. 빔이 더 넓게 퍼질수록 조사 면적은 커지지만, 단위 면적당 에너지 밀도는 그만큼 낮아진다. 따라서 퍼짐을 극단적으로 억제해 좁은 영역에 에너지를 집중시키는 고품질 전자 빔은 에너지 전달 효율은 높지만, 실제로 활용할 수 있는 면적이 그만큼 줄어든다. 그런데 조사 면적이 지나치게 좁으면 반도체 양산 공정에는 오히려 불리하다. 예를 들어 극자외선 빔의 유효 조사 면적이 수 제곱마이크로미터 수준에 그친다면, 생산성을 확보하기 위해 스캔 속도를 훨씬 더 높여야 한다. 하지만 스캔 속도가 지나치게 빨라지면 한 지점에 머무는 시간이 짧아져 광화학 반응 효율이 떨어지고, 조사 위치와 에너지의 정밀 제어도 더 어려워진다. 이는 초미세 패터닝 과정에서 패턴 품질을 열화시키는 원인이 될 수 있다.

장점만큼이나 단점도 명확한 기술임에도 불구하고 싱크로트론 기반 고품질 전자 빔을 극자외선 광원으로 활용한다는 아이디어는 중국에게 새로운 기회로 적극 탐색되고 있다. ASML의 높은 패밀리 특허 장벽을 우회하는 탈출로가 되기 때문이다. 흥미롭게도 ASML의 극자외선 광원 연구도 처음부터 미세 주석 액적 기화 플라스마 방식을 고집한 것은 아니었다. ASML이 1980년대 극자외선 노광 개념을 처음 구체화할 때 가장 중요한 참고 자료가 된 것은 미국 국립 연구소의 데이터였다. 로렌스 버클리 연구소(LBNL), 로렌스 리버모어 연구소(LLNL) 같은 국립 연구소에서는 레이저 기반으로 무기물 소재를 기화시켜 플라스마로 만드는 기술뿐만 아니라, 싱크로트론 기반 계측 기술도 축적되어 있었다. 특히 LBNL이나 LLNL은 극자외선 관련 프로젝트를 장기 수행하면서 싱크로트론 방사광을 활용해 비등방 광학(anamorphic optics), 비선형 광학(nonlinear optics), 비구면 광학(aspheric optics) 같은 특수 광학 소재 테스트 데이터를 축적했고, 그만큼 상용화 가능한 원천 기술도 여전히 많이 보유하고 있었다.

미국 에너지부의 지원 아래 브룩헤이븐 국립 연구소(BNL)와 스탠퍼드 선형 가속기 센터(SLAC) 등에서 축적된 극자외선 관련 데이터는 극자외선 대역 무기물 소재의 유전율(dielectric constant)을 비롯해 미래 노광 기술의 핵심이 될 물성 데이터를 쌓는 데 중요한 역할을 했다. 특히 BNL과 SLAC에서 축적된 데이터는 극자외선을 비롯해 그보다 더 높은 에너지 대역인 엑스선이나 감마선 같은 초단파 전자기파 영역에서 물질의 광학적 특성을 연구하는 데 핵심 자료로 쓰인다. 실제로 BNL에서는 지금도 연구소 내 싱크로트론 시설을 활용해 극자외선 노광 관련 소재와 장비를 시험하는 응용 연구가 일부 진행되고 있다.[42]

중국의 싱크로트론 승부수

2010년대 중반 이후 중국에서는 SMEE, 베이광화창, 사이캐리어 같은 장비 업체들이 플라스마 기반이나 전기 에너지 기반 광원 개발을 추구하는 한편, 싱크로트론 기반 극자외선 또는 그보다 더 짧은 파장의 광원 연구도 빠르게 발전하고 있다. 이미 2016년경부터 본격적으로 싱크로트론을 활용한 극자외선 전자기파 물성 연구가 시작되었고 2023년에는 상하이에 극자외선 전용 싱크로트론을 완공해 데이터와 기술 노하우가 빠르게 축적되고 있다. 이 연구를 주도하는 기관은 중국 최고 수준의 연구 중심 대학인 칭화 대학교와 국가대표급 연구 기관인 중국 과학원이다. 양 기관은 독일과 협력하며 연구를 추진한다. 실제로 이미 2010년대 중반부터 독일의 대표적 국립 연구 집단 중 한 곳인 헬름홀츠 연구소[43]나 독일 연방 물리 기술원(Physikalisch-Technische Bundesanstalt, PTB)[44] 같은 연구 기관과 공동 연구를 통해 전자 빔을 연구하고 있으며 특히 그림 5.4에 보인 것 같은 방식으로 싱크로트론 내에서 극자외선 전자 빔 광원 생성 기술을 집중 탐색하는

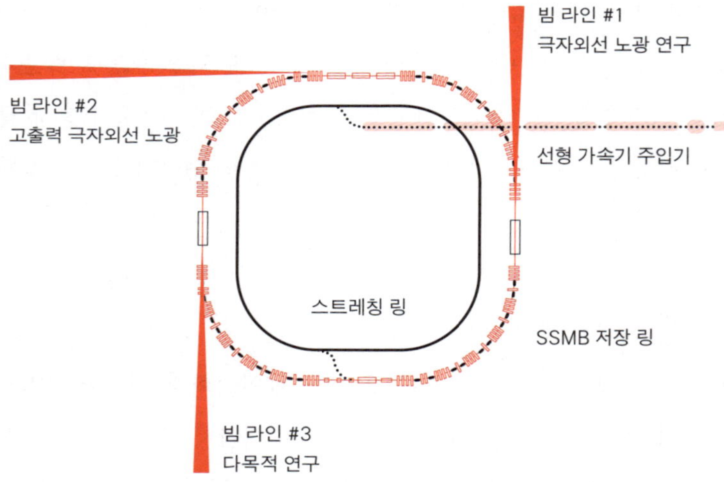

그림 5.4 중국에서 추진 중인 싱크로트론 기반 극자외선 광원 발생 장치 모식도.

중이다.

이제 가속기 기반 전자 빔 관련 연구는 2020년대 이후 전자 빔 안정화, 품질 강화, 에너지 효율 강화 등 상업화를 염두에 둔 방향으로 전환되고 있다. 2021년 중국 연구진이 독일의 베를린 계측용 방사광 가속기(Metrology Light Source Synchrotron in Berlin)에서 고출력 극자외선 전자 빔 기반으로 고품질 광원 발생 실험에 성공하기도 했다. 이렇게 독일 가속기에서 축적한 경험을 바탕으로 중국은 2021년 허베이성 슝안 신지구(雄安新區)에 구축된 지름 25미터짜리 싱크로트론을 이용해 2.5킬로와트급 극자외선 발생기를 완성했으며 2023년부터는 패터닝 공정에 적용 가능한 수준의 극자외선 광원으로 개조하기 위한 연구가 진행 중이다.[45] 중국 연구진은 이 가속기를 기반으로 2030년까지 극자외선 전자 빔의 에너지 규모를 수십~수백 킬로와트급으로 증폭시킨다는 계획을 표방했다.

중국 정부와 연구진은 상하이를 중심으로 극자외선 광원 시설 확장 계획도 발표했다. 상하이 싱크로트론 방사광 가속기(SSRF)에는 2024년 기준으로 극자외선 전용 빔 라인만 이미 15개가 설치되었고, 2030년까지 빔 라인을 40개로 확장할 것으로 보인다. 가속기의 규모 확장, 에너지 증폭, 그리고 양산 적용을 위한 계획은 모두 중국의 극자외선 노광 공정 기술 독립을 궁극적 목표로 삼고 있다.

광학 제어가 부딪히는 벽

극자외선 전용 방사광 가속기의 규모 확장이 실현된다고 해도, 그것이 곧바로 반도체 양산 공정에 활용될 수 있다는 뜻은 아니다. 무엇보다도 방사광 가속기 기반으로 극자외선 광원을 만드는 방식은 광원 확보까지만 보장하기 때문이다. 진짜 문제는 그렇게 생성된 고품질 광원을 안정적으로 유도해 마스크에 반사시킨 후 웨이퍼에 정확히 도달하게 만드는 광학 제어 기술이다. 12인치 웨이퍼 표면 전체를 빠르게 스캐닝하면서 동시에 패터닝해야 하기 때문에 관성 제어 마이크로 스테이지 기술[46]은 필수로 확보되어야 하고, 극자외선 전자기파를 반사하기 위해 앞서 언급했던 고정밀 인공 거울도 확보되어야 한다. 수십 킬로와트급 극자외선 광원을 만들려면 상하이 가속기의 지름 25미터급 시설도 사실 부족하다. 적어도 반지름 50미터급 이상의 싱크로트론이 필요할 것으로 예상되는데, 웬만한 돔 구장과 맞먹을 정도의 규모다. 따라서 일반적인 반도체 팹 라인 내부에 설치되기는 어렵다. 이와 함께 싱크로트론 방식의 전자 빔 생성과 고품질 시준 상태 유지에는 엄청난 전력이 소모되므로 결국 배꼽이 배보다 더 커지는 우를 범하게 될 수도 있다. 그럼에도 중국에서는 싱크로트론 기반의 극자외선 혹은 그다음 세대의 전자기파 광원 생성 테스트를 지속해 나갈 것으로 예상된다. 당장 양산용 노광 공정에 적용하기는 어렵더라도 그 주변 기술, 즉 소재나 부품, 장비의 품질 테스트용으로는 얼마든지 활용할 수 있기 때문이다.

가장 먼저 테스트할 수 있는 것은 광학 제어용 소재다. ASML이 독점하는 극자외선 노광 장비의 가격이 너무 비싸기 때문에 웬만한 규모의 반도체 소부장 회사는 감광재, 펠리클, 하드 마스크 블랭크 마스크, 저열팽창율 유리 기판 같은 극자외선 노광 공정 전용 소재나 부품 개발을 위한 실험 데이터를 확보하기가 매우 어렵다. 그런데 고품질의 극자외선 전자기파 광원을 이용해 품질을 테스트할 플랫폼이 확보된다면 양산용 장비, 부품, 소재 개발 속도도 그만큼 가속된다.

중국은 싱크로트론 기반 광원을 곧바로 양산에 직접 적용하는 것만을 최종 목표로 삼지는 않을 것이다. 그보다는 이를 중국의 수많은 반도체 소부장 기업의 기술 개발과 내재화를 촉진하는 테스트베드로 활용하려는 의도가 장기적으로는 더 유효할 가능성이 있다. 시간이 지나 중국의 반도체 장비, 소재 기업들이 ASML의 기술을 우회해 양산 투입 가능한 극자외선 노광 장비 생태계를 마침내 자립시키는 단계에 이르면, 그동안 충분히 검증된 소부장 기술을 보유한 기업들은 중국 내에서 극자외선 노광 공정 생태계를 내재화하는 핵심 축이 될 것이다.

공정 종속에서 벗어나는 길

극자외선 노광 공정만큼은 아니지만, 첨단 반도체, 특히 AI 반도체 같이 사용자 목적에 특화된 시스템 반도체 제조를 위해서는 다른 우회 기술들도 중요하다. 일단 패터닝 공정에서는 전자기파를 이용해 광화학 반응을 유도하는 포토리소그래피 방식을 우회하는 기술이 시도되고 있다. 대표적으로 미국에서 최초로 개발된 나노임프린트 리소그래피(nanoimprint lithography, NIL)가 있다. 이 방식은 근본적으로 전자기파를 이용하지 않기 때문에 광학적 회절 한계 같은 문제가 없다.

1995년 미국 프린스턴 대학교의 스티븐 추(Stephen Chou) 교수가 최초로 개발한 NIL 기술은 실리콘이나 석영(quartz) 소재의 미세 패턴 몰드(mold)를 마치 도장 찍듯, 열가소성 고분자 감광재에 수직으로 눌러서 패턴을 찍어 내는 방식이다. 몰드를 누른 상태에서 자외선을 조사해 고분자 감광재의 경시 변화를 일으키면 미세 패턴 자국이 감광재 박막 상부에 남는다. 이후 식각 공정을 통해 최종적으로 미세 패턴을 웨이퍼 위에 만들어 낸다. 2000년대 들어 NIL을 양산에 적용하기 위해 롤투롤(Roll-to-Roll, R2R) 같은 연속 패터닝 기술이 개발되었으며, 2010년 초반까지 도시바, 캐논 같은 일본의 장비 업체들이 양산 적용 테스트를 주도했다. 이 기술은 주로 DRAM과 같은 메모리 반도체 전 공정의 일부 패터닝 공정에 적용하는 것을 목표로 개발되었지만, 결함률과 오버레이 정렬(overlay alignment) 정확도 저하 문제를 해결하지 못해 글로벌 메모리 제조사들의 양산 공정용 장비로 채택되지는 못했다. 2000년대 후반에는 당시 양산 적용을 앞두고 있던 극자외선 노광 장비와의 성능 경쟁에서도 밀려 세마테크(SEMATECH) 등의 국제 컨소시엄에서 정하는 차세대 리소그래피(NGL) 기술 후보군에서 제외되었다. 그럼에도 NIL은 원리의 직관성과 공정 단순화, 광학 회절 한계 극복 가능성 같은 장점을 바탕으로 꾸준히 발전해 왔고, 현재는 캐논이 12인치 웨이퍼 공정에 적용 가능한 스텝앤드리피트(step-and-repeat) 방식의 UV-NIL 장비를 선보이는 수준에까지 이르렀다. 중국에서 극자외선 노광 공정 특허 장벽을 회피하기 위해 시도되는 방법 중 하나가 바로 캐논이 개발한 방식을 이용한 UV-NIL 연속 공정이

표 5.1 YMTC, 삼성전자, SK하이닉스의 3D 낸드 플래시 공정 기술 비교. YMTC, SK하이닉스, 삼성전자 공식 웹페이지 및 기술 문서를 참조해 만들었다.

구분	YMTC	삼성	SK하이닉스
기본 구조	Xtacking = 웨이퍼투웨이퍼(W2W) 하이브리드 본딩: 셀 배열 웨이퍼와 주변 회로(로직) 웨이퍼를 정면(face-to-face) 결합해 1개의 다이로 만듦.	V-NAND/TCAT 계열, CMOS-Under-Array (CUA)(세대별 변형)	PUC/4D NAND* = CMOS-Under-Array
주변 회로 위치	별도 로직 웨이퍼에 제작 후 본딩.	어레이 '아래' (동일 웨이퍼상)	어레이 '아래'
결합 방식/배선	Cu-Cu 하이브리드 본딩(DBI 계열)로 초미세 수직 접속 (패드 고밀도)	단일 웨이퍼 내 금속 배선/비아	단일 웨이퍼 내 금속 배선/비아
장점(이론/분석)	① 로직/메모리 공정 노드 분리 최적화 ② I/O 패드 밀도 ↑ → 인터페이스 속도/평면 분할 유리 ③ 주변 회로 면적 독립 설계로 다이 축소 여지	① 단일 웨이퍼 공정으로 수율/코스트 체계 확보 ② 고층화-스트링 스태킹과 조합 용이	① PUC/4D로 칩 면적 절감, 고층화와 양산성 강화
리스크/과제	W2W 정렬·본딩 수율, 웨이퍼 양쪽 수율 곱의 제약, 장비/계측 생태계 성숙 필요	로직·어레이 동일 웨이퍼 제약 → I/O 패드 밀도·자유도 제약	동좌
패키지 (다이-투-패키지) 스택	일반적으로 후공정 패키징은 타사와 유사(멀티다이 적층, 와이어/플립칩/신형 패키지) — Xtacking은 '다이 내부 집적'	대용량을 위해 패키지 내 다이 적층 (자체 적층·본딩 기법) 병행	동좌

    5장 중국의 미개척 반도체 영역 진출

다. 대표적인 기업은 중국의 프리나노(璞璘科技, Prinano)로서 이들이 계획하는 NIL의 주요 적용 대상은 10나노 이상급 DRAM 제조 공정이다. 프리나노는 중국 최초로 스텝앤드리피트 방식의 UV-NIL 장비를 자체 개발한 업체로, 2025년 8월에는 12인치 웨이퍼 기준 10나노 이하급 패터닝 공정용 장비를 팹에 납품한 이력이 있다.[47] 현재 미국의 장비 수출 규제로 캐논의 NIL 장비는 중국으로 직접 수출이 매우 어려운 상황이므로 당분간 중국에서 진행되는 NIL 테스트는 프리나노 장비를 기준으로 이루어질 것으로 예상된다. 프리나노 역시 캐논이 20년 넘게 구축한 NIL 패밀리 특허 장벽을 우회해야 하는데, 대표적으로 2014년 캐논이 인수한 몰레큘러 임프린트(Molecular Imprints) 사의 NIL 전용 고분자 소재 및 공정 특허가 가장 큰 장벽이다.[48]

전공정뿐만 아니라 후공정에서도 중국은 기술 장벽 우회 전략을 끊임없이 시도할 것으로 예상된다. 가장 대표적인 대상은 후공정에서 가장 핵심인 첨단 패키징 기술이다. 예를 들어 TSMC나 삼성전자 등이 이종 접합이나 하이브리드 본딩 같은 공정에서 채용하고 있는 2.5D/3D 패키징, HBM 패키징, 칩렛 패키징 기술 등이 해당된다. 첨단 패키징 기술이 점점 중요해지는 이유는 전공정에서 물리적 선폭의 축소 난도가 올라가면서 웨이퍼 생산 수율 방어에 기술적, 경제적 한계가 명확해지고 있기 때문이다. 전공정에서 저하되는 수율을 보강하기 위해 후공정에서 기술적 완성도를 높인다는 전략의 핵심 전제는 패키징 소재와 공정 장비의 퀄리티가 보장되는 것이다. 중국에서는 이러한 첨단 패키징 공정 기술 내재화를 위해 TFME 같은 업체가 약진하고 있다. 그러나 이 업체들의 기술 역시 원류는 TSMC의 CoWoS 패키징에 기반을 두기 때문에 글로벌 시장에서 TSMC의 기술 장벽을 우회하기란 어렵다. 또한 TFME가 자체 개발한 CoWoS 패키징 기술은 고층 패키징 소자에서 방열 문제가 충분히 해결되지 않아 소자 수명이 빠르게 저하된다는 문제가 있다.

메모리 반도체 분야에서는 적층, 본딩 기술이 경쟁력을 가르는 핵심 요소로 떠오르고 있다. 3D 낸드 플래시의 경우, YMTC가 2018년부터 개발하고 적용해 온 하이브리드 본딩 방식인 엑스태킹(Xtacking)이 적층 기술의 선도 사례로 꼽힌다. 최근에는 이 기술이 웨이퍼투웨이퍼(wafer-to-wafer, W2W) 방식의 본딩 기술로 더욱 고도화되는 흐름도 나타난다. YMTC는 이를 바탕으로 232~294단급 3D 낸드 플래시 칩을 제조하고 있으며, 삼성전자와 SK하이닉스도 각각 독자적인 하이브리드 본딩 기술을 앞세워 경쟁을 이어 가고 있다.

미중 패권 경쟁의 다음 전장, 양자 컴퓨터

현재의 실리콘 기반 반도체 소자와 공정 기술은 앞으로도 컴퓨팅 하드웨어의 주류로 남을 가능성이 크다. 그러나 그 구현 방식이 반드시 전통적인 폰 노이만 아키텍처에 머물 필요는 없다. 특히 반도체와 인공 지능 기술의 발전은 기존의 전자 공학적 구현 방식에 전적으로 의존하던 경향에서 조금씩 벗어날 가능성이 있다. 근본적인 이유는 전

　　　　5장 중국의 미개척 반도체 영역 진출

자 공학이 정보 전달, 저장, 제어의 수단으로 활용하는 전자 자체가 지닌 물성적 한계 때문이다. 전자는 매우 작지만 질량과 전하를 지니고 있으며, 반도체 소재 내부에서 움직이는 속도도 빛에 비하면 훨씬 느리다. 또한 전자는 이동 과정에서 원자핵, 포논(phonon), 이온, 구조 결함, 다른 전자들과 상호 작용하면서 원래 가지고 있던 운동 에너지를 상당 부분 잃는다. 그 결과 더 많은 정보를 전달하려 할수록 더 많은 에너지가 필요해질 수 있고, 그 과정에서 손실된 에너지의 대부분은 열로 전환되어 주변 온도를 급격히 높인다. 높은 온도에서는 소재와 소자의 물성이 쉽게 열화된다. 이를 막기 위해서는 때로 본체 못지 않게 큰 냉각 장치를 덧붙여야 할 수도 있다.

이미 인류 문명의 핵심 기술이자 현대 정보 처리 체계의 물질적 토대가 된 전자공학이 당장 다른 방식으로 대체되지는 않을 것이다. 그러나 전자의 질량과 전하에서 비롯되는 물리적 제약, 그리고 파동성을 지닌 전자 집단을 좁은 영역에 가둬 두어야 하는 데서 생기는 반도체 회로 미세화의 한계는 피할 수 없다. 이러한 제약은 전자공학이 시작된 시점부터 이미 예견된 것이었다. 특히 나노미터를 넘어 옹스트롬 단위가 공정에 활용되기 시작한 현재의 반도체 공정에서는 물리적 크기의 최종 한계에 거의 도달해 간다고 볼 수 있다. 이를 우회할 기술로서 뉴로모픽 칩이나 3차원 트랜지스터 적층, PIM 같은 소자들이 제안되고 있지만, 전자가 갖는 근본적 한계의 대항마가 되기는 어렵다. 한계에 도달하는 시점을 조금 뒤로 미뤄 줄 뿐이다.

전자 공학이 수행해 온 기능 전체를 다른 방식이 단숨에 대체하기

　　　　　　　　　　　　　　　차이나 반도체 라이징

는 어렵다. 다만 대량의 정보를 더 효율적이고 더 빠르게 처리할 수 있는 새로운 기술 패러다임은 필연적으로 등장할 수밖에 없고, 양자 컴퓨터는 그 대표적 사례 가운데 하나다. 양자 컴퓨터는 이미 30여 년 전부터 개념적 논의를 넘어 기술 구현 단계에서 꾸준히 진전을 축적해 왔다. 미중 기술 패권 경쟁의 전장은 반도체를 거쳐 인공 지능으로 이동하고 있지만, 그 핵심은 결국 어느 국가가 더 강력한 컴퓨팅 기술을 선점하고 이를 기반으로 더 큰 정보 처리 능력과 정보 우위를 확보하느냐에 있다. 따라서 중국은 미국과의 기술 패권 경쟁에서 양자 컴퓨터 연구 개발 경쟁에 집중할 수밖에 없는 상황이다. 특히 양자 컴퓨터는 단순한 정보 처리 속도 향상 장치를 넘어, 국가 안보와 직결되는 암호·보안 체계와 통신 인프라 전반을 재편할 수 있는 기술이다. 그런 점에서 미중 기술 패권 경쟁은 반도체-인공 지능만큼이나 양자 컴퓨터 분야에서도 더욱 첨예해질 가능성이 높다.

양자 컴퓨터는 비트 코인을 깰 수 있을까?

그렇다면 우선 양자 컴퓨터가 정보 보안, 특히 비트 코인 같은 암호 화폐 시스템에 구체적으로 어떠한 영향을 줄 수 있는지부터 살펴보자. 세계 양자 컴퓨터 기술의 최전선은 현재 미국 기업들이 주도하고 있으며, 그중에서도 구글은 상징성이 큰 대표 주자다. 구글은 2024년 12월 초 양자 컴퓨터 전용 프로세서인 윌로(Willow) 칩을 공개했다. 이 프로세서는 이제 양자 컴퓨터가 현실화될 수 있느냐의 문제를 넘어, 장차 비트 코인 같은 암호 화폐와 현실의 보안 알고리듬을 얼마나 흔들 수 있느냐, 곧 양자 컴퓨팅이 얼마나 강력한 계산 체계로 발전할 수 있느냐로 관심을 이동시킨 신호탄이 되었다. 앞으로 이어질 미중 차세대 컴퓨팅 패권 경쟁에서 비트 코인 같은 암호 화폐가 주요 전선 가운데 하나로 떠오르는 이유는 양국 경제의 핵심 영역이 앞으로 디지털 자산 기반의 가치 저장, 결제, 정산 구조와 점점 더 밀접하게 얽힐 가능성이 크기 때문이다.

그러면 장차 양자 컴퓨터는 정말 비트 코인을 깰 수 있을까? 시간은 얼마나 걸릴까? 이를 위해서는 기본적으로 양자 컴퓨터의 연산 방식을 이해할 수 있어야 한다. 기본적으로 비트 코인의 암호화는 타원 곡선 기반의 암호(elliptic curve cryptography, ECC) 체계로 구성된다. 타원 곡선은 실수 x와 y가 만들어 내는 $y^2 = x^3 + ax + b$ 같은 다항 함수다. 이 타원 곡선 위에서는 일종의 '연산'이 가능하다. 타원 곡선 위에 있는 임의의 두 점 P와 Q를 직선으로 이을 때, 그 직선이 타원 곡선의 다른 지점에서 만나서 생기는 점을 x축 대칭한 점 R를 만드는 과정을 R=P*Q 같이 하나의 연산 '*'으로 생각해 보자. 이 연산은 어떤 특징이 있을까? 우선 P와 Q의 순서가 바뀌어도 그 결과는 같으므로 교환 법칙이 성립한다. 또한 (P*Q)*T=P*(Q*T)가 성립하므로 결합 법칙도 만족한다. 따라서 항등원과 역원도 정의할 수 있다. 타원 곡선의 특징을 암호화에 어떻게 이용할 수 있을까? 타원 곡선상의 임의의 출발점 P(이를 생성원이라 한다.)와 최종 도착점 R가 주어져 있다고 생각해 보자. 그렇다면 nP=P*P*⋯*P (n번 연산 반복)=R라고 쓸 수 있다. 시작점 P가 주어져 있을 때 연산 횟수가 얼마나 크든 유한 시간 안에 R를 찾을 수 있다. 예를 들어 227번 반복해 연산하는 과정을 생각해 보자. 이 연산을 훨씬 단축시킬 트릭이 있다. P를 접점 삼아 타원 곡선 위에서 연산을 n번 반복하면 2^nP를 얻는다. P에서 2^nP으로 가기 위해서는 2^n번 연산을 반복하지 않고도 단지 n번만 연산하면 된다. 예를 들어 227을 이진수로 표현하면 11100011이 되는데 이는 2^7P 연산 한 번, 2^6P 연산 한 번, 2^5P 연산 한 번 등으로 구성될 수 있다는 것이다. 연산의 재활용까지 고려한다면 P에서 227P로 가기 위한 연산은 총 9번으로 압축된다. 일반적으로 타원 곡선상에서 n번 반복 연산은 $\log 2^n$번에 수렴한다. 연산 횟수를 로그 스케일로 압축하는 장점은 연산 횟수라는 중요 정보를 알고 있는 경우에만 기대할 수 있다. 시작점 P에서 연산을 10^{82}번 반복해 점 R를 얻었다고 가정해 보자. 그런데 만약 이 과정을 모르는 상황에서 타원 곡선 파라미터 a와 b, 시작점 P, 그리고 최종점 R만 주어져 있다면 이 연산이 몇 번 반복되어서 P에서 R로 갔는지 알 수 있을까? 연산을 몇 번 반복했는지 파악하기 어려우니 최악의 경우 1부터 시작해 그 값이 나올 때까지 하나씩 계속 반복해서 돌려 봐야 한다. 이것만 놓고 본다면 타원 곡선 위에서의 실수 좌표 반복 연산은 아주 좋은 암호 체계가 될 수 있다. 왜냐하면 시작점 P와 끝점 R, 그리고 타원 곡선 파라미터 a와 b를 공개 키(public key)로 설정해도, 유한 시간 안에 연산 반복 횟수 n을 발견하는 것은 사실상 불가능할 것이기 때문이다. 그렇지만 '실수' 기반의 타원 곡선상 연산을 암호로 활용하기에는 몇 가지 문제가 있다. 가장 큰 문제는 이 연산을 컴퓨터로 반복해야 한다는 것이다. 디지털 컴퓨터는 2진수 기반

　　　　　　　　5장 중국의 미개척 반도체 영역 진출

으로 작동하므로 실수를 정확히 표현하는 것은 불가능하다. 0.3 같은 간단한 소수조차 2진수로는 0.0100110…같은 무한 소수로 표현되므로 소수점 아래 적당한 자릿수에서 끊는 작업이 필요하다. 당연히 이 과정에서 오류가 발생한다. 또한 2진수 정보는 하드웨어상의 메모리 공간이 필요한데 여기에도 한계가 있다. 따라서 하드웨어에서도 연산이 반복되면 오차가 누적된다. 시작점 좌표를 임의의 실수로 정할 경우 반복 연산해 생성된 R의 좌표는 오차 누적으로 인해 당초 목표했던 값과 많이 틀어져 있을 것이다. 이래서는 믿을 만한 암호 체계가 되기 어렵다. 실수 대신 자연수만 쓴다고 해서 문제가 해결되는 것은 아니다. 왜냐하면 애초에 타원 곡선은 자연수 좌표로만 띄엄띄엄 이루어진 곡선이 아니기 때문이다.

이 문제를 근본적으로 해결하기 위해서는 임의의 타원 곡선에 대해 P, Q, R 등의 모든 x, y 좌표가 무조건 자연수만 되게끔 만드는 방법이 필요하다. 이는 유한 체(finite field)에서 정의되는 연산을 의미한다. 이를 위해 타원 곡선 위에서 모듈러 p연산(mod p) 유한체를 생각할 수 있다. 예를 들어 타원 곡선 $y^2 = x^3 + x$에 대해, mod 23 연산을 적용해 보자. $x = 11$이면 $y^2 \bmod 23 = 8$이다. 즉 $x = 11$에 대응되는 y 좌표는 $y^2 \bmod 23 = 8$을 만족하면서도 23보다 작은 자연수인 10과 13이다. 따라서 이 타원 곡선 위의 mod 23 연산에 대응하는 유한체 요소에는 (11, 10)과 (11, 13)이 포함된다. 타원 곡선상의 모듈러 연산 유한체는 곡선 궤적으로 보이지만, p 값이 커질수록 유한체의 x 좌표에 대해 y 좌표 값을 예측하기 어렵기 때문에 부드러운 곡선 궤적을 상상하기는 어려워진다. 예를 들어 mod 19 연산의 경우 시작점을 A=(3, 2), 두 번째 점을 B=(5, 18)로 잡아 보자. 이들을 이은 후 모듈러 연산 특징을 이용해 가로세로 방향으로 무한히 주기적으로 반복되는 박스를 생각해 마침내 유한체 중 한 원소와 딱 만나는 점 R(예를 들어 이 사례에서는 (18, 11) 같은 원소)를 찾을 수 있다. 타원 곡선상 유한체 연산을 반복하면 R의 좌표는 무조건 자연수가 되므로 부동 소수점 연산 오차가 방지된다. 이제 모듈러 연산 유한체 기반의 타원 곡선 암호 원리를 알아보자. 출발점 P의 좌표로 이 유한체 중 한 점인 (3, 6)을 잡고 여기서 접선(2P=P*P 연산)을 그어 보자. P=Q인 경우 Q의 좌표를 계산하면 (80, 10)이다. 연산을 계속해 P*5P=6P의 좌표는 (3, 6), 즉 원래의 자리로 되돌아온다. 즉 P→2P→……→5P→P 순환이 형성된다. 이러한 순환은 타원 곡선 암호 체계의 기반이 된다. 특히 순환 주기를 길게, 유한체도 크게, mod의 법도 큰 소수를 만들면 더 유리하다. 공개 키로서 타원 곡선 파라미터 a와 b, 시작점 P, 끝점 Q를 설정하되 타원 곡선 유한체 위에서 모듈러 p 연산을 반복한 횟수를 감추면 된다. 타원 곡선 모듈러 연산에서도 유한체와 소수 p가 충분히 크다면 이를 역추적해 발견하는 것은 극도로 어렵기 때문이다. 따라서 Q를 암호화된 메시지로 만들고, 또 나중에 복호화하려면 연산 반복 횟수를 이용하면 된다. 앨리스는 개인 키(private key)로서 임의의 n을 이용, 특정 타원 곡선 위의 유한체에서 모듈러 p연산을 통해 nP를 계산하고 공개한다. 밥도 개인 키로서 임의의 m로 mP를 공개한다. 앨리스는 밥에게 nP 좌표를, 밥은 앨리스에게 mP 좌표를 준다. 밥은 nP

　　　　　　　　　　　　5장 중국의 미개척 반도체 영역 진출

좌표에 m을 곱해 (mn)P 좌표를, 앨리스도 mP 좌표에 n을 곱해 (mn)P 좌표를 얻는다. 둘 다 같은 좌표를 얻었으므로 이것이 비밀 키가 된다. n이나 m은 매우 큰 소수이고, 유한체도 매우 커서 순환 주기가 매우 길어져, 역산 난도가 너무 높아지므로 외부 해킹은 거의 불가능하다. 이러한 방식의 암호화는 효율성도 높다. 예를 들어 RSA 기반 시스템은 80비트 크기의 암호문을 만들기 위해 1,024비트가 필요한 데 반해, ECC 기반 시스템은 160비트만 있으면 된다. 256비트 크기라면 RSA는 13,560비트나 필요하지만, ECC는 512비트만 있으면 된다. 이러한 효율성으로 ECC는 블록 체인 시스템, 디지털 서명 등에 활용된다.

비트 코인 같은 암호 화폐는 ECC에 기반한 타원 곡선 디지털 서명 알고리듬(elliptic curve digital signature algorithm, ECDSA)을 활용하는데 이를 통해 사용자들의 각 트랜잭션이 인증되고 자산의 소유권이 증명된다. 이때 ECDSA는 트랜잭션과 소유권의 보안 보장을 위해 1) 개인 키를 이용한 서명 생성, 2) 공개 키를 이용한 서명 검증, 3) 소유권 증명 기능에 활용된다. 그런데 타원 곡선의 암호화 효율성은 ECDSA가 RSA2048 같은 체계보다 양자 컴퓨터에 더 취약하게 만드는 요인이 될 수도 있다. ECDSA는 RSA에 비해 상대적으로 복잡도가 작기 때문이다. 이는 ECDSA 서명 체계가 이산 로그 문제(discrete logarithm problem, DLP)에 기반을 두기 때문에 계산 난도는 $O(2^n)$인 데 비해, 양자 컴퓨터의 쇼어 알고리듬(Shor's algorithm)은 이를 효율적으로 다항 시간 이내, 즉 $O(n^3)$로 계산할 수 있기 때문이다. 양자 컴퓨터가 어떻게 ECDSA를 깰 수 있다는 것일까? 개인 키 d를 이용해 Q=dG가 존재한다고 생각해 보자. d를 찾기 위해 G와 Q의 선형 결합 함수 f(a, b)=aG+bQ의 주기를 찾을 필요가 있다. (a, b는 정수) 이는 f(a, b)=O(항등원)의 관계를 만족하는 최소의 a, b 값을 구하는 것을 의미한다. 어떤 물리적 시스템에서 양자 중첩 상태를 만들어 냈다면 이를 기반으로 쇼어 알고리듬은 모든 유한체 내 값의 조합을 동시에 계산해 주기를 추출한다. 특히 a, b 값을 찾기 위해 a와 b를 각각 n비트로 표현하고 이들의 모든 가능한 조합을 미리 생성된 중첩 상태에 대응시킨 후 각 조합으로 f(a, b)를 계산하는 일종의 양자 컴퓨터 전용 논리 게이트인 양자 게이트(quantum gate)를 설계할 수 있고 계산 결과는 중첩 상태에 저장한다. 타원 곡선이 순환 주기를 갖는다는 사실을 고려한다면 이제 f(a, b) 함수의 주기를 찾는 것이 핵심이다. 이를 위해 중첩 상태에 저장된 f(a, b) 값들에 양자 푸리에 변환(quantum fourier transform, QFT) 방법을 적용해 가장 큰 가중치를 갖는 주기를 추출할 수 있다. 이를 기반으로 개인 키 d가 복구되면 서명도 마음대로 생성할 수 있고, 트랜잭션도 위조할 수 있다. 즉 비트 코인이 보장하던 소유권 증명, 변조 방지, 그리고 익명성이 모두 붕괴되며 보안 성능이 깨지는 것이다.

양자 컴퓨터의 현실적 한계

이러한 방식이 성립하려면 쇼어 알고리듬이 작동할 수 있는 양자 중첩 상태를 물리적으로 구현할 하드웨어 기술이 필수적이다. 이러한 양자 중첩 상태를 이루기 위한 최소한의 큐비트 규모는 어느 정도가 되어야 할까? 일단 비트 코인이 기반을 두고 있는 secp256k1 같은 타원 곡선 체계는 256비트 규모이므로 쇼어 알고리듬에 따라 이론적으로는 2×256=512개의 논리 큐비트가 필요하다. 큐비트 512개만 확보하면 암호가 다 풀리는 것일까? 사실은 그렇지 않다. 물리적 큐비트의 개수가 논리 큐비트의 개수는 늘 동일한 것은 아니기 때문이다. 이는 기본적으로 양자 중첩 상태가 노이즈에 매우 취약하기 때문에 생기는 문제다. 양자 컴퓨터 분야에서는 여러 물리적 큐비트를 격자 구조로 배열해 하나의 논리 큐비트를 구성하는 오류 정정 방식을 사용한다. 이때 오버헤드란 오류 정정에 투입되는 전체 물리적 큐비트 수를 논리 큐비트 수로 나눈 비율을 뜻한다. 현재 이 비율은 오류 정정 코드와 목표 성능에 따라 크게 달라지지만, 전통적인 표면 코드(surface code) 방식 기준으로는 대체로 수백에서 1,000개 안팎의 물리적 큐비트가 논리 큐비트 하나를 위해 필요하다고 여겨진다. 다만 더 효율적인 코드가 개발되면서 오버헤드를 줄이려는 시도도 계속되고 있다. ECDSA 256비트짜리 타원 곡선 암호를 다항 시간 이내에 깨려면 논리 큐비트가 512비트 필요한데 만약 오버헤드가 1,000이라면 실제로 필요한 물리적 큐비트 개수는 512×1,000=512,000개가 되는 셈이다. 구글 윌로 칩의 경우 오버헤드를 100 정도까지 낮췄다고 평가되지만, 이 오버헤드로도 비트 코인 암호 깨기에 도전하려면 물리적 큐비트가 최소 51,200개 안정적으로 생성되어야 한다.[49] 여기에 더해 쇼어 알고리듬이 작동하려면 중첩 상태가 충분히 오랜 시간(수십~수백 마이크로 초 이상) 유지될 수 있어야 한다. 참고로 윌로 칩에 포함된 물리적 큐비트 개수는 겨우 105개에 불과하다.

　오버헤드를 얼마나 낮출 수 있느냐는 물리적 오류율을 얼마나 낮출 수 있느냐로도 결정된다. 물리적 오류율이 1퍼센트 수준이면 오버헤드는 1,000 정도, 0.01퍼센트 이하까지 낮아지면 이론적으로는 10까지도 낮아질 수 있다. 오류율을 낮추기 위해서는 일단 큐비트 격자 배열을 크게 만들어야 한다. 윌로 칩의 경우 2차원 격자 큐비트 배열을 3×3(17큐비트)에서 7×7(97큐비트)까지 확장했는데, 이 과정에서 오류율은 2.14배 감소한 것으로 나타났다. 윌로 칩이 채용한 표면 코드 방식은 2차원 격자형 큐비트 배열이 커질수록 오류 수정에 더 유리하다.[50] 실제 연산을 수행하는 큐비트 사이에 검증 역할을 하는 큐비트를 조밀하게 채워 넣을 수 있기 때문이다. 구글이 계속 물리적 큐비트 격자 규모를 스케일업하는 추세를 이어 갈 경우 몇 년 후에는 15×15 수준의 2차원 큐비트 배열체를 만들 수 있을 것이다. 그 경우 물리적 큐비트 숫자는 433개에 이르며, 오버헤드가 100 수준이라면 논리 큐비트는 최대 5개까지 될 수 있으므로, RSA1024 해독에 근접한다. 25×25 배열체까지 구현하면 물리적 큐비트 숫자는 1,057개에 논리 큐비트 숫자는 10에 이르러 RSA2048 해독에 근접한다. 구글의 가장 강력한 경쟁자인 IBM이 개발한 오스프리(Osprey) 칩은 433 물리적 큐비트를 가지고 있고 향후 1,121큐비트짜리 콘도르(Condor) 칩도 예정되어 있는데, 이 정도 수준이라면 향후 15년 이내로 50×50 혹은 그 이상의 배열체가 구현될 가능성이 높다. 이러면 이론적으로는 RSA1024도 해독할 수 있게 된다. 2차원 물리적 큐비트 격자 배

　　　　　5장 중국의 미개척 반도체 영역 진출

열체 규모 확장과 더불어 오류 수정 성능도 높아지면 타원 곡선 암호 해독은 더 빨리 현실화될 수 있다. 현재는 표면 코드 방식으로 오류를 수정하지만 앞으로는 저밀도 패리티 검사(low-density parity-check, LDPC) 코드 같은 수정 방식이 주류가 될 수 있다. 표면 코드 방식은 격자 크기가 커질수록 큐비트 오류율이 지수 함수적으로 감소한다. 예를 들어 물리적 큐비트 오류율($P(physical)$)이 0.01이라면, 5×5 격자에서는 $P(logical) \approx 0.000316$이고, 7×7 격자에서는 $P(logical) \approx 0.0001$이 되면서 3분의 1 이하가 된다. 그렇지만 표면 코드 방식에는 물리적 큐비트 숫자가 격자 규모에 비례하므로 오버헤드를 줄이기 어렵다는 단점이 있다. 물리적 큐비트 2차원 격자를 100×100 규모로 구현했다고 가정해 보자. 이 경우 큐비트 숫자는 1만 개 정도가 된다. 비트 코인의 기반이 되는 ECDSA 암호 체계를 깨기 위해서는 최소 512비트가 필요하므로, 오버헤드는 $10,000/512 \approx 19$, 즉 20 이하가 되어야 한다. 논리 큐비트 오류율이 10^{-15}, 오버헤드는 50 정도까지 낮아진 상황이라면, 100×100 규모의 격자에서는 물리적 큐비트 오류율 $P(physical)$이 0.5퍼센트 이하로 낮아져야 한다. 즉 물리적 큐비트 품질의 향상 혹은 더 효율적인 오류 수정 코드가 개발된 후에야 비로소 비트 코인 암호 체계가 깨질 가능성이 보이는 것이다.

양자 컴퓨터 성립을 위한 반도체 공학

물리적 큐비트 품질이 향상되려면 결국 현재의 반도체 기술과 소재 기술, 그리고 오류 수정 기술도 더 혁신되어야 한다. 현재로서 대량의

　　　　　　　　　　　　　　　차이나 반도체 라이징

큐비트 격자 배열체 구현에서 가장 핵심적인 반도체 기술은 초전도체 기반의 조지프슨 접합(josephson junction) 소자 집적 기술이다.[51] 초전도 기반 큐비트 외에도 이온 트랩(trapped ion)[52]이나 스핀 큐비트(spin qubit)[53]를 이용하는 방식이 있지만, 그나마 조지프슨 접합 외에 현재의 CMOS 공정과 연계되어 집적도 향상을 기대할 수 있는 방식은 스핀 큐비트 정도밖에 없다.

오류 수정 코드 개선을 위해 기대되는 LDPC 코드는 오버헤드도 줄일 수 있고 큐비트 간 상호 작용(crosstalk)도 줄일 수 있다. 물리적으로 구현하는 것도 기술적으로는 어렵지 않으므로 대규모 큐비트 네트워크 구현에 더 적합할 수 있다. 그래서 LDPC 코드를 이용하면 오버헤드를 10까지 낮출 수도 있다. 그렇지만 단점도 있다. 왜냐하면 실시간 오류 수정 알고리듬이 더 복잡해지기 때문이다. 희망적으로만 본다면 20년 이내로 물리적 큐비트 배열체는 100×100 수준까지, 오버헤드는 50 이하까지, 물리적 큐비트 오류율은 0.05퍼센트 이하까지 달성될 수 있을지도 모른다. 이는 논리 큐비트 개수가 500개에 육박해, RSA2048은 물론 타원 곡선 암호 해독도 가시권에 든다는 뜻이다. 이러한 추정이 곧 2050년 무렵 비트 코인의 수명이 끝난다는 것을 의미할까? 현행 암호 체계가 그때까지 근본적으로 업그레이드되지 않고, 그 이전에 암호 해독이 가능한 대규모 양자 컴퓨터가 현실화된다면 그럴 수도 있다. 예를 들어 512비트 논리 큐비트를 달성한 양자 컴퓨터는 공개 키를 사용하는 트랜잭션 암호화부터 바로 공격할 것이다. 아직 사용되지 않은 주소 (비공개 키 주소)는 상대적으

　　　　　　　　　　　　　　　5장 중국의 미개척 반도체 영역 진출

로 안전하겠지만 공격당하는 것은 시간 문제다. 블록 체인 커뮤니티에 대응책이 없는 것은 아니다. 기본적으로 현재의 암호 체계를 이미 오래전부터 연구되고 있는 양자 내성 암호(post-quantum cryptography, PQC)[54]로 전환하는 것부터 시작할 것이다. 이를 이용해 기존의 비트 코인 주소를 PQC로 보호되는 주소로 전환하거나 사용자들이 새로운 키 쌍을 생성해 잔고를 자주 옮길 수도 있다. 물론 PQC 기술은 하드웨어 문제로 귀결되는데 현재로서는 양자 컴퓨터의 물리적 큐비트 스케일링과 오류율 저하 개선 속도가 더 빠른, 즉 공격 측이 조금 빨리 발전하는 상황으로 볼 수 있다. 블록 체인 커뮤니티에 남은 시간이 2050년까지라고 볼 때 PQC가 현실화된다면 현재의 암호 체계를 업그레이드할 시간은 벌 수 있을 것이다. 설사 PQC가 현실화되기 어려워도 256비트 기반 암호 체계를 512비트, 또 1,024비트로 업그레이드하면서 시간을 벌 수 있다. 양자 컴퓨터로 암호를 풀려는, 즉 공격하려는 측에게 노이즈를 의도적으로 더 많이 부여함으로써 양자 컴퓨터 오류 수정에 더 많은 큐비트를 배정하게 해 늘어난 오버헤드를 강요할 수도 있다. 이는 논리 큐비트 규모를 제한해 연산 성능을 저하시킬 것이다.

양자 컴퓨터 기술 발전 속도가 언제까지 스케일링 추세를 무어의 법칙처럼 따라갈 수 있을지는 모를 일이다. 사실 더 중요한 것은 애초에 양자 컴퓨터의 주요 목표는 비트 코인 같은 블록 체인의 파훼가 아니라는 것이다. 다만 비트 코인의 근간인 타원 암호 체계는 양자 컴퓨터 개발 진영에게는 대표적인 쇼케이스가 되므로 둘 사이의 창과 방패 관계는 지속될 것이다. 조금씩 현실이 되는 양자 컴퓨터 기술 발전으로 인류는 또 전혀 다른 방식과 이론 기반의 암호화 기술 시대로 진입할 것이다. 그 과정에서 인류가 그러한 기술을 실제 하드웨어로 구현할 정도로 혁신적인 신소재와 미세 공정을 확보할 수 있을지는 여전히 중요한 변수다. 다만 현실적 필요가 강하게 남아 있는 한, 그 문제 의식 자체가 기술 개발 진영을 움직이는 강력한 유인이 될 것이다.

미국 양자 컴퓨팅 기술의 최전선

구글이 윌로 칩으로 양자 컴퓨터의 현실화에 도전장을 내밀었다면, 다른 편에서 극한 기술 경쟁을 벌이는 상대는 IBM이다. IBM은 양자 컴퓨터 하드웨어의 설계와 구축을 넘어 큐스킷(Qiskit) 같은 전용 소프트웨어와 클라우드 시스템까지 갖추면서 오래 전부터 이 분야에 주력해 왔다. IBM의 전략은 매년 자체적인 양자 컴퓨터 로드맵을 갱신하면서 하드웨어 성능 지표를 주기적으로 공개하고 생태계를 넓히는 것이다. 핵심은 큐비트 집적 규모와 제어 가능성, 오류 정정, 그리고 시스템 전체의 확장성을 함께 끌어올리는 이른바 스케일업에 있다. 이는 무어의 법칙을 연상시키는 속도 경쟁의 성격을 띠는 동시에, 그 속도가 둔화될 경우 생태계 자체가 위축될 수 있다는 업계의 우려도 같이 깔려 있다.

양자 컴퓨터는 이제 기술이 가능한가를 묻는 단계에서 어떤 하드웨어 플랫폼으로 얼마나 어려운 문제를 얼마나 빠르고 정확하게 풀 수 있는가를 따지는 단계로 넘어왔다. 특히 기존의 전자 컴퓨터로는

     5장 중국의 미개척 반도체 영역 진출

다항 시간 내로 (거의) 풀 수 없는 문제를 얼마나 빨리 풀 수 있을 것이냐가 쟁점이다. 이러한 상황에서 양자 컴퓨터에게 고민거리가 되는 것은 오류 수정이다. 양자 컴퓨터의 작동이 캐나다의 양자 컴퓨터 기업 디웨이브(D-wave)가 채용하는 양자 어닐링(quantum annealing) 방식[55]이 아니라 큐비트의 양자 얽힘(quantum entanglement)과 양자 중첩(quantum superposition)을 실현할 수 있는 반도체 칩 같은 하드웨어에서 이루어지는 것이라면, 그것은 필히 칩 내외부에서 발생하는 노이즈에 취약하다. 이로 인해 큐비트 정보 처리에도 오류가 발생할 수 있다. 전자 컴퓨터의 정보 단위인 비트는 비트 플립핑(bit flipping) 정도가 주요 오류지만, 큐비트는 플립핑 외에도 위상(phase) 오류를 겪을 수 있기 때문에 오류 수정이 결코 쉬운 문제가 아니다. 따라서 양자 컴퓨터의 실용적 활용은 오류 수정을 얼마나 정확하게 그리고 빠르게 할 수 있을 것이냐로 귀결된다. 이 문제는 큐비트 스케일업 속도를 제한하는 요인이기도 하다. 물리적으로 큐비트를 수백, 수천 개 규모로 구현한다고 해도 그들을 모두 정보 처리에만 사용할 수는 없고 대부분을 오류 수정에 활용해야 하기 때문이다. 여기서 도출되는 개념이 앞서 이야기했던 오버헤드다.

현재 100 수준까지 내려온 오버헤드는 표면 코드 기반의 오류 수정 알고리듬에 의존한다. 표면 코드 방식의 장점은 격자 스케일을 늘리면 전반적인 오류율을 지수 함수적으로 감소시킬 수 있다는 것이다. 예를 들어 3×3 격자보다 7×7 격자를 사용하면 오류는 절반 이하로 떨어진다. 이런 방식이라면 25×25 격자는 물리 큐비트는 1,000개를 넘어가고 100 정도의 오버헤드를 고려하면 논리 큐비트 개수는 10~12 사이로 맞출 수 있으니, RSA2048은 이론적으로는 해독될 수 있다. IBM도 이를 잘 알고 있고 표면 코드를 활용한 연구 결과도 예전에 보고한 바 있다. 예를 들어 IBM는 2023년 433큐비트짜리 QPU인 오스프리를 발표했고 2025년 이후 1,121큐비트짜리 QPU인 콘도르가 나왔다. IBM은 2025년 흥미로운 업데이트를 발표했다. 그 이면에는 2025년 6월에 발표한 연구 결과에서 보고한 새로운 방법론이 있다. 첫 번째는 LDPC 방식을 기반으로 하는 큐비트 오류 수정 방법론에 대한 것이고,[56] 두 번째는 LDPC 방식을 채택한 양자 컴퓨터를 모듈 방식으로 연결하는 기술에 대한 것이다.[57] 이 논문들이 갖는 의미를 이해하기 위해서는 다시 양자 오류 수정 개념으로 돌아와야 한다.

현재 구글이 추진하는 표면 코드의 개념은 간단하게 이야기하자면 논리적 큐비트의 작동, 특히 양자 게이트 작동을 안정화하기 위해 다수의 물리적 큐비트를 오류 수정 목적에만 배정하는 방식이다. 표면 코드는 2차원 바둑판 같은 격자 형태로 설계되며 격자의 각 노드에는 물리적 큐비트가 배치된다. 격자는 정확히 주기가 2배인 두 격자의 혼합 상태인데 첫 번째 격자는 데이터 큐비트 격자고 두 번째 격자는 측정 큐비트 격자다. 이 두 번째 격자가 첫 번째 격자의 오류를 감지한다. 특히 이들은 각 노드의 물리적 큐비트에서 나타날 수 있는 양자 오류를 X오류(비트 플립)과 Z오류(위상 플립)로 구분해서 추적하는데 오류 감지는 연산용 물리적 큐비트 옆에 배치된 또 다른 큐비트에서 행하는 안정기(stabilizer) 연산 결과에서 판단한다. 오류 감지는

　5장 중국의 미개척 반도체 영역 진출

오류가 발생한 노드의 위치 정보를 알 수 있다는 뜻이므로 바로 수리하면 될 것 같지만, 사실 그것이 쉽지는 않다. 격자로 연결된 큐비트의 구조적 특성으로 인해 표면 코드에서는 오류 수정을 위한 최소 경로를 먼저 찾아내야 한다. 그다음 경로를 따라 연결된 물리적 큐비트의 시퀀스를 기반으로 목적지에 있는 오류 큐비트의 비트 혹은 위상을 다시 원위치시켜야 한다. 이러한 방식은 격자에 배열된 큐비트들의 연결이 강건해야 하고 경로 찾기가 정확해야 하며 찾은 경로의 시퀀스에 포함된 물리적 큐비트들이 목적지 큐비트의 정보 수정에 빠짐없이 기여해야 한다는 조건을 요구한다. 따라서 표면 수정 방식은 잘 작동하긴 하지만 더 효율적인 알고리듬을 필요로 함은 자명하다. 예를 들어 표면 코드 고유의 특징으로 인해 발생하는 높은 오버헤드 문제는 기본적으로 앞서 언급한 양자 컴퓨터 스케일업에 가장 큰 장애가 될 것이므로 물리적 큐비트의 스케일업과 병행해 더 효율적이고 오버헤드를 낮출 수 있는 오류 수정 방식 도입은 중요하다.

IBM이 지지하는 오류 수정 방식에는 LDPC 코드가 있다. LDPC는 표면 코드보다 오버헤드를 더 절감할 것으로 기대되는 방식이다. 구현은 복잡하지만 스케일업 측면에서는 더 유리하다. LDPC의 원리는 이른바 큐비트 오류로 발생하는 패리티를 점검하기 위한 연산기로서 희소 행렬(sparse matrix) H를 이용하는 것이다. 행렬 H는 어떤 벡터 형태의 데이터 v가 입력되었을 때 그 결과의 패리티가 0이 되는지 여부를 판단한다. H는 기본적으로 성분 대부분이 0인 희소 행렬이기 때문에 연산량이 적고 효율적이다. H가 선형 대수 연산기로 작동

   차이나 반도체 라이징

할 수 있는 이유는 행렬의 행이 데이터 벡터 v의 오류를 감지할 수 있도록 '설계'되었기 때문이다.[58] 성분 대부분이 0이라는 뜻은 표면 코드처럼 조밀하게 격자 모양으로 큐비트가 연결되는 구조가 필요 없다는 뜻이다. 따라서 물리적 큐비트 사이의 연결 밀도를 줄일 수 있다. 이는 오류 수정 연산량을 줄여 줄 수 있을 뿐만 아니라 연결이 늘어날수록 그에 비례해 늘어날 수밖에 없는 상호 간섭이나 노이즈 영향도 같이 줄일 수 있다는 장점을 보장한다. 또한 LDPC는 선형 대수 연산을 취하므로 오류가 동시에 여러 개 발생해도 병렬적으로 수정할 수 있다. 반면 표면 코드는 오류가 난 물리적 큐비트 정보를 경로를 따라 하나씩 추적하며 수정하는 직렬 방식에 가까워, 이론적으로는 LDPC보다 효율이 떨어진다. 따라서 물리적 큐비트 수가 늘어날수록 LDPC의 오류 수정 효율은 표면 코드보다 더 높아질 수 있다. 이러한 장점 덕분에 LDPC는 이상적인 조건에서는 표면 코드보다 오버헤드를 더 절감할 수 있다. 물론 LPDC의 강력한 오류 수정 성능이 기술적으로 모두 구현될 수 있는 것은 아니다. 기본적으로 LDPC의 디코딩(decoding) 알고리듬은 표면 코드보다 복잡하다. 따라서 그 작업의 복잡성이 병목 지점이 되지 않게 하려면 그 작업에 최적화된 하드웨어, 소프트웨어를 따로 구현해야 한다. 또한 풀고자 하는 문제에 적합한 희소 행렬도 미리 준비되어야 한다. 사실 어떤 문제는 이 희소 행렬을 사전에 최적화하는 것부터가 난제인 경우도 있다. 또한 병렬 연산은 장점이자 동시에 단점도 되는데, 이는 병렬 방식으로 수정하고자 하는 오류들이 간단할 경우에만 이러한 장점이 통용되기 때문이다.

즉 LDPC가 효과적으로 작동하려면 물리적 큐비트의 기본 오류율이 일정 수준 이하로 낮아져야만 한다는 조건이 붙는다. 그렇지 않으면 병렬 방식의 오류 수정은 예상했던 것만큼 충분히 빨라질 수 없다.

IBM은 LDPC의 기본적인 장점은 살리면서 기술적 난제를 해결하는 전략을 취한다. IBM이 활용한 LDPC는 특히 이변량 바이시클(bivariate bicycle, BB) 코드라는 변종인데, 이 구조는 물리적 큐비트 1개당 논리적 큐비트 효율을 최대한 높이는 방식이다. 이 변종 코드에서는 H가 2변수 이진 다항식 행렬으로만 제한된다는 것이 주목할 부분이다.[59] IBM이 2024년《네이처》에 발표한 이변량 바이시클 qLDPC 코드 연구에서는 그로스 코드를 통해 물리 큐비트 288개(데이터 144개+신드롬 체크 144개)로 12개의 논리 큐비트를 보호할 수 있음을 이론적으로 제시했다. 이는 동일 성능을 표면 코드로 구현하려면 약 3,000개의 물리 큐비트가 필요한 것과 비교해 약 10배 효율적이다. IBM은 이 코드를 기반으로 2029년 완성을 목표로 하는 대규모 내결함성 양자 컴퓨터인 스탈링(Starling)을 설계하고 있으며, 그 중간 단계로 룬(Loon, 2025년) → 쿠카부라(Kookaburra, 2026년) → 코카투(Cockatoo, 2027년) → 스탈링(2029년) 순의 로드맵을 공개했다.[60] 이는 표면 코드에 비해서는 가장 작게는 1/10로 오버헤드를 낮추었음을 의미하는 것이다. 특히 IBM은 LDPC만 활용한 것이 아니라, 물리적 큐비트 간 장거리 상호 작용도 고려했다. 즉 시스템 확장 가능성을 처음부터 염두에 두고 접근한 셈이다. IBM은 LDPC 기반으로 논리 큐비트 스케일링도 추진하고 있다. 물리 큐비트 수가 N개 있고, LDPC 형식의 오류 검사

　　　　　　　　　　　　　　　　차이나 반도체 라이징

행렬 오퍼레이터가 각각 HX, HZ로 주어지면 생성 가능한 논리 큐비트 수 k는 $k=N-rank(HX)-rank(HZ)-buffer$다. 이 공식을 생각하면 IBM이 물리 큐비트 288개를 동원할 경우 HX, HZ이 128×128 정도이고 buffer가 10 정도 된다면 k가 12로 계산된다. 이는 IBM이 보고한 규모와 일치하는 수치다. 이렇게 IBM은 $288/12=24$ 정도의 오버헤드를 달성했고 이는 구글 윌로 칩보다 어쨌든 약 4배 이상 강화된 성능임에는 분명하기에 구글보다 IBM의 방식이 향후 논리 큐비트 스케일업 차원에서 더 유리한 고지를 점한 것으로 평가된다.

만약 IBM이 앞으로 물리 큐비트 수 N을 늘리는 방향으로 갈 경우 오류 수정 방식은 이변량 바이시클 방식의 행렬을 사용하는 것을 고수할 것으로 예상된다. 이는 순환적 특성을 갖는 희소 행렬의 경우, 행렬의 랭크 수, 즉 $rank(H)$가 행렬의 행 개수보다 작기 때문이다. 즉 랭크 숫자가 모자란(rank deficit) 상황이 생기는 것이다. 물리적 큐비트 수 N에서 k를 최대한 많이 추출하기 위해서는 랭크 수로 결정되는 행렬 H의 제약 조건을 최대한 완화시켜야 한다. 오버헤드뿐만 아니라, 이런 알고리듬의 경우 제약 조건이 차지하는 큐비트 비율도 중요하다. 예를 들어 IBM의 스탈링 시스템의 경우 논리 큐비트와 제약 조건 큐비트의 비율은 $12/276=0.0398$ 정도다. 이론적으로는 LDPC 해싱(hashing) 한계에 의해 이 비율이 0.11까지도 상승할 수 있는 것으로 알려져 있다. 만약 IBM이 계속 이러한 방식을 발전시켜 나가고 이론적 해싱 한계로 이변량 바이시클 방식의 LDPC를 보완하고 물리적 큐비트 스케일업을 동시에 다 달성할 수 있다면 물리적 큐비트는

N=1,000 규모로 확장할 수 있을 것이고, 이때 논리 큐비트 수는 최대 k=1,000-(k/0.11)⟶k=99까지 이를 수도 있을 것이다. 만약 N이 더 커지면 대략적으로 물리 큐비트의 10퍼센트까지 논리 큐비트로 바꿀 수 있을 것이다. 이는 오버헤드를 10까지 낮출 수 있음을 의미한다. 실제로 IBM이 논문 발표 직후 업데이트한 기술 로드맵에 따르면 IBM은 2026년에는 360 물리 큐비트를 만들 것으로 보인다. 앞서 계산한 기대치대로라면 논리 큐비트는 30개에 이를 수도 있을 것이다. 그리고 앞으로 2029년까지 대략 200개 규모의 논리 큐비트짜리 스탈링 시스템도 구현될 것으로 예상되는데, 이는 대략 최소 2,000개에서 최대 1만 개의 물리 큐비트를 갖는 시스템이 구성될 것임을 의미한다. IBM의 계획은 큐비트 수백, 수천 개를 2차원 격자 안에 한꺼번에 형성하는 방식보다는 적절한 규모의 물리 큐비트를 갖춘 유닛을 일종의 클러스터 연결 방식으로 확장하는 전략을 취하는 것이다. 2026년에 선보일 360개 물리 큐비트 시스템도 120개 물리 큐비트짜리 시스템을 3개 연결하는 구조로 이루어졌다. 그렇다면 2029년에 출현할 시스템은 120개 물리 큐비트짜리 시스템을 20개 네트워크처럼 연결하는 클러스터가 될 것이다. 중첩 네트워크 구조의 장점은 이들이 채용하는 오류 수정 방식인 이변량 바이시클 LDPC 방법의 효율성을 극대화시킬 수 있다는 것이다. IBM은 이에 기반해 2033년경에는 논리 큐비트 2,000개짜리 궁극의 시스템 블루 제이(Blue Jay)를 만들겠다는 계획도 선보였다.[61] 이러한 시스템들은 특정 고객사에 납품되기보다는 IBM이 구축하려는 양자 컴퓨터 클라우드의 핵심 연산 시스

템으로 활용될 것으로 보인다. 양자 컴퓨터의 실용성 확보를 위해서는 사실 논리 큐비트의 개수만큼이나 이들로 만들어 낼 수 있는 양자 게이트의 규모가 중요하다. 양자 게이트 규모는 논리 큐비트 개수뿐만 아니라. 오류 보정 코드의 오류율, 오버헤드, 코드 거리 등의 함수로 주어진다. 기본적으로 양자 게이트 규모는 단일 논리 게이트당 오류 확률의 역수로 계산된다. 예를 들어 논리 게이트 오류율이 10^{-5}이라면, 1 논리 큐비트로 10^5개의 무오류 논리 게이트 기반 연산이 수행 가능하다. IBM의 스탈링 시스템이 2029년까지 200여개의 논리 큐비트를 목표로 하고, 목표 논리 오류율도 2×10^{-6}으로 추정되므로 대략적인 논리 게이트 개수는 1억 개 정도 될 것으로 예상된다. 이는 IBM이 제시한 로드맵과 일치한다.

IBM이 그리는 궁극적 로드맵

IBM이 2,000개 정도의 논리 큐비트 규모를 갖는 시스템을 로드맵에 적시하는 의도는 무엇일까? 딱히 이들이 어떤 종류의 양자 우월성(quantum supremacy)을 달성할 수 있는 예시를 보이지는 않았다. 그러나 수천 개 정도로 규모가 확장된 논리 큐비트를 갖는 양자 컴퓨터의 첫 번째 성능 시험 대상은 당연히 정보 보안, 즉 암호 분야일 것이다. 논리 큐비트가 수백 개 정도만 되어도 현대의 주요 암호 체계는 상당 부분 취약성이 생기기 때문이다. 2033년경에 등장할 IBM의 스탈링 시스템이 정말 2,000개 논리 큐비트로 구성된다면, 이 시스템은 얼마나 많은 암호를 파훼할 수 있을까? IBM의 기술 로드맵에 따르면 이

     5장 중국의 미개척 반도체 영역 진출

시점에 구축 가능한 양자 게이트 숫자는 최소 1억 개에서 많게는 10억 개에 달할 것으로 예상된다. 논리 큐비트 2,000개로 이 규모를 구축하려면 논리 오류율은 2×10^{-6} 이하로 통제되어야 한다. 이러한 시스템으로 암호 연산의 핵심인 쇼어 알고리듬을 이용해 거대한 합성수를 소인수 분해하는 연산을 생각해 보자. RSA2048의 경우 쇼어 알고리듬으로 유한 시간 이내에 소인수 분해 작업을 완료하려면 대략 10억 개 정도의 양자 게이트가 필요하다. 따라서 논리 큐비트는 2,000개 필요하다. 앞서 언급했던 블루 제이가 목표로 하는 논리 큐비트 개수와 일치하는 숫자다.

물론 IBM이 이 비싼 시스템을 RSA2048 암호만 해독하기 위해 구축하려는 것은 아닐 것이다. 그렇지만 다른 문제들, 예를 들어 QPE 같은 문제[62]의 경우, 필요 논리 게이트 개수는 $10^7 \sim 10^8$이기 때문에 논리 큐비트는 20~200개만 있으면 된다. 난도가 훨씬 낮아진다. 또 다른 알고리듬인 그로버 알고리듬(Grover algorithm)의 경우 다루는 문제 크기에 따라 달라지지만 적어도 쇼어 알고리듬만큼은 커지지 않을 것이다. 과학적 연구로 가장 유망할 것으로 예상되는 VQE 문제[63]의 경우 역시 논리 게이트는 $10^6 \sim 10^7$개만 있으면 될 것으로 보이므로 20개 내외의 논리 큐비트로도 충분할 것이다. 즉 IBM은 당장이라도 웬만한 양자 화학 특화 VQE 문제, 그로버 알고리듬, QPE 등의 작업을 수행할 수 있을 것이다. IBM 입장에서는 쇼어 알고리듬이 궁극적 쇼케이스인 셈이고 그 목표 지점은 RSA2048 같은 현재의 암호 체계다. 양자 컴퓨터 기술이 발전하면 이제 실질적인 기술의 병목은 RSA2048을 깰 수 있느냐보다 타원 곡선 암호, 즉 비트 코인의 기반인 ECDSA 같은 암호를 깰 수 있느냐가 될 것이다. 예를 들어 비트 코인이 기반을 두는 secp256k1 같은 체계는 256비트 규모의 ECDSA를 이용하는데, 이론적으로는 이 시스템의 암호를 해독하려면 논리 큐비트는 최소 512개 필요하다. 조금 더 여유를 둔다면 1,024개까지도 늘어날 것이다. 쇼어 알고리듬은 대략적으로 $O(n^3)$의 계산 난도를 가지므로, 256비트짜리는 $256^3 = 16,777,216$ 단계의 연산이 필요하다. 논리 큐비트가 512개 필요하다고 가정해도 2029년에 구현될 IBM의 스탈링 시스템을 3개 연결하는 것만으로도 이제 타원 곡선 기반 암호 파훼가 가시권에 들어온다는 뜻이다. 늦어도 2033년에 2,000논리 큐비트짜리 블루 제이가 출현한다면 정말 양자 우월성이 확인되면서 마침내 ECDSA는 대부분 해독될 가능성이 있다.

물론 256비트짜리 타원 곡선 암호가 해독된다고 해서 비트 코인이 그 즉시 모두 뚫린다는 것은 아니다. 이미 이러한 양자 컴퓨터 연산에 내성이 있는 양자 내성 암호 체계가 도입되고 있고 시간을 벌 생각이라면 256비트를 512비트, 그리고 1,024비트 등으로 계속 규모를 늘리면 되기 때문이다. 물론 IBM의 양자 컴퓨터, 특히 물리적 큐비트 스케일업 추세는 이어질 것이므로 창과 방패의 군비 경쟁은 앞으로도 끊임없이 계속될 것이다. 그러나 적어도 시스템이 붕괴될 정도의 보안 특이점, 즉 현재 알려진 모든 알고리듬 기반의 암호 무용화는 근시일 내에 실현되지는 않을 것이다. 그렇지만 물리적 비트 개수 스케일업이나 기존 비트 코인 저장 주소의 해독 가능성 위험에 대응하기 위해 암호 화폐 거래인 트랜잭션(transaction) 주소를 매번 변경하고 아직 사용되지 않은 주소를 추가적으로 암호화하는 등의 방법은 시간과 비용이 추가로 소모될 것이며 양자 내성 암호를 도입하는 대응 방식은 시간과 돈이 더 많이 들 것이다. 이는 현재의 비트 코인 암호 체계가 지금의 ECDSA 방식에 기대하는 것만으로는 부족하며 시장의 신뢰 요구에 대응하기 위해서라도 2030년대 이전에 근본적으로 기술적 변화가 있어야만 함을 암시한다. 그러한 기술적 혁신 보장이 없다면 정보, 특히 기업이나 국가의 기밀 정보를 보호하는 측의 불안 심리는 삽시간에 증폭되어 미처 기술적인 대응책의 유효성을 검증하기도 전에 현재의 체계가 갑자기 붕괴될 가능성도 없지 않다.[64] 비트 코인의 암호 체계가 바뀌기 시작하면 다른 암호 화폐들의 암호 방식도 덩달아 바뀔 것으로 예상된다. 이는 단순히 알고리듬만 바뀌는 것을 넘어, 메모리부터 아키텍처에 이르는 보안 서버의 모든 하드웨어 구조도 바뀌어야 함을 의미한다. 비트 코인 같은 블록 체인의 가치는 결국 탈중앙화와 희소성에 있으므로 보안 체계의 확신은 매우 중요한 요소다. 이는 곧바로 신뢰와 연계되므로 비트 코인 커뮤니티에도 양자 컴퓨터는 실존적 위협까지는 아니더라도 기술적으로 더욱 발전을 가속시켜야 하는 가장 중요한 동인이 될 것이다. 또 하나 기억하면 좋을 것은 IBM은 당분간 자사 시스템을 특정 기업용으로 따로 판매할 계획이 없어 보인다는 것이다. 이는 기업이나 개인이 IBM의 양자 컴퓨터를 이용해 비트 코인 해독을 시도한다고 해도 IBM의 클라우드를 거칠 수밖에 없기 때문에 IBM 내부에서 이를 중단시킬 킬스위치에서 해방되기 어려울 것임을 의미한다. IBM 자체도 이러한 클라우드 보안의 특수성을 잘 알고 있기 때문에 다중 보안 장치를 뚫어 가면서 몰래 거대 연산 자원을 집중적으로 비트 코인 해독에 활용할 가능성은 현재로 서는 매우 낮아 보인다.

IBM과 구글이 벌이는 경쟁은 실용적인 규모의 양자 컴퓨터 출현, 그리고 그에 기반한 양자 우월성의 달성 시점을 예상보다 계속 앞당기고 있다. 2040년 정도는 되어야 가시권에 들어올 것으로 보였던 ECDSA 256 비트의 암호 해독만 해도 이제 예상 시점이 2033년 정도로 앞당겨졌고 그보다 연산 강도가 약한 문제는 지금부터라도 어느 정도는 착수할 만한 수준에 이르고 있다. 연구자 관점에서는 VQE, QPE 같은 문제 자체도 매우 중요한 솔루션을 제공할 수 있기 때문에 양자 컴퓨터는 이제 인공 지능과 더불어 앞으로 더 놀라운 혁신을 실제로 보여 주는 엔진이 될 것으로 예상된다. IBM에게 남은 과제는 일단 구글이 작년에 제시한 일종의 벤치마크 문제인 무작위 회로 샘플링(random circuit sampling, RCS)[65] 에서 자사의 스탈링 칩이 충분한 양자 우월성을 보이는지를 증명하는 것과 전자 컴퓨터 기반으로 발전해 온 인공 지능, 즉 DNN이나 트랜스포머 류의 알고리듬을 양자 컴퓨터 버전으로 작동하게끔 가장 낮은 단계부터 바꾸는 일일 것이다. 특히 후자는 양자 컴퓨터와 인공 지능의 실질적인 결합이라는 점에서 인류가 지금까지 한번도 겪어 보지 못했던 수준의 연산량 폭증, 증폭의 시대를 열 것으로 예상된다.

중국의 양자 컴퓨터 기술 수준

양자 컴퓨터로의 기술 전환은 2010년대부터 중국 공산당이 추구해온 기술 패권 전략의 연장선상에 있다. 특히 공산당은 향후 인공 지능의 성능 강화를 위한 궁극적 수단으로 양자 컴퓨터를 고려하고 있으며, 국가 기밀 체계 및 통신 시스템 보안 강화를 위해서도 양자 컴퓨터와 양자 통신을 핵심 기술로 설정한다.[66] 이는 2025년 10월에 발표된 15차 5개년 경제 개발 계획에서도 재확인되는 부분이다. 다만 중국에서 2020년대 이후 보이고 있는 '**반도체+AI**' 중심 기술 전략이 당장 양자 컴퓨터로 전환되는 것은 아니다. 그러나 차세대 컴퓨팅의 핵심 기술로 지정되었기 때문에, 양자 컴퓨터에 대한 투자는 미국 이상으로 빠르게 성장할 것으로 보인다. 그렇다면 현재 중국에는 미국의 구글, IBM 등에 대항할 수준의 고유 기술을 갖춘 기관이나 회사가 있을까? 이러한 기관들의 기술적 차별점은 무엇이고, 미국이 이를 제제할 방법은 무엇일까?

중국에서 추진되는 양자 컴퓨터 개발 방향도 미국의 그것과 근본적인 차이는 없다. 물리적 큐비트 개수의 규모를 늘리는 동시에 논리 큐비트를 더 많이 확보하기 위해 오버헤드를 줄이며 오류 수정 알고리듬을 개선하고 이를 초전도, 이온 포획, 포토닉스 등 다양한 하드웨어 형태로 구현하는 동시 탐색 방식을 취한다. 큐비트 스케일업 양자 컴퓨터 연구 개발을 주도하는 기관은 대부분 허페이 지역에 모여 있다. 이 지역은 미국의 실리콘 밸리를 빗대어 양자 밸리 혹은 양자동이라고도 불릴 정도로 30개 넘는 연구 기관과 회사들이 집산지를 이룬다. 허페이 클러스터를 대표하는 연구 기관은 USTC로서, 이들은 초전도 및 포토닉스 기반 기술을 추구한다. USTC는 2025년 하반기, 쭈충즈 3.0(Zuchongzhi 3.0)이라는 105큐비트짜리 무작위 회로 샘플링(RCS) 성능 최적화 시스템을 초전도체 기반 회로 기술을 통해 선보였다.[67] 특히 USTC의 양자 컴퓨터는 연구 목적에만 그치는 것이 아니라, 실제 활용을 염두에 두고 추진되고 있음에 주목할 필요가 있다. USTC의 대표적인 파트너는 역시 허페이 양자 밸리에 위치한 중국 전신 양자 그룹(中電信量子集團, CTQG)과 퀀텀씨텍(國盾量子, QuantumCTek)[68]이다. 통신 분야에서 업력을 쌓아 온 양사는 통신 장비 기술과 USTC의 설계를 기반으로 텐옌(天衍) 클라우드 플랫폼[69]을 구축해 사용성을 확대하려 한다. USTC가 추구하는 또 다른 기술 축인 포토닉스 기반 양자 컴퓨터는 진장(Jinzhang) 계열 시스템으로 출시되고 있다. 2023년에 출시된 진장 3.0은 광자 255개 검출이 가능한 광학 간섭계 기반으로 가우시안 보손 샘플링(gaussian boson sampling, GBS)[70]을 테스트했으며 이를 통해 큐비트 스케일업과 양자 우위(quantum advantage)의 기술적 시연에 초점을 맞춘다. 2025년 USTC는 3,050개의 광자 검출 이벤트를 기반으로 프로그래밍 가능한 GBS 기반으로 강건한 양자 우위 가능성을 보고한 바 있다. USTC가 일종의 중국판 구글 포지션을 차지하고 있다면 IBM 포지션에는 마찬가지로 허페이에 위치한 오리진 퀀텀(本源量子, Origin Quantum)이 있다. 이들은 2024년 우콩(悟空, Wukong) 시스템을 선보였는데, 72큐비트 규모의 초전도 QPU를 기반으로 하며 IBM와 마찬가지

　　　　　　　　　　　　　　　　5장 중국의 미개척 반도체 영역 진출

로 상용 클라우드 기반의 컴퓨팅 서비스 개념으로 운영에 들어갔다. 2024~2025년 사이에는 생산 라인을 증설해 규모를 키우고 해외 사용자에게도 개방하는 방식을 추구하고 있다. 이러한 방식은 IBM가 추구하는 클라우드 비즈니스 전략을 카피하는 것으로 볼 수 있다. 중국에서 한때 양자 컴퓨터 연구를 민간 영역에서 주도하던 바이두 같은 '**반도체+AI**' 기업은 알리바바와 합작해 그간 추진하던 연구 개발 프로그램을 정부 기관으로 이관하기도 했다. 2024년 이후, 양사의 양자 컴퓨터 연구 개발은 베이징 양자 정보 과학 연구원(北京量子信息科学研究院, BAQIS)[71]으로 이관되었고, 이를 통해 확인할 수 있는 것은 당분간 중국의 '실증 가능한' 양자 컴퓨터 연구는 민간보다는 공공 영역에서 주관할 것이라는 점이다. 베이징 지역은 BAQIS를 중심으로 양자 컴퓨터 주변 생태계 확장에 조금 더 집중한다. 예를 들어 저온 제어 장치나 플랫폼 구축 연구 개발 등이 주력이다. 이는 중국 정부가 양자 컴퓨터를 차세대 컴퓨팅 전략의 핵심으로 보고 있음을 보여 줄 뿐만 아니라, 양자 컴퓨터의 성능 검증과 오류·보안 평가 체계를 초기 단계부터 정부가 주도하겠다는 의지도 드러내는 것이다.

중국이 추구하는 양자 컴퓨터의 성능 검증은 크게 두 가지 축을 따라 이루어진다. 원리적으로는 미국의 성능 검증 방식과 다르지 않다. 첫 번째 방법은 양자 우월성을 검증하는 것이다. 중국은 보손 샘플링이나 랜덤 회로 샘플링 방식으로 양자 우월성을 보일 수 있는 스케일업-고속 시연 기술을 추구한다. 이는 다분히 큰 스케일의 난제에서 양자 컴퓨터의 양자 우월성 증명에 초점을 맞춘 것이다. 중국은 그러한 우월성을 달성할 정도의 시스템을 물리적으로 만들 수 있음을, 그리고 그 규모가 미국에 대등하게 접근하고 있음을 증명하는 것을 주요 목표로 삼는다. 그러나 중국의 양자 컴퓨터 성능 증명이 양자 우월성에 맞춰져 있다는 것은 미국과 비교해 실제 문제 해결 활용 가능성에서는 상대적으로 제한되어 있음을 보여 주는 것이기도 하다. 즉 범용 알고리듬 양자 오류 수정(QEC)-소프트웨어 스택으로 이어지는 실용성의 사다리에서 아직까지 미국에 미치지는 못한다고 볼 수 있다. 미국에서는 양자 볼륨(QV), 알고리듬 큐비트(AQ), 오류 수정 임계선 하(below-threshold) 논리 연산 등 기계 전반 품질을 종합하는 지표[72]를 개발, 선점하고 있다. 특히 2020년대 이후 양자 오류 수정 기술은 임계선의 설정 자체가 기술 로드맵의 주도권을 의미하기 때문에 적어도 실용화 확장성 검증 측면에서 중국은 미국보다 기술적으로 뒤쳐져 있다.

두 번째 분야는 오류 수정인데, 중국 기관들도 구글이 2024~2025년에 제시한 오류 수정 스케일링 전략을 큐비트 커플러 규모 확장 방식으로 대처한다는 것이 주목할 부분이다. 즉 중국에서는 구글과 대등한 수준의 논리 큐비트 스케일업을 보이기 위해 양자 오류 수정 품질을 평가의 주요 지표로 삼으려 한다는 것이다. 중국의 양자 컴퓨터 기술 진화 방향 자체는 향후 10~20년은 미국과 비슷한 발전 경로를 취하며 소프트웨어-하드웨어 연계 성능 경쟁을 이어 갈 것으로 전망된다. 그 와중에 당시의 양자 컴퓨터 구현 개념 중 특정 기술이 연산 성능이나 범용 확장성에 더 유리하다고 확실히 판단될 경우, 중국 특유의 탑다운식 정책 드라이브를 통해 그 방향으로 집중 투자가 이루어질 것이다. 가능성 높은 후보군으로는 보손 샘플링 중심의 포토닉스 양자 컴퓨터와 초전도 기반의 오류 수정 가능 양자 컴퓨팅이 꼽힌다. 트랩 이온 방식이나 중성 원자를 포획해 큐비트를 물리적으로 구현하는 기술은 미국에 비해 상대적으로 기술 수준이 뒤쳐졌고 투자 규모도 약하기 때문에 현재로서는 일단 후순위로 둘 수 있다. 보손 샘플링, 즉 포토닉스 방식의 경우 USTC가 대규모 GBS 기술에서는 현재 미국과 대등하거나 그 이상의 수준에 이르렀으며, 2030년대 이후에 격차를 더 벌릴 가능성이 높다. 이 기술은 당장 현재의 '**반도체+AI**' 하드웨어를 대체할 가능성은 높지 않다. 그러나 일부 난도 높은 최적화 문제에서는 압도적인 성능을 보일 수 있기 때문에 중국 정부가 추진하는 공공 인프라 최적화 분야나 군사용 암호, 복호화 시스템 보안 성능 강화 등에는 적극 활용될 가능성이 있다. 초전도 방식 양자 컴퓨터의 경우 상대적으로 중국 연구 기관들은 미국과 기술 격차가 큰 상황이다. 2020년대 후반 중국의 오류 수정 가능한 장거리 초전도 회로는 NISQ급[73] 성능에 도달할 수 있고, 2030년대 중반에야 IBM의 수준에 근접할 가능성이 있다.

중국의 양자 컴퓨터 기술 추구는 클라우드 기반의 생태계 확장으로도 투자가 강화될 것이다. 양자 컴퓨터 기반의 차세대 컴퓨팅 인프라가 기존의 '**반도체+AI**' 기반 인프라 수준에 도달하려면 무엇보다도 생태계 다변화와 저변 확대가 중요할 것이기 때문이다. 특히 IBM을 중심으로 하는 미국의 양자 오류 보정 기술 진보가 클라우드와 툴

차이나 반도체 라이징

체인 전반에서 생태계 우위를 선점하고 표준화된 품질 지표(QV, AQ, 논리 오류율 등)를 앞세워 영향력을 확대하고 있기 때문에[74] 중국은 '**반도체+AI**'에서 미국의 기술 제재를 겪은 경험을 바탕으로, 클라우드 기반 양자 컴퓨터에서는 중국판 품질 측정 지표를 개발하는 방식으로 대응할 것으로 예상된다.

 5장 중국의 미개척 반도체 영역 진출

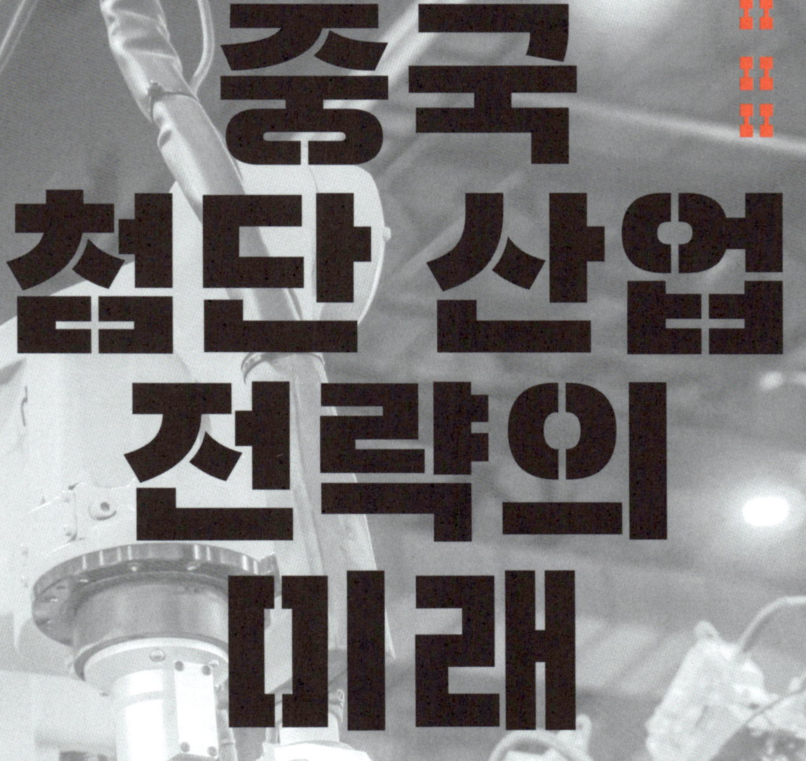

중국 첨단 산업 전략의 미래

6장

롱테일로 읽는 중국 산업의 미래

산업 전환의 기본 경로

산업 전환은 경제학에서 오랜 연구 주제다. 1차, 2차, 3차 산업으로 구분되는 산업 구조는 시간의 흐름에 따라 전환되는 양상을 보인다. 물론 이러한 전환에는 정책과 기술, 제도의 영향도 작용하지만, 그 중심에는 대체로 경제 논리가 놓여 있다. 산업 전환을 분석하는 대표적 방법 가운데 하나는 산업별 종사자 비중의 변화를 추적하는 일이다. 일반적으로 전환기의 중심 산업은 종사자 비중의 확대나 축소를 통해 가장 두드러지게 드러난다. 그렇다면 종사자 비중의 변화를 좌우하는 원리는 무엇일까? 경제 발전 초기에는 대체로 1차 산업의 비중이

     6장 중국 첨단 산업 전략의 미래

높고, 저소득–저생산성의 특징이 뚜렷하게 나타난다. 농업을 예로 들어 보자. 전근대 시대 농업은 소규모 자급자족 형태가 대부분이므로 1인당 산출량이 작다. 대가족이 되면 농사 규모도 늘릴 수 있지만, 가족 구성원은 대부분 다시 농사에 투입된다. 따라서 1차 산업 시기를 지나는 나라에서는 1차 산업 종사자 비중이 절대 다수를 차지한다. 시간이 흐르면서 자본이 축적되고 농기계 같은 생산성 증가 수단이 보급되면 1인당 산출량도 증가하기 시작한다. 그렇지만 경작 가능한 농지 면적에는 한계가 있으므로 생산성과 함께 잉여 노동 자원도 증가한다. 따라서 1차 산업 생산성이 증가할수록 1차 산업 종사자 비중은 감소한다. 이는 이미 경제학자 사이먼 쿠즈네츠(Simon Kuznets) 등이 잘 정립한 이론이기도 하다.

여기서 관건은 잉여 노동 자원이 어떻게 다른 산업으로 진입하는지다. 산업 전환 공식을 잘 따라간 나라들의 공통점은 잉여 노동 자원이 2차 산업으로 순조롭게 진입했다는 것이다. 특히 제조업은 1차 산업에 비해 개인의 노동력보다 생산 도구 의존도가 더 높기 때문에, 1인당 생산성이 높고 종사자 평균 임금도 1차 산업보다 더 높아질 수 있다. 따라서 제조업 성장 초기에는 노동자 1인당 생산성 증가폭에 비례하는 제조업 종사자 비중 증가 양상이 관찰된다. 그렇지만 제조업 발달이 본격화되면 그 증가세가 둔화된다. 자동화, 기계화가 도입되면 제조업 생산성은 향상되나, 고용주, 즉 기업은 노동자 고용 규모를 줄이기 시작한다. 특히 제조업이 충분히 성숙한 시점에 도달하면 국내 시장은 물론 글로벌 시장에서 경쟁이 치열해진다. 글로벌 자유 무역

시스템에서는 저렴한 인건비 등의 비교 우위가 있는 후발 국가로 제조업 이전도 활발해지며, 이는 그 나라의 제조업 비중 감소로 이어진다. 그래서 제조업 초기부터 발전기, 성숙기, 이전 단계까지 겪은 나라들은 이른바 제조업 피크(manufacturing hump) 현상을 겪는다. 이는 미국, 독일, 일본, 그리고 한국에서도 공통적으로 관찰된 현상이다.

이렇게 제조업 종사자 비중이 줄어들면 잉여 노동 자원은 어디로 향할까? 예상할 수 있다시피 대부분 3차 산업인 서비스 산업으로 이동한다. 산업 전환 과정에서 이상적 시나리오는 제조업 성숙기를 지나면서 1인당 소득은 늘어나 구매력 있는 노동자 계층이 두터워진 상황이다. 1인당 소득이 일정 수준에 도달하면 이른바 소득 탄력성(income elasticity)이 형성되고, 이를 흡수할 수 있는 새로운 시장을 향해 교육, 의료, 금융, 콘텐츠, IT, 그리고 최근에는 AI를 포함하는 서비스 산업이 고도화된다. 서비스 산업 역시 초기에는 노동력 의존도가 높지만, 산업이 발전할수록 고객은 차별화된 더 고품질의 서비스를 원한다. 고가일지라도 더 좋은 서비스 소비 욕구가 강해지는 것이다. 이 욕구는 결국 강력한 소비 동력으로 변해 서비스 부문의 총 부가 가치는 가파르게 증가한다. 그리고 이렇게 급증하는 가치를 따라잡기 위해 서비스 산업으로 노동량 투입도 증가한다. 그렇지만 서비스업의 1인당 산출량은 노동력에 비례해 선형으로 증가하므로, 그보다 더 가파르게 증가하는 부가 가치, 그리고 그에 따른 노동자의 임금 상승 속도와는 격차가 벌어진다. 3차 산업 종사자 비중도 서비스업 1인당 가치 창출량에 비례해 늘어나게 되는 이유다.

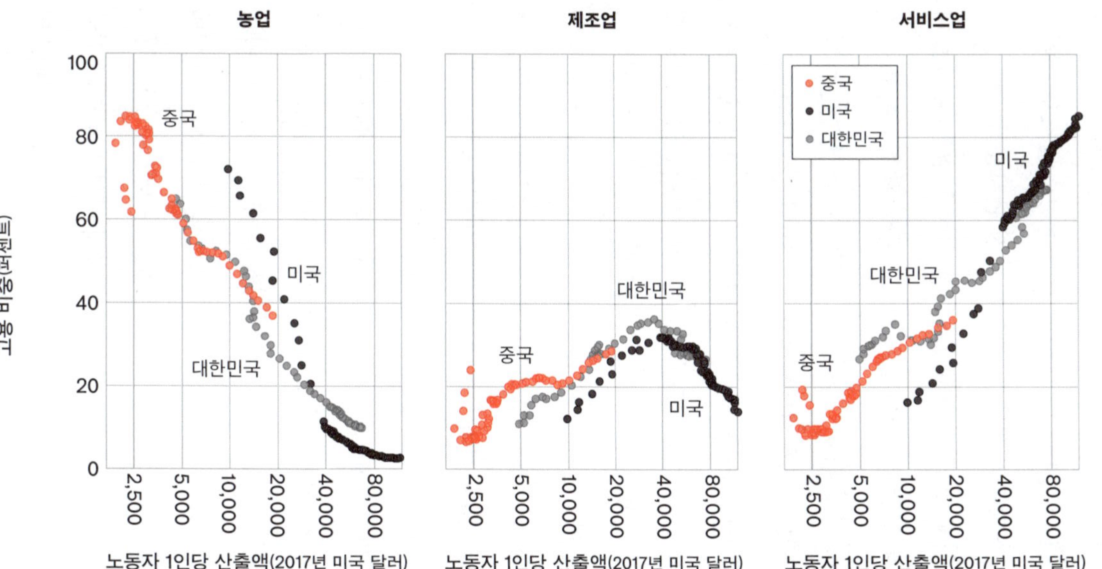

그림 6.1 미국, 한국, 중국의 1, 2, 3차 산업 전환 경향. 각 점은 한 국가의 연도별 관측값을 뜻한다. 경제가 성장해 더 부유해질수록 그래프에서 점은 왼쪽에서 오른쪽으로 이동한다. GGDC 10개 산업 부문 데이터베이스, 펜 월드 테이블(PWT), 매디슨 프로젝트 데이터베이스와 브라이언 미첼(Brian Mitchell)의 1992년 『국제 역사 통계』 자료를 시각화한 시루 천(Xilu Chen) 등의 2023년 분석을 참조해 만들었다.[1]

모든 나라가 다 같은 원리를 따르는 것은 아니지만, 거시적으로는 부가 가치의 증가를 추종하는 방식이 특히 글로벌 자유 무역 체제에서는 잘 작동하기 때문에 이러한 메커니즘은 실증 데이터를 잘 설명한다. 그림 6.1에서도 산업 전환 메커니즘의 일반성이 잘 나타난다. 이 도표는 한국, 미국 그리고 중국의 산업 종사자 비중 변동을 추적해 비교한 것이다. 한국과 미국은 3차 산업으로 전환이 거의 완료되었음을 보여 준다. 동시에 2차 산업에서는 양국 모두 피크를 지난 양상을 보인다. 특히 미국은 오래전 피크를 지나 제조업 종사자 비중이 제조업 초기 수준으로 대폭 감소한 양상도 확인된다. 이와는 대조적으로 3차 산업에서 미국은 1인당 생산성이 가장 높은 수준이고, 종사자 비중도 90퍼센트에 육박한다.

중국이라는 예외

여기서 예외인 것처럼 보이는 나라는 다름 아닌 중국이다. 중국 역시 1차 산업에서는 순조로운 전환 양상을 보인다. 그런데 주목해야 할 부분은 바로 제조업이다. 중국 제조업은 개혁 개방 전에도 성장 추세였지만, 그 기반이 제대로 형성되기 시작한 것은 WTO에 가입한 2000년대 초반으로 볼 수 있다. 시진핑 1기 정부 중반인 2015년 5월 중국 정부가 '중국 제조 2025'라는 대담한 기치를 내걸고 산업 정책을 입안한 것이 겨우 10여 년 전이었음을 기억해 보자. 그림 6.1에 따르면 중국 제조업은 아직 피크에 도달하지 않았다. 물론 중국 제조업의 1인당 생산성과 종사자 비중 변화 추이는 한국이나 미국과 크게 다르

　　　　　　　6장 중국 첨단 산업 전략의 미래

지는 않다. 그렇다면 중국도 결국 피크를 지나는 것은 시간 문제일까? 제조업 종사자와 부가 가치 비중도 축소될까? 중국이라고 해서 산업 전환 경로에서 예외가 될 이유는 없다. 그렇지만 중국의 산업 전환에서 보아야 할 특징은 전환 자체가 아니라 분포, 즉 '롱테일(long tail) 현상'이다.

롱테일 현상의 의미를 이해하기 위해 어떤 분포 함수를 생각해 보자. 그 분포 함수의 x축을 1, 2, 3차 산업 전환을 의미하는 적당한 정량 지표로, y축을 산업 생산량(GDP 기여율)이나 종사자 비중 같은 데이터로 잡자. 그러면 1차 산업 시기에는 x축의 왼쪽 영역에서, 중기에는 x축의 가운데 영역에서, 그리고 후기에는 x축의 오른쪽 영역에서 분포 함수의 피크가 형성되며 종 모양 분포 곡선이 나타나고 곡선 자체는 점차 오른쪽으로 이동하는 양상을 보일 것이다. 그런데 중국은 좀 다르다. 분포 함수가 서서히 왼쪽에서 오른쪽으로 이동하긴 하나, 곡선은 넓게 그리고 피크가 여러 개 등장한다. 곡선의 끄트머리가 줄어들지 않고 완만하게 감소하기 때문에 긴 꼬리 같다는 의미에서 롱테일이라는 수식어가 붙는다.

중국 역시 많은 노동자가 2차 산업으로 진입했지만, 상대적으로 산업이 덜 발달한 내륙 혹은 서부 지역에는 (농촌 호적 인구 기준으로) 5억 명이 넘는 사람들이 여전히 1차 산업에 종사하고 있으며 그들 전부가 제조업으로 직종 전환하는 일은 불가능하다. 14억 명에 달하는 인구를 유지하기 위한 식량 자급은 중국에게 매우 중요한 안보 요소여서 농업 비중을 줄이기 어렵기 때문이다. 또한 고용률 안정을 위해서라

    차이나 반도체 라이징

도 농업 자동화에 제한이 걸린다. 계획 경제 체계를 유지하는 공산당 입장에서는 식량 안보와 실업률 관리가 주된 국정 과제 중 하나이기에 1차 산업 종사자 비중을 너무 낮추는 것은 정치적으로도 바람직하지 않다. 또 하나 주목할 변수는 중국에는 노동자들의 지역 이동 자유를 제한하는 후커우(戶口) 제도가 있다는 것이다. 이로 인해 지역간 노동자 이동은 물론, 산업 전환에 필요한 농촌-도시 간 인력 유입도 통제된다. 그래서 경제 논리만으로는 노동자의 자연스러운 전환과 유입을 산업 전환 메커니즘에 상정하기 어렵다.

중국 제조업 롱테일 현상

중국 산업 전환의 롱테일 현상은 제조업 안에서도 나타난다. 중국의 제조업 종사자 1인당 산출량은 급속한 경제 팽창 속에서 지난 20여년간 빠르게 증가했다. 그러나 당 주도의 정책이 국가 경제 체계를 제어하는 중국에서는 같은 제조업이라고 하더라도 세부 영역에서 전환 속도가 다르다. 예를 들어 배터리나 반도체, 전기 자동차 등은 5개년 경제 계획 산업 정책의 특별 지원을 받아 상대적으로 빠른 속도로 글로벌 시장에서 지배력을 발휘하는 산업이 되었다. 이는 정부의 정책 의지와 민간의 투자 규모 확장이 만나 기술과 자본의 축적이 가속되고, 다시 발전된 설비와 인력이 투입되면서 선순환 구조가 형성되었기 때문이다. 특히 규모의 경제를 기반으로 가격 경쟁력이 더해져 글로벌 시장 진입이 수월해졌다는 것도 주효했다. 이러한 제조업은 자동화도 더 빠르게 진행되기 때문에 종사자 비중도 점차 줄어든다. 실제로 중

     6장 중국 첨단 산업 전략의 미래

국에서는 2012년부터 2022년까지 불과 10년 동안 무려 1900만 개 이상의 제조업 일자리가 사라졌는데,[2] 이는 2020년대 미국 전체 제조업 일자리보다 많은 규모이며, 그중 상당수는 내연 기관차에서 전기 자동차로 전환 속도가 가팔랐던 자동차 산업에서 비롯된 것이다. 경제학 관점에서 자동화는 비용 절감과 기업 가치 극대화를 위한 합리적 선택이고, 산업 전환을 가속하는 수단이 된다. 첨단 제조업만 따진다면 제조업 종사자 비중은 중국에서 이미 피크를 지났을 수도 있다.

그렇지만 중국 제조업에는 다른 측면도 있다. 글로벌 수준에 도달한 영역 외에서는 전환이 상대적으로 더딜뿐더러, 중복 투자와 과잉 생산, 그리고 최근 심화되는 디플레이션 때문에 생산성과 수익성도 저하된다. 예를 들어 석유 화학, 섬유나 의류, 제지, 소규모 부품이나 기계류 등의 산업은 여전히 노동 집약적이며 설비 투자 규모나 회전율을 높이는 것에도 한계가 있고 디플레이션의 충격을 가장 앞서 받는 대표적인 분야다. 따라서 이런 제조업은 피크 도달 전이라고 볼 수 있다. 중국 제조업이 아직 피크 도달 전이라는 것은 제조업 종사자 비중이 여전히 높은 수준에서 유지되는 것에서도 드러난다. 실제로 중국 국가 통계국(中國國家統計局, NBS)의 2023년 공시 자료에 따르면 도시 단위 제조업 고용 비중은 2000년 약 14퍼센트에서 2022년 약 12퍼센트로 큰 폭의 감소를 보이지는 않는다. 중국 정부 입장에서도 제조업 종사자들이 서비스 업종으로 대량 이동하는 것은 바람직하지도 않고 구조적으로 불가능함을 알고 있고, 고용률 안정을 위해서라도 제조업 종사자 비중의 하한선을 지켜야 한다. 실제로 중국 정부는 2023년 5월에 열린

제20차 중앙 재경 위원회 1차 회의에서 전통 산업을 사양 산업, 즉 퇴출 대상으로 보면 안 된다는 노선을 정한 바 있으며, 이는 같은 회의에서 나온 '취업과 물가의 안정을 위해서라도 전통 산업(즉 제조업)을 지키는 것이 중요하다.'라는 주장으로 재확인되기도 한다. 그렇지만 이러한 산업 간, 혹은 제조업 내의 롱테일 현상과 정부의 인위적 조정 정책은 장기적으로는 중국 경제와 산업 경쟁력에 양날의 검이 될 수 있다.

경제 논리만 따른다면 1, 2차 산업의 상당수는 해외 공장 이전이나 위탁 생산, 자동화 추진, 경쟁력 약한 산업의 퇴출 등으로 국내 비중이 낮아져야 한다. 그러나 중국에서는 롱테일 현상으로 피크 아웃이 느리게 진행된다. 특히 중국 제조업은 첨단 산업을 제외하면 피크에 도달하기도 전에 그 정점이 평평해지는, 이른바 지연된 쇠퇴(delayed decay)를 겪을 가능성이 높다. 여기에 중요한 변수가 하나 더 있다. 중국에서도 이제 인공 지능이 빠르게 확산되면서 자동화, 무인화가 가속되고 있다는 것이다. 이는 기술에 의한 제조업의 인위적 급변을 다른 나라보다 제일 먼저, 그리고 제일 큰 규모로 겪을 가능성이 높아짐을 의미한다. 이렇게 보면 느린 전환 혹은 지연된 쇠퇴가 예상치 못하게 약간 도움을 줄 수도 있다. 예를 들어 중국 정부가 우선적으로 추진하는 제조업 공급망 내재화나 지역 균등 발전에서 시간을 벌어 주는 수단이 될 수도 있다.

　　　　　　　　　　6장 중국 첨단 산업 전략의 미래

산업 전환 타이밍의 문제

그러나 산업 전환 타이밍을 놓치면 결국 성장 동력은 서서히 약해진다. 비효율적 노동 구조와 중복 투자로 인한 수익성 악화, 그리고 과잉 생산에 따른 비용 증가가 경쟁력 저하로 돌아오기 때문이다. 경쟁력이 저하된 제조업 종사자들과 첨단 산업 종사자들 간 임금 격차는 더욱 벌어지고, 3차 산업의 서비스를 소비할 중산층 비중은 점점 얇아진다. 여기에 하나 더 추가되는 무거운 변수는 중국이 거대한 인구가 주는 효과를 누리던 시대가 끝나 가고 있다는 것이다. 중국은 2023년 이래 인구 순감소 국가로 돌입했으며, 세계에서 가장 빠르게 노령화가 진행되고 있어 역피라미드형으로 바뀌는 인구 구조는 산업 전환에 점점 불리한 요소로 작용한다. 또한 젊은 인력은 점차 제조업을 기피하고 있어 전문 인력 확보도 난항을 겪을 가능성이 높다. 이는 중국이 현재 유지하려는 산업 포트폴리오가 앞으로는 지속 가능성을 잃어 갈 수 있음을 보여 준다. 설사 제조 AI 전환을 서두른다고 해도 이것은 오히려 산업의 지속 가능성을 더 빠르게 떨어뜨릴 수도 있는 역설적 기제가 된다는 점에서 위험 요소다.

실제로 최근 NBS 자료에 따르면 중국은 전례 없는 장기 경기 침체에 빠질 위험이 높아지고 있다. 이미 중국 경제는 2022년 2월부터 2026년 2월까지 생산자 물가 지수(PPI)가 40개월 이상 연속 하락하는 디플레이션 기조에 접어들었다. 부동산 시장의 부실화와 지방 정부 재무 구조의 불안정성 심화, 미국과의 패권 경쟁과 첨단 기술 마찰, 그리고 무엇보다 정부 주도로 20년 가까이 막대한 투자를 쏟아부은 신산업에서 여전히 수익성 한계를 해결하지 못하는 산업 정책의 맹점은 현재의 디플레이션이 일시적 현상에 그치지 않을 것임을 예고한다. 특히 중국은 압축적인 성장 전환 과정에서 구매력을 갖는 소비자 집단이 되었어야 할 중산층이 두텁게 형성될 시간이 부족했다. 중산층에 진입하지 못한 1, 2차 산업 종사 저임금 노동자들에 대한 최소한의 사회 안전망 역시 제대로 갖춰지지 못했다. 그나마 고용 시장을 뒷받침해야 할 제조업마저도 자동화 추세에 따라 고용 규모가 점차 줄어드는 상황이다.

시진핑 3기에 접어든 공산당 정부는 여전히 첨단 산업에 집중하는 전략을 수정할 계획이 없다. 그렇지만 시진핑 체제와 함게 중국 사회도 같이 늙어 가고 있으며 점점 활력이 떨어져 가는 소비 규모와 2025년 8월 18.9퍼센트까지 치솟았다가 2026년 2월 기준으로도 여전히 16퍼센트를 상회하는 청년 실업률[3]로 대변되는 낮은 고용 안정성, 젊은 층의 경력 단절, 그리고 더욱 불투명해지는 대외 경쟁력은 중국이 원하는 방향으로 산업 전환이 진행될 가능성을 차단한다. 지금까지의 관성으로 향후 수년간 경제 성장률 5퍼센트 내외를 유지할 수는 있을 것이다. 그러나 산업 전환의 구조적 한계는 심화될 것이고 인민들이 체감하는 경기 위축은 더 심각해질 것이다. 전환 타이밍을 놓친 롱테일 현상은 부가 가치 창출 메커니즘의 발목을 잡는다.

중국식 해법은 가능한가?

중국은 '중국 제조 2025' 종료 이후 다시 10년을 내다보며 예컨대 '중

　　　　　　　　　　　6장 중국 첨단 산업 전략의 미래

국 표준 2035’, ‘중국AX 2035’ 같은 기치를 내세우며 새롭게 정책 방향
을 설정함으로써 이러한 문제를 정면 돌파하려 할 수도 있다. 예를 들
어 적극적으로 인공 지능을 받아들여 제조 AI 전환을 통해 1, 2, 3차
산업에서 동시에 혁신을 이룬다는 목표를 세울 수도 있다. 그렇지만
아이러니컬하게도 중국 산업 포트폴리오의 특성상 인공 지능이 확
산될수록 롱테일은 더 늘어질 것이고 산업 전환 효과도 희석될 것이
다. 4차 산업의 포트폴리오가 새로 구성되어도 첨단 산업 종사자들
과 그렇지 못한 산업 종사자들의 소득 격차는 사회 불안 요소가 될
것이다. 중국 정부는 이러한 딜레마를 해결하기 위해 어떤 방법을 취
할 수 있을까? 몇 가지 시나리오를 생각해 보자.

시나리오 1

중국이 산업 전환 논리에 순응한다면 어떻게 될까? 일단 1, 2차 산업
의 롱테일이 조금씩 사라지면서 3차 산업의 부가 가치는 빠르게 증
가할 것이다. 그렇지만 인공 지능을 적극 도입하는 단계에서 다른 나
라들과는 다르게 고용률은 더디게 개선되거나 오히려 감소할 수도
있다. 따라서 1, 2차 산업의 종사자들은 3차 산업을 통한 중산층 진
입 기회가 제한될 것이다. 특히 제조업 피크를 지나는 시점에서 1인당
GDP가 미국 수준의 10~15퍼센트 내외, 2025년 기준 환산으로 약1만
5000~2만 달러 구간에서 성장 동력을 잃으면 중산층의 소비 여력도
한계가 생긴다. 명목 기준으로는 세계 은행 고소득국 분류의 문턱(1인
당 GDP 1만 3846달러[4])을 간신히 넘겼더라도 실질적 선진국 도약에는

차이나 반도체 라이징

실패하는, 이른바 '상위 중진국 함정'에 빠지는 시나리오다. 이는 '성장은 했으나 분배가 따라가지 못하는' 형태의 중진국 함정이다. 부가 가치 총량은 늘어도 그 과실이 첨단 산업 종사자에게 집중되면서, 나머지 다수는 소득 정체 속에 내수 시장의 실질적 확대를 이끌 구매력을 갖추지 못한다는 것이 이 함정의 본질이다.

시나리오 2

공산당 정부의 시책이 롱테일 현상을 계속 안고 가는 전략을 택한다면 어떨까? 중국 정부는 GDP 성장률 둔화를 반전시키기 어렵다는 사실을 인지한다. 따라서 경제 성장으로 고용률도 같이 끌어올렸던 지난 세대 전략을 근본적으로 수정해야 한다는 압박이 형성될 수 있다. 동시에 1, 2차 산업 고용률을 유지하기 위해 일자리를 인위적으로 보호하거나 재배치하는 전략도 시행될 수 있다. 이를 위해 중국 정부는 제조업 시설 보조금을 더 확대할 것이고 세제 혜택 등으로 기업들의 기반 이전을 통제하려 할 것이다. 이 경우 제조업 종사자 비중은 20퍼센트 내외로 방어 가능하다. 그러나 동시에 제조업 종사자들의 부가 가치 창출도 인당 1만 5000달러 내외에 머물 것이다. 중국이 이 길을 따라가면 시나리오 1과는 성격이 다른 중진국 함정에 빠진다. 고용률 방어에는 성공하지만 1인당 부가 가치 창출이 정체되면서 이번에는 '일자리는 있으나 소득이 오르지 않는' 구조가 고착된다. 시나리오 1이 양극화가 증폭되는 성격의 중진국 함정이라면, 시나리오 2는 평준화된 정체 성격의 '하위 중진국 함정'이다. 전자는 사회 불안을, 후자는 경제 활력의 소멸을 먼저 초래한다는 점에서 방향은 달라도 귀결점은 수렴한다. 이와 동시에 이미 글로벌 수준에 이른 일부 산업은 2차 산업의 구조 조정을 기다리지 않고 인공 지능에 의한 자동화, 무인화에 훨씬 더 빠른 속도로 진입할 것이다. 이는 3차 산업이 인공 지능으로 비용 절감 효과를 가장 먼저 거둘 수 있는 영역이기 때문이기도 하다.

시나리오 3

시나리오 1과 2가 각각 '전환의 속도를 어떻게 가져가느냐?'의 문제였다면, 시나리오 3은 재정을 동원해 그 속도 조절 자체를 우회하려는 시도다. 중국 정부는 롱테일 현상을 완화하는 동시에 3차 산업 전환을 위해 공적 자금을 투입해 경기를 부양하는 정책을 취할 수도 있다. 그렇지만 이는 내수 시장 자체가 꾸준히 성장해야 가능하다. 중국은 이제 인구 순감소 국가로 돌입했고 중산층 인구도 더 두터워지기 어려우므로 내수 시장의 실질적 확대는 쉽지 않다. 그렇다면 소비 여력 확대 전략은 어떨까? 그러려면 인당 소득 수준이 지금보다 더 높아져야 하니까 노동자 1인당 부가 가치 생산이 제일 빠르게 증가하는 3, 4차 산업 고용률이 더 확대되어야 한다. 그렇지만 인공 지능이 빠르게 확산되는 시대로 접어들면서 무인화는 피할 수 없는 숙명이다. 즉 무인화를 통한 부가 가치 확대와 고용률 확대는 구조적으로 양립하기 어렵다.

보통의 민간 자본주의를 채택하는 민주주의 체제에서는 성숙기 이후 산업 전환은 시장이 주도한다. 그러나 중국은 그렇게 할 수 있는 상

차이나 반도체 라이징

황이 아니므로 고용률 및 평균 임금을 탑다운 방식으로 조절하는 정책이 동원될 것이다. 이를 위해 정부는 공적 자금을 더 많이 투입하고 세제 혜택 정책을 더 공격적으로 추진하려 할 것이다. 그마저 어렵다면 중국 정부는 각 지방 정부에 책임을 할당해 리저브 지분(reserve stock), 즉 정부가 직접 제조업 공장을 유지하거나 고용을 하는 준 공기업을 만들어 인위적으로 산업을 부양하려 할 것이다.

중국의 산업 지형과 경제 상황은 그 특수성이 워낙 커서, 어떤 시나리오도 정답처럼 단정하기 어렵다. 보다 현실적인 시나리오로는, 저부가 가치 롱테일 산업과 고부가 가치 첨단 산업을 병행하는 투 트랙 전략도 거론된다. 다시 말해 산업의 롱테일 현상을 단점이 아니라 체제 유지와 고용 흡수의 강점으로 활용하는 방식이다. 그러나 이러한 선택은 결국 사실상 경제적 계층 분화를 제도적으로 받아들이는 결과로 이어질 가능성이 크다. 누군가는 고된 노동과 낮은 임금, 불안정한 처우를 감수한 채 1, 2차 산업과 저부가 가치 제조업에 머물러야 하고, 반대로 다른 누군가는 상대적으로 높은 임금과 더 나은 사회적 위상을 보장받는 고부가 가치 첨단 산업으로 이동하는 구조를 수용해야 하기 때문이다. 산업 간 인력 이동이 강하게 통제되고 있는 만큼 중국 사회 내부의 임금 격차는 확대될 것이고, 계층 이동의 통로는 좁아지며, 계층 간 소통 역시 한층 더 엄격하게 관리될 가능성이 크다. 이는 중국 사회의 개방성을 약화시키고, 장기적으로는 글로벌화의 기반까지 훼손할 수 있다. 또한 이러한 탑다운식 통제가 초연결, 인공지능 시대에도 실제로 지속 가능할지는 여전히 미지수다.

　　　　　　　　　　　　　　6장 중국 첨단 산업 전략의 미래

탑다운 vs. 보텀업

상명하복식 산업 정책

탑다운식 산업 정책에 힘입은 중국의 고속 성장, 특히 반도체와 인공 지능 분야에서의 기술 굴기는 이제 단순한 관찰의 대상을 넘어 벤치마킹 사례로까지 거론되고 있다. 그 관심이 지나친 나머지 중국식 탑다운 정책으로의 회귀를 주장하는 목소리까지 등장한다. 그러나 중국 특유의 국가 자본주의가 떠받치는 이러한 산업 정책이 과연 장기적으로도 의도한 대로 작동할 수 있을까? 아니면 구조적 함정으로 지속 가능성에 한계가 생기는 결말을 피하지 못할까?

이는 사실 비단 중국만의 문제는 아니다. 중국을 제 1의 무역 파트너로 삼는 나라들이 미국을 제1의 파트너로 삼는 나라들의 경제 규모를 추월하기 시작했으므로 이는 근본적으로는 글로벌 스케일의 문제다. 중국과 모든 산업 영역에서 경쟁해야 하는 한국 입장에서도 중국식 탑다운 산업 정책의 향방은 매우 중요한 문제다. 특히 반도체나 인공 지능 같은 분야는 향후 한국의 산업 경제 정책은 물론, 한국 경제의 펀더멘털과도 직결되므로 치밀한 분석이 필요하다.

우선 중국이 탑다운식 국가 주도 산업 정책을 처음으로 펼친 나라는 아니다. 산업사에서 자주 언급되는 모델은 프랑스다. 루이 14세(Louis XIV) 시절 장바티스트 콜베르(Jean-Baptiste Colbert)는 재무 총감(Contrôleur Général des Finances)으로 취임한 1661년부터 사망 시점인 1683년까지 약 20여 년간 국가 주도의 제조업 육성 정책을 주도했다. 당시로서는 첨단 산업이었던 직물, 유리, 도자기, 그리고 대포나 군함 같은 군수 산업에서 콜베르가 주로 활용한 수단은 표준이었다. 상품 제조 규격과 품질 기준을 통일했고, 불량품에는 벌금을 부과했을 뿐만 아니라 회사 소유주까지 형사 처벌할 정도로 강력한 규제 정책을 시행했다. 당시 프랑스의 첨단 산업 경쟁력이 네덜란드나 영국 같은 주요 경쟁국보다 다소 뒤떨어지다 보니 콜베르는 외국 인재 유치에도 열을 올렸다. 유리 가공에서는 네덜란드, 군수와 직조에서는 영국, 유리와 직조 등에서는 이탈리아 등에서 세계 최고 수준의 장인, 즉 엔지니어들을 초빙했다.

콜베르는 제조업 육성 정책을 내수에만 한정하지 않았다. 만성 무역 적자를 해소하기 위해 국가가 선박과 항로 운영에 전권을 행사하며 국영 상선대를 운영했고, 이는 내수 산업 보호에 일조했다. 그러나 20여 년간의 강력한 국가 주도 산업 정책에도 한계는 있었다. 왕가의 사치로 국가 재정은 늘 모자랐고 여기에 끊임없는 전쟁으로 재정 건전성도 날로 악화되었기 때문이었다. 또한 국가가 표준을 독점하다 보니 새로운 제품 개발은 위축되었고 정해진 품질 기준만 겨우 맞추며 처벌을 피하려는 관행도 생겨났다. 즉 민간 산업이 보수적 방향으로 퇴화되며 콜베르가 바라던 혁신은 오히려 퇴보했다. 이는 장기적으로는 프랑스의 경제 활력 저하의 원인 중 하나가 되었다. 탐다운 산업 정책이 부작용을 낳은 대표적 사례다.

근대 사례로는 메이지 시대(1868~1912년) 일본이 있다. 당시 일본은 서구 제국주의 국가들과의 경제력 격차를 줄이기 위해 철강, 조선, 전신, 철도, 군수 산업을 중심으로 정부가 주도하는 공격적 산업 육성 카드를 들고 나왔다. 메이지 정부가 계획했던 메커니즘은 정부가 국영 제철소, 조선소, 전신국을 먼저 설립하고 이 기관들이 해외 사절단 등을 통해 서구 기술을 흡수하며, 고도로 훈련된 엘리트 관료들이 산업별 로드맵을 입안하고, 단계마다 정부 보조금을 제공하는 동시에 내수 산업 보호를 위해 관세 같은 보호 무역 정책을 설계하는 것이었다.

특히 메이지 정부는 19세기 말과 20세기 초반 제국주의 경쟁 심화 기조 속에 전쟁 수행력을 증강하기 위해 야마가타나 야와타 등 핵심 입지에 중화학 공업을 집중 육성했는데 그 결과 불과 30여 년 만에 일본은 아시아 최대 최강의 군산 복합 산업 기반을 다질 수 있었다. 문제는 이러한 정책에서 필요로 했던 자원 수급이 생각보다 불안정했다는 것이다. 메이지 정부는 국내에서 주로 수급하던 철광석, 석탄 같은 자원이 산업 팽창으로 예상보다 빠르게 고갈되자, 한반도, 동남아시아, 만주 등 외부로 자원 수급 루트를 확장하기 위해 식민지 침탈 전쟁을 벌였다. 메이지 정부가 보조금을 주면서 키운 기업들은 1890년대 들어 미쓰비시, 미쓰이, 스미토모, 야스다 등 소수의 재벌에게 매각되는 방식으로 이전되며 민간 부문의 자본 축적으로 이어졌다. 그렇지만 그 과정에서 관료와 재벌 간 정경 유착이 심화되었다. 당시 일본의 중화학 공업 기반이 대부분 이렇게 유착 관계의 등에 올라탄 재벌 위주로 구성되다 보니 중소기업의 자생이 힘들었고 따라서 혁신의 기반도 더 뿌리를 깊이 내리기는 어려웠다. 이 역시 국가 주도의 탑다운 정책이 어떠한 부작용을 일으키는지를 보여 주는 대표적 사례다.

보텀업 정책의 특징

그렇다면 반대로 민간이 주도한 이른바 보텀업(bottom-up) 산업 정책은 어땠을까? 대표적 케이스는 산업 혁명 시기 영국이다. 1760~1840년 산업 혁명 시기 영국에도 정부 주도의 산업 정책이 있었다. 그렇지만 프랑스와는 달리 영국은 규제가 아닌 혁신 유도 메커니즘에 초점을 맞췄다. 영국 정부는 1624년 이후 특허 제도를 강화해 발명자 권리를 보호하며 혁신을 통해 부자가 될 수 있는 길을 제도적으로 보장해 주었다. 특히 발명자들의 기술이 상업화될 수 있도록 투자를 유인하는 금융 제도도 업그레이드했는데 이는 현재의 VC와 원리상 크게 다르지 않다. 자본이 뒷받침되니 주식회사 같은 기업 설립도 용이해졌고 대규모 자금이 필요한 설비 구입에도 자본이 효과적으로 투입될 수 있었다.

이러한 구조는 영국의 민간 경제 활성화에 크게 기여했다. 1774년에는 인도 면제품 개방 같은 조치를 취해 자유 무역을 보장했고, 영국 회사들의 제품이 해외 시장으로 수출될 길도 열렸다. 그 결과 영국 경제는 전 세계 시장을 기반으로 규모의 경제를 한층 강화할 수 있었다. 물론 이 과정에서 수많은 크고 작은 기업들이 퇴출되었으며 도시 과밀화가 진행되었고 빈민이나 아동 노동, 환경 오염 문제도 심화되었다.

실리콘 밸리로 대표되는 미국 역시 민간 자본주의 보텀업 정책의 수혜를 본 케이스다. 1957년 캘리포니아 주에 페어차일드 반도체(Fairchild Semiconductor)가 설립된 이후, 그 주변 생태계가 확장되면서 1971년에 처음으로 실리콘 밸리라는 명칭이 등장했다. 이후 1990년대까지 주요 대학에서 분사된 수많은 스타트업의 창업 문화, 기술 이전을 장려하는 연구 개발 문화, VC의 활발한 투자가 선순환 구조를 이루는 시스템이 가세하면서 실리콘 밸리는 연평균 20퍼센트의 성장률로 그 산업 규모가 빠르게 확장되었다. 미국 정부가 직접 관여한 부분은 많지 않았다. 다만 주요 기술 개발 과정마다 연방 정부의 선행 투자가 있었다는 점은 주목할 만하다. ARPA 같은 정부 기관이 인터넷의 기초를 이루는 기술 개발에 가장 큰 공헌을 하기도 했다. 그렇지만 실리콘 밸리의 가장 큰 성공 요인은 학교-스타트업-VC가 생태계를 이룬 시스템의 자생적 활성화였다. 창고에서 창업한다는 벤처 문화가 일상으로 자리 잡으면서 대학 교수는 물론 학생 창업이 빈번했고 그 중 살아남은 기업들은 현재의 미국 IT, 그리고 인공 지능을 이끄는 초거대 기업이 되었다.

물론 민간이 주도하는 방식의 혁신 경제이다 보니 때로는 투자가 과열되어 2000년대 닷컴 버블이나 2010년대 엘리자베스 홈스(Elizabeth Holmes)의 테라노스(Theranos) 같은 기술 사기 사건이 종종 발생했고 버블 형성과 붕괴가 반복되는 부작용을 피할 수 없었다. 그렇지만 실리콘 밸리가 지금까지 미국의 주요 혁신 엔진으로서 버틸 수 있었던 주된 이유는 정부 개입이 최소화된 상황에서 전 세계로부터 가장 혁신적인 인재를 영입할 수 있는 유학 이민 제도가 유연하게 유지되었으며 가장 발달한 자본주의 시스템에서 효율적 자금 조달이 이루어졌고, 동시에 첨단 기술이 쉽게 상업화 테스트를 받을 수 있는 플랫폼과 시설이 밀집된 클러스터가 자발적으로 성장했기 때문이다.

탑다운과 보텀업 사이

이처럼 역사적 사례를 고려할 때 국가 주도의 탑다운 정책은 너무 강력해도 안 되고, 아예 없어도 안 된다는 것을 알 수 있다. 탑다운 방식은 아직 경제가 발전하지 못한 나라가 선진국과 격차를 줄이며 첨단 산업에 진입하기 위해 취할 수 있는 일종의 고육지책이다. 이를 위해서는 고도로 훈련된 엘리트 관료 조직이 필요하다. 또한 인력 교육과 훈련 시스템이 갖춰져야 하고, 기술과 자본을 외부에서 도입할 수 있는 제도도 정착되어야 한다. 아울러 국가는 거대한 자본을 조달해 각 부문에 투입할 수 있을 만큼 강한 권한을 확보해야 한다. 이러한 정책이 시행된다고 해서 곧바로 단기적 성과로 이어지는 것은 아니다. 따라서 경제 계획은 주기적으로 수정, 보완되어야 하며, 국가 프로젝트의 성과를 점검하고 관리하는 체계도 함께 마련되어야 한다.

또한 민간 부문이 충분히 성장하기 전까지는 자원 낭비를 막는다는 명목 아래 민간 활동을 제한하는 강한 규제 체제가 뒤따르기 쉽다. 사실 민간의 자유로운 기업 활동과 경제 활동을 통제하기 위해 정부가 시장에 과도하게 개입하는 것은 비판의 대상이 될 수밖에 없다. 정부가 이를 핑계로 시민의 자유를 억압하고 재산권을 침해하며 관료들의 부정부패 구조가 뿌리내리는 것을 피하기 어렵기 때문이다.

멀리 갈 것도 없이 1960년대와 1970년대 박정희 정부 시절 한국도 1차 산업 위주의 후진국에서 탈출하기 위해 중화학 공업 육성책을 강력하게 펼치면서 환경이나 노동자 인권, 국민 재산권 등이 침해당한 경우가 부지기수였고, 민주화 이후에 일어난 1997년 한보 사태도 정

6장 중국 첨단 산업 전략의 미래

경 유착으로 인한 대표적 실패 사례로 볼 수 있다. 메이지 시대 일본이 택했던 방식인 정부 육성 산업이 민간으로 이양되는 방법론 역시, 한국에서 개발 시대 정부-재벌의 정경 유착이 동반된 부정부패 구조로 재현되었다. 정부가 일시적으로 민간 경제에 관여하는 고육지책이 단기적 처방에 그치지 않고 경제 펀더멘털까지 훼손하면 그 나라 경제 시스템의 다음 단계 도약은 오히려 어려워진다. 제도 유연성의 부족, 즉 법과 재산권 보호가 경직되면서 장기적 역동성이 무조건 떨어질 수밖에 없기 때문이다.

그런데 최근 중국 공산당의 탑다운 정책은 역사적 사례를 근거 삼아 이분법적으로 판가름하기가 쉽지 않다. 물론 여기서 오해하면 안 되는 부분이 있다. 그것은 이러한 논의가 이제 와서 한국이 중국식 산업 정책을 본받기 위해 반세기 전에나 통했던 개발 논리를 다시 되살리자는 주장의 근거를 제시하기 위함이 아니라는 것이다. 중국이 시행하는 탑다운 정책은 현재의 한국에 적용하기도 어렵고, 중국을 벤치마킹하기 위해 개발 시대 논리를 부활시키는 것도 어불성설이다. 그렇지만 한 가지 확실한 것은 현재의 한국 산업 포트폴리오와 경제 펀더멘털은 중국의 산업 정책으로 원하든 원치 않든 많이 영향을 받을 수밖에 없는 상황이라는 것이다. 따라서 한국은 중국의 산업 정책과 그 결과를 면밀하게 분석해야 한다. 중국식 탑다운 정책의 실체는 무엇이고 기존의 부정적 사례와의 차이점은 무엇이며 만약 한국이 벤치마킹할 부분이 있다면 어떻게 변용할 것인지를 논하기 위해서라도 실무적 관점에서 냉철한 분석이 필요하다.

중국식 탑다운 정책

중국 역시 탑다운 정책의 맹점인 파괴적 혁신이 자생적으로 출현하기 어려운 문제에 뚜렷한 해법을 갖고 있지는 않다. 이러한 한계가 생기는 이유는 중앙 집권 체제에서는 기본적으로 정보의 비대칭성이 존재할 뿐만 아니라 정책을 입안하고 집행하는 주체가 현장의 반응을 실시간으로 반영하기 어렵기 때문이다. 중앙 정부가 아무리 엘리트 중심의 관료 조직을 갖추고 있다 해도, 시장 수요의 변동에 민감하게 대응하고 새로운 기술의 맹아가 자라나는 흐름을 포착하기는 쉽지 않다. 특히 중앙 집권형 산업 정책에서는 관료들의 KPI가 경제 성장률이나 기술 자급도 같은 정량 지표에 고정되는 경우가 많기 때문에, 처음 설정된 목표를 벗어난 새로운 변화를 시도하기가 어렵다. 달성 가능한 수치 목표가 눈앞에 제시되어 있는 상황에서 굳이 자원을 다른 곳으로 돌려 새로운 사업을 지원하려면 상당한 용기가 필요하다. 성공하면 다행이지만 실패할 경우에는 불이익을 감수해야 하기 때문이다. 중앙 집권형 계획 경제에서 설정되는 KPI는 대체로 유연하지 않으며, 일단 정해진 지표는 꾸준한 성장을 전제로 작동하기 때문에 계획 진행 과정에서 새롭게 등장하는 변수들을 중간에 평가 체계 안으로 흡수하기도 어렵다.

관료의 전문성이 강화될 수는 있어도, 산업이 다양해지고 규모가 성장하면 그에 맞춰 관료제도 복잡해질 수밖에 없다. 이로 인해 정부 조직은 비대해지며 경직성 함정에 빠진다. 예를 들어 중국의 최근 5개년 경제 계획에서 반도체나 인공 지능이 핵심 산업으로 관리되는 한,

자원을 이 분야들에 집중하는 방향은 설령 다른 산업에서 파괴적 혁신의 징후가 뚜렷하게 나타나더라도 쉽게 바꾸기 어렵다. 핵심 산업에 연계된 관료나 민간 사업자들이 자신의 파이를 뺏길까 하는 마음에 협력보다는 견제를 먼저 택하기 때문이다.

그럼에도 중국식 탑다운 정책의 차별점은 있다. 중국은 콜베르 시기 프랑스나 메이지 시대 일본과는 다르게 산업 정책이 글로벌 시장과 당장 경쟁하기 위함이 아닌 내수 시장 활성화와 기술 자급도 향상에 초점이 맞춰져 있다는 것이 대표적이다. 반도체 산업만 하더라도 중국이 1, 2차 빅 펀드로 지원하던 주 영역은 반도체 제조와 소부장 기술 자급이었다. 2024년 3기 빅 펀드에 이르러서야 글로벌 시장에서 경쟁이 가능한 기업들로 지원 대상이 구체화되고 있을 뿐이다. 또한 중국은 첨단 산업 육성을 위한 산업 정책을 펼치면서도 그 주체를 단일화하지는 않았다. 큰 그림을 그리는 것은 공산당이지만, 각 성 정부는 자체 정책을 병행하며 정책도 분산된다. 목표는 공산당이 세울지라도 실행은 지역 현장에서 이루어지는 셈이다.

중국의 하이브리드 전략

중국식 탑다운 산업 정책이 갖는 차별점은 중앙-지방의 분산 체제에만 있는 것은 아니다. 중국은 20세기 시절 (구)소련과는 달리 적극적으로 민간과 공공의 혼합, 즉 하이브리드 방식을 적극 추진한다. 중앙의 계획은 존재하지만 디테일한 실행은 지방 정부와 민간 기업들에게 위임된다. 민간 기업에 자율권을 열어 주면 기업은 일종의 안전 지대

차이나 반도체 라이징

를 확보할 수 있다. 특히 2010년대 들어 중국의 민간 경제 규모가 급속도로 팽창하면서 금융 산업도 같이 커졌는데 이를 통해 중국의 첨단 산업을 주도하는 민간 기업들은 실리콘 밸리 방식의 VC를 민관 합작 펀드 등의 형태로 활용할 수 있었다. 민관 펀드는 완전히 민간 주도는 아니며(예를 들어 빅 펀드에 중국의 6대 주요 공공 은행이 관여한 것처럼) 정부의 개입 여지가 있는 형태로서, 경쟁력이 있다고 판단되는 영역에 정부가 후속 투자를 집중하는 방식을 취한다.

민간 분야도 다른 나라와는 차이점이 있다. 상당수 민간 기업들의 전신은 공기업이거나 중국 인민 해방군에서 분사된 기업들이다. 지방 정부 산하 연구원 등에서 창업한 케이스도 많다. 공공 기관에서 독립한 이후에도 이 기업들은 당의 영향권에 놓인다. 기업들이 기반을 두는 원천 기술도 정부의 연구 개발 사업에서 창출된 것이 대부분이며 그래서 정부가 기술 활용이나 이전에 관여할 권한이 있다. 또한 분사된 기업들은 정부로부터 후속 투자를 받기 위해서라도 굳이 당의 관여를 개입으로만 치부하지는 않는다. 중국의 탑다운식 산업 정책을 민간 대 공공의 이분 구조로 나눠서 분석하기 어려운 이유도 바로 여기에 있다.

중국 정부와 대기업, 대학과 스타트업이 어우러지는 산업 정책이 갖는 독특함은 탑다운식 산업 정책이 갖는 약점으로 지적되던, 파괴적 혁신이 자생적으로 출현하기 어렵다는 구조적 한계마저 뛰어넘을 수도 있다. 그렇지만 한국이 이 지점에서 잘 관찰해야 하는 부분은 중국에서 보고되는 상당수의 혁신이 겉모습과 실제 속내가 다를 수 있

     6장 중국 첨단 산업 전략의 미래

다는 것이다. 한국이 중국의 정책을 겉보기 성과만으로 맹신하면 안 되는 이유는 무엇일까?

중국의 탑다운 산업 정책은 아무리 민간과 밀착되며 하이브리드화되고 실물 경제로 연계된다고 해도 중앙 집권 체제에서 운영된다는 기본 사실은 바뀌지 않는다. 정부, 더 정확히는 공산당의 정책 방향에 반기를 드는 민간 주체는 언제든 페널티를 받을 수 있고, 심지어 경제 활동 라이선스(판호)를 잃으면서 퇴출될 수도 있다. 몇 년 전 알리바바의 마윈(馬雲) 회장이 핀테크 사업에 진출하는 과정에서 중국 정부 주도의 금융 시스템이 갖는 한계를 비판하며 지적했다가 경영 일선에서 퇴출된, 그리고 알리바바의 핀테크 사업도 중단된 사례는 빙산의 일각일 뿐이다. 중국 민간 기업들은 정부의 산업 정책에 발맞춰 정부가 핵심 산업이라고 지정하는 영역에서 투자를 집중하고 성과 지표를 설정한다. 그런데 그 KPI가 만약 '생산량' 정도로 설정된다면 어떨까? 생산에만 집중하고 수율이나 재고 관리, 원가 관리는 뒷전으로 밀릴 것이다. 이러한 문제는 중국의 거의 모든 산업에서 이미 관찰되고 있다.

현재 중국 제조업이 겪고 있는 가장 큰 문제는 과잉 생산과 이로 인한 디플레이션 압력이다. 중앙 정부로부터 공격적으로 투자하라는 상명이 하달되다 보니, 한때는 전도유망한 산업이었던 철강, 석유 화학, 태양광, 전기차, 배터리 분야마저 이제 과잉 생산으로 펀더멘털이 흔들리는 상황으로 치닫고 있다. 과잉 생산은 한 회사가 너무 많이 생산해서 생기는 문제라기보다는 너무 많은 기업이 중복 투자를 하면

472　　　　　　　　　　　　　　　　　

서, 더구나 비슷한 세대의 좁은 범위의 기술에 몰리면서 발생하는 문제로 볼 수 있다. 즉 '파괴적 혁신'이 아닌 '파괴적 가격 경쟁'이 생겨나고 이는 고스란히 생산자 물가 지수 하락으로 이어지면서 다시 역대 최장의 디플레이션이라는 결말로 흐르게 된다.[5] 디플레이션이 만연하면 기업의 수익성은 악화 일로를 걸으며 기업에 투자했던 민간 자본은 물론 국가 자본도 부실이 누적된다. 실업률은 치솟고 경기 다운턴은 길어지며, 일자리를 찾지 못한 고학력자들이 사회 불안 세력이 될 가능성이 늘어난다.

중국의 하이브리드식 산업 정책은 그에 맞서기 위한 다른 나라들의 역대응 정책도 유도한다는 문제가 있다. 중국 산업이 초기에는 주로 내수 시장 안정화와 내재화에 초점을 맞추었다고는 하나, 2020년대 이후 전기 자동차, 배터리, 통신, 반도체, 석유 화학, 철강, 조선 등의 분야에서는 과잉 생산 압력의 해소를 위해 글로벌 시장으로 진출이 가속되고 있다. 그렇지만 중국 기업들은 대부분 이미 생산 과정에서 정부 보조금을 받았기 때문에 상품을 글로벌 시장으로 수출하는 순간부터 불공정 시비에 걸린다. 특히 중국 수출품에 자국 시장을 개방해 온 나라들은 기업에 대한 제재와 규제를 강화할 수밖에 없다. 미중 기술 패권 경쟁이 노골화되면서 제조업과 첨단 산업에서 글로벌 영향력을 유지하려는 선진국들 또한 중국식 국가 자본주의를 견제하기 위해 규제 강도를 높이고 있다. 반도체 분야에서는 미국 주도의 대중 규제에 일본, 네덜란드, 영국 등이 동참했고, 인공 지능 분야에서도 대중 규제망은 점차 넓어지고 있다. 해외 시장 접근성이 저하될 경

　　　　　　　　　　　　　　　6장 중국 첨단 산업 전략의 미래

우 내수 경쟁력 위주로 산업의 파이를 키워 오던 중국 기업들의 스케일업 전략에는 근본적인 제한이 생긴다.

하나 더 고려할 부분은 중국식 탑다운 산업 정책도 선배 국가들의 경로에서 벗어나기는 어렵다는 것이다. 한국, 미국, 독일, 일본 같은 나라들은 이미 1, 2, 3차 산업으로의 전환을 어느 정도 끝낸 상황이고, 그 과정에서 크고 작은 산업 정책을 정부 주도로 시행해 효과를 보았고 부작용도 겪었던 나라들이다. 그렇지만 이 나라들, 특히 동아시아권 나라들이 겪는 공통적 문제는 출생률 저하와 급속한 노령화다. 이로 인해 빠르면 한 세대 안으로 경제 활동 인구는 대폭 감소할 것이고, 더불어 내수 시장 규모는 빠르게 축소한다. 중국도 이러한 경로에 이미 진입했다. 중국의 출생률은 2024년 합계 출산율 기준으로 이미 1.0을 밑돌 정도로 급속히 감소하고 있으며, 중국은 2023년부터 인구 순감소 국가로 진입했다. 동시에 노령화 속도는 세계 최고 수준이라 2050년경에는 중국 전체 인구의 3분의 1 가까이가 65세 이상이 된다.

그렇지 않아도 중국은 2020년대 이후 그간 가파르게 두 자릿수 성장하던 경제 성장률이 5퍼센트대로 안착되는 경향을 보이고 있고, 그마저도 장기 디플레이션, 부동산 경기 침체와 부실, 글로벌 시장 진출의 한계 등으로 점차 감소할 전망이다. 연간 0.1~0.2퍼센트씩 감소하는 추세를 가정해 2030년대가 되면 심리적 저항선인 3퍼센트마저 무너질 수도 있다. 실제로 IMF는 2024년 워킹 페이퍼에서 구조 개혁 없이는 2031~2040년 중국의 잠재 성장률이 평균 약 2.8퍼센트까지 하락할 수 있다고 분석한 바 있다.[6] 그간 가파르게 성장하던 GDP가 이렇게 저상장 국면으로 진입하면 그간 중국 국가 주도 산업 정책의 엔진이 되어 주던 거대한 국가 자본, 즉 세수도 그만큼 줄어들고 지방 정부는 더더욱 어려움에 처한다. 중앙-지방으로 모멘텀이 나뉜 산업 정책의 지속 가능성이 담보되지 않는 것이다. 더구나 지방 정부는 집중적인 산업 정책 추진을 위해 지방채를 지난 20년간 꾸준히 발행했지만, 지방에 기반을 둔 산업체들의 성장이 둔화되거나 심지어 축소되면 부실 채권의 증대로 재정 불안정성이 생기거나 심지어 채무 불이행 사태가 일어날 가능성도 고조된다. 또한 중국도 중진국에 진입하면서 선배 국가들이 겪었던 글로벌 규제 환경에 똑같이 봉착하게 되며 환경 규제, 탄소세 부과 등을 피할 수 없다. 신재생 에너지 보급이 가장 빠른 속도로 이루어지고 있다고는 하지만, 여전히 중국의 주력 전력 믹스는 화력이며, 절대 다수의 제조업은 화력 발전 기반의 저렴한 산업 전기에 의존한다. 이러한 구조에서 환경, 사회 및 지배 구조(ESG), 특히 탄소세의 부담 증강은 중국 제조업의 지속 가능성에 큰 문제로 작용할 것이다.

중국식 산업 정책의 지속 가능성

산업 정책 지속 가능성의 한계는 중국 내에서도 인지하고 있다. 중국 국가 자연 과학 지원 기금 위원회(國家自然科學基金委員會, NSFC)에 게재된 논문[7]에서는 동적 일반 균형(DGE) 모델을 이용해 인구 구조 변동이 노동 공급-수요-GDP에 미치는 여러 시나리오를 정량적으로 평가했으며, 그로부터 도출된 결론은 2030년대 이후 고령화가 본격

6장 중국 첨단 산업 전략의 미래

화되면 노동력이 연평균 0.3퍼센트씩 감소하므로 현재의 투자 의존형 경제 성장 구조는 지속이 어렵다는 것이었다. 특히 급속한 노령화는 정부의 사회 보장 지출 부담을 키워 산업 정책에 투입할 재원을 줄일 것으로 나타났다. 중국식 탑다운 산업 정책이 영원히 지속될 수 없음은 외부의 시선으로 바라보았을 때에도 명확하다. 미국의 싱크 탱크인 CSIS는 중국의 산업 정책이 화웨이나 알리바바, 텐센트, CATL 같은 승자를 대규모로 키우는 것에는 성공했으나, 그를 떠받치는 산업 생태계의 강건성, 즉 수익성 강화나 자립도 강화에서는 실패했다고 평가했다. CSIS는 중국의 산업 정책이 중국 내수 자급도 제고에 초점을 맞추고 있지만, 그 전략에는 일정한 천장이 존재하기 때문에 중국이 글로벌 기술 공급망에서 구조적 취약성을 완전히 벗어나기는 어렵다고 지적한다. 또한 중국 산업 정책, 특히 제조업과 첨단 산업의 기반이 되어 온 산업 클러스터와 그 내부의 플랫폼 역시 지역 간 격차가 커지고 있다는 점도 한계로 거론했다. 상하이, 둥관 같은 고소득 해안권 지역과 청두, 우한 같은 내륙 지역 사이의 격차가 벌어지면서 이 모델의 확산 가능성에 제약이 생기고 전문 인력 수준의 격차가 더 커지는 것도 막기 어려워지고 있다는 것이다. 다시 말해 대다수 고학력 청년 인재, 특히 대졸 인력은 가능한 한 소득 수준이 높은 동남부 연해 지역으로 이동하려 하지, 3선 도시나 지방에 남아 저임금, 고강도 노동을 감내하려 하지는 않을 것이라는 뜻이다.

중국 내외부에서 산업 정책의 지속 가능성 한계에 대한 논의가 뜨거워지면서 중국 정부도 해법 마련에 고심하는 것으로 보인다. 특히

차이나 반도체 라이징

한국에서도 최근 많이 논의되고 있는, 이른바 규제 샌드박스를 확대하는 정책은 조금 더 세밀하게 들여다볼 여지가 있다. 예를 들어 이른바 '디지털 상하이(Digital Shanghai)' 구상처럼, 디지털 전환과 첨단 산업 등을 골자로 한 정책 실험 구역 내에서는 규제가 유예되고 세제 인센티브 등이 추가로 강화된다. 이러한 규제 샌드박스 정책이 성공한다면, 중국 정부는 동일한 방식을 전국에 산재한 특구로 확산시킬 것이고 실패한다면 다음 사이클에 바로 철회하는 방식을 취하려 하는 것으로 보인다. 이와 더불어 중국은 대중국 첨단 산업 포위망을 뚫기 위해 일대일로 등을 활용해 제3세계로의 영향력을 확장하는 방법도 고려하는 것으로 보이는데, 특히 중앙아시아, 서남아시아, 아프리카 지역에 집중해 현지화 방침을 통해 시장을 확장하려 하는 것으로 보인다. 그렇지만 이러한 방책은 대부분 근본적인 해결책과는 거리가 있다.

중국의 산업 정책, 그리고 그에 기반한 경제 성장 모델의 지속 가능성은 영원하지 않다. 중국의 경제 성장률이 2030년대 중후반 이후 정말로 연평균 3퍼센트 이하로 고착될 경우 가장 큰 변화는 국가 자본과 민간 자본 비중의 변동일 것이다. 예를 들어 2021년 중반 기준, 중국의 민간 기업은 주가가 빠르게 상승하며 시가 총액 기준으로 중국 GDP의 55퍼센트에 육박했다. 그렇지만 2023년에는 그 비중이 40퍼센트로 급락했다. 그런데 흥미롭게도 같은 기간 동안 중국 국영 기업 중 상장 기업의 시가 총액이 33퍼센트에서 54퍼센트로 확대되었다. 민간 비중이 과반이었다가 다시 공공 영역에게 자리를 내어주며 역전된 셈이다. 물론 국영 기업과 민간 기업의 자본 축적 메커니즘에는 근본적 차이가 있음을 인지해야 한다. 예를 들어 국영 기업은 저비용 정책 금융, 지방 정부의 채권 발행을 토대로 원하는 만큼 투자를 확대하는 것이 이론상 가능하다. 따라서 수익성이 저하되는 경제 하강 국면에서도 정부의 비중은 일정 수준 이하로 내려가지 않는다. 그런데 민간 기업은 시장에 매우 민감하다. 따라서 경제 고성장 국면에서는 빠르게 자본을 축적할 수 있지만, 디플레이션 국면에서는 자본 조달도 어려워지고 투자 여력이 축소된다.

중국의 거시 경제 성장률이 장기적으로 3퍼센트 박스권을 못 벗어나게 되면 어떤 일이 생길까? 2020년만 해도 중국의 민간 기업 성장률은 국영 기업 성장률보다 2~3퍼센트 이상 높았다. 그래서 민간 자본 축적이 공공에 비해 더 가파르게 상승했다. 그렇지만 3퍼센트대 저성장기에 전입하면, 국영 기업 성장률은 이론적으로는 3퍼센트 정도로 방어될 수 있으나 (국가 투자가 줄어들 것이므로) 민간 기업 성장률은 더 큰 타격을 받아 3.5퍼센트 정도로 간신히 평균을 상회하는 수준에 수렴하게 될 것이다. 공공-민간 자본 축적률 격차가 2퍼센트에서 0.5퍼센트 수준으로 축소되는 셈이다. 이러한 저성장 국면에서 민간 경제 규모가 지금처럼 이미 과반 이하로 내려온 상황은 앞으로는 더 개선되기 어려우며, 역전하기는 더더욱 쉽지 않다. 물론 0.5퍼센트의 격차를 무시할 수는 없지만, 국영 기업은 정부가 필요하다 판단하면 언제든 추가 유동성을 투입할 수 있기 때문에, 국가 자본의 증가 속도는 언제든 민간을 앞지를 수 (견제할 수) 있다. 즉 언제든 의지만 있다면 국가 자본의 비중을 과반 이상이 되도록 '방어'할 수 있다는 것이다.

중국 정부에게 국가 자본 비중 과반 방어는 왜 중요할까? 민간 자본 비중이 절반을 넘으면 경제의 '권력'이 민간으로 넘어간다고 판단할 수 있기 때문이다. 특히 IT, 에너지, 바이오, 반도체, AI 분야 대기업은 강력한 현금 흐름, 글로벌 확장, 기술력을 앞세워 정부 정책과 일치하는 목소리를 점차 줄이고 자신들만의 기준을 선택할 수도 있다. 예를 들어 수익률, 글로벌 경쟁력, 외자 유치 등의 이유를 내세우며 정부 정책이 시대착오적이라고 비판할 수도 있다. 내수 시장을 넘어 글로벌 시장을 향하는 기업일수록 특히 더 그럴 것이다.

중국 정부는 반독점 규제, 데이터 규제, 당 조직의 의사 결정 개입 확대 같은 수단을 통해 민간 기업을 통제할 수 있다. 그러나 경제 권력이 민간으로 이동할수록 정부가 실제로 동원 가능한 수단은 점점 더 줄어든다. 중국 공산당이 가장 경계하는 부분도 바로 이러한 자본 권력의 이동이다. 정부는 국가 안보나 사회 안정이라는 명분을 내세워 기업이 자율적으로 확대해 온 경제적 영향력을 축소하려 할 것이고, 기업이 이에 저항하면 언제든 반체제 집단으로 규정하거나 판호를 박탈하는 조치까지 취할 수 있다. 아무리 민간 자본의 힘이 커진다 해도, 공산당의 강력한 조치에 정면으로 맞설 기업은 거의 없을 것이다. 그러나 민간 자본의 힘이 국가의 통제력을 잠식할 만큼 커지면, 당의 지배력이 겉으로는 유지되더라도 행정 조직 내부의 관료들이 먼저 돈에 포섭되면서 실질적 통치 수단의 효력은 점차 약해질 수밖에 없다. 이것이 바로 중국 공산당이 중복 투자나 수익률 악화 같은 문제보다

　　　　　　　　　6장 중국 첨단 산업 전략의 미래

도 마주하고 싶지 않아 하는 산업 정책의 어두운 그림자다.

　구조적 관점에서 보면 중국식 산업 정책이 만들어 낼 수 있는 성장성의 한계는 비교적 분명하다. 산업이 초기를 지나 성숙 단계로 진입하려면 결국 민간이 핵심 주체가 되어야 한다. 그러나 중국에서 그것은 민간의 자본과 영향력이 국가의 통제 범위를 넘어서기 전까지만 허용된다. 중국 정부는 민간이 기술을 개발하고 인력을 고용하도록 장려하는 정책을 추진하지만, 민간의 규모와 역량이 지나치게 커져 정부의 통제력과 정책 집행력을 약화시키는 수준까지는 허용하지 않는다. 이런 구조에서는 민간이 명확하지는 않지만 분명히 존재하는 천장 아래에서 움직일 수밖에 없고, 그 결과 혁신, 특히 파괴적 혁신에 대해 자체 검열하는 경향이 생긴다. 그러한 혁신이 중국 정부가 전략적으로 지원하는 대표 산업과 핵심 기업에서 나온다면 체제는 그것을 비교적 쉽게 수용할 수 있다. 그러나 지원의 중심 바깥에 있는 다른 영역, 또는 정부의 지원을 많이 받지 않은 속칭 '듣보잡' 기업에서 결정적인 혁신이 등장한다면, 중국 정부로서는 이를 마냥 반기기 어렵다. 바로 이런 이유로 새로운 혁신에는 의도적으로든 구조적으로든 제동이 자주 걸리고, 수직적 도약과 수평적 확산 모두에서 한계가 생긴다. 결국 중국 산업 정책의 정치 경제적 특수성은 중국식 하이브리드 산업 정책이 어느 시점에 이르면 더 이상 지속 가능하기 어려울 수 있다는 전망으로 이어진다. 그리고 설령 그러한 정책이 자생적으로 지속 가능한 단계에 도달한다 하더라도 그것은 역설적으로 중국의 사회 정치 체제에 실질적인 이완이 선행되었음을 뜻할 가능성이

차이나 반도체 라이징

크다. 이는 거의 자유 민주주의의 전격 도입 수준이 되어야만 가능한 일일 것이다. 물론 우리는 모두 잘 알고 있다. 정부 조직, 기업, 지방 정부, 그리고 헌법과 군 위에 군림하는 중국 공산당 입장에서는 이러한 근본적 정치 변혁을 절대 허용하지 않을 것이라는 점을 말이다.

민주적 거버넌스의 중요성

산업 정책과 민주적 거버넌스의 관계

현대 국가의 산업 범위와 규모는 워낙 방대하기 때문에 산업 정책을 단순히 '탑다운'과 '보텀업'의 이분법으로만 파악하면 중요한 사각지대를 놓칠 위험이 존재한다. 따라서 이를 좀 더 입체적으로 볼 필요가 있다. 한국의 입장에서 특히 주의 깊게 살펴봐야 할 하이브리드형 사례는 중국이다. 중국은 개혁 개방 이전부터 이어져 온 5개년 계획을 바탕으로 지금까지도 전형적인 탑다운 산업 정책을 유지하는 것처럼 보인다. 그러나 실제 운영 방식은 중앙당이 큰 그림은 제시하되 정부 각 부처와 지방 정부가 이를 구체적인 정책으로 풀어내며 민간 기업을 유치하거나 집중 지원해 성과를 끌어내는 혼합 구조에 가깝다. 이런 점에서 중국식 산업정 책은 완전한 탑다운이라기보다 오히려 미들업(middle-up)에 가까운 성격을 띤다고 볼 수 있다.

그렇지만 중국은 엄밀히 말해 민주주의 거버넌스에서 요구하는 기준을 충족하지 않는다. 거버넌스가 민주적인지 여부의 핵심은 정책

　　　　　　　　　　　　　　　6장 중국 첨단 산업 전략의 미래

결정의 투명성(transparency), 책임성(accountability), 공정성(fairness)에 달려 있다. 물론 중국 정부도 자신들의 정책이 이러한 요소를 준수하고 있다며 주장할 수 있을 것이다. 공산당의 결정에는 수많은 상무위원, 고위 관료, 지방 성 정부 관료, 공기업 직원이 관여하기 때문에 누군가의 정치적 의도에서만 진행되는 것도 아니고, 논의 과정은 모두 기록과 관보로 보도되며, 정책에서는 명확한 KPI가 설정되고 자금 지원을 받은 민간 기업들은 그 성과 달성을 위한 책임을 분담하며, 공동부유 정신을 추구하기 위해 정책 개발의 성과는 인민들의 삶의 질 개선으로 이어진다고 말이다. 여기에 비장의 무기가 하나 더 있다. 그것은 '자강', '자주', '굴기'를 해야 한다면서 애국주의나 중화 사상을 앞세우는 것이다. 예를 들어 이렇게 이야기하는 가상의 상황을 생각할 수 있다.

중국은 원래부터 대국이었고, 또한 세계의 중심이었는데, 안타깝게도 역사의 전환 타이밍에서 잠깐 실기했다는 이유로 세계사의 무대에서 서구에 밀려났다. 그러나 결국 기술 입국을 통해 제자리로 가는 것은 역사의 순리고, 그 순리를 따르기 위해 중화 민족과 중국 인민을 대표해 공산당이 앞장서서 중국의 무한한 잠재력을 개발하기 위해 책임지고 거버넌스를 이끌고 있는 것이다.

이러한 정강에서 공산당 정부가 내세우는 거버넌스의 투명성, 책임성, 공정성에 누군가 반기를 든다고 하더라도 국가 안보를 위해하고 중국 발전에 토를 단다는 명목으로 제재, 숙청할 수 있게 된다. 물론 이러한 대응은 그 자체로 중국의 거버넌스가 투명성, 책임성, 공정성과는 괴리가 있음을 내포한다.

국가가 개발과 산업 부흥을 위해 앞장서서 정책을 개발하고 밀어붙일 때는 반드시 그 정책의 설계자가 누구인지, 누가 집행할 것인지, 주요 수혜 대상은 누구인지, 정책의 성과를 누가 관리할 것인지, 실패했을 경우 어떤 비상 대책을 가동할 것인지, 그리고 책임을 누가 어떻게 분담할 것인지를 법으로 분명하게 규정해 두어야 한다. 아무리 촘촘하게 법제화해 둔다고 해도 문제 자체를 피하기는 어렵다. 부정부패가 반복적으로 발생하고, 정경유착이 형성되며, 수많은 실패 사례 속에서 시행착오와 세금 낭비가 되풀이된다는 것은 이미 역사 속 국가 주도 산업 정책이 보여 준 대표적 함정들이다. 그럼에도 민주주의 정부에서 정책의 법적 근거와 거버넌스가 보장되는 한, 이러한 시행착오가 지속된다고 해도 국가 체계 자체가 흔들리지는 않는다. 반대로 시민 사회의 되먹임 경로가 제한되거나, 정부에 대한 민간의 감시가 원천 차단되거나, 법의 허점을 이용하는 편법에 국가의 처벌과 권력 분립이 제대로 작동하지 않거나, 법 이면에 보이지 않는 권력 네트워크가 움직이거나. 정책 실패에 대한 책임을 정작 실행 주체인 정부가 회피하고 민간에 떠넘기려 할 경우 정부 주도의 정책 드라이브는 성립하기 어렵다. 그래서 결과적으로 이런 사회에서 추진되는 산업 정책은 시간이 지나면 점차 힘을 잃는다. 그래서 국가 체계가 흔들리기 시작하고 예기치 못한 외환이 닥치면 국가 위기 상황에 봉착한다. 이러한 사례는 이미 한국이 지난 1990년대 말에 겪었던 IMF 사태에

　　　　　　　　　　　6장 중국 첨단 산업 전략의 미래

서 많이 관찰되고 분석되었다. IMF 사태에서 관찰된 사례들은 민주적 거버넌스가 단순한 구호나 철학적 개념 차원을 넘어 실효성 높은 요소, 특히 정책의 효율성과 지속 가능성을 결정하는 핵심 요소임을 잘 보여 준다.

민주적 거버넌스 맥락에서 다시 국가 산업 정책의 정체성과 방향을 들여다보자. 민주적 거버넌스가 잘 작동하는 국가의 산업 정책이 탑다운 방식으로 진행되는 과정에서는 산업 정책을 '무엇을 왜' 해야 하는가보다는 '어떻게' 할 것인가에 더 가중치가 많이 주어진다. 이는 하버드 케네디 스쿨의 대니 로드릭(Dani Rodrik) 같은 학자가 쓴 논문에도 잘 분석되어 있다.[8] 문제는 중국식이든 한국식이든, 일단 정부 주도로 경제 성장이라는 명목하에 산업 정책을 입안하고 추진하려면 고도로 훈련된 관료 조직이 필요하다는 것이다.

명문 대학과 고시를 통과한 엘리트 관료들은 산업을 속속들이 연구하고 필요하면 학위도 취득하면서 정책 전문가가 된다. 민간의 갈등을 해결하고 큰 그림을 그려야 하며, 필요하면 외국의 협력도 얻어 내야 한다. 지자체 간 갈등도 조절하고, 주기적으로 법도 만들어서 국회에 제안해야 한다. 소송 들어오는 것도 방어해야 하고, 국채도 발행하며, 해외 정부와 협상에도 나서야 하고, 세제도 손봐야 한다. 할 일이 산더미이니 당연히 관료 조직은 비대해질 수밖에 없고, 관료주의의 출현은 피할 수 없다. 성균관 대학교 사회과학대학장인 윤비 교수도 강조했지만, 이러한 관료주의는 사회주의든 민주주의든 일단 정부가 제대로 작동하는 국가에서는 시간이 지나면 반드시 생기는 필요

                                   차이나 반도체 라이징

악이므로 관료주의는 다른 차원에서 논하는 것이 맞다. 그렇지만 역사를 살펴보았을 때 공통적으로 나타나는 사실은 좋은 의도에서 출발한 엘리트 관료 집단도 결국 거대해지면서 효율성이 저하되고 나중에는 혁신을 갉아먹는 주범이 된다는 것이다. 이는 산업 정책을 시행하려는 모든 정부가 공통으로 안고 있는 고민거리다. 경영학자들은 이러한 관료주의와 산업 정책의 불가분성을 피하고 싶은 문제로만 볼 것이 아니라, 거버넌스 구조에 입각해 더 적극적으로 제어하는 것이 필요함을 역설한다. 예를 들어, 레카 유하스(Réka Juhász), 네이선 레인(Nathan Lane), 대니 로드릭 같은 학자들은 되먹임 고리나 경쟁 압력 같은 요소들이 적극적으로 작동해야 한다고 주장한다.[9]

같은 문제에 봉착하더라도 나라마다 해법은 다르다. 민간 자본주의, 주주 자본주의의 대명사로 불리는 미국도 지난 바이든 정부에서는 많은 학자들의 우려에도 전통적 의미의 산업 정책인 인플레이션 감축법이나 반도체 및 과학법을 책장에서 먼지 털어 내며 다시 꺼내 왔다. 이 법들을 전형적인 산업 정책으로 볼 수 있는 이유는 일단 배터리, 전기차, 반도체 같은 특정 분야의 산업을 국가 차원에서 키우겠다는 목표 의식이 확실하고, 그 목표 달성을 위해 정부가 깊이 관여하는 수단(세제 혜택뿐만 아니라, 연방 정부에서 직접적으로 지원하는 공적 자금, 인프라 혜택, 정부 기관 수요에 대한 우선 배정, 연구 개발 등이 포함된 패키지)의 수급 대상이 확실하며, 운용 주체와 수익에 대한 계획까지 확실하게 규정되었기 때문이다. 특히 연방 정부가 정책 자금을 직접 지원하는 패키지는 부정부패의 가능성이 항상 있기 때문에 반도체 및 과

     6장 중국 첨단 산업 전략의 미래

학법 같은 정책에서도 민주적 절차(공청회, 의회 심의, 전문가 의견 수취 및 정보 공시)는 잘 지켜졌다.

미국은 제조업, 특히 첨단 산업 리쇼어링이라는 거대한 목표를 내세워 국민에게 이러한 정책의 필요성을 설득했고, 국민은 자신들에게는 아무런 혜택이 없을 수도 있는 일부 대기업에 세금이 투입되는 상황을 이해하면서 의회를 통해 그 정책에 동의한 것이다. 그럼에도 미국의 인플레이션 감축법, 반도체 및 과학법 같은 정책에는 한계가 있다. 앞서 언급한 관료주의 고유의 문제는 물론, 아예 이러한 정책이 실제 민간 부문의 현실과 괴리가 있다는 점이 주로 지적된다. 산업 지원 패키지가 실제로 얼마나 효과가 있는지, 혹은 다시 분배되어야 하는지를 파악하려면 시민 사회의 반응이 꼭 필요하다. 그러나 반도체 및 과학법이 집행되는 과정에서 적절한 되먹임이 주기적으로, 제대로, 심층적으로 이루어지지 않았다는 분석이 최근 들어 조금씩 나오고 있다. 특히 인텔 같은 대기업을 살리기 위해 연방 정부가 무리해서 (반도체 및 과학법 전체 패키지 4분의 1 이상인) 200억 달러(약 29조 원)에 육박하는 공적 자금을 투입한 것[10]은 분석가들이 집중해서 들여다보는 핵심 사안이다.

안타깝게도 2010년대 이후 인텔은 재정적으로, 그리고 기술적으로도 점점 어려워지고 있어 반도체 및 과학법의 지원이 정말로 정당했는지, 실효성을 충분히 평가한 것이었는지에 대한 분석들의 어조는 대체로 부정적인 방향으로 흐른다. 반도체 및 과학법 패키지에는 인력 양성을 위해 주요 대학에 장학금을 확대하는 방안도 포함되었지만, 이조차 제대로 운용되지 못하고 있다는 지적은 관료주의의 전형적 문제와 더불어 미국이 다시 추진하려는 산업 정책의 한계가 어디에서 발생하는지를 보여 준다.

일본은 경산성 중심으로 과거 성공 신화의 주역이었던 일본식 개발 국가 모델의 오랜 환상과 관성에서 벗어나려는 것처럼 보인다. '**관 주도＋민간 협력**'의 하이브리드 모델로 전이하는 양태도 보인다. 일본 정부는 한때 세계를 호령했던 반도체 산업의 부흥에 특히 관심이 많다. 그런데 과거 엘리트 관료주의에 입각한 강제적 반도체 업계 구조 조정으로 겪은 폐해와 시행착오, 그리고 결국 글로벌 무대에서 밀려나 버린 패착을 재현하지 않기 위해서인지 최근의 정책은 굉장히 조심스러운 방식을 취한다. 즉 강제적인 '지도'도 없고, 경산성 관료들이 반도체 회사 사장들을 불러 모아 반강제로 구조 조정 협상에 이르는 무한 토론을 벌이는 압박도 자취를 감춘 것처럼 보인다. 해외 업체들의 투자와 협력에도 개방적이고, 심지어 세금을 동원해 해외 업체들에 대한 매칭 펀드를 지급하는 등 지원 의지를 강하게 피력하고 있다. 또한 일본 정부는 자금 조달 과정을 투명하게 공개하려 노력하며 경영 공시도 정성을 기울여 업데이트한다. 그렇지만 일본 정부의 반도체 부흥 정책도 예전의 관성에서 완전히 벗어난 것은 아니다. 홋카이도에 조성 중인 라피더스 프로젝트가 대표적 사례다. 프로젝트 추진 과정에서 일본 정부는 나름 민주적 거버넌스를 준수하기 위해 자본 조달 과정, 참여 주체 정보 공시, 파트너십 주체에 대한 정보 공개 등에 적극 나섰지만 민간에서 나오는 수많은 비판의 목소리와 회의적인 시각에는 정작 이렇다 할 반응이 없었다. 학회나 업계의 포럼, 공청회가 여러 차례 개최되었고 실용적인 해법들도 많이 제시되었으나, 일본 정부는 귀를 열어 두되 다시 다른 귀로 흘려보내는 방식으로 민주적 거버넌스를 형식만 지켰을 뿐이다.

미국과 일본의 사례는 민주주의 선진국의 정부가 그것도 2020년대에 민주적 거버넌스를 존중하며 산업 정책을 계획하고 집행하려 한다 해도, 그 과정에는 여전히 많은 허점이 존재하며 상당수가 구조적 관료주의로 반복될 수밖에 없다는 점을 잘 보여 준다. 그나마 민주주의 체제에서는 민간에서 정부 정책의 맹점을 시민 사회가 지적할 수도 있고, 언론은 비판적 칼럼과 사설을 싣고 필요하면 논문이나 책의 형태로 문제를 제기하며 시민들의 문제 의식을 환기한다. 또한 외국 기관이나 학자, 평가사들도 정부 공시 자료를 검토해 정책 수정 의견을 낼 통로가 열려 있기 때문에 상황이 최악으로까지 치닫지는 않는다. 관료주의 체제의 공무원들도 정책의 성과가 좋은 방향이 아닌 나쁜 결말로 이어질 것 같으면 보수적으로 대응하기 시작한다. 정책의 시행이 정확한 제도와 법의 틀 안에서, 그리고 예정되었던 반응과 거버넌스 준수 프로토콜을 따랐다는 흔적을 자기 방어 차원에서라도 세밀하게 남겨 두려 한다. 물론 이는 자기 방어 용도만으로만 쓰이는 것은 아니다. 그것은 단순한 절차적 장치가 아니라 정책의 효율성과 지속 가능성을 위해 반드시 필요한 작업이다. 설사 정책이 실패로 돌아간다고 하더라도 이러한 '오답 노트'는 다음 정책을 설계하고 현실에 맞게 최적화하는 과정에서 좋은 참고 자료가 된다.

민주적 거버넌스 없는 산업 정책의 귀결

그러면 다시 중국으로 돌아가 보자. 한국보다 정부의 규모가 훨씬 더 큰 중국에서는 관료주의의 문제도 더 커질 것임은 명약관화다. 계획 경제 체계를 따른다고 해도 이 대국은 중앙-지방 정부 간 하이브리드 거버넌스를 잘 활용하며 나름의 절차적 '민주주의'도 존중한다. 그렇지만 그 민주주의는 철저히 당과 당이 지배하는 기관 내에 참여하는 의사 결정자들 사이의 폐쇄적 민주주의일 뿐이다. 당원이 아닌 사람들이 접근 가능한 정보에는 한계가 있으며 당이 결정한 사항과 정책에 비판할 수 있는 부분도 지극히 한정적이다. 정부는 물론이거니와 당에 대한 시민 사회의 감시는 태생적으로 매우 어렵고, 위헌으로 규정될 수 있으며, 외부 기관의 견제는 더더욱 어렵다.

중국에서 관찰되는 하이브리드 거버넌스는 정부 기관간 연계뿐만 아니라 공공-민간 사이의 연계도 포함한다. 중국은 언제든 주요 연구 중심 대학을 민간 기관과 연계해 거대한 산학 연구 프로그램을 출범시키고, 그를 이용해 새로운 산업을 발전시키는 정책을 신속하게 시행할 수 있다.[11] 예를 들어 "리튬인산철(LFP) 배터리의 에너지 밀도를 높이는 신소재 연구를 저장 대학교 배터리 학과를 중심으로 시행하되 반드시 산업용으로 만드시오."라고 명령이 하달되면, 저장 성 정부와 SASAC, 그리고 CATL이나 BYD 산하 연구소는 저장 대학교 교수, 연구진과 프로젝트 그룹을 이뤄서 산업에 바로 적용할 수 있는 응용 기술 개발에 착수한다. 그 과정에서 연구원이나 교수, 회사 사람들에 대한 평가, 임금 체계, IP 활용 등은 중앙당이 정한 산업 특별법 안

6장 중국 첨단 산업 전략의 미래

에서 재조정된다.

문제는 배터리만 하더라도 이런 프로젝트 그룹이 20개가 넘는다는 것이고 대부분 연구 주제와 목표가 중복되기 때문에 과잉 생산이 이루어지며 자원의 효율적 배분이 어렵다는 것이다. 또한 집단 과제 위주로, 산업 응용을 타깃으로 KPI가 형성되다 보니 개인의 창의적 연구에 대한 지원은 줄어들고 집단의 방침에 따르지 않는 연구자는 배제된다. 민주적 거버넌스가 잘 이루어지는 체제였다면 재정 담당 부서에서 '과제 중복성' 검토 결과 추진 불가 판정 등을 내릴 수도 있을 것이고, 한국의 '바른 과학 기술 사회 실현을 위한 국민 연합(과실연)' 같은 단체들이 과제 내용을 비교 분석한 보고서를 포럼에서 발표하고 민간 독립 언론이 해당 이슈를 대대적으로 보도해 시민 사회의 환기를 불러일으킬 수도 있었을 것이다. 그렇지만 중국의《인민일보(人民日報)》나《환구시보(環球時報)》같은 기관지에는 그러한 사례가 선제적으로 보도된 적이 없다.

중국 정부도 이러한 불완전한 민주적 거버넌스가 산업 정책의 기반을 약화시킬 수 있다는 점을 인지하고 있을 것이다. 계량 경제학에서는 실제로 민주적 거버넌스의 여러 요소와 정책 성과의 관계를 실증적으로 분석한 연구들이 축적돼 있다. 따라서 이러한 연구는 정책 설계의 현실적 조건으로도 충분히 고려할 수 있다. 산업 정책의 초점이 '왜'보다 '어떻게'에 맞춰진다면, 중국 정부가 내재화하고자 하는 첨단 산업, 특히 반도체와 AI 분야에서도 자원 배분이 효율적이고 공정하며 투명하다는 신뢰를 해외 업체에 줄 수 있을 것이다. 특히 반도

차이나 반도체 라이징

체와 AI는 기술 자체만이 아니라 지속 가능성, 경제성, 글로벌 표준과 로드맵이 함께 중요하다. 그렇기 때문에 투명한 거버넌스에 기반한 산업 정책의 사후 평가와 절차의 공개는 해외 선도 기업과 연구 기관이 중국 반도체, AI 산업과 얼마나 긴밀하게 협력할 수 있을지에 지대한 영향을 미친다. 합리적 판단을 하는 정부라면 첨단성이 높고 글로벌 연계가 강한 산업일수록 민주적 거버넌스를 더욱 중시할 수밖에 없다. 이 사실을 잘 알고 있을 중국 정부는 그래서 더더욱 딜레마에 빠진다. 그러한 민주적 거버넌스는 공산당 중심 정치 체제, 법 제도와 양립하기 어렵기 때문이다. 하이브리드 방식을 중앙-지방, 공공-민간, 대학-산업 등의 형태로 여러 차원에서 실험해 보고 있지만, 특정 산업에서 정해진 기간 동안의 성과 창출이라는 목표 범위를 벗어나면 이러한 딜레마를 모든 영역에서 겪고 있음은 잘 확인된다.

중국 정부의 겪는 딜레마는 또 있다. 산업 전반에 정부가 지속적으로 거버넌스를 행사하려면 무엇보다 민간이 납득할 만한 수준의 전문성과 자질을 갖춘 엘리트 관료 조직이 필요하다. 산업이 첨단화될수록 관료들은 더 많이 학습해야 하고, 그만큼 더 많은 자원을 흡수하게 된다. 이렇게 필요 이상으로 비대해진 관료 집단(대부분 당원)으로 구성된 조직은 산업 정책의 세부 사항에까지 개입하며 민간을 지도하려 든다. 그러나 거대해진 관료 조직 내부의 의사 결정 정보 흐름을 중앙당이 계속 통제하려면, 투명성·책임성·공정성을 강화하는 메커니즘과 점점 거리를 둘 수밖에 없다. 그 결과 정보는 손실되고 책임은 불분명해지며 혁신의 위험과 부담은 민간에 전가되는 반면 성

   6장 중국 첨단 산업 전략의 미래

과의 공은 정부가 선점하려는 관행이 생겨난다. 그렇다고 정부 규모를 마냥 축소할 수도 없다. 너무 작은 정부는 힘이 실리지 않고 산업에 대한 지배력도 약화되며 지방과 민간에 자본이 축적될수록 중앙의 통제력이 약해질 가능성이 높기 때문이다. 민주주의 체제에서도 관료제의 문제는 복잡하게 얽혀 있다. 그러나 적어도 민간과 정부 양쪽에서 합리적 의사 결정을 실시간으로 점검하고 되먹임을 이룰 수 있는 채널이 제도적으로 보장된다는 점에서 차이가 있다. 이런 구조에서는 정책의 예측 가능성과 지속성이 상대적으로 더 잘 유지된다. 특히 책임성은 표준화된 내부 매뉴얼과 승인 절차를 통해 일정 수준 담보될 수 있다. 이것이 산업 정책에서 더욱 중요한 이유는 정부 자원을 투입하는 과정에서 자주 발생하는 '재량 과잉'을 최소화할 필수 장치이기 때문이다. 즉 정부의 권한 남용을 억제하는 '견제와 균형'의 역할을 하는 셈이다.

물론 민주적 거버넌스가 작동되는 정부의 관료제 역시 보수화의 함정을 피하기는 어렵다. 공무원들은 자신의 범위 외에는 책임을 회피하려 하며, 분명 더 좋은 방법이 나타났음에도 사전에 설정된 KPI를 준수해야 하기 때문에 과거의 덜 효율적인 방법을 고수하는 틀에서 벗어나지 않는다. 신산업에서는 이러한 경향이 더 두드러진다. 예를 들어 배터리 산업에서도 한때는 "LFP는 수준 낮은 기술이고, 삼원계(NCM)가 최고다."라는 인식이 팽배해 "당연히 차세대 배터리는 NCM으로 갈 것."이라 예상했지만, 기술 혁신은 언제든 엉뚱한 방향에서 나올 수 있어서, 현재 전기차용 배터리는 LFP 위주로 흘러가고 있다. 그런데 만약 정부에서 5개년 계획으로 고용량·고안정성 NCM 배터리 사업을 추진하던 2년 차에 이러한 파괴적 혁신이 나왔다고 가정해 보자. 그러면 "아, 더 늦기 전에 LFP로 목표를 수정해야겠다."라고 할 것 같은가? 그렇지 않다. 공무원들 입장에서는 일단 계획된 연구 루트와 타임라인을 준수해야 한다. 그것은 연구자에게도 요구되지만, 프로그램을 관리하는 정부 기관에도 요구되기 때문이다.

그럼에도 보수화라는 부작용은 정부 주도의 산업 정책에서는 안고 가야 하는 일종의 부채와도 같다. 미래의 불확실성에 대해 입안 당시의 수준에서 최선의 합리적 의사 결정을 내렸다는 것을 근거로 약간 돌아가더라도, 그리고 혁신의 타이밍을 다소 놓친다고 하더라도 절차 준수는 보장되어야 하고, 그 과정에서 논의도 공개되어야 하며, 설사 공동체가 합의한 사항이라고 하더라도 공정한 책임 분배는 계속 이어져야 한다. 그래야 다음 사이클에 정책을 업데이트하더라도 최소한의 신뢰가 보장될 수 있다.

이 두 가지 딜레마를 보면 첨단 산업 분야라고 해도 중국의 산업 정책이 악순환의 고리에 빠지는 것은 어찌 보면 정해진 결말처럼 보인다. 그나마 민주주의 체제에서 최소한의 절차적 정당성이 보장된 거버넌스를 채택했다면 이로부터 빠져나올 방법이 없는 것은 아니다. 예를 들어 관료제의 비대화와 의사 결정의 혼란이 문제라면 '린(lean) 관료제'를 도입할 수도 있다. 이 제도를 통하면 절차는 보존하되, 성과 지향 평가 시스템과 되먹임 고리를 도입해 불필요한 승인 단계를 압축할 수 있다. 이와 함께 한국에서 많이 논의되는 방법 중 하나는

6장 중국 첨단 산업 전략의 미래

규제 샌드박스라는 개념인데, 이 제도에서는 혁신 실험을 그보다 하위 단계의 정해진 단계에 따라 체계적으로 신속 처리하고 정해진 기간 후 성과에 따라 더 넓은 영역으로 확산시킬 것인지를 결정한다. 민주적 절차 자체를 이용하기 위해 임계 투명성을 강화하는 방법도 있다. 예산 집행, 특히 보조금 지급 승인 과정을 실시간으로 공개해 언론과 시민 사회의 감시를 받아들이면 된다. 투명성이 임계 지점 이하로만 저하되지 않으면 최소한의 신뢰도는 유지하면서 다음 정책으로의 이어달리기가 보장된다. 또 고려할 수 있는 방법으로는 민간의 참여를 확대하는 협치 개념도 있다. 공청회, 산학연 거버넌스 위원회 같은 민관 협의 채널을 다수 구성하고 아예 제도적으로 법제화함으로써 일종의 탑다운+보텀업의 하이브리드화를 구성할 수도 있을 것이다. 이는 민주적 거버넌스의 책임성과도 결합될 수 있다. 정부 정책에 대한 평가를 보장하는 방법도 중요하다. 일정 기간이 지나고 정책 효용성을 민간 기관이 참여할 수 있게 보장해 반복 평가하고, 정책의 잘된 부분과 잘못된 부분을 각각 분리해 평가하는 방법을 취하는 것이 필요하다. 어쨌든 핵심은 민주적 거버넌스를 채택해 절차와 통제는 유지하되 불필요한 관료 단계를 걷어내고, 시스템을 투명하게 만들되 그 투명성을 제도적으로 보장하며, 무엇보다 민간의 참여와 감시를 열어 주는 것이다.

그러나 중국은 정치 체제를 건드리지 않고는 이러한 방법들을 적극적으로 받아들이기 어려운 상황이다. 정치 체제의 안정성에 민감하게 반응하는 중국에서도 시도해 볼 방법이 없는 것은 아니다. 중앙 정부는 지방 정부와의 하이브리드 거버넌스만 택할 것이 아니라, 지방 정부끼리 경쟁하도록 유도도 할 수도 있다. 특정 산업에 특화된 특구 지정으로 유인해도 되고, 중앙의 투자 우선 순위를 랭킹 매겨도 된다. 그렇지만 지방 정부가 중앙에 대해 경쟁하는 것은 지방 정부끼리 비슷한 체급일 경우에나 가능하다. 이미 첨단 산업이 몰려서 특화 지구처럼 되어 버린 쑤저우, 항저우, 상하이, 둥관, 선전 등에 비해, 네이멍구 자치구, 산시 성, 후난 성, 구이저우 성 등은 경쟁하기가 애초부터 어렵다. 비슷한 체급의 지방 정부끼리라고 해도 특구를 놓고 경쟁을 벌이는 경우도 문제가 많다. 특히 민주적 감시 시스템이 없기 때문에, 지방에서는 충성 경쟁을 벌이고 부채를 감내하면서 중앙을 만족시킬 수 있는 과도한 KPI를 제시한다. 이 과정에서 대규모 부실과 부정부패, 그리고 좀비 기업이 양산될 수 있다.

2019년과 2020년 사이에 있었던 우한 홍신 반도체 제조(武漢弘芯, HSMC) 사기 사건은 이러한 사례에서 빙산의 일각일 뿐이다. 관료들을 견제하기 위해 중앙 정부는 주기적으로 공직자를 숙청하고 하방(下放)시킬 수도 있을 것이다. 그 과정에서 관료들에게 GDP 성장률, 기술 기업 유치, 국산화 퍼센트 강화 등의 숫자로 된 정량적 목표를 숙제로 안겨 주고 이를 기반으로 숙청하거나 승진시키고, 나아가 중앙으로 발탁할 수도 있을 것이다. 이는 관료제를 제어하기 위한 효과적 방편은 될 수 있으나, 관료주의의 보수화를 근본적으로 해결하기는 어렵다. 실제로 시진핑 정부에서는 중국 공산당의 반부패 캠페인이 수시로 벌어지며 공직 사회가 점점 경직되고 있다. 2018년 국가 감찰 위원회가 신설되어 당정을 망라한 감찰 기구로 승격되었고, 과거처럼 고위 공직자를 핀포인트로 숙청하는 방식을 넘어 여러 계급의 관료들에 대한 예방적 점검으로까지 통제가 확장되었다. 1년 365일 모든 공직자를 대상으로 부패와 비리 혐의를 점검하며, 최근에는 AI를 이용해 부패 가능성까지 미리 평가하는 수준에 이르고 있다. 그렇지만 이러한 방식의 통제 강화는 결국 관료의 혁신 의욕을 더 꺾을뿐더러, 예방적 점검이라는 명목하에 실시간으로 진행되는 철저한 감시는 결국 의사 결정 마비로 이어지고, 공식 채널에서 억눌린 부패와 유착은 감시망 밖의 비공식 네트워크로 옮겨가 오히려 더 깊이 뿌리내린다.

중앙이 정한 KPI 자체가 일종의 상한선으로 작동하는 상황에서는 관료 조직의 보수화는 더더욱 막기 어려워진다. 또한 관료들의 책임 회피를 막아 보기 위해 정부가 더욱 강력한 페널티와 인센티브 카드를 동시에 보일 경우, 엘리트층이 관료로 진출하려는 경향은 약해지고, 오히려 중앙에서 통제하고자 했던 민간 영역으로의 엘리트 진출이 가속될 수 있다. 이는 중국 정부가 원하는 그림이 아닐 것이다. 중국 정부는 다차원 성과 지표를 도입해 KPI를 보완할 방법을 취할 수 있을지도 모른다. 예를 들어 환경 보호, 사회 안정, 빈곤 퇴치, 공동 부유, 신품질 생산력 강화 등을 수치화해 KPI로 만들어 볼 수도 있을 것이다. 그렇지만 이렇게 숫자화된 KPI는 숫자화되는 순간 바로 보수적 대응 방안이 맞춤형으로 나와서 혁신을 가로막는 또 다른 천장이 된다. 민주주의를 채택한 국가들만큼은 아니지만, 중국 정부도 나름 혼합 거버넌스 전략을 고도화하는 방법도 생각할 수 있을 것이다. 그렇지만 '혼합'을 추구하는 전략은 책임 소재의 모호함을 야기할 수 있고, 투명성 개선에도 큰 도움이 되지 않는다. 결국 핵심 문제를 건드리지 않고, 주변을 건드리는 방법들은 근본적 해결책이 되지 못한다. 특히 관료주의를 견제하겠다는 방법들, 특히 공포와 충성 경쟁을 이용하는 방법들은 대부분 역설적으로 능력과 책임 사이의 균형을 무너뜨리기 때문에 민주적 거버넌스의 핵심인 책임성과 투명성에 해를 끼친다.

중국과 경쟁해야 하는
한국 첨단 산업에 활로는 있을까?

중국 정부가 '민주적' 거버넌스에 대한 나름의 고민을 거듭해 중국식 방법을 만들어 산업 정책을 고도화했다고 가정해 보자. 그렇지만 앞서 언급한 근본 과제를 해결하지 못한 상황에서 절충적 형태의 거버넌스는 아무리 고도로 정밀하게 구성되었다고 해도 장기적 지속 가능성을 담보하지는 못한다. 왜냐하면 그처럼 정밀한 구성 과정 자체를 주도하는 주체는 결국 대부분 정부, 그중에서도 핵심 의사 결정에 관여할 수 있는 극소수에 한정될 가능성이 크기 때문이다. 이는 사회적 합의를 충분히 거쳐 형성된 질서라기보다 합의 형성이 쉽지 않은 상황에서 선택된 절충안에 가깝다. 따라서 단기적 성과를 끌어내는 데에는 효과를 발휘할 수 있겠지만, 장기적 지속 가능성을 담보하기

 6장 중국 첨단 산업 전략의 미래

는 매우 어렵다.

한국은 어떨까? 민주적 거버넌스를 보장하면서도 첨단 산업의 유연성에 대처할 것을 요구하는 난제를 어떻게 풀어야 할까? 중국은 제도적으로 빠져나오기 어려운 딜레마를 한국은 어떻게 벗어나면서 한국만의 특화된 산업 정책 전략을 살릴 수 있을까? 중국식 하이브리드 산업 정책의 명암이 명백하지만, 한국이 몇 가지 힌트를 얻고 차용할 부분은 여전히 있다. 다시금 강조하지만, 이는 한국이 현재 중국 공산당의 중앙 집권형 산업 정책이 겉으로 꽤 좋은 실적을 내고 있다는 이유만으로 이를 그대로 복제해 한국 체제에 이식하자는 주장이 절대 아니다. 오히려 취사 선택하면서 한국 실정에 맞게 변용하자는 것이 주요 골자다. 예를 들면 규제 샌드박스 특구, 혹은 이른바 파일럿 존(pilot zone)의 개념을 한국에 맞게 설계하는 것이다. 한국도 이미 정부 주도로 과학 기술 정보 통신부(과기부) 12대 국가 전략 기술이나 산업 통상부 첨단 산업 기술 등의 리스트를 설정해 정책적으로 관리하고 있다. 이들 전략 산업을 중심으로 규제와 세제 유예 구역, 특히 이민 문호를 개방하고, 외국 전문 인력이 정착할 기반을 이러한 특구에 설치하는 방안은 한국에서도 충분히 고려할 수 있다.

또한 중국식 지방 정부 주도 정책 모델도 고려할 수 있다. 한국은 이미 지방 자치제가 정착한 지 한 세대가 넘었고, 이제 여러 특별 자치도나 도시는 개별적으로 산업 정책을 추진할 규모와 실력도 갖춘 상태다. 예를 들어 수도권에 집중된 반도체-AI 클러스터의 트윈을 부산·울산·경남·창원을 잇는 동남 해안권에 만들 수 있는데, 이는 단순히 첨단 산업 클러스터 정책 차원을 넘어 일본의 간사이 지역까지 편입시킬 기반이 될 수 있다는 점에서 고려해 볼 만하다. 이를 위해서는 인프라 투자의 선행이 필수인데, 인프라 투자 및 설치는 아무래도 중앙 정부 정책과 합이 맞아 강력하게 추진되어야 하는 부분이므로 이 점을 면밀하게 고려할 필요가 있다.

중국 정책에서 배워야 할 부분은 또 있다. 그것은 공공 연구 개발이 연구 개발 차원으로만 남는 것이 아니라, 사업화 연계 기술 개발(research & business development, R&BD)까지 이어지게 하는 구조다. 연구 개발에서 창출된 기술이 아주 작은 아이템이더라도 VC의 관심을 끌 수 있다면 정부(예를 들어 산업 은행이나 중소 벤처 기업부(중기부), 한국 벤처 투자 등)가 공동 투자 파트너로 참여해 기술 부가 가치에 대한 지분도 확보하고 초기 정착을 도울 수 있다. 이후 일정 궤도에 오르면 정부는 지분율만 유지하며 경영에 관여하는 것을 자제하고, 민간 펀드의 후속 투자를 유도하는 역할로 물러나는 것이 바람직하다. 한국은 이미 과기부, 산업부, 중기부나 금융 위원회 등에서 규제 샌드박스 제도를 운영하고 있다. 이를 지역, 산업 클러스터별로 고도화하고, 각 단위의 특성에 맞춘 KPI를 설계해 성과를 관리하는 것이 필요하다. 특히 성과 평가는 규제 완화 전후를 비교하는 평가가 필요하며, KPI 달성 시 추가 예산이 지원되는 선순환 구조가 정립되게 할 필요가 있다. 또한 중국과의 산업 오버랩에 따른 과잉 경쟁 위험을 피하기 위해 초기 리스크는 높지만 차별화 포인트가 명확한 이른바 '딥테크' 분야를 더 많이 발굴하고, 사업 궤도에 오를 수 있도록 이들의 설립과 규모 확장을 샌드박스 특구 내에 유도할 수 있어야 한다.

한국 정부의 핵심 과제가 AI를 중심으로 재편될 것이라는 점은 이제 비교적 분명해졌다. 정부 역시 2025년 이후 대대적으로 조정한 정책 기조에 맞춰 주권형 AI, AX, DX를 전면에 내세우고, 신속한 의사 결정 체계 구축, 민간 전문가의 장차관급 기용, 정부 조직 개편, 공적 자금 조성과 규모, 투자 확대, 인프라 고도화 및 자원 배분 조정 등에 적극적으로 나서고 있다.

아마도 앞으로 한국 정부의 가장 중차대한 산업 정책을 꼽으라면 인공 지능 이후의 국내 산업 살아남기가 될 것이다. 즉 AI, 그리고 AI 기반 산업 전환이 당분간 핵심 화두가 될 것이다. 이러한 맥락에서 중국의 산업 전환 대응 전략은 사실 한국의 산업과 직결되는 문제이기도 하다. 한국의 주력 산업 포트폴리오는 거의 예외 없이 규모의 경제와 집중적인 지원 정책을 앞세운 중국에 밀리는 형국이다. 한국이 자랑하던 반도체 제조업도 이제 기술 격차가 확연히 좁혀져 몇 년 내로 역전될 가능성도 언급된다. 현 추세대로라면 2030년대에는 중국 제조업이 차지하는 글로벌 비중은 50퍼센트에 육박할 것이고 웬만한 인공 지능 산업은 중국이 없으면 개발 자체가 어려워질 것이다.

반대로 중국의 산업 전환 시나리오들이 안 좋은 방향으로 귀결된다고 해도 이는 한국 제조업에는 양날의 검으로 작용한다. 최대 경쟁자가 산업 전환에 난관을 겪으면 한국 제조업에는 다시 기회의 창이 열리겠지만, 그 기회도 한국이 충분한 경쟁력을 갖춘 제조업 생태계를 유지할 경우에나 유효하다. 한국 제조업이 AI 이후의 산업 전환 과정에서 충분한 혁신을 이뤄 내지 못하면 중국이 겪을 산업 전환 난관은 한국에게 딱히 반사 이익이 되지 못한다. 오히려 중국 시장 자체가 활력을 잃으면서 대중 수출은 더욱 어려워질 것이라는 측면도 간과해서는 안 된다.

한국은 AI를 기반으로 하는 산업 전환의 방향은 파악하고 있다. 그러나 AI, AX 전환의 특징이자 맹점은 누구나 그것이 중요하다고 강조하고 있으면서도 구체적으로 어떻게 이 산업의 경쟁력을 높일 수 있을지는 뚜렷한 방안이 잘 나오지 않는다는 것이다. 특히 주권형 AI라는 개념은 사람들이 바라보는 관점이 상이하고, 정의도 다르고, 파급 효과나 동기도 서로 다르게 이해하고 있어 정부가 이를 정말 핵심 국정 과제로 지정하려면 교통 정리부터 확실히 해야 한다. 이처럼 중요도가 높은 산업 정책일수록 민주적 거버넌스를 정교하게 갖출 필요가 있다. AI 산업은 기존의 IT나 반도체 산업과 중첩되는 범위가 넓고, 동시에 전력, 용수, 인재 양성, AX/DX 같은 요소까지 포괄하기 때문에 정책 경계가 본질적으로 모호할 수밖에 없다. 그 결과 과기부, 중기부, 산업부, 고용부, 환경부, 재정 경제부와 기획 예산처, 국무조정실 등 복수의 부처가 제각각 목소리를 낼 수 있고, 또 그래야 하는 부처가 복수로 존재한다. 이런 구조에서는 협력 못지않게 부처 간 알력과 경쟁도 쉽게 발생한다. 물론 일정 수준의 경쟁은 정책 혁신에 도움이 될 수 있지만, 실제로는 제한된 예산과 자원을 둘러싼 제로섬 게임으로 변질되기 쉽다. 따라서 AI 산업 정책에서 가장 먼저 세워야 할 것은 통합 의사 결정 체계와 강력한 조정 기능을 가진 컨트롤타워다. 대통령실의 AI 미래 기획 수석 비서관이 이를 일부 주관할 수는 있겠지만, 다부처 간 조정과 자원의 효율적 배분, 집행 과정의 점검까지 고려하면 국무 조정 권한을 가진 기관이 실질적 책임과 권한을 함께 가져야 한다.

그래서 더더욱 앞으로는 산업 정책의 책임성과 공정성이 중요하다. 이는 한국이 특히 경계해야 할 중국 산업 정책의 오류와 한계와도 맞닿아 있는 문제다. 책임성과 공정성 측면에서 가장 먼저 고민해야 할 것은 과잉 생산을 유도하고 부가 가치의 다양성을 훼손하는 중복 투자를 막는 일이다. 이러한 중복 투자는 여러 부처가 동시에 비슷한 사업에 투자할 때도 나타날 수 있고, 중앙-지방 정부가 유사한 사업에 각각 자금을 투입할 때도 발생할 수 있으며, 정부 지원을 받는 기업들 사이에서도 반복될 수 있다. 이를 원천적으로 먼저 금지하기는 어렵더라도, 정책 입안 과정에서 수요 기업과 투자 기업을 잘 구분하고 지분 구조나 투자 주체를 면밀히 파악해 중복도를 최대한 줄이는 책임성 있는 정책이 필요하다. 중국 산업 정책의 가장 큰 맹점은 이러한 중복 투자가 예상되었음에도 단기성 KPI 경쟁으로 중앙-지방 정부, 지방-지방 정부, 민간 기업 간 중복 투자가 횡행했다는 것, 그래서 수익률 관리는 관리대로 안 되고 부정부패의 구조적 고착화도 피하기 어려웠다는 것에 있다. 보조금이 투입된 산업에는 주기적 관리 감독이 필요하며, KPI 기반으로 환수 조항을 설정해 철저하게 성과 위주로 사업이 진행되게 하되, 중복을 막기 위헤 KPI에도 검토 요소가 신설되어야 한다. 또한 정부의 과도한 개입을 원천적으로 막을 이른바 전

관예우 금지 조항을 명시해야 하며, 정책에 관여한 3급 이상 전임 공무원은 해당 분야로의 재취업을 최소 2~3년은 금지해야 한다. (창업까지는 가능) 또한 중국 산업 정책의 맹점이었던 재무 건전성 악화를 미연에 방지하기 위해 한국도 재정 리스크를 관리하는 정책을 설계해야 하는데, 연구 개발 펀드는 특별 회계 대상으로 설정해 연구 개발 비용의 건전성을 관리할 필요가 있다. 동시에 이것이 과도한 행정 부담의 근거가 되지 않게 해야 함은 물론이다.

사실 한국이 중국 산업 정책의 장점을 더 배워야 하는 부분이 있다면 기초 과학에 대한 존중과 중장기 연구 개발 지원이다. 이는 상용화와 기초 과학을 철저히 분리할 때만 가능한 정책으로서, 기초 과학 자체는 당장의 응용성을 KPI로 설정하지는 않되, 세계 최초, 혹은 파괴적 혁신으로 이어질 아이템에 대한 폭넓은 풀뿌리 지원이 성립될 수 있도록 해야 한다. 이를 위해 중국이 시행하고 있는 신진 연구자 지원, 펠로십 확대, 독립 펀드 확충 같은 제도도 산업 정책 차원에서 병행되면 좋을 것이다.

공정성과 투명성 역시 간과해서는 안 된다. 한국은 기본적으로 중국에 비해 정부가 더 많이 정보를 공개하고 제도와 법이 비교적 더 투명하다. 법치주의를 채택하고 지식 재산권을 보호하며, 개인의 재산권을 강력하게 보호할 수 있으므로, 이를 바탕으로 글로벌 협력과 투자 유치에서 더 유리한 고지를 점할 수 있다. 또한 한국은 중국에 비해 국가 규모가 작기 때문에 관료 조직이 지나치게 비대해질 가능성이 상대적으로 낮고, 정책과 현장 사이의 피드백 주기도 더 짧게 가져

갈 수 있다. 그동안 축적해 온 산업 현장의 노하우와 고급 인력 양성 플랫폼 역시 중요한 자산이다. 이제는 이러한 자산을 더 정밀하고 맞춤형으로 업그레이드해야 할 시점이며, 그 방향은 중국 산업 정책의 맹점을 답습하는 것이 아니라 오히려 그것을 피하는 쪽이어야 한다. 특히 앞으로 정부 산업 정책의 초점이 AI 생태계 조성이나 주권형 AI 같은 구체적 과제로 옮겨 갈수록, 여기에 참여하는 민간 기관을 어떻게 지원하고 또 어떻게 평가할 것인지가 공정성의 핵심 쟁점이 된다. 민간 기업들은 대규모 자금과 현물, 인프라 지원을 받으며 사업에 참여하게 될 것이다. 이들이 혁신의 동력으로서 전면에서 글로벌 경쟁에 나설 수 있도록 지원하는 것은 분명 필요하다. 그러나 그 성과를 어떻게 활용할 것인지, 또 어떤 기준으로 공정하게 평가할 것인지는 아직 충분히 명확하지 않다. 예를 들어 어떤 AI 기업이 정부가 독점적으로 관리하던 건강 보험 데이터에 접근할 권한을 독점적으로 받아 좋은 헬스 케어 모델을 만들었다면, 그 모델의 활용 주체와 책임 한계는 누구에게 있어야 하는가? 그 기업은 이 모델을 이용해 해외에 진출해도 되는가? 한다면 어디까지 할 것인가? 어떤 AI 반도체 기업이 한국 정부가 야심 차게 준비한 한국판 TSMC인 이른바 KSMC(Korea Semiconductor Manufacturing Corporation, 필자가 임시로 붙인 이름이다.) 라는 파운드리에 접근해 좋은 NPU를 만들었다면, KSMC는 비용을 얼마나 어떻게 받아야 하나? 정부가 대납을 해 주는 방식인가? 지분 참여인가? 고정형인가, 비례형인가? KSMC는 일회성 프로젝트가 되어야 하는가? 기존 업체 라인을 임대하는 형태가 되어야 하는가? 정

                                    차이나 반도체 라이징

부가 주권형 AI를 추진하기 위해 국내 AI 팹리스 업체를 대상으로 입찰할 때, 참여 제한을 어디까지 둘 것인가? 대기업은 무조건 원천 차단되어야 하나? 중소기업의 기술 실력은 무엇을 어떻게 평가할 것인가? 평가 기준은 누가 제시하고 누가 업데이트하는가? 실로 수많은 질문과 과제가 기다리고 있지만, 이 모든 질문에 대한 답의 기준에는 국민의 세금이 들어가는 거대 프로젝트에 합당한 책임성과 공정성이 반드시 포함되어야 할 것이다.

현재의 정책 형성 분위기는 이러한 거버넌스에 대한 논의는 다소 뒤로 밀린 채 "글로벌 수준에 어떻게 접근할 것인가?" "단위 전력당 토큰 생성량은 얼마나 되는가?" "전력에서 SMR 비중은 얼마로 가야 하는가?" "메모리 활용은 어떻게 할 것인가?" 같은 지극히 정량적이고 기술적인 KPI 위주로 흐르고 있다. 이러한 KPI는 당연히 정책 입안 과정에서 세밀하게 검토해야 하는 것은 맞지만, 그러한 KPI들이 향하는 거버넌스 구조 아래 책임성과 공정성, 그리고 투명성이 제대로 고려되고 있는지는 컨트롤 타워가 수시로 점검해야 한다. 정부가 이러한 정책을 입안해 마침내 추진한다고 해도, 그 이후에도 민주적 절차와 확인 과정은 매우 중요하다. 앞서 언급했듯이 AI 산업은 워낙 조변석개하는 상황이고 아직 수익 모델도 확실하게 정립되지 않았기 때문에 언제든 거품 붕괴의 위기가 찾아올 수 있다. 따라서 이 분야의 산업 정책은 외부의 점검과 검증을 지속적으로 받아들일 필요가 있다. 정해진 주기에 맞추어 정기적으로 점검하는 것도 중요하지만, 위급 상황이나 파괴적 혁신 기술의 등장이 분명해질 경우에는 정책 방향과 범위의 수정과 재설정이 신속하게 이루어져야 한다. 이를 위해서는 관료주의의 경직성과 보수성에서 벗어난 유연성을 확보해야 하며, 민간 전문가 집단이 지속적으로 참여하고 그들의 의견이 실제 정책에 반영될 수 있는 경로도 함께 보장되어야 한다.

산업 정책의 효용성과 한계, 그리고 중국 모델의 장단점과 한국의 상황을 비교하며 대응책을 찾는 것을 재차 강조하는 이유는 다름 아니라 한국이 국부를 기대고 있는 현재의 산업, 그리고 미래 산업의 모든 영역에서 한국이 중국과 경쟁을 피할 수 없다는 사실이 주는 무게감 때문이다. 양국은 거의 모든 산업 영역이 겹치고 있으며 앞으로는 더욱 격심한 경쟁을 해야 한다. 그러나 체급 차이 때문에 규모의 경쟁을 정면으로 벌이기는 어렵다. 중국은 더 이상 저렴한 인건비에 기대며 인해전술로 승부하는 나라가 아니다. 글로벌 공급망에 값싼 부품이나 중간재 정도 공급하던 국가도 아니다. 이는 한국뿐만 아니라 산업 전환을 주도해 온 선진국 대부분이 함께 마주한 현실이기도 하다. 이제는 미국조차 산업 생산력과 기술력 측면에서 중국을 누르기 어려우며, 과학 기술 투자에서 양국의 격차가 오히려 벌어지고 있다는 점은 미국 역시 이 흐름에서 예외가 아닐 수 있음을 암시한다. 그렇기 때문에 한국, 미국, 일본, 독일 같은 국가들은 규모나 자본의 정면 대결에 매달릴 것이 아니라 그동안 축적해 온 경험과 제도적 역량, 그리고 소프트웨어적 차별성을 정확히 인식하고 이를 전략 자산으로 활용할 수 있어야 한다.

한국은 중국의 산업 정책을 그대로 흉내 낼 수도 없고, 시대착오적

차이나 반도체 라이징

개발 시대 정책으로 회귀하는 것도 어불성설이다. 현재의 글로벌화된, 그리고 산업이 충분히 전환된 한국 경제의 펀더멘털을 고려하되, 그것이 고정된 상수가 아니라 유연하게 변해야 하는 요소로 가득 차 있음을 명확히 인지해야 한다. 한국은 중국보다 더 글로벌화되었고 더 빠르게 혁신을 받아들일 수 있으며, 더 유연하게 정부와 민간이 협력할 수 있다. 민주주의를 그토록 소중하게 헌법의 최고 가치로서 간직해 왔다면, 그것을 단순한 정치 철학이나 체제로만 볼 것도 아니고, 의사 결정 절차 정도로만 한정할 것도 아니고, 그 자체로 국가의 산업 경제 시스템의 안정과 지속 가능성을 보장하는 필수재로 인식해야 한다. 더 투명한 제도와 법, 그리고 이익 분배 구조를 이용하되 이를 더 선진적으로 정비해 혁신을 만드는 기업과 학교로의 투자를 유도하고, 이익을 공동체가 분배하며, 각 지역에 맞는 메가 샌드박스를 설계하고 주기적으로 그 성과를 관리하는 노력이 구체화되어야 한다. 기초 과학의 생태계를 파격적일 정도로 더 강력하게 지원하고 혁신을 이끌어 내는 주체라면 누구든지 충분한 대우를 받을 수 있도록 인센티브도 한층 강화되어야 한다. 정부는 민간이 하기 어려운 인프라 선제 투자, 법과 제도 개선, 이민 문호 개방, 글로벌 교육 시스템에 대한 보조 확대, 외교 관계 개선을 통한 경제 규모 확장성 탐색 등을 더 실질적 차원에서 부지런히 추진할 필요가 있다. 이러한 방안도 사실 유효 기간은 정해져 있기 때문에, 결국 시간과의 싸움이 된다. 물론 그러한 싸움을 할 의지가 있는 주체들이 있을 때나 이러한 노력이 빛을 발할 것이다. 중국을 너무 두려워해서는 안 되고, 너무 무시해서도 안

   6장 중국 첨단 산업 전략의 미래

되고, 중국에 대해 너무 저자세여도 안 되고, 중국을 베끼기만 해서도 안 된다. 중국의 특수성은 중국이 해결할 문제고, 한국은 국가의 생존에만 매달리기보다 나라 전부를 파괴적 혁신의 전면에 세우는 방향으로 차별화된 전략이 필요하다. 중국은 그러한 전략을 취하려고 해도 하기 어렵다는 점을 기억하자.

아무 이유 없이 "이 산업이 아니다." 라는 의사 결정이 내려지면 그것에 군말 없이 따르기만 해도 경제가 성장하던 시절이 한국에도 있었다. 그러나 이제 산업의 전환 주기는 더 빨라졌고, 국가 간 경쟁은 날로 치열해지고 있다. 선진국이 된 지금의 한국에는 안보 우산의 혜택도, 중진국 혜택도 없으며 ESG의 압박 속에 젊지도 않다. 중국은 너무 거대해졌으며, 미국은 고립주의로 회귀하고 있다. 한국을 지탱해 온 산업들의 유효 기간은 점점 짧아지고 있으며, 국운을 걸고 추진하는 AI, AI 반도체, AX는 확실한 방향에 대한 합의가 미진하다. 근본적 혁신과 자원 최적화 전략이 갖춰지지 못한 상태에서는 중국이 겪게 될 산업 전환의 불확실성에서 오는 기회는 오히려 한국에게 독배가 될 수도 있다. 한국은 산업 정책을 다시 기본부터 점검하고, 민주주의의 기준을 존중하면서도 유연함을 추구하며, 혁신의 함정을 피해야 한다. AI에 명운을 걸었다면 혁신에 가장 큰 가중치를 두는 것은 맞지만, 그 혁신이 어디로 어떻게 연결될지도 고민을 해야 한다. 경부 고속 도로, 인천 국제 공항, KTX 같은 대형 장기 국책 사업을 추진하며 축적된 산업 정책의 경험을 참고하는 것도 좋은 방법이다. 여기에 더해 인프라 구축에 그치지 않고 그 위에서 파생 산업과 생태계

한국 반도체의 대응 전략

7장

특이점 시대, 국내 총지능에 주목하라!

복합 특이점의 시대

미국의 컴퓨터 과학자이자 미래학자인 레이 커즈와일(Raymond Kurzweil)은 기술적 특이점 예측을 담아 미래를 전망한 베스트셀러 『특이점이 온다(*The Singularity Is Near*)』로 유명하다.[1] 그가 강조하는 특이점은 주로 인공 지능에 대한 것이다. 특히 그는 인간을 뛰어넘는 초인공 지능 도래 이후 인류 문명은 그전과는 완전히 달라질 것이라 확신한다. 그는 초인공 지능에 로봇, 생명 공학, 나노 공학, 신재생 에너지 등이 결합하면서 인류 문명이 인간을 넘어선 존재가 출현해 주인공이 되는 무대로 바뀔 것이라고 전망했고, 그 전환 시점을 2045년으로 특정하기까지 했다. 2005년 처음 그가 특이점을 제안했을 때는 LLM 같은 고성능 인공 지능이나 테슬라 옵티머스 같은 휴머노이드 로봇이 등장하기 전이었다. 그럼에도 이제는 점점 많은 학자들이 인공 지능, 그리고 인공 지능이 촉발할 기술 문명의 변혁을 피할 수 없는 흐름으로 보고 있다. 오히려 그 도래 시점이 커즈와일의 예측보다 더 앞당겨질 가능성도 있어 보인다. 실제로 커즈와일은 최근 20년만에 후속작 『마침내 특이점이 시작된다(*The Singularity Is Nearer*)』를 내면서 특이점의 도래가 이르면 2029년이 될 것이라는 더 과감한 예측을 내놓기도 했다.[2]

컴퓨팅 특이점

그러나 기술적 특이점은 인공 지능 하나로만 촉발되는 것이 아니다. 인공 지능을 가능하게 했던 컴퓨팅 자체의 전환점, 컴퓨팅을 지탱할 에너지 공급과 탄소 배출 문제로 시험받는 에너지-환경 지속 가능성의 특이점, 그리고 인공 지능 이후 경제 산업 구조의 비가역적 재편을 뜻하는 경제적 특이점 역시 비슷한 시기에 현실의 문제로 떠오르고 있다. 2010년대 후반 이후 LLM, 생성형 인공 지능, 대규모 추천-검색 시스템을 비롯한 인공 지능의 폭발적인 성장은 컴퓨팅 성능이 지수 함수적으로 향상되었기 때문에 가능했다. 그 한가운데에는 엔비디아의 GPU, 구글의 TPU 같은 NPU, 그리고 SK하이닉스의 HBM 등으로 대표되는 고성능 연산 하드웨어의 눈부신 발전이 있다. 그러나 GPU나 HBM 가격은 공급 부족으로 계속 치솟고 있다. 더 강력한 성능의 하드웨어를 양산하기 위한 기술 난도 또한 이제 옹스트롬 공정으로 진입했다. 같은 웨이퍼 면적에 더 많은 트랜지스터를 집적시킴으로써 반도체 성능을 지수 함수적으로 늘려 온 무어의 법칙이 조만간 멈출 수도 있다.

연산 하드웨어 간의 성능 발전 속도도 늘 균등하게 이루어지는 것은 아니다. GPU나 TPU 같은 연산 장치에 비해 HBM 같은 메모리 발전 속도는 매우 더딘 편이며, 이로 인해 이른바 '메모리 장벽'이라는 구조적 문제는 더욱 심각해진다. 여기에 더해 옹스트롬 공정으로 진입하는 과정에서 네덜란드의 ASML이 독점하는 극자외선 노광 기술 역시 2030년대 중반 이후 3세대로 가기 위한 로드맵이 불분명하다. (그림 7.1 참조) 현 추세로는 5옹스트롬 공정보다 더 미세한 기술 노드의 공정을 지금 같은 방식에 기반해 구현하기는 사실상 불가능에 가까우며 2040년이 되기 전, 현행 노광(NA 0.55급 EUVL) 기술에서 구현할 수 있는 회로의 실제 물리적 크기 역시 패터닝 오차(edge placement error, EPE) 기준으로 3나노미터의 장벽에 봉착할 것으로 예상된다. 이를 금속 피치로 환산하면 약 12나노미터에 해당한다. 스트라이프 무늬의 라인앤드스페이스(line-and-space) 패턴을 상정한다면, 금속 선폭의 한계는 6나노미터로 예상된다는 뜻이다. 컴퓨팅 수요는 계속 폭증하겠지만, 인공 지능의 지수 함수적 성능 발달을 이끌어 왔던 연산 하드웨어의 기술적 한계가 점차 현실로 다가오는 셈이다.

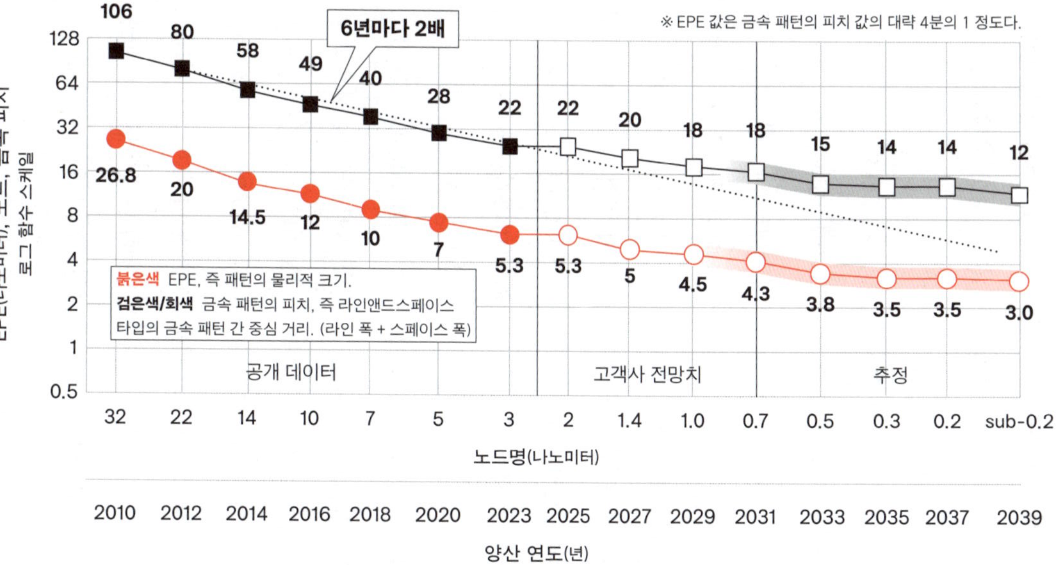

그림 7.1 ASML의 극자외선 노광 기술 로드맵. 2025년 TSMC의 2나노(N2) 공정 양산 개시로 로드맵 전반부는 대체로 예측에 부합하고 있으나, 2030년대 이후 구간의 불확실성은 본문에서 상술한 바와 같이 여전히 높다. 특히 2040년이 되기 전에 회로의 물리적 선폭 축소 한계에 도달할 것임이 예고되어 있다. ASML 공개 자료를 바탕으로 만들었다.[3]

에너지-환경 특이점

에너지-환경의 지속 가능성 특이점은 컴퓨팅 특이점보다 더 심대한 문제가 될 수 있다. 기본적으로 현재의 인공 지능 성능 향상 추세는 그에 상응하는 막대한 에너지 수요를 동반한다. AI 모델의 규모, 이를 뒷받침하는 AIDC의 설비 규모, 그리고 모델의 학습과 추론에 투입되는 개별 연산 하드웨어의 에너지 소모는 모두 지수 함수적으로 증가한다. 이를 태양광이나 수력, 풍력 같은 비탄소 배출 신재생 에너지만으로 모두 감당하기란 불가능하다. 예를 들어 패널 효율이 일정하다는 가정하에, 태양광 발전 용량을 2배 늘리려면 패널 설치 면적을 2배로 늘리는 수밖에 없기 때문이다. 갈길이 급한 미국은 상대적으로 빠르게 규모를 확장할 수 있는 LNG 등 화석 연료 기반의 발전원 비중을 늘리는 선택을 한다. 중장기적으로는 MS, 알파벳, 아마존, 메타 같은 하이퍼 스케일러(hyper scaler)[4]들은 아예 자체적으로 원자력 발전소, 특히 SMR 같은 차세대 원전을 구축하려는 계획을 빠르게 추진하기도 한다. 그렇지만 에너지 확장은 선형적으로밖에 이루어질 수 없다. 특히 에너지 인프라는 AIDC나 반도체 메가팹 같은 컴퓨팅 인프라에 비해 건설 기간이나 사회적 합의, 정부의 전력 수급 계획, 환경 및 안전 규제 등 고려해야 할 사항의 범위가 훨씬 길고 넓다. 또한 화력 발전원의 비중이 미국 주도로 최근 증가하면서 인류가 파리 협정 이후 애써 줄이려 노력해 왔던 온실 가스 배출량은 다시 늘어나고 있다. 이로 인해 그렇지 않아도 악화일로에 있던 지구 평균 기온의 상승 추세는 더욱 가팔라질 가능성이 높다.

  7장 한국 반도체의 대응 전략

2024년 말, 지구 평균 기온은 파리 협정에서 기준선으로 제시한 상승폭인 1.5도를 이미 초과했다. 현 추세대로라면 2040년대 전후로 2도 이상 상승하는 파국적 결말을 피하기 어려워 보인다. 탄소 배출량을 줄이기 위해 태양 전지 등의 신재생 에너지 비중을 늘리는 것에도 한계가 있다. 특히 대규모 데이터 센터의 전력 수요 패턴은 변동성이 심하기 때문에 원자력이나 화력 발전 같은 기존 기저 전원의 중요성이 더 높아질 수밖에 없다. 탄소 배출과 컴퓨팅 성능 사이의 밸런스 게임을 하기 위해서는 에너지 포트폴리오의 지혜로운 조정이 필요하나, 현재 대부분 국가의 전력망은 중앙 집중형으로 관리되며 특히 한국은 한국 전력이 홀로 그 조정을 감당한다. 에너지 집약형 제조업에 맞춰 구성되어 온 한국의 전력망은 신재생 에너지가 대량으로 포함되는 에너지 믹스를 충분히 소화하기 어려운 상황이다. 이는 미국이나 중국, EU도 크게 다르지 않다.

경제 사회적 특이점

경제 사회적 특이점의 영향은 인류 문명을 위협할 정도의 비가역성을 만들어 낼 수 있다. 현재 미국의 주요 IT 대기업을 일컫는 하이퍼 스케일러가 2020년대 이후 주도하는 연간 수천 억 달러 규모의 거대한 AIDC 투자는 그 자체로 경제 성장에 도움이 되는 것처럼 보인다. 그러나 그 투자의 실제 열매는 하이퍼 스케일러 간 내부 거래에 국한되는 이른바 순환 투자 양상을 보인다.

일각에서는 이것이 실질적 부가 가치 생산이나 기업 이윤과 괴리된 자산 가격 상승을 불러와, 인류 역사상 유례없는 규모의 기술-금융 버블을 만들어 낼 것이라는 경고의 목소리도 나온다. 인공 지능 산업계의 고민 중 하나는 천문학적인 투자를 블랙홀처럼 빨아들이는 것과는 별개로 그에 상응하는 순수익을 비슷한 규모로 만드는 것은 여전히 요원해 보인다는 것이다. 이는 인공 지능이 본격적으로 기존 경제 산업 체계에 확산되기 전 단계이기 때문에 그럴 수도 있다. 그러나 일단 그런 확산이 현실화되면 인류는 지금까지 한 번도 겪어 보지 못한 경제 사회적 특이점을 맞을 수 있으며, 그 가능성 자체가 거대한 불확실성을 키운다. 특히 커즈와일이 예견한 초인공 지능 혹은 그에 준하는 AGI의 도래는 웬만한 화이트칼라 일자리 자체를 없앨 촉매가 될 수 있다. 로봇 공학으로 대변되는 물리적 AI와 공장 자동화-스마트화는 제조업 전반의 블루칼라 일자리도 없앨 수 있다. 즉 칼라의 구분 자체가 의미 없어질 수 있다. 자율 주행 자동차, 드론 같은 무인 운송 수단의 확산은 물류, 배송, 인프라 유지 보수 등의 직군마저 없앨 수 있다. 인공 지능이 촉발할 새로운 경제 시스템의 도래는 예견된 결과다. 그러나 그로 인해 거의 산업 전 영역에서 빠르게 사라질 일자리와 그것을 대체할 새 일자리의 부족, 대량 실업 사태와 전통적 교육 시스템의 빠른 붕괴 등은 많은 국가에서 스스로 해결하기 어려운 특이점이 될 것이다. 이는 기존의 교육 및 직업 훈련 시스템, 성인의 재교육 및 커리어 전환 시스템, 실업 및 복지 대책 등이 완전히 재설계되지 않으면 국가 차원에서도 감당하기 어려운 사회적 문제가 될 것임을 예고한다.

		7장 한국 반도체의 대응 전략

복합 특이점 시대의 생존 공식

지금까지 언급된 특이점들은 커즈와일이 바라보는 긍정적인 특이점과는 다르다. 특히 특이점 본연의 비가역성으로 인해, 부정적 결과가 초기부터 예견된다고 하더라도 그 이전 상태로 되돌리기가 거의 불가능하다. 또한 비가역적 변화는 단독으로 오지 않는다. 각 특이점이 독립적으로 오는 것이 아니라 상호 작용하며 서로를 자극하거나 가속시키면서 더 빨리 도래할 수도 있기 때문이다. 그래서 충분히 대비되지 못한 공동체는 비가역성의 거대한 파도에 휩싸여 지속 가능성을 잃어버릴 수 있다. 복합화된 특이점에 사전에 철저한 대비를 갖춘 국가를 찾기는 어렵다. 한국은 물론, 현재 초인공 지능과 범용 인공 지능의 선점을 놓고 기술 패권 경쟁을 벌이는 미국과 중국이라고 해서 예외는 아니다.

복합 특이점 시대 한국에게 생존, 나아가 경쟁에서 이길 전략이 있을까? 한국은 기본적으로 전후 1차 산업에서 1960~1970년대 비료-제철-중화학 공업 같은 1세대 2차 산업, 1980~1990년대 전자-반도체 산업 같은 2세대 2차 산업, 2000~2010년대 디스플레이, 디지털 산업 같은 3세대 2차 산업과 컨텐츠-지식 정보 같은 3차 서비스 산업, 그리고 2020년대 이후 인공 지능 같은 4차 산업 등으로 전환을 모범적으로 거치면서 경제 성장을 이룬 대표적 국가다. 그러나 여전히 한국의 국가 경제를 책임지는 산업 포트폴리오에는 석유 화학, 제철, 건설, 조선 같은 제조업이 큰 비중을 차지하며 디스플레이, 반도체 역시 전체 수출에서 20퍼센트에 이르는 가장 높은 비중으로 한국의 글로벌 경쟁력을 책임지는 주력이다. 특히 반도체 산업은 기존의 범용 반도체뿐만 아니라 최근 HBM 같은 메모리 파운드리 개념으로 탈바꿈하며 경쟁력을 한층 더 높여 가고 있다. 그렇지만 한국이 국가 경쟁력의 핵심으로 삼아 온 산업 전반에서 훨씬 더 큰 규모와 힘을 갖추고 세계 무대에 등장한 상대, 중국과의 경쟁이 점차 버거워질 것이라는 점은 확실하다.

국내 총지능의 시대

복합 특이점의 도래를 맞아 거의 모든 국가들이 대동소이한 목표와 전략으로 무한 경쟁에 뛰어드는 상황에서 한국의 차별화 전략은 무엇이어야 하는가? 이야기에 앞서 일반론부터 해 보자. 그간 한 나라의 국력을 종합적으로 측정해 왔던 GDP라는 개념은 앞으로 인공 지능이 촉발할 복합 특이점 시대에서는 유효 기간이 다 될 것이다. GDP 대신, '국내 총지능(gross domestic intelligence, GDI)'이 주목을 받을 것이다. 아직 학계에서 확실하게 정립된 개념은 아니며 내가 2025년부터 제안하는 개념일 뿐이다.[5] 그렇지만 인공 지능이 향하는 곳은 결국 가치를 만들 수 있는 정보의 생성이며, 그 정보는 다량의 데이터와 에너지를 소모하고, 생성된 정보는 산업에서 새로운 가치를 만들 수 있는 연료가 되는 구조를 고려할 때, GDI에 대한 명확한 인식은 시급하다.

GDI는 지식과 기술, 자본과 인력은 물론, 인공 지능과 컴퓨팅 인프라, 에너지와 환경 지속 가능성, 산업 지능화와 자동화, 그리고 그를 뒷받침하기 위한 제도, 규범, 거버넌스와 국제 개방성, 협력 역량을 포괄한다. GDI를 쉽게 측정할 공식이 있다면 그것은 컴퓨팅(C)와 에너지(E)를 곱한 값이 될 것이다. 컴퓨팅은 AI 모델의 성능, 학습과 추론을 가능하게 하는 연산 인프라, 학습에 필요한 데이터의 양과 질 등을 말하며, 에너지는 그 나라에서 활용 가능한 에너지 총량은 물론 AIDC 및 반도체 팹 등에 공급할 수 있는 발전 및 송배전 용량과 품질 지표를 포함할 것이다. GDI 관점에서도 글로벌 양강 구도는 여전히 미국과 중국이다. 미국은 컴퓨팅 자원에서 중국을 앞선다. 반면 중국은 미국을 에너지 자원에서 능가한다. 특히 국내 총 전력 생산량에서 이미 2013년 전후로 미국을 추월하기 시작했다. 양국은 매년 막대한 자본을 투자해 컴퓨팅과 에너지 증강 경쟁을 펼치고 있다. 현 추세를 외삽한다면 향후 5~10년 안에 미국은 컴퓨팅 자원의 우위를 점하고 있음에도 컴퓨팅 자원 증가 속도보다 에너지 규모 증가 속도가 더 빠른 중국에 밀려 종합 GDI의 역전이 가시권에 들어온다. 이것이 중국의 국력이 미국을 추월함을 의미하는 것은 아니나, 적어도 인공 지능이 촉발할 특이점 시대에 더 적극적으로 대응할 능력, 나아가 산업 전환의 충격을 완화할 수 있는 능력에서는 중국이 유리한 고지를 점할 가능성이 높음을 의미한다.

GDI로 측정되는 국력의 중요성은 한국에도 마찬가지로 심대하다. 특히 한국은 미중 간 컴퓨팅-에너지 증강을 같은 규모로 추진하기는 현실적으로 어렵다는 점에서 GDI 경쟁을 펼치기는 당분간 힘들다. 그러나 차별화 전략은 GDI 맥락에서도 여전히 확보할 수 있다. 민주주의 체제를 채택한 국가로서 종합적인 국가 지능화, 특히 산업 고도화를 이끌 실력과 리더십이 있는 국가임을 증명하는 것이 시작점이 되어야 한다. 특히 그 실력이 지속 가능함을 보여 주기 위해 그에 걸맞은 준비와 투자 역시 빠르게 착수해야 한다.

규모의 경제가 갖는 유리함과 강력한 정부 지원 정책을 내세운 중국과 1 대 1로 경쟁하기는 버거울 것이다. 그러나 한국만의 차별화 포인트는 바로 글로벌화된 산업 입국이면서도 비교적 안정적인 민주주의 체제를 1987년 민주화 항쟁 이후 40년 가까이 이어 오고 있는 나라라는 점이다. 이는 외국인 투자에 확실성을 제공하며 투자의 실익 전환을 보장할 수 있는 산업 가치 사슬의 지속도 약속한다. 한국에 존재하는 2, 3, 4차 산업 스펙트럼에 축적된 경험과 자산, 그에 더해 국가 주권형 AI 정책을 통해 추진되는 4차 산업의 새로운 공급망과 테스트베드 형성, 거대한 반도체 제조 기반의 확대와 데이터 센터는 그 자체로 산업 전환에 대한 글로벌 실험장 역할을 한다. 한국에서 성공한 산업 전환 및 역량 강화, 그리고 국가 GDI 강화 케이스는 비슷한 전략을 취하려는 후발 국가에게 좋은 모델이 될 수 있다. 특히 그러한 케이스를 선점한 한국의 기업들은 이를 하나의 패키지로 설정해 후발 국가 기업들에게 수출도 할 수 있다. 인공 지능뿐만 아니라 지능화된 산업은 국가 GDI에 기여할 수 있으며, 높아진 GDI는 다시 GDP를 끌어올릴 것이기 때문이다.

선제 투자해야 할 영역

물론 이러한 작업은 계획만으로 이루어지지 않는다. 한국은 최대한

의 투자를 통해 대비를 하루빨리 시작해야 한다. 과거 개발 시대 경부 고속 도로, 포항 제철, KIST 같은 대형 사업은 물론, 민주화 시대의 인천 국제 공항이나 KTX 같은 사업은 시대를 막론하고 10~20년을 내다보는 기반 구축의 개념으로 추진되었다. 이러한 장기 국책 사업은 산업과 연구 개발 필수 인프라의 밑바탕이 되었다. 국가 지능화 역시 지난 반세기 간의 대표적 국책 사업에 준하는 수준으로 구체적 전략과 청사진이 구축되고 추진되어야 한다. 인공 지능 산업으로 촉발될 특이점에 대비하기 위한 방책 중 하나로서 한국은 경기도 남부에 반도체 메가클러스터 구축을 추진한다. 그 메가클러스터는 단순히 제조 용량만 확장하는 것이 아니라 국내 반도체 팹리스, 소부장 업체, 연구 개발 기관이 생태계를 이룰 수 있는 기반 조성도 고려해야 한다. 특히 스타트업과 중소기업의 기술 인증을 위한 테스트베드이자, 시장 진입에 필요한 최소 물량을 보장하는 시험 생산 역할을 맡을 'KSMC' 같은 (준)공기업형 전용 반도체 팹 구축부터 시작해야 한다. 이후에는 K-AI 모델, 데이터 세트, 데이터 센터 운영, 산업 전환형 AI 모델의 인증-평가-라이브러리 공유·IP 관리까지 아우르고, 나아가 인공 지능이 대체할 사회 경제 시스템의 변화에 대응하는 정책 설계까지 맡을 수 있는 'KAAI(Korea Agency for Artificial Intelligence)' 같은 비영리 (준)공영 연구 허브도 함께 참여해야 한다. 컴퓨팅 특이점에 대비하기 위해, 차세대 반도체-정보 처리 기술의 기초부터 응용까지 연구할 수 있는 프로젝트도 동시에 투자되어야 하며 여기에는 민관 투자 역량이 상호 보완적으로 집중되어야 한다. 특히 신개념 소자와 소재, 극자외선 노광 이후의 초미세 패터닝 기술, 단전자 포토닉스 (single electron-photonics) 소자, 확률적 컴퓨팅(probabilistic computing), 양자 컴퓨터 같은 새로운 정보 기술의 근본적 탐색과 차세대 기술 표준, 그리고 나아가 글로벌 공동 연구 개발의 리더십을 이룰 수 있는 국제 공동 연구 센터 등이 한국에서 구축되고 활용될 수 있어야 한다. 이를 위해 벨기에 IMEC를 벤치마킹해 일명 'KMEC(Korea Micro Electronics Center)' 같은 차세대 반도체-컴퓨팅 연구 시설이 조속히 구축되고 운영에 들어가야 한다.

에너지-환경 특이점에 대응하기 위해 한국은 국내에 설치될 기가와트급 인공 지능 데이터 센터와 반도체 메가클러스터 에너지 수요의 절반 이상을 비탄소 배출 전원으로 감당할 수 있는 에너지 고속 도로 중장기 플랜을 입안해 그리드 개선, 원자력 발전 시설 확충/안전성 강화, AIDC 수요 변동 고속 적응형 스마트 그리드, 신재생 에너지 기반 발전원과 송배전 규모 확충, 배터리 및 수소 연료 전지 기반 하이브리드 대용량 에너지 저장 장치(hybrid ESS) 기술 개발 및 보급 확대 등의 정책을 동시다발적으로 추진하고 그에 걸맞은 연구 개발 프로그램을 확충해야 한다.

경제 사회적 특이점에 대비하기 위해서는 인공 지능 자체뿐만 아니라, 인공 지능의 산업 확산을 통해 확보되는 부가 가치의 분배에 대한 복지-세금 정책의 개선, 그리고 국내뿐만 아니라 국제 협력을 통한 경제-수출-산업 모델의 협의 등에서도 리더십을 보일 수 있어야 한다. 이는 한국의 산업 포트폴리오상으로 충분히 데이터를 확보할 수 있는 전략일뿐더러, 민주주의 체제에서 예측 가능한 상대이자 표준화된 산업 협력의 파트너라는 지위를 굳힐 수 있도록 도와줄 것이다.

무엇을 준비할 것인가?

이러한 전략의 선결 조건 중 하나는 한국이 더 개방적이고 국제적인 사회가 되어야 한다는 것이다. 인구 급감과 급속한 고령화는 한국의 구조적 취약점으로 작용할 가능성이 크며, 한국이 추진하려는 중장기 산업 전략과 경쟁력 강화 로드맵을 떠받치기 어렵게 만드는 요인이기도 하다. 젊고 능력 있는 외국인들이 한국에서 정주하며 가정을 이루고 커리어를 쌓을 수 있는 사회로 변화하고 그에 맞춰 교육-산업-복지 제도 확충도 이루어져야 할 것이다. 또한 산업 활동 인구 구조의 변동에 대응하기 위해 기존 교육 시스템의 점진적 변화를 이끌어 내야 한다. 특히 AI를 협업의 도구이자 동반자로 활용하는 교육을 의무 교육 단계부터 추진하는 것은 물론 성인의 평생 재학습과 커리어 전환에 특화된 전주기 인재 양성 시스템이 갖춰져야 한다. 더불어 경제 산업 특이점 이후 증폭될 일자리 불안정성 문제에 대응하기 위해 복지, 세제, 노동 제도의 유연화도 추진되어야 한다. 인공 지능과 자동화로 폭증할 생산성과 부가 가치를 어떻게 다시 시민 사회 공동체 내에서 공유하고 재투자할 것인지에 법과 제도 개선이 이루어져야 할 것이다. 특히 시간이 걸리더라도 민주주의 체제 안에서 최적의 조합을 찾을 때까지 다양한 실험을 추구할 인내와 정책적 지속 가능성이 보장되어야 한다.

복합적 특이점 이후의 비가역적인 상황에서 한국이 추진하려는 전략은 성공을 장담하지는 못한다. 일본이나 EU는 물론 중국 역시 한국과 대동소이한 전략을 취하며 끊임없는 생존 경쟁에 나설 것이기 때문이다. 한 가지 확실한 것은 한국이 지금의 산업 전략과 정책으로 버티는 것은 경쟁에서 밀려나는 형국을 스스로 초래할 것이라는 점이다. 한국은 자체적으로 혁신을 추진하는 것은 물론, 각국과의 적극적 연계에 나서야 한다. 그래서 미래의 불확실성에 대비하기 위한 부담을 분담하면서도 국제 사회에서 더 적극적인 혁신 주도 국가가 될 수 있어야 한다. 이제 안전 지대에서 스스로 나아가 아무도 가 보지 않았지만 가지 않으면 안 되는 길을 현명하게, 그러나 과감하게 설계하고 선택해야 할 때다.

불확실성의 영역

한국의 반도체 산업은 내적, 외적 변수들이 만들어 내는 불확실성 영역으로 이미 진입했다. 일본을 바짝 쫓는 것만으로도 경쟁력을 유지하던 전과는 달리, 지금은 자유 무역주의를 위협하는 외적 변수의 불확실성이 폭증하는 시대가 되었다. 미중 기술 패권 전쟁의 심화는 물론, 러시아-우크라이나 전쟁이나 이란 전쟁 같은 국지전의 지속과 빈발, 글로벌 자유 무역 구조의 쇠퇴와 각국이 경쟁적으로 쏟아내는 보호 무역 기조, 그리고 이 책에서 내내 살펴본 중국의 기술, 산업, 경제 규모의 끝없는 팽창은 그러한 외적 변수의 면면을 구성한다. 그러나 가장 무거운 외적 변수는 한국의 최대 동맹국이자 최강국인 미국의

　　　　　7장 한국 반도체의 대응 전략

극적인 정책 변화다. 오랜 기간 유지해 온 단극의 지위를 내려 놓은 미국의 자국 우선주의로의 노골적 회귀, 특히 트럼프 2기 정부 이후 하나의 확연한 흐름으로 자리 잡은 마가노믹스(MAGAnomics)라는 21세기판 먼로 독트린 같은 고립주의의 재현은 한국 반도체 산업이 이제 자유 무역주의의 수혜자 입장이 아닌 보호 무역주의의 피해자 입장이 될 가능성을 암시한다.

한국이 처한 내적 변수 역시 만만치 않다. 2010년대 후반 이후 1.0 이하로 떨어진 출생률과 그로 인한 인구의 급감 기조 속에 학생들의 의대 쏠림까지 겹치면서 가시화되는 이공계의 쇠락, 더 이상 범용 반도체로만 볼 수 없는 메모리 반도체와 그에 대한 과도한 의존도는 한국이 반도체 산업을 시작하던 반세기 전과는 전혀 다른 상황이다. 수천억 달러, 심지어 최근에는 수조 달러 규모를 운운하는 하이퍼 스케일러들의 막대한 투자를 블랙홀처럼 흡수하며 덩치를 키워 온 인공 지능 산업은 그 투자 규모에 비해 아직 수익성을 확실히 만들어 내는 산업으로 자리 잡지 못했다. 엔비디아와 TSMC가 지배하는 AI 반도체 제조업 공급망에서 이들이 만들어 내는 기술 장벽과 독점 구조는 기형적일 정도로 파훼하기 어렵다. 인공 지능이 반도체는 물론, 한국이 그간 경쟁력을 유지하던 제조업에서 어떠한 변수를 얼마나 크게 만들어낼지도 확실하지 않다. 반도체 제조 자체도 변수다. 경제적, 기술적 한계는 물론 이제 물리적 한계도 이제 가시권 내로 들어오기 때문이다.

한국의 반도체 산업은 '중국 반도체의 급부상'이라는 거대한 기조라는 변수 하나만 고려해서는 제대로 된 대응 전략을 마련하기 어려운 상황이다. 이는 글로벌 공급망이 협력적 발전이 아닌 경쟁과 안보의 프레임으로 바뀌고 있다는 구조적 변화, 그리고 그로 인한 클러스터의 분리 같은 근본적인 전환의 위기가 가시권에 들어왔기 때문이다. 이러한 위기 상황에서 인공 지능과 제조 AI, 그리고 AX 등으로 연계되어 활로를 모색해야 하는 한국 반도체 산업은 새로운 혁신을 이끌어가고 이를 위한 파트너를 확보하는 것이 최우선 과제다. 그러면 어떠한 시도가 필요할까? 어떠한 기술을 탐색해야 할까? 어떠한 중장기적 전략을 마련해야 할까? 중국의 반도체와 인공 지능 산업의 급팽창과는 다른 차원이 한국에게 있을까? 그래서 한국은 반도체와 인공 지능, 나아가 새로운 첨단 산업에서도 경쟁력을 확보할 수 있을까?

다음 반도체로 가는 길

메모리 파운드리 전략

우선 반도체 산업에서 맞게 될 기술적 난제부터 살펴보자. 한국이 가장 큰 글로벌 지배력을 점유하는 메모리 반도체 분야에서 한국은 앞으로도 안심할 수 있는가? 전혀 그렇지 않다. 메모리 반도체 산업도 인공 지능이 촉발할 변신에 적응하지 못하면 쇠락 위기에 빠진다. 메모리 반도체 산업에서 요구되는 근본적인 변화는 범용 반도체에서 맞춤형 반도체로의 질적 전환이다. 이는 '메모리 파운드리'라는 새로운 개념으로 확장해서 생각할 수 있다. 1980년대 초반부터 지금까

　　　　　　　　7장 한국 반도체의 대응 전략

지 약 40여 년간 메모리 반도체는 대부분 범용 반도체로 취급되었다. IEEE와 JEDEC 등이 제정한 국제 표준만 따르면 SK하이닉스든, 삼성이든, 마이크론이든, 메모리 제조사들의 제품은 기술적 호환이 보장되었다. 그래서 메모리 가격이 한참 저렴해진 시장에서는 메모리 칩 가격을 바이트당이 아니라, 킬로그램당으로 도매 취급할 정도로 말 그대로 시장에서 쉽게 구할 수 있는 상품처럼 취급되었다. 그렇지만 이제는 상황이 다르다.

현재 DRAM 제품군 가운데 가장 높은 부가가치를 내는 쪽은 GDDR이나 LPDDR보다 HBM이다. 기가바이트 기준으로 보면 HBM의 가격은 GDDR보다 5배 이상 높다. 물론 그만큼 공정 원가도 높지만, 수익성 면에서는 일반 DRAM이 HBM과 비교되기 어렵다. 문제는 HBM은 범용 칩이 아니라는 것이다. SK하이닉스가 2010년대 중반 이후 글로벌 HBM 시장에서 독점적 지배력을 갖게 된 이유도 바로 비범용 메모리로서 HBM이 갖는 차별점을 먼저 파악했기 때문이다. 삼성전자, AMD, SK하이닉스 등 여러 회사가 함께 제안하고 JEDEC에서 첫 표준화 작업이 시작된 2010년경부터 따져도 HBM의 역사는 20년이 채 안 된다. 2013년 SK하이닉스가 세계 최초로 1세대 양산을 시작하던 때만 해도 HBM은 엔비디아 GPU 맞춤형이 아니었다. 엔비디아보다 먼저 HBM을 GPU 설계에 반영하기 시작한 회사는 AMD였다. 2015년 AMD는 라데온 R9 퓨리(Fury) X 시리즈 GPU에 하이닉스의 HBM1을 결합시켜 고대역폭의 장점을 활용하는 GPU 개념을 최초로 선보였다.[6] 초기 HBM은 DRAM보다 체감 속도가 빠른 메모리 정도로 여겨졌다. 행렬 연산에 특화된 GPGPU 맞춤형으로 HBM이 본격적으로 설계되기 시작한 것은 2016년 엔비디아가 파스칼 P100 GPGPU 시리즈에서 HBM2의 대역폭과 동작 속도 사양을 구체적으로 요구하기 시작하면서부터다. 특히 2019년 이후 3세대 HBM으로 볼 수 있는 HBM2E는 12-Hi 스택 구조로 발전하면서 TSMC에서 CoWoS 같은 고난도 패키징 공정을 통해 하나의 시스템으로 통합되기 시작했다. 12-Hi 스택은 DRAM 다이를 더 얇게 갈아 내 12층으로 쌓고 이들을 TSV 공정으로 채널을 만들어 하나의 시스템처럼 작동하게끔 연결했다는 뜻이다. 스택 개수가 많아지면서 패키징 공정의 중요도는 더욱 높아졌다. 2022년 HBM3 표준 발표 후 2023~2024년에 HBM3E, 그리고 2026년 HBM4 등장 후 HBM은 사실상 JEDEC 표준은 준수하되, 제조 공정에서는 엔비디아가 설계한 GPU 레이아웃에 최적화된 구조로 변모했다. SK하이닉스는 처음부터 엔비디아 GPU 데이터 통신 규격과 연계될 수 있는 베이스 다이와 패키징 소재, DRAM 다이의 두께 초박화, TSV 기반 I/O 채널 밀도 강화, 그리고 패키징 공정 파라미터를 최적화해 DRAM과 분리된 라인에서 HBM을 따로 양산했다. 이는 사실상 주문 맞춤형 메모리 파운드리를 한 셈이다.

실제로 HBM와 DRAM 제조에서 공유하는 공정 비중은 채 70퍼센트가 되지 않는다. 나머지 30퍼센트의 차이를 만들기 위해 DRAM 라인을 완전히 재배치해 조정한다는 것은 그만큼 DRAM 생산 능력을 희생시키는 것을 동반하기 때문에 쉬운 결정이 아니었다. 특히 SK

하이닉스가 HBM을 양산하기 시작한 2010년대 초중반은 AI 반도체 시장이 명확하지도 않았으며 HBM 시장 규모도 작고 아직 제조 원가가 비싸던 시대라, HBM 양산 비중을 계속 늘리는 것은 위험한 결정이었다. 그러나 2010년대 중반 이후 급성장한 AI 반도체 시장은 그러한 위험을 감수한 제조사에게 블루오션이 되어 주었다.

이는 2000년대에서 2010년대로 넘어가던 시점, 일본의 메모리 반도체 회사가 스마트폰용 모바일 DRAM 시장을 파악하지 못해 시장에서 밀려난 사례를 연상케 한다. 스마트폰 시장 초기 모바일 메모리 시장 규모도 상대적으로 작았고 범용 메모리를 모바일 시장용으로 수정하는 것은 추가 원가 상승을 요구했다. 모바일 메모리 양산 규모 확장 타이밍을 놓친 일본 제조사들은 결국 2000년대 후반 이후 급성장한 모바일 메모리 시장을 놓쳤고, 결국 전체 시장에서도 밀려나게 되었다.

2020년대 이후 AI 반도체로 쏠리고 있는 DRAM 시장의 상황도 이와 크게 다르지 않다. 2016년 알파고, 2022년 챗GPT 등 굵직한 AI 반도체의 변곡점 속에서 급팽창한 인공 지능 하드웨어 시장은 지수 함수적으로 성장하는 AI 반도체의 수요를 동반했다. 그 가운데에 위치한 엔비디아의 GPU는 인공 지능 모델의 훈련을 감당하기 위해 지수 함수적으로 강력해지는 GPU를 필요로 했고, 더 큰 대역폭을 갖는 메모리를 요구했다. HBM2 시절부터 엔비디아 맞춤형으로 양산되기 시작한 SK하이닉스의 HBM은 특히 2023년 HBM3부터는 사실상 시장을 독점했고, 2024~2025년 HBM3E의 전환을 거쳐 글로벌 HBM 점유율을 50~60퍼센트까지 기록하며 경쟁사와 격차를 벌렸다. 같은 기간 삼성전자와 마이크론 같은 DRAM 시장의 강자들도 HBM에 투자를 하지 않은 것은 아니었다. 그러나 삼성은 모바일 DRAM과 GDDR에, 마이크론은 제한된 양산 여력을 HMC[7] 등에 배정하면서 HBM 본류에 늦게 합류했고, 이는 여전히 양사가 SK하이닉스와 점유율 격차를 좁히지 못하는 원인 중 하나가 되고 있다.

낸드 플래시 파운드리 개념 선점

메모리뿐만 아니라 낸드 플래시 시장도 점차 파운드리 개념과의 결합을 피할 수 없는 새로운 국면으로 진입할 것이다. 현재 낸드 플래시 시장은 DRAM 시장 3강 외에도 키오시아(일본)–웨스턴디지털(미국) 연합, 그리고 최근에는 중국의 YMTC를 포함해 6개가 넘는 회사들의 경쟁이 치열하다.

그러나 관건은 낸드 플래시 시장이 치킨 게임을 거쳐 재편되는지 여부가 아니다. 낸드 플래시 시장이 성숙하고 메모리 반도체는 점점 인공 지능 하드웨어와 하이브리드화 혹은 메모리 파운드리 같은 개념으로 전환되는 과정에서 범용 메모리만의 시장 확장이 더 어려워진다는 점이 진짜 문제다. 낸드 플래시는 DRAM보다 훨씬 예전부터 용량 확장을 위해 수직 적층 방식, 즉 3D 적층을 택했다. 이는 TSV나 더블스태킹(double-stacking) 등의 공정으로, 이후에는 CoA, CuA 등의 방식으로 기술 혁신이 이어져 왔다. 앞으로 혁신이 더 이루어질 영역이 있다면 그것은 이제 수백 층 정도(현재 400층 이상)에서 1,000층

　　　　　　　　7장 한국 반도체의 대응 전략

이상으로 워드 라인 층수를 늘리는 것 외에는 거의 없다. 물론 극자외선 노광 공정이 충분히 성숙하면 낸드 플래시에도 적용될 것이므로 혁신이 나올 수는 있다. 그러나 극자외선 노광 공정이 낸드 플래시용 성숙 공정이 되는 것은 2030년대 중반 이후에나 가능하다. DRAM이나 HBM은 물론, 앞으로 낸드 플래시 시장이 성숙 시장으로 변하는 과정에서 한국의 메모리 반도체 산업은 낸드 플래시 전용 팹을 어떻게 전환하거나 남길 것인지가 주요 과제다.

낸드 플래시에도 메모리 파운드리 개념이 성립한다면 새로운 시장이 생길 수 있을까? 맞춤형 메모리로서 낸드 플래시에 요구되는 기술은 셀(웨이퍼) 자체보다는 그 주변 기술이 될 것이다. 컨트롤러(controller),[8] 펌웨어(firmware), 패키징, QoS(테일 레이턴시tail latency),[9] 특히 내구성(PE 사이클),[10] 보존(리텐션),[11] 에너지 경제성(TCO/W)[12] 같은 영역이 그렇다. 예를 들어 HBM은 대역폭이 AI 연산 성능과 직결되는 지표이므로 대역폭에 적합한 공정과 배선, I/O 채널 밀도를 높이기 위한 TSV 공정 등에 기술 개발 투자를 늘리는 것이 합리적이다. 그러나 낸드 플래시는 인공 지능 서버에 장착된다고 해도 여전히 주 목적은 대용량 저장 매체다. 따라서 저장된 데이터를 연산 코어로 빠르게 보내는 PCIe,[13] NVMe,[14] 컨트롤러, 펌웨어가 병목이 될 것이므로, 이를 인공 지능 전용 반도체 맞춤형으로 성능 강화하는 기술에 투자하는 것이 더 좋은 방향이다. 고객별로 HBM처럼 셀 아키텍처부터 바꾸기에는 초기 개발비(NRE), 마스크, 수율 리스크가 급증하기 때문에 원가 경쟁력 확보가 어렵다. 낸드 플래시에서 메모리 파운드리 개념이 추진되려면 운영 알고리듬(FTL/GC/LDPC/OP)[15] 등의 최적화 성능이 훨씬 더 중요하다. 이를 고려하면 낸드 플래시 메모리 파운드리 개념은 다음과 같은 방식을 통해 시도해 볼 수 있을 것이다.

웨이퍼-다이 레벨 파운드리: 배열부와 주변 회로를 분리한 후 하이브리드 본딩해 컨트롤러-주변 회로의 변종을 만들어 고객별 특화 기능, 예를 들어 보안, 텔레메트리(telemetry),[16] 온다이 LDPC(on-die LDPC)[17] 등을 강화하는 방식이다. 이는 오픈AI, MS, 알파벳, 메타 같은 하이퍼 스케일러에게 맞춤형으로 공급될 수 있는 방식이다.

패키징-인터커넥트 레벨 파운드리: 이 과정은 패키지 스택과 폼 팩터 맞춤형 파운드리다. 특히 채널 개수/컨트롤러를 낸드 링크(ONFI/Toggle)[18] 최적화할 수 있는 방향으로 추진될 수 있다. 인터커넥트 수준에서 파운드리가 가능하므로 온패키지 암호화/키스토어, 정밀 텔레메트리, 전력 효율성 관리를 위한 IC 최적화 등도 이 과정에 포함될 수 있다.

컨트롤러-펌웨어: 이 과정은 낸드 파운드리 개념에서 가장 먼저 시도될 수 있는 개념일 것이다. 특히 FTL, GC, WL 정책을 고객 워크로드에 맞춰 설계가 가능하다. 또한 QoS 최적화를 통해 저지연 컨시던시 모드를 추진할 수 있으므로 대역폭 저하에 민감한 대형 고객들에게 장점으로 부각될 수 있다.

이러한 낸드 플래시 메모리 파운드리 전략은 현실적으로 빠르게 시도해 볼 수 있는 전략들이긴 하나 그 효과는 HBM만큼 극적으로 드러나지는 않을 것이다. HBM-낸드 플래시가 연계된 복합 메모리 개념에서는 낸드 플래시 대역폭도 TSV 공정을 빌려 확장할 수도 있을 것이다. 그러나 그렇다고 해도 저장 매체라는 정체성은 보이지 않는 장벽이 된다. 낸드 플래시의 컨트롤러-호스트 인터페이스는 늘 데이터 이동의 병목이 되기 때문이다.

저장 장치 개념을 넘어 제 2의 HBM 같은 개념, 즉 고대역폭 플래시(high bandwidth flash, HBF) 같은 수준으로 정체성이 바뀌려면 하이브리드 본딩을 이용해 컨트롤러-어레이를 거의 통합하다시피 할 정도로 가깝게 붙여야 한다. 이러면 데이터 전송 지연을 최소화할 수 있을뿐더러 전력 효율, 온다이 데이터 경로 최적화도 가능해진다. 이 과정에서 HBM-NAND가 스택형으로 통합된 일명 'HNS(HBM-NAND stack)'의 개념, 즉 컨트롤러-어레이 통합 소자가 등장할 것이다. 이 기술을 국내 메모리 제조사들이 선점하고 양산에 옮기는 것도 중요한 옵션이다. 이를 통해 비트당 에너지 사용량을 50퍼센트 이상 절감하면서 GPU당 유효 데이터 처리량도 50퍼센트 이상 강화할 수 있을 것이다. HNS 개념은 GPU 바로 옆에서 병렬 작동하는 HBM-친화 데이터 저장층이자 제2의 HBM으로 자리 잡을 수 있다. 메모리 파운드리 개념으로 강화된 낸드 플래시는 GPU와 직접 연결되는 대용량 저장 매체라는 포지션을 선점한다. 특히 데이터 수송 경로에 최적화된 초근접 컨트롤러와 하이브리드 본딩으로 통합된 셀을 이용함으로써 지연을 최소화하며 전력을 절약하고 서버 내 SSD 등이 차지하는 랙 공간을 절약할 수 있다는 장점이 부각될 것이다. 이러한 장점은 하이퍼 스케일러의 거대 AI 모델에 특화된 고속 하드웨어의 발목

차이나 반도체 라이징

을 잡는 메모리 장벽을 완화할 제2의 솔루션이 된다. 인공 지능 전용 연산의 요구 성능이 꾸준히 증가하는 상황에서 낸드 플래시 특화 메모리 파운드리 전략은 AI 데이터 센터 시장에서 가장 중요한 고려 사항이 될 것이다.

새로운 패터닝 기술의 도전

메모리 반도체에 앞서 더 근본적인 미개척 기술 영역은 따로 있다. IT 산업은 날이 갈수록 더 강력하고, 더 빠르고, 더 높은 에너지 효율로 안정적으로 작동하는 컴퓨팅 하드웨어를 원한다. 그러나 물리적, 기술적 한계가 더 빨리 다가오고 있다. 이는 인류 전체가 전자 컴퓨터를 이용하기 시작한 이후 한 번도 생각해 보지 못한 영역으로 접어들고 있다는 뜻이다. 2025년 하반기에 2나노(N2) 공정 양산을 시작하는 TSMC는 로드맵대로라면 2027년 상반기 전후로 드디어 옹스트롬 공정 시대로 진입한다. 그러나 반도체 전공정의 기술을 이끄는 양사라고 해도 옹스트롬 패터닝(실제 물리적 크기 자체는 수 나노미터 수준이다.)을 양산 수준에서 구현할 수 있을지는 장담하지 못한다. 설사 가능하다고 하더라도 치솟는 원가로 인한 경제성 문제가 남는다. 수익성을 갖추려면 옹스트롬 웨이퍼 한 장당 가격이 몇 년 후 10만 달러(약 1억 4000만 원)에 육박하는 시대가 올지도 모른다. 실제로 TSMC가 주도하는 선단 공정의 웨이퍼 가격은 평균 물가 상승률을 훨씬 뛰어넘는 증가율을 기록해 왔다. 문제는 애플이나 엔비디아 같은 대형 고객사 외에는 이 가격을 감수하며 충분한 물량을 주문할 고객사가 거의 없다는

　　　　　　　　7장 한국 반도체의 대응 전략

것이다. 2025년 8월에 공개된 TSMC의 첫 옹스트롬 공정인 16A 공정(2025년 하반기 TSMC 로드맵상으로는 2026년 상반기에 16A 공정은 이미 양산 돌입 단계이며, N2P(2나노 플러스) 및 A14(1.4나노) 로드맵이 공식화된 상태다.) 웨이퍼 가격은 4만 5000달러(약 6600만 원)에서 5만 달러(약 7300만 원)가 될 것으로, 그리고 14A 공정(2029년 전후) 웨이퍼 가격은 현 추세를 외삽해 보면 무려 5만 달러에서 6만 달러(약 9000만 원)까지 높아질 것으로 추정된다. 이러한 가파른 가격 상승 추세를 고려하면 2030년대 중후반에 진입할 것으로 예상되는 9옹스트롬, 8옹스트롬, 6옹스트롬 공정 기반 웨이퍼 가격이 10만 달러(약 1억 4000만 원)에 육박할 것임은 어찌 보면 당연한 일이다. 그러나 노광 및 식각 공정 기술 난도는 훨씬 높아질 것이고 신소재 제조에도 더 많은 연구 개발 비용이 투입될 것을 고려하면 이 예상치는 어쩌면 많이 낮은 것일 수도 있다. 이러한 가격 상승 추세는 한때 반도체 산업을 지배하던 무어의 법칙의 시대가 끝났음을 의미할뿐더러 반도체 양산에서 규모의 경제 논리가 더 이상 통하지 않는 시대로 진입했음도 의미한다. 즉 양산으로 비용을 절감하면서 그로부터 얻은 수익으로 다시 다음 세대 공정으로 진입하는 방식의 유효 기간이 끝나 가고 있다는 뜻이다.

3세대 EUV는 가능한가?

이렇게 기술적 난도가 높은 공정이 정말 양산에 투입될 정도로 경제성을 갖출지 여부를 논하기에 앞서, 애초에 그것이 가능한지부터 논할 정도로 이제 물리적 한계 봉착은 현실이 되고 있다. 한 자리수 옹스트롬 패터닝이 구현 가능한 기술인지는 노광 관련 학회에서 자주 논의되는 화두다. 현재 ASML이 이끌고 있는 극자외선 노광 기술은 3세대에 해당하는 0.75NA급 노광 장비가 양산에 투입될 경우 한 번에 패터닝해 구현할 수 있는 실제 물리적 크기가 4나노미터까지 축소될 것으로 예상된다. 그렇지만 그 시점이 되었을 때 AI 반도체 설계사를 포함한 고성능 연산 하드웨어 팹리스 업체들이 원하는 공정 정밀도는 훨씬 높아졌을 것이다. HPC 전용 칩 성능은 단위 면적당 트랜지스터 밀도의 함수로 결정되기 때문이다. 그리고 트랜지스터 밀도는 물리적 크기의 제곱에 반비례한다. 팹리스 업체들은 시간에 따라 물리적 크기의 제곱에 반비례하는 트랜지스터 집적도 성장 곡선을 기대한다. 그렇지만 파운드리 업체가 추구할 수 있는 물리적 크기의 축소는 제곱에 반비례하기는 커녕 그냥 반비례 추세를 이어 가는 것만 해도 벅차다. 3세대 극자외선 노광 공정이 양산에 투입될 것으로 예상되는 2030년대 중후반이 되면 파운드리와 팹리스 사이, 공정 기술 기대감에 대한 괴리는 심각해질 것이다. 팹리스 업체들은 매년 트랜지스터 집적도가 대략 25퍼센트씩 늘어나기를 기대한다. 그러면 10년 후에는 트랜지스터 집적도가 거의 현재의 10배에 이르게 된다. 단순하게 생각하면 트랜지스터 회로 선폭의 크기가 3분의 1 이하로 줄어들어야 한다는 뜻이다.

3세대 극자외선 노광 공정이 2030년대 중후반 이후 양산에 도입된다고 해도 이 기술이 충분한 품질의 물리적 패턴을 만들 수 있을지, 설사 그렇다고 해도 그 비용이 감당할 수 있는 수준인지 지금으로서

　　　　　　　　　　　　　　　　　7장　한국 반도체의 대응 전략

는 확신할 수 없다. 그 기술이 양산 수준에서 실현 가능한지도 불확실하지만, 그 시점이 2030년대 중후반일지는 더 비관적이다. 선단 공정의 최선두를 이끌고 있는 TSMC마저도 2030년대 한 자릿수 옹스트롬 공정 로드맵대로 무사히 양산에 진입할 것이라 기대하는 엔지니어는 거의 없다. 2020년대 이후 TSMC, 삼성전자, SK하이닉스 같은 글로벌 반도체 제조업체의 웨이퍼 양산에 쓰이고 있는 1세대 극자외선 노광 장비만 해도 여전히 100퍼센트 완성된 기술이 아니라는 점을 기억해야 한다.[19] 2세대 장비가 양산에 투입되고 있지만, 그것이 2세대 장비가 100퍼센트 활용 가능한 수준임을 의미하는 것이 아니다.

미지의 영역에 발 들이기

패터닝 공정 기술 하나만 하더라도 불확실성은 다양한 영역에 산재한다. 그럼에도 한국이 첨단 반도체 제조 강국의 위치를 지키기 위해 기술적, 물리적으로 아직 탐사되지 않은 영역으로 발을 들여 놓아야만 하는 것은 피할 수 없는 과제다. 예전처럼 미국이나 일본, 대만 업체들이 먼저 탐험한 데이터를 참고할 수도 없는 상황이기 때문이다. TSMC가 가장 앞선 영역에서 신기술을 탐색하고 있으나 TSMC는 신기술 도입에는 극도로 보수적이며 굳이 시도하지 않아도 되는 기술이라면 양산에 적용하려 하지 않는다.

미지의 영역에서는 생각하지 못했던 기술들도 이제 현실의 영역에서 재고해야 한다. 패터닝 난제는 결국 극자외선 혹은 그보다 더 짧은 파장을 갖는 고품질 광원을 어떻게 안정적으로 확보할 것이냐에 의

해 결정된다. 한 가지 후보로 방사광 가속기가 있다. 한국에도 앞서 살펴 본 중국 상하이 싱크로트론 같은 가속기인 포항 방사광 가속기(PAL) 같은 높은 수준의 싱크로트론이 있다. 그러나 포항 방사광 가속기는 이미 사용자가 너무 많아 포화 상태다. 그래서 극자외선 전자기파 빔 라인을 반도체 소재나 부품 회사 테스트용으로 충분한 시간을 배정하기가 매우 어려운 상황이다. 이를 위해서는 중국의 상하이 싱크로트론처럼 연성 엑스선 전용 싱크로트론을 추가 건설해 극자외선 빔 라인을 대량으로 확보하는 방법이 가장 효과적인 방안이 될 수 있다. 다만 현재 상황으로는 PAL 수준의 가속기가 1~2기 추가로 건설되기는 요원해 보인다.

불행 중 다행으로 한국에서도 이제 이러한 거대 시설 기반 기술 개발의 중요성에 대해 산업계와 정부의 공감대가 형성되어 포항에 신규로 400메가전자볼트(MeV)급 PAL-EUV 부스터 링이 건설되고 있다. 그러나 이것만으로는 충분치 않을 수 있다. 극자외선 전자기파 전용으로 고에너지 스케일의 시준된 전자 빔을 방출시키는 시설을 유지하는 것은 결코 만만한 과제가 아니다. 그로부터 창출된 전자 빔을 안정화하는 작업만 하더라도 긴 시간과 오랜 시행착오가 요구될 것이다. 그렇지만 이러한 거대 기반 시설은 사용자 범위를 확대하며 다양한 데이터를 충분히 많이 축적하는 것 자체가 중요하다는 점에서 국가적으로 중장기 계획을 입안해 적극 추진할 필요가 있다. 특히 가속기 기반의 다양한 파장대 전자 빔 생성 기술 개발은 한국뿐만 아니라 이 분야에 진입하려는 해외 반도체 기업들에게도 매력적인 유인으로 작용할 수 있다. 반도체 제조 강국인 한국에서 기술적으로 충분히 성숙한 전자 빔 가속기를 활용할 수 있다는 점만으로도 이들 기업이 한국에 추가 투자를 검토할 이유는 충분하다.

중국이 2010년대 내내 독일과 공동 연구를 하기 위해 DESY나 PTB 같은 독일의 가속기 연구 기관과 기반 시설 활용에 얼마나 많은 투자를 했는지 생각해 보면 정답이 무엇인지 유추할 수 있다. 한국도 극자외선 혹은 그 이후의 더 짧은 파장의 고에너지 고품질 광원(BEUV)을 이용해 차세대 반도체 노광 공정 분야의 기술 확보와 생태계 구축을 추진해야 하며, 중국의 방식을 참고하되 그대로 따라할 필요는 없다. 제한된 자원과 인력만으로도 얼마든지 혁신 기술은 탄생할 수 있다. 2030년대 중반 이후, 현재 노광 방식이 보이고 있는 로드맵이 불확실한 상황에서는 극자외선 이후의 BEUV 노광 기술이 갖는 기술적 난제가 산적해 있는데, 이들은 오히려 한국에게는 좋은 목표가 될 수 있다. 한국은 이를 타깃으로 10~15년 후를 내다보며 차세대 기술 생태계를 미리 구축해 둘 수도 있을 것이다. 이 과정에서 한국은 네덜란드, 미국뿐만 아니라 중국과 더 치열한 경쟁을 벌이게 될 것이다.

한국의 반도체 제조업은 이제 누군가를 참고하며 따라가기만 해도 비즈니스가 이어질 수 있는 과거와는 환경이 다르다. 다시 말해 함정에 빠지고 손해를 보는 것을 감수하면서도 스스로의 힘으로 탐험해 나가야 하는 상황이다. 문제는 이러한 탐험을 특정 회사 혼자서 감당하기란 점차 어려워질 것이라는 것이다. 이는 학문적, 기술적 관점에

차이나 반도체 라이징

서도 그렇지만, 경제 산업적 관점에서는 더더욱 그렇게 될 것이다. 그래서 신뢰할 만한 파트너들과 전략적 협력 관계를 맺는 것이 중요하다. 문제는 한국 반도체 회사들 중에는 이러한 기술 개발 협업 전략을 글로벌 수준에서 제대로 이끌어 본 경험이 있는 회사가 드물다는 것이다. 한국에서나 통용되는 전형적인 대기업-중소기업 협력 관계를 넘어 글로벌 기술 기업들과 전략적 협력이 가능한 구조를 만들어야 하는 상황에서 리더십을 이끌어 본 경험이 부족하다는 것은 쉽게 극복하기 어려운 부분이다. 글로벌 기술 개발 협력 경험이 한정적이다 보니, 해외 기술 기업들과 대등한 파트너십을 유지하며 도전적 기술을 개발하는 것은 기업들에게는 큰 모험으로 다가온다. 따라서 국내 기업들이 이러한 모험의 영역에 먼저 발을 딛기를 망설이는 것은 어찌 보면 당연한 일이다. 그렇지만 앞으로는 망설일 여유 자체가 줄어들 것이라는 점을 인지해야 한다.

TSMC 역시 지금까지는 TSMC를 정점으로 한 첨단 반도체 생산에 특화된 생태계로 경쟁력을 유지해 왔다. 이를 통해 대만 반도체 산업계는 비용 절감은 물론 기술 혁신의 열매를 공유하는 시스템을 이어 갈 수 있었다. 그러나 글로벌 반도체 산업 앞에 놓여 있는 기술적, 경제적 불확실성은 대만 기업들이라고 해도 자체 실력만으로 극복하기 어려운 수준이다. 그래서 한국, 대만, 일본, 미국 등 반도체 글로벌 공급망에 참여하는 국가들의 협력은 앞으로는 선택이 아닌 필수가 될 것이다. 그 협력은 특정 기술적 문제를 공동으로 극복하는 차원을 넘어, 국가 간 이해 관계를 조율하면서 동시에 경쟁 관계에 있는 기업들이 경쟁 전 단계, 표준화 전 단계에서 상호 신뢰하에 시너지 효과를 끌어낼 수 있는 프레임워크를 필요로 한다. 프레임워크를 주도하는 기업이나 국가는 그 자체로 리더십을 확보하게 될 것이다.

첨단 패키징의 승부처

한국 반도체 산업이 발을 들여야 하는 영역은 또 있다. 그것은 첨단 패키징이다. 사실 미지의 영역이라기보다는 그간 상대적으로 등한시했던 제조업 영역으로 볼 수 있다. 그러나 이제 한국 반도체 산업은 후공정을 등한시할 여유가 없다. SK하이닉스만 하더라도 HBM을 혼자 다 만들지 못한다. 전공정 이후 후공정은 TSMC 팹의 CoWoS 패키징 기술에 상당 부분 의존한다. 앞으로 고성능 반도체 칩 제조에서 첨단 패키징이 차지하는 비중은 더 높아질 것이다. 칩렛 패키징은 물론이고, 하이브리드 본딩 같은 고난도 패키징 기술 보유 여부는 선단 공정 기술력만큼이나 중요도가 높아질 것이다. 이러한 측면에서도 유리한 지점은 TSMC를 품은 대만이 점유한다.

시스템과 로직 반도체도 마찬가지다. 한국 반도체 산업은 이대로 가면 주요 시스템 반도체를 이제 대만이나 중국의 파운드리에서 만들어야 한다. 실제로 한국을 대표하는 AI 반도체 팹리스 회사들은 공정 비용 문제로 물량 상당수를 SMIC 같은 중국 파운드리 업체에서 만들 가능성이 있다. 다양한 팹리스 회사들의 칩을 만들면서 노하우와 라이브러리가 축적되면 그 자체가 자산이 된다. TSMC는 현재 이러한 생태계 구성 면에서 가장 앞서 있지만, 중국 파운드리의 약진은 향후 10년 안으로 대만 파운드리 시장의 절반 이상을 점유할 것이다. 한국 팹리스 업체들의 기술을 보호하면서 자생력을 높이고 주권형 AI 정책의 한 축을 이루기 위한 관점에서라도 첨단 패키징은 한국에서 더욱 강화되어야 한다.

줄어드는 인력 파이프라인

또다른 미지의 영역은 돌이킬 수 없는 전문 인력의 감소 추세에 진입하는 것이다. 한국 반도체 산업의 성장사는 1970년대 학번의 1세대, 1980년대 학번의 2세대, 1990년대 학번의 3세대로 이어지며, 연간 최대 100만 명씩 출생아를 기록하던 시기의 풍부한 인구를 기반으로 전문 인력이 안정적으로 공급된 데 크게 힘입어 왔다. 그렇지만 지금은 상황이 많이 달라졌다. 이공계 학생들은 의치대 진학을 최우선 목표로 하며 현역 학생, 심지어 박사 과정 대학원생들도 학위를 포기하는 일이 발생한다. 전문 인재를 국내에서 안정적으로 조달하는 것은 이제 점점 어려워진다. 인력 부족은 정해진 미래이고 현재로서는 딱히 해법이 없는데 과연 여기에 한국 반도체 산업은 어떤 준비를 하고 있을까?

전국 각지의 대학은 반도체 산업 인력 양성을 수년 단위로 추진하고 있고 정주형 반도체 산업 인재를 육성하기 위해 지자체 차원에서 지역 내 대학과 기업을 아우르는 산학 프로그램을 경쟁적으로 출범시키고 있다. 그러나 이러한 프로그램에서 배출되는 반도체 산업 특화 인력은 연간 1,000명을 채우기 어렵다. 특히 1960~1970년대생들이 퇴직하기 시작하는 2020~2030년대 사이에 두드러질 전문 인력의 공백은 1990년대 이후 세대만으로는 채 절반도 채우기 어려울 것이다. 이러한 문제는 한국의 만성적 저출산으로 고착화될 것이므로 전문 인재 확보 경로를 국내로 고집하는 것은 불가능하다. 이제 한국에서 반도체 및 인공 지능 커리어를 이어 가려는 해외 인재들에게 문호를 넓히는 것은 선택이 아니라 필수가 될 것이다.

에너지라는 또 다른 제한 조건

미지의 영역에는 에너지도 있다. 에너지 위기는 사실 이미 예견된 것이다. 한국 반도체 산업은 계속 반도체 제조에서든, AI 반도체 설계와 생산에서든, AIDC 확충에서든, 앞으로도 에너지 집약적 산업 구조를 유지할 수밖에 없다. 10년 후에는 반도체 단일 팹이 포항제철 공장 전체보다 전력을 더 많이 사용할 수도 있고, GPU 1만 장이 집약된 AIDC가 웬만한 광역시보다 더 많은 전력을 필요로 할 수도 있다. 문제는 이러한 전력 수요 급증에 한국 반도체 산업계와 한국 전력, 그리고 정부가 충분한 대비가 되어 있지 않다는 것이다. 시간을 벌기 위해 LNG 발전소를 긴급하게 증설하고 전력망을 확충한다고는 하지만, 발전과 송배전 건설 속도는 수요 증가를 따라잡기 어렵다. 또한 글로벌 시장의 경쟁력을 위해서는 탄소 중립이 새로운 프레임이 되는 상황에서 신재생 에너지 발전원을 더 많이 활용해야 한다. 현재까지는 폐기물 처리 비용이 산정된다는 조건 아래 일단 원자력 발전까지는 탄소 중립 프레임(그린 택소노미)에 들어갈 수는 있으나, 원전은 설치

차이나 반도체 라이징

와 운영, 그리고 실제 생애 주기까지 생각할 때 꽹장히 시간과 자원이 많이 필요한 방식이다. 산업용 전력을 대량으로 조달하는 방식으로써 원전을 활용하는 것은 사실 시간 벌기 용도, 그리고 산업 방어를 위한 안전 장치 구축 차원에서 추진되어야 하는 것이며 원전을 발전 비중 50퍼센트 이상의 주력 전원으로 설정하는 전력 정책은 바람직하지 않다. 한국의 반도체 산업 중흥기에는 발전원에 대한 고민도 없었고, 반도체 공정에서 나오는 폐기물 처리나 자원 재활용에 대한 고민도 크지 않았다. 그렇지만 지금의 상황은 다르다. 반도체 제조의 글로벌 리더십은 단순히 양산 규모와 기술 세대의 격차에만 있는 것이 아니라, 그것의 지속 가능성에서 결정될 가능성이 점차 높아진다. 한국의 반도체 산업, 그리고 정부는 에너지, 환경의 지속 가능성에 대한 고민을 근본적으로 다시 시작해야 한다. 한국 반도체 산업의 진짜 위기는 이제 시작되었을 뿐이며, 그 위기를 해결해 줄 솔루션은 그 어디에도 잘 준비되어 있지 않다. 한국 반도체 산업은 그저 지금의 경험과 데이터를 바탕으로 계속 미탐험 지대를 탐색해야 하고, 함정이라 생각되는 부분에 최대한 다양한 각도에서 솔루션을 테스트해야 한다.

삼성전자 굴기 2.0

삼성전자의 HBM 위기 시대

삼성전자는 불과 6, 7년 전만 해도 '초격차'라는 수식어를 독점할 정도로 기술과 원가 경쟁력 모두 독보적 위상을 가진 종합 반도체 리더였다. 그렇지만 2020년대 이후 급변하는 AI 반도체 시장에서 그 위상은 약해지고 있다. 주된 이유는 AI 반도체 제조사로의 변신이 한발 늦었기 때문이다. 2010년대 후반만 해도 엔비디아의 GPGPU는 지금의 AI 반도체로서의 이미지와는 거리가 있었다. 그래서 그에 특화된 메모리 반도체인 HBM도 상대적으로 주목을 덜 받았다. 특히 HBM은 그 원리상 DRAM부터 시작하기 때문에, 확실한 시장이 존재하는 DRAM 양산 여력을 희생하면서 HBM 같은 작은 시장에 자원을 더 많이 배분하는 것은 합리적 결정처럼 생각되지 않았을 것이다. 2026년 2월, 삼성전자는 출하 시점만 본다면 업계 최초급으로 6세대 HBM인 HBM4 양산 출하에 성공하면서 반전을 보이고 있으나 여전히 글로벌 점유율에서는 SK하이닉스에 뒤쳐져 있다.

글로벌 DRAM 전략의 방향이 분기되기 시작한 것은 SK하이닉스의 HBM이 본격적으로 엔비디아발 AI 반도체의 지수 함수적 성장 곡선에 합류하면서부터다. SK하이닉스와 엔비디아의 협업은 2016년 알파고 쇼크 이후 딥 러닝이 주목을 끌기 시작하는 시점까지 거슬러 올라간다. 그러나 MS 윈도우와 인텔 x86 시리즈의 연합체인 윈텔(Wintel) 같은 수준의 강력한 파트너십으로 변모하기 시작한 것은 2020년대부터다. 특히 기계 학습의 주력이 딥 러닝으로 사실상 확정된 후, 딥 러닝에 필수적인 대용량 행렬의 반복 연산은 GPU에게 확실한 날개를 달아 주었다. GPU는 설계 단계부터 이러한 행렬 연산에 특화된 구조를 채택했기 때문이다. 그러나 문제는 그간 범용 메모리는 CPU

차이나 반도체 라이징

특화 DDR와 GPU 특화 GDDR로 임무가 나뉘어 있었다는 것이다. GPU로 무게 중심이 옮겨 오면 GDDR로 메모리를 통합하면 될 것으로 생각되었지만, 인공 지능 산업은 예상보다 너무 빨리 발전했고 연산 처리량은 역사상 가장 빠른 속도로 증가했다. GPU 특화라고 믿었던 GDDR는 이러한 추세와 맞지 않았다. 2020년대로 가면서 이제 GPU는 어느새 AI 연산 가속기로 불리기 시작했고, 다뤄야 할 행렬은 차원이 더 복잡해진 텐서 데이터가 주종이 되었다. 텐서 데이터는 처리에도 시간이 걸리지만, 메모리 셀의 레지스터에 데이터를 덩어리로 나눠 배치하는 것, 읽고 쓰는 것에도 시간이 더 많이 소요된다. 이는 GPU 성능의 발목을 잡는 요소다. 이렇게 GPU로 인공 지능 가속기의 무게 중심이 옮겨 가고 그에 필요한 메모리 수요가 늘어날 조짐이 보였음에도 2020년대 초반 삼성전자는 HBM을 주력 사업 방향으로서 진지하게 고려하지는 않았다. HBM의 시장성이 당시에도 여전히 별로 크지 않다고 판단했기 때문이다. 실제로 SK하이닉스가 엔비디아에 앞서 AI 반도체로서 HBM의 중요성을 먼저 인식한 AMD과 협업하며 양산형 HBM 시장을 개척하던 2015~2016년에는 시장성 자체가 그리 높지 않았다. 당시 1세대 HBM의 주요 임무는 GDDR보다 더 고속으로 고해상도 그래픽 이미지를 로딩/언로딩하는 성능에 초점이 맞춰져 있었다. 즉 그래픽 처리용 DRAM 시장의 일부를 HBM이 대체할 정도로만 평가되었다. 흥미롭게도 이미지 처리는 고해상도 렌더링, 동영상 업스케일링, 이미지 내 물리적 효과(그림자나 빛의 반사 등) 계산 같은 다양한 행렬 연산을 필요로 한다. 애초에 디지털 이미지가 거대한 고차원 행렬임을 생각하면 이는 당연한 것이다. 이 역할을 담당하던 GDDR 역시 이미지 데이터를 코어에 보내고 처리된 데이터를 다시 메모리 셀 내 할당된 주소에 저장하는 것을 가속하는 것에 초점을 맞추고 있었다. HBM이 처음 등장했을 때 GDDR에 익숙하던 엔지니어와 임원진은 이미 기존 메모리가 잘 하는 행렬 처리 기능을 굳이 HBM이라는 새로운 맞춤형 메모리로 대체해야 할 근거가 약하다고 생각했던 것으로 보인다. 이는 삼성전자뿐만 아니라 당시 많은 메모리 제조사의 공통된 판단이었다.

그러나 HBM과 GDDR의 차이는 행렬 연산을 잘 할 수 있느냐 여부보다 더 큰 스케일에서 생긴다. 단순히 대역폭이나 데이터 입출력 속도에만 있는 것이 아니기 때문이다. HBM은 범용 메모리가 아니라 오히려 PNM(processing-near-memory), 즉 코어에 근접한 특화 메모리에 가깝다. 여기서 말하는 근접은 데이터 입출력 지연을 최소화하기 위한 물리적 근접과 신호 처리의 병목을 줄이기 위한 소프트웨어 관점의 근접을 동시에 의미한다.

HBM은 왜 대체되지 않는가?

그렇다면 GDDR5도 HBM처럼 프로세서에 근접시키면 안 될까? 이 질문에 답하기 위해서는 HBM과 GDDR의 근본적인 차이를 이해해야 한다. 그것은 DRAM 모듈을 수직 적층한 상태로 PNM처럼 구성할 수 있는지 여부다. HBM3E는 2기가바이트 DRAM을 12층 쌓아서 한 모듈 용량을 총 24기가바이트로 만든다. 그렇지만 적층 구조가

차이나 반도체 라이징

하나의 소자로 동작하기 위해서는 물리적으로도 하나로 연결될 수 있어야 한다. 이는 1층부터 12층까지 막힘 없이 왕복할 수 있는 초고속 엘리베이터가 내부에 다량으로 만들어져야 함을 의미한다. 이를 위해 TSV 공정이 필요하지만, 이 공정은 구현이 매우 어렵다. 식각 정밀도는 물론 정확한 위치에 정확한 속도로 같은 크기의 미세 구멍을 여러 개 겹치지 않게 뚫을 수 있는 공정 기술이 필요하기 때문이다. 비유하자면 100원짜리 동전을 1미터 간격으로 100개 떨어뜨려 세워 놓고, 1킬로미터 밖에서 저격수가 5밀리미터 직경의 탄환을 쏘아서 100개를 한꺼번에 관통시키는 난도와 맞먹는다. 이에 반해 GDDR는 수직 적층을 하지 않고 2차원에서 마치 코어를 겹겹이 포위하는 방식으로 용량을 확장한다. 이러면 메모리 배치는 메모리 모듈이 들어갈 위치 설정, 즉 레이아웃만 잘 설계하면 된다. HBM은 GDDR와는 달리 프로세서 주변에 최대한 근접해 모듈을 로직 다이 위에 정밀하게 접합시켜야 하고, 다시 이 덩어리들을 실리콘 인터포저 같은 하나의 공용 데이터 고속 도로와 연결시켜야 한다. 이는 코어와 메모리 모듈을 따로따로 배치하는 것이 애초에 불가능함을 의미하며, 따라서 패키징 공정에서 이종 접합 기술이 중요해진다.

GDDR도 HBM 같은 수직 적층과 베이스 다이의 인터포저 접합 방식을 택하면 안 될 이유가 있을까? GDDR는 두 가지 측면에서 HBM보다 제조 공정이 조금 더 수월하다. 일단 적층을 덜 해도 된다는 것, 그리고 메모리에 최적화된 레이아웃을 설계할 수 있다는 것이다. 대신 대역폭이 축소된다는 대가를 치른다. 핀 개수를 마음껏 늘리지 못하고, 코어에 최적화된 메모리 구조를 만들기도 더 어렵기 때문이다. 애초에 GDDR의 핀 개수가 HBM보다 적은 것은 GDDR 한 모듈당 배치할 수 있는 핀의 개수가 작기 때문이다. GDDR는 전극 역할을 하는 핀을 모듈 바깥으로 배치해 모듈끼리 연결하는 구조다. 구식 고층 건물의 비상계단이 건물 내부가 아니라 주로 바깥에 매달려 있던 것과 비슷하다. 건물 자체는 3차원이지만 바깥 면은 2차원이다. 따라서 2차원 면에 배치할 수 있는 비상계단 개수는 칩의 부피가 아니라 겉면적으로 결정된다. 그렇지만 만약 건물 안쪽에 한번에 쭉 내려갈 수 있는 엘리베이터나 수직 사다리를 설치하면 외벽 비상계단보다 더 많이 설치할 수 있다. 왜냐하면 건물 내부는 3차원 공간이기 때문이다. 물론 TSV라고 해서 모든 층을 한꺼번에 다 긴 터널처럼 뚫는 것은 아니다. 예를 들어 하이브리드 본딩 같은 첨단 패키징 기술은 위아래 모듈을 하나로 연결할 때 기존의 마이크로범프 같은 부품이나 소재가 차지하는 공간을 최소로 하면서 칩과 칩을 연결한다. 하이브리드 본딩 기술이 충분히 성숙하면 이제 HBM은 12층이 아니라 24층, 36층 등으로 적층 높이를 늘릴 수 있다. 또한 한 층당 배치할 수 있는 TSV 개수도 더 늘려 핀 개수도 늘릴 수 있으므로, 대역폭도 그만큼 더 확장할 수 있다. HBM에 비해 핀 수를 늘리는 데 구조적 한계를 지닌 GDDR는, 메모리 대역폭과 프로세서의 데이터 처리 속도 사이의 격차가 커지는 이른바 메모리 장벽 효과가 심화될수록 그 약점이 더욱 치명적으로 드러난다.

삼성전자는 HBM의 핵심인 메모리 모듈 적층과 TSV 공정 기술이 있었으며, 이종 접합이나 하이브리드 본딩, 칩렛 본딩 같은 첨단 패키징 기술, 그리고 메모리-코어 데이터 전송 속도를 높일 수 있는 CXL이나 실리콘 인터포저 같은 요소 기술도 있었다. 다만 삼성은 이것을 왜 특별히 더 HBM으로, 그것도 GPU 제조사의 성능 요구 조건에 맞춤형으로 따로 개발해야 하는지를 잘 납득하지 못했던 것으로 보인다. 아마도 이는 삼성전자가 계속 글로벌 DRAM 시장에서 지배적 위치를 점하고 있었고, 삼성전자 파운드리를 통해서 자체적인 ASIC을 만들 수도 있는데다가, 고속 처리에 특화된 DRAM 라인업이 이미 글로벌 시장에서 최강의 지위를 점하고 있었기 때문일 수도 있다.

SK하이닉스의 모험

반면 SK하이닉스는 DRAM 시장에서 줄곧 삼성전자 다음의 2인자 포지션을 점하고 있던 것이 오히려 도전과 모험에 나설 수 있는 동기를 부여했다. 즉 삼성이 잘 신경 쓰지 않는 마이너 영역으로의 진출을 먼저 시도할 수 있었던 셈이다. SK하이닉스의 모험은 인공 지능 붐과 HBM이 GPU와 덩달아 부상하면서 큰 성공으로 돌아왔다. '메모리 반도체=범용 칩'이라는 정체성의 균열은 시장 자체를 흔드는 지진으로 이어졌고, 결국 굳어진 1, 2위 구도를 흔들 정도의 파괴력을 동반했다. 그 파괴력은 DDR와 HBM의 가치 역전을 의미했다. AI 반도체 전용으로서 위상이 굳어진 이후 HBM은 새로운 고부가 가치 메모리로 자리 잡았다. HBM을 제조하기 위해서는 DRAM 모듈을 수직 적층해야 하므로 그만큼 DRAM 양산 여력이 줄어든다. 그렇지만

HBM의 기가바이트당 가격이 적층 모듈 개수를 합친 것보다 더 크다면 오히려 수익성 면에서는 유리하다. 2010년대 초반 HBM 개발에 뛰어든 SK하이닉스는 이 수익성이 지수 함수 추세로 바뀌는 과정을 처음부터 이끌었다. 2013년 1세대 HBM1이 2016년에 2세대 HBM2, 2019~2020년에 3세대 HBM3로 진화하면서 HBM가 갖는 고부가 가치 특징은 더 정교하게 구조화되기 시작했다. 엔비디아 GPU의 성능이 강화되면서 그에 비례하는 까다로운 요구 사항을 만족시키면서도 양산 가능한 HBM을 사실상 독점했기 때문이다. SK하이닉스 역시 처음 단계에서는 굳이 DRAM 양산 여력을 희생해 가며 시장도 불확실하고 수율은 더 낮으면서 공정 비용은 더 비싼 HBM 시장을 개척하는 것에 내부 우려와 반대 목소리가 없었던 것은 아니었다. 그러나 2012년 알렉스넷(AlexNet)으로 가능성이 확인된 후 2016년 알파고 쇼크를 기점으로 딥 러닝이 인공 지능 알고리듬과 연산의 핵심이 되고, 다시 2022년 오픈AI의 챗GPT가 화룡점정을 찍으며 GPU 특화 고속/고대역폭 메모리 광풍 시대가 열리면서, SK하이닉스가 10년 넘게 꾸준히 매달려 온 모험은 큰 보상으로 되돌아왔다.

하이닉스는 이제 적어도 HBM에서라면 삼성전자와는 그 위상이 180도 바뀌었다. 삼성전자는 이 구도를 다시 뒤집기 위해 과거 범용 반도체 시장에서 효과를 보았던 치킨 게임 전략을 시도할 수 있을까? 메모리 양산 규모나 응용 분야 라인업의 스펙트럼에서는 아직 유리하니까 말이다. 그러나 HBM에서는 과거의 치킨 게임 공식이 잘 통하지 않는다. HBM은 무엇보다도 범용 반도체가 아니기 때문이다.

DDR 같은 DRAM은 글로벌 표준이 통일되어 있어서 어느 컴퓨팅 시스템에서나 잘 작동한다. HBM도 국제 표준은 정해져 있으나 제조 과정에 이종 접합이나 칩렛 패키징 같은 패키징 공정 비중이 크고, 무엇보다도 HBM 모듈과 최적 배치되어야 하는 GPU 코어의 연계가 가장 중요한 성능 지표이므로 엔비디아 같은 GPU 설계사가 요구하는 성능에 맞추면서 파생되는 세부 표준이 마무리 과정에서는 더 중요하다. 이는 메모리를 넘어 프로세서의 설계 단계부터 같이 참여하고 그것을 공정 최적화에 반영하는 이른바 DTCO까지 더 깊이 고려해야 함을 의미한다. 그래서 HBM은 단순히 양산 여력이나 수율로 상대를 고사시킬 수 있는 치킨 게임이 통하는 영역이 한정되어 있다.

삼성전자가 생산하는 DRAM 자체는 HBM으로 적용하는 것에 큰 문제가 없다. 진짜 문제는 엔비디아가 요구하는 데이터 흐름 병목 최소화를 위한 대역폭 및 속도 보장과 에너지 효율, 대기 전력 최소화, 방열 성능 같은 복합 기준을 한꺼번에 만족하는 DTCO를 맞추기가 쉽지 않다는 것이다. 비유하자면 아파트 골조 구조 자체는 튼튼하고 문제가 없는데, 내부 엘리베이터가 느리며, 그마저도 짝수/홀수 층을 나눠서 타야 하고, 심지어 간혹 멈추거나 가동에 전력을 훨씬 많이 소모한다면, 또 문의 개폐에 더 많은 시간이 걸리고 환기마저도 잘 안 된다면, 엘리베이터 단 하나 때문에라도 그 아파트는 인기가 떨어지는 것과 같다. 비유하자면 삼성전자는 엘리베이터가 하루에 몇 번 사용되지 않는, 마치 은퇴한 노인들이 주로 사는 아파트 같은 메모리를 설계하다가 하루에 수백~수천 번 출퇴근하고 배달 음식을 시켜 먹어야

　　　　　　　　　　　　

하는 주민들이 사는 신축 아파트를 만들라는 요구와 맞닥뜨린 셈이
다. 엘리베이터는 물론, 제어 알고리듬, 장력 재설계, 여닫이 문, 환기 시
스템까지 모두 처음부터 다시 설계하고 테스트해야만 하는 상황이다.

인공 지능 광풍이 향하는 곳

문제는 당분간 인공 지능 광풍, 그로 인한 GPU와 HBM으로의 반도
체 쏠림 현상은 엔비디아가 독점적 지위를 지키는 한 계속될 것이라
는 점이다. 엔비디아 입장에서도 현재 하나밖에 없는 HBM 공급자
의존도가 너무 높아지는 것을 경계할 것이며, 따라서 2위 그룹들에게
는 더 많은 기회가 주어질 것이다. 그렇지만 2위 공급자 자리마저도
삼성전자가 차지할 것이라 장담하지는 못한다. 미국 메모리 제조사인
마이크론이 미국와 일본, 대만 정부의 직간접적 지원을 등에 업고 치
고 나올 가능성도 있기 때문이다. 마이크론은 DRAM 팹이 대부분
일본과 대만에 있다. 특히 대만 팹은 전공정과 후공정이 모두 가능하
며, 특히 후공정은 TSMC와 협업해 이종 접합 특화 공정이 될 수 있
다. 일본 히로시마에 위치한 DRAM 팹 역시 일본 정부의 반도체 산
업 부흥 정책 및 인공 지능 육성 정책의 지원을 받아 HBM 생산 거점
으로 특화될 수 있다. 엔비디아 역시 미국 기업이므로 마이크론과 거
래하면 미국 정부로부터 직간접적인 지원을 더 받을 수 있다. 따라서
마이크론의 HBM 성능이 경쟁력이 있다면 마이크론이 2위 공급자
위치를 점하는 것은 충분히 가능한 일이다. 물론 HBM을 엔비디아
에 공급하지 못한다고 해서 삼성전자의 메모리 일인자 지위가 당장

차이나 반도체 라이징

위협 받지는 않을 것이다. 글로벌 반도체 시장에서 필요로 하는 메모리는 여전히 DRAM과 낸드가 주종이고 2025년 하반기~2027년 상반기 같은 업턴 상황에서는 범용 메모리 시장에서도 막대한 수익이 창출될 것이기 때문이다. 그렇지만 내연 기관 자동차 시장에서 공고한 1위를 고수하는 기존 제조사들이 10년 후에도 계속 그 자리에 있을지 생각해 보면, 메모리 반도체 시장도 범용 반도체의 1~2년 남짓한 업턴 시장의 단기 수익성에만 안주하는 것은 매우 위험하다. 자동차 시장이 자율 주행차 기능에 특화된 전기차로 전환되는 것이 거의 정해진 미래인 것처럼, 인공 지능 광풍은 결국 컴퓨팅 하드웨어에 대한 지속적인 성능 개선을 넘어, 아예 메모리 파운드리로의 변신을 요구할 것이기 때문이다. 이는 메모리 대역폭 증가는 물론 지연 시간 저감, 코어와 결합될 수 있는 PNM 혹은 PIM 같은 하이브리드 메모리 전이 등의 형태로 나타날 것이다. HBM 없이 NPU, TPU 등의 AI 연산 특화 ASIC 기반 가속기에서도 범용 메모리는 현재의 형태 그대로 사용되지는 않을 것이다.

문제는 HBM으로든, 기존 범용 메모리의 변형으로든, 최초의 DRAM 셀 레이아웃 단계부터 메모리 배치뿐만 아니라 앞으로는 코어와 시스템 수준의 연결 구조가 더 깊은 단계에서 고려되어야 한다는 것이다. LPDDR의 적층, 고속화, 대역폭 확장 같은 기술은 물론, LPDDR6 이후 파생될 다양한 표준은 바로 이러한 근본적인 범용 메모리 변화 양상을 가져올 것이며 이는 시간이 지날수록 범용 메모리 기반의 새로운 인공 지능 특화 메모리 시장이 커질 것임을 의미한다.

삼성전자에게 기회가 더 주어진다면 이러한 새로운 파생 시장부터일 것이다.

삼성전자가 노릴 수 있는 기회

불과 한 세대 전 일본 메모리 제조사들이 세계 시장을 호령하던 시절, 일본 업체들은 후발 주자였던 삼성이나 현대(현 SK하이닉스), LG 반도체의 양산 능력과 선행 기술력을 별로 높지 않다고 평가했다. 한국 업체들은 기술 경쟁을 이어 가면서도 일본 업체들이 시도하지 않은 새로운 영역을 계속 개척했고, 동시에 원가를 절감할 수 있는 공정을 한발 빠르게 도입하기도 했다. 선두 업체들은 굳이 할 필요가 없었던 것을 조금이라도 격차를 줄이기 위해 과감하게 선택했던 것이다. 그런 시도들이 쌓이고 또 운이 따르며 인터넷, 모바일 시대로의 전환 속에서 한국 메모리 반도체는 2000년대부터 일본 업체들과 자리를 맞바꿨다. 한 산업에서 기술력만으로 한 회사가 10년 넘게 선두를 독점하기란 매우 어렵다. 후발 주자들의 다양성과 모험심이 언제든 선두 주자의 지위를 위협할 수 있기 때문이다. 현재 AI 반도체가 반도체 산업의 거의 모든 이슈를 블랙홀처럼 끌어당기고 있지만, 시간이 지나면 또 다른 기술이 새로운 돌파구로 등장할 수 있다. 초고층 스택 HBM나 하이브리드 메모리는 물론, 아예 메모리 장벽을 동반할 수밖에 없는 폰 노이만 방식을 탈피하려는 완전히 새로운 개념의 컴퓨팅 구조가 등장할 수도 있다. 한 가지 확실한 것은 메모리는 범용이고 프로세서는 파운드리라는 기존의 이분법은 점점 통용되기 어려워질 것이라는 점이다. 이제는 코어와 메모리를 동시에 생각해야 하는 '메모리 파운드리', 메모리 중심의 고속 컴퓨팅 구조가 새로운 방향이 될 것이다.

삼성전자가 기회를 잡을 영역은 많이 있다. 다만 기존의 문법이 잘 통하지 않는 AI 반도체에서는 그간의 지배적 위상은 잠시 잊고 철저하게 협력자의 위치부터 전략을 다시 수립하는 것이 중요하다. 이 과정에서는 전공정, 후공정의 구분도 큰 의미가 없다. 또한 코어와 메모리를 동시에 최적화하는 것, AI 모델과 소자를 동시에 최적화하는 것, 에너지와 토큰 생성률을 동시에 최적화하는 것 같은 다차원 최적화를 고려한 기술 전략은 그 자체로 과제이자 새로운 기회가 될 것이다. 이를 통해 요구 조건이 더욱 다양해질 맞춤형 AI 반도체, 데이터 센터 중심으로 재편될 범용 메모리 반도체의 파생 제품과 차세대 표준, HBM에 대응하는 개념으로 등장할 수 있는 HBF 같은 새로운 플래시 메모리, 그리고 기계적 물성과 화학적 물성을 동시에 만족시키는 혁신 소재까지 폭넓은 연구 개발이 동시에 추진되어야 한다. 삼성은 AI 반도체 시대에 그야말로 메모리 장벽을 넘어야 한다. 단지 소자 차원의 문제가 아니다. 메모리로 규정되던 사업의 경계 자체를 넘어서는 일이어야 한다.

삼성전자의 가장 큰 장점은 5나노 이하급 파운드리 양산 라인과 정상급의 기술력을 보유하고 있다는 것이다. 특히 3나노 공정부터 세계 최초로 상용화된 차세대 트랜지스터인 GAAFET 같은 기술은 시스템 반도체뿐만 아니라 DRAM 공정 기술 로드맵에 경쟁 업체보다 한발 앞서 적용될 수 있다. 이를 통해 DRAM 다이의 하단부에 실리

콘 인터포저와 접점을 만들어 코어와 메모리를 이어주는 로직 다이
의 성능도 대폭 강화될 수 있다. 또한 실리콘 인터포저 맞춤형으로 베
이스 다이도 만들 수 있다. 즉 삼성전자는 다른 제조사에 비해 로직
반도체를 메모리용으로 최적화하는 것에서 유리한 고지를 점하고 있
다. 또한 소비자용 제품 양산으로 이어지는 기술력을 활용해 랩탑, 모
바일, 가전, 산전, 전장 등 응용처 다변화 요구 조건에도 능동 대응할
수 있다. 특히 모바일에서 애플이 상대적으로 약점을 보이는 인공 지
능 기술력에서 승부를 볼 수 있다. 모바일 환경에 특화되고 추론 능력
이 강화된 AI 모델 지원을 위해 AP 내부에 LPU+LPDDR 등으로 이
루어진 칩을 내장할 수 있을 것이기 때문이다. 이러한 전략을 발판 삼
아 삼성전자는 배터리 기반으로 장시간 작동 가능하면서도 네트워크
연결 없이도 빠른 추론이 가능한 엣지형 AI 기기 시장 점유율을 제고
할 수 있을 것이다.[20] 클라우드 서버 연결 없이도 기기 자체적인 인공
지능 추론 기능이 배터리 전력만으로 안정적으로 발열 문제 없이 돌
아갈 수 있다면 아예 모바일 시장용으로 재정의되는 자체 인공 지능
생태계를 지배할 수도 있을 것이다. 삼성에게는 기존의 시장에서 위상
을 회복하는 도전만큼이나 새로운 시장을 정의할 모험이 필요하다.

한국 파운드리의 돌파구

삼성전자 파운드리의 갈림길

글로벌 파운드리 시장 점유율 2위인 삼성 파운드리의 모회사인 삼성 전자는 기본적으로 TSMC와는 달리, 반도체를 제조하는 동시에 설계도 하는 종합 반도체 회사다. 삼성전자의 경쟁 업체인 AMD, 인텔, 퀄컴, 애플 등이 동시에 삼성 파운드리의 고객사가 되기도 하는 것이다. 따라서 기본적으로 삼성전자의 파운드리 사업은 고객사와의 파트너십을 어떻게 강화할 수 있는지에 따라 글로벌 경쟁력과 고객 생태계의 범위가 결정된다. 삼성전자의 파운드리 사업이 본격화된 것은 2010년경이다. 2010년대 중반까지 삼성의 파운드리는 대부분 자사의 스마트폰 갤럭시 시리즈에 들어가는 모바일 AP 칩 엑시노스를 생산하기 위한 제조 시설이었으며, 그나마도 대부분 DRAM 생산 라인과 설비를 공유했다. 그러나 2017년 시스템 반도체 부문에서 독립 후 삼성의 파운드리 사업은 세계 시장에 본격적으로 뛰어들었고, 메모리 반도체에서 쌓은 미세 공정의 원가 절감과 공정 노하우를 살려 10년이라는 비교적 짧은 기간에 파운드리 분야 매출액 규모 세계 2위로 올라설 수 있었다. 업계의 관측에 따르면 실제로 삼성은 2026년 1월, 2나노 공정(SF2P)에서 70퍼센트의 수율을 달성한 것으로 확인되며, 이를 바탕으로 2026년 하반기 이후 2나노 공정 양산이 시작될 것으로 보인다. 그와 더불어 2나노 파운드리 고객 수주량 역시 30퍼센트 이상 증가할 것으로 예상된다.

2020년대 이후 삼성이 파운드리 사업에서 가장 집중하고 있는 것은 파운드리 생태계 구축이다. 이를 위해서는 TSMC처럼 고객사와의 신뢰 관계 구축이 필수적이다. 그러나 파운드리 사업부가 삼성전자와 인적, 물적으로 분리된 법인으로 운영되지는 않기 때문에 경쟁 관계에 있는 업체들의 신뢰를 확보하기 어렵다는 것은 단점이다. 예를 들어 삼성전자는 자사의 스마트폰과 태블릿 PC 시리즈 갤럭시 시리즈에 탑재되는 AP인 엑시노스 시리즈를 생산하는데, 이는 애플의 AP 칩인 A시리즈, 퀄컴의 모바일 AP 칩인 스냅드래곤 시리즈와 시장이 겹친다. 초미세 공정 부분에서 특허로는 공개되지 않는 성능 개선 노하우가 넘어갈 위험을 감수하면서까지 자사의 차세대 칩 생산을 위탁할 업체는 많지 않다. 미국 퀄컴의 경우, 최신 세대가 아닌 구세대 AP를 간혹 삼성전자 파운드리에 위탁하는 경우도 있으나 그것은 이미 충분히 사양이 알려진 상태에서 진행되는 프로젝트일 뿐이었다.

삼성은 이를 극복하기 위해 선행 기술과 양산 기술, 그리고 양산 규모면에서 경쟁력을 갖추겠다는 전략을 택했다. 2018년 2월, 삼성전자는 경기도 화성에 7조 원을 투자해 파운드리 전용 극자외선 팹 라인 건설에 착수했다. 곧이어 3나노 공정 기술을 공개했으며, 같은 해 10월 7나노 공정 개발을 발표했다. 2019년 상반기에는 고객사를 위해 3나노 공정 설계 도구를 제공한다고 발표했으며, 같은 시기, 화성 팹에 설치한 S3 라인에 업계 최초로 극자외선 기반 7나노미터 공정 기반 제품을 양산하기 시작했다. 2020년 5월, 삼성전자는 8~9조 원 규모의 투자를 통해 평택 캠퍼스에 극자외선 기반 파운드리 라인을 신설해(평택 팹 V2 라인), 2023년 이후 양산을 목표로 하고 있다. 현재 삼성의 파운드리 생산 라인은 기흥 팹(2개), 화성 팹(3개), 오스틴 팹(1개), 총 여섯 곳이며 2023년부터 평택 팹이 추가됨으로써 파운드리 라인 7개를 보유하게 된다. 현재 삼성전자 파운드리 사업부의 인력 규모는 1만 4000명 수준이며 매년 신규 채용하는 엔지니어 인력 규모도 수백 명에 달한다.

2018년에 업계 최초로 극자외선 노광 공정을 10나노 이하급 양산 공정에 도입한 삼성전자는 2024년 상반기 기준 60여 대의 노광기를 보유하고 있다. 5나노 이하급 공정에서 극자외선 장비 없이는 경쟁하기가 거의 불가능하므로 당분간 파운드리 점유율은 삼성 파운드리와 TSMC 양사가 ASML로부터 얼마나 많은 극자외선 노광기, 특히 2세대 이후 차세대 장비를 확보할 수 있는지에 큰 영향을 받을 것이다.

삼성 파운드리는 삼성전자 반도체 제조의 양대 축으로서, 점차 다변화될 글로벌 반도체 수요에 대응하기 위해서라도 메모리 반도체에 쏠려 있는 삼성전자의 제조 능력을 분산시켜 노하우와 자산을 보존하고 기술력을 더 발전시킬 필요가 있다. 그렇지만 삼성의 파운드리 포지션은 점점 위아래에서 끼인 형국으로 바뀌고 있다. 글로벌 파운드리 규모 및 기술력 1위 업체인 TSMC와의 격차는 점차 벌어지고 있고, 동시에 중국의 SMIC가 집중적인 투자와 함께 중국 내 팹리스 고객을 빠르게 확보해 가면서 전 세계에서 가장 빠른 매출 증가율을 앞세워 순위 역전이 시간 문제인 상황이 되었다. 삼성의 파운드리 기술력은 TSMC와 거의 동등한 수준이며, 특히 3나노미터 이하 파운드

   7장 한국 반도체의 대응 전략

리 공정부터 먼저 3차원 트랜지스터인 GAAFET을 한발 앞서 적용하는 등, 기술적 돌파구 역시 먼저 시행하기도 했다 그러나 파운드리 산업의 근본적인 요구 조건인 고객 맞춤형 반도체 생산은 이러한 기술력만으로 감당하기는 어렵다. 가장 큰 맹점은 삼성의 파운드리 고객 생태계가 제한되어 있다는 것이다. 삼성 파운드리의 주력인 5나노 공정은 미국의 주요 팹리스 업체들이 대량 주문을 위탁하지 않고 있으며 주로 중국, 일본, 한국의 중소규모 혹은 스타트업들의 소규모 다목적 웨이퍼(multi-purpose wafer, MPW) 위탁 생산에 배정되어 있다. 삼성 파운드리 3나노 공정이 TSMC의 3나노 공정과 겉보기 성능은 비슷하나 에너지 효율, 트랜지스터 집적도 등의 세부 성능 지표에서 조금씩 밀리고 있다는 점도 경쟁력 약화의 요인으로 작용한다. 성능 차이와 삼성 파운드리의 협소한 고객 생태계는 후속 수주를 더 어렵게 만드는 악순환으로 이어진다. 다양한 고객의 위탁 물량을 생산하면 파운드리 회사들은 공정과 설계가 연계된 IP 라이브러리를 더 다양하게 확보할 수 있고 이는 다음 고객사가 위탁하는 칩의 생산에 적합한 공정 구현을 위해 응용될 수 있다. TSMC는 2010년대 중반 이후 애플과 엔비디아 같은 대형 팹리스를 핵심 고객으로 유지하면서 안정적인 현금 흐름을 확보해 왔다. 동시에 성능 요구도가 가장 높은 고난도 칩을 양산으로 연계하는 과정에서 모바일 칩과 인공 지능 학습·추론용 로직 반도체 생산의 노하우를 꾸준히 축적했다. 이렇게 쌓인 역량은 다시 알파벳, AMD, 메타, 아마존, 테슬라 같은 대형 고객사들이 요구하는 고성능 맞춤형 인공 지능 칩과 HPC 전용 칩 생산 수요에 대응하는 기반이 된다. 그리고 이러한 구조는 다시 새로운 고객과 물량을 끌어들이는 선순환으로 이어진다. 이에 반해 삼성전자는 2016년 이후 애플로부터 AP 칩 위탁 생산 주문을 받지 못했고 2022년 이후에는 안드로이드 전용 AP 칩 위탁 생산 주문도 끊긴 상황이다. 2025년 상반기 테슬라 물량 확보에는 성공했지만, AI 분야 대형 고객들로부터 안정적인 위탁 물량을 확보하지 못하고 있다는 점은 삼성 파운드리의 사업 포트폴리오 다양성과 지속 가능성 모두에 위험 요인으로 작용하고 있다. 이는 파운드리 팹에 선행 투자된 막대한 자금의 회수를 어렵게 만드는 주된 원인이기도 하다.

샌드위치 국면의 돌파구

결국 삼성 파운드리가 돌파구를 찾기 위해서는 삼성전자만의 고유한 장점을 활용하는 전략을 구체화해야 한다. 삼성전자가 가진 가장 뚜렷한 장점은 메모리 반도체와 시스템 반도체를 동시에 생산할 수 있다는 것이다. 현재 삼성 파운드리는 메모리 반도체 생산을 전혀 하고 있지 않으나, 향후 성능 요구 조건이 강화될 AI 반도체에서는 이른바 메모리 장벽 효과로 인해 메모리 반도체를 AI 반도체에 맞춤형으로 업그레이드하는 것이 필요하다.

현재 이를 해결하기 위한 주요 방법은 SK하이닉스 같은 제조사가 가장 앞서 있는 HBM이고 이는 기존의 메모리 반도체인 DRAM 모듈을 수직 적층해 연결 채널의 데이터 전송 속도를 최대한 빠르게, 그리고 단위 면적당 개수를 증강시키는 방향으로 패키징되어 만들어진

7장 한국 반도체의 대응 전략

다. 현재 삼성전자 메모리 반도체 사업부는 SK하이닉스보다 HBM 시장 지배력이 약하고 엔비디아의 주요 HBM 벤더로도 자리 잡지 못하고 있으나, AMD, 브로드컴 같은 팹리스 업체들로부터 4세대 HBM 주문을 받은 상황이므로 AI 반도체 전용 메모리 반도체 기술을 발전시킬 여력은 있다.

여기서 주목할 부분은 성능 요구 조건이 강화될수록 메모리 장벽 문제는 더 중요해지므로 이에 근본적으로 대처하기 위한 다른 방식의 설계와 제조가 필요해질 것이라는 점이다. 이는 현재의 GPU-HBM 같은 폰 노이만 방식이 아닌 아예 메모리 반도체와 로직 반도체를 일부 통합한 방식인 PIM, 혹은 하이브리드화한 방식인 뉴로모픽(neuromorphic) 반도체 같은 방식을 취할 수 있다. 이를 위해 결국 메모리 반도체의 로직 다이는 물론 메모리 셀의 설계 최적화, 그리고 코어와의 통합을 위한 칩간 연계와 패키징 공정, TSV 같은 공정 기술 등이 모두 맞춤형으로 최적화되어야 한다. 삼성 파운드리에게 남은 기회가 있다면 바로 이런 새로운 개념의 고성능 맞춤형 반도체 생산이며 이를 위해 기존 메모리 반도체 사업부 중에서 AI 반도체 전용으로 공동 프로그램을 추진하는 태스크포스를 구성할 수 있을 것이다. 또 다른 삼성 고유의 영역은 삼성전자가 이미 강점을 가지고 있는 소비자 가전이나 IoT, 모바일 등의 주요 영역에서 온디바이스 AI 플랫폼에 적합한 고효율 에너지 모바일 칩을 제조하는 것이다. 이는 좁게는 IoT 보안용 칩이나 5세대, 나아가 6세대 같은 차세대 통신용 칩부터 가전 제품 전용 온디바이스 AI 칩, 바이오 혹은 헬스 케어 칩, 정부나 공공 기관용 인프라 관리 전용 칩 등의 시장으로 확산될 수 있다. 이러한 새로운 칩 수요 시장은 글로벌로도 확장될 수 있으므로 삼성 파운드리는 일부 라인을 10나노 이상급 미들테크용으로 배정해 신규 수요에 대응할 수 있다.

한국의 파운드리 산업은 10나노 이하급 선단 공정은 현재 삼성전자 단독으로 주도하고 있으며 기술적 수준은 글로벌 파운드리 시장 1위 업체인 TSMC와 비견될 수 있는 수준이다. 그러나 삼성전자 파운드리는 TSMC와는 달리 독립된 비즈니스를 수행하지 않으며 고객사의 생태계가 비교적 한정적이고 팹리스와 파운드리를 이어줄 수 있는 중간 다리 역할을 할 다양한 IP 벤더나 디자인 솔루션 파트너가 한정적이라는 구조적 한계가 있다. 현재 삼성전자 파운드리의 제1 고객은 삼성전자 시스템LSI 사업부나 메모리 사업부로서 고객사보다 삼성전자 자체 수요 생산에 우선 순위가 고정되어 있다는 점은 생태계 확장에서 구조적 문제로 작용한다. 삼성전자 파운드리 사업부에서 발생하는 수익의 80퍼센트는 10나노 이하 선단 공정에서 비롯되는 것으로 나타나며 14나노 이상급 미들테크 공정이나 45나노 이상급 성숙 공정에서 비롯되는 매출과 수익 비중은 15퍼센트 내외다.

삼성전자 파운드리는 현재 MPW/single-run 방식으로 위탁되는 물량을 모두 외부 팹리스 업체로부터 수주하고 있다. 그러나 MPW 방식의 경우 TSMC 대비 미들테크-레거시 MPW 공정 접근 기회가 4분의 1 이하이며 MPW 공정을 통한 웨이퍼 제작 기간은 1.3배 이상 더 오래 걸린다. 그래서 실제 MPW 접근 효율성을 따지면 삼성전자

     7장 한국 반도체의 대응 전략

파운드리 중 미들테크-레거시 공정을 채용한 파운드리 팹에 대한 팹리스 접근 효율성은 TSMC보다 5분의 1 이하의 낮은 효율로 평가된다.

한국의 파운드리 산업은 현재 10나노 이하급 선단 공정에 집중하는 삼성전자를 뒷받침할 성숙 공정 전문 업체들이 사실상 없다는 구조적 한계가 있다. 레거시 파운드리에 집중하는 DB 하이텍이 있으나 이 회사의 월 생산 규모는 웨이퍼 1만 장 이하이며 모든 라인이 8인치 웨이퍼 중심이므로 양산 수율 면에서는 12인치 웨이퍼 방식의 대만이나 중국 파운드리 업체들과 경쟁하기 어렵다. SK하이닉스의 시스템 반도체 자회사인 키 파운드리(Key Foundry)의 경우 현재로서는 파운드리 사업을 외부에 거의 개방하지 않고 있는데다가(연간 1~2개 외부 고객사 물량만 수주) 투자 규모 및 기술 수준의 한계로 인해 글로벌 단위로 파운드리 사업 규모를 확장하기도 어렵다. 한국의 팹리스 업체들은 맞춤형 첨단 고부가 가치 시스템 반도체 칩 설계를 완료한 상황에서도 이같이 국내 파운드리 팹으로의 접근성에 한계가 있어 결국 대만이나 중국, 미국 파운드리 생태계에 의존하는 경우가 빈번하다.

KSMC 프로젝트의 필요성

이 같은 한국 팹리스의 해외 파운드리 의존도 문제 해결을 위해 한국형 파운드리 회사의 설립 및 운영을 고려할 수 있다. 이는 대만의 TSMC를 벤치마킹해 필자가 2024년에 한국 공학 한림원(NAEK)을 통해 제안한 바 있는 이른바 KSMC 같은 형태가 될 것이다. TSMC는 1987년 창립 당시 대만 정부 소속 산업 기술 연구회가 전액 출자하고 모리스 창이 초대 회장으로 취임하면서 공기업 형태로 성립했다. 1992년 최종적으로 민영화된 이후에도 2024년 기준으로 대만 정부는 TSMC 지분을 약 6.7퍼센트 보유하고 있다. (전체 대만 공공 기관 지분 점유 합산은 약 10퍼센트다.) TSMC와 마찬가지로 KSMC 역시 정부 혹은 공공 은행(한국 산업 은행 등), 정부가 운용하는 펀드(국민 연금 공단 등)가 핵심이 되는 컨소시엄 주도로 설립할 수 있으며 법적 형태로서는 한국 전력 같은 공기업의 형태로 운영될 수 있다. KSMC는 삼성전자가 강점을 가지고 있는 10나노 이하 선단 공정 파운드리보다는 14~28나노급, 28~65나노급, 65나노 이상급 미들테크-레거시 성숙 공정을 타깃으로 삼을 수 있다. 이는 10나노 이하급 선단 공정에서 TSMC와 삼성 파운드리가 지금까지 누적해 온 기술력, 자본력, 노하우를 단기간에 따라잡을 수 없다는 한계 외에도 선단 공정에서 일할 전문 인력 확보부터 어렵다는 현실적 문제가 있기 때문이다.

KSMC가 타깃으로 삼는 미들테크-레거시 파운드리 공정은 초기 자본 투자 중 장비 구입이 선단 공정에 비해 5분의 1 이하, IP도입 비용은 3분의 1 이하가 될 것으로 예상된다. 소요 비용을 민간에서 기술 이전받거나 리스하는 방식으로 파이낸싱하는 방안도 생각할 수 있다. KSMC가 추진될 경우 글로벌 파운드리 영역에서는 후발 주자에 해당하고 규모의 경제와 강력한 정책적 지원을 앞세운 중국 파운드리 회사들과 경쟁해야 하기 때문에 자생하기 쉽지 않다. 또한 업력, 기술력과 고객 생태계에서 이미 많은 격차를 보이고 있는 대만의 UMC, PSMC, VIS 같은 2~4위권 파운드리 분야 기존 강자들과도 경쟁하

　　　　　　　　　7장 한국 반도체의 대응 전략

는 일도 쉽지 않다. 따라서 KSMC 설립 및 운영 초기에는 정부 주도의 맞춤형 산업 정책이 안정적으로 지원되어야 할 것이다.

이러한 정책은 국내 팹리스 고객을 겨냥한 다양한 IP 라이브러리 확대, 국내 파운드리를 이용할 경우 인센티브 지급, 차량용부터 통신, 전력, 방위 산업, 에너지 산업용 반도체에 이르는 고객 생태계의 다양화, 선행 기술 개발 및 양산 전 테스트에 초점을 맞춘 연구 개발 팹의 차별화, 차세대 소자 및 부품 등의 선행 기술 개발에 대한 집중 투자 등으로 이루어진 종합 패키지로 구성될 수 있다. 특히 파운드리 산업은 잠재적인 팹리스 고객들에 대한 접근 난도를 낮추고 고객 맞춤형으로 위탁 생산 능력을 보여 줄 수 있는 다양한 IP 보유 여부, 그리고 공정과 설계 중간에서 계면 역할을 할 디자인 솔루션 파트너 생태계 형성이 중요하다. KSMC는 팹리스 고객이 더 쉽게 접근할 수 있도록 디자인 솔루션 파트너 생태계를 키우고, 다양한 설계 IP를 확보해야 한다. 이를 위해 다른 반도체 제조사나 선단 공정 파운드리로부터 기존 IP를 사거나 장기 라이선스를 받는 방식을 취할 수 있다. 이는 기술 기부, 공동 개발, 기술 이전 등의 방식으로 가능하다. 이러한 지원에 필요한 자금 규모는 연간 500억 원 수준(라이선스당 5억 원, 100개 IP 라이선스 상정)에 이를 것으로 예상된다.

또한 점차 선단 공정으로 진화할 기술력의 확보를 위해 다양한 소재 및 부품을 테스트하고 공정 장비의 성능을 높일 수 있는 연구 개발 전용 팹 구축을 고려할 수 있다. 이는 장기적으로는 팹리스 고객들에게 제품 개발 불확실성을 낮추고 맞춤형 소자 설계-제조를 동시에 최적화할 수 있게 해 주는 핵심 기반이 된다. KSMC는 상대적으로 글로벌 경쟁력이 떨어지는 국내 반도체 소부장 업체들의 차세대 기술 개발, 현업 트러블슈팅 및 납품을 위한 최소한의 품질 및 성능 인증 담당 기관 역할도 겸할 수 있다. 이는 국내 소부장 업체들이 제조 생태계에서 살아남는 데 필요한 품질 인증의 기반이 될 뿐만 아니라, 장기적으로는 글로벌 진출의 촉매가 된다는 장점이 있다. 연구 개발 팹의 안정적 정착이 확인되고 파운드리 운영의 노하우가 3년 정도 쌓이면 본격적으로 미들테크-레거시 성숙 공정 전용 8인치 이상 웨이퍼 양산 팹을 건설할 수 있다. KSMC의 또 다른 모델은 삼성 파운드리의 구형 공정을 인수하거나 장기 임차해 공공 파운드리로 활용하는 방안이다. 투자 여력이 충분하지 않다면, 더 현실적인 대안으로는 국내에 흩어져 있는 KANC, NNFC, NINT 같은 연구 개발용 공공 소규모 나노팹을 통합해 일괄 공정이 가능한 레거시 공정용 파일럿 팹으로 전환하는 것을 생각할 수 있다. 이러한 대안들은 국내 파운드리 산업 자체의 규모 확대를 도울 뿐만 아니라, 반도체 소부장 업체들의 품질 경쟁력 강화, 원천 기술 확보, 고용 창출에도 기여할 것이다.

일본의 공적 팹 실험이 남긴 교훈

국내 반도체 관련 학회 포럼에서 정부 정책을 다루는 영역에서는 늘 많은 질문과 제언이 나온다. 특히 국내 소부장 업체들의 불만은 주로 이것이다. "한국 반도체 생태계를 다변화하고 자립시킨다고 과감한 정책이 펼쳐진 지 벌써 10년이 넘었는데, 왜 여전히 한국의 소부장 중소기업들은 판로 확보에 어려움을 겪어야 하는가? 이른바 대기업들이나 글로벌 후공정(OSAT) 전문 기업들은 국내 소부장과 왜 상생하지 않는가?" 사실 한 가지 오해부터 바로잡아야 한다. 국내 반도체 대기업이나 글로벌 OSAT 대기업은 국내 소부장 업체와 기본적으로 상생하고 싶어 한다. 반도체 생태계의 제일 끝단, 즉 제조업에서 칩을 만드는 기업은 공급망이 매우 복잡하다. 소재, 장비, 부품 모두 공급망이 안정적으로 돌아가야 하고 특정 기업에 발목 잡힐 정도로 병목이 생기는 것을 가급적 피하려 한다. 반도체 제조 대기업이나 후공정 기업은 국내 소부장 업체들이 공급망에 참여한다면 환영할 것이다. 그런데 소부장 업체들의 생각은 다르다. 결국 대량으로 채용하는 경우는 사실상 전무할 정도라고 불만들이 많다.

왜 양측의 입장과 의견이 다를까? 대기업이나 후공정 기업의 입장은 이렇다. 국내 소부장 기업의 기술을 채용해 일부 라인을 바꾸는 결정을 스스로 할 수 있다면 의당 그렇게 할 것이라는 것이다. 그런데 사실 그런 경우는 드물다. 이것이 무엇을 의미하는가 하면 설사 삼성전자나 SK하이닉스, 앰코 같은 업체라고 하더라도 공정 라인에 어떤 회사 장비와 소재를 쓸지 마음대로 결정할 수 없다는 것이다. 예를 들어 어떤 메모리 업체가 새로운 HBM을 만드는 과정에서 기존 패키징 장비 업체를 대체하기 위해 다른 중소기업 제품을 사용하는 상황을 생각해 보자. 새로운 장비는 가격도 70퍼센트 수준이고 성능은 더 좋다. 그러면 그 메모리 업체는 의당 그 장비로 더 좋은 성능의 메모리를 만들어 보고 싶을 것이다. 문제는 그렇게 만든 제품에 대해 막상 제품을

차이나 반도체 라이징

사 줄 고객이 성능과 품질 신뢰도를 트집 잡으면 가격 협상에서 불리해진다는 것이다. 특히 글로벌 대형 고객들 입장에서는 주문한 그대로 성능이 나오는 것이 매우 중요한데 제품을 만들기도 전에 제조 과정에 (예를 들어 장비를 새로 교환하는 등의) 변수가 생겨 성능 달성에 불안정성이 생길 것 같으면 인수를 거부할 수도 있다. 이러한 부분은 제품 구매 계약 당시부터 이미 계약서에 구체적으로 명시된 사항이기 때문에 제조업체가 마음대로 정할 수 있는 것이 아니다. 그러면 구매업체를 설득시킬 정도로 확실한 품질을 보이는 증거를 가져오면 되지 않겠는가 하는 생각이 드는 것은 당연하다. 문제는 구매자가 불확실성을 회피하려 하기 때문에 그 증거라는 것을 확보하기가 생각보다 어렵다는 것이다. 구매자는 양산 수준 시험에서 확실하게 대체 가능한 기술의 증거를 원한다. 여기서 양산 수준이라 함은 12인치 웨이퍼로 수백~수천 장 단위를 의미한다. 공정 노드마다 다르지만 웨이퍼 한 장에 적어도 1만 달러(약 1400만 원) 이상인 시대에 이런 시험은 수백~수천 만 달러의 비용으로 이어진다. 이 비용을 제조업체가 지불할 것인가? 그러나 이들이 확실하지도 않을 신규 업체의 기술 검증을 위해 큰 투자를 해야 할 이유를 찾기는 어려울 것이다. 그렇다고 그 비용을 오로지 개발사가 다 감당하기는 더더욱 어렵다. 한마디로 증거가 될 만한 데이터 확보 자체를 감당할 돈이 없는 것이다.

그렇다면 왜 일본의 소부장 기업들은 여전히 경쟁력을 유지하고 있을까? 이는 일본 업체들 가운데 끝까지 살아남은 기업들이 오랜 기간 축적한 기술력과 시장 지위를 바탕으로 여전히 강한 경쟁력을 보이고 있기 때문이다. 그리고 이런 업체들은 중간중간 비즈니스 영역을 계속 바꿨다. 대표적으로 JSR 같은 일본 업체는 1970~1980년대까지는 합성 고무와 플라스틱 원소재가 주력이었지만 지금은 반도체 광화학 소재(PR) 등이 주요 사업 영역이다. 일본의 반도체 산업이 절정기이던 1980~1990년대 일본의 주력 반도체 제조업체는 열 곳 가까이 되었고 이들은 글로벌 시장은 물론 팽창하는 자국 내수 시장, 특히 HPC와 가전, 그리고 자동차용 반도체나 통신 반도체 등에서 맞춤형 반도체를 자체 팹을 통해 만들었다. 각각의 제조사는 생태계를 만들기 위해 협력사들의 기술 개발을 지원했고 협력사들은 그 회사에 특화된 소재, 부품, 장비를 제조하는 식으로 자립 기반을 넓혔다. 작은 규모로 시작한 소재 회사라고 하더라도 비즈니스 영역을 바꾸는 과정에서 파트너 대기업의 기술 지원과 개발 비용 지원이 있었다.

또 하나 주목할 점은 일본 정부가 여러 정책적 실책을 저질렀음에도 일본 소부장 업체들이 지속적으로 기술을 개발할 기반을 마련하는 데는 성공했다는 사실이다. 일본 정부는 단순히 연구 개발을 지원하는 데 그치지 않고 인증과 평가가 가능한 제도적, 기술적 기반도 구축했다. 예를 들어 2000년대까지 일본 정부 주도의 컨소시엄은 중소 규모 소부장 업체들의 고민을 상당수 해결해 주었다. 일본 산업 기술 종합 연구소(AIST) 내 국가 측정 표준 기구(NMIJ) 같은 기관은 나노미터 스케일의 표준, 패턴 크기, 표면 특징 등의 계측 데이터를 표준화했다. 일본이 지금까지 30년 넘게 정부 주도의 컨소시엄을 운영하면서 후반으로 갈수록 품질 데이터 표준화, 그리고 인증과 평가 플랫폼의 실질적 운영에 신경 쓴 까닭은 간단하다. 컨소시엄을 운영해 본 결과 진짜 중요한 것은 벤더-제조사 사이의 신뢰이고, 그 신뢰는 무조건 측정할 수 있는, 재현될 수 있는, 추적될 수 있는 데이터로 대변된다는 사실을 인지했기 때문이다. 이러한 플랫폼이 무조건 다 잘 작동한 것은 아니었다. 예를 들어 스타트업 등이 개발한 기술이 평가를 명목으로 탈취당한 사례도 있었고 평가에 들어가서 시간만 소모하다가 기술 가치가 떨어져 울며 겨자 먹기로 헐값에 이전한 사례들도 있었다. 또한 아무리 좋은 플랫폼이라도 정부의 투자에는 한계가 있어서 점차 민간 기업들과 기술 수준이 벌어지기 시작했고 빠르게 변하는 글로벌 반도체 업계의 표준과 기술 개발 속도를 쫓아가는 것이 점점 어려워졌다. 그럼에도 1970년대 후반 이후 거의 반세기 가까이 강력하게 유지되어 온 일본의 반도체 인증, 평가, 측정, 시험 공용 라인 기반 플랫폼이 포함된 컨소시엄은 시대의 소명을 충분히 잘 감당했고, 이를 통해 일본의 반도체 소부장, 특히 소재 업체들의 경쟁력은 지금도 막강한 수준을 유지하고 있다.

왜 한국에 공용 팹이 필요한가?

다시 한국의 상황으로 돌아가 보자. 한국에도 이러한 컨소시엄이나 공용 라인이 없는 것은 아니다. 그렇지만 2000년대 일본의 컨소시엄이 겪었던 한계를 한국도 2010년대 들어 이미 그대로 복제하듯 겪고 있다. NNFC, KANC, NINT 같은 이른바 국내 3대 공용 나노 팹은 이미 업계의 기술 수준 혹은 요구 수준과 격차가 너무 벌어져 버렸고,

12인치 웨이퍼 기반의 일괄 공정은 전혀 지원되고 있지 않으며 인증이나 평가 기능은 애초부터 잘 작동하지도 않았고, 전문성이 누적되었어야 할 특수 공정이나 소자 제작 서비스는 유명무실해진 지 오래다. 사실 이런 문제를 차치하고서라도 국내 공용 팹의 가장 큰 한계는 접근성이 너무 떨어진다는 것이다. 인력의 한계로 서비스 이용 시간은 주 5일, 오전 9시~오후 6시이며 그나마도 주요 장비는 상당수가 상시 수리 중이거나 부품 교체 중이다. 글로벌 반도체 산업의 기술 개발은 1년 365일 24시간 내내 이루어지는데 한국 소부장 업체들의 기술 개발 지원 속도는 글로벌의 9분의 1에 불과한 것이다. 간단하게 이야기하면 중국이나 일본에서 일주일이면 충분한 간단한 소자 제작에 무려 2달 넘게 걸린다는 뜻이다. 이 격차는 매우 큰 차이다. 왜냐하면 시장에 진입할 수 있는 기회의 창은 365일 내내 열려 있는 것이 아니기 때문이다. 이것은 시혜의 문제가 아니다. 제조사 입장에서도 공급망은 충분히 다변화될수록, 또 기술 혁신의 시도가 협력 관계에 있는 파트너사로부터 나올수록 한발 먼저 진입하는 편이 유리하다. 그러나 그렇다고 해서 인증이 충분히 이뤄지지 않은 신규 소부장 업체의 기술을 함부로 대규모로 테스트할 수는 없다. 비용 부담도 크지만, 그만큼 시험과 검증에 시간이 걸리기 때문이다. 그 시간은 그대로 비용으로 환산된다. 국내 소부장 업체들은 반도체 IDM을 만족시킬 정도의 데이터를 확보할 자본이 충분치 않다. 그렇게 하고 싶어도 시간이 너무 많이 걸리고 그렇게 할 플랫폼도 국내에 없다. 이 문제의 핵심 딜레마는 이렇게 정의할 수 있을 것이다.

차이나 반도체 라이징

고객은 이미 현장에서 쓸 수 있을 만큼 검증된 제품을 원한다.
그런데 그런 수준에 이르렀는지를 증명하려면 테스트가 필요하다.
하지만 테스트 기회 자체는 그 수준이 갖춰진 뒤에야 주어진다.

이 딜레마에서 서로 간의 거리는 너무 멀다. 기술은 계속 난도가 높아지고 고객사들이 요구하는 성능은 더 엄격해질 것이기 때문이다.

한국에는 이 시대에 맞는 공용 팹이 필요하다. 이 팹은 8인치, 12인치 두 규격의 웨이퍼를 지원할 수 있어야 하지만, 핵심 미션은 '일괄 공정(end-to-end flow)'과 '패턴 웨이퍼', 그리고 다목적 웨이퍼(MPW)다. 일괄 공정부터 살펴보자. 한국의 3대 나노 팹은 일단 이 일괄 공정부터 안 된다. 일괄 공정은 실리콘 웨이퍼가 공정에 들어가서 패터닝＋후공정 가능한 상태로 나오는 모든 공정을 한 팹에서 할 수 있다는 뜻이다. 즉 실제 반도체 팹 환경이 100퍼센트 재현된 라인이며, 모든 공정이 한꺼번에 같이 장착된 라인이다. 일괄 공정이 가능해야 실제 고객사에게 보여 줄 호환성, 수율, 신뢰성 데이터를 확보할 수 있다. 개별 공정(unit process) 하나만 통과한 데이터는 고객사 입장에서는 딱히 관심이 없다. 또한 일괄 공정이 지원되어야 일본의 컨소시엄 공용 라인에서 그렇게 한 것처럼, 표준화와 계측 기반도 구축될 수 있다.

일괄 공정이 가능하면 패턴 웨이퍼를 만들 수 있다. 단순 실리콘 블랭크 웨이퍼(blank wafer)도 여전히 소부장 업체들에게는 훌륭한 샘플이 되지만, 이는 마치 백지 위에 아무렇게나 그림을 그리고 비평가에게 평가를 요청하는 것과 별로 다를 바 없다. 패턴 웨이퍼는 여러 주

　　　　　　　　　　　　　　　　7장　한국 반도체의 대응 전략

요 공정에서 소부장 업체들의 기술이 실제로 단위 공정으로 진입할 수 있는지를 평가하기 위해 매우 중요한 플랫폼 역할을 한다.

일괄 공정과 패턴 웨이퍼를 만들 수 있는 것만으로 모든 문제가 다 해결되는 것은 아니다. MPW 개념이 필요하다. 본래 이 개념은 파운드리에 제조를 위탁하는 팹리스에 통용되는 개념이지만, 소부장 업체들에게도 동일하게 적용될 수 있다. 하나의 웨이퍼를 한 회사, 한 번의 테스트만을 위해 사용하는 것은 시간과 비용 낭비다. 하나의 웨이퍼를 여러 설계(여러 회로 블록)로 나누고 이를 여러 회사들이 공유할 수 있게 해 주면 된다. 이렇게 하면 시험 데이터 확보만을 위해 웨이퍼를 수백~수천 장씩 따로 확보해야 하는 부담을 크게 줄일 수 있다. 예를 들어 식각 가능성을 검증하는 장비 업체 입장에서는 12인치 웨이퍼 전체가 아니라 그중 약10퍼센트 정도의 영역만 배분받아도 충분하다. 다시 말해 원래 웨이퍼 1,000장이 필요하던 실험을 100장 규모로 줄일 수 있다는 뜻이다. 이는 결국 실질적인 비용 절감으로 이어진다.

KSMC 같은 파운드리가 이러한 공용 팹 역할을 겸할 수도 있다. 팹을 아예 처음부터 새로 만들 수 있다면 좋겠으나, 그럴 돈과 여유가 없다면 기존의 3대 나노 팹을 통합해 대전과 수원 사이, 예를 들어 용인 메가클러스터 등지에 한 곳을 정해 이전해 덩치를 키울 수 있다. 포항의 NINT도 동남 해안권 및 일본 업체들을 타깃으로 수도권 팹과 대등한 규모로 만들 수 있을 것이다.

이렇게 공용 일괄 공정 팹을 만들 때 목표는 아주 명확하다. 소부장 업체들이 글로벌 고객사에 제시할 수 있을 만큼 신뢰도 높은 시험,

인증, 평가 데이터를 생산하고 기술 이전 과정에서 최소한의 신뢰 장치로 기능하는 것이다. 정부가 이름을 걸고 인증하는 체계인 만큼 그 자체로 높은 신뢰성이 확보되어야 한다. 그러려면 연중 365일 교대 체제로 안정적으로 운영될 수 있어야 하며, 근무자에게도 그에 상응하는 충분한 보상이 주어져야 한다. 더 좋은 인센티브는 이 공용 팹이 시험 생산 비용의 단 1퍼센트라도 지분으로 확보하는 것이다. 투자자 역할도 겸하는 공공 팹은 시간이 지나면 자립할 수 있게 된다. 사실 KSMC라고 이름 붙인 공용 팹 혹은 공공 파운드리는 애당초 레거시 공정(성숙 공정)을 타깃으로 했다. 일괄 공정이 가능하고 인증과 평가가 가능한 공용 팹으로서의 성격은 28~40나노 공정만 가능해도 충분하다.

일괄 공정이 가능하고 성숙 공정이 돌아가는 8, 12인치 연구 개발 전용 팹은 시작 지점일 뿐이다. 초기 과제인 인증, 평가, 공동 표준 제정, 가이드라인 작성, 로드맵 공유, 데이터 공유, 추적과 재현, 검증과 보증 같은 기능을 넘어 자립할 수 있게까지 하려면 5~10년 정도의 인큐베이션 기간 이후 비즈니스 모델도 나와야 한다. 앞서 언급한 지분 투자나 기술 이전 같은 모델은 이미 지금의 공용 팹도 가지고 있는 모델이다. 그러나 비즈니스 모델은 더 실질적인 수익을 내는 방향으로 정착되어야 한다. 사실 비즈니스 모델만큼이나 공용 팹이 신경 써야 하는 것은 또 있다. 그것은 그 자체로 일종의 반도체 소부장 허브가 되어야 한다는 것이다. 이는 공용 팹이 벨기에의 IMEC 모델을 겸하는 것으로도 볼 수 있다. 소부장 업체들이 각자 원하는 영역에서 따로 움직이게 둘 것이 아니라, 하나의 일괄 공정 체계 안에서 서로 연계되도록 만드는 허브 역할을 해야 한다는 것이다. 예를 들어 어떤 업체가 새로운 식각용 가스 플라스마를 만들었다면 그 소재를 테스트할 식각 챔버와 패턴 웨이퍼, 그리고 소자 단위에서 작동될 수 있는 일종의 단위 작업이 정의되어야 한다.

또 한 가지 역할은 공용 팹이 일종의 중고 장비 재활용 플랫폼도 겸할 수 있다는 것이다. 생각보다 많은 장비가 감가상각 이후에도 여러 목적으로 활용되는데 이런 테스트가 가능하다면 비용을 많이 절감할 수 있는 지점이 생긴다. 하나 더 추가하자면 비록 성숙 공정에 국한시키고 있긴 하나 나중에 공용 팹이 완전히 정착되고 수익성이 확보되면 선단 공정 테스트도 일부 겸하게 하면 좋을 것이다. 현재 한국 소부장 업체들의 숙원 중 하나는 극자외선 노광 공정 생태계에 들어가는 것이다. 한국 업체들은 극자외선 노광 공정에서 광원, 광학계, 식각, 블랭크 마스크, 펠리클, 스테이지 할 것 없이 글로벌 무대에서 명함을 내밀 수 있는 기업이 없다. 반면 중국 전역의 연구 개발 전용 파운드리 팹들은 다양한 장비들의 테스트 플랫폼을 겸하며 자체적인 극자외선 노광 공정 생태계가 점차 틀을 갖춰 가고 있다. 지금은 ASML+TSMC가 지배하는 세계 최고이자 유일한 극자외선 노광 공정 기술 생태계에 비견할 정도에는 당연히 미치지 못하나, 중국의 집중적인 지원과 시장 규모, 그리고 인력 투입을 생각하면 그 기술 격차가 10년 이내에 해소될 가능성은 무시할 수 없다. 한국이 ASML이나 중국의 극자외선 생태계와 1 대 1로 경쟁할 정도의 생태계를 당장 만들기는 어렵다. 그렇지만 전부까지는 아니더라도, 일부 핵심 병목 지점이 되는 기술이라면 충분히 선행 기술 개발은 할 수 있다. 그 시작점이 되는 것도 이러한 공용 팹이고, 공용 팹이 충분히 잘 운영되며 성공적인 인증, 평가 플랫폼이 될 수 있다는 점이 확인된 이후에야 비로소 극자외선이든 그다음 세대의 기술이든 조금씩 논할 수 있게 될 것이다.

이러한 공용 팹은 거버넌스 구조도 중요하다. 정부가 출자의 대부분을 부담하는 만큼 거버넌스의 중심은 담당 부처가 맡는 것이 타당하다. 그러나 동시에 컨소시엄에 참여하는 업체들도 각자의 지분에 상응하는 수준으로 이사회 등에 참여해 장비 구매, 인력 교육, 기술 개발, 표준 제정 같은 핵심 활동에 의견을 반영할 수 있어야 한다.

무엇보다 중요한 것은 인큐베이션 시기를 지난 뒤 자립화 단계에서 실제 사업화까지 구상할 수 있어야 한다는 점이다. 공용 팹 플랫폼에서 공동 연구 개발에 참여하는 소부장 업체들은 표준화되고 인증 가능한 데이터 확보에만 집중해서는 안 된다. 마지막 단계에서는 그 기술과 데이터를 실제로 구매하고 사용할 최종 제조업체들과 같은 플랫폼에서 최적화 작업까지 수행해야 한다. 그래서 공용 팹 플랫폼에는 최종 제조업체들도 반드시 참여해야 한다. 동시에 제조업체들은 앞으로 벤더를 희망하는 업체에게 반드시 이 플랫폼의 인증과 평가를 확보하라는 요구를 할 수도 있다. 업체가 처음부터 품질 데이터를 자체 확보해야 하는 구조보다는 비용 부담을 낮춘 채 제조업체나 고객사와 직접적으로 상호 작용할 수 있는 장이 열리는 것만으로도 국내 소부장 업체와 스타트업에는 매우 효과적인 플랫폼이 될 수 있다. 정부가 한국의 반도체 산업, 나아가 주권형 AI와 K-AI 생태계에서 맡아야 할 역할도 바로 여기에 있다. 공용 팹의 실질적 업그레이드와 안정적 운영, 과감한 선제 투자, 그리고 이를 글로벌 수준으로 끌어올리기 위한 개방적 정책이 함께 뒷받침되어야 한다.

공용 팹이 들어서는 지역은 사실상 차터 시티(charter city)나 경제 자유 구역(FEZ)에 준하는 공간으로 지정해 외국 인력이 해당 권역에서 보다 자유롭게 일할 수 있도록 하고 근무 여건 또한 훨씬 유연하게 설계하는 파격적 노동 정책까지 검토할 필요가 있다. 분명한 인센티브를 통해 국내 인력은 물론 해외 전문 인력까지 이곳에서 일하고 싶어 할 정도의 성장 경로를 마련해야 한다. KSMC나 공용 팹은 앞서 비판적으로 검토한 일본의 2나노 공용 팹 프로젝트, 즉 라피더스와 같은 방향으로 변질되어서는 안 된다. 정부가 투자할 자본은 라피더스의 10분의 1 이하면 족하다. 라피더스에 일본 정부는 지금까지 이미 2조 3000억 엔(약 21조 3000억 원)을 쏟아부었으며 양산 수준으로 가려면 앞으로 15~20조 원 정도를 더 투입해야 한다. 물경 35~40조 원에 달하는 규모인데 한국이 필요로 하는 일괄 공정-패턴 웨이퍼-MPW가 가능한 공용 팹 두 곳의 조성을 위해서는 그 10분의 1 이하만 있어도 충분하다.

한국에서 충분히 표준화된 공용 팹 겸 표준 기술 검증 가능한 연구 개발 팹이 갖춰진다면 한국은 동아시아권에서 대만도 일본도 하지 못했던 글로벌 반도체 연구 개발 허브를 주도할 수도 있다. 규모와

　　　　　　　　　　　　　　　　　차이나 반도체 라이징

자본만 놓고 보자면 중국이 맡는 것이 당연해 보일 수 있으나, 민주주의 거버넌스가 성립할 수 없는 상황에서 이제 인건비의 유리함도 없고 2000년대 초기의 상황과도 다르게 기술 장악력을 확장하고 있는 중국에서 굳이 그러한 모험을 감내할 글로벌 업체는 많지 않다. 그렇다고 벨기에의 IMEC이 언제까지나 유럽 주도의 반도체 연구 개발 국제 컨소시엄을 유지할 수 있다는 보장은 없다. 유럽 경제는 계속 쪼그라들고 있고 러시아-우크라이나 전쟁의 장기화, 그리고 러시아의 야욕으로 인한 안보 문제가 커지고 있기 때문이다. 무엇보다도 이제 유럽에서는 제조업다운 제조업은 거의 전멸한 것과 다름없고 소부장 업계도 일부 기업을 제외하면 자체 공급망을 유럽 내에서 유지하기 어려운 상황이다. 그 대안으로써 대만이나 일본도 고려될 수 있겠으나 대만은 중국과의 양안 문제, 자연 재해 문제, 그리고 전력과 용수 문제가 있어서 대형 클러스터를 국제적으로 유지하기가 쉽지 않다. 일본은 앞서 언급한 것처럼 생태계의 한 축이 크게 비어 있는 상황이다. 또한 역시 자연 재해가 빈발하고 인구 구조의 고령화도 빠르다. 한국은 어쨌든 반도체뿐만 아니라 여러 산업의 기반이 남아 있어 산업용 반도체 수요가 높고, 제조업 기반이 강력하며, 전력 및 산업용수 확보 면에서는 대만보다 유리하고 반도체 인력 파이프라인이 작동하는 나라다. 더구나 정부 차원에서 인공 지능을 필두로 반도체 연계 정책에 지원 의지가 있으니 투자도 당분간 지속될 것이다. 이러한 상황에서 구심점 역할을 할 꽤 괜찮은 공용 팹이 있고 더구나 일부 라인은 선단 공정까지 할 수 있다면 K-IMEC이 되지 말라는 법은 없다. 이는

KSMC의 성립과는 별개의 문제로 바라보아야 할 사안이나, 조금 더 큰 그림을 그린다면 그러한 영역까지 생각할 필요가 있다.

사실 앞에서 언급한 장점들이 과연 언제까지 남아 있을지 의문이라는 점에서 한국 반도체 산업에 남은 시간은 많지 않다. 아직 한국 반도체 산업과 제조업 전반에 기회의 창이 열려 있을 때 다음 시대로 가기 위한 기반을 만들어 두어야 한다. 대형 국책 사업이었던 경부 고속 도로나 인천 국제 공항, KTX 등을 입안할 때 당장의 수익성과 활용만 고려해 추진한 것이 아니듯, 반도체와 인공 지능 역시 그와 비슷한 장기적 철학과 비전으로 국가 자원을 투자하고 성과를 회수할 수 있는 명확한 로드맵을 마련해야 한다. 이 공용 팹에서 현재 한계에 몰린 반도체의 기술적, 물리적, 경제적 제약을 돌파할 혁신의 맹아가 나올 수 있다면 더욱 좋을 것이다.

제조 인프라를 구축해야 하는 이유

KSMC 같은 공적 파운드리는 물론 한국 정부와 반도체 업계가 공동으로 계획하고 있는 용인 반도체 메가클러스터가 실현되기 위한 전제 조건은 사회적 인프라에 대한 적시 투자와 관리다. 반도체 메가클러스터는 단일 규모로는 세계 최대(연면적 2102만 제곱미터)로 예상되며 웨이퍼 생산 규모 역시 세계 최대 수준(월평균 770만 장 생산)에 육박할 것이다. 메가클러스터의 성공적인 성립을 위해서는 투자 타이밍의 설계 및 매칭 펀드의 투입, 세제 혜택, 정부의 직간접적 보조금 지급, 인프라에 대한 적시 투자 등 다양한 맞춤형 산업 정책이 설계되고 운

　　　　　　　　　　　　　　　　차이나 반도체 라이징

용되어야 한다. 특히 앞으로 약 20년에 걸쳐 수백조 원 규모의 자금이 적확한 시점에 순차적으로 투자되는 사이클이 형성되는 것이 중요하다. 이를 위해 삼성전자나 SK하이닉스 같은 대기업이 주도하는 민간 투자를 유도하는 한편, 반도체 빅 펀드를 조성하고 이를 제때 집행할 수 있는 금융 관리 프로그램도 함께 마련해야 한다. 한국의 정부 차원 반도체 산업 지원은 아직 법인세 공제 15퍼센트 정도에 머물러 있다. 이는 미국과 비교하면 투자비 대비 정부 지원 규모가 약 20퍼센트 수준에 그친다는 뜻이며, 결과적으로 반도체 제조 원가에서 최대 10퍼센트가량의 차이를 낳는다. 세액 공제에 더해 국내 반도체 소부장 업체들을 지원할 연구 개발 프로그램 확대, 국산 소부장 사용에 대한 인센티브 개발, 국내 소부장 중소기업들의 해외 진출 지원 등으로 세부 내용이 구체화될 필요가 있다.

또한 파운드리를 비롯한 한국 반도체 제조업의 경쟁력을 강화하려면 전력, 산업용수, 도로, 항만 등 사회 기반 시설의 업그레이드가 필요하다. 우선 막대한 전력을 안정적으로 공급할 수 있도록 송배전망과 발전소, 변전소, 전력 그리드 같은 전력 인프라를 정비하고 확충해야 한다. 아울러 대규모 산업용수 공급을 위한 수자원 확보와 수처리 부문에도 정부의 선제적 투자가 필요하다. 반도체 산업은 전통적으로 제조업 가운데서도 전력 사용량이 매우 높으며, 품질이 안정적으로 유지되는 전류 공급이 무엇보다 중요하다. 메모리 반도체 제조에는 웨이퍼 면적 1제곱센티미터당 40~50킬로와트시의 전력이 필요하고, 로직 반도체 생산에도 대체로 10킬로와트시 안팎의 전력이 들어

간다. 이는 월 5만 장의 12인치 웨이퍼 기반 메모리 반도체 생산에 총 1700만 기가와트시 규모의 전력이 소요됨을 의미한다. 2040년대 중반까지 반도체 메가클러스터 및 AIDC에서 필요로 할 전력은 총 12기가와트가 될 것으로 예상되나 현재 전력 수급 계획은 이러한 수요 급증을 비탄소 배출 전원으로 감당하기 어려우며 송배전 안정성을 보장하는 전력망 확충도 진전이 더딘 상황이다. 예를 들어 초고압직류(high voltage direct current, HVDC) 기반 전력망은 송전망이 지나는 지자체 주민들의 반발에 빈번하게 부딪히고 있으며 지중 송전망 방식은 1킬로미터당 200억 원 이상이 소요될 것으로 예상되는 투자 재원 확보 주체가 확실하지 않다. 반도체 메가클러스터에 필요한 산업용수는 12인치 웨이퍼 기준으로 월 5만 장 생산을 가정할 경우 10조 리터 규모가 필요하다. 수원 확보를 위해 정부는 강원도의 북한강 수계 이용 계획을 세우고 있지만 쉽지 않다. 전용 수로 정비에 5000억 원 이상, 신규 댐 건설 및 토지 수용 등에도 추가적으로 1조 원 이상 소요될 것으로 예상되기 때문이다. 또한 지자체들의 협조와 추가 댐 건설을 위해 수자원공사 등과의 협력이 적극 확보되어야 한다. 수원지 확보 외에도 사용 후 산업용수의 처리 과정에서 추가로 소요되는 에너지와 폐수 처리로 인한 환경 부담에 대응하기 위한 장기적 산업 정책도 수립되어야 한다.

새로운 기술에 먼저 투자해야 하는 이유

첨단 반도체 생산을 위한 정부 차원의 투자는 차세대 반도체 공정 기술 개발에도 집중되어야 한다. 특히 2030년대에 한 자릿수 옹스트롬 대로 진입할 패터닝 공정 기술은 기술적, 물리적으로 한계가 존재하기 때문에 글로벌 파운드리 업체들은 이것의 극복을 공통의 과제로 안고 있다. ASML의 극자외선 노광기는 2030년대까지 3세대에 도달한다는 계획을 천명하고 있으나 대당 가격이 1조 원에 육박할 것으로 예상되는 데다가, 3세대 극자외선 노광 공정을 지원할 소재, 부품 등의 기술 생태계 자체가 현재 불확실하기 때문에 구체적 실현 방향은 여전히 불투명하다. 반도체 업체들은 현업 문제 해결에만도 자원을 투입하는 것이 벅찬 상황이므로 한 세대 이후의 새로운 기술적 돌파구가 될 연구 개발에는 정부 차원의 공적 연구 개발 프로그램이 절실히 필요하다. 이는 반도체 소재, 부품, 장비, 설계, 제조업 특화 인공 지능 칩 설계와 패키징 등 모든 분야를 망라한다. 예를 들어 극자외선보다 더 짧은 파장으로 더 미세한 패턴을 만드는 것의 물리적, 기술적 한계가 명확하다면 3차원으로의 적층, 새로운 방식의 화합물 반도체, 그래핀이나 전이 금속 디칼코게나이드(transition metal dichalcogenide, TDMC) 같은 저차원 반도체, 새로운 구조의 전자 소자, 자성 반도체, 전자 대신 광자를 쓰는 포토닉스(photonics) 등 새로운 기술적 돌파구가 필요할 것이다. 새로운 하이브리드 메모리 반도체 등은 그에 적합한 첨단 패키징 공정 전용 장비와 소재를 필요로 할 것이다. 양자 컴퓨터와 연계될 첨단 반도체는 비실리콘 계열의 새로운 화합물 소재를 필요로 할 것이다. 주목할 부분은 이러한 기술적 돌파구는 기존의 반도체 제조 능력이 온전히 보존되어야만 그 위에서 진행될 수 있다

    7장 한국 반도체의 대응 전략

는 것이다. 따라서 첨단 반도체 생산을 위한 투자는 기존 기술이 한계에 접근할 수 있는 기술 고도화는 물론 새로운 방식의 솔루션을 시도할 수 있는 연구 개발 프로그램에도 집중되어야 한다. 이러한 프로그램의 구체적 실현은 한국에서 일정 부분 자급화될 수 있는 파운드리 생태계에 의존한다. 결국 한국은 삼성전자는 물론 그 뒤를 뒷받침할 파일럿 팹과 연구 개발 전용 팹, 그리고 상용화 수준에 이르는 레거시 팹이 생태계를 구성할 수 있도록 제도를 정비하고 투자가 적시에 이루어져야만 한다.

불확실성 시대의 린치핀 전략

린치핀의 역할

마케팅과 경영 분야 베스트셀러 작가인 세스 고딘(Seth Godin)은 인공 지능이 세상을 휩쓸기 전이었던 2010년 『린치핀(Linchpin)』[21]이라는 경영 베스트셀러를 쓰면서 더 유명해졌다. 이 책이 다룬 내용은 개인이 부품화되어 가는 현대 사회에서 대체 불가능한 핵심 인재가 되려면 어떤 전략이 필요한가였다. 그는 그런 전략의 예로서 문제 해결 능력, 창의적 사고, 독립적 판단력 등을 언급하고 있다. 인공 지능이 날로 발전을 거듭하고 로봇이나 자율 주행차의 보급은 가속되며 개인이 독립적으로 기여할 수 있는 부분은 점차 축소되는 현 시점에도 린치핀 전략은 여전히 통찰을 준다. 이 전략을 개인뿐만 아니라 집단에

차이나 반도체 라이징

적용해도 무리가 없기 때문이다. 그렇다면 린치핀 전략은 개인, 집단에서 국가 단위로 확대될 수 있을까? 국가 단위 경쟁의 핵심은 기술과 지식 기반의 혁신 경제다. 따라서 국가 단위 린치핀 전략은 혁신 경쟁 구도에서 대체 불가능한 지위를 획득하는 방법론이 되어야 한다. 이는 단순히 블루오션이나 특정 기술 독점 전략을 의미하는 것이 아니다.

국가 차원의 린치핀

기술적 맥락에서 본다면 국가적 린치핀 전략은 글로벌 공급망의 독점이 아니라 병목 지점에 지분을 갖는 것이 더 효과적이다. 병목 지점이란 그 지점을 지나지 않고서는 다음 단계로 갈 수 없는 관문을 의미하므로, 관문을 지킬 수 있는 실력 여부가 중요하다. 공급망에 흩어진 병목 지점들은 떨어져 있는 것 같으면서도 사실 긴밀하게 연계되어 있다. 따라서 개별 병목 지점을 파악하는 것을 넘어, 이들이 연계되어 산업에서 어떻게 영향력이 증폭되는지 파악하는 것이 중요하다. 즉 개별 산업을 지배하는 기술뿐만 아니라, 산업 간 연계 혹은 의존 구조, 기술의 분기와 변화 양상, 표준과 로드맵의 변화 같은 요소를 모두 고려해야 한다.

AI 연산 인프라의 핵심인 반도체를 예로 들어 보자. 거대한 파라미터 공간에서 훈련된 생성형 인공 지능 알고리듬은 대규모 클라우드 시스템과 데이터 센터 내 서버에서 서비스형 소프트웨어(software-as-a-service, SaaS)의 핵심이다. LLM 기반 파운데이션 AI를 다음 세대의 클라우드 서비스 산업으로 건너가기 위한 병목 지점으로 본다면, 그

 7장 한국 반도체의 대응 전략

지점을 선점한 기업들은 오픈AI, 알파벳, 앤트로픽, 테슬라, 딥시크, 알리바바 등일 것이다. 모델의 크기와 성능에 대한 경쟁이 치열해지는 상황에서는 그에 비례하는 투자와 에너지가 필요하므로, 이를 감당할 수 있는 극도로 소수의 기업들이 인공 지능 산업의 최전선에서 병목 지점을 차지한다.

그런데 한 층 들어가 보면, 그 병목 지점은 또 다른 병목에 의존한다. 그것은 고성능 AI 연산 하드웨어다. 그 중심에는 전 세계 시가 총액 1위에 육박하는 엔비디아가 있다. 엔비디아의 GPU는 2000년대만 하더라도 주로 고성능 컴퓨터 게임용 가속 엔진으로 활용되었다. 그러나 2010년대 초반, 기계 학습의 무게 중심이 딥 러닝으로 옮겨 간 후 지위가 급격히 격상되었다. 딥 러닝에 필요한 합성곱(convolution) 같은 대규모 행렬 반복 연산 특화 하드웨어로서 성능이 널리 인정되었기 때문이다. 엔비디아 GPU는 하드웨어 관점에서 보더라도 최적화된 정보 전송, 처리, 메모리 관리 등 SoC 칩 설계가 최적화된 로직 반도체이기 때문에 병렬 연산에서는 대체 불가능한 수준이다. 그래서 엔비디아의 GPU는 인공 지능 산업에서 가장 중요한 병목 지점으로 볼 수 있다. GPU의 보유 규모 자체가 신규 진입자 입장에서 마치 넘을 수 없는 4차원의 벽 같은 존재가 되는 셈이다.

그러나 다시 더한층 들어가 보면, 이 안에는 또 다른 핵심 병목 지점이 있다. 엔비디아는 본질적으로는 팹리스 기업이므로 실제로 GPU를 제조하는 것은 아니기 때문이다. 물리적으로 GPU를 생산하는 것은 세계 최정상 파운드리인 TSMC다. TSMC는 2016년 세계 최

　　　　　　　　　　　　　　　　　　차이나 반도체 라이징

초로 10나노 양산 공정(2015년 개발 완료, 2016년 양산 진입) 진입 후, 기술 개발 시점 기준으로는 2016년 7나노, 2019년 5나노, 2021년 3나노, 2024년 2나노, 2025년 16옹스트롬(1.6나노) 순으로 선단 공정 기술력을 계속 높여 왔다. 그러나 TSMC의 경쟁력은 지속적으로 집적 밀도 스케일의 향상을 이끌어 온 공정 기술력에만 있지 않다. 파운드리 전문 기업으로서 다양한 칩 구성 요소를 결합해 하나의 칩으로 만들 수 있는 설계 공정 최적화 기술인 DTCO, 특히 월 수십만 장 이상의 12인치 웨이퍼를 높은 수율로 양산하는 과정을 통해 칩렛 집적 기술력을 확보한 것이 TSMC를 대체 불가능한 파운드리 기업으로 만들어 준 비결이었다.

이처럼 현재 인공 지능 산업의 가치 사슬은 여러 층위에 걸쳐 다양한 기술적 병목 지점이 자리 잡고 있으며, 그 병목 지점을 압도적 기술력을 바탕으로 돌파해 혁신을 주도할 수 있는 소수의 기업이 독과점한 양상으로 대표된다. 병목 지점의 특징은 다른 기술로 대체하기가 거의 불가능하다는 것이다. 따라서 신규 업체들의 시장 진입은 쉽지 않다. 인공 지능 특화 반도체 제조의 린치핀이 된 TSMC나 SK하이닉스가 점유하는 병목 지점뿐만 아니라, 그 병목을 구성하는 핵심 공정 장비 역시 공급망 제약의 일부가 된다. 예를 들어 전공정에서는 10나노 이하급 기술 노드에서 패터닝의 필수 장비가 된, 네덜란드 ASML이 독점 공급하는 극자외선 노광 장비가 있고 TSV 같은 미세 구조를 구현하려면 미국의 어플라이드 머티리얼즈나 램 리서치 같은 소수의 장비 업체들이 독과점으로 제조하는 고성능 식각 장비가 필요하다. 교통 체증이 지속되면 도로 폭을 넓히거나 자동화된 시스템을 도입하고 도로를 실시간으로 감시하는 자원이 투입되며 체증을 해결하려 하는 것처럼, 기술의 체증 역시 병목 지점의 개선을 위한 지속적인 혁신을 촉발한다. 그 과정에서 이른바 와해성 기술(disruptive technology)이라 불리는 혁신의 맹아가 형성되기도 한다. 그러나 그러한 씨앗이 본격적으로 싹트기 전까지는 병목 지점의 핵심 기술을 점유한 회사나 국가는 영향력을 쉽게 내 주지 않으며, 시간이 지나면 다른 분야에 혁신을 이어 주는 지렛대가 되기도 한다. 결국 병목 지점에서의 핵심 기술 보유 여부가 린치핀이 될 수 있는지 여부를 가른다.

산업 전환을 위한 린치핀 전략

기술의 병목 지점이 린치핀으로서 갖는 의미는 인공 지능이나 반도체에만 국한되는 것은 아니다. 한국 입장에서는 이 전략을 전 산업 영역으로 확장할 방법을 찾아야 한다. 사실 한국 입장에서는 인공 지능과 반도체 산업이 갖는 중요성만큼이나, 지금까지 국부 창출을 기여해 온 제조업 역시 중요하며 국가적 차원의 산업 전환기 전략 개발은 선택이 아닌 필수가 된다. 따라서 기존 산업들의 경쟁력을 보존, 나아가 더 발전시키거나 혁신적으로 전환할 린치핀 전략 개발은 매우 중요하다.

반도체가 지난 한 세대 넘는 시간 동안 한국 산업의 가장 중요한 린치핀으로 자리 잡았다고 하지만, HBM 같은 새로운 린치핀 역시 결국 전통적인 DRAM 기술력에 기반을 두는 것임을 인식할 필요가 있다. CXMT 같은 중국 최대의 메모리 반도체 강자가 보이는 끊임없는 기술 혁신과 양산 규모 확장은 어느 시점에 한국이 가진 메모리 반도체 린치핀은 물론 그로부터 파생되는 새로운 린치핀의 영향력을 희석시키는 기제가 될 가능성이 높다.

중국뿐만 아니라 세계 여러 나라 역시 기술을 협력보다는 안보의 대상으로 먼저 인지하기 시작했으며, 그만큼 첨단 기술에서 기술 안보가 차지하는 비중이 점점 높아지고 자유 무역보다 보호 무역이 더 중요한 가치로 변하고 있다. 이렇게 경쟁 분위기가 다방면에서 고조되는 상황 속에서 한국은 그간 경제 성장을 이끌어 온 산업의 작동 방식과 혁신 엔진을 새로운 린치핀으로 전환시킬 근본적인 전략이 필요하다. 그 전략은 어떻게 구성되어야 할까?

반도체와 인공 지능의 린치핀

전략 구성을 생각해 보기 위해 다시 반도체와 인공 지능부터 시작해 보자. 예를 들어 첨단 패키징은 비단 AI 반도체뿐만 아니라 앞으로 시장이 더욱 커질 주문형 첨단 시스템 반도체 생산에서 가장 중요한 핵심 기술 중 하나가 될 것이다. 대만 주요 기업들이 현재 이 시장을 절반 이상 점유하고 있으나, 첨단 패키징 기술은 더 높은 수준의 새로운 혁신을 요구한다. 이는 첨단 패키징을 매우 중요한 병목 지점으로 만들고 있다. 패키징에서 혁신이 필요한 까닭은 근본적으로 베이스 전극 기판의 패턴 스케일과 칩의 트랜지스터 스케일 사이에 큰 차이가 있기 때문이다. 여기에 더해 서로 다른 칩을 하나로 연결하는 하이브리드 본딩이나 이종 접합 같은 기술 역시 중요한 병목 지점이다. 또한 근본적으로 고성능 시스템 반도체는 많은 연산량을 고속 처리해야 하기 때문에 발열 성능 개선도 또 하나의 병목이 된다. 그렇지만 패키징에서 활용되는 방열 소재나 구조 혁신은 더디다.

한국의 반도체 전략 중 하나는 바로 이러한 첨단 패키징 분야에서 부각되고 있는 다양한 기술 병목 지점에 진입할 수 있는 신기술 개발에 더욱 투자를 늘리고 산업 표준을 이끌 기술을 점유하는 것이다. 이를 위해 패키징 업체들이 회사 차원에서 연구 개발하는 것과 더불어, 정부 차원에서도 새로운 기술을 테스트하고 신뢰성 있는 수준으로 보장할 수 있는 연구 개발 전용 팹을 신설해 사업화 가능성과 현업으로의 활용성을 높이는 지원을 해 줄 필요가 있다. 또한 더 혁신적인 신소재를 발굴하고 더 효과적인 패키징 공정을 개발할 수 있는 공적 차원의 기초 연구 개발 과제 투자와 인프라 업그레이드 같은 지원도 확대되어야 한다. 이는 대부분 기초 과학과 연계되므로 기초 연구 개발에 더 많이, 그리고 더 장기간의 안목으로 자원이 투자되어야 한다.

반도체 팹리스 역시 중요한 린치핀이 될 수 있다. 이는 비단 반도체나 인공 지능 산업에만 국한되지 않고, 더 넓게 확대될 수 있다는 점에서 중요성을 갖는다. 한국을 포함해 전 세계 수많은 스타트업들은 세계 최강의 린치핀으로 자리 잡은 엔비디아의 GPU와 경쟁할 수 있는 고성능 AI 반도체 개발에 집중하려 한다. 그렇지만 앞으로 중요해질 시스템 반도체의 진짜 린치핀은 엔비디아가 독점적으로 점유한 인공 지능 가속기 시장에만 있지 않다. 각 산업의 혁신 엔진이 될 도메인 지식에 특화되어 설계된 반도체가 훨씬 더 높은 가치를 가질 수 있고, 그 시장에서 드러나는 병목 지점을 먼저 선점하는 것이 차세대 시스템 반도체의 린치핀이 된다.

한 예로 바이오 산업이 있다. 2024년 노벨 화학상이 단백질 구조 설계에 특화된 딥 러닝 모델인 알파폴드(Alphafold)와 로제타폴드(Rosettafold)에 수여된 사실에서도 볼 수 있듯, 바이오 산업 역시 바야흐로 인공 지능에 기반한 비가역적인 기술 전환 과정에 들어섰다. 이는 비단 첨단 신약이나 백신, 치료나 진단용 의료 기기 기술 개발에 대한 것뿐만이 아니다. 이른바 생물 정보학이라고 불리는 영역에서 유전체 정보 특화 인공 지능에 최적화된 시스템 반도체가 가질 연산 능력은 매우 중요해진다.

바이오와 연계되는 반도체 린치핀은 또 있다. 인간의 뇌는 가장 해석하기 어려운 복잡계 시스템으로 알려져 있지만, 이를 모방할 수 있는 뉴로모픽 반도체나 브레인 커넥토믹스(connectomics) 데이터 처리에 특화된 뇌-컴퓨터 인터페이스(brain-computer interface) 전용 시스템 반도체 역시 급성장하는 첨단 바이오 산업에서 앞으로 더욱 중요한 린치핀이 될 수 있다. 이는 단순히 치매나 알츠하이머 같은 뇌 질환 치료 목적을 넘어 인간 뇌 기능 증강 기술과 직결되므로, 두 영역을 이을 수 있는 시스템 반도체 개발 전략이 구체화되어야 한다. 이러한 종류의 시스템 반도체들은 엔비디아의 GPU에만 의존할 필요는 없다. 해당 산업에서 다뤄지는 전문적 도메인 지식이 담긴 데이터 특성과 그 데이터에 특화된 효과적인 연산을 지원하는 반도체가 더 유리하다.

한국에서 반도체와 인공 지능에 기반을 둔 린치핀이 나오려면, 이렇게 이종간 영역을 하나로 연결할 수 있는 칩을 설계할 팹리스 업체들이 더 많이 등장해야 한다. 그리고 이러한 팹리스들이 자신들이 설계한 칩을 테스트해 수요 기업에게 공급할 수 있는 테스트베드 역시 충분히 확충되어야 한다. 이를 위해 정부는 팹리스 업체들에 대한 직접 지원에 앞서 기술 인프라 개념으로 공공 연구 개발 팹과 테스트 시스템을 구축해 칩 시험 생산 접근성을 크게 개선시켜 주는 전략을 구상할 수 있다.

산업 자동화의 린치핀

다른 산업은 어떨까? 인구 감소세에 접어든 한국이 앞으로도 산업 전반의 경쟁력을 유지하면서 영향력을 보존하기 위한 필수 전략 중 하나는 노동력을 대체할 자동화 기술이다. 이는 현재 많이 회자되는 스마트 공장의 일부 노동력 대체를 넘어, 시스템 레벨에서 통합될 수 있는 훨씬 더 구체적인 개념의 자동화 기술에 해당한다. 한국에서 그간 노동 집약적으로 작동해 왔던 많은 산업은 이러한 전환을 받아들여야 그다음 세대로의 전환이 가능하다. 이미 한국의 조선업은 세계에서 가장 높은 밀도로 산업용 로봇을 도입해 활용하고 있고, 자동차 조립 역시 작업을 로봇이 담당하는 방향으로 전환 중이다. 그렇지만 제조업에는 인공 지능과 로봇이 적용되기 어려운 분야가 여전히 많이 있다. 어떤 제조업이 앞으로도 한국에 중요하다면 그러한 산업의 자동화 전환을 추진하며 그 과정에서 파생되는 기술을 린치핀으로 삼는 전략이 필요하다. 이는 중국과의 경쟁에서 더욱 중요한 핵심이 될 수 있다.

중국은 한국이 오랫동안 강점을 보여 온 제조업 부문에서 한국과 유사한 발전 전략을 취하면서도 이를 훨씬 더 큰 규모로 밀어붙여 고속 성장을 이뤄 왔다. 그러나 그 성장의 이면에는 저임금 노동력을 대량으로 투입해 외형 확대를 추구해 온 전략이 있다. 이러한 전략은 중진국 수준에 도달한 이후부터는 점차 높아지는 임금을 감당하기 점점 힘들어지므로 지속이 어렵다. 또한 노동자 수억 명을 투입해야 하는 제조업을 쉽게 자동화로 전환하기도 어렵다. 사회주의 국가는 노동자들의 일자리를 보장해 주어야 하는데, 자동화로 인한 급격한 일자리 감소는 사회 불안 요소가 될 수 있기 때문이다. 한국은 이미 중진국 함정에서 탈피하면서 빠른 속도로 제조업의 첨단 전환을 이루어 내고 있기에 중국보다 노동 구조 전환의 충격이 덜하다. 오히려 한국은 제조업 자동화 과정에서 새롭게 등장하는 산업에 필요한 노동 시장을 먼저 형성하고, 관련 기술에 숙련된 노동력도 선제적으로 확보할 수 있다. 인공 지능과 로봇이 이러한 경쟁력을 창출할 제조업 분야가 있다면 그것은 정밀 화학, 제약, 촉매 같은 첨단 신소재 기반 고부가 가치 산업일 것이다.

현재 우리가 목도하고 있는 파운데이션 AI 같은 알고리듬은 복잡한 최적화 문제 해결에 매우 효과적이다. 예를 들어 이산화탄소를 고부가 가치 탄소 화합물로 전환하는 전기 화학 촉매는 구리나 철 같은 단일 금속보다 여러 금속이 미세하게 엮여 합금이 된 나노미터 스케일 구조물이 더 효율적인데, 인공 지능을 활용하면 이러한 촉매 설계가 훨씬 더 정확하고 빠른 시간 내에 최적화된다. 가능한 조합 중 최적의 솔루션을 찾는 문제는 딥 러닝을 기반으로 한 강화 학습이 강점을 갖는 영역이기 때문이다. 여기에 더해 이렇게 설계된 촉매를 실제로 실험실에서 합성하는 것 역시 표준화된 인공 지능 자율 로봇을 이용해 365일 24시간 가동되는 시스템을 통해 안정적으로 달성 가능하다. 로봇을 통한 제조이기 때문에 생산품의 오차가 훨씬 줄어들고, 품질 관리 경쟁력도 강화된다. 이러한 고부가 가치 신소재 산업은 기존 제조업처럼 대규모 생산이 필요하지 않으므로 중국과 1 대 1로 양산 경쟁, 원가 경쟁을 할 필요가 없다. 오히려 다품종 소량 생산만으로도 큰 가치를 만들어 낼 수 있으므로, 린치핀으로 변신할 제조업에서 반드시 들여다보아야 할 부분이다.

방위 산업의 린치핀

한국이 가진 중요한 무기 중 하나는 방위 산업이다. 특히 세계 곳곳의 지역 불안정성이 증폭되는 국제 정세 속에서 군축의 시대는 저물어 가고, 각국은 안보와 첨단 무기 개발에 더 많은 관심을 기울이고 있다. 냉전의 산물이라고만 여겨졌던 군비 경쟁을 다시 시작하고 상대를 먼저 압도할 수 있는 첨단 무기와 방위 시스템 개발에 대한 투자가 대폭 증가하는 상황에서, 방위력 개선을 위해 필요한 산업은 중화학 공업과 기계 공업, 자동차 산업, 화학 산업, 에너지 산업, 반도체 산업과 전자 공업 등이다. 이러한 산업이 고루 잘 발달해 있고, 여기에 인공 지능과 결합을 시도해 더한층 가치를 만들어 낼 수 있는 경쟁력을 갖춘 산업 국가는 손에 꼽을 정도로 적다. 미국은 이러한 소수의 그룹에서 점점 밀려나고 있다. 미국은 반도체와 철강, 화학 산업을 비롯해 수많은 제조업을 자국에서 동아시아 등으로 지속적으로 이전했는데, 그 이면에는 주로 자국 제조업 일자리의 고임금 문제를 피하려는 자본의 이동이 있었다. 이로 인해 미국은 최근 신형 군함 건조나 심지어 6세대 전투기 개발까지 지체되고 있고, 이는 미국의 장기적 안보 체제에 허점을 만드는 요인이 되었다.

이는 미국이 2025년 하반기 한국과의 전략적 공조를 본격화하는 과정에서, 해군력 강화를 위해 한국이 제안한 이른바 MASGA(Make American Shipbuilding Great Again) 구상을 받아들였다는 점에서도 드러난다.[22] 전 세계에서 현재 중국을 제외하면 고기능성 선박을 대량으로 제조할 기반과 기술 경쟁력이 남아 있는 나라는 한국과 일본밖에 없다. 그러나 일본이 차지하는 글로벌 조선업 비중은 매년 축소되어 현재는 10퍼센트 이하로 줄어든 상황이다. 이러한 방위 산업 역시 기본적인 제조업 역량 강화와 더불어, 첨단 기술을 도입하는 과정에서 얼마나 불확실성을 줄일 수 있느냐로 그 산업의 린치핀이 결정된다.

한국의 방위 산업은 북한과 마주하고 있다는 안보적 특수성 외에도 한반도의 기후와 지형이 다양한 테스트에 적합하다는 특성 때문에 다른 나라가 필요로 하는 안보 자산을 고품질로 생산해 공급하는 것에 강점을 가질 수 있다. 한국 입장에서도 방위 산업은 안보의 필수

　　　　7장　한국 반도체의 대응 전략

요소일 뿐만 아니라, 점차 긴장도가 높아지는 국제 상황에서 더욱 중요한 요소가 된다. 예를 들어 러시아-우크라이나 전쟁이 벌어지는 유럽에서는 자국의 방위 산업 기반이 약한 나라들이 한국에서 무기를 다량 도입하며 방위 산업 의존도가 증가하는 것이 관측된다. 한국 방위 산업은 이제 단순히 민주주의의 병기창을 넘어, 차세대 방위 산업 기술의 모태가 될 수 있는 혁신 포지션을 점유해야 한다. 특히 점차 무인화되고 있는 육상, 해상, 공중 전력은 반도체와 지능화 시스템과의 결합을 더욱 긴밀히 요구하며, 이는 한국이 가진 IT 산업과 반도체 산업, 그리고 인공 지능과의 연계를 통해 강화되어 또 하나의 린치핀이 될 수 있다.

에너지 전환의 린치핀

한국이 린치핀 전략을 재구상할 때 반드시 고려해야 하는 대상 중 하나는 에너지 산업이다. 반도체 팹처럼 전력 소모가 큰 산업은 물론, 한국이 경쟁을 이어 가려는 제철, 시멘트, 석유 화학, 자동차, 중공업, 조선 등 제조업 다수는 에너지 집약 산업에 속한다. 즉 대규모 전력의 안정적 공급이 필요하다. 여기에는 기저 발전원의 확충뿐만 아니라 전력을 효율적으로 적시 공급하는 시스템, 즉 그리드(전력망)의 선진화가 필요하다. 한국은 전력 공학 역량이 높은 편이지만, 현재 국내 그리드와 발전원은 10~20년 후 예상되는 전력 수요 증가를 감당할 수준과는 거리가 있다.

특히 국가 온실 기체 감축 목표(NDC)에 맞춰 발전원이 지속적으로 탈탄소화되어야 하므로 화력 발전 비중은 제약될 수밖에 없고, 그만큼 신재생 에너지 비중이 높아지는 전원 구성의 변화에 대비해야 한다. 문제는 신재생 에너지의 간헐성과 이를 보완하기 위한 대용량 에너지 저장 장치(ESS) 같은 기반 시설의 확충 속도가 여전히 더디다는 점이다. 또한 신재생 에너지 발전 단지에서 전력 수요가 집중되는 지역으로 전력을 보내기 위한 송배전 용량도 충분히 확보되지 않았기 때문에, 안정적인 전력 공급을 유지하는 일은 결코 쉽지 않다. 따라서 한국이 산업 경쟁력을 지키며 린치핀으로 자리 잡으려면 다양한 에너지원의 조합을 바탕으로 산업 현장에 전력을 안정적으로 공급할 수 있는 인프라의 안전핀이 강화되어야 한다.

태양 전지 효율 강화, 수소/암모니아 생산 효율 향상처럼 신재생 에너지 시스템의 기반이 되는 소재와 소자 기술은 물론, 스마트 그리드의 설계와 최적화는 그러한 안전핀의 주요 사례다. 특히 대규모 생산에 특화된 기술로 전환하기 위해 산업계와 정부가 주기적으로 로드맵을 개정하고 국가 전력 계획과 정합성을 추구하면서 인프라 구축을 추진할 수 있어야 한다. 이 과정에서 고려될 비탄소 배출 기저 전원으로서의 원자력 발전은 한국이 반드시 보존해야 하는 에너지 린치핀이다. 왜냐하면 현재 민주주의를 채택한 선진국 그룹에서 원자력 발전 시스템을 설계하고 운영할 역량과 폐기물 처리 노하우까지 동시에 갖춘 나라는 한국과 프랑스 정도밖에 없기 때문이다. 특히 원자력 발전소는 한국이 그간 추구해 온 APR1400 같은 한국형 경수로 외에도, 효율성과 안정성을 확보한 SMR로 기술적 전환기를 앞두고 있다.

　　　　　　　　　　　　　　　　　7장　한국 반도체의 대응 전략

에너지 린치핀에서 하나 더 고려해야 할 요소는 AIDC가 유발하는 전력 부하의 급격한 변동에 대응할 에너지 솔루션이다. AIDC는 2030년대가 되면 국가 전력 수요에서 10퍼센트 이상을 차지할 대형 수요처가 됨과 동시에 수요 패턴의 불확실성을 증폭시킬 가능성이 높다. 이는 AIDC가 대부분 클라우드 서버 형태로 서비스를 하기 때문에 연산 강도와 지속 시간이 실시간으로 달라질 수 있기 때문이다. 이때 그리드에서 전력 변환 장치(인버터)를 거쳐 AIDC에 전력을 공급하는 과정은 부하 추종 과정에서 발생하는 변동성 스트레스가 누적될 위험에 노출된다. 그리드에 누적되는 부담이 문턱값을 넘어서면, 그리드 전체가 붕괴하는 블랙아웃(대정전) 사태로 이어질 수 있다

이를 해결하기 위해 태양 전지의 광전 변환 동역학을 개선하는 신소재와 소자 기술이 필요하며 에너지 효율이 100퍼센트에 근접하는 인버터, 그리고 태양 전지에서 출력이 부족할 경우 부족분을 메꿀 수 있는 ESS의 확장이 필요하다. 특히 기존의 배터리 기반 ESS(BESS)만으로는 AIDC의 빠른 부하 변동에 대응이 어렵기 때문에, 고주파 변동에 강한 전자 세라믹 소재 기반의 슈퍼커패시터(supercapacitor)가 대량으로 필요하다. 여기에 저주파 변동에 효과적으로 대응 가능한 연료 전지, 암모니아 생산, 히트펌프 등도 결합시키면 이제 ESS는 단일 형태가 아니라 하이브리드 ESS(HESS)가 되어 전력 공급원으로서의 활용성과 신뢰도를 동시에 높일 수 있다. 이는 향후 한국이 인공 지능과 에너지 린치핀을 동시에 잡으면서 기후 변동에 대응할 종합 솔루션이 될 것이다.

기후 위기 대응의 린치핀

마지막으로 한국이 산업의 린치핀 전략을 한 단계 더 높은 수준으로 구상하려 할 때 반드시 고려해야 할 조건은 이제 거의 비가역적 현실이 된 기후 위기다. 지구 평균 기온 상승을 막기 어렵고, 원자력 발전이나 신재생 에너지로의 전환을 통해 탄소 배출을 최소화한다고 해도 이미 대기 중에 축적된 이산화탄소 같은 온실 가스의 농도를 유의미하게 줄이려면 긴 시간과 막대한 자본이 필요하기 때문에, 기후 위기는 이번 세기 내내 가장 대응하기 쉽지 않은 비가역적 변동성이 될 것이다.

기후 위기는 단순히 평균 기온 상승만을 뜻하지는 않는다. 우리에게 익숙했던 계절과 해류의 순환, 강수량과 일조량 주기 등 장단기 기상 패턴 전반의 급격한 변화를 의미한다. 그 변화는 점점 예측하기 어려워지며, 기후와 날씨의 변동 폭은 커진다. 이는 태풍 같은 기후 재난이나 해류 변화 같은 기후 재앙 발생 빈도가 지속적으로 증가할 것임을 의미한다. 이런 환경에서 기후 재난에 취약한 산업은 시간이 갈수록 점차 경쟁력을 잃게 될 것이다.

반대로 한국이 기후 재난을 버틸 수 있는 산업 구조로 재정비한다면 이는 산업 경쟁력에서 핵심 병목이 될 지속 가능성을 선점하게 하는 요소가 된다. 기후 재난에도 더 잘 살아남을 수 있는 식량 자원 등을 개발할 바이오 기술, 극단적 기온, 강수량, 풍속 변화에도 더 오래 버틸 수 있도록 전력망이나 도로, 항만 등 사회 인프라 품질을 개선하는 기술, 탄소 배출을 최소화하면서 에너지 효율을 높일 수 있는 제조

　　　　　　　　　7장 한국 반도체의 대응 전략

공정 기술은 기후 위기 속에서 지속 가능성을 보장하며 더욱 그 가치가 높아질 린치핀 기술이자 산업이 될 수 있다.

반도체 제조업은 대규모 전력 소모를 피하기 어려운 만큼, 비탄소 전원 100퍼센트 전환을 누가 먼저 달성하는지, 그리고 기후 재난 속에서도 안정적으로 운영되는 지속 가능한 반도체 팹 기술을 누가 선점하는지가 관건이 될 것이다. 분산된 생산 거점을 유기적으로 연결해 리스크를 낮추는 네트워크형 생산 전략 역시 중요해진다. 통신망 또한 기후 변동에 취약한 인프라다. 한국이 5세대 이후 차세대 통신 산업에서 노려야 할 린치핀 중 하나가 바로 이러한 기후 위기에도 대응 가능한 안정적 통신망이다.

린치핀 전략의 최종 목표

지금껏 살펴본 다양한 산업들은 한국이 이미 글로벌 경쟁력을 갖춘 동시에 조만간 위기에 봉착하게 될 산업이라는 공통점이 있다. 다행히 한국이 추진하게 될 전략, 특히 첨단 산업과 제조업을 결합해 산업 판도를 다시 짜면서 린치핀을 선점하는 전략은 다른 경쟁국이 답습하기는 어렵다. 중국은 거대한 내수 시장을 기반으로 수출보다는 여전히 내수가 국가 경제에 더 중요하고, 최근 문제가 되는 과잉 생산으로 쌓인 잉여 자원은 수출 경쟁력이 아니라 원가 이하의 밀어내기와 수익성 악화, 디플레이션 압력으로 이어질 것이다. 일본은 제조업 기반이 여전히 강하지만, 한국보다 10년 이상 먼저 쇠락을 맞은 후 첨단 산업 중심으로 전환할 시기를 놓쳤기 때문에 조금씩 축소 사회로 변모하는 중이다. 1인당 GDP 10만 달러(약 1억 4000만 원)를 눈앞에 둔 미국은 너무 높아진 임금 수준 때문에 반도체 산업을 포함한 제조업을 자국으로 전부 되돌리기 어렵고, 그 부족분을 대체할 혁신 엔진을 하이테크와 인공 지능에서 찾으려 한다. 에너지, 안보의 부담과 제조업의 쇠락을 동시에 겪고 있는 EU는 지정학적 불안정, 역내 국가 간 격차, 에너지 안보 문제, 산업 전환 시점의 반복된 실기 같은 원인이 겹치며 아시아의 제조업이나 첨단 산업과 경쟁하기가 점점 어려워진다. 인도나 동남아시아 등의 신흥 시장은 높은 성장률과 거대한 인구 규모가 강점이지만 언어와 문화 장벽으로 통일된 경제 정책을 추구하기 힘들고, 제조업 기술 기반과 생태계가 약하며, 사회 인프라 확충이 더디고, 숙련 인력을 양성하기 위해 앞으로도 더 많은 시간이 필요하다는 구조적 한계가 있다.

물론 한국이 보유한 모든 산업이 10~20년 후에도 그대로 살아남는다는 보장은 없다. 결국 한국은 지난 70여 년 동안 겪어 온 산업 지형 변화의 파고를 앞으로도 계속 마주해야 하며, 지금까지 알아본 변신의 방법을 꾸준히 시도하며 돌다리를 두드리면서 앞으로 나아갈 수밖에 없다. 각 산업에서 린치핀을 먼저 발견하고, 인공 지능이 산업 린치핀의 정의를 바꾸는 흐름을 정확히 인지하며, 국가 자원을 적시에 투자하고, 기초 지식과 첨단 혁신의 성과를 관리하면서 중장기 산업 정책을 계속 업데이트해야 한다.

한국이라는 배는 인공 지능이 촉발할 산업 전반의 변화, 기후 위기가 불러올 재앙, 중국이라는 거대한 상대가 잠식해 들어오는 제조업

　　　　　　　7장 한국 반도체의 대응 전략

경쟁, 첨단 기술을 놓고 벌이는 기술 안보 경쟁과 전략적 합종연횡, 그리고 인구 감소라는 크고 작은 파고를 정면에서 맞고 있다. 이 파도는 많은 나라에 폭풍처럼 닥치겠지만, 결국 그 안에서 살아남는 국가는 위기 속에서 파도를 타며 오히려 기회를 포착해 앞으로 나아갈 것이다. 다행히 한국은 그간 힘 좋은 엔진과 정밀한 방향타, 노하우가 쌓인 해도를 마련해 두었다. 이들이 벌어 준 시간을 이용해 더 강한 기반을 만들고, 정면으로 밀려오는 파도를 타고 넘어설 수 있느냐가 한국이 이번 세기 린치핀으로 살아남아 영향력을 확보할 수 있을지 여부를 가를 것이다.

남은 것은 선택

인공 지능, 피지컬 AI, 로봇 공학, 자율 주행 자동차, 제조 AI 등의 용어가 매일 미디어를 장식하고 온라인의 거의 모든 화두를 흡수하는 것이 너무나 당연한 시대가 되었다. 많은 사람이 열광하는 동시에 한편으로는 걱정하는 이 새로운 기술들은 개인의 삶이나 공동체뿐만 아니라 국가의 영속성에도 심대한 영향을 미칠 복합적 특이점 그 자체다. 새로운 기술들은 공통적으로 더 많은 데이터를, 더 빨리, 더 에너지 효율적으로 처리하는 기술을 요하며, 그 한가운데에는 반도체가 있다.

미중의 기술 패권 경쟁, 나아가 국가 패권 경쟁 역시 국가 지능화와

차이나 반도체 라이징

초인공 지능을 놓고 벌이는 건곤일척이 될 것이나, 양국 또한 복합적 특이점의 불확실성 파도를 피해 갈 수는 없으며 반도체는 여전히 패권 경쟁에서 핵심 영역이 될 것이다. 인공 지능이 촉발할 위기는 한국에게는 동시에 기회가 될 수 있다. 한국이 보유한 산업 포트폴리오와 빠른 적응 능력, 축적된 산업 경험과 데이터, 국산 AI 모델과 그 파생 모델, AI 연산 가속기 반도체와 메모리 파운드리로 이어지는 풀스택 인공 지능 패키지는 국가 자산이자 다음 단계로 진입하기 위한 엔진이 될 것이다.

한국은 이 엔진을 국가 생존과 경쟁을 위한 주력으로 활용하는 것을 넘어, 글로벌 규범과 표준의 리더십을 점할 기반으로 공유하면서 민주주의 체제의 고유 장점을 강화하는 방향으로 글로벌 경쟁 방향을 잡아야 한다. 언젠가는 중국의 반도체 산업이 굴기 단계를 넘어 세계를 주도하는 수준에 올라서는 시점이 올 수 있고, 가성비와 오픈 소스 정책을 앞세운 중국 AI 모델들이 중국이 주도하는 제조업 전환에서 버티컬 AI 모델로 자리 잡을 것이다. 그러나 민주주의적 의사 결정 구조가 갖춰지기 어려운 중국에서는 기술적 오류를 증폭시키는 테크노폴리(technopoly)의 함정을 피해 가기 어렵다.

미국은 컴퓨팅과 자본력에서 당분간 우위를 점하면서 주요 동맹국을 규합해 2025년 12월에 발족한 팍스 실리카(Pax Silica) 같은 첨단 기술 체제를 적극 활용하면서 특이점 시대에도 글로벌 최강국의 지위를 지키려 할 것이다. 동시에 지금의 대외 정책 방향과는 다르게 자국 우선주의와 심지어 먼로주의 2.0으로 불릴 수도 있는 고립주의를 내세워 철저하게 자국의 이익을 우선시하는 정책을 지속할 가능성이 높다. 미중 사이에서 한국은 오랜 국가 전략이었던 안미경중(安美經中) 일변도의 좁은 차원을 넘어야 하는 시대가 되었다. 특이점 대응과 GDI, 글로벌 규범과 민주주의, 산업 전환과 지속 가능성이라는 다차원 공간에서 더 폭넓고 실질적인 전략을 구성해 추진할 필요가 있다. 한국의 생존 전략은 이 다차원에서 이루어질 국가, 산업, 경제, 사회, 그리고 개인의 지능화 싸움에 달려 있다.

 우리는 항산을 위해 항심을 포기해야 하는가?

피라미드나 진시황릉 같은 대역사를 수십만 명의 노동자를 동원해 수십 년간 밀어붙이는 일은 아마 민주주의 체제에서는 불가능할 것이다. 이는 파라오나 진시황(秦始皇) 같은 전제 군주가 신관의 지지를 뒤에 업고 무소불위의 권력을 발휘하는 체제에서나 가능할 역사(役事)다. 만약 당시 이집트나 진나라 옆에 민주주의 체제를 갖춘 가상의 부족 국가나 소국이 있었다고 가정해 보자. 그들은 옆 나라에서 눈부시게 솟아오르는 제왕의 무덤을 바라보며 "역시 피라미드 같은 기념물을 세우려면 민주주의보다는 중앙 집권적이고 강력한 제왕이 필요하다."라고 부러워했을까?

제한된 시간 동안 거대 프로젝트를 일관되게 추진하려면 확실히 권력이 집중된 체제가 더 효과적일지도 모른다. 그렇지만 그러한 체제는 피라미드를 수십 년 동안 남보다 빠르게 만들기에는 유용해도, 중간에 '사실 생각해 보니 왕의 무덤으로 피라미드를 짓는 일은 국가적 낭비고, 이 돌로 댐을 쌓거나 도로를 놓는 편이 사회 전체에 더 좋지 않을까?'라고 반문하는 일을 허용하지 않는다. 반문이 없으니 중간에 수정도 어렵고, 실패로부터 배우기도 어렵다. 반성이 없는 실패는 반복되기 마련이며, 반복된 실패의 궤적은 곧 관성이 되어 더더욱 바꾸기 어렵다. 물론 전제 왕권에도 충신은 존재하며 목숨을 걸고 왕에게 고언하는 이도 있었을지 모른다. 그러나 충언을 듣고 애써 짓던 피라미드를 자신의 손으로 허물 왕이었다면, 애초에 그런 역사를 시작하지도 않았을 것이다.

이미 몇 년 전부터 관측되어 온 현상이지만, 앞으로는 중국의 눈부신 산업 발전에 대해 다양한 원인을 분석하고 분발을 촉구하는 글들이 더더욱 많이 나올 것이다. 이미 지난해 출판되어 화제를 몰고 있는 댄 왕(Dan Wang)의 『브레이크넥(*Breakneck*)』이나 그보다 앞서 나온 『애플 인 차이나』, 『화웨이 쇼크(*House of Huawei*)』, 『기술공화국 선언(*The Technological Republic*)』 등은 어찌 보면 모두 중국의 최근 눈부신 발전, 특히 반도체와 AI, 배터리와 태양 전지, 양자 컴퓨터나 고속 철도에 이르는 전 영역에서 글로벌 점유율을 빠르게 확장해 나가는 추세를 관찰하며 써 내려간 기록으로 볼 수 있을 것이다. 한국에서 중국을 연구하던 사람들은 이미 10년도 더 전부터 이러한 상황을 예측해 왔으며, 최근 중국 비자가 면제되면서 중국의 1선 도시를 다녀온 사람들의 체험담과 경탄에 가까운 인상은 놀라움을 넘어 조금씩 경악과 공포, 심지어는 패배 의식과도 연결되고 있다. 중국에 한한령을 당해 본 기억이 뚜렷하게 남아 있는 한국은 최근 이른바 '한일령'을 당하고 있는 일본의 사례를 보며, 산업 지배력이 10년 전보다 더 팽창한 중국이 한 번 마음먹고 산업 경제 패권의 칼자루를 쥐고 흔들기 시작하면 얼마나 무서워질 수 있는지를 다시금 간접 체험하고 있기도 하다. 중국의 희유 금속 점유율은 독점을 넘어 지배로 불러도 이상하지 않은 수준이며, 한국이 그나마 격차를 보이고 있는 메모리 반도체조차 적어도 내가 그간 관찰한 바로는 한국에게 남은 시간은 그리 많지 않다.

댄 왕의 책으로 다시 돌아가 보자. 『브레이크넥』은 엄밀한 학술 분석서라기보다는 일종의 르포에 가깝다. 미중 패권 경쟁 구도가 뚜렷해지는 상황에서, 미국과 중국의 차이를 이분법적으로 구분하는 취재 방식은 독자들의 시선을 단번에 붙잡을 수 있다. 그러나 그 과정에서 중간에 존재하는 여러 단계나 이분법으로는 분류할 수 없는 디테일, 다른 차원의 고려 대상이 뭉개지고 사라진다는 맹점을 피할 수 없다. 더 심각한 문제는 0 아니면 1이라는 극단적 구도에서 어느 한쪽이, 예를 들어 '경제 성장'이나 '효율성'이라는 방향으로 특정 가치가 정렬될 경우, 나머지 가치들은 모조리 부수적인 것인 양 매몰될 가능성이 높다는 것이다.

중국은 이미 2010년대부터 서구의 민주주의 체제가 얼마나 경제적으로 취약하고 비효율적인지를 기관 차원에서 꾸준히 비판해 왔다. 기관지에서도 '서구식 민주주의는 선거만 남은 껍데기이며 비효율적'이라는 논지를 반복했으며, 더 나아가 중국식 '민주주의', 즉 '전 과정

　　　　　　　후기:　우리는 항산을 위해 항심을 포기해야 하는가?

인민 민주주의(whole-process people's democracy)'라는 아주 이상한 개
념으로 체제를 재정의하려는 시도까지 한다. 중국 국무원 판공실에
서 펴내는 백서나 공산당의 공식 담론에서도 이들은 '전 과정 민주주
의'를 강조한다. 서구가 추구하는 민주주의는 진정한 민주주의가 아
니며, 중국이 광범위하게 국가 차원에서 시도하는 체제가 진짜 민주
주의에 가깝다는 주장이다. 중국은 서구 각국이 경제적으로 쇠퇴하
고, 의사 결정 효율성이 떨어지며, 사회적으로 경직되고, 심지어 최근
에는 극우주의로 양극화되고 있는 현상이 민주주의 정치 체제의 구
조적 맹점 때문이라 강조한다. 이에 반해 일당 체제를 따르는 중국의
의사 결정은 거대한 덩치에 걸맞지 않게 무척 빠르고 직선적이며, 효
율을 추구하면서도 끊임없이 발전하는 방향을 따른다는 점에서 뚜
렷한 대조를 만들어 낸다.

　미국은 잘 알려져 있다시피 국제 무대에 본격적으로 등장한 20세
기 초반부터 냉전 이후 마침내 일극(G1)으로 올라서는 과정에서 늘
그 시대 가장 강력한 라이벌을 설정해 대결 구도를 만들고 라이벌을
견제-패퇴시킨다는 목표 아래 군비 증강, 거대 과학 프로젝트와 기술
개발, 혁신 추구, 산업 전환의 동인을 만들어 냈다. 한 시대의 라이벌
이 무너지면 잠시 혼란을 겪다가 다시 새로운 라이벌을 찾아내 이 사
이클을 반복했으며, 이러한 전략은 지난 100년 가까이 미국을 일극으
로 올려놓는 것에 큰 효과를 발휘했다. 제2차 세계 대전기의 나치 독
일, 냉전기의 (구)소련, 1980~1990년대의 일본, 그리고 2000년대 이
후의 중국이 차례로 미국의 가장 강력한 라이벌로 등장하며 훌륭한

스파링 상대(?)가 되어 주었다. 미국 입장에서 정치권은 물론 국민을 설득하거나 계몽하기 위해서는, 역설적으로 이 라이벌들이 얼마나 강력하고 얼마나 위협적인지, 얼마나 실존의 기반을 뒤흔들 정도로 뛰어난지를 잘 포장해야 한다. 1950년대 스푸트니크 쇼크는 이러한 위협이 실제 존재한다는 감각을 촉발할 훌륭한 장치였고, 나아가 차르 봄바(Tsar Bomba) 같은 핵무기와 핵잠수함에 장착된 SLBM(잠수함 발사 탄도 미사일)은 미국의 실존을 위협하는 상징이었다. 그러나 냉전 이후 기밀 해제된 문서들을 보면 당시 미국이 평가한 (구)소련의 실제 군사력은 꽤 과장되어 있었음을 확인할 수 있다. 1980~1990년대 일본이 경제 규모로 턱밑까지 쫓아오며 자동차, 철강, 조선, 반도체, 전자 등 거의 모든 영역에서 미국 기업을 압도하던 시절에는 '제2의 진주만 침공'이라는 표현까지 서슴지 않고 나왔으며, 일본에 대한 경악을 넘어 패닉과 과도한 경계가 미국 정가는 물론 미디어와 서점가를 휩쓸었다. 미국의 지도자와 국민에게 경각심을 일깨우고 마음속 내면에 깔린 불안의 트리거를 건드리기에 이렇게 시대를 대표하는 라이벌은 더없이 좋은 재료였을 것이다. 물론 미국이 통제 가능한 범위 내에서는 말이다.

미국에게 가장 최근의 라이벌이라 볼 수 있는 중국은 그간의 라이벌과 비슷하면서도 또 다르다. 우선 일본은 미국의 라이벌이긴 했어도, 미국의 지배력과 영향력이 충분히 작동하던 범위 안에 있었다. 일본의 안보는 지금도 그렇지만 냉전기에는 더더욱 미국에 대한 의존도가 높았으며, 어쨌든 일본도 민주주의 체제를 채택한 철저히 서

후기: 우리는 항산을 위해 항심을 포기해야 하는가?

구화된 국가였기 때문이었다. 일본이 미국의 영향권 안에 있었던 것은 1980년대 중반에 있었던 반도체 협정과 플라자 합의로(그리고 그 결과로) 가장 잘 드러난다. 중국은 (구)소련과도 다르다. (구)소련과 중국은 겉으로는 사회주의라는 정치 체제와 그를 주도하는 공산당 일당 독재라는 유사점이 있다. 그러나 (구)소련은 냉전기의 '1세계 대 2세계' 체제 경쟁을 대표하는 뚜렷한 라이벌로서 인적-경제적 교류와 과학 협력이 제한되었으며 무엇보다도 기술 체제와 생태계부터 크게 달랐다. (구)소련에서 출판되는 물리학과 공학 논문은 미국에서 알음알음 번역 출판되어 겨우겨우 알려졌고, (구)소련은 미국의 반도체 제조 기술을 가지고 싶었지만, 미국의 철저한 기술 제재 때문에 결국 화합물 반도체로 방향을 틀며 비효율의 경로에 빠질 수밖에 없었다. 반면 중국은 1990년대 '죽의 장막'이 해제된 이후 2001년 세계 무역 기구(WTO) 가입부터 시작해 꾸준히 주요 무역 파트너로 자리매김했으며, 2010년대 들어서는 미국의 최대 교역국으로 등극하기도 했다. 더구나 중국은 세계에서 일본, 영국에 이어 미국 국채를 가장 많이 보유한 국가이자 미국 특허청에 가장 많이 특허를 출원하는 국가이기도 하다. 미국의 주요 연구 중심 대학에는 중국 출신 유학생들이 대학원으로, 박사 후 과정으로, 그리고 교수로 일선에서 연구에 매진하고 있으며, 미국이 자랑하는 AI 패권 역시 중국 혹은 중국계 연구자들이 없으면 사실상 마비될 수밖에 없는 수준이다. 연구자의 75퍼센트가 중국인 혹은 중국계 미국인이기 때문이다.

그럼에도 미국이 한 세기 가까이 취해 온 '라이벌 대립' 전략은 중국에도 거의 동일하게 적용된다. 특히 중국이 제조업, 그리고 최근에는 첨단 산업에서마저 지배력을 넓혀 가는 반면 미국은 상대적으로 쇠퇴하고 있는 현 상황은 미국의 불안 전략에 더없이 잘 들어맞는 신호탄으로 보일 수 있다. 이런 상황에서 중국에 비해 미국이 보이는 산업 쇠퇴의 원인이 엔지니어링으로 가속되는 직선형 엔진보다는 법리 해석과 절차 따지기, 제도 범위 안에서의 논쟁 등으로 인한 곡선형 브레이크 때문이라는 『브레이크넥』의 해석은 꽤 의미심장하다.

민주주의는 겉보기에는 매우 갑갑하고 느린 과정을 동반한다. 좌충우돌을 피하기 어려우며, 치열한 논쟁은 때로 추해지기까지도 한다. 원색적인 상호 비난과 진영 싸움은 예사고, 작은 아젠다라고 해도 수년, 심지어는 수십 년의 소송전을 동반하는 일이 부지기수다. 숙의라는 명목하에 영원히 합의되기 어려운 과정을 반복하며 시간과 비용을 낭비하는 것은 흔한 일이고, 때가 되면 돌아오는 각종 선거로 정책의 연속성은 훼손되고 이전 정권의 정책은 정적을 잡아들일 좋은 재료로 재활용되기 일쑤다. 이러한 과정에서 낭비되는 시간과 자원은 국가 전체가 중요한 전환(트랜지션) 상황에 놓인 상황에서는 치명적인 약점처럼 보일 수 있다.

탈피를 해야 다음 단계로 가는 곤충이 있다고 가정해 보자. 당연히 탈피는 최대한 빨리 해야 한다. 안 그러면 포식자에게 잡아먹힐 확률이 높기 때문이다. 그런데 겉보기에는 민주주의가 동반하는 비효율과 좌충우돌로 인한 자원과 시간의 낭비는 탈피 과정을 매우 느리게 하는 장애물처럼 보인다. 특히 20세기 후반부터 기술의 급속한 발전

　　　　후기: 우리는 항산을 위해 항심을 포기해야 하는가?

으로 이러한 전환이 반복되면서 민주주의를 채택한 국가들이 먼저 직격탄을 맞는 현상이 관측된다. 이러한 반복된 샘플과 데이터는 앞서 언급했던 중국의 관보, 관영지의 비판의 근거가 되기도 하지만, 동시에 민주주의를 채택한 국가들의 시민 사회에 스멀스멀 의심을 안겨주기 시작한다. '정말 민주주의가 국가 발전에 도움이 되는 가장 이상적인 체계일까?'

인류는 모여 살기 시작하면서 정치를 발명한 이래 아직 민주주의보다 더 나은 시민 사회 중심의 체제를 찾아내지 못했다. 그러나 그것이 곧 민주주의가 가장 이상적인 체제라는 뜻은 아니다. 그럼에도 한국을 비롯한 수많은 국가가 시민의 희생과 독재의 상처를 거치며 민주주의로 수렴하게 된 것은, 체제의 효율성이나 경제적 규모 팽창이라는 열매가 약속되었기 때문만은 아닐 것이다. 현재로서는 민주주의가 인류가 발견한 국소 최적 지점 정도로 보는 편이 타당하다. 정치적 해석은 뒤로 하고, 적어도 내가 개인적으로 생각하는 민주주의의 핵심 철학은 '자발적인 수정 가능성'이 보장된다는 것이다. 정치 지도자를 잘못 뽑았으면 선거로든 탄핵으로든 교체할 수 있고, 잘한다면 계속 신임할 수도 있다. 처음에는 좋았던 정책이라도 시간이 지나 이상하면 법을 고칠 수 있고, 심지어 개헌도 할 수 있다. 누군가에게 좋은 제도라고 해도 다수의 국민이 고통 받을 위험이 있다면 정치적 계산이 동반되기는 해도 서서히 개선된다. 곧게 뚫으면 당연히 좋았을 것 같은 도로나 철도가 간혹 불필요하게 멀리 돌아가고 사람들의 불만은 드높지만, 또 그렇게 된 도로와 철도 때문에 주변 지역 사람들의

차이나 반도체 라이징

접근성은 좋아질 수도 있다. 요는 누군가가 보기에 지극히 답답하고 비효율적인 의사 결정으로 점철된 민주주의의 여러 제도적 장치와 숙의와 좌충우돌과 치열한 논쟁과 상대에 대한 공격과 언론의 비판과 돌팔매질은 애초에 그렇게 할 수 있는 수정 가능성이 보장되기 때문이다. 그리고 이러한 수정 가능성은 사회가 절벽으로 가기 전에 최소한의 브레이크가 되어 준다.

중국은 서구 민주주의는 기술이 이끄는 여러 번의 전환 과정에서 그 나라들로 하여금 적응에 실패하게 했다고 비판한다. 유럽은 근대 과학, 양자 물리학, 전파 공학, 위상 수학과 미분 방정식의 발원지임에도 20세기 중반 이후 반도체, 인터넷, 모바일, 그리고 최근 AI로 이어지는 연속적 기술 혁명과 산업 전환 과정에서 뒤처진 것처럼 보인다. 실제로 EU의 경제 규모는 2000년대 중반까지는 미국과 비등한 수준이었지만, 이제 미국의 절반 정도로 쪼그라들었고, 심지어 중국에 추월당하고 있기도 하다. 그러나 이것은 민주주의 체제의 좌충우돌적 속성 때문에 비롯된 것이 아니다. 이분법적 논리를 따라가면 '비효율성=법과 제도에 대한 과도한 집착'이라는 결론에 도달하기 쉽고, 이는 중국 당국이 좋아하는 '법과 제도에 대한 과도한 집착=민주주의'로 흐르니, '비효율성=민주주의'라는 결론이 된다. 그렇지만 앞서 언급했듯, 겉으로 보이는 비효율성은 민주주의가 보장하려는 자기 수정 가능성에 동반되는 필요악으로 보는 것이 맞다. 이러한 비효율성을 감내하더라도 시민 사회의 책임성을 키우고, 정부에 대한 견제를 보장하며, 잘못된 방향으로 흐를 수 있는 정책을 주기적으로 바로잡

　　　　후기: 우리는 항산을 위해 항심을 포기해야 하는가?

고, 잘못된 법은 뜯어고치며, 사회가 극단으로 흐르기 전에 안전장치를 마련해 둘 수 있는 것도 민주주의이기 때문이다.

미중이 보이는 뚜렷한 대조 구도에서 중간값이 사라지는 것은 애석한 일이다. 시민 사회가 성숙하고 민주주의 제도의 수정 가능성이 보장되는 사회에서도 경제 성장과 민주주의 정착은 얼마든지 동시에 달성 가능하기 때문이다. 지금은 약해졌지만 독일이 대표적이고, 한국은 당연히 언급되어야 하는 사례이며, 일본이나 대만도 포함될 수 있을 것이다. 국가 단위에서 점점 글로벌 순위에서 밀려나는 상황이 일방적인 쇠퇴와 멸망으로 이어지지 않게 만드는 것도 민주주의다. 수정 가능성이 있으니 국가 자원의 재정비와 재투자에 대한 숙의가 이루어지며, 제도가 일단 안정되면 집중적인 장기간의 자원 투자와 산업 개발은 재가동될 수 있다. 경제 공황이든, 전쟁에 가까운 국지적 불안정성이든, 외부의 위협 요소에 대해서도 최소한의 회복력을 보장하는 것 역시 민주주의다. 반대로 일인, 혹은 일당 독재 하의 수직적 의사 결정에 따르는 효율적 사회는 그 한 사람이나 당의 핵심 의사 결정이 외부 충격에서 회복하지 못하면 사회와 국가 전체가 혼란에 빠질 수 있다. 민주주의 사회에서 리더는 얼마든지 다른 리더로 대체될 수 있으며, 수정 가능성이 보장되는 시스템이 사람이나 단체에 대한 과도한 의존을 미연에 견제하고 방지한다. 너무 느린 탈피는 포식자에게 잡아먹힐 확률을 높이지만, 그렇다고 너무 빨리 탈피하면 탈피하기도 전에 죽는다.

중국의 눈부신 발전은 미국뿐만 아니라 서구 각국, 그리고 최근에

차이나 반도체 라이징

는 한국의 주요 식자, 심지어는 일부 정치인이나 산업 리더들에게도 자극을 주는 것 같다. 경고를 넘어 불안과 공포로 이어지더라도 그 정도에서 그치면 차라리 다행이지만, 그것이 더 극단적인 방향으로 변화해 "그러니 중국의 방식을 배워야 한다!"로 흐르는 일을 경계해야 한다. "역시 예전 개발 독재 시대의 논리가 맞았다. 지금이라도 강력한 리더십으로 산업 정책을 드라이브하고 엘리트 정부가 민간을 이끌어야 한다." 식 논리가 관뚜껑을 열고 다시 튀어나오기 참 좋은 환경이 만들어지고 있다. 중국의 경제 규모가 더 커지고 한국의 주요 산업이 하나씩 중국에 밀려나면 대중의 공포심은 더 커질 것이고, 이는 친중론이나 대중 의존을 넘어 중국식 경제나 산업 정책 모델을 받아들이자는 것으로, 나아가서는 중국식 정치 경제 체제를 일부 차용하자는 주장으로 비화할 가능성이 있다. 중국의 산업 정책 모델에서 배울 것이 없다는 뜻이 아니다. 발전적으로 배워야 할 모델이나 장치는 얼마든지 있고, 취사선택하면 된다. 그렇지만 요리의 일부 재료만 확보해도 될 것을, 요리사까지 데려와 식당의 정체성을 한꺼번에 바꾸는 것은 곤란하다.

『맹자(孟子)』의 「등문공(滕文公)」 상편에서 "항산항심(恒産恒心)"이라는 말이 나온다. 원래의 뜻은 꾸준한 생업(항산)이 없어도 꾸준한 마음(항심)이 나오는 것은 오로지 선비만 가능하며, 일반 백성은 항산이 있어야만 항심을 가질 수 있다는 것을 의미한다. 이를 현대적 맥락으로는 "민주주의든 뭐든, 일단 경제가 돌아가야 가능하다!"라고 재해석할 수도 있을 것이다. 중국의 눈부신 산업 발전과 경제 성장, 첨단

후기: 우리는 항산을 위해 항심을 포기해야 하는가?

산업에서 넓혀 나가는 중국의 지배력은, 그에 반비례해 미국과 기존 1세계, 즉 (한국과 일본을 포함한) 서구권의 항산을 쪼그라들게 만들 수 있다. 그러면 돈 없어도 꼿꼿하게 가슴 펴고 사는 선비가 아닌 다음에 야 서구권은 항심을 유지하기 어렵다. 중국은 항산을 잃어 가는 서구 가 결국 항심, 즉 민주주의도 유지하기 어려울 것이라 예상하는 듯하 다. 그리고 동시에 항산을 만들어 낼 수 있는 중국식 체제가 결국 답 이고 진짜 민주주의라고 이야기하는 듯하다. 이러한 논리에 대해 민 주주의 체제의 사람들이 항산을 위해 항심을 포기하는 것이야말로 민주주의 본연의 가치를 스스로 버리는 일일지도 모른다.

한 가지 기억할 것은 중국의 항산은 중국 본연의 정치 체제에만 의존해 나온 것이 아니라는 것이다. 《이코노미스트(*Economist*)》가 일 찍이 2012년에 지적했듯, "중국은 경제 초강대국이지만, 동시에 글 로벌 규범에서 벗어난 시스템에 의해 통치되는 독특한 체제"이기 때 문이다. 중국은 정치적으로는 공산주의-사회주의 체제일지 모르지 만, 경제적으로는 이미 자본주의다. 물론 더 정확히는 중국식 자본 주의(Chinese capitalism)다. 이는 서구권에서 이론적으로 연구되던 범 주인 자유 시장 경제(liberal market economics, LME)나 조정 시장 경제 (coordinated market economics, CME)와 일부 유사하면서도 근본적으로 또 다른 체제다. 겉으로 보면 CME, 즉 독일이나 일본식 경제에 조금 더 가까워 보이기도 한다. 그렇지만 CME는 강력한 노조가 보장되고 사회적 숙의를 요구하는 의사 결정이 필요하며, 주주 자본주의가 보 장될뿐더러, 국가 자본보다 민간 금융, 특히 은행 중심의 자금 조달이 더 큰 비중을 차지한다. 중국식 자본주의는 이러한 맥락에서 CME와 전혀 다르다. 당이 통제하는 노조는 어색하게도 노동자가 아닌 사용자의 이익에 더 복무하며, 철저한 도농 인구 분리(계층 분리)는 노동 시장의 계급화를 만들어 낸다. 국가 차원의 최저 임금제나 복지 제도는 없으며, 후커우 제도 때문에 농민공은 자신이 일하는 공장이 위치한 지역에 주민 등록을 하지도 못한다. 자본 조달 시장에서는 여전히 국책 은행의 지배력이 제일 강하며, 지방 정부 혹은 지방 정부의 공기관이 민간 기업과의 합자 투자를 주도하고 지배력을 행사한다. 국가의 주요 인프라는 여전히 정부가 지배하며, 제도권 바깥의 지방 정부-당 간부들의 꽌시(關係)와 네트워크가 지하 경제에서 큰 축을 차지하기도 한다. CME도 LME도 아닌 중국식 자본주의는 장점만 모아 놓는다면 효율성의 극대화, 발전 속도의 최적화, 겉보기 경제 통계 수치의 아름다움으로 대표될 수도 있지만, 단점만 모아 놓는다면 복지 혜택은 최소화되고, 인권은 보호되지 않으며, 노동자 계급을 나누며, 당에 대한 반동이나 비판은 허용되지 않는 수정 불가능성으로 회귀한다. 덩샤오핑(鄧小平)은 1993년 "당의 정책은 부자가 더 부자가 되고 가난한 자가 더 가난해지는 양극화로 이어지지 않을 것이다."라고 약속했지만, 30년도 더 넘게 지난 지금 지니 계수는 오히려 1에 접근하고 있다. 중국은 미국과 세계 경제 패권을 양분하는 수준의 대국이 되었음에도 부자는 더 부자가 되고, 가난한 자는 더 가난해지는 양극화가 심해지고 있다. 1~2퍼센트의 엘리트가 세계 어느 선진국 시민보다도 더 많은 부를 쥐고 있지만, 노동 인구의 88퍼센트는 여전히 제한된 임금

후기: 우리는 항산을 위해 항심을 포기해야 하는가?

으로 한 달을 버틴다.

물론 중국은 너무나 큰 나라여서 어떤 단일한 논리나 제도적 균형점, 민주주의와의 대조점 같은 하나의 관점으로만 설명하기가 거의 불가능하다. 그러나 그렇다고 해서 중국이 이룩한 경제와 산업의 성취가 중국식 제도의 합리성과 정당성을 그대로 보장하는 것은 아님을 기억해야 한다. 중국은 항산을 잃어 가는 구세계 민주주의 국가들이 결국 항심마저 지키기 어려울 것이라 생각할 수도 있다. 실제로 전 세계적으로 민주주의는 후퇴 기조를 보이며 일부 민주주의 국가에서는 독재의 징후가 나타나기도 한다. 그렇지만 항산이 쪼그라드는 추세, 특히 그것이 중국이라는 거대한 산업 국가가 글로벌 규범 체제를 벗어나며 빠르게 등장했기 때문이라는 외부 요소에 의한 것임을 자각한 국가들은 연대는 물론, 자체적으로는 수정 가능성이 남아 있을 때 국가 역량을 회복하는 장치를 가동할 수 있다. 권위주의 체제의 일당, 일인 독재 방식은 주요 의사 결정에서 누락된 숨겨진 비용을 뒤로 미루며 이중장부를 쓰는 셈인데, 이렇게 미뤄 두었던 비용이 점차 가시권에 들어오면 그렇게 자랑했던 항산 창출 모델의 근거는 약해질 수 있다. 그러한 문제들이 가시권으로 들어오기 전에 항산을 잃어 가는 민주주의 국가들이 저항을 포기하고 권위주의 체계로 쇠퇴하는 사례가 나올 수도 있다. 그렇지만 민주주의 자체가 쉽게 사라지지는 않을 것이다.

이미 이러한 외부 위협을 감지하고 국가 자원 배분을 재배치하며 고역량 국가로 변모하려는 시도는 여러 나라에서 이루어지고 있다.

투명성을 보장하되, 규제를 타파하고 효율을 올리는 제도적 개선, 공공 조달 역량의 강화, 즉 정부가 발주만 하는 것이 아니라 KPI나 검증-운영까지 일부 참여하는 방식, 갈등을 억누르지 않고 가격의 틀 안에서 재조정하는 것(이익 공유나 지역 환원), 시민 사회 참여를 토론이 아니라 오류 수정 장치로 재설계하는 것 등은 이미 많은 나라에서 시행되고 있다. 관건은 엔지니어링(집행 능력)과 법치(책임성)가 서로를 반목하며 무력화하는 것이 아니라, 민주주의 본연의 자가 수정 가능성 틀 안에서 서로를 무력화하지 않도록, 아직 시간과 자원이 남아 있을 때 프로세스를 재구축하는 것이다. 물론 이러한 재구축은 절대 쉽지 않고 많은 시간과 비용을 요구한다. 민주주의의 장점이 또 하나 있다면 이 고되고 오랜 시간이 걸리는 과정을 사회가 감내할 수 있다는 것이다. 그렇게 하는 것이 결국 가장 쉽고 빠르다는 점을 체득해 왔기 때문이다.

중국의 반도체 연구 개발 가속과 양산 사이의 단차를 줄이는 산학 연계 전략, 그리고 집중적인 민관 협동 체계와 일사불란한 집중적 프로젝트 수행은 한편으로는 부럽기도 하고 경탄을 자아내기도 한다. 그렇지만 의당 치러야 할 비용을 뒤로 미룬 채 겉보기 성장과 과실에 집중하는 체제를 신봉하는 논리로 비약되는 것은 경계해야 한다. 반도체에 집중하는 사이 기술적으로 오류가 가득한 전략은 매몰 비용이 너무 커지기에 수정하기 어려우며, 당이 공들여 정한 5개년 경제 개발 계획은 한번 공포되면 쉽게 뒤집기도 어렵다. 전국에 잔뜩 깔아 놓은 메모리 팹은 지금 같은 메모리 슈퍼사이클이 지속될 수만 있

    후기: 우리는 항산을 위해 항심을 포기해야 하는가?

다면 글로벌 점유율 확대에 도움이 되겠지만, 반도체 경기 하강 국면에서는 그대로 적자만 증폭시키는 공장이 된다. 회사 자본주의와 주주 자본주의가 제도적으로 존중되는 체제에서는 메모리 팹으로 배정한 라인도 얼마든지 다른 품목으로 대체 가능하지만, 권위주의를 추종하는 당에서 일단 HBM을 만들라고 탑다운식으로 결정한 반도체 생산 공장은 당의 의지에 반대하면서 DRAM 전용 팹으로 되돌리기 어렵다.

한국은 이미 개발 독재 및 군부 독재 시절 공과가 뚜렷한 독재를 겪으며 시민 사회가 많은 피를 흘렸다. 그리고 굳이 겉치레로 돌아가는 것처럼 보이는 민주주의라도 왜 획득했어야만 했는지를 체득했다. 한국을 비롯해 산업 국가이면서 민주주의 체제를 유지하는 나라들은 체제의 수정보다 체제가 보장하는 수정 가능성 안에서 국가 역량의 발전이란 무엇인지 다시 생각해야 한다. 여기서 말하는 '국가'라는 것이 과연 무엇을 가리키는지, 그렇게 이룬 성과의 열매는 누구에게 가는 것이며, 미래의 후손은 우리의 결정을 역사에서 어떻게 평가할지 고민해야 한다. 항심을 지키는 데 항산이 필요하듯, 항산을 지켜 내는 데에도 결국 항심이 필요하다는 지극히 당연한 사실을 굳이 한 번 더 시행착오를 반복하며 배울 필요는 없을 것이다.

후주

1장 중국의 반도체 굴기

1. 오종혁. "중국 제3기 반도체 투자 기금의 특징 및 시사점."《KIEP 세계 경제 포커스》제27권 제7호, 2024년 7월 3일, 대외 경제 정책 연구원. https://www.kiep.go.kr/galleryDownload.es?bid=0004&list_no=11378&seq=1.

2. 인내 자본은 단기적 수익을 목표로 하기보다는 장기적인 관점에서 투자되는 자본을 의미한다. 주로 오랜 시간이 걸리는 원천 기술 개발, 공익적 목적의 거대 사업을 추진하는 사회적 기업 등에 투자된다. 투자 기간이 장기적으로 이어지기 때문에 즉각적 수익 회수보다는 미래의 성장 가능성에 더 높은 가중치를 두며 투자가 지속된다. 그래서 민간 자본보다는 국부 펀드나 대학 기금 같은 비영리 자본이 주요 투자 주체를 맡는 경우가 대다수다.

3. "Select Committee Launches Investigations into U.S. Venture Capital Firms Funding Problematic PRC Companies." *Select Committee on the CCP*, U.S. House of Representatives, 19 July 2023, https://selectcommitteeontheccp.house.gov/media/press-releases/select-committee-launches-investigations-us-venture-capital-firms-funding.

후주

4. "Shenzhen Establishes 5b Yuan Fund to Boost Semiconductor Industry Development." *Global Times,* 14 May 2025, https://www.globaltimes.cn/page/202505/1333987.shtml.

5. Ravi, Sarah. *Taking Stock of China's Semiconductor Industry.* Semiconductor Industry Association, July 2021, https://www.semiconductors.org/wp-content/uploads/2021/07/Taking-Stock-of-China's-Semiconductor-Industry_final.pdf.

6. CXMT는 사실 2018년부터 나노 공정용 팹을 운영하고 있다고 알려져 있다.

7. 2025년 12월 CXMT는 상하이 커촹반에 295억 위안(약 6조 4000억 원) 규모 IPO를 신청했다.

8. 비교 대상으로 볼 수 있는 기존 업체인 베이팡화창, AMEC, SMEE의 상황도 사이캐리어와 별로 다르지 않다. 베이팡화창도 2021년 2기 반도체 빅 펀드로부터 13억 달러(약 1조 9000억 원)의 자금을 투자 받았고, AMEC은 8억 2100만 위안(약 1800억 원), SMEE는 현금보다는 빅 펀드 1, 2기를 통해 국영 연구 개발과 현물 지원을 집중적으로 받았다. 파악된 규모만 해도 5억 달러(약 7000억 원)가 넘는다. 특히 빅 펀드 3기에서는 더 집중적인 지원을 받고 있는데 중국 정부의 노광 장비 국산화 전략 핵심 기업으로 선정되었기 때문이다. 빅 펀드 3기에서 받는 금액은 아직 명확하게 알려지지는 않았으나 베이팡화창이 지원받는 금액 수준 이상일 것으로 추정된다.

9. 정부 기관이 LP로 참여하는 방식은 펀드에 출자금을 제공하지만 펀드 운용에는 관여하지 않고 투자한 금액 안에서만 책임을 공유하는 방식이다. 주로 공공 기관이 정책적 목적과 장기적 산업 육성을 위해 민간 투자를 유도하는 방법으로 선호된다. 투자한 기업이 수익을 냈을 경우 우선 수익 배분율과 투자한 금액에 비례해 수익을 회수하며 초과 수익이 발생하면 펀드 운용사(GP 또는 집행사) 수수료 20퍼센트를 제외한 나머지 금액을 투자 금액에 비례해 배분받는다. 투자한 기업에 부실이 발생해 부도가 날 경우 유한 책임 원칙에 따라 손실 책임은 출자금 범위 내로 제한된다.

10. 캠브리콘은 2016년 설립된 중국의 AI 반도체 팹리스 스타트업이다. 2025년 하반기 기준 중국 상하이 증권 시장에 상장된 기업 중 시가 총액 2위를 기록하고 있다. 캠브리콘이 집중하는 칩은 주로 NPU/MPU로서 회사 초기에는 화웨이 스마트폰의 AP 칩인 기린 시리즈 NPU에 IP를 공급하면서 회사 규모가 급성장했다. 이후 화웨이가 2018년부터 자체적으로 제조한 다빈치(DaVinci)와 어센드 칩이 자리를 잡으며 캠브리콘과 화웨이 관계는 정리되었다. 캠브리콘의 주력은 현재 MLU로서, 7나노 공정으로 제조되면서 메모리는 LPDDR5를 사용하는 MLU인 MLU370 시리즈가 선두에 있다. 주로 인공 지능 데이터 센터 클라우드용 추론과 중규모 학습에 특화된 칩이다. 미국의 인공 지능 및

반도체 제재가 강화된 이후 화웨이 어센드 칩과 더불어 캠브리콘의 MLU는 중국 입장
에서는 대표적인 쌍두마차다. 다만 여전히 CUDA 생태계 호환성이 부족하며 메모리는
LPDDR5를 기반으로 하기 때문에 연산 성능 개선에는 근본적 한계가 있다. HBM2를
채용하는 MLU290 시리즈도 있으나, HBM3E를 채용하는 엔비디아 GPU에 비하면
연산 성능이 부족하다. 또한 NPU/MLU 칩 제조에 주력하는 업체이다 보니 클러스터
나 네트워킹 솔루션에 취약해 대형 서버에 대응하는 능력이 제한되어 있다.

11. NPU는 신경망 연산에 특화된 프로세서다. AI 모델의 핵심 구성 요소는 신경망이고
신경망 연산은 거대한 파라미터 공간에서 이루어지는 행렬곱이 대부분이다. NPU는
이러한 행렬 연산에 특화된 하드웨어 블록으로 최대한 연산 자원을 배치해 반복된 연
산을 효율적으로 처리하기 위해 설계된다.

12. Janjeva, Ardi, Seoin Baek, and Andy Sellars. *China's Quest for Semiconductor Self-Sufficiency: The Impact on UK and Korean Industries*. Centre for Emerging Technology
and Security (CETaS), The Alan Turing Institute, 4 Dec. 2024, https://cetas.turing.
ac.uk/publications/chinas-quest-semiconductor-self-sufficiency.

13. 1나노미터는 10억 분의 1미터를 말한다.

14. Challapally, Aditya, Chris Pease, Ramesh Raskar, and Pradyumna Chari. *The
GenAI Divide: State of AI in Business 2025*. MIT NANDA (Networked Agents and
Decentralized Architecture), MIT Media Lab, July 2025, https://nanda.media.mit.
edu/ai_report_2025.pdf. (주의: 이 보고서와 관련해 출판 후 학술적 신뢰성 논란이 있
었다는 점도 독자들은 참고하기 바란다. 일부 전문가는 이 보고서가 MIT와의 연결이
느슨하고, "기업 AI의 95퍼센트 실패"라는 핵심 주장의 데이터 근거가 불충분하다고
비판하기도 했다. 특히 한 연구자는 NANDA가 보고서를 신뢰할 수 있다면 전체 지원
데이터를 공개해야 하며, 그렇지 않다면 철회해야 한다고 주장했다.)

15. 알파벳, 메타, 아마존, 테슬라, 엔비디아, 마이크로소프트, 애플을 의미한다. 이들 일곱
기업은 미국 시가 총액의 약 3분의 1을 차지하며 미국에서 시가 총액이 가장 큰 1,000개
기업을 뜻하는 러셀 1000(Russell 1000) 전체 수익의 약 50퍼센트를 창출한다.

16. 화웨이는 1987년 설립 당시 PBX 수입 에이전트로 시작했다. 수입한 장비를 역공학해
서 자체 설계한 통신 교환기로 개발한 것은 1990년부터였다.

17. 공개 출처 정보(open source intelligence)의 약자로서, 공개된 출처에서 합법적으로 수
집, 분석한 정보를 말한다. 공개된 출처에는 일반적인 인터넷 데이터뿐만 아니라 지리,
위성 이미지, 학술 자료, 공공 데이터, 심지어는 다크웹 데이터도 포함된다.

18. 패트릭 맥기, 이준걸 옮김. 『애플 인 차이나: 중국에 포획된 애플과 기술패권의 미래』 (인플루엔셜, 2025년).

19. 2025년 7월 11일 미국 국제 무역 위원회(ITC)는 삼성 디스플레이가 2023년 10월 31일 BOE를 상대로 제기한 'OLED 영업 비밀 침해 소송'에서 삼성에 승소 판결을 내렸다. ITC 는 BOE의 혐의를 인정해 BOE가 생산하는 OLED 패널에 대해 14년 8개월간 미국으로 의 수입을 금지하는 명령을 내렸다. ITC가 인정한 부분은 BOE가 삼성 디스플레이의 OLED 관련 영업 비밀을 부정한 수단으로 취득해 사용했다는 것이었다. BOE가 삼성 의 OLED 기술 정보를 확보한 경로에는 삼성 전현직 직원을 통한 기술 정보 확보 외에 도 애플의 공급망 관리 경영 전략에서 BOE를 제3의 벤더로 위치시키는 과정에서 모종 의 원인으로 새어 나간 기술들이 있었을 것으로 추정된다.

20. 2015년 말까지 애플이 미국에서 창출한 일자리는 약 190만 개로 추산되고 이중 대부 분인 140만 개는 iOS 생태계에 참여하는 앱 개발자 등으로 추산된다. 이에 반해 애플이 2015년 말까지 중국에서 창출한 일자리는 480만 개에 달하며 iOS 생태계까지 포함하 면 660만 개까지 늘어난다.

21. H-지수는 연구자가 발표한 논문 중 피인용 수가 H 이상인 논문이 H편 있을 때 그 사 람의 지표가 H라고 측정하기 위해 개발된 지표다. 연구자의 연구 생산성과 영향력을 동 시에 반영하려는 목적으로 2005년 조지 허쉬(Jorge Hirsch)가 제안했다. 예를 들어 어 떤 연구자가 지금까지 출판한 논문들을 상위부터 피인용 수 순서로 정렬했을 때 27번째 논문이 27회 이상 인용이고 28번째가 26회면 그 연구자의 H-지수는 27로 측정된다. 이 지표는 연구자의 연구를 질과 양 모두 측정할 수 있다는 장점과 함께 분야별, 연차별 로 다르다는 문제가 있다. 또한 초고피인용된 소수의 논문을 과소 반영하는 한계도 있 다. 중국에서는 2020년대 이후 H-지수 외에도 총 피인용 수/논문 수 비율, 게재된 저널 의 영향력 지수(impact factor) 등의 지표도 활용하며, 최근에는 중국 과학원에서 따로 우수 저널을 선별한 리스트가 더 많이 활용된다.

22. Select Committee on the Strategic Competition Between the United States and the Chinese Communist Party. *The CCP's Investors: How American Venture Capital Fuels the PRC Military and Human Rights Abuses*. U.S. House of Representatives, 8 Feb. 2024, https://chinaselectcommittee.house.gov/sites/evo-subsites/selectcommitteeontheccp. house.gov/files/evo-media-document/2024-02-08 - VC Report - FINAL.pdf.

23. 시드 단계: First Round Capital, SV Angel. 초기 단계: Walden International, Andreessen Horowitz Early Stage Func, Accel Partners. 성장 단계: Sequoia Capital

Growth, Insight Partners. 후기 단계: Tiger Global, Coatue Management. 기업형 VC: Google Venture, Intel Capital, Salesforce Ventures. 임팩트형 VC: DBL Partners, Emerson Collective. CIA 연계 VC: In-Q-Tel. 미 국방부 연계 VC: DARPA SBIR.

24. 립부 탄은 당시 월든 인터내셔널 창립자로서, 투자자 대표 자격으로 2001~2004년에 사외 이사로 재임했다. 미 정치권에서는 당시 립부 탄이 미국 EDA 핵심 업체 중 하나인 케이던스의 사외 이사도 겸하고 있었기 때문에, 미국의 반도체 설계 기술이 유출되었을 가능성도 의심하고 있다.

25. 홍산 캐피털은 원래 미국 세쿼이아 캐피털의 중국 지사였으나, 2023년 6월 분리되면서 독립했다. 베이징을 기반으로 중국 내 반도체, 인공 지능, IT 컨텐츠에 집중 투자한다.

26. GGV는 미국과 중국에서 투자를 병행하는 VC로서, 미중 시장을 연결하는 투자에 집중한다.

27. 립부 탄은 2004년부터 케이던스 사외 이사로 활동하기 시작했으며 2009년 1월에는 CEO로 선임되었다. 탄은 2021년까지 케이던스 CEO로 재직하면서 케이던스를 글로벌 1~2위의 EDA 업체로 올려 놓았다. 중국 시장에서 케이던스가 EDA 점유율 1위를 기록하며 매출이 성장한 시기는 그가 CEO로 재임한 기간과 겹친다. 2021년 CEO 자리에서 물러난 이후에도 탄은 2024년까지 케이던스 이사회 부의장과 특별 고문직을 수행했다.

28. 1옹스트롬은 0.1나노미터를 나타낸다.

29. 1920년에 통과된 존스법(Merchant Marine Act of 1920)은 미국 해운, 조선 산업을 보호하기 위한 연방법으로 미국 내 항구에서 이뤄지는 모든 해상 운송은 반드시 미국에서 건조되고, 미국이 소유하며, 미국 시민이 선장과 승무원 일정 비율을 구성하는 선박을 통해서만 가능하다고 규정한다.

30. CPU, GPU, NPU, DSP, 메모리 컨트롤러, 무선 통신 모듈, I/O 인터페이스, 인증 모듈, PMU 등 여러 기능 블록을 하나의 집적 회로 위에 집약시킨 단일 칩 솔루션을 의미한다.

31. 이를 자기 정렬(self-aligned) 혹은 스페이서 보조 다중 패터닝(spacer-assisted multi-patterning) 공정이라고도 부른다.

32. 칩 온 웨이퍼 온 서브스트레이트(chip on wafer on substrate)의 약자로, TSMC 고유의 기술이다. 이 패키징이 모바일 AP나 AI 반도체, HBM을 비롯해 고성능 반도체 칩 제조의 사실상 표준이 된 이유는 여러 개의 칩을 하나의 실리콘 인터포저 위에 직접 배치하고, 대형 패키지 기판 위에 다시 실장하는 방식으로 한꺼번에 패키징할 수 있는 웨이퍼 레벨 패키징이자 기판 레벨 패키징 기술까지 아우르는 일종의 하이브리드 공정이기 때

문이다. 그렇지만 기술 난도는 매우 높은데, 이는 인터포저를 초대형으로 제작해야 하는 공정의 난도, 인터포저 내에 초미세 TSV를 수십만 개 이상 균일하게 형성하는 기술의 난도, 한꺼번에 적층하면서 생길 수 있는 열이나 기계적 응력에 의한 문제도 제어할 수 있는 기술의 구현 난도 때문이다. 이는 삼성이나 인텔 등이 쉽게 따라오지 못하게 하는 기술적 장벽이 된다.

33. 중국 정부는 미국 정부에게 대중 기술 제재는 결국 중국 시장에서 미국 기업들의 점유율 축소를 야기할 것이므로 수익률이 저하될 것이라고 경고한다. 또한 가성비를 앞세운 중국 업체들의 글로벌 지배력이 확장되면 미국 업체들의 비중도 더 축소될 것이라 주장한다.

34. 원가 절감은 대량 생산을 통해 규모의 경제가 실현되면서 생산 단가를 절감하는 개념이다. 단위 공정 개선을 통한 비용 절감과는 다르다.

35. GAAFET은 채널을 사방에서 게이트로 감싸는 구조로 만든 트랜지스터다. 핀펫보다 전류 제어의 성능 강화, 누설 전류의 감소로 게이트 길이를 더 축소할 여지가 생기며 2나노 이하 공정에서도 안정적으로 동작 가능하다.

36. MBCFET은 삼성전자가 제안하고 상용화하려는 GAAFET의 특수한 방식이다. 나노와이어(nanowire) 대신 나노시트(nanosheet) 형태로 채널을 여러 장 쌓아 올려 게이트가 이들 전체를 감싸는 형태다. 이렇게 만들면 나노시트 폭을 조절해 전류량을 조정할 수 있어 설계 유연성이 생기며, 핀펫보다 전류 구동력이 강화되고 옹스트롬 공정에서도 안정적인 수율을 갖는 미세 공정을 구현할 수 있다.

37. 메모리 3사는 특히 2023년에 기록적인 손실을 기록했다. SK하이닉스는 2023년에 7조 7000억 원의 영업 손실을 입었으며 마이크론도 같은 해 12억 달러의 영업 손실을 기록했다. 삼성전자가 가장 큰 손실을 기록했는데, 약 14조 9000억 원 규모로 추산된다.

38. 레거시 파운드리는 웨이퍼 단가가 10나노 이하급 최선단 공정을 채용하는 파운드리에 비해 1/2~1/5 수준이기 때문에, 박리다매 구조를 취한다. 그래서 양산 규모 확장 과정에서 근본적인 수익성 강화 전략이 뒷받침되지 않는다면 과잉 생산하는 팹의 증가는 중국 반도체 업계에 재앙적인 적자로 되돌아온다.

2장 중국 반도체와 인공 지능 생태계 팽창

1. 헨리 키신저, 에릭 슈밋, 크레이그 먼디, 이현 옮김. 『새로운 질서: AI 이후의 생존 전략』 (윌북, 2025년).

2. Kissinger, Henry A. "How the Enlightenment Ends." *The Atlantic*, June 2018, https://

www.theatlantic.com/magazine/archive/2018/06/henry-kissinger-ai-could-mean-the-end-of-human-history/559124/.

3. 오픈AI는 2025년 8월 초 GPT5를 공개했고, 많은 이들은 이것을 AGI의 전조격으로 받아들이고 있다.

4. 2024~2025년 사이, 이른바 매그니피센트 7이라 불리는 미국의 주요 업체(알파벳, 애플, MS, 메타, 아마존, 테슬라, 엔비디아)가 인공 지능 사업에 투자한 금액만 해도 6500억 달러(약 957조 원)에 이른다.

5. Nordhaus, William D. "Are We Approaching an Economic Singularity? Information Technology and the Future of Economic Growth." *American Economic Journal: Macroeconomics*, vol. 13, no. 1, 2021, pp. 299 – 332. doi:10.1257/mac.20170105.

6. Benzell, Seth Gordon, and Victor Yifan Ye. *Simulating the Global Effect of Transformative AI: Growth, Welfare, Economic Power, and Policy Responses.* Stanford Digital Economy Lab, Mar. 2024.

7. Trammell, Philip, and Anton Korinek. "Economic Growth under Transformative AI". *NBER Working Paper* no. 31815, National Bureau of Economic Research, Oct. 2023, DOI: 10.3386/w31815.

8. 이러한 개념을 반복적 자가 개선(recursive self-improvement)이라고 한다.

9. 이러한 개념을 불연속적 기술 진화라고 한다.

10. 물론 초인공 지능이 반드시 승자 독식으로만 흘러갈 것이라 단정할 수 없다는 의견도 있다. 복수의 기관이나 국가가 동시에 초인공 지능을 개발할 수도 있고, 주체마다 개발 방향이 다를 수도 있기 때문이다. 초인공 지능 간 상호 견제가 있을 수도 있고, 견제 범위를 넘을 경우 인공 지능 버전의 상호 확증 파괴가 성립할 수도 있다. 또한 초인공 지능은 우리 예상보다 훨씬 더 많은 자원을 필요로 할 것이므로 상호 의존성이 보장되어야 하고, 따라서 단일 국가나 기관의 독점은 불가능하는 의견도 있다. 그렇지만 이러한 의견들도 초인공 지능의 성능, 지속 가능성, 생태계 조건이 단일 기관이나 국가로 집중될 경우, 그 승자가 결국 승자의 지위를 독점한다는 메커니즘 자체는 부정하기 어렵다는 점에는 동의한다.

11. 트럼프 대통령은 2기 행정부 취임 전부터 바이든 정부의 인공 지능 관련 조치들을 폐기하겠다고 공언한 바 있다. 행정 명령 14179호 발효 전, 이전 정부의 인공 지능 관련 조치 폐기를 위해 취임 선서가 끝나자마자 제일 먼저 행정 명령 14148호인 '위험 행정 명령과 조치에 대한 1차 취소 행정 명령(Initial Rescissions of Harmful Executive Orders

and Actions)'을 발효시킨 것도 이러한 목적에서 이루어진 것이다.

12. https://www.ai.gov/action-plan.

13. 오픈웨이트 개념은 AI 모델 학습을 위해 거대 신경망을 훈련시키는 과정에서 최적화된 신경망을 구성하는 노드에서 수행하는 개별 연산 파라미터 가중치(weight) 정보를 공개한다는 개념이다. 즉 훈련된 신경망 설계 정보를 공개한다는 뜻이다.

14. 풀스택 AI 패키지는 AI 모델, 데이터 세트, 신경망 네트워크 파라미터, 모델이 이식되는 물리적 AI, 혹은 다른 산업으로 수직계열화된 인공 지능(vertical AI) 응용 체계와 솔루션, 인공 지능 전용 하드웨어와 반도체 등을 모두 포괄하는 종합 시스템이다.

15. FDPR는 해외에서 직접 생산되는 기술 품목이라고 하더라도 그 품목이 미국 기술이나 소프트웨어를 이용해 생산되었을 경우 미국 상무부 BIS 허가를 취득해야만 특정 국가에 수출할 수 있다는 무역 제재다. 이 제재가 최초로 적용된 대상은 2019년 화웨이다. 2022년 러시아-우크라이나 전쟁 발발 후 미국은 러시아 기업에 대해서도 광범위한 FDPR를 적용했으며, 제재 대상 기술 품목에는 반도체, 통신, 정보 보안 장비, 레이저, 센서 등이 포함되었다.

16. 2024년 기준 미국과 중국은 인공 지능 산업에 각각 1090억 달러와 180억 달러를 투자함으로써 글로벌 투자 비중의 72퍼센트, 12퍼센트를 점유했다. 양국 합쳐 글로벌 전체에서 84퍼센트를 과점한다.

17. 미국, 영국, 오스트레일리아, 캐나다, 뉴질랜드를 의미한다.

18. 2024년 기준 엔비디아의 매출 의존도는 매그니피센트 7 업체, 즉 마이크로소프트(19퍼센트), 아마존(7.5퍼센트), 메타(9.3퍼센트), 알파벳(5.6퍼센트), 테슬라(0.9퍼센트) 등에 쏠려 있는 형국이다. 특히 메타는 자본 지출의 25퍼센트, 마이크로소프트는 무려 47퍼센트를 엔비디아 GPU 및 서버 구매에 할당한다. 2024년 기준, 엔비디아 데이터 센터 사업부가 올린 매출액 219억 달러 중 53퍼센트가 3개 고객사로부터 창출되기도 했다.

19. Flaningam, Eric, and Austin Lyons. "The AI Semiconductor Landscape: An overview of the technology, market, and trends in AI semiconductors." *Generative Value*, Substack, 10 Nov. 2024, https://www.generativevalue.com/p/the-ai-semiconductor-landscape.

20. 이중 ARM과 암페어는 일본의 IT 대기업인 소프트뱅크가 인수했다.

21. 이 계약에서 연산 하드웨어의 단위가 연산 성능인 테라플롭스가 아닌 소비 전력 단위인 기가와트로 표현된 것은 앞으로의 인공 지능 전용 연산 인프라의 성능은 성능 한계보다 에너지(전력) 한계가 병목 지점으로 작용할 것이라는 상황을 반영했기 때문이다.

오픈AI와 AMD의 계약에서는 초기에 공급받는 AMD의 GPU가 MI350 인스팅트 시리즈인데 한 장당 총 보드 소모 전력(TBP)은 1킬로와트(KW) 수준이다. 1기가와트급 소모 전력은 곧 100만 장의 GPU를 의미한다. 초기 1~2년 이후 AMD는 오픈AI에 한 단계 더 업그레이드된 MI450 인스팅트 시리즈를 공급할 것으로 예상되는데, 이 칩은 한 장당 TBP가 2킬로와트에 육박할 것으로 보인다. 따라서 총 6기가와트급 공급 규모는 대략 500만 장 내외의 GPU가 될 것으로 보인다. 이를 단순히 연산 성능으로 환산하면 FP8 정밀도로는 36엑사플롭스(ExaFLOPS), FP16 정밀도로는 18엑사플롭스에 해당한다. 이 정도 규모의 연산 성능은 최대 1000조 개의 파라미터를 갖는 초 거대 인공 지능 파운데이션 모델을 처리할 수 있는 수준이다.

22. 허깅 페이스는 미국의 인공 지능 스타트업으로 전 세계 개발자들이 업로드한 AI 모델, 데이터 세트, 머신 러닝 라이브러리 등을 커뮤니티에 오픈 소스로 제공한다. 예를 들어 AI 모델 개발자는 직접 트랜스포머 모델을 만들 필요 없이, 허깅 페이스에 업로드된 트랜스포머 라이브러리를 내려받아 활용하면 되기 때문에 시간과 자원을 절약할 수 있다.

23. 깃허브는 마이크로소프트 산하의 오픈 소스 커뮤니티로 소프트웨어 소스 코드를 분산 관리할 수 있는 웹 서비스를 제공한다. 많은 소프트웨어 개발자 사이에서 자신이 개발한 코드를 오픈 소스로 만들고자 할 때 우선적으로 고려되는 서비스다.

24. 매그니피센트 7은 2024~2025년 사이 인공 지능 관련 GPU 서버 구매 등 설비 투자에만 무려 6500억 달러(약 957조 원)를 쏟아부었다.

25. 딥시크가 공개한 모델 R1 개발 비용이 실제로 얼마인지 정확하게 알려진 바는 없다. 때문에 실제 개발 비용을 두고 논란이 여전히 있다. 다만 전문가들은 560만 달러만으로는 개발이 불가능했을 것이라는 점에는 의견이 수렴한다. 560만 달러라는 비용은 AI 모델의 최종 학습 단계에 소요된 비용에 불과하며, 실제로는 여러 차례의 테스트, 인프라 사용비와 인건비를 포함하면 최소 3000만 달러(약 400억 원)에서 16억 달러(약 2조 4000억 원)까지 분포하는 등 전체 비용은 불확실하다. 운영 비용도 약 9억 4000만 달러(약 1조 4000억 원)가 추가로 들었을 것이라 추정하는 분석도 있다. 560만 달러라는 비용은 그들이 모델 학습에 사용한 엔비디아의 H800 GPU 2,048개를 57일 동안 돌려서(즉 총 278만 GPU 시간) 단위 GPU 시간당 2달러의 비용을 상정해 얻은 값이다. 물론 수천만 달러라는 추산치가 실제 값에 가깝다고 가정해도 딥시크가 투입한 개발 비용이 여전히 눈에 띄게 저렴한 수준이라는 사실에는 변함이 없다.

26. 화웨이가 개발한 어센드 칩은 인공 지능 학습-추론을 위한 풀스택 AI 하드웨어 생태계의 주축이다. 기능적으로는 NPU으로 구분되는 ASIC 칩이나 주요 연산은 행렬곱에 최

적화되어 있어 구글의 TPU와 오히려 더 유사하다. 초기 버전인 어센드 910는 2018년 TSMC의 7나노 공정으로 제조되었으나 2019년 화웨이가 미국 정부 제재 리스트에 오른 후 다음 세대인 어센드 910B/C 부터는 SMIC의 7나노 공정으로 제조되고 있다. 어센드 910C는 엔비디아의 GPU H100과 종종 비교된다. FP16 정밀도 기준 실수 연산 성능은 어센드 칩이 약 800테라플롭스이고 H100이 1,600테라플롭스다. 연산 성능 자체는 엔비디아 GPU의 대략 절반 정도로 볼 수 있다. 메모리 대역폭은 어센드 910C와 H100이 초당3.2테라바이트 대 3.35테라바이트로서 비슷하다. 전력 소모율 역시 310와트 대 300~350와트로 거의 같다. 성능 지표만 놓고 본다면 엔비디아 H100가 60~70퍼센트 정도로 열화된 버전으로 볼 수 있다. 관건은 화웨이와 중국의 파운드리 파트너사가 엔비디아만큼 충분한 양의 어센드 칩을 계속 양산할 수 있는가이다.

27. SMIC 전체 매출에서 하이실리콘이 위탁하는 물량의 비중은 17~25퍼센트 사이로 추정된다.

28. 대만의 시장 조사 업체 트렌드포스(集邦科技, TrendForce) 추산에 따르면 이미 2025년 3분기에 글로벌 점유율 13퍼센트를 달성했다.

29. 이러한 선언은 양국이 자국의 핵무기 시스템 전체를 인공 지능 통제 없이 운용하겠다는 것을 의미하는 것은 아니다. 결정권만큼은 인공 지능의 사용을 배제하기로 한 것을 명확히 한 것이다. 실제로 회담 이후 발표된 합의문에서는 "AI 기술을 군사 분야에 사용할 때에는 잠재적 위험을 신중하게 고려하고 책임감 있게 개발해야 한다."라는 내용이 추가되었다. 다만 이 선언과 합의문은 국가 간 조약 수준의 법적 구속력을 갖는 것은 아니다.

30. 인공 지능을 핵무기에 비유하는 것은 단순히 수사적 목적에서만 유효한 것이 아니다. 국가 관계에서 인공 지능이 가질 전략적 성격도 핵무기에 비견될 수 있기 때문이다. 핵무기 중에서도 원자 폭탄과 수소 폭탄은 그 성격이 많이 다르다. 원자 폭탄은 핵분열 방식을 채택하며 한 번의 폭발로 수만 톤의 TNT급 파괴력을 만들 수 있다. 그렇지만 원자핵의 분열 한계가 제한되어 있어 폭발 위력에 상한선이 존재한다. 반면 수소 폭탄은 핵융합 방식을 채택한다. 작은 원자 폭탄을 일종의 기폭 장치로 활용한 후 폭발 직후 형성된 극고온-고압 환경에서 삼중 수소 같은 동위 원소의 핵융합 반응을 일으켜 막대한 에너지를 방출한다. 따라서 운반 수단이나 기후 등의 조건만 허용되면 이론적으로 폭발 위력에 제한이 거의 없다. 이러한 맥락에서 일종의 한계적 도약 기술에 해당하는 범용 인공 지능을 원자 폭탄에, 그리고 한계가 사실상 없어지는 초인공 지능을 수소 폭탄에 비유하는 것은 적절하다. 왜냐하면 범용 인공 지능은 인간 수준의 지능 획득이라는

차이나 반도체 라이징

명확한 기술적 한계가 존재하는 데 반해, 초인공 지능은 인간 수준을 넘어 자체적으로 지능을 기하급수적으로 증폭시킬 수 있는 개념이기 때문이다.

31. 냉전 시절 미소 양국은 상대국 핵무기에서 수소 폭탄이 차지하는 비중을 파악하려 했지만 한계가 있었다. 왜냐하면 지진파나 대기 중 핵종 농도 같이 핵실험 이후 간접적으로 관측되는 데이터 외에는 수소 폭탄 자체에 대한 구체적 기술 정보를 군사 기밀로 숨겼기 때문이다. 수소 폭탄과 원자 폭탄은 ICBM이나 장거리 폭격기, SLMB 같은 이른바 3대 투발 수단을 대부분 공유한다. 심지어 수소 폭탄은 1차 기폭 장치로 원자 폭탄을 사용하기 때문에 설사 미소 양국이 협정을 맺고 상대국의 핵무기 유형을 확인하려고 해도 핵무기나 투발 수단 총량 데이터만으로는 구분하기 어렵다. 그래서 서로가 보유한 수소 폭탄의 실질 능력을 정확히 측정하기는 쉽지 않았다. 그래서 냉전 시절, 그리고 (구)소련 붕괴 직후 이루어진 핵군축 협상은 실용적 합의를 위해 세부 기술 구분을 하지 않고 모든 전략 핵탄두와 투발 수단을 묶어 숫자 자체부터 줄이는 방식으로 진행되었다.

32. BRICS는 브라질, 러시아, 인도, 중국, 남아프리카 공화국을 묶은 경제 협의체를 의미한다. 2024년부터는 이란, 아랍에미리트(UAE), 이집트, 에티오피아, 2025년부터는 인도네시아, 사우디아라비아 등이 정식으로 가입해 규모가 확대되었다. 아직 회원국은 아니지만 벨라루스, 볼리비아, 쿠바, 카자흐스탄, 말레이시아, 나이지리아, 태국, 우간다, 우즈베키스탄 등이 파트너 국가로 가입 대기 중이다. 경제 협의체 성격으로 시작했지만 시간이 지나면서 에너지 인프라 협력, 보건-식량-기후 변화 협력, 디지털 통화와 인공 지능 협력 등으로 협력 분야가 넓어지고 있다.

33. 딥시크 사용자는 전 세계 활성화 사용자 기준으로 2025년 하반기 기준 약 600만 명으로 추정된다. 딥시크 AI 모델은 2025년 8월 기준 아랍 어, 스와힐리 어, 베트남 어 등 37개국 언어를 지원한다. 특히 아프리카 지역에서는 비용 대비 효율성이 강점으로, 공정한 인공 지능 보급의 수단으로 인정받으며 도입이 촉진되고 있다.

34. 딥시크를 한자로 표기하면 심도구색(深度求索)인데, "깊이 찾다." 또는 "깊이 추구하다."라는 의미다.

35. 전문가 혼합(mixture of experts, MoE) 구조는 거대한 신경망 모델 파라미터를 한꺼번에 다 활용하지 않고 사용자의 입력마다 그에 적합한 전문가(experts)를 구성하는 파라미터 세트만 활성화하는 방식이다. 딥시크가 V3 모델에서 개발한 MoE 방식은 자연어 이해, 코드 작성, 수학 추론, 논리 추론, 다국어 번역 등을 담당하는 64개 전문가로 구성되어 있으며 사용자 입력 토큰당 2~4개의 전문가만 활성화해 GPU와 메모리 연산 자

원을 절감하는 전략을 취했다. 특히 모든 신경망 레이어를 MoE로 바꾸지 않고 일부 핵심 레이어만 MoE에 할당하는 하이브리드 방식을 취했다는 것도 차이점이다. 이를 토대로 딥시크는 다른 AI 모델 개발사들이 취하는 방식 대비, 더 적은 GPU만 가지고도 수조 개 규모의 파라미터 모델의 학습을 경제적으로 할 수 있었다.

36. 딥시크-R1 모델의 상세 내역과 정보는 인터넷에 공개된 후 8개월 만인 2025년 9월 17일 량원펑을 교신 저자로 해《네이처》표지 논문으로 최종 출판되었다. (Guo, Daya, et al. "DeepSeek-R1 incentivizes reasoning in LLMs through reinforcement learning." *Nature*, vol. 645, no. 8081, 18 Sept. 2025, pp. 633–638.) 논문에서도 강조된 딥시크-R1 LLMs 모델의 핵심 방법론은 정답 보상 기반의 강화 학습이었다.

37. Floating point(FP) 32는 실수를 부동소수점 방식으로 이진화할 때 32비트의 정밀도로 숫자를 표현하는 방식이다.

38. 이러한 방식을 딥시크가 최초로 개발한 것은 아니다. 이미 혼합 정밀도 학습(mixed precision training)이라는 방법론이 2018년 국제 표현 학습 학회(ICLR)에서 발표된 바 있으며 딥 러닝 효율을 위해 FP16과 FP32 형식이 혼용되어도 잘 작동함이 증명되었다.

39. 2025년 7월 22일 공개된 알리바바의 큐웬 3 코더(Qwen3-Coder-480B-A35B-Instruct)는 총 480억 파라미터의 MoE 모델로, 추론 시 활성 파라미터는 35억 개에 불과하다. 알리바바 공식 발표에 따르면 에이전틱 코딩 및 SWE-Bench 벤치마크에서 앤트로픽의 클로드 소넷 4와 대등한 수준의 성능을 기록했다고 밝혔다. 그러나 제3의 기관들에서 독립적으로 시행된 벤치마크에서는 클로드 소넷 4에 비해 다소 뒤처진다는 평가도 나온 바 있다.

40. 대규모 멀티태스크 언어 이해(massive multitask language understanding, MMLU)는 LLM 일반 지능 평가에 가장 널리 쓰이는 벤치마크 지표 중 하나다. 주로 챗GPT, 클로드, 제미나이, 라마 등 모델 성능 비교에 사용된다.

41. GPQA(Graduate-Level Google-Proof Q&A)는 LLM의 고난도 추론 및 깊은 지식 이해 능력을 평가하기 위해 설계된 벤치마크다. MMLU가 범용적인 대학 수준의 문제를 다룬다면 GPQA는 석박사 수준의 문제 해결력 측정에 주안점을 둔다.

42. 인류의 마지막 시험(Humanity's Last Exam, HLE)은 최근 제안된 AI 모델의 고차원적 추론 및 AGI 후보 성능을 평가하기 위한 벤치마크다. MMLU이나 GPQA보다 더 범용적, 심층적, 메타인지적 평가를 목표로 한다.

43. 사이코드는 LLM의 과학적 추론 및 코드 생성 능력을 동시에 평가하기 위한 벤치마크다. 주로 과학 문제를 코드로 풀어내는 능력을 평가하며, '과학적 추론(reasoning) → 수

학적 모델링 → 코드 구현 → 정답 도출' 전 과정을 보는 테스트라는 점이 차별점이다.

44. 미국 초청 수학 시험(american invitational mathematics examination, AIML)은 미국 수학 협회에서 주관하는 수학 경시 대회의 2단계 시험 체계로서 LLM의 고난도 수학 문제 해결 능력 평가 벤치마크로 자주 활용된다. 특히 수학적 추론 성능 벤치마크의 표준처럼 사용된다.

45. 휴리스틱 수학 적성 평가(Mathematics Aptitude Test of Heuristics, MATH)는 LLM의 고난도 수학 문제 해결 능력 평가를 위한 일반적 벤치마크 중 하나다. 특히 생각의 연결 고리(chain-of-thought, CoT) 기반 추론, 다단계 계산, 상징적 조작 능력 측정에 초점이 맞춰져 있다. Math-500은 LLM의 수학적 문제 해결 능력 측정 벤치마크로서 CoT는 물론, 계산 정확도 평가에 초점을 맞춘다. 500개 수학 문제로 구성되어 있으며 AIME, MATH 벤치마크와 함께 자주 사용된다.

46. 바오우 제철소는 연간 매출 규모가 1400억 달러(약 207조 원)를 넘는 초대형 글로벌 철강사다. 참고로 한국을 대표하는 철강사인 포항제철의 연간 매출 규모가 500억 달러(약 74조 원) 수준이다.

47. 장지안중이 전직 엔비디아 핵심 고위직이었다는 사실에서도 볼 수 있듯, 무어 스레드의 기술은 엔비디아가 개발한 GPU 최적화 기술에 기반을 두고 있다. 심지어 그는 2020년 9월까지 엔비디아에서 근무하다가 바로 다음 달에 무어 스레드를 창립했다. 결국 무어 스레드는 2022년 10월 미국 상무부의 기술 제재 리스트에 올랐다.

48. "Nvidia Steps Up Hiring in China to Focus on AI-Driven Cars." *Bloomberg*, 12 Dec. 2024, https://www.bloomberg.com/news/articles/2024-12-12/nvidia-steps-up-hiring-in-china-to-focus-on-ai-driven-cars.

49. BAAI는 비영리 연구 기관으로서는 이례적으로 미국 상무부로부터 2025년 3월 수출 통제 블랙리스트에 올랐다. BAAI의 투자 주체는 중국 정부지만 기업의 기부금이나 산학 프로젝트 등에서 재원이 조달된다. 또한 BAAI가 공동 개발하는 AI 모델이 군용으로 활용되고 있으며 투자금 역시 인민 해방군에서 조달하는 프로젝트도 있다. 이는 트럼프 2기 정부가 BAAI를 단순한 비영리 독립 기관으로 간주하지 않고 중국의 인공 지능 오픈 소스 전략을 주도하는 기관으로 견제를 본격화했다는 의미다.

50. 플래그퍼프는 인공 지능 하드웨어의 실제 성능을 객관적이고 체계적으로 평가하기 위한 오픈 소스 벤치마크 플랫폼이다. BAAI와 여러 인공 지능 하드웨어 제조업체가 공동 개발한 연산 평가 엔진으로서 실무에 적용될 수 있는 평가 지표 위주로 벤치마킹하는 것을 목표로 계속 업데이트되고 있다. 특히 단순히 플롭스로만 하드웨어의 연산 성

능 지표를 평가하는 것이 아니라 소프트웨어 스택(즉 모델-프레임워크-컴파일러까지 다 포함) 전반에 대한 성능을 평가하며 대규모 모델의 훈련 및 추론 시나리오를 다차원으로 측정하는 것까지 목표로 한다. 파이토치, 텐서플로 같이 인공 지능 커뮤니티에서 많이 사용되는 프레임워크 외에도 중국에서 개발된 패들패들, 마인드스포어(MindSpore) 같은 프레임워크는 물론 엔비디아의 텐서RT(TensorRT), XPU XTCL, IxRT, 토치인덕터(TorchInductor) 같은 다양한 추론 엔진을 포괄하고 있어 사용자 커뮤니티가 확장되고 있다.

51. 플래그OS는 하드웨어 업계의 연결 기술 표준인 PCIe, CXL, RDMA 같은 표준 위에서 연산 추상화(FlagGems)-컴파일(FlagTree)-병렬/스케줄(FlagScale)-통신(FlagCX)-진단과 벤치(FlagPerf)를 묶어 논리적 일관성을 제공하는 시스템 소프트웨어다. 플래그OS를 중국에서 중시하는 까닭은 하드웨어와 소프트웨어 사이의 연계가 이기종 환경에서도 운영될 수 있도록 만드는 프레임을 제공할 수 있기 때문이다. 이는 중국이 장기적으로 추진하는 인공 지능 생태계의 오픈 소스화, 그를 통한 중국을 중심으로 하는 인공 지능 생태계의 글로벌 확장에 매우 중요한 기반이다.

52. 그래서 모리스 창은 한때 메모리 반도체 제조에 뛰어들까 고민했지만, 결국 삼성전자 등이 보이는 학습 곡선의 큰 격차로 인해 포기했다고 소회를 밝혔다.

53. 예를 들어 미국 정부가 엔비디아로 하여금 칩 설계 과정에 시놉시스, 케이던스, 지멘스의 EDA 사용 제한 조치를 내리면 엔비디아는 CPU, GPU 설계 작업을 진행할 수 없다. 설사 다른 회사 EDA로 선회한다고 해도 엔비디아 CPU와 GPU를 독점 생산하는 TSMC가 파운드리 공정에서 인증하는 EDA는 시놉시스와 케이던스 제품뿐이기에 설계한 제품을 양산하기도 어렵다. 엔비디아의 CPU 설계에서도 ARM IP 라이선스 비중은 절대적인데, 특히 Grace/Grace-Hopper 시리즈 CPU는 Arm의 네오버스(Neoverse) V2 아키텍처 기반으로 설계된다. ARM은 현재 일본 소프트뱅크가 대주주이지만 소프트뱅크는 이미 미국 정부와 스타게이트 프로젝트에서 주력 협력사로 자리매김했기 때문에 ARM에 대한 미국 정부의 통제력은 엔비디아까지 미칠 수 있다. 엔비디아의 GPU는 상대적으로 ARM IP로부터 자유롭지만, 문제는 SK하이닉스 등이 생산하는 HBM 같은 메모리의 인터페이스 (HBM 컨트롤러나 PHY) 설계는 여전히 시놉시스, 케이던스, 램버스 등이 과점하고 있고 이들은 모두 미국 기업이다. 따라서 미국 정부의 제재 조치가 시행될 경우, 엔비디아 GPU에는 HBM 공급이 어려워진다.

54. 2024년 9월, 화웨이의 NPU 칩인 어센드 910B에서 TSMC가 중국의 팹리스 회사인 소프고에 납품한 칩/칩렛과 동일한 부품이 발견되었다. 이는 화웨이가 미국 정부의 제

재 조치를 우회하기 위해 위장 회사인 소프고를 경유해 TSMC 선단 공정을 이용한 것
으로 볼 수 있는 증거였다. 미국 상무부 BIS는 2024년 11월 TSMC에 이것이 미국 정부
의 EAR/FDPR 조치 위반에 해당한다며 7나노 이하급 선단 공정을 활용한 인공 지능
칩을 중국 고객에게 공급 중단하라는 경고 서한을 발송했다. (TSMC의 선단 공정에는
미국산 장비와 EDA가 활용되므로 미국 정부의 FDPR 조치가 유효하다.) 이후 2025년
1월, 소프고는 BIS 제재 대상에 편입되었으며 2025년 4월, BIS는 TSMC와 소프고 간
거래 가액의 2배인 10억 달러 규모의 벌금을 부과하는 것도 가능하다는 소식이 나왔으
나 BIS 측에서 이를 공식 확인하지는 않았다.

55. 미국 상무부가 집행하는 수출 관리 총규정(export administration regulations)을 의미
한다. 어떤 미국산 혹은 일부 해외 생산된 기술 품목이 EAR 관할인지 분류하고 관할이
라고 판단된 품목에 대해 허가 요건(목적지, 최종 용도, 최종 사용자)을 검토한 후 제재
리스트 여부를 판단한 후 수출 허가를 한다. FDPR은 EAR 내의 특정 적용 규칙이다.
해외에서 만들어졌더라도 그 품목이 미국 기원의 기술이나 소프트웨어의 직접 제품이
거나, 직접 제품인 설비/플랜트로 생산되었으면 EAR 관할이 된다고 규정한다.

3장 자유 무역 파운드리 전쟁

1. 박막 공정이라면 결함 분포는 로이드 함수(Lloyd function)에 따른 초균일 분포
(hyperuniform distribution)를 따른다.

2. 공업 기술 연구원(工業技術硏究院, ITRI)은 1973년에 설립된 대만의 응용 기술 연구
개발 전문 기관이다. 대만 경제부 산하로 주로 산업형 연구 개발에 집중한다. ITRI는
UMC(1979~1983년)과 TSMC(1987년)이라는 굵직한 파생 기업을 만들었을 정도로
대만 파운드리 산업의 요람이기도 하다. 현재도 ITRI는 대만 반도체 제조업의 주요 연
구 파트너다. ITRI는 산학 프로젝트, 파일럿/소량 생산, 스타트업 인큐베이터, 오픈랩
등의 역할을 수행한다.

3. 대만 반도체 연구 센터(台灣半導體硏究中心, TSRI)는 2019년에 설립된 정부 소속의
연구, 교육, 인력 양성 기관이며 일종의 국립 연구소다. IC 설계, 시제품 제조 및 공정
기술 연구 등의 프로젝트를 주요 반도체 회사와 공동으로 수행한다. TSMC는 TSRI
에 (16나노미터 가상 공정 기반) 대학 교육·연구용 키트와 장비 등을 제공하며 TSRI
는 이를 바탕으로 대학용 MPW 셔틀(university shuttle) 제작 프로그램을 지원한다.
TSMC를 비롯한 주요 반도체 업체의 인력 교육도 담당한다.

4. 린훙원, 허유영 옮김. 『TSMC, 압도적 세계 1위의 비밀』(생각의 힘, 2024년).

5. 빛을 받은 영역의 물성이 바뀌는 현상.

6. 벨기에 IMEC(Interuniversity Microelectronics Center)는 국제 반도체 공동 연구 개발 기구다. 주요 글로벌 반도체 회사들의 연구 개발 인력이 모여 공동으로 글로벌 표준 체계에서 같이 사용할 수 있는 반도체 기술을 개발하고 사용하는 일종의 중립적 기관을 목표로 설립되고 운영되고 있다.

7. 1990년대 후반부터 2000년 사이에 발생한 IT 산업, 특히 인터넷 기업에 대한 광적인 투기/투매 현상을 말한다. 닷컴 버블이 터지면서 나스닥(NASDAQ) 종합 주가 지수는 거의 경제 공황에 준하는 대폭락을 기록했다. 2002년 10월까지 고점 대비 무려 80퍼센트 가까이 폭락하면서 투자 손실은 무려 5조 달러에 달했으며, 이로 인해 IT 업계의 강제적인 구조 조정이 전 세계를 휩쓸었다. 이 와중에 옥석을 가려낸 한국이나 미국은 IT 산업의 명맥을 이어갈 수 있었지만, 독일은 그 기반이 붕괴되었다. 닷컴 버블 이후 살아남은 미국의 대표적인 기업이 바로 마이크로소프트, 애플, 엔비디아, 아마존 등이다.

8. 아마존의 클라우드 컴퓨팅 사업부로서, 전 세계 1위 점유율을 갖는다. IT 인프라 구축에 필요한 모든 서비스를 제공하며, 특히 인공 지능 데이터 센터 전용 클라우드 서버 및 API에서 올리는 매출 비중이 올라가고 있다. 예를 들어 애플의 클라우드 서비스인 아이클라우드의 상당수는 AWS 위에서 이루어지며 넷플릭스의 모든 스트리밍 서비스도 AWS 기반으로 제공된다.

9. 더 정확히는 연계 가짓수는 N개 중 2개를 고르는 조합인 $_NC_2=N(N-1)/2$인데 N이 충분히 크면 $N^{2/2}$로 근사할 수 있다.

10. 나이트호크 프로젝트는 TSMC의 고객 구성이 점차 대형 고객사 중심으로 재편되고 삼성전자 파운드리 사업부가 선단 공정에서 기술 격차를 빠르게 좁혀 오던 2010년대 중반, TSMC가 결단한 고강도 연구 개발 집중 체제였다. 연구 개발 기간을 3분의 1로 압축하기 위해 도입된 이 프로젝트는 짧게는 3개월, 길게는 9개월 단위로 특정 기술 목표를 타깃으로 운영되었다. 대표적 사례가 애플 M시리즈 AP 칩 공급에 맞춰 10나노급 공정 기술 개발 일정을 앞당기기 위해 400명을 24시간 3교대 논스톱 체제로 연구 개발에 투입한 것이다. TSMC는 이를 위해 프로젝트에 참여한 인력에게 기본급 30퍼센트 인상은 물론, 자사주 보상 50퍼센트 등의 인센티브를 내걸며 프로젝트를 몰아붙였다. 그러나 나이트호크 프로젝트가 만성적인 근무 문화로 변질되는 조짐이 보이자 TSMC 연구 개발 인력의 이직률이 치솟는 문제가 발생하기도 했다.

11. 2024년 7월에 발표된 대만 경제부 에너지 보고서에 따르면 대만의 연간 전력 사용량은 2024년 2800억 킬로와트시에서 2033년에는 3641억 킬로와트시로 증가한다. 대만

정부는 자국에 부족한 여섯 가지를 이른바 6결(缺) 리스크로 지정해 관리하고 있는데, 그중 전력, 산업용수, 공업용지 같은 인프라가 절반을 차지한다.

12. 창립에 참여한 민간 기업 8개사(도요타, 소니, NTT, NEC, 키오시아, 소프트뱅크, 덴소, MUFG)는 총 73억 엔(약 700억 원)을 출자했고 일본 정부는 창립 이후 2026년 상반기까지 총 2조 3000억 엔의 공적 자금을 투자했다.

13. 세레브라스는 이러한 방식을 추구하는 대표적인 AI 반도체 팹리스다. 세레브라스는 웨이퍼 전체를 1개의 칩으로 활용하기 위해 아예 웨이퍼스케일 엔진(wafer-scale engine, WSE)이라는 극단적인 개념도 제시했다. 세레브라스가 추구하는 방식은 12인치 크기의 웨이퍼 위에 다이들을 촘촘하게 배치하고 연결하되 자르지 않고 그 자체로 하나의 거대 연산기로 작동하게 만드는 것이다. 이렇게 하면 칩렛 패키징 과정에 동반되는 칩 손실을 예방하고 칩간 연결을 더 효율적으로 개선할 수 있어 연산 성능을 높일 수 있다. 세레브라스는 WSE-3 같은 칩에서 약 4조 개의 트랜지스터를 하나의 웨이퍼에 집적시켜 90만 개의 코어를 구성하는 것을 목표로 한다. 이렇게 하면 이론적으로는 최대 연산 성능을 125페타플롭스까지 높일 수 있다. 세레브라스는 연산 성능 극대화는 물론 메모리까지 내장해(on-chip SRAM) 칩 내부에 초고속 네트워크를 구현하려고 한다. 이렇게 기술적 무리수를 두는 이유는 메모리 장벽을 최소화하기 위함이다. 세레브라스의 WSE 방식은 엔비디아의 블랙웰(B200)이나 구글의 TPU(v6)과 비교하면 연산과 메모리 성능은 확실히 앞설 수 있다. (연산: 125페타플롭스 대 72페타플롭스 대 0.459페타플롭스, 메모리 대역폭: 초당 20페타바이트 대 1.4테라바이트 대 2.7테라바이트) 그러나 치명적인 문제가 있다. 그것은 칩에 전력 공급이 어려워지고 무엇보다도 초고속 연산으로 발생하는 고열을 충분히 방열할 채널이 제한된다는 것이다. 사실 WSE 칩의 가장 큰 한계는 웨이퍼 전체를 칩으로 이용하는 개념이다 보니 웨이퍼 면적 중 어느 한 곳에라도 치명적 오류가 있을 경우 그 웨이퍼 전체를 버려야 한다는 것이다. 세레브라스가 추구하는 WSE 방식의 칩은 현재 TSMC에서만 제조되고 있으며 (WSE-3칩을 2024년 TSMC 5나노 공정으로 제작), 공정 수율은 코어-링크 우회 등으로 흡수해 웨이퍼 스케일에서도 실용적 수율을 확보할 수 있다고 주장한다. 그러나 세레브라스의 수율 산정 방식은 외부에서 독립적으로 검증된 바가 없으며 이로 인해 WSE-3 칩의 실제 생산 단가를 정확하게 추정하기는 어렵다.

14. 권석준, 『반도체삼국지』(뿌리와이파리, 2022년).

15. Kiyohara, Mari. "Japan Bets $16 Billion to Propel Rapidus in Global AI Chip Race." *Bloomberg*, 11 Apr. 2026, https://www.bloomberg.com/news/articles/2026-04-11/

japan-bets-16-billion-to-propel-startup-rapidus-into-ai-chips.

16. 2026년 상반기까지 일본 정부가 라피더스에 쏟아부은 정부 보조금은 약 2조 3000억 엔이며 회계 연도마다 최소 1000억 엔씩 추가 투자가 계획되어 있다. 라피더스 팹이 양산 수준에 도달하려면 앞으로 3조 엔 이상이 더 투자되어야 할 것으로 평가된다. 일본 정부는 2030년 회계 연도까지 인공 지능과 반도체 분야에 총 10조 엔 규모의 재정-금융 지원 구상을 밝힌 바 있는데, 이중 적어도 30퍼센트 정도는 라피더스로 갈 수도 있다는 뜻이다. 2026년 4월 일본 경제 산업성은 라피더스에 대한 연구 개발 위탁비로 6315억 엔(전공정 5141억 엔, 후공정 1174억 엔)을 추가 지원하기로 승인했다. 이로써 일본 정부의 라피더스 누적 지원 총액은 2조 3000억 엔을 초과하게 되었다. (출처: https://www.bloomberg.com/news/articles/2026-04-11/japan-bets-16-billion-to-propel-startup-rapidus-into-ai-chips)

17. 여기서 공동으로 개발하는 기술은 상용화 전단계 기술, 즉 경쟁 전단계(pre-competitive) 플랫폼 기술이다. 예를 들어 TSMC나 삼성전자 같은 경쟁사들이 서로 민감한 정보는 가리되, 생태계 전체에 해당하는 기술 문제는 한 라인에서 같이 해결할 수 있게 만드는 방식이다. 그래서 이 플랫폼에서 확보된 기술 IP는 비독점, 상호 접근형으로 설계되며 각 참여사가 자사의 IP 펑거프린트를 만들어 경쟁 단계에서는 구분될 수 있게 한다. 대표적인 프로젝트가 IMEC이 ASML과 진행하는 High-NA EUV 공동 랩이다. 이 프로젝트에서는 차세대 극자외선 노광 장비는 물론 광화학 반응 소재나 마스크 등 노광 공정 생태계를 통째로 테스트한다. IMEC의 비즈니스 수익은 참여사들의 멤버십, 반도체 회사들과의 개별 기술 공급 계약 매출, 장비-소재 업체들의 연구 개발 자금, 그리고 벨기에 정부와 EU에서 확보되는 공공 재원 등으로 구성된다. 2024년 기준 IMEC의 연간 영업 수익은 총 10억 3000만 유로(약 1조 8000억 원)였다. IMEC의 비즈니스 모델이 앞으로도 유망한 까닭은 첨단 반도체 제조 기술의 난도가 점점 높아지고 그만큼 연구 개발 비용도 치솟고 있기 때문이다. 특히 스타트업 입장에서는 IMEC에 참여하면 비용 절약과 함께 플랫폼을 공유하는 기술 파트너를 물색하는 등의 효과도 누릴 수 있어 인기가 높다.

18. 실제로 2022년에 설립된 일본의 기술 연구 조합 법인인 최첨단 반도체 기술 센터(Leading-Edge Semiconductor Technology Center, LSTC)는 라피더스 팹을 이용해 공공 재원, 예를 들어 일본 신에너지 산업 기술 종합 개발 기구(NEDO)가 발주한 5세대 이후 차세대 이동 통신 및 엣지형 인공 지능 연산 가속기 제작을 위한 선단 반도체 기술 연구 개발 자금을 기반으로 2나노 공정 기술 공동 개발 플랫폼을 구성하려 했다.

LSTC 자체가 라피더스와 거의 같은 시기에 같은 회원사를 포함해 여기에 더해 일본 국립 대학 등 22개 기관을 모체로 구성된 협회이기 때문에 라피더스가 정말로 공공 팹으로 전환된다면 LSTC는 그 과정에서 주요 역할을 맡을 가능성이 높다.

19. NNFC(National NanoFab Center)는 한국을 대표하는 공공 반도체 연구 개발 연구 기관이다. 2004년 KAIST 산하 조직으로 출발한 NNFC는 2014년부터 과학 기술 정보 통신부 소속으로 전환되어 공공 클린룸과 6인치, 8인치 웨이퍼 전용 공정 장비를 갖춘 일종의 파일럿 팹(pilot fab) 및 분석 서비스 역할을 수행하고 있다. 2024년 이후부터는 상용화 서비스 범위 확대를 위해 12인치 웨이퍼 ArFi 심자외선 노광 공정 장비를 도입해 물리적 크기(half-pitch) 50나노급 패턴 제작 공정 서비스도 하고 있다.

20. 인텔은 모바일 시대로 빠르게 전환되던 글로벌 IT 업계를 따라잡기 위해 2010년 무어스타운(Moorestown)으로 명명된 스마트폰용 SoC인 아톰 칩을 기반으로 스마트폰 AP 시장 공략을 선언했다. 그러나 실제로 공급되는 물량은 2012년이 되어서야 메드필드(Medfield)라는 브랜드로 나오기 시작했다. 그 사이 퀄컴이나 ARM, 삼성전자 등은 AP+모뎀+전력 관리+레퍼런스 디자인 등을 주도하며 각각 안드로이드 진영과 애플 진영의 지배자 자리를 굳히고 있었다. 인텔의 아톰 칩이 고전한 이유는 시장에 상대적으로 늦게 진입한 까닭도 있지만 스마트폰 고유 요구 조건인 '배터리 전력만으로 작동 가능한 고성능'에 맞추기 어려웠기 때문이다. 아톰은 ARM 동세대 대비 와트당 성능 수치에서 불리했고 LTE 등을 지원하는 모뎀과 AP를 통합한 고에너지 효율 단일 칩 제조도 많이 늦었다. 이로 인해 아톰 칩은 경쟁자들의 AP에 비해 UX 장점이 떨어졌다. 무엇보다도 인텔은 아톰 칩을 상당히 오랜 기간 동안 x86 기반으로 설계했는데 정작 안드로이드 진영에서는 앱 다수가 ARM를 위주로 설계되었는지라 앱을 돌리려면 두 체계를 이어 주는 일종의 번역 과정이 필요했다는 점이 가장 큰 기술적 장벽으로 작용했다. 2014~2016년 사이 아톰 칩과 모뎀을 통합한 SoFIA 시리즈 출시가 지연된 이후 결국 인텔은 스마트폰용 SoC 시장에서 완전 철수했다

21. 라라비는 인텔이 2008년 내장형 GPU와는 별도로 개발한 범용 GPU의 코드네임이다. 개인용 PC보다는 기업용 HPC를 위한 GPGPU 시장을 노리고 출범한 프로젝트였다. 그러나 비슷한 시기 경쟁자였던 엔비디아와 AMD의 소비자용 GPU와 경쟁하기에 역부족이었고, 개발자 플랫폼으로 전환된 후 결국 2010년 철회되었다.

22. 인텔이 자빌에 매각한 실리콘 포토닉스 사업부 금액은 정확히 알려져 있지 않았지만, 시장의 평가는 대략 18억 달러(약 2조 6000억 원)로 추정된다.

23. Shilov, Anton. "Intel's Pivotal 18A Process Is Making Steady Progress, but Still

Lags Behind — Yields Only Set to Reach Industry Standard Levels in 2027." *Tom's Hardware*, 24 Oct. 2025, https://www.tomshardware.com/pc-components/cpus/intels-pivotal-18a-process-is-making-steady-progress-but-still-lags-behind-yields-only-set-to-reach-industry-standard-levels-in-2027.

24. 18A 공정의 초기 개발 단계 수율은 10퍼센트 미만으로 추정되었으나 2026년 상반기 기준, 55~65퍼센트 수준으로 올라온 것으로 알려져 있다. (출처: https://www.tomshardware.com/pc-components/cpus/intels-pivotal-18a-process-is-making-steady-progress-but-still-lags-behind-yields-only-set-to-reach-industry-standard-levels-in-2027). 다만 이 수율은 아직 수익성을 확보하기 위한 수준인 70~80퍼센트에는 미달이다. 참고로 TSMC의 2024년 하반기 기준 3NE 공정 수율은 무려 90퍼센트에 육박한다.

25. 실제로 겔싱어는 파운드리 분사는 없을 것이라고 2023년 말 미디어 인터뷰에서 언급했다.

26. 예를 들어 인텔이 제시한 생태계(ecosystem) 구성 멤버들만 보면, EDA에서는 3강인 지멘스, 시놉시스, 케이던스는 물론, 로렌츠 솔루션(Lorentz Solution)과 키사이트 테크놀로지스(Keysight Technologies), 앤시스(Ansys)도 포함되었다. 이는 첨단 인공 지능 전용 가속기 외에도 통신용 칩이나 자율 주행차용 라이다(LIDAR) 제어 칩 등 전자기장 제어가 필수적인 칩 설계 팹리스를 염두에 둔 것이다. IP 생태계에는 안데스(Andes), 알파웨이브 세미(Alphawave Semi), ARAGIO, M31, ARM 홀딩스(ARM Holdings), 램버스(Rambus), 브레인칩(brainchip), CEVA, 에이글 아날로그(Agle Analog), 이메모리(eMemory), 플렉스로직스(FlexLogix), 프로티엔텍스(ProteanTecs), 케이던스, 시놉시스 등이 추가되었다. 이러한 생태계는 기본적으로 IFS에서 제공하는 IP를 다양화함으로써 개방된 생태계 구성을 의도한 것이다. 디자인 서비스에서는 캡제미니(Capgemini), 테크 마힌드라(Tech-Mahindra), 테솔브(Tessolve), 사르시나 테크놀로지(Sarcina Technology), HCLTech, 위프로(Wipro), 패러데이 테크놀로지(Faraday Technology)가, 클라우드에서는 IBM, 패러데이, AWS, 마이크로소프트 애저, 지멘스, 앤시스, 케이던스, 시놉시스가 포함되며, US MAG에서도 케이던스, 시놉시스, 지멘스, 플렉스로직스, 드레이퍼(Draper), TSS가 포함된다. 이러한 생태계는 인텔이 확실하게 IFS를 파운드리로 포지셔닝하겠다는 의지를 보여 주는 것일 수도 있다. 결국 인텔이 추구하는 파운드리 전략은 IP, EDA, 디자인 서비스, 클라우드, MUG에 이르는 모든 과정에서 인텔을 중심으로 한 일종의 얼라이언스 체인(alliance chain)을 최

대한 강력하게 구축하는 것이며, TSMC로 쏠려 있던 미국 팹리스들을 조금이라도 고객으로 끌어오기 위해 정부 보조금을 받을 수 있을 정도의 생태계를 구현하겠다는 것이다.

27. 2021년 말 퀄컴의 스냅드래곤 8 Gen 1은 삼성전자 파운드리의 4나노 공정(4LPE)으로 제조되었는데 이 과정에서 발열 및 전력 효율성 문제가 지적되었다. 퀄컴은 스냅드래곤 8+ Gen 1을 2022년 TSMC의 4나노 공정(N4)로 전환한 후에야 문제를 해결했다. 그 이후 퀄컴은 8 Gen 2, 8 Gen 3, 8 Gen 4까지 TSMC에 계속 위탁해 제조하고 있다. 삼성전자는 2017년 이후 외부 고객용 파운드리와 내부용 시스템LSI를 완벽하게 분리(차폐)한 체계를 명확히 했으나, 여전히 TSMC만큼의 파운드리 일변도 사업을 추진하는 구조는 아니었기 때문에 고객사들에게 충분한 확신을 주지는 못했다. 이러한 와중에 칩의 성능 관련 문제가 해결되지 않아 결국 퀄컴 같은 주요 고객들의 위탁 물량은 TSMC로 넘어가게 되었다.

28. 겔싱어는 2023년 말 엔비디아가 지배하는 AI 반도체 시장의 핵심 기술이 다름 아닌 CUDA에 있다고 인식하는 우를 보이기도 했다. 그는 현재 인공 지능 업계가 엔비디아가 주도하는 일종의 표준인 CUDA에 대한 의존도를 완화하겠다는 전략을 공유한다는 인터뷰를 한 적이 있는데, 이는 반은 맞고 반은 틀린 현실 인식이었다. CUDA가 AI 반도체 고객사들에게 중요한 기술 진입 장벽으로 작동하는 것은 맞지만 동시에 CUDA는 고객의 사용자 접근성 개선을 위해 다듬어진 일종의 인터페이스 기술이기 때문이다. 오히려 엔비디아가 가진 진짜 경쟁력인 GPU 코어와 메모리, 그리고 2.5D 패키징과 데이터 통신 및 링크, 칩렛 패키징을 위한 설계와 제조 최적화 기술이 진짜 기술 장벽이라면 장벽이다. 인텔 경영진은 엔비디아가 만든 기술 장벽의 진짜 의미를 제대로 파악하지 못했던 것으로 보인다.

4장 실리콘 트라이앵글과 COCOM 2.0

1. Diamond, Larry, James O. Ellis Jr., and Orville Schell, editors. *Silicon Triangle: The United States, Taiwan, China, and Global Semiconductor Security*. Hoover Institution, 18 July 2023, https://www.hoover.org/research/silicon-triangle-united-states-taiwan-china-and-global-semiconductor-security.

2. Varas, Antonio, et al. "Strengthening the Global Semiconductor Supply Chain in an Uncertain Era". *Semiconductor Industry Association and Boston Consulting Group*, 1 Apr. 2021, pp. 40–41, https://www.semiconductors.org/wp-content/uploads/2021/05/

BCG-x-SIA-Strengthening-the-Global-Semiconductor-Value-Chain-April-2021_1.pdf.

3. McCallion, Christopher. "Semiconductors are not a reason to defend Taiwan." *Defense Priorities*, 5 Oct. 2022, https://www.defensepriorities.org/explainers/semiconductors-are-not-a-reason-to-defend-taiwan/.

4. Gompert, David C., et al. *War with China: Thinking Through the Unthinkable.* RAND Corporation, 2016, https://www.rand.org/content/dam/rand/pubs/research_reports/RR1100/RR1140/RAND_RR1140.pdf.

5. 트럼프 1기 정부 시절 전 백악관 국가 안보 보좌관인 로버트 오브라이언(Robert O'Brien)은 2023년 하반기 카타르 도하에서 개최된 국제 안보 포럼에서 이러한 의견을 피력했다.

6. 이 법안은 엄밀히 말하면 대만과의 동맹을 미국이 보장한다는 뜻보다는, 대만이 독립적 주체로 존속할 수 있도록 대만이 수교 관계를 맺은 나라들을 간접적으로 지원할 수 있는 활동을 보장하기 위한 법이다. 이 법안은 중국과 수교하기 위해 대만과 단교하려는 나라들에 압력을 행사할 수 있으나, 대만과 현재 수교 중인 국가는 대부분 국제적 영향력이 사실상 0에 가까운 나라들이라는 점에서 대만을 위한 법이라기보다는 미국을 위한 법으로 해석하는 것이 맞다.

7. 미국, 일본, 인도. 오스트레일리아로 이루어진 인도 태평양 첨단 기술 연합체.

8. Intel Corporation Form 8-K, August 22 & 27, 2025 (SEC EDGAR); Intel Newsroom, "Intel and Trump Administration Reach Historic Agreement," August 22, 2025. https://newsroom.intel.com/corporate/intel-and-trump-administration-reach-historic-agreement.

9. TSMC 애리조나 피닉스 팹을 제외하면 대만 파운드리 업체들의 해외 팹 공정 수준은 수 세대 이상 뒤처져 있다. 예를 들어 일본에서는 40/28/22나노와 12/16나노 (6/7나노는 계획 중), 독일에서 28/22나노와 16/12나노, 중국에서는 16/12나노와 28/22나노, 인도에서는 28/40/55/110나노, 싱가포르에서는 아날로그 칩 전용 성숙 공정이나 40~130나노 CMOS 같은 레거시 공정, 독일에서는 22/28나노나 16/12나노 등으로 확실히 미들테크-레거시 성숙 공정 위주로 구성되어 있다.

10. 소련 측 접촉 창구는 이토추 상사 모스크바 지점이 아니라, 사실 더 정확하게는 이토추 상사의 위장 자회사인 와코 트레이딩(Wako Trading/Wako Koeki)이었다. 당시 소련 측 교섭 담당자는 와코 트레이딩의 히토리 구마가이(Hitori Kumagai, 일명 Kazuo

Kumagai)였으며, 와코 트레이딩이 소련에 허위 수출 허가 신청서를 제출하는 실무를 담당했다.

11. Sevastopulo, Demetri. "US demands to know what allies would do in event of war over Taiwan." *Financial Times*, 13 July 2025, https://www.ft.com/content/41e272e4-5b25-47ee-807c-2b57c1316fe4.

12. Funaiole, Matthew P., et al. *Crossroads of Commerce: How the Taiwan Strait Propels the Global Economy*. Fact Sheet, ChinaPower, Center for Strategic and International Studies, 10 Oct. 2024, https://csis-website-prod.s3.amazonaws.com/s3fs-public/2024-10/ChinaPower_CrossroadsCommerce_TaiwanStrait_factsheet.pdf.

13. 미국 정부가 한국 정부에 요구하는 국방비 증액 규모는 아직 명확하게 정해지지 않았지만, NATO 회원국들에 대한 요구 수준을 참고하면 5퍼센트(간접비 포함)까지도 올라갈 수 있다. 한국 정부는 미국 정부의 요구에 대비해 2025년 8월 미국에서 개최된 한미 정상 회담에서 국방 예산의 대폭 인상을 공식화했으며 2025년에서 2026년 사이 국방 예산 인상율을 8.2퍼센트로 올렸다.

14. Yeo, Andrew, and Hanna Foreman. "Is South Korea ready to define its role in a Taiwan Strait contingency?" *Brookings*, 28 Mar. 2025, https://www.brookings.edu/articles/is-south-korea-ready-to-define-its-role-in-a-taiwan-strait-contingency/.

15. Funaiole, Matthew P., et al. "Crossroads of Commerce: How the Taiwan Strait Propels the Global Economy." *ChinaPower Project*, Center for Strategic and International Studies, 10 Oct. 2024, https://features.csis.org/chinapower/china-taiwan-strait-trade/.

16. Scott, Malcolm. "A War Over Taiwan Is a $10 Trillion Risk." *Bloomberg*, 9 Jan. 2024, https://www.bloomberg.com/news/newsletters/2024-01-09/economy-risks-latest-taiwan-war-would-cost-world-10-trillion.

17. 허재철, 「미중 전략 경쟁 시기의 대만 문제와 한국의 경제 안보」. 대외 경제 정책 연구원, 2023, https://www.kiep.go.kr/galleryDownload.es?bid=0001&list_no=10605&seq=1.

18. 크리스 밀러, 노정태 옮김. 『칩 워』(부키, 2023년).

5장 중국의 미개척 반도체 영역 진출

1. 유엔 산하 세계 지식 재산 기구(World Intellectual Property Organization)의 약자로서, 전 세계 지식 재산권의 보호, 조화, 촉진을 목표로 설립되었다. 주 업무는 국제 특허,

상표, 디자인 시스템을 운영하는데, 특히 특허는 특허 협력 조약을 기반으로 한다.

2. 특허 협력 조약(Patent Cooperation Treaty)은 1970년에 체결되었고 현재 150개국 이상이 가입한 조약이다. PCT는 WIPO 국제 특허 출원 관리 주체다. 일단 국제 특허를 PCT를 통해 출원했을 경우 단일 국제 출원으로 인정되기 때문에 여러 나라에서 동시에 특허 권리 확보를 신청할 수 있다. 즉 각국의 특허청마다 별도로 출원서를 제출할 필요 없이 국제 출원 단계(국제 검색 및 공개)를 거친 후 국가별 출원 단계에 진입하게 되는 방식이다. 이 제도는 특허 출원에 따른 비용과 시간을 절약하고 글로벌 기술 권리 확보를 빠르게 진행하기 위한 용도로 활용된다.

3. PCT 출원 건수가 많다고 해서 실제 기술 경쟁력도 높다는 뜻은 아니다. 특허는 개수보다는 품질이 중요하며 기업에 따라서는 권리 보호를 위해 전략적으로 출원하는 경우도 있기 때문에 (포트폴리오 방어 목적 등) 특허 출원 건수만으로는 기술력 평가를 모두 대변할 수는 없다. 또한 중국을 포함한 일부 국가에서는 PCT 특허 출원만으로 연구자에게 인센티브가 주어지기 때문에 특허 출원 건수는 다소 부풀려진 지표로 평가된다. 이를 보완하기 위해 USPTO나 EPO 데이터 기반의 특허 피인용 지수, 패밀리 특허(동일 발명을 여러 국가에 동시 출원한 규모(글로벌 상업화 의지)), 유지 연한 연장(장기일수록 중요 특허), 기술 분야별 특허 집중도, 논문-특허 연계 지표 등이 같이 활용된다.

4. '과기 굴기 전략(科技崛起戰略)'은 1978년 개혁 개방 정책 이후 경제 성장률과 과학 기술 역량 사이의 격차를 줄이기 위해 반세기 가까이 추진되는 중국 정부의 전략이다. 실제 투자는 1980년대부터 이루어졌으며, 2006년의 '국가 중장기 과학 기술 발전 계획 요강(2006~2020년)'을 구체화된 계획으로 볼 수 있다. 이 시기의 기치는 '자주 혁신'이었으며 2010년대 이후 '중국 제조 2025', '인공 지능 2030' 등의 계획으로 계승되었다.

5. '863 계획(國家高技術研究發展計劃)'은 1986년 3월, 덩샤오핑의 지시를 받은 4명의 국가대표급 과학자 왕간창(王淦昌), 왕다헝(王大珩), 양자츠(杨嘉墀), 천팡윈(陈芳允)이 중앙당에 공동 보고서를 제출해 시작된 첨단 기술 도약 계획이다. 1986년 3월에 제출되었다 해서 863계획으로 불린다. 이 계획에서 중점적으로 다루는 영역은 IT, 생명 공학, 우주, 레이저, 자동화, 에너지, 신소재였으며 이후 해양, 첨단 농업 등이 추가되었다. 이 계획을 통해 톈허(天河, Tianhe), 선웨이(神威, Sunway) 같은 중국 자체 개발 슈퍼 컴퓨터, 베이도우(北斗, BeiDou) 같은 자체 위성 항법 시스템(GPS), 하이브리드 벼 품종, 국산 반도체 장비 기술 개발 등의 성과가 창출되었다.

6. '973 계획(國家重點基礎研究發展計劃)'은 1997년 3월, 국가 기초 연구력 강화를 위해 장기적인 과학 기술 경쟁력 확보를 목표로 출범한 계획이다. 1997년 3월에 제출된 계획

이라고 해서 973 계획이라고 불린다. 이 계획은 생명 과학(신약 개발 및 생명 현상), 재료 (신소재 기초 이론), IT(계산 및 네트워크 이론), 에너지(청정 에너지, 핵융합), 환경(지구 시스템, 재해 대응), 농업(식량 안보, 유전 공학)에 초점을 맞췄으며, 그 성과로 바이오 신약 개발 기반 형성, 나노 신소재 분야 연구력 강화, 기초 물리학, 수학 연구력 향상 등이 창출되었다.

7. '국가 중장기 과학 기술 발전 계획 요강(國家中長期科學和技術發展規劃綱要 (2006~2020年))'은 과기 굴기 전략의 일환으로 15년간 추진된 계획으로서, 이때부터 GDP 대비 국가 연구 개발 투자 비율이 주요 성과 목표로 명시되기 시작했다.

8. '인공 지능 발전 계획(新一代人工智能發展規劃)'은 2030년까지 중국을 세계 1위 인공 지능 선도국으로 만드는 것을 목표로 발표된 과학 기술 연구 개발 지원 계획이다.

9. '천인 계획(千人計劃)'은 2008년 도입된 '해외 고급 인재 유치' 국가 프로그램을 말한다. 주관 기관은 중국 공산당 중앙 인재 공작조(中央人才工作協調小組, Central Talent Work Leading Group)다. 이 기관의 상위 부처는 공산당 중앙조직부(中共中央組織部, CCP Organization Department)다. 해외 유학이나 기관 재직 경험이 있는 화교나 외국인 과학 기술 인재를 중국으로 끌어들이는 데 초점을 두었다. 특히 '청년 천인(Young Thousand Talents)' 같은 세부 프로그램에서는 초기 보너스와 정착 지원, 파격적 연구비 등 인센티브가 집중 제공되었다. 2018년 이후 미국·오스트레일리아 등에서 IP 유출, 기술 안보 리스크 문제가 제기되면서 프로그램의 축소 및 비공개화가 2018~2020년 사이에 관측되었다. '만인 계획(万人計劃)'은 2012년 출범한 프로그램으로서 해외 유치 중심의 천인 계획과는 달리 국내 기반의 고급 인재(자연 과학·공학·인문 사회 포함)를 선발하고 양성하는 국가 인재 특수 지원 성격의 프로그램이다. 10년 내 1만 명 선발을 목표로 설정했다. 만인 계획은 중앙 인재 공작조가 총괄하며, 조직부·교육부·과학기술부 등 다수의 부처가 공동으로 참여한다. 특히 지방 정부와 공기관의 각종 인재 프로그램과도 연동되어 전국적으로 뛰어난 인재를 국가급 리더로서 초기부터 관리한다는 성격을 갖는다. 2023년 이후에는 치밍(啟明, Qiming) 같은 후속 프로그램이 등장했다. 이 프로그램은 다수의 중앙·지방 정책 문서·채용 공고를 토대로, 공개적 '천인' 간판 대신 부처·분야별 스페셜 트랙으로 운영된다. 특히 MIIT 소관의 치밍 프로그램은 반도체, 인공 지능, 양자 컴퓨터 등 전략 기술 분야를 겨냥해 인재를 채용한다. 이 프로그램을 통해 비자나 외국인 전용 패키지가 갖춰졌으며 해외 인재 유치에도 집중한다. 참여기관으로는 주요 학회, 중국 과학원, 중국 공정원(CAE), 지방 정부, 주요 대학이 포함되며 서구의 정책·감시 강화에 따라 명칭이 수시로 변경되거나 기관별로 분산 운영되는

등 유연한 제도적 틀을 갖는다.

10. 2025년 10월에 발표된 영국 타임스 고등 교육(THE)의 세계 대학 평가 결과에 따르면 아시아 탑10 대학 중 중국 대학이 칭화 대학교(12위), 베이징 대학교(13위), 홍콩 대학교(33위), 푸단 대학교(36위), 저장 대학교(39위), 상하이 자오퉁 대학교(40위), 홍콩 중문 대학교(41위) 등 일곱 곳 포함되었다. 한국 대학교는 한 곳도 포함되지 못했으며, 세계 100위권 이내도 서울 대학교(58위), KAIST(70위), 연세 대학교(86위), 성균관 대학교(87위) 등 네 곳에 그쳤다.

11. 이들은 중국 과학원 재직 시절, 기념비적인 논문 두 편을 2014년 발표했다. 첫 번째 논문은 ASPLOS 국제 학술 대회에서 발표한 「DianNao: A Small-Footprint High-Throughput Accelerator for Ubiquitous Machine-Learning」으로, 인공 신경망 기반 학습의 기본 알고리듬인 CNN/DNN의 메모리 접근 효율을 강화할 수 있는 신경망 전용 단일 프로세서의 설계에 대한 것이었다. 이 논문은 인공 신경망 연산을 위해서는 GPU만이 답이 아니며, 소형-저전력-엣지형 그리고 이론적으로는 서버까지도 다양한 규모로 확장이 가능한 칩, 즉 NPU 개념이 주종이 될 수 있다는 기술의 원류가 되었다. 이 논문에서 발표한 메모리 효율 관리 기술은 캠브리콘의 주력 핵심 기술 중 하나다. 두 번째로 발표한 논문은 MICRO 국제 학술 대회에서 발표한 「DaDianNao: A Machine-Learning Supercomputer」으로, 단일 NPU를 여러 개 연결한 시스템에서도 메모리 지연을 최소화하며 대형 신경망 모델을 처리하는 방법을 하드웨어 구조 차원에서 제시했다.

12. 커촹반은 미국 나스닥 같이 IT와 첨단 혁신 기업 전용의 주식 거래 시장을 의미한다. 2019년 7월 22일 상하이 거래소에서 과학 기술주 전용 시장으로 설립된 후 외국인 기관 투자도 허용하고 있다. 중국 최대 파운드리 회사인 SMIC도 커촹반에 상장되었다.

13. https://eecs.pku.edu.cn/en/Education/Programs.htm.

14. 치앙지 제도는 베이징 대학교뿐만 아니라, 중국의 주요 연구 중심 대학이 채택하는 학내 특별 인재 선발 시험으로 중국 교육부가 2020년부터 도입한 제도다. 시험 과목은 수학, 물리, 화학, 기초 의학, 역학 등이며, 가오카오 시험과 합산되어 투링반 선발에 활용된다. 예를 들어 2025학년도 입학생은 가오카오 성적 85퍼센트, 수학·물리·화학으로 구성된 치앙지 성적 10퍼센트, 면접 5퍼센트를 합산한 종합 점수 순으로 선발되었다.

15. 이를 바오쑹(保送) 제도라고 부른다. 바오쑹 제도는 치앙지 시험과는 달리 5대 이공계 분야 올림피아드 수상자를 선발하기 위한 패스트트랙 제도다. 어떤 면에서는 투링반보다 훨씬 더 까다로운 입시라고 볼 수 있다.

16. 굳이 산시 성을 언급한 까닭은 중국을 대표하는 SF 작가 류츠신이 바로 산시 성 출신이

기 때문이다. 즉 나는 베이징 대학교, 그리고 투링반 교수들은 제2, 제3의 류츠신 같은 상상력+문제 의식+전문성을 동시에 갖춘 입체적 인재가 될 떡잎을 시험 점수 외의 방법으로 발굴할 수 있는지 간접적으로 물어본 것이다.

17. LLM은 기본적으로 자연어 기반의 패턴 인식 기능이 고도로 극대화된 생성기다. 상관 관계 패턴 학습에는 최강의 성능을 자랑하지만 물리적 세계에서 중요한 시간 의존성, 상태성, 그리고 인과 관계 패턴 학습에는 근본적으로 한계가 있다. 그래서 LLM 기반으로 로봇을 훈련시키거나 제조 AI 등에 적용하는 것은 초기에는 좋은 성과로 이어지지만, 갈수록 인공 지능의 산업 확장을 막는 주요 장애물이 된다. 인공 지능 분야 주요 석학이자 튜링상 수상자로 메타의 수석 인공 지능 과학자인 얀 르쿤(Yann LeCun) 뉴욕 대학교 교수는 LLM의 한계를 일찍부터 지적해 왔다. 그는 LLM은 인공 지능의 궁극적 방향인 이른바 월드 모델(world model)의 정답이 될 수 없으며, 따라서 궁극적으로는 새로운 인공 지능이 출현해야 한다고 주장한다. 르쿤 교수의 주장에 대한 핵심 근거는 이른바 '모라벡의 역설(Moravec's paradox)'이다. 이 역설은 현재의 LLM 같은 AI 모델이 복잡한 패턴 인식과 거대한 계산은 인간보다 훨씬 잘하지만, 주변 환경을 인식하고 물리적으로 작동하는 법을 효율적으로 배우기는 어렵다는 역설을 의미한다. 즉 현재의 인공 지능은 적어도 현실 세계 적응에 한계가 명확하다는 것이다. LLM 이후 월드 모델에 근접하는 인공 지능은 고급 기계 지능(advanced machine intelligence, AMI)이 될 것이라 전망되고 있다.

18. Buntz, Brian. "China Could Outspend the U.S. on R&D by 30%-Plus by 2030— even if the Trade War Roars On." *R&D World*, WTWH Media LLC, 25 Apr. 2025, https://www.rdworldonline.com/china-could-outspend-the-u-s-on-rd-by-30%E2%80%91plus-by-2030-even-if-the-trade-war-roars-on/.

19. 어떤 지출을 기업의 과세 소득에서 차감되는 비용으로 인정한다는 뜻이다. 이는 기업의 법인세 부담을 줄이는 효과를 낸다. 연구 개발 세제 지원에서 손금 산입은 주로 기업이 연구 개발에 투자하는 비용을 일반 비용보다 더 크게 산정하는 제도로 구현된다. 예를 들어 어떤 기업이 연구 개발비를 100억 원 사용했다면, 기업 회계상 손금으로 100억 원이 인정된다. 여기에 슈퍼 공제까지 더해지면, 투입한 연구 개발비 100억 원에 대해, 세무상으로는 200억 원의 손금이 산정된다. 이러면 과세 표준이 되는 기업의 순이익이 줄어들게 되므로 법인세를 덜 내게 되고, 기업 입장에서는 세후 비용 부담이 저하된다. 슈퍼 공제는 특수한 업종에서 연구 개발을 더 장려하기 위해 산정 비율을 높여 주는 방식인데, 기업 연구 개발을 장려하는 효과가 강화될 수는 있으나, 지나치게 손금으로 산

정되는 비중이 높아지면 도덕적 해이를 야기할 수 있다. 즉 실제 연구 개발과는 무관한 비용을 부풀리거나, 형식적 연구 개발로 분류하는 관행이 생길 수 있는 것이다.

20. 미국 연방 법전(U.S. Code) 제26편(Internal Revenue Code) §174A조, "국내 연구 또는 실험 지출(Domestic research or experimental expenditures)".

21. 중국의 200퍼센트 슈퍼 공제와 미국 세법 174조 개정판의 효과는 다음과 같이 비교해 볼 수 있다. 어떤 기업이 연구 개발 비용에 100억 원을 지출했다고 가정해 보자. 그리고 이 기업에 대한 법인세율이 25퍼센트라고 가정하자. 중국에서는 200퍼센트 손금 산입 (슈퍼 공제)로 추가로 인정된 100억 원에 대해 세율 25퍼센트를 곱하면 25억 원의 법인 세가 절감된다. 그러면 실질적으로 이 기업은 중국에서는 연구 개발에 75억 원만 쓴 셈이다. 반면 미국에서는 국내 연구 개발에 한해 연차별로 비용 처리가 다르다. 100억 원의 국내 연구 개발에 대해 미국 세법에서는 1년차에 20억 원까지만 비용 처리해 준다. 그러면 세금은 5억 원 절감된다. 따라서 실질적으로는 95억 원을 쓴 셈이 된다. 20억 원의 여유 자금이 생긴 기업은 이를 연구 개발에 재투자할 수 있다. 따라서 하드 테크 분야 기술을 개발하는 기업 입장에서는 중국에서 연구 개발을 하는 편이 현금 흐름 관리에 더 유리하다.

22. 주석(Sn)의 기저 상태 전자 배치는 [Kr]4d105s25p2이다. 중성 주석 원자는 $5p$ 오비탈에 있는 전자 2개를 최외각 전자로 갖는다. 그런데 주석이 강력한 이산화탄소 레이저를 받아 순간적으로 플라스마 상태가 되면 $5p$, $5s$ 오비탈에 있던 전자 외에도 더 깊은 에너지 준위(즉 원자핵에 더 근접해 안정한 상태)에 있던 $4d$ 오비탈 내 전자까지 부분적으로 빠져나가면서 Sn^{8+}(8가)부터 Sn^{14+}(14가)까지 상태를 갖는다. 이온화된 주석 플라스마는 들뜬 상태의 전자가 다시 바닥 상태로 천이되면서 극자외선 대역의 전자기파를 방출한다. 천이 과정에 관여하는 오비탈은 $4d$-$4f$, $4d$-$5p$ 등으로서, 이들의 에너지 준위는 매우 조밀하게 배치되어 있기 때문에 거의 연속적인 분포를 보인다. 그래서 극자외선 대역 전자기파 방출은 준연속적(quasi-continuum) 천이를 보인다. 그래서 주석 플라스마에서 발생하는 극자외선은 $4d$ 오비탈에 있던 전자가 들뜬 상태가 된 후 다시 집단 전이하는 과정에서 보이는 연속 방출 스펙트럼이라고 볼 수 있다. 예를 들어 그림 5.3에 보인 바와 같이 Sn^{10+}, Sn^{11+}, Sn^{12+}, Sn^{14+} 이온 상태는 $4d$-$4f$, $4p$-$4d$ 전이 과정에서 13.5나노미터 근처의 전자기파를 방출한다. 제논(Xe) 같은 원소도 주석과 비슷한 에너지 준위를 보이지만, 제논의 $4d$ 오비탈 전자는 11나노미터 파장에서 극자외선을 방출한다. 즉 연속 전이로 볼 수 있을 정도의 조밀성은 떨어지기 때문에 에너지 전환 효율이 별로 높지 않다. 그래서 제논은 극자외선 광원 재료로는 사용되지 않는다.

23. 이러한 인공 거울은 분산 브래그 반사경(distributed Bragg reflector, DBR)이라고도 불린다.

24. 이는 Mo/Si DBR에서 실리콘 박막이 12.4나노미터 파장 이하의 전자기파를 대부분 흡수하기 때문이다.

25. 극자외선 노광기의 세대별로 반사 횟수가 달라진다. 반사 횟수는 통상 여섯 번(1세대)에서 열한 번(2세대)까지 분포한다. 여기서 말하는 '반사 횟수'는 노광기 내부 광학계에서 광원이 집광기-마스크-투영 광학계를 거쳐 웨이퍼에 도달하기까지 반사경에 닿는 횟수로서, 하나의 공정 노드에서 EUV 장비를 몇 개의 레이어에 적용하는지를 뜻하는 'EUV 적용 레이어 수'와는 별개의 개념이다.

26. 반도체 패터닝 공정에서는 특정 크기의 물리적 구조물을 웨이퍼에 구현하는 것을 목표로 삼는다. 이러한 구조물 크기를 임계 치수(critical dimension, CD)라고 하며, 구조물 크기를 설계대로 제어하기 위해서는 충분한 에너지 밀도를 갖는 극자외선이 감광재 박막에 흡수되어야 한다. 이를 정량화한 수치가 단위 면적당 흡수선량이고, DtS는 CD를 제대로 구현하기 위해 필요한 최소 흡수선량을 의미한다. DtS가 반도체 공정에서 매우 중요한 지표인 까닭은 양산 속도(스루풋)와 반비례하기 때문이다. 즉 양산 여력을 늘리기 위해서는 DtS를 낮춰야 한다. 스루풋은 웨이퍼에 도달하는 광원의 출력에 비례하고 DtS에 반비례한다. 이러한 관계는 다음과 같이 이해해 볼 수 있다. 어떤 감광재 박막의 DtS, 즉 극자외선 전자기파를 받아 광화학 반응 후 경시 변화를 일으키기 위한 최소 흡수선량이 $20mJ/cm^2$라고 가정해 보자. 단위 면적당 그리고 초당 입사하는 극자외선 전자기파 에너지가 $2mJ/cm^2/s$라면 이 감광재의 경시 변화를 위해서는 적어도 10초 동안 빛을 쬐어 주어야 할 것이다. 만약 DtS가 $10mJ/cm^2$이 되었다면 이제 빛을 5초만 쬐어 주어도 된다. 그러면 노광 공정에 필요한 시간이 대략 절반으로 단축될 수 있다. 반도체 제조 공정에서 노광 공정이 차지하는 비중이 100퍼센트는 아니므로 DtS가 절반으로 줄어들었다고 해서 전체 전공정 시간(이 시간을 리드타임이라고 부른다.)도 절반으로 줄어드는 것은 아니다. 5나노 공정을 기준으로 본다면 노광 공정의 DtS가 절반으로 줄어들 경우 리드타임은 7~14퍼센트 정도 줄어든다. 물론 이러한 리드타임 감소만 해도 매우 중요한 공정 개선으로 볼 수 있다. 그만큼 양산 여력을 늘릴 수 있다는 뜻이기 때문이다. 현재 1세대 ASML 극자외선 노광 공정은 초당 150장의 12인치 실리콘 웨이퍼를 처리할 수 있는데 DtS를 절반으로 줄이면 초당 160장까지 처리량을 늘릴 수 있게 된다.

27. 양자 역학에 따르면 광자 하나의 에너지는 파장에 반비례한다. 즉 극자외선 광자의 에

너지는 심자외선 광자의 에너지보다 14배 정도 높다.

28. 노광 공정의 확률론적 효과를 이해하기 위해 통계학 모델을 생각할 수 있다. 통계적으로 표준 편차는 샘플 개수의 제곱근에 반비례한다. 심자외선 노광 공정에서 웨이퍼의 단위 면적당 1만 개의 광자가 입사된다면, 극자외선에서는 900개의 광자가 입사된다. 그러면 극자외선 노광 공정의 통계적 오차는 심자외선에 비해 3배 이상으로 늘어난다는 것을 의미한다. 표준 편차 문제에 더해, 극자외선 광자의 에너지가 워낙 크기 때문이 이들은 광화학 반응을 일으키는 감광재(PR) 박막에 들어와서도 에너지를 다 잃어버리지 않고 주변 분자들과 상호 작용해 라디칼이나 이차 전자 등을 계속 만들어 내는데, 이들 부산물들도 여전히 에너지가 남아 있는 상태이기 때문에 불규칙적으로 산란(scattering)되면서 부반응을 일으킨다. 이로 인해 나노미터 스케일로 구현되어야 하는 패턴 품질이 나빠지는 문제가 생긴다. 패턴 품질이 악화되면 그만큼 전공정 수율도 저하된다.

29. 2025년 9월 미국의 주요 반도체 공정 장비 업체인 램 리서치, 그리고 인프리아를 인수한 일본의 소재 업체 JSR는 극자외선 노광 공정 전용 금속 주석이 함유된 무기물 PR 소재 개발 기술 동맹을 맺기로 결정했다. 이 동맹을 통해 기존의 극자외선 PR 시장을 지배하던 JSR는 웨이퍼 위에 램 리서치의 증착 방식을 이용해 드라이 방식으로 PR 박막을 형성하는 기술을 확보하고 램 리서치는 무기물 PR 시장을 독점하던 JSR의 소재 특허를 활용해 PR 증착 장비 시장 점유율을 확대할 수 있게 되었다.

30. 2세대 극자외선 노광 공정 장비에서는 기본적인 광학 스펙부터 재조정되어야 한다. 무엇보다도 1세대에서 그나마 쓸 수 있었던 감광재나 식각 가스, 광학계 등도 다른 소재로 바꿔야 한다. 2세대 노광 공정의 핵심은 물리적 해상도를 더 높이는 것인데 이를 위해 수차(NA)를 0.33에서 0.55로 높인다. 그 대가로 초점 깊이(focal depth)가 낮아지는데 이로 인해 입사되는 광자의 입사각이 이루는 원뿔 모양의 면적이 확장되므로 그만큼 필터링되는 광자들도 많아진다. 이는 비슷한 규모의 유효 광자 입사를 보장하기 위해서는 더 많은 전력을 투입해 더 많은 광자를 만들어야 함을 의미한다. 그래서 전력 소모량도 2세대 장비가 1세대에 비해 최소 3배에서 최대 10배까지도 될 수 있다. 여기에 더해 2세대 장비는 1세대에 비해 시간당 패터닝 공정 처리량도 3분의 2 이하로 저하될 것으로 예상된다. 공정 안정화에 소요되는 시간이 늘어남은 물론 더 정밀한 패턴을 얻는 대가로 스캐닝 속도도 느려져야 하기 때문이다. 시간당 양산 규모가 축소된다면 웨이퍼당 광자 입사량을 줄이는 방법이 필요한데, 문제는 그렇지 않아도 확률적 영향으로 인해 패턴 품질이 저하되는 특징을 갖는 극자외선 노광 공정에서는 1세대보다 광량을

더 줄이기란 거의 불가능하다는 것이다.

31. 더 정확히는 2024년 1월 이후 네덜란드 정부가 유지 보수 라이선스를 금지시킨 모델은 NXT:2050i 및 NXT:2100i 심자외선 노광 장비였고, 2024년 9월부터 라이선스를 금지시킨 모델은 더 구형인 NXT:1970i과 NXT:1980i였다.

32. 개별 특허 개수가 6,000여 건이라는 뜻이 아니라 패밀리 특허가 6,000여 종이라는 뜻이다. 개별 특허로 세분해 계수할 경우 3만 건에 이른다.

33. 이 기업은 2023년 미국 정부의 제재 대상으로 지정되었다.

34. 물론 러시아 ZNTC의 심자외선 노광기가 당장 개발된다고 해서 바로 극자외선 노광기로 활용될 수 있는 것은 아니다. ZNTC가 시도하는 350나노미터 파장의 심자외선 노광기는 ASML의 동세대 노광기와 비교하면 대략 30년 정도의 기술 격차가 있다.

35. 예를 들어 US 7,141,806 B1, US 8,035,092 B2, US 9,268,031 B2 같은 미국 특허는 LPP, LDP에 공통으로 적용되는 가스 제어, 진공 챔버 내 콜렉터(collector) 침식 억제, 부산물 제어 기술 등과 관련된 특허다. 광원, 부산물 처리, 가스, 제어 등과 관련된 패밀리 특허는 약 100여 건에 달한다.

36. 연속 출원(continuation)은 선도 기업이 원천 특허(기초 발명)를 출원할 때, 심사 기간이 길다는 점을 고려해 출원 후에도 계속 후속 청구항을 제출하면서 원천성 선점을 이어 가는 전략이다. 이는 미국 특허법상 허용되는 방식으로서 심사가 끝나기 전에 유사하거나 조금 변형된 발명에 대해 추가 출원을 하면 동일한 우선일(priority date)을 인정받게 된다. 그러면 후발 기업이 시장에 진입하기 위해 선도 기업의 기술을 변경하는 등 우회를 시도해도 선도 기업은 나중에 청구항을 그에 맞춰 조정해 사후적으로 대응할 수 있어 후발 주자들이 간단한 수정만으로 우회하는 전략을 막을 수 있다

37. 분할 출원(divisional)은 하나의 출원에서 여러 발명(예: A기술+B기술)이 포함되면 심사관이 "단일성 위반"이라며 분할 요구를 하는 경우를 대비한 전략이다. 이 요구에 대해 선도 기업은 기술을 여러 개의 특허 패밀리로 분산시켜 등록하며 대응할 수 있다. 그러면 핵심 원천 기술이 수십 개의 특허 포트폴리오로 나뉘어 후발 기업 입장에서는 침해를 피하기가 매우 어려워진다.

38. 개선 특허(improvement patent)는 원천 특허 위에 계속 개선 아이디어(소재, 구조, 알고리듬·공정 조건 등)를 보호하기 위한 목적으로 만든 전략 특허다. 원천 특허를 보유한 기업은 개선 특허를 통해 기술 진화 경로 전체를 장악할 수 있다. 후발 기업이 단순 개선형 제품을 내놓으면 거의 항상 기존 포트폴리오에 걸려든다.

39. 여기서 말하는 EUV 적용 레이어 수란, 하나의 반도체 공정 전체에서 EUV 노광 장비

를 사용하는 패터닝 단계의 수를 가리키는 것으로, 앞서 다룬 노광기 내부 광학계의 반사 횟수와는 전혀 다른 개념이다.

40. 결맞음 상태는 파동의 위상이 잘 일치된 상태다. 드브로이 이론에 따르면 전자도 파동성을 가지므로 전자 빔의 결맞음은 빔 내 여러 지점-시간 사이 다량의 전자들의 위상 상관 관계가 안정적 상태로 유지되는 상태다. 전자 빔을 사용하는 전자 현미경 같은 정밀 장비는 위상을 제어하는 것이 매우 중요하며, 특히 좁은 면적에 전자 빔을 집중시키는 장비는 에너지 효율성과 공간 분해능을 보장하기 위해서라도 결맞음 상태를 유지하는 것이 중요하다.

41. 퍼지는 정도를 되도록 최소화해야 하는 기술이 왜 중요한지 이해하려면, 인간이 지구 상에서 외우주로 쏘아 보낸 전자기파가 아무리 고출력이라고 해도 결국 외우주에서는 흩어져서 노이즈로 수렴하는 것을 생각하면 된다.

42. 심자외선 노광 공정에서 활용된 유기물 기반 화학증폭형 감광 소재(CAR-based PR)가 극자외선 노광 공정에는 적합하지 않아 새로운 소재 개발이 필요했는데, 이를 위해 극자외선 파장 대역에서 흡광 계수(absorption coefficient)가 높은 무기 이온들을 다량으로 침투시켜 만드는 하이브리드 유무기 감광 소재(hybrid organic-inorganic PR)가 대안으로 부상했다. BNL은 이러한 감광 소재 개발 연구도 싱크로트론 시설에서 확보한 고품질 극자외선 전자 빔을 활용해 진행했다.

43. 헬름홀츠 연구소는 단일 국립 연구소가 아니라, 18개의 독립 법인 연구 센터가 참여하는 일종의 연합체로서, 독일 최대 규모의 공공 연구 조직이다. 주로 국가 난제나 아젠다 해결을 위한 미션 지향형 연구를 추구하며, 이중 중국과 가속기 연구를 협력하는 기관은 독일 전자 싱크로트론 연구소(Deutsches Elektronen-Synchrotron, DESY)다. DESY는 3세대 싱크로트론인 페트라 III(PETRA III), 자유 전자 레이저 FLASH, 유럽 XFEL 운용을 주관하거나 핵심 파트너로 참여한다. DESY는 중국 SSRF 같은 가속기 연구소와 국제 공동 연구도 진행한다.

44. 물리학 기술 연방 연구소(Physikalisch-Technische Bundesanstalt)는 독일의 국가 계량 표준 기관(NMI) 소속으로, 한국으로 치자면 한국 표준 과학 연구소(KRISS) 역할을 하는 기관이다.

45. Jiang, Bocheng, et al. "A Synchrotron-Based Kilowatt-Level Radiation Source for EUV Lithography." *Scientific Reports*, vol. 12, 28 Feb. 2022, article no. 3325, https://doi.org/10.1038/s41598-022-07323-z.

46. 노광 장비의 마이크로 XY 스테이지(fine XY stage)와 그 관성(inertial) 제어는 초고가

속·고속 스캐닝 중에도 광학계와 계측계에 진동 허용치를 넘기지 않고, 나노미터 수준의 정밀도로 빔의 위치를 정밀 제어하는 핵심 기술이다. 웨이퍼와 레티클이 올라간 스테이지가 고속으로 움직일 때 발생하는 관성에 따른 반작용력(관성력)을, 리액션 매스 (reaction mass), 분리형 메트롤로지 프레임, 이중 스테이지(즉 롱스트로크와 쇼트스트로크로 분리된 이중 운동 제어 장치), 마그레브·에어 베어링(maglev/air bearing), 간섭계와 격자 엔코더(grating encoder), 그리고 피드포워드(feed-forward) 및 가속도 되먹임 제어로 억제하고 정밀하게 다루는 기술이 핵심이다. ASML이 노광 장비에 적용하는 듀얼 스테이지 트윈스캔 같은 기술은 스테이지가 고속으로 움직일 때 생기는 반작용을 제어하는 대표적 기술이다. 특히 정밀한 위치 제어를 보장하기 위해 1나노미터 이하의 위치 정밀도를 보장하는 레이저 간섭계와 격자 엔코더 기술 확보가 중요한데, 이때 소재와 주변의 굴절률, 열, 진동 등에 의한 교란을 상쇄하는 정밀 계측 프레임도 맞춤형으로 설계되어야 한다. ASML 외에 정밀 관성 제어 스테이지 기술을 일부라도 보유한 회사는 니콘이나 캐논밖에 없다. ASML은 레이저 간섭계와 레이저 트래커/격자 엔코더는 자이고(Zygo), 레니쇼(Renishaw)와 각각 협력하고 있으며, 플라나 XY 에어 베어링과 마그레브 스테이지는 에어로텍(Aerotech)이나 알리오 인더스트리즈(ALIO Industries) 같은 회사와, 그리고 정밀 계측기와 밸런스 매스 등은 TNO와 협력 관계를 오래 유지하고 있다. 중국도 자체적으로 심자외선 노광 스캐너를 개발하면서 격자 레이저 간섭계, 다자 유도 엔코더, 마그레브, 플라나 XY 모터 등의 주변 기술이 병행 개발되고 있다. 그러나 아직 이러한 요소 기술들이 하나의 스캐너 안에서 통합되어 정밀하게 작동된다는 개념 증명 데이터는 공개된 바 없다.

47. TrendForce. "[News] China's Prinano Delivers First Homegrown Nanoimprint Lithography Machine, Challenging Canon." *TrendForce*, 11 Aug. 2025, https://www.trendforce.com/news/2025/08/11/news-chinas-prinano-delivers-first-homegrown-nanoimprint-lithography-machine-challenging-canon/; Shilov, Anton. "China-Based Firm Delivers Its First Chipmaking Tool That Stamps Nanoscale Processor Designs onto Wafers — Prinano's Nanoimprint Lithography Tool Uses Quartz Molds Engraved with Circuits." *Tom's Hardware*, 15 Aug. 2025, https://www.tomshardware.com/tech-industry/china-based-firm-delivers-its-first-chipmaking-tool-that-stamps-nanoscale-chip-designs-onto-wafers-prinanos-nanoimprint-lithography-tool-uses-quartz-molds-engraved-with-circuits.

48. 이 특허는 스텝앤드리피트 방식 NIL 공정에서 잔류층 제거를 위한 필수 기술이기 때

657

문에 프리나노 입장에서는 스텝앤드리피트 방식으로 NIL에 연속 공정을 채용하는 한
이 특허를 우회하기 어렵다.

49. 구글의 윌로 칩 관련 논문에서는 오버헤드를 직접 수치로 명시하지 않는다. 이 추정치
는 7×7 표면 코드 격자 기반 분석에서 도출한 학계 통용 개념치로, 실제 적용 조건에
따라 달라질 수 있다. (출처: Google Quantum AI and Collaborators. "Quantum Error
Correction below the Surface Code Threshold." *Nature*, 9 Dec. 2024, doi:10.1038/
s41586-024-08449-y; Neven, Hartmut. "Meet Willow, Our State-of-the-Art
Quantum Chip." *The Keyword*, Google, 9 Dec. 2024, https://blog.google/innovation-
and-ai/technology/research/google-willow-quantum-chip/)

50. 이 방식은 큐비트를 2차원 바둑판 같은 격자에 주기적으로 배열하고, 중간중간 오류
수정 큐비트도 주기적으로 번갈아 가며 배치하는 구조를 갖는다.

51. 조지프슨 접합은 초전도체 2개 사이에 아주 얇은 절연층을 끼운 샌드위치 같은 구조
를 말한다. 절연체는 전기 전도도가 매우 낮지만, 초전도체 속에서 형성되는 전자쌍(즉
쿠퍼쌍(Cooper pair))은 양자 역학적 터널링 현상 덕분에 절연층 두께가 충분히 얇다
면 한 쪽에서 반대쪽 초전도체 층으로 이동하면서 절연체 층을 통과할 수 있다. 이 과정
에서 관찰되는 전자의 흐름을 조지프슨 전류라고 부른다. 전압을 걸어 주지 않아도 전
류가 흐르기 때문에 이는 양자 역학으로만 설명할 수 있는 대표적 현상 중 하나다. 조지
프슨 접합 구조에 전압을 걸어 주면 전류가 규칙적으로 마치 교류처럼 진동하는데 주파
수는 전압에 비례한다. 조지프슨 접합 소자가 양자 컴퓨터에서 중요한 이유는 이 소자
가 양자 중첩 상태를 안정적으로 만들고 제어하는데 적합하기 때문이다. 특히 반도체
공정을 이용하면 나노미터 수준으로 크기를 축소시킬 수 있기 때문에 대면적에 집적이
가능하고 따라서 더 많은 큐비트의 양자 중첩 상태를 만들 수 있어 대규모 양자 컴퓨터
개발에 중요한 기술이 된다. 왜냐하면 조지프슨 접합을 비선형 인덕터처럼 사용해, 이
로부터 나오는 비선형성을 이용하면 트랜스몬(transmon) 같은 일종의 인공 원자(즉 비
선형 공진기)를 만들 수 있기 때문이다. 이렇게 만들어진 인공 원자는 자연에서 발견되
는 원자와는 달리, 에너지 준위가 단 2개만 존재하게 만들 수 있으므로, 이 2준위 시스
템을 하나의 큐비트처럼 사용할 수 있게 된다. 조지프슨 접합을 이용해 큐비트를 만들
려면 10~20밀리캘빈(mK) 수준의 극저온 환경이 필요하다. 참고로 2025년 노벨 물리
학상은 바로 이 기술을 발전시킨 공로에 수여되었다. 수상 사유는 '전기 회로에서의 거
시적 양자 터널링과 에너지 양자화의 발견'이었는데, 수상자인 존 클라크(John Clarke),
미셸 드보레(Michel Devoret), 존 마티니스(John Martinis)가 개발한 전기 회로의 핵심

소자도 바로 조지프슨 접합이었고, 이 실험들은 이후 초전도 큐비트(트랜스몬)의 물리적 기반이 되었다. 특히 이들이 만든 전류가 인가된 조지프슨 접합에서 구현된 에너지 준위 간 결맞음 진동은 오늘날 초전도 기반 양자 컴퓨팅의 핵심 개념이다. 참고로 조지프슨 효과의 이론적 예측 자체는 브라이언 조지프슨(Brian Josephson)이 이미 1973년에 노벨 물리학상을 받은 주제였다.

52. 여러 개의 이온을 진공 상태에서 레이저와 전기장으로 공중에 멈춰 있게 하는 방식이다. 이때 각 이온의 내부 전자 상태 중 바닥 상태를 0, 들뜬 상태를 1로 상정하면 이진화가 되므로 큐비트를 정의할 수 있다. 포획된 이온에 레이저 빔을 쏘면 이온의 전자 상태가 바뀐다. 큐비트가 회전되거나 중첩되도록 바꿀 수 있는 것이다. 따라서 이온들을 특정한 양자 게이트로 제어할 수 있다. 제어 정밀도가 높다는 장점이 있으나 수십~수백 개의 이온을 동시에 안정적으로 제어하기 어렵기 때문에 확장성은 높지 않은 방식이다.

53. 전자 스핀은 자기장이나 마이크로파로 회전시킬 수 있다. 만약 전자가 여러 개 있다면 이들은 서로 교환 상호 작용을 할 수 있으므로 일종의 양자 얽힘 상태를 만들 수 있다. 반도체 칩 위에서 이러한 전자 스핀 배열체를 만들고 마이크로파를 인가하면 반도체 소자 위에서 작동하는 양자 컴퓨터를 만들 수 있다. 다만 스핀이 주변 환경에 쉽게 영향을 받아 얽힘 상태가 깨지면 양자 컴퓨터의 연산 능력에 제한이 걸린다는 문제가 있다. 조지프슨 접합이나 이온 트랩에 비해 현실화되기 위해서는 아직 더 많은 시간이 필요하다.

54. 양자 컴퓨터의 논리 큐비트 숫자가 급증하기 시작하면서 대두된 기존 암호 체계 붕괴 가능성에 대비해 제시된 공개 키 암호 방식이다. 대형 양자 컴퓨터가 등장하면 쇼어 알고리듬을 이용해 기존의 RSA나 타원 곡선 기반 암호 체계는 소인수 분해가 다항 시간 내로 해결되기 때문에 무력해지지만, 다항 시간이 아닌 지수 함수적 시간이 필요할 것으로 예상되는 특징을 가진 난제 기반으로 구축된 암호 체계는 대형 양자 컴퓨터가 등장해도 상대적으로 훨씬 보안이 오래 보장될 수 있다. 이러한 개념을 충족시킬 수 있는 수학적 난제는 격자와 해시, 그리고 코드 기반으로 구축되며 이를 통해 키-서명-메시지가 암호화된다. 예를 들어 격자 기반 난제는 무작위 행렬 A를 이용해 암호화하고자 하는 메시지를 연산하고 여기에 작은 노이즈 e를 더해 b라는 메시지를 생성했을 때 (즉 $b=A^*s+e$), s를 추측하는 것은 매우 어렵다는 특징을 이용한다. 잡음이 없다면 $s=A{-1}^*b$ 이므로, 전형적인 선형 대수 문제이기 때문에 다항 시간의 연산으로 계산되므로 보안이 취약하다. 그러나 잡음이 조금이라도 들어오기 시작하면 후보가 될 수 있는 해는 지수 함수적으로 불어나기 때문에, 결국 격자 위 가장 가까운 점 찾기, 최단 벡터 찾기 같은 기하학적 문제로 귀결된다. 그런데 이러한 문제들은 근사해를 찾는 것조차도 NP-

난해 문제로 알려져 있다. 그래서 격자 기반 암호화는 PQC의 후보 난제로 많이 연구된다. 코드 기반 PQC도 이와 비슷하다. 무작위 선형 코드에 잡음을 얹은 코드 워드에서 원래의 코드 워드를 찾는 것이 어렵다는 특성을 갖는 난제를 이용한다. 이 문제는 고전적으로는 NP-완전 문제로 알려져 있다. 이 문제가 어려운 이유는 코드 워드가 길이 n, 잡음으로 인한 오류 개수가 w인 경우, 그 오류가 발생한 위치를 일일이 조합하면서 정확히 찾는 문제가 되기 때문에, 시도해야 할 조합의 크기가 n과 w이 커지면서 지수 함수적으로 불어나기 때문이다. 양자 컴퓨터에서는 이 문제를 그로버 알고리듬으로 해결하는데, 일부 연산 가속 가능성이 있지만 근본적으로 지수 함수 연산 시간 구조를 벗어나기는 어렵다.

55. 어닐링이란 일종의 담금질을 의미한다. 금속을 가열했다 식히는 과정을 반복하는 담금질을 하면 금속 원자의 배열이 가장 안정적인 상태로 정렬되어 품질 좋은 금속을 만들 수 있다. 최적화 문제에서는 이를 일종의 비유적 의미로 사용한다. 여러 해답을 시도하면서 어떤 문제에 대해 가장 최적의 값을 주는 답을 찾는 과정을 어닐링에 비유하는 것이다. 양자 어닐링은 어떤 양자 시스템이 특정 에너지 지형을 갖는 시스템인 것처럼 변환한 다음, 양자 역학적 터널링 효과를 활용해 가장 낮은 에너지 상태를 스스로 찾도록 (스스로 낮은 에너지 위치를 찾게끔 흘러가도록) 만드는 과정이다. 조합 최적화, 그래프 문제, 경로 찾기 문제 같은 문제에서는 양자 어닐링 방식이 잘 작동한다. 그러나 양자 어닐링을 범용 방식으로 활용하기는 어렵다. 기본적으로 진짜 전역 최적해를 보장하는 방법이 아닐뿐더러 노이즈에 취약해 오류가 생길 수 있기 때문이다. 이 방식으로 상용 양자 컴퓨터를 세계 최초로 개발했다고 주장하는 캐나다 기업 디웨이브는 수천 개의 초전도 조지프슨 접합과 비선형 공진기로 구성된 큐비트를 연결한 양자 어닐링 하드웨어를 구현한 방식으로 양자 컴퓨터를 만든다. 그러나 물리적으로 큐비트의 양자 중첩 및 얽힘 상태를 구현하는 것은 아니므로, 진정한 의미의 양자 컴퓨터가 아니라는 비판도 있다. 양자 암호 통신의 대가인 IBM의 존 스몰린(John Smolin)이 대표적 비판론자다. 다만 양자 어닐링 방식의 하드웨어는 특정 최적화 문제를 고전 컴퓨터보다 확실히 훨씬 빠르게 풀 수 있다는 장점이 있어서 연구 기관과 회사에서는 테스트 용도로 꾸준히 활용되고 있다.

56. Müller, Tristan, et al. "Improved Belief Propagation Is Sufficient for Real-Time Decoding of Quantum Memory." arXiv, 2 June 2025, arXiv:2506.01779, https://arxiv.org/abs/2506.01779.

57. Yoder, Theodore J., et al. "Tour de gross: A modular quantum computer based on

bivariate bicycle codes." arXiv, 3 June 2025, arXiv:2506.03094, https://arxiv.org/abs/2506.03094.

58. 패리티 점검은 H*ν'=0인지 여부를 검사하는 것인데 ν의 길이와 H의 열 개수는 같아야 한다. 그리고 행의 개수는 점검하고자 하는 오류 타입에 따라 결정된다. 예를 들어 ν'=(1 0 1 0 1)이라면 H는=(1 1 0 1 0; 0 1 1 0 1; 1 0 1 0 1)로 설정될 수 있다. 첫 번째 행은 ν1+ν2+ν4=0인지 여부를, 두 번째 행은 ν2+ν3+ν5=0인지 여부를, 세 번째 행은 ν1+ν3+ν5=0인지 여부를 검사하는 용도로 희소 행렬의 각 행이 설계된 것을 볼 수 있다. 이제 H*ν'를 계산한다고 가정해 보자. 모종의 원인으로 인해 메시지 전송 과정에서 ν가 r=(1 1 1 0 1)로 오염된 상황이다. 그러면 H*r'를 계산한 결과 원래 패리티가 (0 0 0)이 나왔어야 할 결과가 (1 0 1)의 패리티로 나오게 될 것이다. 이는 처리되어 온 메시지가 어딘가에서 오염되었음을 의미한다. 특히 첫 번째 행과 세 번째 행에서 패리티 오류가 나왔으므로 두 조건을 조합하면 오류는 두 번째 성분, 즉 ν2에서 오류가 발생했다고 추정할 수 있다. 따라서 r의 두 번째 성분만 수정하면 된다. H 연산자는 X 오류, Z 오류를 모두 감지할 수 있어야 하기 때문에 두 종류의 H 행렬(HX, HZ)을 동시에 만들어야 하고 이들은 HX*HZ'=0이 되도록 만들어져야 한다.

59. 행렬을 이렇게 만드는 이유는 바퀴가 양방향으로 굴러갈 수 있듯 오류 전파 및 검지 채널을 양방향으로 확장하려는 의도에서 행렬을 순환적(cyclic)으로 만들기 때문이다. 조금 더 구체적으로는 여섯 방향으로의 연결성이 보장되기 때문에 훨씬 효율적으로 오류에 대한 검지 및 접근, 그리고 수정이 가능해진다.

60. Bravyi, Sergey, Andrew W. Cross, Jay M. Gambetta, Dmitri Maslov, Patrick Rall, and Theodore J. Yoder. "High-Threshold and Low-Overhead Fault-Tolerant Quantum Memory." *Nature*, vol. 627, 2024, pp. 778–782. doi:10.1038/s41586-024-07107-7; Yoder, Theodore J., Eddie Schoute, Patrick Rall, Emily Pritchett, Jay M. Gambetta, Andrew W. Cross, Malcolm Carroll, and Michael E. Beverland. "Tour de Gross: A Modular Quantum Computer Based on Bivariate Bicycle Codes." arXiv, 3 June 2025, arXiv:2506.03094. doi:10.48550/arXiv.2506.03094; IBM. "IBM Sets the Course to Build World's First Large-Scale, Fault-Tolerant Quantum Computer at New IBM Quantum Data Center." *IBM Newsroom*, 10 June 2025, https://newsroom.ibm.com/2025-06-10-IBM-Sets-the-Course-to-Build-Worlds-First-Large-Scale,-Fault-Tolerant-Quantum-Computer-at-New-IBM-Quantum-Data-Center.

61. IBM. "IBM Sets the Course to Build World's First Large-Scale, Fault-Tolerant

Quantum Computer at New IBM Quantum Data Center." *IBM Newsroom*, 10 June 2025, https://newsroom.ibm.com/2025-06-10-IBM-Sets-the-Course-to-Build-Worlds-First-Large-Scale,-Fault-Tolerant-Quantum-Computer-at-New-IBM-Quantum-Data-Center; Mandelbaum, Ryan, et al. "How IBM Will Build the World's First Large-Scale, Fault-Tolerant Quantum Computer." *IBM Quantum Computing Blog*, IBM, 10 June 2025, https://www.ibm.com/quantum/blog/large-scale-ftqc; IBM. "IBM Quantum Roadmap: 2033+." *IBM Technology Atlas*, IBM, n.d., https://www.ibm.com/roadmaps/quantum/2033+/.

62. 양자 위상 추정(quantum phase estimation)의 약자로서, 유니터리 연산자 U의 고유상(phase), 즉 고유값의 위상치를 정밀하게 추정하는 연산에 특화된 양자 알고리듬이다. 이 문제는 양자 화학 계산에 특히 유용한 해답을 제시한다. 왜냐하면 양자 화학 연산에서는 어떤 양자 물질의 에너지 수준이 화학 반응 전후로 어떻게 바뀌는지 계산하기 위해 시간 의존성 슈뢰딩거 방정식을 계산하는 과정에서 해밀토니안 연산자의 지수 함수로 구현되는 유니터리 연산자의 위상을 계산하는 것이 중요하기 때문이다.

63. 변분 양자 고윳값 해법(variational quantum eigensolver) 문제의 약자로서, 어떤 해밀토니안의 바닥 상태 에너지(즉 최저 고윳값)을 구하는 문제다. VQE 문제도 양자 화학 계산에서 중요하다. 작은 분자나 나노미터 스케일의 물리적 구조체가 갖는 여러 형태나 결정성, 결합 형태 등에 따라 달라지는 에너지를 추정하기 위해 조합 최적화의 변분법 연산이 반복되어야 하는데, 고전 컴퓨터로는 거대한 분자나 물리적 구조체 안에 있는 어마어마한 개수의 원자 혹은 분자 내의 전자 간 상관 관계를 계산하는 것이 매우 어렵다. 왜냐하면 전자 개수가 늘어날수록 그러한 상관 관계 계산은 지수 함수적으로 늘어나기 때문이다. 특히 변분 계산의 최적화 과정에서는 고전적 변분 알고리듬이 이러한 광범위한 상관 관계를 효율적으로 대처하기 어렵다. 반면 양자 컴퓨터는 2^n으로 늘어나는 전자 상관 관계 정보 벡터를 n-큐비트 회로로 표현할 수 있고, 복잡한 얽힘을 선형(즉 다항) 차원으로 기술할 수 있기 때문에 연산을 다항 시간으로 압축할 수 있다.

64. 물론 2025년 기준으로서는 그러한 가능성은 이미 낮아지고 있다. IBM이 몰래 이러한 시스템을 추진했다면 모를까, 기술 내역을 다 공개하면서 그리고 주기적으로 로드맵을 업데이트하면서 하고 있기 때문이다.

65. 임의로 생성한 양자 회로를 반도체 칩 위에서 실행해 그 회로가 만들어 내는 출력 확률 분포 데이터에서 표본을 추출하는 작업을 의미한다. 회로는 다층 구조의 1~2큐비트 단위 게이트로 구성되며 수십~수백 사이클 반복 연산된다. 무작위 회로 샘플링의

차이나 반도체 라이징

최종 목표는 출력된 확률 분포대로 뽑은 것처럼 보이는 샘플을 빠르게 많이 만들어 내는 것이다. 무작위 회로의 출력 분포는 사실 거의 균일한 분포를 보이나 일부 예상치 못한 지점에서 튀는 형태를 보인다. 그래서 이러한 분포를 고전적 전자 회로 시뮬레이션으로 재현하는 것은 매우 많은 연산량과 시간이 필요하다. 이러한 출력 분포의 재현이 양자 컴퓨터의 우위를 보여 주는 근본적 이유는 고전 시뮬레이션에서는 엄두도 못 낼 정도의 크기를 갖는 확률 분포로 확장될 경우, 그 차이가 극명하게 대조될 수 있기 때문이다. 2019년 10월에 발표한 53 큐비트짜리 시커모어 칩을 활용한 양자 화학 계산 실험 보고에서도 2025년 노벨 물리학상 수상자 중 한 명인 존 마니티스가 이끄는 구글 양자 인공 지능 연구소 팀은 양자 우위를 주장하기 위해 무작위 회로 샘플링 테스트를 실행했고, 논란은 있었지만 (IBM의 반박에 따르면 고전 시뮬레이터로는 이틀 정도의 시간이 필요한 테스트였다.) 고전 시뮬레이터가 무려 1만 년이나 걸릴 계산을 2분 30초 이내로 가능하다는 것을 주장했다. (2021년 중국 베이징 대학교 연구팀은 60개의 그래픽 카드를 클러스터링해 5일 동안 계산하는 것만으로도 시커모어의 계산을 재현할 수 있었음을 보고했다. 1만 년이 아니라 실제로는 며칠 정도의 계산 시간이 걸리는 수준이었다는 뜻이다. 물론 2019년 시커모어 칩의 계산 속도가 고전 슈퍼컴퓨터보다 수천 배 이상 빠르다는 사실에는 변함은 없다.) RCS의 가장 확실한 응용처는 양자 컴퓨터의 양자 우위를 보이는 수단이지만, 응용 가능성도 풍부하다. 반도체 기반의 범용 회로 플랫폼이기 때문에 다양한 알고리듬이나 양자 오류 수정(QEC) 용도로 확장될 수 있기 때문이다.

66. 2020년대 이후 중국의 양자 컴퓨터-양자 통신 관련 국가 프로젝트는「과학 기술 혁신 2030-중대 프로젝트(科技创新2030—重大项目)」의 하위 연구 과제다. 이 프로젝트는 제13~14차 5개년 계획과 맞물린 국가급 메가 프로젝트로, 2030년경 양자 통신 인프라 확장, 범용 양자 컴퓨터 프로토타입, 실용적 양자 시뮬레이터 확보 등을 목표로 한다. 프로젝트 관리는 중국 과학기술부가 중국 재정부와 함께 주관하며, 세부 수행 기관으로서 BAQIS, 중국 과학원, 칭화 대학교, 베이징 대학교, USTC, 통신/보안 관련 국유 기업 등이 참여한다.

67. Gao, Dongxin, et al. "Establishing a New Benchmark in Quantum Computational Advantage with 105-qubit Zuchongzhi 3.0 Processor." *Physical Review Letters*, vol. 134, no. 9, 2025, p. 090601. doi:10.1103/PhysRevLett.134.090601.

68. 2009년 USTC 출신 연구진들이 창업한 양자 통신, 양자 보안 장비 업체다. 주력 사업 분야는 양자 키 분배(QKD) 장비, 양자 암호 라우터와 네트워크 장비, 보안 모듈이다. 이 회사 지분의 23퍼센트는 차이나텔레콤의 자회사인 CTQG가 취득했으며, 차이나텔

레콤은 기존 지분까지 합쳐 의결권 41퍼센트를 확보했기 때문에 사실상 차이나텔레콤 산하로 볼 수 있다. 국가 양자 보안 및 양자 통신 인프라 프로젝트를 꾸준히 수주하고 있으며 차이나텔레콤의 양자 통신 및 양자 암호 통신 기술 공급 주체로 자리 잡았다.

69. 2023년 11월에 공개된 일종의 양자 클라우드 서비스(quantum-as-a-service, QaaS)다. 초전도 QPU와 양자 시뮬레이터로 구성되어 웹 포털을 통해 제공되며, 공개 후 1년 간 50개국 이상의 사용자들이 1200만 회, 2025년 상반기까지 60개국 이상의 사용자들이 누적 3700만 회 이용한 것으로 보고되었다. 원격으로 양자 하드웨어/시뮬레이터를 실행할 수 있고, SDK/API를 제공하며, 교육이나 연구, 개념 증명 용도로 QaaS 접근 방식을 취하고 있다는 점에서는 2016년부터 운영에 들어간 IBM의 양자 컴퓨터 클라우드와 유사하다. 차이점이 있다면 IBM은 자체 개발한 이글(Eagle), 오스프리, 콘도르 같은 초전도 QPU를 사용하는 것에 반해, 텐엔 플랫폼은 USTC, CTQG, 퀀텀씨텍의 QPU를 혼합해 사용하고 있다는 것이다. 특히 연산뿐만 아니라 양자 내성 암호(PQC), 양자 보안 라우터 등 양자 통신 인프라 사업과 동시에 전개된다는 점에서 연산-보안-통신으로 이어지는 수직 계열화도 포함한다는 것이 주목할 부분이다. 즉 처음부터 국가 보안 인프라 등을 염두에 둔 확장형 플랫폼이라고 볼 수 있다.

70. 고전적으로 흉내내기 어려운 확률 분포 데이터를 양자 컴퓨터가 더 빨리 샘플링할 수 있다는 것을 보여 주기 위한 샘플링 난제 중 하나다. 보손 샘플링은 초전도 회로나 이온 트랩 등을 활용하는 무작위 회로 샘플링 방식과는 달리 선형 광학(간섭계) 기반으로 동일한 보손을 활용한다. 여기서 주로 활용되는 보손은 광자다. 빔 스플리터와 위상 천이가 가능한 정밀 거울 등으로 이루어진 광학 간섭계 네트워크 시스템은 수학적으로는 일종의 유니터리 변환기로 볼 수 있다. 이 간섭계를 통과한 광자들이 보이는 분포 신호는 간섭계를 행렬 형식으로 표현했을 때, 그 행렬의 영구식(permanent)값에 해당하기 때문이다. 즉 광자 간 양자 간섭의 총합은 행렬 영구식으로 표현된다. 행렬 영구식 데이터를 고전 시뮬레이터로 흉내내는 것은 수학적으로는 P-난제에 해당한다. 왜냐하면 행렬 영구식은 행렬식 같은 다른 선형 대수 연산과는 달리 부호 구분이 없기 때문에 항들의 상쇄가 거의 없어서 조합과 순열 연산량이 폭증하기 때문이다. 그래서 행렬식은 다항시간 이내로 연산이 가능한 반면, 행렬 영구식은 지수 시간을 요구하는 것으로 알려져 있다. 그래서 무작위 회로 샘플링과는 달리 보손 샘플링은 양자 오류 수정이나 범용 양자계산 등 범용 확장성을 논하는 단계로는 아직 접근이 제한적이다. 즉 보손 샘플링은 양자 컴퓨터의 연산 우위를 직접적으로 보이는 개념이라기보다는, 고전 컴퓨터로는 접근이 거의 불가능한 대표적 난제로서 양자 우월성 테스트용 정도다. 참고로 지금까지 알

려진 그 어떤 양자 알고리듬도 행렬 영구식을 다항시간 내로 풀 수 있다고 알려진 바는 없다. 양자 컴퓨터가 행렬 영구식에서 보여 줄 수 있는 것은 근본적인 계산 능력 우위가 아니라 샘플링 효율의 우위다. 즉 양자 컴퓨터가 광자들의 분포 데이터에서 고전 컴퓨터보다 더 빠르게 샘플링할 수 있음을 보임으로써 양자 우월성이 있음을 증명하는 방식이다.

71. 2017년 12월에 베이징 시 정부 주도로 중국 과학원, 칭화 대학교, 베이징 대학교 등 여러 연구 기관이 공동 설립한 전문 연구 개발 기관이다. BAQIS는 중국의 '과학 기술 혁신 2030-중대 프로젝트'의 하위 연구 과제인 양자 통신과 양자 컴퓨터를 맡은 핵심 기관이며, 연구비는 주로 중국 과학기술부, 공신부, NSFC 같은 정부 기관에서 지원받는다. 2024년 기준으로 양자 물리, 양자 계산, 양자 통신, 양자 재료, 정밀 계측 5개 부서로 구성되어 있으며 자체적으로 개발한 초전도, 이온 트랩, 양자점, 양자 위상 물질, 클라우드 등 다양한 양자 컴퓨터 플랫폼을 동시에 시험하고 평가한다.

72. 양자 컴퓨터 기반 기술이 아직까지는 통일된 플랫폼을 취하는 것은 아니기 때문에 이들의 성능을 비교할 최소한의 지표는 필요하다. 그 중 QV는 양자 부피(quantum volume)라는 개념으로서, 주어진 칩이 임의 회로를 얼마나 깊고 넓게 안정적으로 실행할 수 있는지를 평가하는 지표다. 여기에는 게이트 품질, 연결성, 컴파일 성능 등이 모두 포함된다. QV값이 클수록 실용 회로의 안정성이 높아진다. 이 지표는 IBM이 제안한 것으로서 현재는 업계 공용 벤치마크로 자리 잡았다. AQ는 알고리듬 큐비트(algorithmic qubits)를 의미하는 지표로서, 미국의 대표적인 양자 컴퓨터 스타트업인 아이온큐(IonQ)가 제안한 것이다. 알고리듬적으로 사용할 수 있는 유효 큐비트 개수는 깊은 양자 회로에서 오류 누적을 버틸 수 있는 규모를 수치화하는 지표다. 즉 AQ가 커질수록 오류 강건성이 높아진다고 볼 수 있다. 논리 오류율은 양자 오류 수정(QEC) 체계에서 논리 큐비트가 한 사이클(혹은 한 게이트) 반복될 때마다 실패할 확률을 의미한다. 실패할 확률 자체를 낮추는 것도 중요하지만, 양자 컴퓨터 작동 원리상, 코드 거리가 증가하는 경우에도 논리 오류 확률을 낮추는 개념이 더 중요하다. 참고로 구글이 발표한 윌로 칩은 코드 거리가 7일 때 사이클당 0.143퍼센트의 오류 확률을 보고했다. 코드 거리 개념이 중요한 것은 양자 오류 보정에서 핵심이기 때문이다. 거리 d인 부호는 (d-1)/2개까지 동시 물리 오류를 정정할 수 있다.

73. 노이즈가 있는 중간 규모의 양자 컴퓨터(noisy intermediate-scale quantum)의 약자로, 양자 컴퓨터가 거의 완벽한 오류 보정 기능을 갖추는 시대가 도래하기 전까지 과도기적 기술로서 현재 수준의 양자 컴퓨터 하드웨어에서 할 수 있는 연산과 응용에 초점

을 맞춘 개념이다. 노이즈는 피할 수 없고 이로 인한 오류는 늘 발생하기 때문에 오류 수정을 위한 물리적 큐비트는 항상 대량 배정되어야 한다. 따라서 오류 확률은 일정 이상 존재한다는 가정하에, 일종의 논리 오류율 하한선을 설정해 VQE, QPE 같은 특정 종류의 문제 해결에 적용하는 성능을 빠르게 표준화하는 것에 초점을 맞춘다. 현재 RCS나 보손 샘플링 같은 양자 컴퓨터의 샘플링 기반 양자 우위 성능 평가는 대부분 NISQ 시스템에서 이루어진다. 물론 NISQ가 완벽한 것은 아니다. 특히 기댓값 추정 과정에 매우 많은 반복이 필요하기 때문에 측정 비용이 폭증한다는 단점이 있으며, 일부 최적화 문제에서는 계산 진행이 매우 느리고, 특히 쇼어 알고리듬 기반으로 타원 곡선 암호를 깨는 연산에서는 이미 알려진 표면 코드나 LDPC 같은 양자 오류 수정 알고리듬이 지원되지 않으면 NISQ 위에서 작동이 진행되기 어렵다. 즉 어느 정도 오류에 대해 둔감한 수준의 비교적 쉬운 문제에 대해서는 적용될 수 있으나, 근본적인 양자 우월성이 가능한 수준의 난제에는 적용되기 어렵다.

74. QV의 경우 미국은 이미 2025년 9월 퀀티넘(Quantinuum)이 자사의 H2 컴퓨터를 통해 225 규모의 수치를 보고한 것에 반해, 중국은 아직 공식 수치를 공개한 적이 없다. AQ의 경우 미국의 아이온큐는 템포(Tempo) 시스템에서 2025년 9월 64까지 결과를 보고했다. 중국은 아직 AQ를 표준 지표로서 채택하지 않았으며 민간 기관에서도 그 수치를 공개한 적이 없다. 논리 오류율 역시 구글이 2024년에 공개한 코드 거리-7 규모에서 0.143퍼센트가 미국에서 보인 최선의 결과이며, 중국의 경우 동급 수준의 논리 오류나 스케일링 데이터가 외부로 공개된 적은 없다.

6장 중국 첨단 산업 전략의 미래

1. Chen, Xilu, et al. "Tertiarization Like China." *Annual Review of Economics*, vol. 15, 2023, pp. 485–512. doi:10.1146/annurev-economics-071122-030026; Timmer, Marcel, Gaaitzen de Vries, and Klaas de Vries. *GGDC 10-Sector Database*. University of Groningen, 9 Feb. 2015, https://research.rug.nl/en/datasets/ggdc-10-sector-database/; Feenstra, Robert C., Robert Inklaar, and Marcel P. Timmer. *Penn World Table*, Version 11.0. Groningen Growth and Development Centre, University of Groningen, 7 Oct. 2025, https://www.rug.nl/ggdc/productivity/pwt/?lang=en; Bolt, Jutta, and Jan Luiten van Zanden. *Maddison Project Database* 2023. DataverseNL, 26 Apr. 2024, doi:10.34894/INZBF2; Mitchell, B. R. *International Historical Statistics: Europe, 1750–1988*. 3rd ed., Macmillan; Stockton Press, 1992.

 차이나 반도체 라이징

2. Baldwin, Richard. *Where in the world are manufacturing jobs going?* LinkedIn, 22 Dec. 2023, https://www.linkedin.com/pulse/where-world-manufacturing-jobs-going-richard-baldwin-x1zbe.

3. (학생을 제외한) NBS 기준 중국의 청년(16~24세) 실업률은 2023년 6월 21.3퍼센트로 역대 최고치를 기록 후, 산정 방식이 변경되었다. 2025년 12월 기준, 바뀐 방식에 따른 청년 실업률은 16.5퍼센트로 보고되었다.

4. World Bank. "'Middle-Income Trap' Hinders Progress in 108 Developing Countries." Press Release, 1 Aug. 2024, https://www.worldbank.org/en/news/press-release/2024/07/22/-middle-income-trap-hinders-progress-in-108-developing-countries.

5. 이 책에서 사용하는 '파괴적 혁신'이라는 개념은 MIT 슬로언 경영 대학원의 클레이튼 크리스텐슨(Clayton Christensen) 교수가 정의한 "disruptive innovation"의 번역어로, 기존의 지배적 기술이나 사업 모델을 대체하는 새로운 혁신을 가리킨다. 다만 6장의 일부 문맥에서는 업계 통례에 따라 '게임 체인저급 돌파 혁신(breakthrough innovation)'의 의미로도 중의적으로 사용된다. 두 경우 모두 기존 질서를 근본적으로 재편하는 혁신이라는 공통점을 가지므로, 독자들은 맥락에 따라 전자와 후자의 의미를 구분해 읽어 주기 바란다.

6. Muir, Dirk V., Natalija Novta, and Anne Oeking. "China's Path to Sustainable and Balanced Growth." *IMF Working Papers*, no. 2024/238, International Monetary Fund, 15 Nov. 2024, doi:10.5089/9798400293467.001. 해당 보고서는 개혁 부재 시나리오에서 2025~2030년 평균 잠재 성장률 약 3.8퍼센트, 2031~2040년 약 2.8퍼센트를 추정한다.

7. Mao, Zhonggen, Gang Wu, and Liexun Yang. "中國人口發展趨勢　影響與對策研究成果綜述"《中國科學基金》vol. 26, no. 6, 2012, pp. 349-355. DOI: 10.16262/j.cnki.1000-8217.2012.06.006.

8. Rodrik, Dani. "Industrial Policy: Don't Ask Why, Ask How." *Middle East Development Journal*, vol. 1, no. 1, 2009, pp. 1-29. https://doi.org/10.1142/S1793812009000024.

9. Juhász, Réka, Nathan J. Lane, and Dani Rodrik. "The New Economics of Industrial Policy". *NBER Working Paper* No. 31538, National Bureau of Economic Research, Aug. 2023, https://doi.org/10.3386/w31538.

10. 2024년 11월 기준으로 인텔에 지급되기로 확정된 보조금은 78억 6000만 달러(약 11조

6000억 원)의 직접 보조금과 110억 달러(약 16조 원)의 대출로 구성되었다. 여기에는 미
국 연방 정부의 타 부처가 인텔에 주문한 특수 칩 주문량은 포함되지 않는다.

11. Han, Shuangmiao, and Jing Xie. "China's shift towards 'organized research': how can
coordination and innovation co-exist?" *Nature*, vol. 643, no. 8072, 14 July 2025, pp.
631-634, https://doi.org/10.1038/d41586-025-02199-1.

7장 한국 반도체의 대응 전략

1. 레이 커즈와일, 김명남, 장시형 옮김, 진대제 감수.『특이점이 온다』(김영사, 2025년).

2. 레이 커즈와일, 이충오 옮김, 장대익 감수.『마침내 특이점이 시작된다』(비즈니스북스,
2025년).

3. ASML, Jan van Schoot et al., "0.55 NA EUV Lithography: Imaging & Overlay", EUVL
Workshop 2024.

4. 알파벳, 아마존, 마이크로소프트, 메타처럼 (주로 인공 지능용) 초대형 데이터 센터를
운영하는 회사를 의미한다. 전 세계 수십~수백만 대 서버를 운영하는 규모를 갖춘 소
수의 사업자다. 이들이 요구하는 서비스 수준 계약(SLA), 에너지 효율, 대역폭이나 지
연 표준 지표 등은 사실상 업계 표준이 되고 맞춤형 낸드 플래시 스펙을 대량 발주하는
동기가 된다.

5. 2026년 4월 AI 연구 기관인 에포크 AI(Epoch AI)와 모건 스탠리(Morgan Stanley) 투
자 은행에서도 이 개념을 보고한 바 있다.

6. 처음부터 HBM이 AMD의 GPU 맞춤형으로 설계된 것은 아니었다. AMD 퓨리 시리
즈 GPU는 전형적인 게이밍 전용 GPU로서, 엔비디아의 GPGPU 개념과는 다소 거리
가 있었다. 퓨리 GPU도 엔비디아 GPU처럼 행렬 계산용으로 활용할 수는 있었으나 그
렇게 하기 위한 프로그래밍 인터페이스가 부족했다. 엔비디아 GPU는 행렬 계산으로
전용하기 위한 인터페이스, 즉 CUDA의 환경이 이미 2000년대 후반부터 구축되어 있
었기에 GPGPU로서의 경쟁력이 AMD보다 훨씬 뛰어났다. 거기에 엔비디아는 NVLink
같은 인터커넥트 솔루션, cuDNN, cuBLAS, 텐서RT 같은 솔루션을 연이어 내놓으며
GPU 활용성을 극대화하기 위한 하드웨어+소프트웨어 생태계를 넓혀 나갔다.

7. 하이브리드 메모리 큐브(hybrid memory cube)의 약자로 여러 단의 DRAM 다이를 쌓
고 TSV로 연결하되, 맨 아래 층에 로직 다이(컨트롤러)를 붙여서 대역폭을 극대화시
킨다는 개념에서는 HBM과 유사하나, 정작 HMC가 보드/시스템상에서 패킷 기반으
로 연결되는 방식을 취하다 보니 GPU/CPU 바로 옆에 붙어서 작동하는 HBM보다 효

과가 떨어졌다. 특히 HBM이 GPU와 연계를 위해 실리콘 인터포저를 통한 초광폭 병렬 인터페이스를 갖췄던 것에 반해, HMC는 병렬이 아닌 고속 직렬 링크 방식을 취했다. 즉 GPU 전용이 아니라 네트워크형 메모리 노드에 가까웠다. 최근 메모리 제조사들이 추구하는 PIM 같은 하이브리드 방식에는 오히려 HMC 개념이 더 적합할 수도 있다.

9. 낸드 플래시의 컨트롤러는 호스트(서버나 GPU)-낸드 저장 셀 사이의 데이터-신뢰-신뢰성-전력 사용량 등을 점검하며 총괄하는 일종의 작은 SoC다. 낸드 플래시가 DRAM이나 HBM만큼의 대역폭을 쫓아 가려면 데이터 이동 경로를 극도로 짧게 만들어야 함은 물론, 데이터 이동에 필요한 에너지도 최소화해야 한다. 그리고 꼭 필요한 데이터만 보내서 유효 데이터 전송 대역폭을 늘려야 한다.

9. QoS는 서비스 품질(quality of service), SLA는 서비스 레벨 계약(service level agreement)의 약자로 낸드 플래시 메모리 공급사가 고객에게 약속하는 일종의 성능 지표 계약서다. 낸드 플래시에서는 일부 셀의 I/O 속도가 조금 느려져도 전체 작업에 병목 현상을 야기한다. 낸드 플래시에서 자주 언급되는 QoS는 지연 시간(latency), 처리량, 내구성, 가용성, 에너지 등이다.

10. 쓰기/지우기 수명(program/erase cycle)을 의미한다. 낸드 플래시는 쓰기(program) 작업을 한 번 하려면 그전에 지우기(erase) 작업을 먼저 해야 한다. 지우고 쓰는 과정으로 이루어진 작업 사이클을 PE 사이클이라고 부른다. 지우기는 블록 단위로, 쓰기는 페이지 단위로 실행되기 때문에 이미 한 사이클 안에서도 지우기와 쓰기 사이에는 속도 차이가 생긴다. 따라서 PE 사이클이 반복되면 이 단위 차이로 인해 셀의 절연막이 조금씩 손상되어 메모리 셀의 내구성이 떨어진다. 이는 마치 연필로 종이에 글씨를 쓴 뒤 지우개로 문질러서 지운 후 다시 그 자리에 글씨를 쓰면 그 과정에서 종이는 조금씩 닳아 망가지는 과정과 같다. 컨트롤러는 이 과정에서 발생하는 메모리 셀의 손상 정도를 블록별로 측정하고 최대한 손상률을 관리해 특정 블록이 먼저 손상되는 일을 방지한다. 이는 특정 블록이 망가지면 전체 시스템이 다운될 확률이 높아지기 때문이다.

11. 리텐션(retention)은 전원이 꺼진 뒤에도 낸드 플래시 셀에 저장된 전기 데이터, 즉 전하를 얼마나 오랫동안 유지하는지를 의미한다. PE 사이클이 반복되면 셀의 절연막이 조금씩 닳는데 그럴수록 전하가 새 나갈 가능성이 높아진다. 그러면 저장된 데이터가 사라지거나 오류가 생길 확률도 높다. 컨트롤러는 오랜 시간 동안 안 쓰인 블록은 PE 사이클에서 리프레시(refresh)를 뒤로 미루고 노후화된 블록은 더 자주 리프레시하면서 블록 간 데이터 리텐션을 맞추려 한다.

12. 와트당 총소유 비용(total cost of ownership per watt)의 약자로서, 장비가 소모하는 전

력 1와트당 소유에 필요한 총비용을 계산하는 지표다. 이 지표는 전력 공급이 제한된 데이터 센터에서 전력 예산 효율성을 측정하기 위해 필요하다. 예를 들어 서버를 4년 운영하는데 연간 600와트를 소비하고 4년간 총 TCO가 1440만 원이었다면 TCO/W는 2400만 원/킬로와트다. 전력, 냉각 등 인프라 자원 접근이 어려운 상황에서 장비 경제성은 TCO/W로 평가되어 수명이나 사용 시간 등의 기준으로 활용될 수 있다.

13. 주변 장치 상호 연결 익스프레스(peripheral component interconnect express)의 약자로서 컴퓨터 안에서 CPU와 그래픽 카드/SSD 사이에서 데이터가 초고속으로 주고받는 인터페이스다. 데이터 고속 도로로 볼 수 있다.

14. 비휘발성 메모리 익스프레스(non-volatile memory express)의 약자로서 PCIe 고속 도로 위에서 SSD가 쓰는 통신 규칙을 의미한다. 일반적 구형 하드디스크에서 쓰던 오래된 규칙, SATA 보다 훨씬 빠르고 병렬 처리에 강한 규칙이다.

15. FTL: 플래시 변환 계층(flash translation layer)의 약자로서 실제로는 지우고 다시 써야만 쓰기 가능한 플래시에 대해, 운영 체제에 평범한 디스크처럼 보이게 속성을 매핑해 주는 번역기/지도로 볼 수 있다. 파일의 주소와 플래시 셀 내의 실제 물리적 위치 사이의 관계를 관리한다. GC: 쓰레기 수집(garbage collection)의 약자로서 플래시는 덮어쓰기가 안 되므로 지워진/흩어진 조각을 모아 빈 공간을 만드는 청소 작업이 필요한데 이를 의미한다. GC의 타이밍 방식이 성능과 지연에 큰 영향을 주므로 GC는 점차 중요해지는 기술이다. LDPC: 저밀도 패리티 검사(low-density parity-check)의 약자로서 저장과 전송 중 생기는 비트 오류를 자동으로 찾아 고치는 강력한 맞춤법 검사기다. LDPC의 성능 강도를 높이면 안전하지만, 그만큼 지연 시간과 소요 전력은 늘어날 수 있다. OP: 오버프로비저닝(over-provisioning)의 약자로서 겉으로 안 보이는 여분 공간을 의미한다. GC/웨어 레벨링을 위해 비상용 좌석을 남겨 두는 개념으로 볼 수 있다. OP가 많을수록 성능, 내구성, 테일 안정성은 좋아지지만 동시에 실용성은 감소한다.

16. SSD/스토리지 장치가 자신의 건강 상태와 성능 지표(온도, 전력, 에러율, GC 빈도, 지연 등)를 실시간 숫자로 보내 주는 기능이다. 병목이나 고장의 전조 신호를 빨리 감지해 성능 변동과 다운타임을 줄일 수 있다.

17. LDPC 같은 오류 정정 회로를 메모리 다이 내부에 직접 넣어 읽기/쓰기 때 즉시 에러를 고치는 방식이다. 컨트롤러 부담과 왕복 지연을 줄여 지연·전력을 저감하고, 신뢰성은 높일 수 있다. 고집적(QLC/PLC) 방식의 낸드 플래시일수록 그 효과가 커진다.

18. 오픈 낸드 플래시 인터페이스(open NAND flash interface)의 약자로서 여러 업체가 합의한 NAND와 컨트롤러 간 표준 인터페이스 규격을 의미한다. 전기적 신호, 타이

밍, 명령 등을 정의한다. 호환성을 보장해 컨트롤러와 플래시를 혼합할 수 있고, 생태계가 커지기 때문에 점차 중요해진다. Toggle은 주로 삼성/도시바(키오시아) 계열에서 확산된 NAND 인터페이스 모드다. 클럭 신호 없이 데이터 전송하는 고속 방식으로서 DRAM의 DDR 전송 방식과 비슷하다. ONFI와 함께 사실상 인터페이스 표준의 양대 축으로 작동한다. 어떤 플래시/컨트롤러를 쓰는지에 따라 ONFI 또는 Toggle 모드를 채택하게 된다.

19. 실제로 양산에 적용되고 있지만 양산 수율이 여전히 심자외선 노광 공정에 비해서는 만족스럽지 못한 수준이며, 그나마도 자주 장비가 고장나는 것은 이 기술이 여전히 충분히 성숙한 기술이 아니라는 증거다.

20. 예를 들어 고객들이 스마트폰에서 인공 지능을 사용할 경우 무거운 LLM을 학습시키거나 고용량 게임 그래픽의 물리 엔진을 것을 기대하지는 않을 것이다. 오히려 돌리는 외국어 동영상을 한국어로 실시간 더빙하거나 고해상도 동영상을 자연스럽게 합성하거나 보강하는 것, 해상도를 높이는 것 같은 성능을 원할 것이다. 이를 감당하려면 스마트 기기에 내장될 수 있는 경량화된 HBM과 AP가 필요하다. 이를 위해 무거운 계산은 최대한 삼성의 모바일 컴퓨팅 AI 기반 하드웨어에서 담당하는 식으로 넘기고, 구동은 가볍게 만드는 방식을 구현할 수 있는 방향이 적절할 것이다.

21. 세스 고딘, 윤영삼 옮김. 『린치핀: 누구도 대체할 수 없는 존재』(라이스메이커, 2023년).

22. 트럼프 행정부는 2026년 2월 14일 MASGA 개념이 담긴 미국 해양 행동 계획(America Maritime Action Plan)을 공식 발표했다.

용어 해설

기정학(技政學) 기술(technology)과 지정학(geopolitics)이 결합한 개념. 첨단 기술과 공급망이 국가 간 안보·외교 관계를 좌우하는 현상을 분석하는 프레임워크다. 이 책 전반에서 반도체와 AI 공급망을 둘러싼 미중 경쟁을 설명하는 핵심 개념으로 활용된다.

다중 패터닝 극자외선 장비 없이 기존 심자외선 장비로 미세 회로를 구현하기 위해 노광 공정을 여러 번 반복하는 기법. SMIC가 7나노 공정에서 이 방식을 채택했으나, 공정 단계 증가에 따른 수율 저하와 원가 상승이 심각한 한계로 지적된다.

딥시크(深度求索, DeepSeek) 중국을 대표하는 AI 선도 기업. 헤지펀드 출신 량원펑이 창업했다. 2025년 초 공개한 R1 모델이 적은 비용으로 미국 최고 수준 모델에 필적하는 성능을 보여 '딥시크 쇼크'를

차이나 반도체 라이징

일으켰다. 스케일업 일변도의 미국 AI 전략에 대안적 경로가 존재함을 증명한 사례로 평가된다.

라피더스(Rapidus) 일본 정부 주도로 2022년 설립된 첨단 반도체 파운드리 프로젝트. 2나노 공정 양산을 목표로 하며, IBM의 기술 협력을 받고 있다. 이 책에서는 비즈니스 모델과 기술적 한계를 상세히 분석하며, 정부 주도 반도체 프로젝트의 반면교사로 검토된다.

린치핀(linchpin) 수레바퀴의 빠짐을 방지하는 고정핀. 이 책에서는 글로벌 반도체 공급망에서 특정 기업이나 국가가 전체 시스템의 작동을 좌우하는 '핵심 고정 요소' 역할을 한다는 비유로 사용된다. 대만의 TSMC가 대표적 린치핀으로 분석된다.

마틴게일 베팅 도박에서 질 때마다 판돈을 2배로 올리는 전략. 이론상 한 번만 이기면 본전을 회복하지만, 자본이 유한한 현실에서는 파산 위험이 크다. 이 책에서는 중국 정부가 반도체 빅 펀드를 1기(193억 달러)→2기(285억 달러)→3기(480억 달러)로 계속 증액하는 투자 패턴을 이 도박 전략에 빗대어 분석한다.

메모리 장벽(memory wall) GPU 등 연산 장치의 성능 향상 속도에 비해 메모리의 대역폭·용량 증가 속도가 느려 전체 시스템 성능의 병목이 되는 구조적 문제. HBM 개발의 핵심 동인이며, 이 책에서는 AI 반도체 산업의 기술적 도전으로 반복 등장한다.

메모리 파운드리 기존 범용 메모리 반도체(DRAM, NAND)가 AI 시대에 고객 맞춤형 제품으로 전환되는 추세를 반영한 새로운 개념. HBM처럼 특정 AI 칩에 최적화된 메모리를 설계·생산하는 방식이다. 이 책에서는 한국 메모리 반도체 산업의 생존 전략으로 제시된다.

빅 펀드(국가 집적 회로 산업 투자 기금)　중국 정부가 반도체 산업 육성을 위해 조성한 국가급 투자 기금. 1기(2014년, 193억 달러), 2기(2019년, 285억 달러), 3기(2024년, 480억 달러)로 확대되었다. 이 책에서는 투자 실효성, 오버랩 문제, 부정부패 등을 중심으로 비판적으로 분석된다.

수율(yield)　반도체 웨이퍼에서 양품 칩이 차지하는 비율. 수율이 높을수록 생산 비용이 낮아지고 수익성이 개선된다. 첨단 공정일수록 수율 확보가 어려우며, SMIC의 7나노 공정 수율이 낮은 것이 경제적 양산의 최대 장벽으로 분석된다.

스타게이트 프로젝트(Stargate Project)　2025년 1월 도널드 트럼프 대통령이 발표하고 출범시킨 5000억 달러(약 738조 9000억 원) 규모의 민관 합동 AI 인프라 투자 계획. 2025년 하반기 기준 계획 용량이 약 7기가와트, 투자 약정액이 4000억 달러(약 591조 3000억 원) 이상으로 확대되면서 당초 일정보다 빠르게 진행되고 있다. 특히 미국뿐만 아니라 UAE, 노르웨이, 아르헨티나 등으로 글로벌 확장도 이루어지고 있다. 오픈AI, 소프트뱅크, 오라클 등이 참여하며, 미국의 AI 패권 확보 전략을 상징한다. 이 책에서는 미국의 반규제·총력전 AI 전략의 신호탄으로 분석된다.

실리콘 트라이앵글(silicon triangle)　미국-중국-대만이 반도체 공급망을 둘러싸고 형성하는 삼각 기정학 구도. 미국의 후버 연구소 등에서 제시된 분석 프레임워크로, 4장의 핵심 개념이다. 대만의 첨단 반도체 제조 독점이 미중 양국의 전략적 선택을 제약하는 구조를 설명한다.

실리콘 방패(silicon shield)　대만이 첨단 반도체 제조 독점력을 활용해 외부 침략(특히 중국)을 억제하는 전략적 개념. TSMC의 대체 불가능성이 곧 대만의 안보를 보장한다는 논리인데, 이 책에서는 그 효용의 한계도 함께 분석된다.

어센드(Ascend)　화웨이가 자체 개발한 AI 연산 전용 NPU 칩 시리즈. 미국의 GPU 수출 규제에 대응해 개발되었으며, 중국 내 AI 가속기 시장에서 엔비디아의 대안으로 부상하고 있다. 910C, 950PR 등의 모델이 있다.

옹스트롬 공정　나노미터 이하 수준인 옹스트롬(Å, 0.1나노미터) 단위로 측정되는 차세대 반도체 제조 공정. 인텔의 18A(1.8나노미터), TSMC와 삼성 파운드리의 2나노 이하 공정이 이에 해당한다. 물리적 한계에 근접하면서 기존 스케일링 법칙의 지속 가능성에 의문이 제기된다.

전략적 모호성(strategic ambiguity)　미국이 대만에 대해 오랫동안 취해 온 외교·안보 전략. 중국의 무력 통일을 명시적으로 억제하지도, 대만의 독립을 공식 지지하지도 않는 모호한 입장이다. 이 책에서는 반도체 공급망의 중요성이 커지면서 이 전략이 '전략적 확실성'으로 전환될 압력을 받고 있다고 분석한다.

제1도련선(First Island Chain)　일본 본토-오키나와-대만-필리핀-말라카 해협을 잇는 지정학적 방어선 개념. 원래 미국이 중국의 태평양 진출을 봉쇄하기 위해 설정했으나, 현재는 중국도 이 개념을 자국 방위 전략에 활용한다. 대만의 전략적 가치를 설명하는 핵심 개념이다.

중진국 함정(middle-income trap)　개발 도상국이 중간 소득 수준까지는 빠르게 성장하지만, 선진국 수준으로 도약하지 못하고 정체되는 현상. 이 책에서는 중국의 산업 전환 롱테일 현상과 연결지어, 중국 경제가 세계 은행 기준 고소득국 진입 문턱(1인당 GDP 1만 3000달러대) 전후에서 정체되거나, 진입 후에도 실질적 선진국 수준(3만 달러 이상)으로 도약하지 못하고 1만 5000~2만 달러의 박스권에 갇힐 가능성을 분석한다.

캠브리콘(Cambricon)　중국의 AI 반도체 팹리스 기업. USTC 영재반 출신 천윈지, 천톈스 형제가 창업했다. 중국 정부의 AI 칩 자급화 정책의 대표적 수혜 기업이며, 중국식 천재 양성 시스템의 성과물로 소개된다.

파운드리(foundry)　반도체 칩 설계 기업(팹리스)으로부터 위탁을 받아 제조만 전문으로 수행하는 반도체 생산 방식 또는 기업. TSMC가 세계 최대 파운드리이며, 삼성전자와 SMIC 등이 후발 경쟁자다. 3장의 중심 주제다.

팹(fab)　제조 공장(fabrication facility)의 약어. 건설에 수십억~수백억 달러가 소요되며, 클린룸 환경에서 수백 단계의 공정이 진행된다. 이 책에서는 팹 건설 투자의 규모와 위험을 반복적으로 강조한다.

팹리스(fabless)　자체 제조 시설(팹) 없이 반도체 칩 설계만 전문으로 하는 기업 형태. 엔비디아, 퀄컴, AMD 등이 대표적이다. 설계한 칩의 생산은 TSMC 등 파운드리에 위탁한다.

패스트 팔로잉(fast following) 선발 기업의 기술을 빠르게 추격, 모방해 시장에 진입하는 전략. 이 책에서는 한국이 과거 일본을, 중국이 미국을 추격하고 모방한 사례를 분석하며, 이 전략의 효용이 AI 시대에 한계에 봉착하고 있다고 진단한다.

풀스택(full-stack) 소프트웨어(AI 모델)부터 하드웨어(칩·서버), 인프라(데이터 센터)까지 전 계층을 수직 계열화하는 전략. 엔비디아의 CUDA-GPU-네트워킹 생태계가 대표적이며, 화웨이도 어센드-CANN-팡구 울트라로 이를 추구한다.

화웨이(華為, Huawei) 중국 최대의 통신 장비·반도체 기업. 미국의 강력한 제재에도 자체 칩 개발과 5세대 통신 장비 수출을 지속하고 있다. 기린(Kirin) 프로세서를 SMIC에서 제조하며, 어센드 NPU로 AI 반도체 자급화를 추진 중이다. 이 책에서는 중국 반도체 굴기의 상징적 기업으로 전반에 걸쳐 분석된다.

ASML 네덜란드에 본사를 둔 세계 유일의 극자외선 노광 장비 제조사. 반도체 미세 공정의 핵심 장비를 독점 공급하며, 7나노 이하 첨단 반도체 생산에 필수적이다. 이 책에서는 한국·미국·대만의 반도체 제조 역량이 ASML 장비에 의존하는 구조가 기정학적 변수로 작용하는 맥락에서 다뤄진다.

CAPEX 자본 지출(capital expenditure)의 약어. 반도체 팹 건설, 장비 구입 등 고정 자산 확보를 위한 대규모 투자를 뜻한다. 파운드리와 메모리 반도체 산업은 CAPEX 비중이 매우 높은 대표적 장치 산업으로, 이 책에서는 중국의 과잉 투자와 수익성 문제를 분석하는 핵심 지

677

표로 활용된다.

CHIPS Act 반도체 및 과학법. 2022년 미국 바이든 행정부가 입안한 법안으로, 미국 내 반도체 제조 시설 유치와 연구 개발 지원을 위해 약 527억 달러 규모의 보조금을 배정했다. 미국의 반도체 리쇼어링 정책의 법적 근간이며, TSMC와 삼성전자의 미국 팹 건설에 직접적 영향을 미쳤다.

COCOM 대공산권 수출 통제 위원회(Coordinating Committee for Multilateral Export Controls)의 약어. 냉전기 미국과 동맹국이 (구)소련 등 공산권에 대한 전략 기술 수출을 통제하기 위해 운영한 다자간 체제. 이 책에서는 현재 미국의 대중국 반도체 수출 규제가 사실상 'COCOM 2.0'의 성격을 띤다고 분석한다.

CoWoS 칩 온 웨이퍼 온 서브스트레이트(chip on wafer on substrate)의 약어. TSMC가 독자 개발한 2.5D/3D 첨단 패키징 기술로, GPU와 HBM을 하나의 단일 시스템으로 통합하는 데 필수적이다. 엔비디아 AI 가속기 생산의 병목이 되기도 하며, 대만 반도체 공급망의 대체 불가능성을 보여주는 핵심 기술이다.

DPI / TVPI / IRR 분배 배수(distributions to paid-in), 총 가치 배수(total value to Paid-In), 자금 회수율(internal rate of return)의 약어. 펀드 투자 성과를 측정하는 회계 지표다. 이 책에서는 중국 반도체 빅 펀드의 투자 실효성을 분석하는 데 활용된다.

EUV 극자외선 노광(extreme ultraviolet lithography)의 약어. 파장 13.5 나노미터의 극자외선을 이용해 반도체 회로를 웨이퍼에 새기는 최첨단 공정 기술이다. 7나노 이하 공정에서 필수적이며, ASML이 독점 공급한다. 중국이 이 장비를 확보하지 못하는 것이 반도체 자급화의 최대 장벽으로 작용한다.

GAAFET 게이트올어라운드 전계 효과 트랜지스터(gate-all-around field effect transistor)의 약어. 트랜지스터 채널을 게이트가 사방에서 감싸는 차세대 소자 구조. 3나노 이하 공정에서 기존 핀펫(finFET)을 대체하며, 삼성전자가 세계 최초로 양산에 적용했다. 라피더스도 이 구조를 채택해 2나노 공정에 도전 중이다.

GDI 국내 총지능(gross domestic intelligence)의 약어. 필자가 제안하는 새로운 국력 측정 개념. 컴퓨팅 역량(C)과 에너지 역량(E)의 곱으로 산출되며, 인공 지능 시대에 GDP를 보완하거나 대체할 지표로 제시된다.

GPU 그래픽 처리 장치(graphics processing unit)의 약어. 원래 그래픽 연산용으로 개발되었으나, 대규모 병렬 연산에 적합해 AI 모델의 학습과 추론에 핵심 하드웨어가 되었다. 엔비디아가 시장을 독점하며, 미국의 대중국 수출 규제 핵심 품목이다.

HBM 고대역폭 메모리(high bandwidth memory)의 약어. DRAM 다이를 수직으로 적층해 대역폭을 극대화한 AI 전용 메모리 반도체. SK 하이닉스가 세계 시장을 선도하며, 엔비디아 GPU와 결합해 AIDC의 핵심 부품이 되었다. 이 책에서는 메모리 반도체가 범용에서 맞춤형으로 전환하는 상징적 제품으로 다뤄진다.

IDM 종합 반도체 기업(integrated device manufacturer)의 약어. 반도체

설계부터 제조, 패키징까지 전 공정을 자체 수행하는 기업 형태. 인텔, 삼성전자가 대표적이다. 팹리스-파운드리 분업 체제가 주류가 되면서, IDM의 경쟁력 유지가 점점 어려워지고 있다.

IFS 인텔 파운드리 서비스(Intel Foundry Services)의 약어. 인텔이 자사 제조 시설을 외부 고객에게 개방한 파운드리 사업부. 미국 정부의 반도체 자급 전략과 맞물려 전략적 중요성이 크나, 수율 문제와 고객 확보 난항으로 사업 정상화가 불투명하다.

KSMC 대한민국 반도체 제조 센터(Korea Semiconductor Manu-facturing Center)(가칭)의 약어. 필자가 제안하는 한국형 공용 반도체 팹 프로젝트. 중소·스타트업 팹리스 기업이 시험 생산과 기술 인증을 받을 수 있는 (준)공기업형 연구 개발 팹으로 구상되었다.

LLM 대규모 언어 모델(large language model)의 약어. 방대한 텍스트 데이터로 학습해 자연어를 이해·생성하는 AI 모델. 오픈AI의 챗GPT, 구글의 제미나이, 중국의 딥시크 등이 대표적이다. 이 책에서는 미중 AI 패권 경쟁의 핵심 전장으로 다뤄진다.

NPU 신경망 처리 장치(neural processing unit)의 약어. 인공 신경망 연산에 특화된 반도체 칩. 구글의 TPU, 화웨이의 어센드 등이 이에 해당한다. 중국은 미국의 GPU 수출 규제를 우회하기 위해 자체 NPU 개발에 집중하고 있다.

SMIC 중신 국제 집적 회로(Semiconductor Manufacturing International Corporation)의 약어. 중국 최대의 파운드리 기업이다. 미국의 제재 속에서도 심자외선 기반 다중 패터닝으로 7나노 공정을 구현해 주목받

왔다. 그러나 수율과 원가 측면에서 TSMC와 격차가 크다.

MCF 민군 융합(military-civil fusion)의 약어. 군사 기술과 민간 기술의 개발·활용을 통합하는 중국의 국가 전략. 반도체와 AI 분야에서 인민 해방군과 민간 기업 간 기술·자본·인력의 경계가 모호해지는 현상의 배경이 된다.

SMR 소형 모듈 원자로(small modular reactor)의 약어. 기존 대형 원전 대비 소규모로 모듈화된 차세대 원자로다. AIDC의 급증하는 전력 수요에 대응하기 위해 마이크로소프트, 구글 등이 도입을 추진 중이거나 계약을 체결하고 있다.

TSMC 타이완 반도체 제조 회사(Taiwan Semiconductor Manufacturing Company)의 약어. 세계 최대 파운드리 기업으로, 7나노 이하 첨단 공정 반도체 생산의 92퍼센트 이상을 점유한다. 엔비디아·애플·퀄컴 등 주요 팹리스 기업의 칩을 위탁 생산하며, 대만을 '실리콘 방패'로 만드는 핵심 기업이다.

찾아보기

가

가돌리늄 384

가우시안 보손 샘플링 439, 442

갈라파고스 AI 42

감광재 84, 234, 281, 386~387, 389, 394, 406, 408, 653~654

강화 학습 162, 598, 636

검증된 최종 사용자 133, 244, 326

게이트 올 어라운드 전계 효과 트랜지스터 105, 233~235, 249, 253, 257, 266, 560, 564, 630, 679

겔싱어, 팻 221, 272~276, 283, 286, 288, 644~645

고급 기계 지능 651

고대역폭 메모리 31~32, 38, 40, 110, 137, 145~146, 170, 188, 191~197, 226, 268, 307, 410, 514~515, 521, 530~534, 536, 544, 548~559, 565~566, 572, 592, 624, 627, 629, 638, 668~669, 671, 673, 678~679

고대역폭 플래시 536, 559

고딘, 세스 588

고성능 컴퓨터 99, 105, 226, 229, 262, 539, 564

고종횡비 접촉식 식각 34, 245, 293

공업 기술 연구원(ITRI) 228, 267, 639

공정 수율 31, 83, 85, 87~88, 92, 94, 98, 102, 192, 257, 275, 283, 285, 641, 644, 674

'과기 굴기 전략' 368, 648~649

광저우 자동차 그룹 171

광학 정밀 기계 연구소(SIOFM) 392

(구)소련 43, 151, 158, 302, 340~343, 346, 470, 612~614, 635, 678

구글 19, 21, 61, 63, 71, 91, 121, 123, 139, 161, 165, 167, 186, 189, 230, 259~260, 325, 377, 413, 420~421, 425, 427, 431, 437, 439, 441, 514, 634, 641, 658, 665~666, 680~681

구글 양자 인공 지능 연구소 663

구글 딥마인드 123

구매력 평가 379~380

'973 계획' 368, 648~649

국가 반도체 기술 센터(NSTC) 382

'국가 중장기 과학 기술 발전 계획' 368, 648~649
국가 집적 회로 산업 투자 기금 25, 35, 674
국내 총생산 124, 134, 352~353, 368, 452,
    458~459, 474~475, 477, 495, 521, 523, 605,
    649, 676, 679
국내 총지능 521~523, 608, 679
국방 고등 연구 계획국(DARPA) 320
국제 반도체 표준화 기구(JEDEC) 194, 530~531
국제 표현 학습 학회(ICLR) 636
군사용 반도체 52~54, 57~58, 72, 286
군사용 인공 지능 302, 349
그래픽 처리 장치 28~29, 40, 65, 76~77, 81~82,
    84, 87, 99, 104, 106, 125, 130~132, 136~139,
    160, 162~165, 168, 170, 172~175, 184, 186,
    188~189, 191~195, 199, 201~204, 206~207,
    214~215, 221, 223~227, 229, 231, 238, 243,
    259, 264, 270~271, 273~274, 280, 286~287,
    303, 306~307, 309, 345~346, 349, 514~515,
    530~532, 536, 546, 548~549, 553~556, 566,
    590, 594~595, 627, 629, 632~638, 643~645,
    650, 668~669, 673, 675, 677~680
그로버 알고리듬 434, 660
극자외선 노광 33, 83~84, 89~90, 92, 94,
    100~103, 110, 187~188, 221, 234~236,
    249~255, 278~284, 287, 291~292, 311, 345,
    383, 385, 387~390, 392~395, 397~399, 402,
    404, 406~408, 515~516, 525, 534, 539~540,
    562~563, 580, 587, 591, 642, 653~655, 677, 679
글로벌 공급망 12, 39, 45~46, 134, 136, 138, 147,
    187~188, 190, 197, 313, 331, 348, 353, 506, 529,
    544, 589
글로벌 사우스 12, 154, 156
글로벌 파운드리 230, 269~271, 291, 313, 322
글로벌유니칩 228
기린 칩 76, 78, 92, 93, 96, 145, 291, 677
『기술공화국 선언』 610
기술 생태계 11, 70, 147, 177, 228~229, 295, 389,
    542, 580, 587
기정학 128, 130, 147, 299~303, 305, 311, 313, 317,

323~324, 355, 672, 677
깃허브 141, 183, 633

나

나노임프린트 리소그래피 407~408, 410, 657~658
낸드 플래시 메모리 64, 146, 409, 411, 533~537,
    668~670
《네이처》 366
네이처 인덱스 367
노광-식각 반복 공정 85, 95
니오 154

다

대만 반도체 연구 센터(TSRI) 228, 235, 639
대학간 마이크로 전자 공학 센터(IMEC) 235, 267,
    579, 642
다목적 웨이퍼 564, 567, 577~578, 582, 639
대공산권 수출 통제 위원회(COCOM) 302, 339,
    341~344, 346~348, 350, 356~357, 678
대규모 멀티태스크 언어 이해 167, 636
대규모 언어 모델 38, 106, 122, 128, 139, 141, 144,
    160, 165~169, 172, 182~185, 377~378, 514,
    589, 636~637, 651, 671, 680
대만 20, 42, 59, 70, 78, 93, 156, 190, 196~197,
    199~200, 203, 227~229, 235~236, 243~246,
    248, 260, 299~300, 303~306, 308, 311~312,
    314~315, 317~318, 324~329, 331~337, 339,
    350~355, 540, 543~545, 556, 568~569, 593,
    639~640, 646~647, 673
대만 반도체 연구 센터(TSRI) 228, 235, 639
대만 중앙통신사 328
대외 경제 정책 연구원(KIEP) 26, 625, 647
대한민국 8~10, 11~13, 19~21, 31, 42, 70, 118,
    134~136, 156, 158, 192, 196~197, 200,
    206~207, 228, 242, 246, 266~267, 288, 299,
    303, 334, 350~354, 356, 450, 451, 462, 468, 474,
    497~501, 504, 506~507, 511, 518, 528~529,
    542~547, 558, 561, 568~569, 571, 576, 580,
    584~585, 592, 599~600, 607, 618, 637, 640,

643, 647, 650, 656, 674, 677, 668

대한민국 반도체 제조 회사(KSMC) 504, 524,
    568~571, 578~579, 582, 584, 680

덩샤오핑 621, 648

도쿄 일렉트론 32, 96, 138, 188

동적 일반 균형 모델 475

둥관 팡마오 테크놀로지 294

드보레, 미셸 658

드레이퍼 644

DRAM 28, 30~32, 55, 102, 104, 110, 146, 188,
    191~193, 195~197, 214, 217, 258, 279, 410,
    530~533, 548, 550~551, 553~557, 560~561,
    565, 592, 624, 668, 673

디자인 솔루션 파트너 70, 82, 228, 306, 321, 567,
    570

디제이아이 146

디지털 전환 127, 363

딥시크 21, 65, 141~142, 145~146, 152, 154, 159,
    161~170, 172~174, 177, 184, 201~203, 370,
    376, 590, 633, 635~636, 672, 680

딥시크 쇼크 11, 14, 142, 158, 162, 165~170,
    172~173, 175, 177, 672

딩웬우 35

라

라마 166, 183, 636

라이젠 275

라피더스 247, 679

란타넘 386

램버스 644

량원펑 21, 158~160, 370, 376, 636, 672

럭스쉐어 59

런정페이 9, 52

레니쇼 657

레이저 생성 플라스마 383, 391, 397, 401, 655

레이저 유도 방전 플라스마 391~393, 397, 401

레인, 네이선 485

로드릭, 대니 485

로렌스 버클리 연구소(LBNL) 402

로직 반도체 68, 77, 81, 87, 91, 93, 96, 99, 102,
    214, 229, 243, 247~248, 269~270, 295, 313,
    317~318, 333, 564, 585

록칩 189

루바타 189

룽손 테크놀로지 38, 99, 184, 187

류츠신 372, 650~651

르쿤, 얀 651

리카이푸 63

리튬 384

리튬인산철 배터리 489, 492~493

린치핀 588~589, 591~606

마

마벨 139, 186

마스가(MASGA) 599

마이크로소프트 62~64, 121, 128, 627, 632~633,
    640, 644, 668, 681

마이크로소프트 리서치 아시아 62~63

마이크로프로세서 259, 309

마이크론 31, 39, 105, 110, 197, 267~268, 530, 533,
    556~557, 630

마인드스포어 638

마티니스, 존 658, 663

마틴게일 베팅 113~115, 637

'만인 계획' 368, 649

매그니피센트7 142, 631~633

매사추세츠 공과 대학교 50, 373, 376~377, 627,
    667

맥기, 패트릭 58, 628

머신 러닝 연산 장치 40, 626~627

먼디, 크레이그 121, 630

멀티헤드 잠재 어텐션 알고리듬 172

멍완저우 7

메모리 반도체 30, 39, 46, 53, 55, 102, 104~105,
    111, 137, 146, 233, 258, 308, 408, 411, 529,
    532, 534, 557, 565~566, 585~587, 593, 638,
    673~674, 678

메모리 장벽 193, 195, 515, 537, 553, 559, 565, 641,

673

메모리 파운드리 196, 521, 529, 533~536, 557, 559,
    607, 673

메타 21, 61, 165~166, 286, 307, 517, 535, 564, 627,
    631~632, 651, 668

메테오 레이크 277

멜라녹스 226

몰레큘러 임프린트 410

몰리브덴 386

MUSA 173~174

무어 스레드 68, 174, 189, 637

무어의 법칙 218~219, 237, 424~425, 515, 538

미국 7, 11, 29, 41~42, 52, 56~59, 61~62, 64~75,
    77~78, 92~93, 97~99, 103, 107, 124, 128~135,
    142, 146~147, 155~157, 160, 162, 166~167,
    175, 177~178, 180~181, 183, 185, 187~189,
    198, 201~202, 204~207, 243~244, 264~265,
    267, 269~272, 276, 284, 286, 299~301,
    303~305, 310~311, 313~317, 319~321,
    323~326, 328~331, 334, 339~340, 343~345,
    350, 352~353, 355~356, 362, 364~367, 373,
    377, 380~382, 390, 396~397, 402~403,
    408, 413, 425, 438, 442, 450~451, 454, 458,
    465~466, 474, 506, 517, 544, 556~557, 562,
    568, 613~614, 627~630, 632, 634, 637~639,
    645~647, 650, 652, 655, 668, 671, 673, 675, 677

미국 국립 과학 재단(NSF) 364~365, 380, 382

미국 국립 지질 조사국(USGS) 396

미국 국립 표준 과학 연구원(NIST) 365

미국 국제 무역 위원회(ITC) 628

미국 산업 안보국(BIS) 348, 632, 639

미국 중앙 정보국(CIA) 66, 320, 629

미네르바 94

미쓰비시 UFJ 파이낸셜 그룹 247

미일 반도체 협정 180, 614

미중 전략 경쟁 위원회 66

민군 융합 368, 681

바

바오우 제철소 171, 637

바이든 정부 29, 128~129, 131, 271, 286, 310, 313,
    318, 345~346, 348, 485, 631, 678

바이든, 조 149

바이트댄스 63, 69, 146

반도체 굴기 17, 19, 23~24, 95, 97, 99, 106, 289, 339

반도체 및 과학법 29, 72, 271, 286, 313, 318, 382,
    485~486, 678

방위 산업 134, 157, 262, 295, 570, 599~600

뱅가드 국제 반도체 그룹 227~229, 269, 291, 306,
    330, 569

범용 메모리 46, 111, 117, 258, 532~533, 549, 550,
    557~559, 673

범용 인공 지능 122, 519, 631, 636

베를린 계측용 방사광 가속기 405

베이도우 648

베이징 대학교 367, 369~373, 377~378, 650~651,
    663, 665

베이징 양자 정보 과학 연구원 440, 663, 665

베이징 인공 지능 아카데미 63, 182

베이광화창 32, 188, 403, 626

변분 양자 고윳값 해법 문제 434, 437, 662, 666

보텀업 산업 정책 465~467, 481, 494

북대서양 조약 기구(NATO) 135, 301, 341, 352,
    647

분산 브래그 반사경 386~387, 392~393, 395, 653

불화아르곤 액침 심자외선 노광 공정 83, 249, 284,
    388, 643

브룩헤이븐 국립 연구소(BNL) 403

브릭스(BRICS) 154

비야디 59, 146, 349, 381, 489

빅 펀드(국가 집적 회로 산업 투자 기금) 25~28, 30,
    35~42, 44, 46~50, 55, 57, 104, 112, 115~116,
    382, 470~471, 585, 626, 674

사

사물 인터넷 274, 566

사설 구내 교환기 52, 627

사업화 연계 499
사이머 397
사이캐리어 32~34, 53, 145, 188, 293, 390, 403
삼성전자 19, 31, 80, 93, 103~105, 196, 204,
    213, 231, 248, 250, 257, 261~262, 271, 283,
    285~286, 288~289, 291, 306, 353, 389, 409,
    530, 540, 548, 553, 561~563, 566~567, 638,
    640, 642~643, 645
삼성전자 파운드리 204, 248, 262, 288, 306,
    561~563, 567, 640
상하이 광학 정밀 기계 연구소(SIOFM) 392~393
상하이 마이크로일렉트로닉스 32, 34, 57~58, 188,
    390, 394, 398, 403, 626
상하이 싱크로트론 방사광 가속기 405
상호 확증 파괴 125, 631
생산자 물가 지수 456
생성형 인공 지능 54, 143~144, 237, 514, 589
샤오녠반 370
샤오미 41, 63, 153, 237, 246, 290
설계 기술 공동 최적화 81, 195, 253, 261, 591
세계 지식 재산 기구(WIPO) 367, 648
세레브라스 시스템즈 255, 641
세쿼이아 캐피털 69, 629
센스타임 38
소버린 AI 42, 500~501, 504~505, 523, 545, 582
소재 · 부품 · 장비(소부장) 70, 294~295, 316~317,
    390, 393, 406~407, 470, 524, 571~581, 583, 585
소프트뱅크 128, 140, 264, 268, 271, 632, 638, 641,
    674
소프트웨어 개발 도구 174
소형 모듈 원자로 349, 505, 517, 601, 681
쇼어 알고리듬 419~420, 434~435, 659, 666
쉬즈진 152
슈밋, 에릭 121, 630
스몰린, 존 660
스웨이슈어 145, 294
스타게이트 프로젝트 44, 128~129, 140~141, 157,
    264~265, 638, 674
스탈링 430~431, 433, 435, 437

스탠퍼드 선형 가속기 센터 403
스프링거 네이처 367
시노 IC 캐피털 25, 37
시놉시스 56, 138, 187, 261, 638, 644
시스템 반도체 91, 145, 215, 226, 230, 247, 267, 290,
    306, 338, 357, 407, 561, 568, 593, 595
시진핑 112, 115, 451, 457, 495
신경망 처리 장치 40, 53, 79, 82, 84, 87, 100, 106,
    145, 168~169, 173, 184, 189, 215, 229, 259, 287,
    370, 504, 514, 557, 626~627, 629, 633, 638, 650,
    675, 680
실리콘 386
실리콘 관통 전극 191~192, 194~195, 531,
    533~534, 536, 551~553, 566, 591, 630, 668
실리콘 방패 310, 314, 324, 681
실리콘 트라이앵글 299~301, 303, 309~311, 313,
    325, 327, 329~331, 334, 339, 352, 675
실리콘웨어 정밀 공업 207
심자외선 노광 33, 58, 83~86, 88~89, 98, 145, 188,
    219, 249, 252, 278, 291, 390~391, 655~657, 671

아
아나모픽 광학 278
아랍에미리트 635
IBM 64, 67, 70, 105, 247, 253, 421, 425, 427~428,
    430~440, 442, 644, 660~665, 673
아이온큐 665~666
《R&D 월드》 379~380
안전 장치 127, 206, 547
알리바바 41
알파고 123
알파웨이브 138
암페어 138
애로 레이크 277
애플 19, 59~61, 64, 74, 77, 79~84, 86, 90~92,
    97~99, 173, 189, 214, 227~231, 237, 239,
    243, 259~260, 309, 325, 333, 538, 560~562,
    564~565, 627~628, 631, 640, 643, 681
『애플 인 차이나』 58, 610, 628

액화 천연 가스 517, 546

앤시스 644

앤트로픽 167, 590

양자 내성 암호 424

양자 볼륨 44, 443, 665~666

양자 오류 수정 441, 663, 665

양자 위상 추정 434, 437, 662, 666

양자 컴퓨터 266, 351, 411, 413~414, 419~420,
　　423~426, 428, 433, 435, 437~442, 525, 649,
　　658, 663~666

양자 클라우드 서비스 664

양자 푸리에 변환 419

양쯔 메모리 32, 53, 107, 146, 188, 409, 411, 533

어센드 칩 53, 62, 145, 168~170, 173, 184,
　　626~627, 633~634, 638, 675, 677, 680

SK하이닉스 31, 39, 74, 110, 137, 145~146, 170,
　　173, 191~192, 196, 283, 307, 353, 389, 409, 411,
　　514, 530~533, 540, 544, 548~549, 553~554,
　　558, 565~566, 568, 572, 585, 591, 630, 638, 680

에너지 저장 장치 335, 525, 601

에어로텍 657

에이글 아날로그 644

H-지수 63, 369, 628

AMD 79, 91, 93, 99, 139, 173, 186, 243, 270,
　　273~276, 530, 549, 561, 564, 566, 633, 643, 668,
　　677

ASIC 79, 94, 137, 139, 175, 184, 188~189, 214, 259,
　　276, 285, 553, 557, 633

ASML 33, 83, 90, 94, 96, 98, 138, 187, 234,
　　236, 244, 249, 253, 278, 280, 282, 290~291,
　　311, 345, 383, 386, 388, 390~391, 393, 395,
　　397~398, 401~402, 406~407, 515~516, 539,
　　563, 580, 587, 591, 642, 653, 655, 657, 668, 677

에피실 227

엑스탈퍼 38

엑스피딕 187

엑시노스 285, 561~562

엔비디아 71, 91, 137, 139~140, 153, 163, 170,
　　172~175, 184, 186, 189~190, 192~196,
　　198~199, 201, 203~204, 226, 230, 239,
　　243, 259, 271, 273, 286~288, 307, 309, 325,
　　530~532, 538, 554~557, 564, 590, 627, 632,
　　634, 637~638, 640, 645, 668, 675, 681

엔비디아 지포스 81

엘더 레이크 275

엠피리언 56, 187

오라클 128, 140, 674

오리진 퀀텀 439

오브라이언, 로버트 646

오스프리 421, 427, 664

오신트 56

오커스(AUKUS) 347

온실 기체 감축 목표 600

옹스트롬 공정 288, 515, 630

운영 비용 244, 256, 259, 315, 322, 633

월든 인터내셔널 28, 67~69, 73, 629

웨이모 349

웨이퍼투웨이퍼 409, 411

위스트론 59

위프로 644

윈텔 548

윌로 칩 413, 420~421, 425, 431, 658

유나이티드 마이크로일렉트로닉스 227~229, 242,
　　260, 269, 291, 306, 330, 354, 569, 639

유니삭 189

유하스, 레카 485

이글 664

이변량 바이시클 코드 430~432

이어리, 프랭크 71

《이코노미스트》 620

인간-컴퓨터 인터페이스 160

인공 지능 8, 10~11, 14, 20~24, 28~31, 37~38,
　　40~45, 50~54, 56, 58, 61~63, 65~66, 68~69,
　　75, 79, 81, 91, 99~100, 106, 112, 118~119,
　　121~145, 147~159, 162, 164, 166~183,
　　185~186, 189, 191, 196~197, 199~200,
　　202~203, 206~210, 213, 215, 229, 236~238,
　　242, 245, 255, 263~264, 268, 271, 274,

299~303, 306, 310, 313, 319, 324, 327, 334,
338, 349, 351, 355, 363, 369, 371, 373~379,
382~383, 411, 437~438, 462, 473, 500, 514, 517,
519~520, 524~525, 528~529, 532~534, 537,
546, 549, 553~554, 556~558, 560, 564, 584,
587, 589~592, 594, 598, 602, 606~607, 626,
629, 631~635, 637~640, 644~645, 649, 651,
663, 671
인공 지능 기반 전환(AX) 12, 135, 176, 207, 229,
333, 363, 500~501, 529
인공 지능 데이터 센터(AIDC) 40, 186, 264, 271,
274, 309, 518, 522, 525, 546, 626
'인공 지능 발전 계획' 368, 649
인공 지능 정상 회의 123, 129
인공 지능 제국주의 14, 121, 134, 147
인류의 마지막 시험 636
인민 해방군 23, 51~58, 66, 68, 75, 327, 349, 471,
637, 674
인텔 63, 68, 71~75, 91, 99, 103, 186, 204, 221,
230~231, 243, 264, 271~272, 276, 283~289,
318, 322, 333, 486, 548, 561, 630, 645, 675
인텔 파운드리 서비스 71~75, 204, 230, 248,
264~265, 270~271, 276, 280, 283~286,
288~289, 306, 318~321, 644, 680
인프리아 389, 654
일본 9, 20, 24, 41~42, 118, 134~135, 156, 180, 188,
206~207, 210, 244, 247~249, 260, 262~268,
299, 301, 305, 316~317, 319, 323, 328, 334, 350,
355, 449, 474, 487~488, 506, 532, 540, 544,
556, 558, 564, 573~574, 578, 582, 612, 614, 638,
641~643, 646, 677
일본 국가 측정 표준 기구(NMIJ) 574
일본 신에너지 산업 기술 종합 개발 기구(NEDO)
642
일본 이화학 연구소(RIKEN) 247
일본 첨단 반도체 제조(JASM) 247, 265, 316~317,
319~320
일본 항공 우주청(JAXA) 263

자

자금 회수율 35, 49, 678
자본 지출 68, 90~91, 109~110, 214, 238, 260,
282~283, 632, 678
자빌 276
자이고 657
장신 25, 36
장지안중 173, 637
장흥지안 63
저밀도 패리티 검사 422~423, 427~428, 431~432,
535, 666, 670
저장 대학교 367, 369~370, 489
전략 무기 감축 협정 148
전략적 모호성 305, 310, 324, 351, 355, 675
전문가 혼합 방식 165, 169, 635~636
전자 설계 자동화 프로그램 56, 71, 137~138, 187,
204, 206, 228, 261, 288, 326, 629, 638~639, 644
정보 기술 23, 59~62, 64~65, 69, 128, 146,
152~153, 161, 179, 230, 237, 244, 246, 264, 270,
305, 319, 363, 381, 449, 466, 479, 518, 537, 600,
629, 632, 640, 643, 648~650
정상 상태 미세 다발화 400
제1도련선 301, 304, 676
제논 384, 652
제미나이 139
젤레노그라드 394
조지프슨, 브라이언 659
조지프슨 접합 658~659
존스법 73~75, 629
종합 반도체 기업(IDM) 213, 231, 273~274, 285,
288, 576, 680
주사 전자 현미경(SEM) 219
주석 384~385, 391, 393, 397, 402, 652, 654
주커전 학원 370
중국 7~14, 19~37, 39~44, 46~47, 50~71, 73,
75, 78~79, 93, 97~99, 104~108, 112~113,
115~117, 119, 121, 127, 129, 133, 142~147,
152~157, 159, 161~162, 166~171, 173, 175, 177,
179, 181~188, 197, 201~209, 237, 239, 244, 246,

266, 269, 271, 289~290, 292~295, 301, 304,
311~312, 326~332, 336~339, 341, 345, 349,
356, 362, 366~372, 376, 378~383, 391~394,
396~399, 404~405, 407~408, 410~411,
438~443, 445, 447, 450~462, 468~469,
471~483, 490~491, 496~504, 506, 518,
527~528, 541, 545, 563~564, 568~569, 580,
593, 607, 610, 612, 614, 617, 620, 625~630, 632,
635, 637, 639, 648~650, 656, 663, 665, 673, 676,
678~681
중국 건설 은행(CCB) 27
중국 공상 은행(ICBC) 27
중국 공업 정보화부(공신부) 25, 54, 143, 185, 392,
665
중국 공정원(CAE) 649
중국 과학 기술 대학교(USTC) 367, 370, 439, 442,
663~664, 676
중국 과학원 대학교 367
중국 과학원(CAS) 367, 404, 628, 649~650, 663,
665
중국 국가 통계국 454, 456, 667
중국 국제 무역 촉진 위원회(CCPIT) 202
중국 농업 은행(ABC) 27
중국 사이버 공간 관리국 143, 185
중국 재정부(MOF) 25
중국 전신 양자 그룹 439
중국 전자 과기 집단 공사 55
'중국 제조 2025' 27, 368, 457, 648
중신 국제 집적 회로 29, 32, 57, 64, 67~70, 73~74,
76~79, 93~100, 103~108, 145, 188, 228, 266,
269, 290~294, 329, 392~393, 545, 563, 634,
650, 672, 674, 676~677, 681
중웨이 반도체 32, 34, 67, 188, 390, 626
중진국 함정 459, 676
GDDR 549~550, 552
GGV 캐피털 69, 629
GPGPU 226, 273~274, 531, 548, 643, 668
즈푸 AI 38
지멘스 56, 138, 261, 644

지식 재산권 135, 137~138, 187, 196, 204,
206~207, 231, 261, 306, 320~321, 347, 489,
524, 564, 567, 569~570, 626, 642, 644, 649
지정학 127, 134~135, 202~203, 209, 248,
299~301, 305, 332, 339, 605, 672, 676
징둥팡 60, 628

차

차세대 극자외선 노광(BEUV) 394~396, 542
차세대 리소그래피(NGL) 408
'차세대 인공 지능 발전 계획' 143
창신 메모리 30~32, 55, 104, 107, 146, 188, 197,
593, 626
천원지 370, 676
'천인 계획' 368, 649
천텐스 370, 676
첨단 연구 계획국(ARPA) 382
초고압직류 기반 전산망 586
초인공 지능 123, 125~126, 134, 151, 513, 519, 631
칩 온 웨이퍼 온 서브스트레이트 97, 196~197, 199,
207, 226, 231, 307, 411, 531, 544, 629, 678
칭화 대학교 7, 63, 367, 373, 393, 663, 665
칭화 유니그룹 53, 64

카

캠브리콘 37, 175, 184, 186~187, 189, 369~370,
626, 627, 650, 676
캡제미니 644
커즈와일, 레이 513, 668
케이던스 56
KAAI 524
KLA 96, 138, 188
KTX 508, 524, 584
코카투 430
코튼, 톰 73
콘도르 421, 664
콜비, 엘브리지 351
CUDA 172~174, 206, 287, 627, 645, 668, 677
쿠리소 208

쿠카부라 430

쿠퍼쌍 658

쿡, 팀 61

쿼드 317, 346, 646

퀀타 199~200

퀀텀씨텍 439

퀄컴 63, 71, 76~77, 91, 99, 189, 260, 285, 288, 309, 561~562, 643, 645, 677, 681

큐스킷 425

큐에스티 57

클라크, 존 658

키신저, 헨리 121, 630

키오시아 247, 259, 533, 641, 671

킹소프트 63

타

타원 곡선 디지털 서명 알고리듬 418, 420, 422, 435~437

타원 곡선 암호 414~418, 420

타이베이 안보 대화 2024 300, 324

타이완 반도체 제조 회사 20, 71, 74, 77~78, 80~86, 88~100, 103~105, 136~137, 145, 173, 192, 195~200, 204~207, 209, 214, 227~232, 234~239, 242~244, 246~248, 250, 252, 257, 259, 261~263, 265, 267, 269, 271~274, 276~280, 283~286, 289, 305~309, 311, 313~322, 324~329, 331~334, 353~354, 389, 398~399, 410~411, 504, 516, 528, 531, 537~538, 540, 543~545, 556, 561~564, 567~569, 580, 590~591, 629, 634, 638~642, 644~646, 673, 675~678, 681

타임스 고등 교육 650

탄, 립부 68, 71, 73, 75, 271, 288, 629

탄케블루 293

탑다운 산업 정책 268, 462, 470, 472, 474, 476, 481

터뷺 384, 394

테솔브 644

테슬라 74, 140~141, 153, 165, 173, 260, 307, 309, 349, 514, 564~565, 590, 627, 631~632

테크인사이츠 95

텐서 연산 장치 40, 139, 215, 229, 514~515, 557, 634, 641, 680

텐서플로 61

텐센트 41, 146, 167, 381, 476

텐스토렌트 189

통푸 188, 410~411

투링반 371~378, 650~651

튜링, 앨런 371

트럼프, 도널드 71, 128, 631, 674

트럼프 1기 정부 7, 646

트럼프 2기 정부 72, 129, 203, 244, 286, 314, 318~319, 324~327, 345, 348, 351, 355, 363~364, 528, 631, 671

트렌드포스 634

특허 협력 조약 367, 648

틱톡 63

파

파운드리 57, 64, 69~70, 72~75, 77~78, 80, 82, 88, 90, 93, 96, 103~108, 112, 117, 136~137, 145, 204, 213, 227~230, 235~236, 239, 244~252, 255, 257, 260~262, 265~266, 268, 279~280, 283~295, 303, 305~306, 309, 313~315, 317, 319~322, 325~332, 338, 354

파워칩 227, 229, 269, 291, 306, 569

파이썬 160, 162

판호 472, 479

팔란티어 302~303

'863 계획' 368, 648

패스트 팔로잉 전략 21, 118, 677

패터닝 오차 515~516

팬서 레이크 277

팹 32, 47, 53, 55, 57, 70, 103, 110, 145, 207, 214, 237, 244, 248~249, 251~252, 255, 261, 265, 270, 294, 303, 308, 314, 320~322, 326, 328, 331, 353, 406, 522, 524, 556, 562~563, 570~571, 577~579, 581~582, 604, 624, 626, 630, 642~643, 646, 676~677

팹리스 29, 38, 70, 73~74, 78, 87~88, 91, 94, 99,
103~105, 175, 187, 206, 213, 223, 228~231,
235~236, 253~255, 260~262, 267, 272,
285~288, 290, 294~295, 315, 320~321, 323,
325, 370, 505, 524, 539, 544~545, 563~564,
566~568, 570, 578, 590, 594, 596, 626, 638,
641, 644~645, 676~677, 681
펑신쉬 테크놀로지 294
페가트론 59
페어차일드 반도체 465
포트란 161
포항 방사광 가속기 541
푸젠진화 28
풀스택 38, 41, 133, 139, 141, 144, 167, 169~170,
607, 632~633, 677
프라나394
프로세싱 인 메모리(PIM) 195, 197, 412, 557, 566,
669
프로티엔텍스 644
프리나노 410
프리마리우스 187
플래그퍼프 182
플래시 메모리 535~536, 669
플렉스로직스 644
핀펫 81, 84, 87, 96~97, 100, 105, 233~234, 257,
278, 630, 679
펑터우거 186

하

하이곤 정보 37
하이브리드 메모리 557, 587, 668
하이브리드 본딩 97, 146, 188, 409~411, 535~536,
544, 552~553, 594
하이브리드 산업 정책 470~473, 480~481, 487,
489, 491, 494~495, 498
하이실리콘 76~78, 92, 97, 144~145, 187, 291, 634
하이크비전 56
하이페리온 392
한국 공학 한림원(NAEK) 568

한국 표준 과학 연구소(KRISS) 656
해외 직접 생산품 규칙 156, 204~205, 639
핵심 성과 지표 35, 41, 43~44, 49, 492, 496, 499,
502~503, 505
허깅 페이스 141, 183, 633
허사비스, 데미스 123
허쉬, 조지 628
호라이즌 로보틱스 187, 189
홈스, 엘리자베스 466
홍산 캐피털 69, 629
화싱딩신 37
화웨이 7, 9, 20, 32, 42, 52~53, 61~63, 76~78,
92~93, 96~100, 103, 108, 144~145, 156,
167~175, 184, 186, 187~189, 201, 203, 246,
290~295, 345, 375, 377, 381, 391~393, 397,
401, 476, 610, 626~627, 632~634, 638, 675,
677, 680
화웨이-소프고 우회 공급 사건 204
『화웨이 쇼크』 610
화중 과학 기술 대학교 20
화홍 반도체 266, 269, 290, 293, 330
황, 젠슨 140, 153, 175, 190, 198, 201~202
훙신 반도체 제조 495
휴리스틱 수학 적성 평가 637

차이나 반도체 라이징

1판 1쇄 찍음 2026년 4월 15일
1판 1쇄 펴냄 2026년 4월 30일

지은이 권석준
펴낸이 박상준
펴낸곳 ㈜사이언스북스

출판등록 1997. 3. 24.(제16-1444호)
(06027) 서울특별시 강남구 도산대로1길 62
대표전화 515-2000 팩시밀리 515-2007
편집부 517-4263   팩시밀리 514-2329
www.sciencebooks.co.kr

ISBN 979-11-24336-16-8 03320